U0938264

林瑞芬 著

技術分析攻略

Trading Strategies of Technical Analysis

匯智出版

□ 責任編輯：羅國洪

□ 封面設計：黎偉強

技術分析攻略

作者：林瑞芬

出　　版：匯智出版有限公司
九龍尖沙咀赫德道 2A 首邦行 8 樓 803 室
電話：2390 0605　傳真：2142 3161
網址：http://www.ip.com.hk

發　　行：香港聯合書刊物流有限公司
香港新界大埔汀麗路 36 號中華商務印刷大廈 3 字樓
電話：2150 2100　傳真：2407 3062

印　　刷：陽光印刷製本廠

版　　次：2015 年 3 月第 28 版

國際書號：962-85972-7-2
978-962-85972-7-7

序　一

常聽見股民慨嘆「股海難測」，股票升跌無常：買它升時，它卻偏偏向下；反過來，把它沽出，它又會節節上升，令人氣結。

股票升跌，是否真的那麼變幻莫測、不可預計呢？

無疑股市表面上是變化多端，但其實只要細心觀察，冷靜分析，股票的走勢還是有跡可尋。當然，這需要一些知識和工具。

「技術分析」就是協助投資者在股票買賣時作決定的一種輔助工具。它通過圖表和數據，以較理性和科學化的方法，為投資者預測未來市況或股票的走勢變化，並提供買入價或賣出價的參考。

一直以來，技術分析的書籍以英文為多，本地的中文著作較少，而有系統又簡明之作更是鳳毛麟角，這令一般投資者對技術分析缺乏全面的認識。

不過，最近看到林瑞芬君的新著《技術分析攻略》，卻感到此書應可補這方面的不足。這本書難得之處是：能把技術分析的理論用簡易的文字表述，再配合大量實例加以說明，而每個例子均附有走勢圖及詳細文字解說，讓讀者從實戰中明白如何運用技術分析的各種方法和技巧。

理論與實例兼備，加上內容紮實，深入淺出，我相信，對有意學習技術分析的讀者來說，這書會是一部十分有用的參考書。

石鏡泉

《香港經濟日報》副社長及研究部主任

序　二

認識林瑞芬已經多年，深知她對技術分析這門學問很有興趣，並有不少心得。但讀畢其新著《技術分析攻略》全稿，才知道她對技術分析的掌握，是如此全面而透徹。

在我的書架上，有不少關於技術分析的書籍，但以中文著作而言，暫時還未有一本能夠及得她這本書那麼完整、齊備。無論從內容設計、取材，以至整體編排，這本書顯然下過不少功夫。作者以簡易的文字，配合大量圖例，深入淺出地介紹了不同技術分析的方法及應用技巧，使讀者可循序漸進，一步步地掌握技術分析的精要。

全書共分為十二章，由最簡單的各種繪圖方法開始，繼而介紹不同的股價走勢形態，例如常見的反轉形態、整理形態、裂口等，當中均有詳細闡釋。如果想知道如何運用技術指標，以找尋最佳入市時機，書中也有專章介紹。至於進階方面，書內亦有「陰陽燭分析方法」、「成交量與價格的關係」、「市場循環分析」、「預測升跌幅、阻力位及支持位的方法」等篇章，可滿足讀者進一步學習技術分析的需要。

在大學教授了投資學多年，一直想找一本有系統及簡單易明的技術分析專書給學生學習。而《技術分析攻略》一書，可說是合適之選。其實，這本書除了適合修讀投資學的學生閱讀外，還可供有志研習技術分析的人士參考。

這裏，誠意推介這本書給任何對技術分析有興趣的讀者。

麥萃才
香港浸會大學財務及決策學系副教授

目　錄

1. 技術分析概論及走勢圖類型介紹

1.1　技術分析概論 3

1.2　走勢圖類型 11

1.2.1　線形圖 11

1.2.2　柱狀圖 13

1.2.3　陰陽燭圖 14

1.2.4　OX圖 17

1.2.5　算術刻度圖與半對數刻度圖 25

1.2.6　周、月、年及即市圖 28

2. 趨勢線的分析

2.1　趨勢線的繪製方法及種類 31

2.2　有效趨勢線的驗證 37

2.3　趨勢線的突破 43

2.4　趨勢線的修正及調校 51

2.5　趨勢通道 56

2.6　扇形三線或扇形原則 63

3. 圖形形態分析——反轉形態

3.1　頭肩底 69

3.2 頭肩頂 73
3.3 複式頭肩底和複式頭肩頂 78
3.4 雙底 83
3.5 三底 87
3.6 雙頂 90
3.7 三頂 94
3.8 圓形底 / 碟形底 97
3.9 圓形頂 / 碟形頂 102
3.10 潛伏底 106
3.11 V形 / V形底 109
3.12 延伸V形 / 延伸V形底 113
3.13 倒轉V形 /倒轉V形頂 116
3.14 延伸倒轉V形 / 延伸倒轉V形頂 119
3.15 單日轉向 123
3.16 雙日轉向 127
3.17 擴散三角形 / 喇叭形 130

4. 圖形形態分析——整理形態

4.1 杯狀帶柄 137
4.2 盤形 142
4.3 矩形 / 長方形 145
4.4 對稱三角形 150
4.5 上升三角形 155
4.6 下跌三角形 158
4.7 菱形 / 鑽石形 161
4.8 上升楔形 167
4.9 下跌楔形 172

4.10 上升旗形 177
4.11 下跌旗形 180
4.12 三角旗形 / 楔形旗 183
4.13 整理型頭肩底 / 整理型頭肩頂 186

5. 裂口

5.1 簡單的裂口分類 191
5.2 複雜的裂口分類及特徵 193
5.3 各種裂口的分析意義及實例闡釋 196
5.4 裂口回補的分析 201
5.5 島形頂 206
5.6 島形底 210

6. 技術指標分析

6.1 移動平均線 218
6.2 移動平均線通道及保歷加通道 230
6.3 隨機指數 240
6.4 相對強弱指數 250
6.5 指數平滑移動平均線 260
6.6 動向指標 271
6.7 成交量平衡指標 281
6.8 動量指標及變速率 287
6.9 威廉指標 293
6.10 結合多項技術指標分析 298

7. 陰陽燭分析方法

7.1 陰陽燭的繪製方法 310

7.2 單一線形的用法和意義 313
7.2.1 大陽燭 313
7.2.2 大陰燭 318
7.2.3 十字星 323
7.2.4 陀螺 327
7.3 陰陽燭的反轉形態 330
7.3.1 鎚頭與吊頸 331
7.3.2 倒轉鎚頭與射擊之星 335
7.3.3 吞噬形態 339
7.3.4 身懷六甲 343
7.3.5 十字胎 348
7.3.6 曙光初現 351
7.3.7 烏雲蓋頂 354
7.3.8 反攻線 356
7.3.9 平底 360
7.3.10 平頂 363
7.3.11 飛鴿歸巢 366
7.3.12 雙飛烏鴉及雙鴉 368
7.3.13 星形十字 371
7.3.14 早晨之星與黃昏之星 374
7.3.15 晨星十字與夜星十字 378
7.3.16 底部棄嬰與頂部棄嬰 380
7.3.17 三星 383
7.3.18 塔形底與塔形頂 385
7.3.19 鍋底與倒轉鍋底 389
7.3.20 三白兵 393

7.3.21 大敵當前 395
7.3.22 步步為營 397
7.2.23 三飛烏鴉與三胎烏鴉 399
7.4 陰陽燭的整理形態 402
7.4.1 上升三部曲與執墊 402
7.4.2 下跌三部曲 407
7.4.3 上肩帶裂口與下肩帶裂口 410
7.4.4 向上跳空併肩陽燭與向下跳空併肩陽燭 413
7.4.5 高價跳空與低價跳空 416
7.4.6 三線反擊 420
7.4.7 頸上線與頸內線 422
7.4.8 戮入線 425
7.5 陰陽燭與其他技術分析法配合應用方法 427
7.5.1 陰陽燭形態的可靠性排列 427
7.5.2 陰陽燭與其他技術分析法的應用 427

8. 成交量與價格的關係

8.1 價漲量增 444
8.2 價跌量增 447
8.3 價平量增 450
8.4 價漲量平 453
8.5 價跌量平 455
8.6 價平量平 457
8.7 價漲量縮 459
8.8 價跌量縮 461
8.9 價平量縮 464
8.10 期指價格與未平倉合約數變化的關係 466

9. 市場循環分析

9.1 道氏理論 471
9.2 波浪理論 481
9.3 循環周期分析法 514

10. 預測升跌幅、阻力位及支持位的方法

10.1 百分率折返 527
10.2 速度阻力線 532
10.3 黃金比率分割法及平方的奧秘 537
10.4 江恩理論 542

11. 即日炒賣技術分析法

11.1 30分鐘突破炒賣法 557
11.2 價格走勢習性與即日炒賣 560

12. 走勢陷阱如何避免

12.1 常見的走勢陷阱 569
12.2 如何避開走勢陷阱 572

附錄：如何獲取圖表及技術分析資訊

(一) 報章雜誌 576
(二) 網站 576
(三) 技術分析收費服務及軟件 585
(四) 應用技術分析方法的專家網站 588
(五) 技術分析參考書買賣 592

1

技術分析概論及走勢圖類型介紹

俗語有云：「世界上並無免費的午餐。」不勞而獲只是夢想。然而，作為全球知名金融市場之一的香港股市，其中仍有不少股民在每個交易日中抱有不勞而獲的心態，以為聽聽貼士或市場小道消息就能賺大錢，不得不承認這批人士中可能有人賺過錢，但運氣多於一切，人的運氣有高低起伏，總不能一世靠「運」賺錢。

要做精明的股民，增加在股場打滾的本錢，莫如學一技傍身。技術分析 (technical analysis) 並不是一門深不可測的學問，不要被「技術」兩個字所嚇倒，本書著作的目的就是由淺入深地教你各種技術分析方法的應用，保證你很容易學懂。

首先本章會先談談究竟「技術分析」是什麼？為何要學？其次，再教大家怎樣看一張好像心電圖的走勢圖表？以及探討一下走勢圖表究竟有多少類型？事實上，熟悉走勢圖的繪製方法，才能知道如何應用。

好！現在開始就由筆者帶領大家進入技術分析領域漫遊。

1.1 技術分析概論

1.1.1 技術分析與基本分析的分別

「技術分析」(technical analysis) 是指透過圖形或技術指標的記錄，研究市場各金融產品 (如股票、指數、外匯) 過去及現在的實際交易情況及反應，從中推測未來趨勢的發展。

相對於技術分析，「基本分析」(fundamental anaysis) 是研究影響股價的兩種力量 (供給與需求) 的變動因素，其中因素包括公司盈利變化、管理層質素、公司財政負債狀況、公司未來動向、利率轉變、政策轉變、政治環境的轉變等，以決定股票的實際價值。

簡單而言，基本分析着重的是買賣對象 (what to buy/sell) 的捕捉，在鎖定獵物後，何時出擊就要靠技術分析，因為技術分析着重的正是買賣時機 (when to buy/sell)，正好可以互補長短。事實上，兩種分析方法，具「因果」的密切關係，基本分析研究的是「因」，技術分析研究的是「果」。

1.1.2 接受三大假設原則

在學習技術分析前，讀者需要清楚知道此套分析方法是建基於以下三個理論基礎，接受此三個理論，你才會相信基礎技術分析確有一定測市功效而願意學習。

(i) 市場行為反映一切訊息(反映性)

市場行為，是指交易的價格、成交量或漲跌股數、漲跌時間長短、漲跌幅度變化等。技術分析者認為市場的投資者在決定交易行為時，已仔細地考慮了影響市場價格的各項因素，包括政治面、經濟基本面、政府政策、心理面、公司基本的盈利及財政狀況等等，才進行買賣，從而產生有關的市場行為，所以說市場行為反映一切訊息，故只要研究這些市場行為就能了解目前市場狀況，無須關心背後的影響因素。

簡單而言，技術分析者主張的是市場行為應該反映供給和需求變化，影響市場價格的各項因素屬利好，股票需求自然增加；當求過於供，股價自然升，相反則下跌。這個理論基礎說明了當市場人士都進行理性交易時，技術分析就能發揮最佳的測市功能。

(ii) 價格呈趨勢及形態變動(趨向性)

如果股價的變動不呈趨勢及形態，只是隨機的變動，則沒有必要學習技術分析。市場一直有一批學者批評及質疑技術分析，提出隨機漫步理論(random walk theory)，指任何預測技巧都不可能擊敗單純的買進－持有策略，在此不打算反擊隨機漫步理論，只是想指出，大家假如相信股價具趨勢性，相信股價會朝相同的方向發展，便有需要學習好技術分析。

(iii) 歷史經常重演(重演性)

不論是昨日、今日及明日，證券投資無非是一種追求利潤的行為，因此在這種心理狀態下，人的交易行為將趨於一定的模式，令歷史重演。所以過去價格的變動方式，在未來可能不斷發生，因此技術分析者試圖利用統計分析方法，整理出一套有效的操作原則。

1.1.3 學習技術分析的好處

(i) 提供捷徑

大家請看圖1.1及圖1.2兩幅長期股價走勢圖，可不可以透過走勢趨向猜得出哪隻股份的長期盈利增長較佳？

圖1.1

圖1.2

好，現在揭開謎底了，答案就是圖1.1，此股其實是和記黃埔(0013)，一看股價走勢，過去八年時間大致呈長期上升方向，期間只是經過循環低潮的影響，其過去八年的每股盈利增長率年均接近51%(九一年度每股賺1元，至九九年度賺27.5元)。相反，恆隆(0010)，一看股價走勢大致呈下跌方向，就可猜到其盈利表現並不理想，九一年度每股賺0.975元，至九九年度每股仍只賺0.952元，盈利沒有多大進展。

由這個例子可見，不用花時間作基本分析，只要透過觀察圖表，也可概括出影響公司或市場的因素，這是分析的捷徑。當然，這裏並不鼓勵大家只作技術分析而完全迴避基本分析，兩者畢竟具密切的「因果」關係，歸根才能究柢。

(ii) 可避免選中股而入錯市

不得不承認，投資成敗在於入市時間的拿捏，試想藍籌股長江實業(0001)一直被公認為管理層質素高、長期盈利增長佳的優質股份，從基本因素分析，長江實業必然是投資的首選。然而，試以圖1.3的長江實業周線圖來看，若你在1997年股價高峯100元時買入，與在1998年底位30多元時買入，真是天壤之別！運用技術分析方法，掌握買賣時間，就可以盡量避免選中股但入錯市的大忌。

圖1.3 長江實業(0001)股價走勢圖

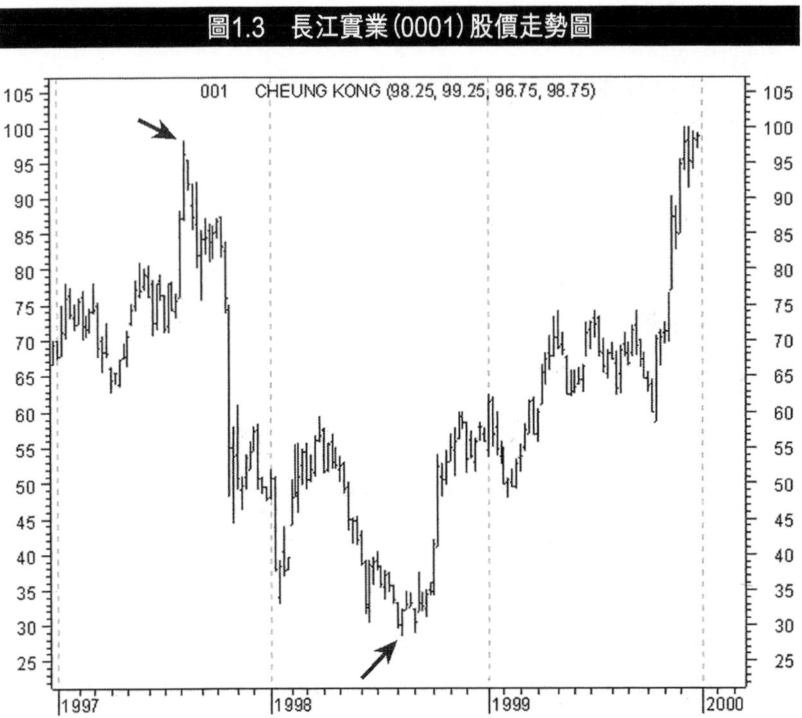

(iii) 適用於不同金融工具及時間架構

技術分析幾乎能夠適用於每種交易工具及時間架構，具相當的彈性及適應性。就交易工具而言，技術分析可以適用於股票與期貨，又可以適用於國際股價指數、外匯、金價、利率等等，處理的市場數量幾乎不受限制，基本分析顯然沒有這種優點，因為基本分析涉及大量的資料收集及專業知識，以各地政治狀況、政府政策而言，就各有不同，在作投資前往往要花一些時間研究。相反，翻開圖表透過走勢分析，就可以大約對市場有初步見解。

從時間架構而言，技術分析的運用可適用於即日的十五分鐘圖、三十分鐘圖、甚至一分鐘圖等走勢圖表，也適合中期的日線圖、月線圖及年線圖等。

1.1.4 學習的正確態度

股市中，時常會聽到一些人指技術分析無用，圖表訊號都不靈驗，累他們輸錢，有些更會嘲諷技術分析使用者。對以上筆者所說有關學習技術分析的好處存有疑惑，這是可以理解，但筆者要提出的是世上並無百分百完美的人，我們亦不能要求學懂技術分析後，每次買賣都可大獲全勝，賺取可觀利潤。

從技術分析預測出來的走勢變化，隨時會因突如其來的客觀形勢急變，從而令預測出現大偏差，買賣訊號失效。有時候，大戶更特意製造「走勢陷阱」，混淆技術分析者的預測，令投資者蒙受損失。

每種技術分析方法有缺點亦有其優點，不得不承認分析方法不能百分百準確地告訴我們每一次股價波動的最高價和最低價，亦不能告訴我們每一次上升或下跌的完結時間，然而，分析方法能提供一個途徑讓我們客觀及理性地研究市場走勢，並作買賣預測。對於投資者來說，這總好過只是聽大證券行如摩根士丹利證券(市場俗稱「大摩」)話看年底見幾多點，要買貨，又或者聽市場小道消息話哪隻股會當炒而撲入買貨，殊不知叫買貨的人可能正悄悄地散貨，沽出股票給你，而跌市往往緊隨其後。

此外，要提出的是，讀者應抱着學海無涯的態度。在學習各種技術分析方法的過程中，最要緊的是不斷找實際例子作實習，所謂「熟能生巧」，從自身的實際經驗中一點一滴地累積技巧，很多時這樣才會領略到箇中樂趣。報章刊登的走勢圖表是必然首選實習材料，至於還有哪些途徑可獲取圖表資料，這在本書「附錄」中將有介紹，有興趣者可翻至該部分閱覽。

最後要提醒大家，不要一本通書看到老，要懂得靈活變通，彈性地就個別股份、市場等作彈性處理；坦白說，這是技術分析的至高境界，實在需要時間累積經驗才能把方法運用得好。

1.1.5 技術分析的範疇

前幾節已介紹過技術分析的基礎原則、學習技術分析的好處，以及應抱的正確態度，若大家都認同的話，作為初學者的你，下一個問題或會問：究竟技術分析有什麼東西要學？

早期的技術分析只是單純的圖表解析，故「技術分析」，又被冠以「圖表分析」(chart analysis) 及「視覺分析」(visual analysis) 的名稱，本書中第二、三、四、五章等均屬此門學問，這是學習技術分析的核心必學技巧。

然而，隨着電腦的普及化，收集資料容易，建基於利用統計數據及透過特定算術方式計算的技術指標 (technical indicator) 應運而生。技術指標可以降低圖表判斷的主觀性，使分析更為客觀，當然透過算術方式計算的結果，有時難免流於機械化，因此亦需大家在深入閱讀完本書第六章後作彈性判斷。

總結而言，廣義的技術分析，可以分為傳統圖表分析，以及技術指標分析，熟悉兩個範疇的分析方法基本上已對預測後市走勢很有幫助。

1.2 走勢圖類型

技術分析入門第一步，當然是要看懂眼前一張一張記錄着各種金融商品、股票、指數等交易的走勢圖，究竟屬哪類型？究竟表達什麼？事實上，走勢圖的類型很多，如三線反轉圖（three-line break chart）、磚形圖（renko chart）、折線圖（kagi chart）、線形圖（line chart）。

本書主要是針對那些初學技術分析者，以及一些不能把所有時間投入作投資或投機買賣股票的人士，故在此不打算將所有走勢圖類型的製作方法都作詳細介紹，只介紹以下在市場較普及應用的幾種，相信對讀者來説已足夠。

1.2.1 線形圖（line chart）

製作方法

線形圖為記錄走勢的最簡單圖表，圖表的橫軸（x軸）代表時間，而縱軸（y軸）代表價格，只要將每個交易日的收市價按時間順序以線連接起來便可。至於在圖1.4的和記黃埔（0013）線形日線圖上所見，對應價格下一條條的垂直線，則是成交量（trading volume）的記錄，垂直線的長度愈長代表成交量愈大；長度愈短，成交量愈小。

圖1.4 和記黃埔(0013)的線形圖

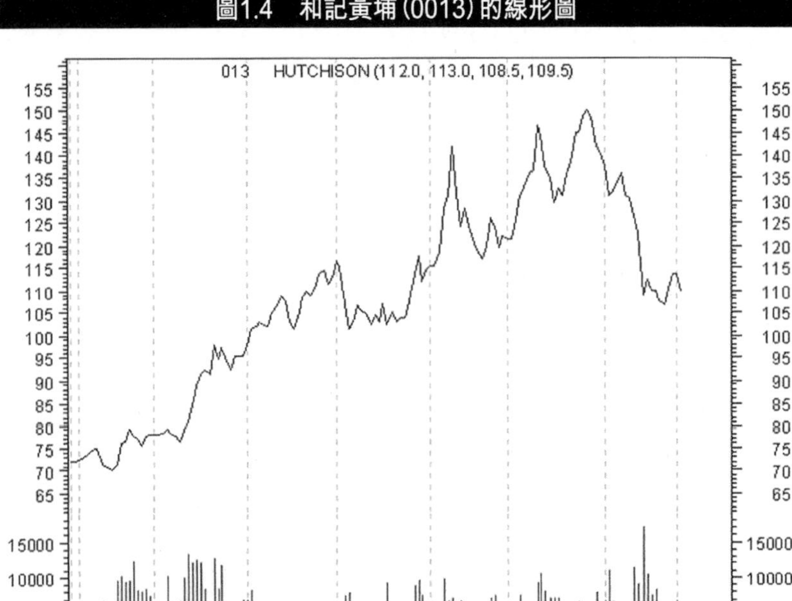

其實，相對應價格下的除成交量(股份交易的總數)外，也可以是成交額(turnover)(交易價乘以交易股份總數)；但若相對於期指，則是指未平倉合約數(open interest)、交易合約數等。

線形圖的優缺點比較

優點：	缺點：
(1) 製作簡單，省時。 (2) 顯示長期趨勢輪廓特別清晰明確。	雖具以上優點，但線形圖因只記錄收市價，資料不夠全面，所以用來捕捉短線走勢較為困難。

1.2.2 柱狀圖（bar chart）

製作方法

同為和記黃埔(0013)，圖1.5所見的走勢圖與圖1.4就有所不同，此謂「柱狀圖」，有此名稱主要是因為每日的價格區間都表示為垂直狀的長條柱狀形態。這一枝長條柱狀高低兩端，分別記錄每個交易日的最高價及最低價，而突出右側的小橫線代表收市價，突出左側的小橫線則代表開市價。

有些市場分析家認為開市價的啟示性不大，在製作柱狀圖時往往會省略了開市價，故讀者或有可能看到一些柱狀圖，其中長條柱狀的左側是沒有小橫線。

圖1.5　和記黃埔(0013)的柱狀圖

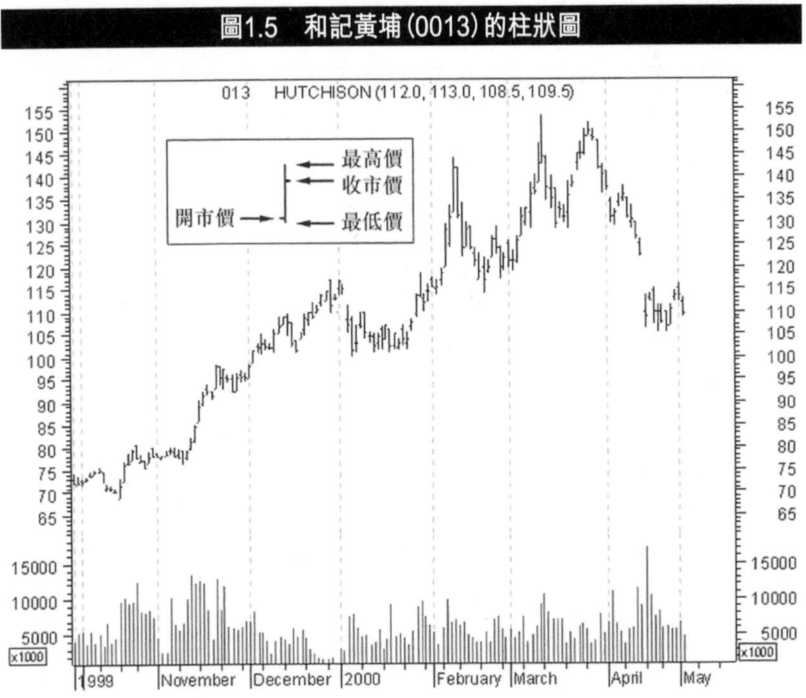

柱狀圖的優缺點比較

優點：	缺點：
基本上，柱狀圖解決了線形圖的不足，所包含的交易資料完整豐富，能全面透徹地反映市場的趨勢。	視覺而言，因為每條長條柱狀的收市價與開市價擺放的位置相近，若要將一段較長時間的走勢擠在一個圖表內，容易造成混亂不清，陰陽燭圖正好補救此缺點。

1.2.3 陰陽燭圖（candlesticks chart）

圖1.6 和記黃埔(0013)的陰陽燭日線圖

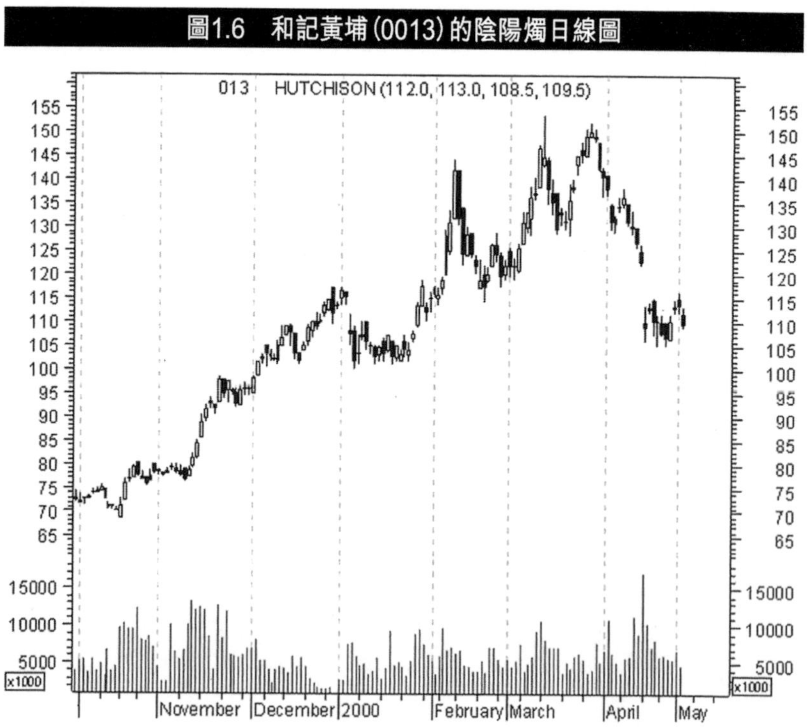

製作方法

圖1.6正是和記黃埔(0013)的陰陽燭日線圖(又稱K線圖)，與柱狀圖比較，視覺效果立竿見影，陰陽燭圖所提供的是三維的立體視覺效果。

製作陰陽燭圖與柱狀圖一樣，所要收集的資料包括開市價、最高價、最低價及收市價，可是兩種圖形的表達方式卻大大不同。

從圖1.7可看到，每日的開市價與收市價是利用一個長方形〔稱之為「實體」(real body)〕來作顯示，實體的上下兩端記錄開市價及收市價。若當日收市價高於開市價，實體上端會記錄收市價，而下

圖1.7 陰陽燭製作方法

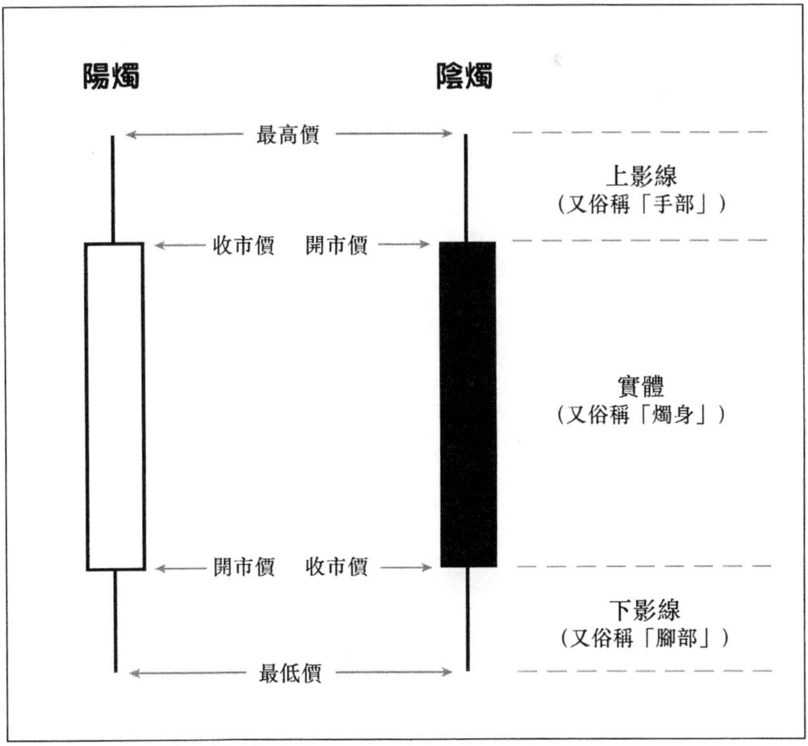

端則記錄開市價，實體部分填上白色，並稱之為「陽燭」；相反，若當日收市價低於開市價，實體上端會記錄開市價，而下端則記錄收市價，實體部分填上黑色，並稱之為「陰燭」。

而突出於實體上方的幼條線形，稱為上影線（upper shadow），用以記錄全日的最高價；相反，突出於實體下方的線形稱為下影線（lower shadow），用以記錄全日的最低價。

將每個交易日製作的陰陽燭線按時間排列，即成一張陰陽燭日線圖。陰陽燭日線圖在日本已流傳百多年*，本身已有一套分析方法來預測後市，本書將在第七章的「陰陽燭分析方法」詳細介紹，敬請留意。此外，其他西方技術分析方法如圖形形態分析、波浪理論、技術指標均同樣適合應用於陰陽燭圖，故讀者宜把其他西方技術分析技巧與陰陽燭配合運用，以達致理想的測市效果。

陰陽燭的優缺點比較

優點：	缺點：
具視覺效果，能清楚地觀察到市場趨勢的真正變化。	(1) 製作較為繁複。 (2) 分析技巧變化多端，初學者需要時間學習，才能掌握基本的趨勢變化。

~~~~~~~~~~~~~

* 陰陽燭發源於日本，方法的運用可以追溯至公元1750年，當時日本人主要利用此分析技巧來制訂入市買賣稻米期貨的策略。
~~~~~~~~~~~~~

1.2.4 OX 圖（又稱圈叉圖）（point and figure chart）

OX圖產生時間大約在1886年，至今已有百多年的歷史，將圖1.8與1.9比較，兩者涵蓋同一時間（1995年12月15日至1997年12月30日）的股價變動情況，前者為長江實業（0001）的柱狀日線圖，而後者為長江實業的OX日線圖，兩圖的趨勢雖相似，但記錄價格方法就截然不同，令圖形外觀亦有所分別，以下簡單作說明。

製作方法及程序

a）決定參考價格

OX圖主要由交替出現的X欄與O欄構成，X欄代表價格上漲，

圖1.8　長江實業（0001）的柱狀日線圖

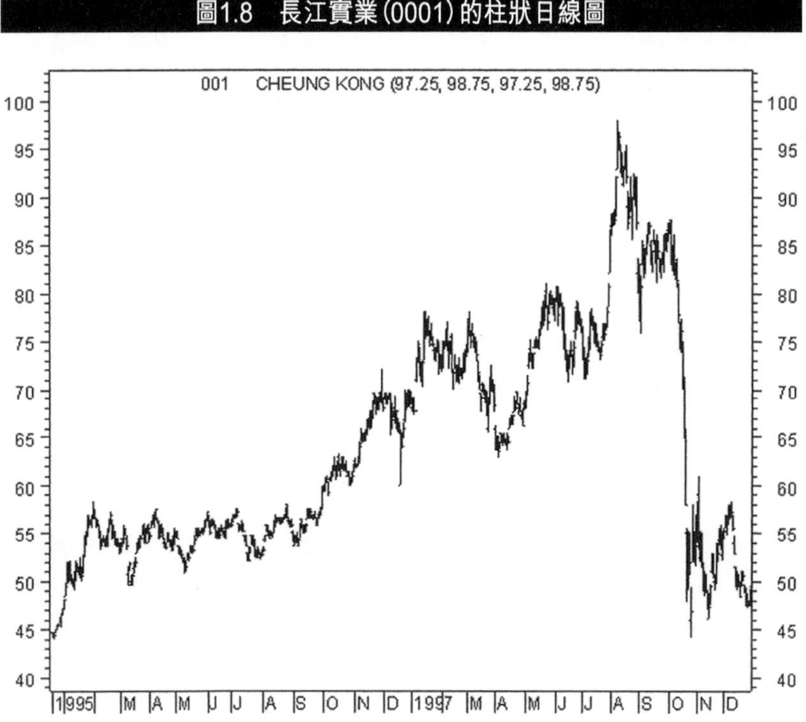

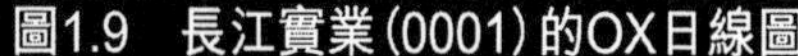

圖1.9 長江實業(0001)的OX日線圖

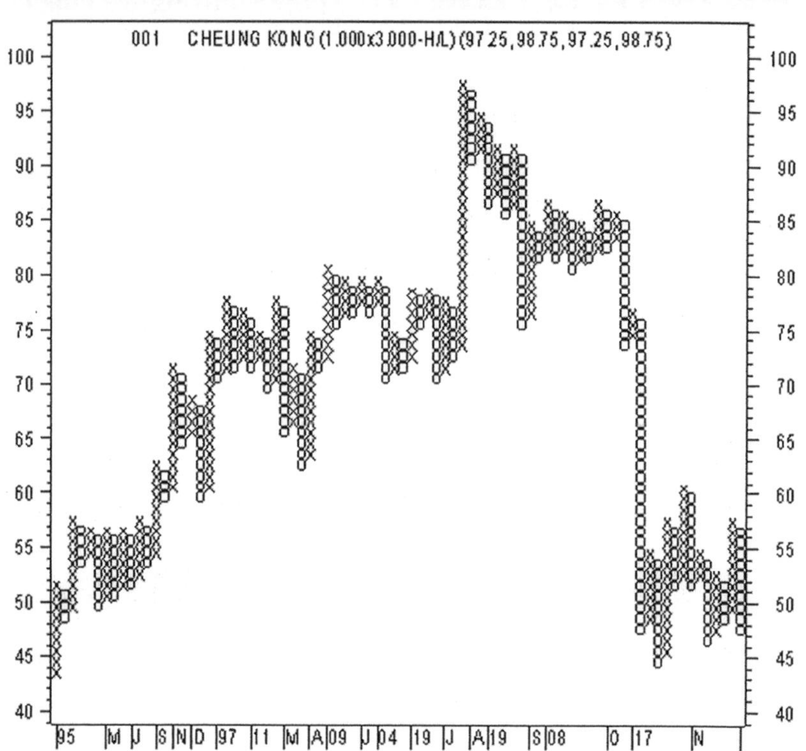

O欄代表價格下跌。繪製圖形所用參考價格可分兩種，一是只參考收市價，二是參考最高價和最低價，市場目前以後者較流行。

b）決定方格大小及反轉準則

在製作圖表前，先要決定方格(box size)大小及反轉準則(reversal criteria)。然後把"X"或"O"符號填上設定的方格範圍，每個方格代表股價點數，1點即表示1元，3點表示3元，餘此類推。採用較大的方格尺寸，可使突破買賣訊號數量減少，這對預測長期趨勢效果較佳；相反，採用較小的方格尺寸，則在捕捉短期走勢方面，效果較佳。特別一提，以上所提點數只是考慮完整的，不足一點可以不理，只計小數點前的完整數，不是採用四捨五入法。

反轉準則是指X欄與O欄之間換欄繪製所需要的價格反轉格數，格數愈多，圖形敏感度愈小，一般為一格、三格及五格。

c) **標示X和O符號法則**

— 先判斷現時處升勢還是跌勢，方法是將今天的最高價與昨天的最高價比較。如果是上升的，確定處升勢，標以"X"的符號；如果是下跌的，確定處跌勢，標以"O"的符號。

— 假定目前處升勢，在X欄，隔天，先觀察當日的最高價，如果當日的最高價高於昨日最高價並滿足方格大小要求，即在X欄中向上填補一個或多個X，不足方格大小要求的可不用理會。

— 再隔一天，重複進行上述的程序，首先觀察當日的最高價，只要最高價與昨日相若或高出允許你在該欄繪上X，就繼續向上繪製X，完全不需要考慮最低價。直至某日的最高價不允許你在目前的X欄中向上繪畫X，才考慮當天最低價。

— 若當日的最高價低於前日最高價，但不符合所設定格數的反轉準則，圖形仍不需更動，繼續考慮隔天的走勢，仍可逗留X欄中。相反，若符合反轉準則，把目前X欄最上端的價位，減去當日的最低價，如果差值等於或大於三格(設定的反轉準則)，就符合三格反轉的條件，必須換欄到第二行，在最高價與最低價位置填上"O"符號，現在我們已處於O欄中。

— 繪製翌日的圖形，首先考慮當日的最低價，若當日的最低價低於昨日最低價並滿足方格大小要求，即在O欄中向下填補一個或多個O，不足方格大小要求則可不理。

— 同樣，當符合三格反轉時，才轉換欄。

d) **製作實例**

在此作一實例説明，表1.1為長江實業(0001)於1995年12月15

表1.1　長江實業(0001)股價資料

日期	最高價	最低價
12/15/95	44.7	44.2
12/18/95	44.8	44.3
12/19/95	44.4	44
12/20/95	45.1	44.6
12/21/95	45.5	44.9
12/22/95	45.6	45.4
12/27/95	46.2	45.7
12/28/95	46.7	45.2
12/29/95	47.1	46.6
1/2/96	48.2	47.2
1/3/96	49.8	48.5
1/4/96	52	49.7
1/5/96	52	49.8
1/8/96	52.25	50
1/9/96	50.75	49.7
1/10/96	50.25	49.4
1/11/96	51	49
1/12/96	52.25	50
1/15/96	51.75	51

日至1996年1月15日的最高價與最低價資料。

準則設定：

設定以最高價與最低價來製作，每個方格點數為1元，規限所填上的X和O符號在此範圍內。此外，以三格(即3元)反轉為準則，當股價變動是三格或超過此數，需作換欄行動。

1995年12月15日及18日：依表1.1資料顯示，長江實業(0001)於當日的最高價為44.7元，而下個交易日(即12月18日)的最高價為44.8元，由於高於前日確定升勢，取其整數即44元，標以"X"在43元至44元刻度的範圍內作開始，即圖1.10所見。

12月19日：當日最高價(44.4元)雖低於前日最高價(44.8元)，但當時X欄上端(44元)與當日最低價(44元)沒有相差額，故可不理。

12月20日：當日最高價(45.1元)高於前日最高價(44.8元)，且整數為45元，故可以在44元至45元刻度的範圍內再畫一個X。

12月21日及22日：兩日的最高價均分別高於前一日的最高價，但以整數計同是45元，即無變動，故無須畫符號。

圖1.10

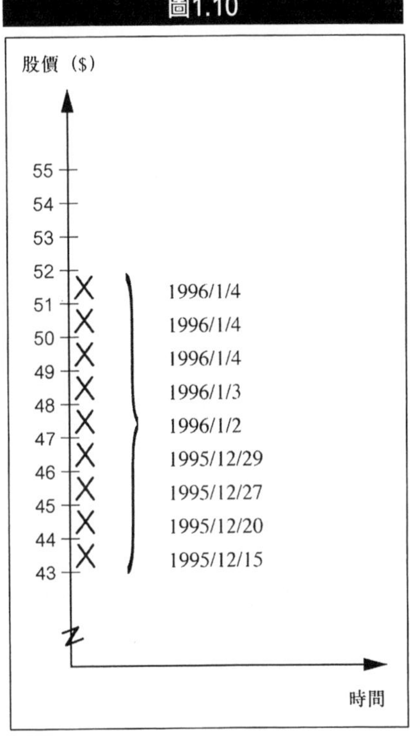

12月27日：以整數計，當日最高價(46.2元)高於前日最高價(45.6元)為1元，故在45元至46元刻度範圍需填上一個X。

12月28日：以整數計，價格無變動，逗留在原來X欄位。

12月29日：以整數計，當日最高價(47.1元)較前日最高價(46.7元)高出1元，故在46元至47元刻度範圍內填上一個X。

1996年1月2日：以整數計，當日最高價(48.2元)較前日最高價(47.1元)高出1元，故在47元至48元刻度範圍內填上一個X。

1月3日：當日最高價(49.8元)較前日最高價(48.2元)高出1元，故在48元至49元刻度範圍內填上一個X。

1月4日：當日最高價(52元)較前日最高價(49.8元)高出近3元，故在49元至52元刻度範圍內填上三個X(記着一個X代表1元)。

1月5日及8日：以整數計，價格無變動。

1月9日：當日最高價(50.75元)低於前日最高價(52.25元)，故將X欄最上端價格(整數計即52元)減去當日最低價(整數計即49.7元)相差2.3元，不足3元，故無須換欄，保持不變。

1月10日：當日最高價低於前日最高價，但X欄最上端與當日最低價相差不足3元，可以不用理會。

1月11日：當日最高價(51元)低於X欄最上端(52元)，故將X欄最上端價格(52元)減去當日最低價(49元)，剛好為3元，符合三格反轉準則，故需換至第二行起O欄，並將三個“O”符號填在當日最高價(51元)和最低價(49元)的位置，見圖1.11。

1月12日：現在已身處在O欄中，應以當日最低價(50元)與前日最低價(49元)相比，發現較前日為高，因此需要將當日最高價(52.25元)減去現時O欄最下端價格(49元)，相差達3.25元，符合三格反轉準則，故又要將欄目換至第三行起新一行X欄，並將三個“X”符號填在49元至52元刻度範圍內，見圖1.12。

圖1.11

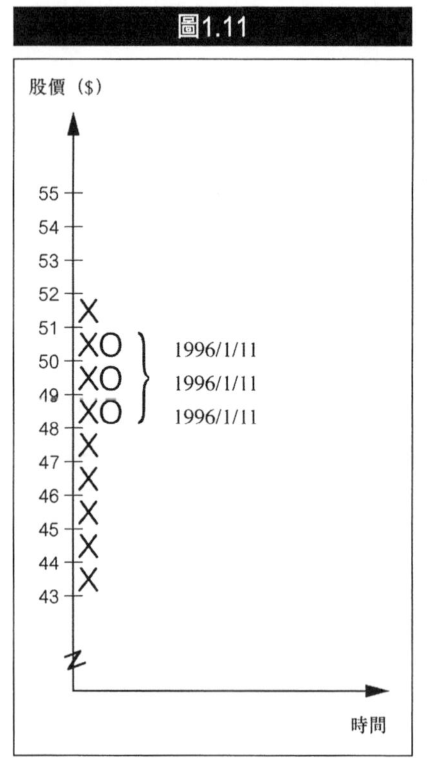

圖1.12

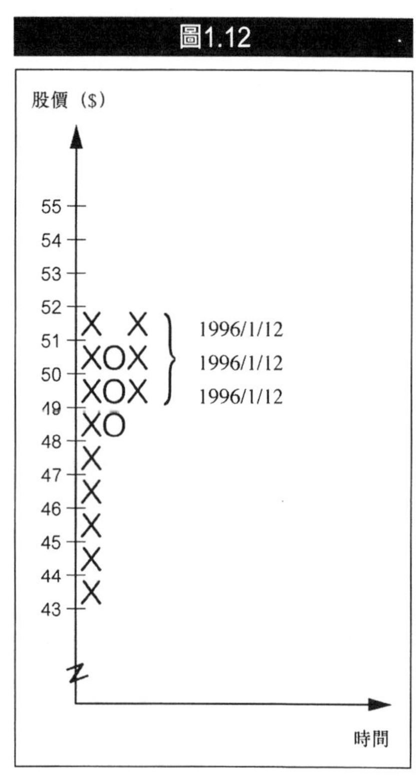

簡單買賣策略：

以上講了OX圖的製作方法，當然，要進一步了解對買賣策略實際有什麼作用。

簡單而言，當X欄的價位向上穿越前一個X欄上側端點，視為買入訊號；相反，當O欄的價位跌破先前一個O欄的下側端點，視為沽空賣出訊號。

在圖1.13的長實(0001) OX圖所見，每方格設定為3點，而反轉準則亦是三格。當X欄的價位穿越先前X欄的頂部，見標示的為向上箭頭，視為突破買入訊號。當O欄的價位跌破先前O欄的底部，見標示的為向下箭頭，則視為沽空訊號。

圖1.13　長江實業(0001)的OX圖

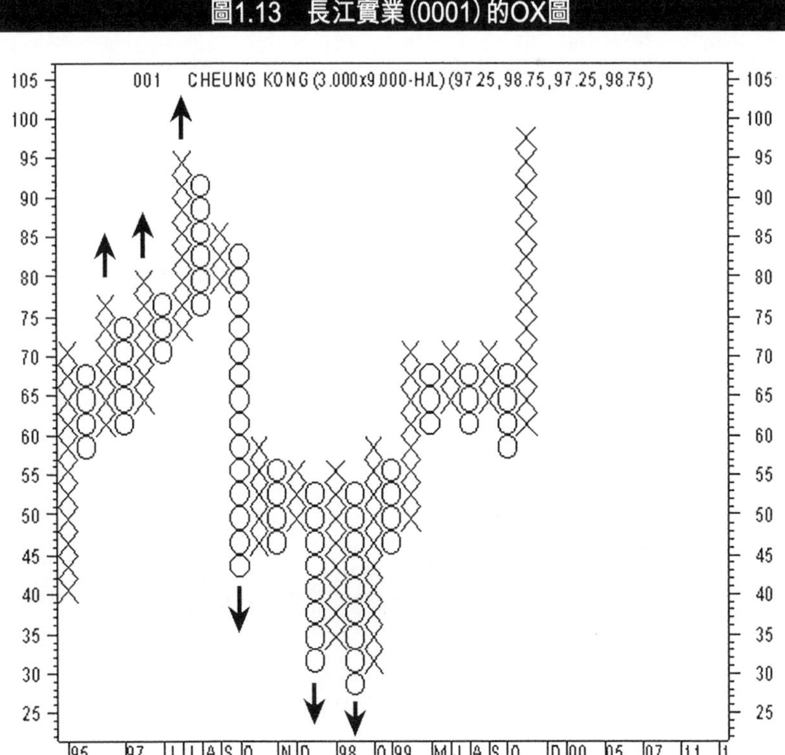

複雜而言，可以圖形的形態及趨勢線突破作買賣策略，但這部分已是OX圖的深入分析部分，是另一門技巧，在此不打算作詳談。

OX圖的優缺點比較

優點：	缺點：
(1) 可以靈活調整格數大小與反轉格數，圈叉圖幾乎可以適合任何的需要。 (2) 交易訊號有規範，具機械性，故此比較不容易受到主觀情緒的影響。 (3) 可以用較小空間，來記載較長時間股價的變動。	繪製OX圖時，因為股價繼續上揚或是股價繼續下跌時都無須轉行，因此只是考慮價格行為而忽略了時間因素；另外，OX圖亦忽略成交量數據，形成分析欠全面。

參考書介紹

隨着柱狀圖及陰陽燭圖的普及應用，OX圖已較少為投資者所應用，但此套繪製圖表方法既然有過百年歷史，自然有其可取之處，以上只是對OX圖作簡單分析，若讀者對此門學問有興趣，可以參考以下所提供的書籍．

1. Burke, Michael L., *Three-Point Reversal Method of Point & Figure Construction and Formation*, Chartcraft, 1990.
2. Dorsey, Thomas J., *Point & Figure Charting*, Wiley, 1995.
(中譯版：《股票短線OX戰術》，寰宇出版社。)
3. Wheelan, Alexander, *Study Helps in Point & Figure Technique, Morgan Rogers & Roberts*, 1954, reprinted in 1990 by Traders Press.

1.2.5 算術刻度圖（arithmetic scaling chart）及半對數刻度圖（semi-logarithmic scaling chart）

繪製走勢圖時，價格表示所用的座標刻度不同，可以製作出以下兩種走勢圖。

算術刻度圖

圖1.14顯示，以算術刻度作座標走勢圖，每單位垂直距離都是相等的，換言之，相同的價格變動數量都利用相同的垂直距離來表示。以此方法製作的走勢圖，被稱為「算術刻度圖」。

半對數刻度圖

相反，同以圖1.14所示，以對數刻度作座標的，每單位垂直距離並不是相等，而是逐漸收縮，這是反映隨着價格逐級上升，相同價格上升所錄得的升幅會收窄。假如由1元升至2元，升幅便為100%；由2元升至3元，同樣為1元的上漲額，但因為基數大了令升幅只錄得50%，餘此類推。

圖1.14　算術刻度與對數刻度比較

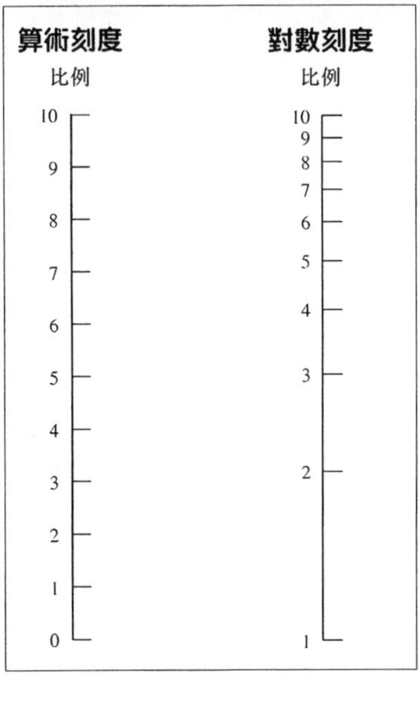

因此，在以對數刻度作座標的走勢圖中，相同價格百分率的變動才可表示為相同的距離；由1元升到2元的距離，應該等於由5元到10元的距離，因

為兩者的價格升幅均為一倍。由於圖表中只有縱軸(即價格部分)採用對數刻度，而橫軸(即時間部分)仍然採用算術刻度，故以此方法製作的走勢圖，可以稱為「半對數刻度圖」。

半對數圖應用在長線趨勢圖效果佳

究竟兩種以不同方式座標的股價走勢圖有何分別？在確定細小及短時間的趨勢時，兩種圖形的差異不是很重要，但如果是在一個長期而有力的中、長期趨勢(一般指六個月或以上)，差別就較大，會在時間和最後趨勢線的穿透水平上造成相當差異。

如果讀者翻閱覆蓋十年或以上的長期性以算術刻度作座標的走勢圖，你會很快發現，絕大多數處牛市大升勢的走勢傾向加速，很難以直線將各低點連接。牛市起步緩慢，然後，市場投資及投機情緒逐漸加劇，令越靠近主要頂部時，上升角度越陡，形成拋物線，把牛市趨勢帶至離直線趨勢線很遠很遠。

許多主要長期趨勢(主升的牛市)中，有以上典型的加速拋物線的股票或指標，若放在半對數刻度圖是較易以直線連接成趨勢線，因它們具對數性質，趨勢線更快地被衝破，而且通常在一個更高價的水平，所以它們會較算術刻度圖更快發出利淡沽貨訊號。

實例闡釋

圖1.15為匯豐控股(0005)周線圖，以算術刻度製作，顯示股價自1996年升至1997年8月見頂時，走勢有點呈拋物線，很難以一直線連接各調整低點。相反，按圖1.16所見，以對數刻度製作，所呈升勢產生直線趨勢，可以輕易以直線連接各低點。

除了這樣的差異，亦見到以對數刻度所製作的走勢圖，提供更快的結束大牛市升勢訊號。按圖1.16所見，匯豐股價於1997年10月

圖1.15　匯豐控股(0005)的周線圖（以算術刻度製作）

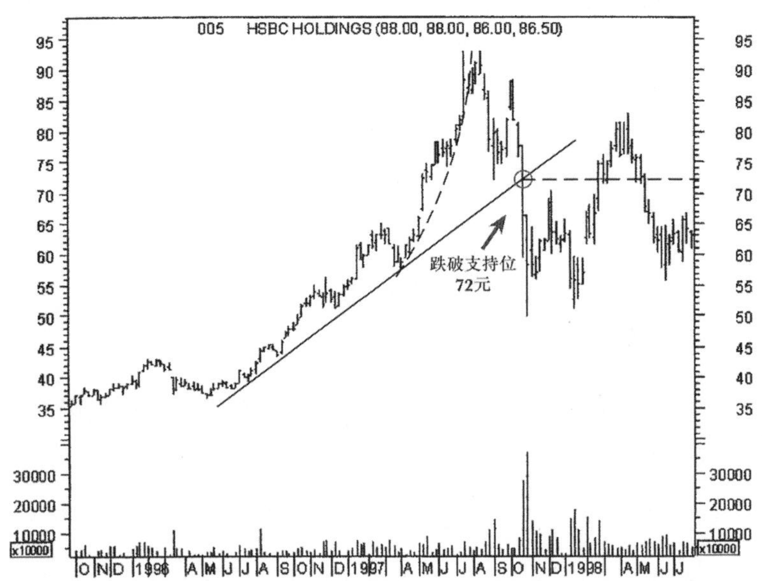

圖1.16　匯豐控股(0005)的周線圖（以對數刻度製作）

跌破上升趨勢線支持位(77元)時已確認市況轉淡；相反，按圖1.15所見，匯豐股價於10月同樣跌破上升趨勢線，但水平在72元，與前者相差5元，所發出的利淡訊號的價格水平明顯較低，假如此時才止蝕，損失較大。

1.2.6 周、月、年及即市圖

以上幾節介紹走勢圖類型時，主要集中於日線圖的製作方法，至於較長線及短線的走勢圖，基本上是同出一個原理。

線形周線圖，每一點就是以每周收市價為準，方法簡單。

柱狀及陰陽燭周線圖，則是在柱狀圖中以每枝柱狀或在陰陽燭圖中以每枝蠟燭代表一周內的股價記錄，開市價以每周第一個股市交易日(即周一)的開市價為準，最高價取周內見過的最高價，最低價取周內見過的最低價，而收市價以每周最後一個股市交易日(即周五)的收市價為準。若是台灣，因當地周六股市仍運作，故最後一個股市交易日順利成章是周六，也取此收市價作全周收市價；又假設星期五為股市休市日，全周的參考收市價便應取周四的收市價。

餘此類推，也可以製作出月線圖及年線圖，甚至更短線的即市圖，例如買賣期指很多時需要製作的即市圖，便包括了一分鐘圖、五分鐘圖、十五分鐘圖、三十分鐘圖、六十分鐘圖等。

2

趨勢線的分析

中國古語有云：「順勢者昌，逆勢者亡」，反映正確判斷「趨勢」(trend) 的重要性。在股票市場，充分認識及掌握眼前趨勢視為技術分析入門的基本功，請記着西方股場流行的一句格言："Trend is your friend." (趨勢是你的朋友)！

本章將詳細介紹如何繪製用來判斷趨勢的趨勢線 (trendline)、趨勢線的種類、如何運用趨勢線、如何修正趨勢線、由趨勢線衍生出來的技術分析技巧。趨勢線的分析法簡單易明，讀者手上只需有一枝筆、一把間尺，就可與筆者進入「趨勢線」的世界。

2.1 趨勢線的繪製方法及種類

趨勢就是一個未來的方向，股價未來的變動大致可分三個方向：一是向上升，一是向下跌，最後一個是向橫窄幅發展。在數學原理上來說，只要找出兩個決定性的點就可以畫出一條線，而趨勢線的繪製就是建基於此簡單原理。

2.1.1 上升趨勢線（up trendline）

所謂「無風不起浪」，股價形成一個上升勢總有一些利好的原因引發，如憧憬減息紓緩利息支出壓力、公司有新發展項目、公司盈利大增等。股民買賣情緒高昂，令股價呈一浪高於一浪的走勢，每一個高位均較前一個為高，同樣，每次向下調整的低點均一個比一個為高，反映投資者在股價稍微下調便心急地趕着買貨，極看好後市。

只要將至少兩個明顯調整低點連成線（所謂明顯低點是由三個交易日組成，在三個交易日中，第二日的低位明顯低過第一日及第三日的低位，好像一個倒轉的「山」字型），即成上升趨勢線（市場又稱上升軌或支持線）。上升軌一旦連成，顯示股價處明顯升勢中，股價每次調整接近上升軌，預料均會呈支持而反彈上升，這可視為利好買入訊號，直至後市股價跌破上升軌，預示後市將扭轉升勢，上升軌此時將失去其支持作用。

圖2.1顯示匯豐控股(0005)在1997年4月開始的一段上升趨勢，當時正值香港將近回歸，投資氣氛高漲，形成一浪高於一浪走勢，將兩個明顯低點(圖中ⓐ及ⓑ點)連線，即見一條向上傾的上升軌。

圖2.1　匯豐控股(0005)股價走勢圖

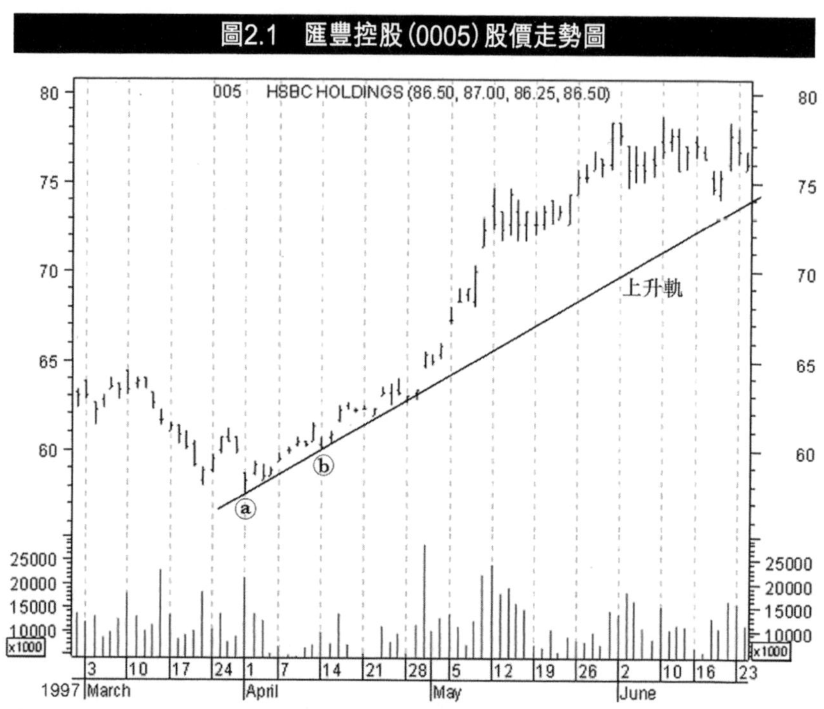

繪製上升軌的口訣是：

「上升勢途中，低點連低點，線往上方傾，便是上升軌。」

2.1.2 下跌趨勢線(down trendline)

與上升趨勢線呈相反走向的為下跌趨勢線(市場又稱下跌軌、

下降軌或阻力線）。由於一些外在或內在的利淡因素衝擊，如公司經營環境變壞可能出現虧損、息口調升令利息支出增加、政局出現變化等，均令前景產生不明朗，打擊投資者信心。股民面對不明朗及利淡的因素影響，總會趁股價每次反彈，減持沽出，形成每次反彈高點呈一浪低於一浪走勢，同時，因為明顯缺乏承接力，每次下跌低點總是一個比一個低。

若將至少兩個明顯反彈高點連成線（所謂明顯反彈高點是指在三個交易日中，第二日的高位明顯高於第一日及第三日的高點，似

圖2.2 恒基地產(0012)股價走勢圖

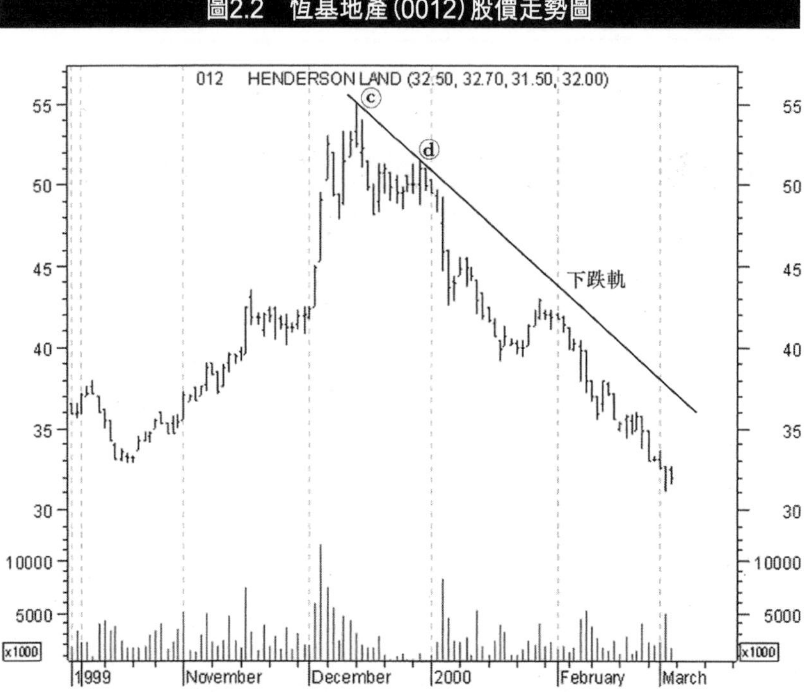

繪製下跌軌的口訣是：

「下跌勢途中，高點連高點，線往下方斜，便是下跌軌。」

一個「山」字），線往下斜，成為下跌軌。當下跌軌形成後，反映股價處明顯跌勢，預期股價每次反彈近下跌軌時均遇阻力而回落。若後市股價升破下跌軌，預示跌勢將被扭轉，不應再看淡。

圖2.2顯示恆基地產(0012)的一段跌勢自1999年底開始，當時美國通脹壓力愈來愈大，息口向上調的憂慮令投資者對地產股看淡，恆基地產淡勢因此形成，將兩個明顯低點(圖中ⓒ及ⓓ點)連線，清楚可見一條向下斜的下跌軌。

2.1.3 水平趨勢線(sideways trendline)

不要以為趨勢線不是向上傾，就是向下斜，事實上，股價走勢

圖2.3　中旅國際(0308)股價走勢圖

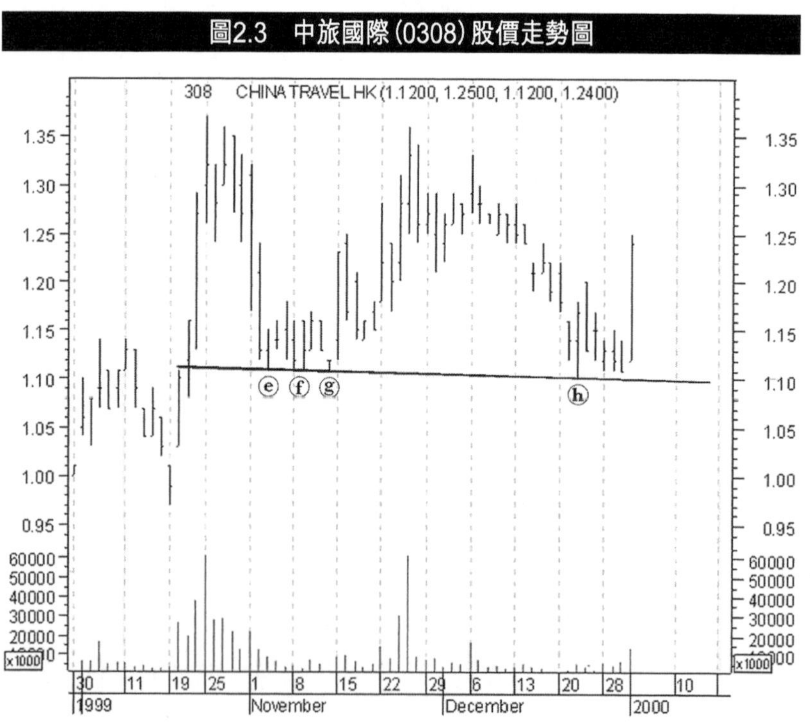

有時候未必有明顯上升勢或下跌勢。當市場人士對前景感到不明朗，需要時間作評估，又或者無特別利好或利淡消息影響，市場就會頓失方向，令股價作窄幅橫向發展，形成水平趨勢線。

當股價多次跌近同一水平而呈支持反彈，只要將至少兩點明顯低點連線，即成為「水平支持線」，如圖2.3顯示中旅國際（0308）於1999年11月至12月期間，股價多次觸近1至1.1元而反彈，形成四個接近水平的低點，包括圖中的ⓔ、ⓕ、ⓖ和ⓗ點，將四點連線成為水平支持線，便顯示該線具支持作用。

相反，若股價多次升近同一水平，但都因呈阻力而回落，只要將至少兩個明顯高點連線，即成為「水平阻力線」。圖2.4顯示中國製藥（1093）於1996年11月至1997年2月期間，股價多次觸近1.26

圖2.4　中國製藥（1093）股價走勢圖

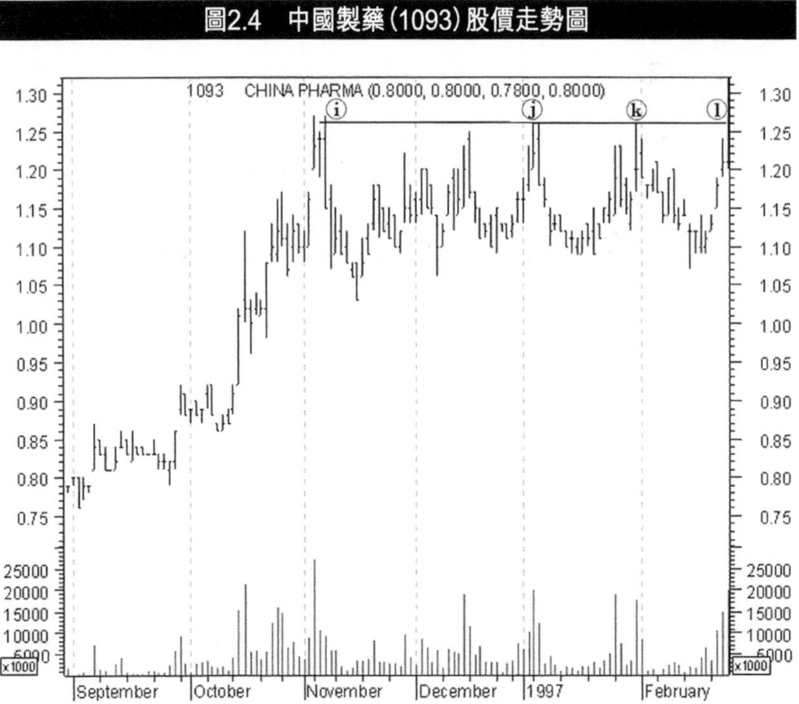

元至1.27元而回落，將至少兩點高點(圖中ⓘ及ⓙ點)連線，便呈水平阻力線，清楚可見，隨後股價兩度升近水平阻力線均回落(即ⓚ及ⓛ點)，可見阻力很大。

2.2 有效趨勢線（valid trend-line）的驗證

原則上，將兩個明顯低點連線即成上升趨勢線，相反將兩個明顯高點連線即成為下跌趨勢線，但趨勢線是否具效用則需要作進一步驗證。

所謂「具效用的趨勢線」，意指該趨勢線具較強的預測能力。例如，股價跌近上升趨勢線時能發揮支持作用，市場有足夠需求買盤出現令跌勢停止，預測反彈回升的機會較大，故上升趨勢線又稱支持線(support line)；相反，股價升近下跌趨勢線時有阻力，市場有大量供應的沽盤出現，預測回落的機會較大，故下跌趨勢線又稱為阻力線(resistance line)。而一條失效的趨勢線，則預計所發揮的支持或阻力作用較低，不宜作為買賣參考。

若要判斷趨勢線的有效性，可參考以下原則：

(1) 觸點愈多愈有效

臨時的趨勢線原先由兩點所組成，若由兩個以上的點所連成，反映這條趨勢線已多次被衝擊及考驗，但未被突破，故可確認為有效趨勢線，預測能力較高。以上升軌為例，當第三次觸及上升軌而反彈證明支持力強，所呈上升軌便變成由三點所組成，並預期第四次觸及上升軌時支持力更大，直至出現突破為止。

實例闡釋

以圖2.5的中信泰富(0267)為例，該股的升勢因為公司逐步公佈發展科技業務，獲投資者憧憬科技業務會為集團盈利帶來刺激增長作用。該股自1999年底開始的升勢呈一浪高於一浪的走勢，原先的上升軌由ⓐ及ⓑ點相連，及後近2000年2月尾時，試近ⓒ點呈支持反彈，此時上升軌已由三點明顯低點所組成，預期支持力頗強，果見後來兩次下調(圖中ⓓ及ⓔ點)觸及上升軌即反彈，投資者若在此兩次博反彈買入，利潤也頗可觀。直至4月初，當中信泰富股價跌破上升軌(即ⓕ點)，才結束此軌的支持效用。

在圖2.6中，恆基地產(0012)的走勢可作為有效下跌軌實例，由於受加息因素困擾，令該股自1999年7月開始反覆回落，呈一浪低於一浪的下跌勢。下跌軌原由ⓖ及ⓗ點所連成，但在1999年8月

圖2.5　中信泰富(0267)股價走勢圖

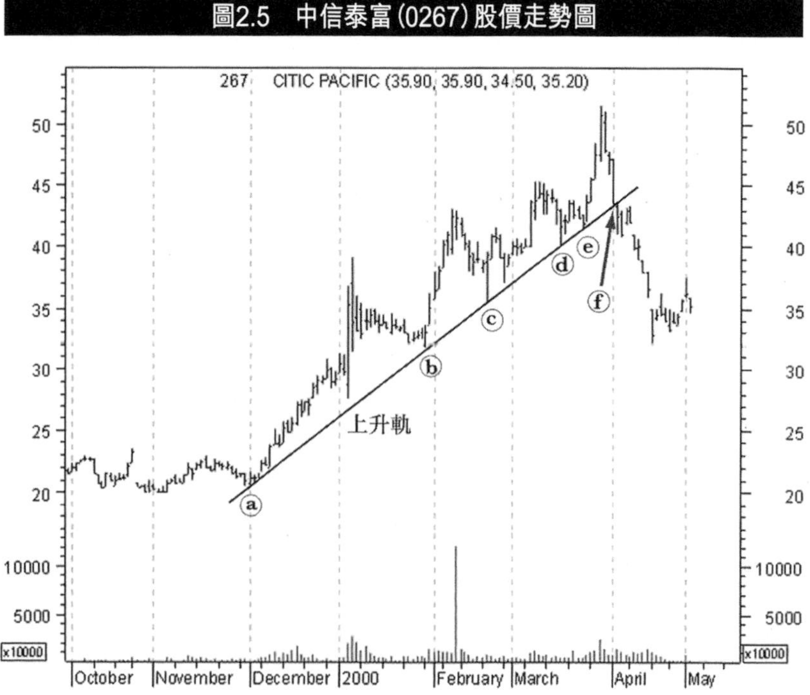

圖2.6　恒基地產(0012)股價走勢圖

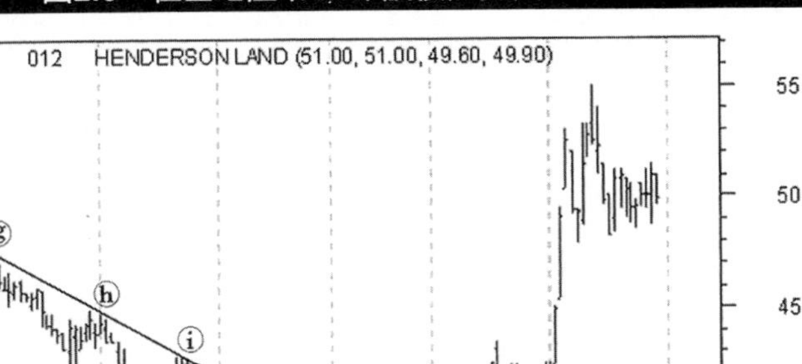

再觸近下跌軌阻力位時又一次回落，因而形成下跌軌由三點所形成，預測阻力作用很強。結果，恒基地產於9月再度試近下跌軌阻力位40元(圖中ⓙ點)，這可視為最後沽貨機會，股價隨後由近40元跌至33元才見跌勢喘定。直至10月，以大成交量配合突破下跌軌(即ⓚ點)，才結束此軌的阻力作用。

(2) 跨越時間愈長愈有效

所形成的趨勢線跨越的時間愈長而未被突破，其技術分析意義相對重要，因為這將表示：當股價往上升近下跌軌時，回吐壓力會增加；相反，當股價跌近上升軌時，止跌回升的機會會大增。

至於時間何謂「長」？何謂「短」？如何界定，這可以根據道氏理論所提出的分界準則，半年至一年或一年以上時間所形成的為主要長期趨勢；三星期至數個月時間所形成為次一級的中期趨勢；少於三星期為短期趨勢。一般而言，中期性及長期性的趨勢線較有效力，參考性較強。

由於預期長時間形成的主要趨勢線積聚不少支持力或阻力，因此當衝破趨勢線時，預期爆炸力亦相對地大，原因涉及投資者心理及實際運作的技術問題，如跌破多年連成的上升軌支持位時會令投資者心理不安，寧先沽貨離場觀察；同時，當跌破重要支持位時，也可能引發止蝕程式盤不計價地拋售，令跌勢加劇。而升破多年形成的下跌軌阻力位時，原理亦一樣，只是方向不同而已。

實例闡釋

圖2.7是航天科技(0031)的周線圖，圖中所形成的水平阻力線長達一年半時間，及後在1999年底，幾度觸近水平阻力線而回，足

圖2.7 航天科技(0031)股價走勢圖

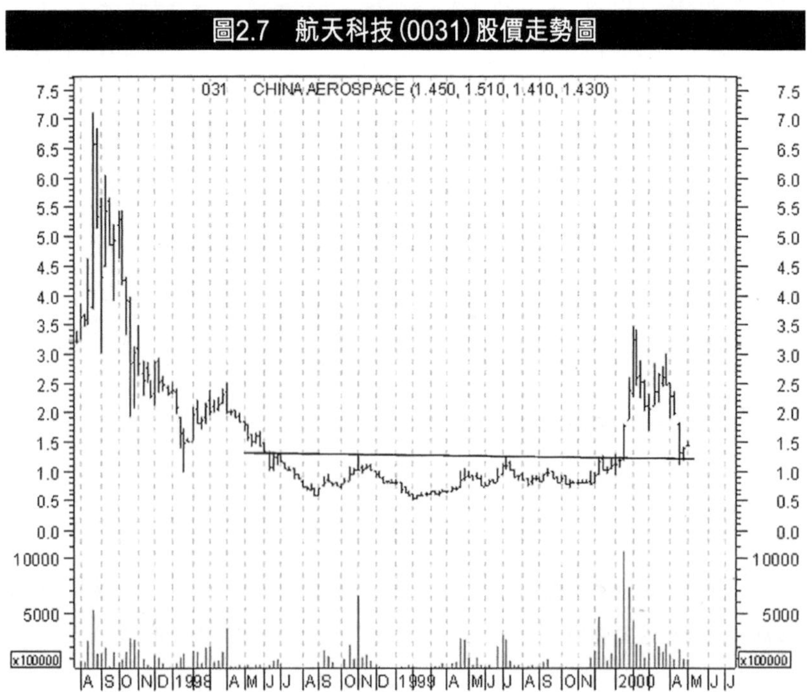

證此阻力線跨越時間愈長，阻力愈大，好友要用接近一個半月的時間與淡友對壘爭持，在此阻力線附近徘徊，直至航天科技發展科技業務，好友才有利好藉口借勢控制大局，以大成交量配合上升衝破阻力位(約1.2元)，及後在三星期時間內呈爆炸性上升至3.5元，累計升幅幾近兩倍。

(3) 太陡或太平的線有效性減

當趨勢線畫好後，若發現線比較陡峭，其有效性亦會大打折扣。因為一條較陡峭的趨勢線，股價容易被突破，但後市卻未必如預期般移動，例如上破下跌軌，股價就會猛升，或跌破上升軌，股價就會猛跌。通常當股價升破陡峭趨勢線，改以一個短期橫向的走勢取代，最壞情況可能是股價進一步下挫，令追貨者被套牢。相反，太過平緩的趨勢線亦不是太理想，因所發出的買賣訊號往往會稍遲。

何謂「陡峭」？並沒有精確定義，股價處不同發展周期及不同種類的股票均有所差異，分析人士很多時需要憑經驗作調校。對初學者而言，只有以市場一般可接納的標準作為學習的起點。從圖2.8所見，趨勢線L2與水平線夾角約為45度，為最理想的有效趨勢線。至於趨勢線L3與水平線夾角高逾65度，屬於太過陡峭；L1與水平線夾角則只有10度左右，則屬太過平緩；兩條趨勢線的有效性均大降，參考性較低。

圖2.8　不同角度的趨勢線

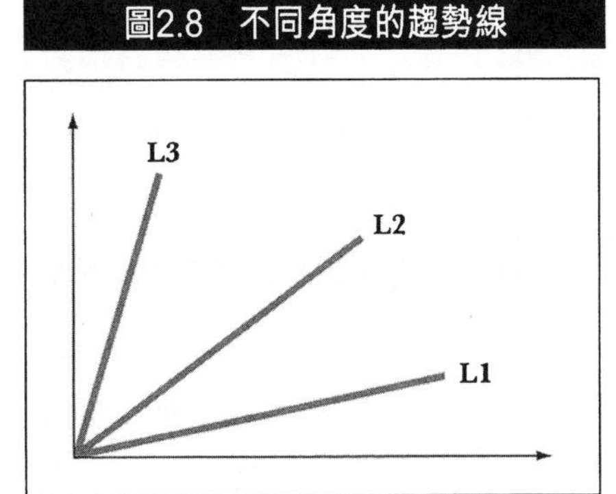

實例闡釋

以圖2.9的新鴻基地產(0016)為例，該股股價自1999年8月起，呈一浪高於一

圖2.9　新鴻基地產(0016)股價走勢圖

浪的上升勢，期間有三條上升軌出現。上升軌L4的角度高達55度，屬陡峭，太早發出沽貨訊號，結果所見，在10月時雖然股價跌破此上升軌，但無大幅下挫現象，並且以橫行走勢取代；若在跌破L4即沽貨看淡，就錯過以後的高位。

至於上升軌L6的角度只有20度，屬太平緩，太遲發出沽貨訊號。圖中所見，新鴻基地產股價自1996年11月高位約102元下挫，至1997年3月正式跌破L6發出沽貨訊號時，股價已跌至85元水平，之前未有沽貨者損失甚大。

相反，上升軌L5的角度為45度，屬最有效性的趨勢線，發出沽貨的訊號最準確，不會太早或太遲，當股價跌破此軌後，股價未見回升，並輾轉回落，其沽貨訊號發生在92元左右，較以上85元來得高，投資者的損失較輕微。

2.3 趨勢線的突破（trendline penetrations）

股價突破有效的趨勢線，反映市勢已被扭轉。簡單而言，股價上破下跌軌，代表以往阻力已消除，屬利好的買貨訊號；相反，股價跌破上升軌，代表以往支持力量被削弱，屬利淡的沽貨訊號。

有時候，股價會出現短暫的突破趨勢線，但很快又重回線上或線下，繼續原來的趨勢，令根據以上大原則作買賣策略的投資者損失，市場稱此現象為「假突破」，屬走勢陷阱的一種。為避開此走勢陷阱，在股價突破時需符合以下幾項大準則才確定「真突破」，以提高買賣策略的準繩度。

(1) 成交量的配合

(i) 當股價向上升破下跌趨勢線時，成交量必須同時配合增加，才可算是一個有效的利好買入訊號。

實例闡釋

圖2.10中的鷹君集團(0041)，其股價自1999年6月開始因受市場加息憂慮困擾而反覆回落，形成第一條下跌軌(指L1)；及後，於8月突破下跌軌，但成交量顯見不足，形成「假突破」，結果升勢只維持了兩日，隨後股價輾轉再落。

圖2.10　鷹君集團(0041)股價走勢圖

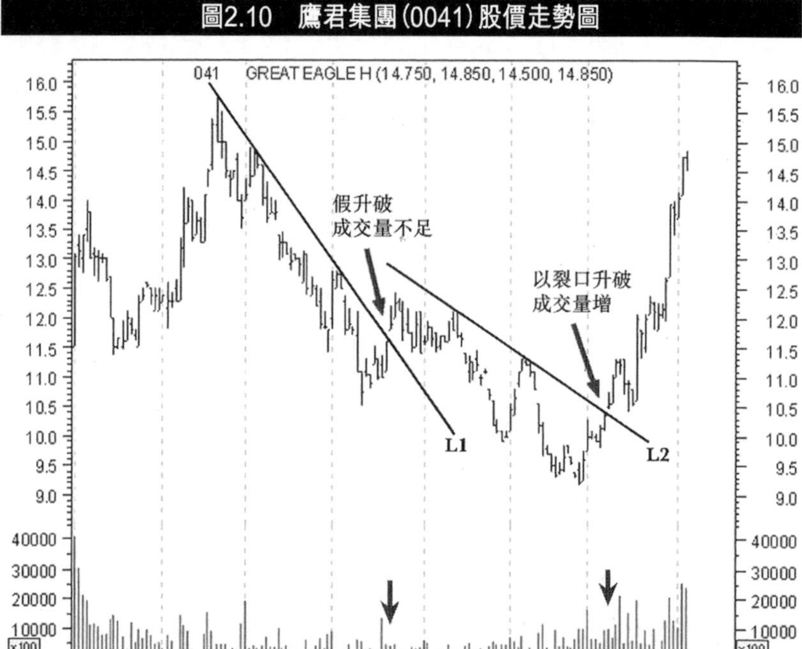

股價在假突破後，再重新形成一條下跌軌(指L2)，今次鷹君乘中、美達成世貿協議，投資者轉趨樂觀之際，於同年11月伺機向上升破下跌軌，由於成交量配合上升，突破訊號屬有效，結果後市重納升勢，形成一浪高於一浪的走勢。

(ii) 相反，當股價向下跌破上升趨勢線時，跌破當日的成交量就算沒有大增，亦可視為可靠的沽貨訊號，通常在跌破後的第二日成交量才有增加的情況。

(2) 收市價的觀察

(i) 當股價突破趨勢線時，應以當日的收市價為準，而只在交易日內一度突破的視為「假突破」，屬無效用的買賣訊號。

(ii) 以收市價計，連續企穩在突破點上達兩至三日，視為有效突破訊號。

(iii) 最理想的收市價是能超越趨勢線突破點3%，假設當日升破下跌軌的阻力位(20元)，收市價最好接近20.6元〔計算方法是：20元＋(20元×0.03)〕。相反，若跌破上升軌的支持位(10元)，收市價最好接近9.7元〔計算方法是：10元－(10元×0.03)〕。

從實戰經驗所得，3%的突破價差幅可以作靈活調校，尤其以短線炒作為主，只要收市價往上突破(高於)或往下突破(低於)趨勢線突破點的1.5%至2%，並連續企穩兩至三日以上，可視為有效的突破訊號。

實例闡釋

圖2.11　新鴻基地產(0016)股價走勢圖

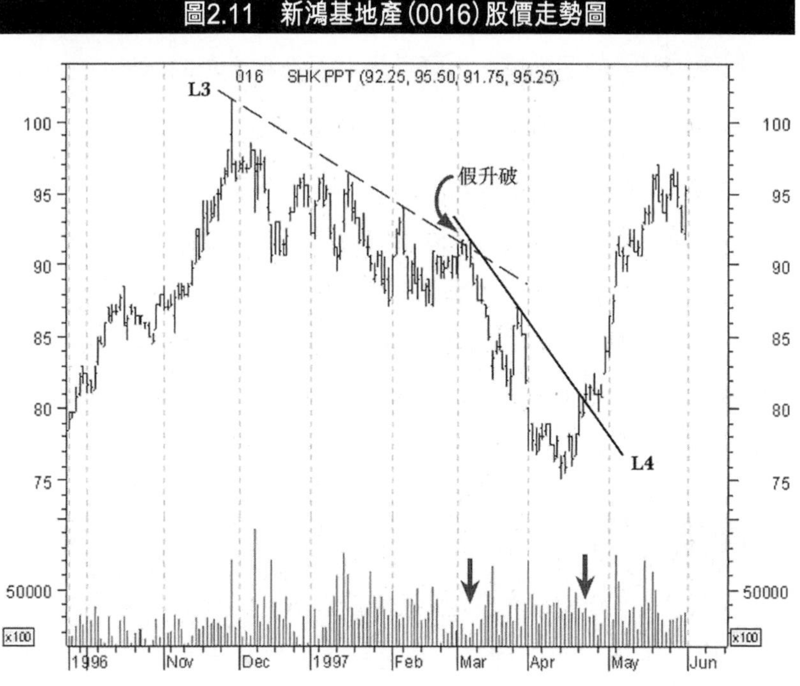

圖2.11的新鴻基地產(0016)，其股價自1996年11月尾形成一浪低於一浪的走勢，成功形成一條下跌軌(圖中的L3)。在1997年3月初，股價一度升破下跌軌阻力，但觀察第一日收市價雖企穩下跌軌之上，報收91.75元，但只高於阻力位91.5元約0.3%，隨後第二及第三日，股價雖試圖突破，但最終收低於下跌軌之下。當同時觀察在股價試圖突破下跌軌的那幾天的成交量，便會發現成交量並未配合上升，「假突破」現象明顯。

在呈現「假突破」後，股價隨後形成一條新的下跌軌(圖中L4)，並在1997年4月下旬期間，上破此新下跌軌的阻力位，今次的突破明顯地屬真正的突破，一方面收市價收高於此軌達三日以上，並且超越突破點達2%，而成交量方面亦見配合增加，確認長達五個多月的跌勢已被扭轉，而轉趨升勢。結果證明，若依循此突破訊號追貨買入新鴻基地產，從股價圖所見，該股不足個半月的時間，股價已返回接近跌勢的起點處，由突破點82元左右升至98元沽貨，利潤接近兩成。

(3) 以裂口形式突破效果佳

所謂「裂口」，將在第五章作詳細解說，現只簡單介紹一下。裂口分兩種，一是上升裂口，指某天最低造價，比前天的最高價高出一截，形成一個真空的沒有交易區域；相反，下跌裂口，指某天最高造價，比前天的最低價低一截。若股價以裂口突破趨勢線，有效買賣訊號很強。

實例闡釋

從圖2.12中香港電訊(已易名為「電訊盈科」)(0008)的走勢所見，該股股價自1998年10月反覆下跌，形成一條下跌軌，及後在

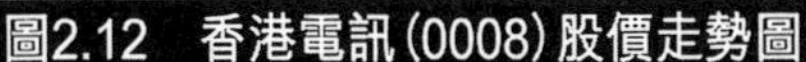

圖2.12 香港電訊(0008)股價走勢圖

1999年3月5日，因為公佈與世界級科技股微軟(Microsoft)合作，刺激股價以上升裂口上破長達五個月形成的下跌軌的阻力位，而且，當日成交量亦見大增，可視為有效的突破。結果，香港電訊的股價在不足兩個月內急升至22.5元左右的高位。

(4) 有出現「後抽」可能

有時候，就算股價在突破趨勢線時，完全符合以上突破的大原則，形成一個有效的突破訊號，但當投資者見股價上破下跌軌而追入買貨，卻可能發覺升勢初段並未如想像般強勁，更一度下跌。此際，投資者無須太擔心，這可能是「後抽」(pull-back)，意指短暫的返回早前突破趨勢線水平。

圖2.13a

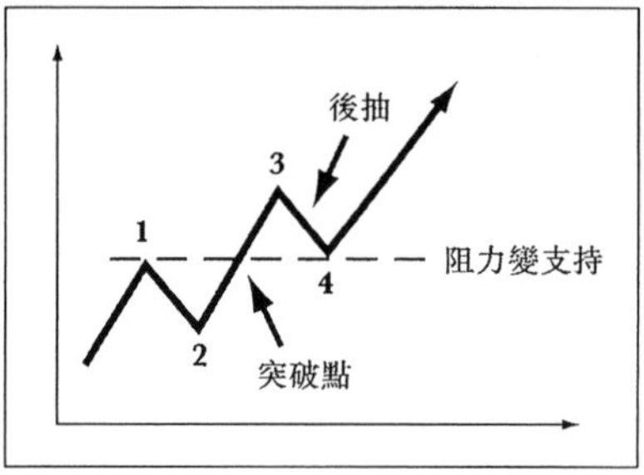

後抽
3
1
阻力變支持
4
2
突破點

圖2.13b

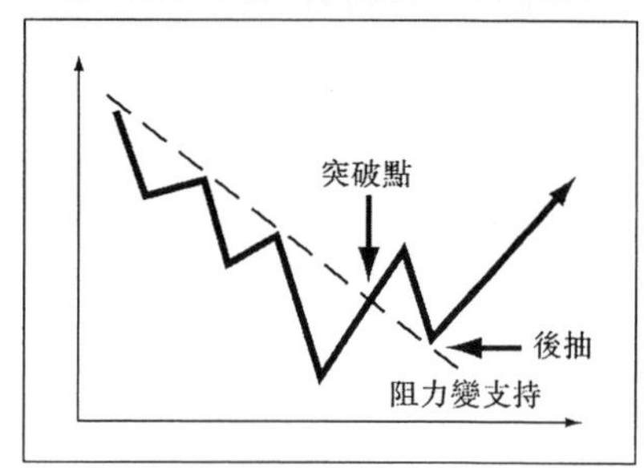

(i) 阻力變支持

圖2.13a所示，為一段反覆的升浪，股價由第2點開始上升，突破貫穿圖中第1點的水平阻力線，到達第3點並開始作回吐整固。當回跌下來，早前的水平阻力線因已被突破，角色由阻力作用變為支持作用，跌近此支持水平時料有支持，市場術語俗稱此段短暫的返回早前突破點為「後抽」。後抽的出現，其實是莊家震倉的一種伎倆，用意是故意讓股價小幅度調整，嚇怕後來跟進者。後抽只要不跌破早前突破點，預計其升勢猶在，結果股價由第4點再展升勢。

圖2.13b顯示，股價反覆向下滑落，形成一條下跌軌，及後，突破下跌軌的阻力，並預料可扭轉跌勢開始上升，但見股價突然又作回落，跌近早前的阻力線，因為此阻力線已變為支持線，料見支持，若股價不跌回此新的支持線下，稱之為「後抽」。通常後抽過後，才呈現大升浪。

(ii) 支持變阻力

圖2.14a所顯示的，為一段反覆的跌浪，股價由第2點開始下跌，跌破圖中第1點的水平支持線，到達第3點並開始作技術反彈。當反彈上來，早前的水平支持線因已被突破，角色由支持作用變為阻力作用，升近此阻力水平時便促成後抽。後抽的出現，其實是莊家托高股價沽貨的一種伎倆，用意是故意讓投資者以為跌不下去而

圖2.14a

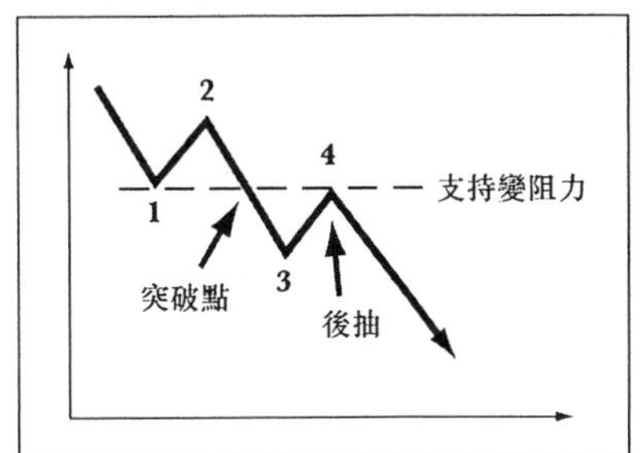

圖2.14b

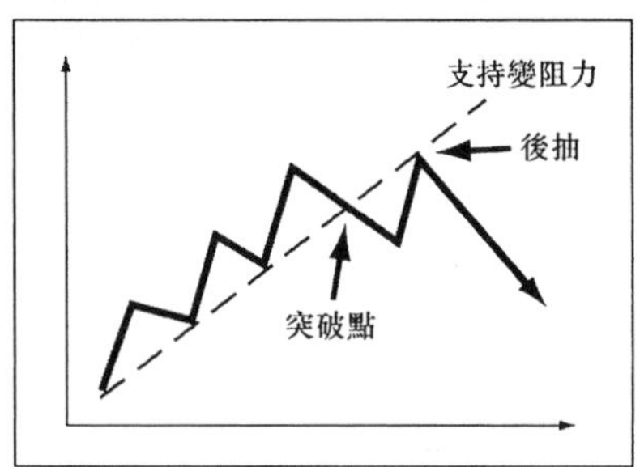

買貨，莊家便可順利將手上貨源沽出。後抽只要不升破早前突破點，便會預計其跌勢猶在，結果股價確由第4點再展跌勢。

圖2.14b所見，股價反覆向上升，形成一條上升軌，及後，突破上升軌的支持，並預料會扭轉升勢開始下跌，但見股價突然又作回升，升近早前的支持線，因為此支持線已變為阻力線，料會見阻力而回，若股價不升回此新的阻力線上，稱之為「後抽」。後抽過後，預期跌浪再開展。

實例闡釋

圖2.15的北京控股(0392)，於1998年10月開始呈反覆下跌浪，形成下跌軌L5(阻力線)。1999年3月時，股價突破下跌軌，但突破後初段股價未有急升，一度跌近早前的阻力線(現已變為支持線)。圖中所見，該股股價沒有跌回線下，只是形成後抽，結果，走勢被確認呈一浪高於一浪形態。

在該股股價確認升勢後，又成功地將各低點連線成為上升軌L6(支持線)。但到了1999年6月，股價上試過19元左右的高位後便作調整，接近7月底跌破此上升軌後，更確認扭轉升勢，期間雖一度反彈，可是圖中所見，股價剛升抵L6(現已由支持線變為阻力線)即回落，由此確認為後抽，屬莊家托高股價散貨的伎倆。結果，股價

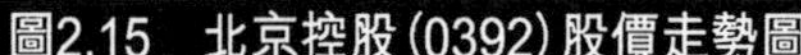
圖2.15　北京控股(0392)股價走勢圖

在後抽過後，淡勢顯現，反覆呈下跌浪。

2.4 趨勢線的修正及調校

2.4.1 趨勢線的修正

在前一節已提過何謂「假突破」趨勢線，或許讀者會有疑問，當股價作假突破後，原先的趨勢線是否仍有效，可不可以繼續用作預測支持位或阻力位？是否需要重新再畫一條新的趨勢線？

很可惜，這沒有肯定的答案。讀者需要憑經驗及股價後市的發展作判斷，某些情況下，如果當日股價只是一度突破趨勢線，然後迅速回落，而且成交量非常低，可以確定為假突破，沿用原先的趨勢線作預測的可靠性仍高。

有些情況下，則要考慮再多畫一條趨勢線作比對參考。以圖2.16來説明，由a及b點連成的上升軌（L1）為最先的，及後，股價兩度假跌破（L1），遇此情況可以考慮作修正。修正有兩個方法，一是將是段升勢起點（即a點）與假突破形成的第三點（即c點）連接成新上升軌（L2）；二是將第二點（即b

圖2.16

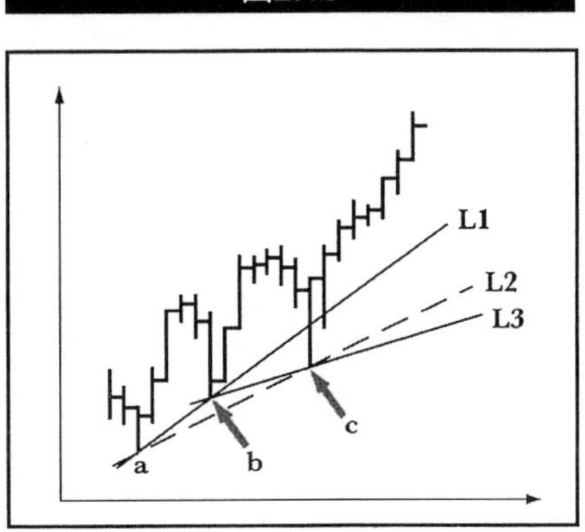

點）與第三點（即c點）連接成新上升軌（L3）。

以下試用實例多加解釋，令大家更易掌握。

實例闡釋

(1) 從圖2.17的太古A (0019) 股價走勢圖所見，因受加息因素困擾，該股自1999年底開始反覆回落，先由d點與e點連線而成下跌軌（L4），至2000年1月初股價一度升破L4，成交量明顯增加，但股價的突破未符合大原則（收市價計未高逾突破點的3%，以及股價未能成功企穩趨勢線三日以上），有假突破之嫌。

由於遇此疑問，於是再將d點與f點連線成新的趨勢線（L5）作比對參考。隨後發現，該股股價兩次（圖中g及h點）試近L4而回，

圖2.17　太古A (0019) 股價走勢圖

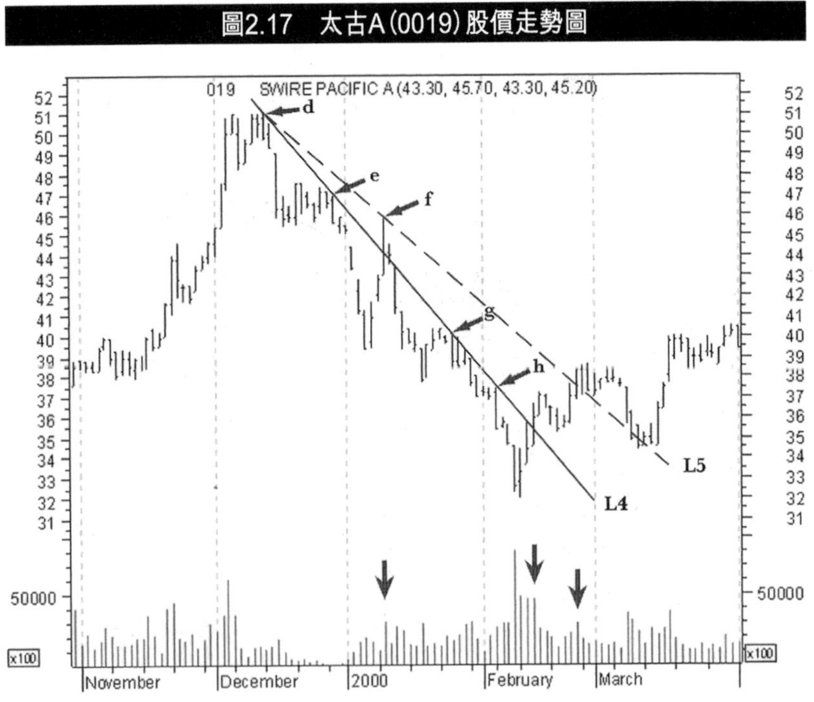

證實始終L4最具效用，此時可不理L5。最後，因集團旗下航空及甲級寫字樓收租業務被憧憬復甦，該股受基金追捧，刺激股價升破L4，並確定轉趨升勢。

(2) 圖2.18的慶鈴汽車(1122)於1997年初展開跌勢，原先的一條下跌軌由i及j點連成，在5月一度升破此下跌軌(L6)，但成交量不足，似為「假突破」。此時我們可以將j及k點重新畫一條新的下跌軌(L7)作比對參考，隨後發覺股價多番假升破L6(圖中l及m點)，L6未能準確預測阻力位，製造混亂。此時，應以新的下跌軌(L7)作參考，而不是L6，以減少混亂。

圖2.18　慶鈴汽車(1122)股價走勢圖

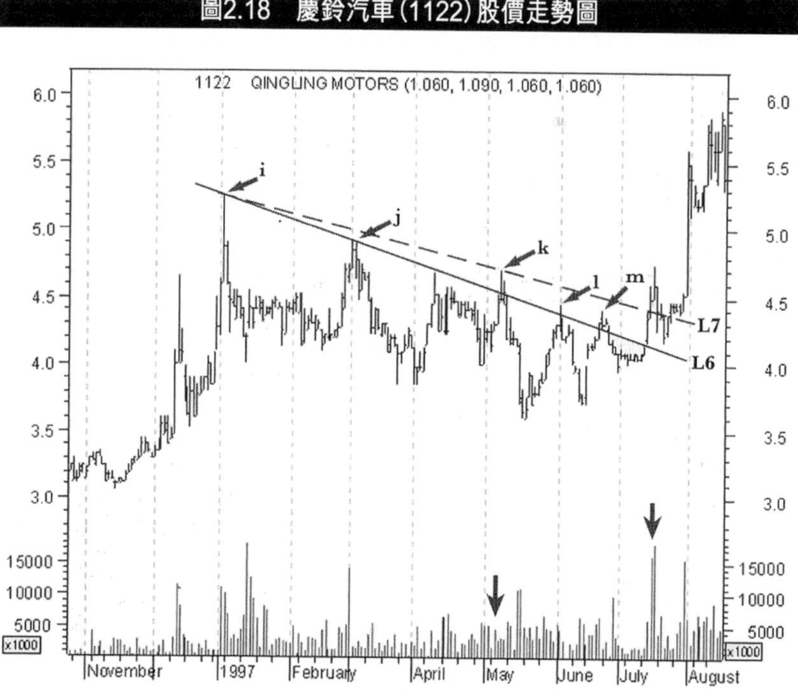

2.4.2 趨勢線的調校

你或會發現，一個有經驗的技術分析者在其圖表上會不止畫一條趨勢線，而是好幾條，這是由於要調校趨勢線的關係。其實，股價走勢變化迅速，必須要隨時隨地緊貼變化及捕捉變化，因此趨勢線亦要隨股價變動，作適當的調校以配合不同的買賣策略。

如圖2.19a，原先的一條上升軌為L8，但此軌則在太斜，輕易被跌破。因此，隨後再觀察後市走向，發現貫穿a、b及c點三個明顯低點的上升軌（L9）比較平緩，所以此階段應以L9為預測的基礎。

圖2.19b，原先的一條上升軌為L10，但太過平緩，若要等股價調整近L10才買貨，恐怕升浪已過，此時，走短線的投資者會作調校，利用一條較L10為斜的上升軌（L11）作參考，以捕捉短線入市時機。

圖2.19a

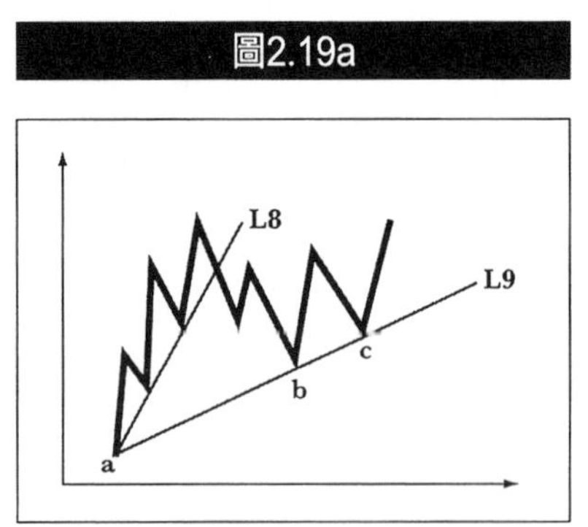

圖2.19b

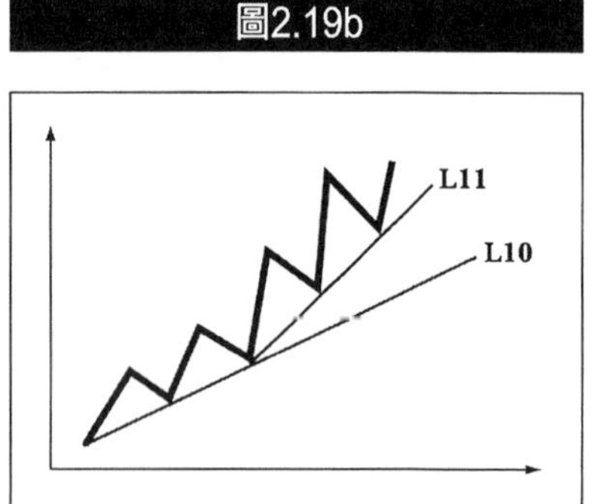

實例闡釋

圖2.20的中建電訊（0138），該股自1999年8月開展升勢，原先的上升軌為L12，但角度實在太平緩，若股價跌破此上升軌才跟訊

圖2.20 中建電訊(0138)股價走勢圖

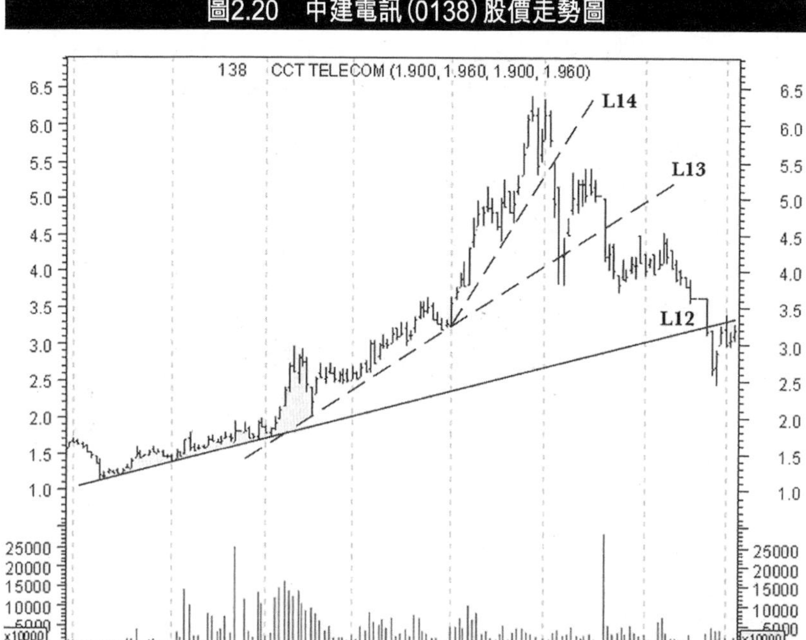

號沽貨，股價已由近6.4元回落至3.3元。因此，在圖表內要再多畫兩條趨勢線，走極短線的投資者一般會在股價跌破L14時即沽貨離場，而跌破L13，則之前在低位買入的中線投資者亦應及早清貨離場。

從此例可見，在需要時，應在圖表多畫幾條趨勢線，以便隨股價變化而作調校。

2.5 趨勢通道（trend channel）

趨勢通道是由趨勢線衍生出來的，主要分為上升通道及下跌通道。

2.5.1 上升通道（uptrend channel）

形態特徵

從圖2.21所見，上升通道的形成，是先連接升浪的各調整低點成為上升趨勢線（即L1），然後在其上推出一條與L1接近平衡的趨勢線（即L2），上下兩條接近平衡的上傾線成為上升通道，反映股價反覆上揚中，屬利好形態。

圖2.21

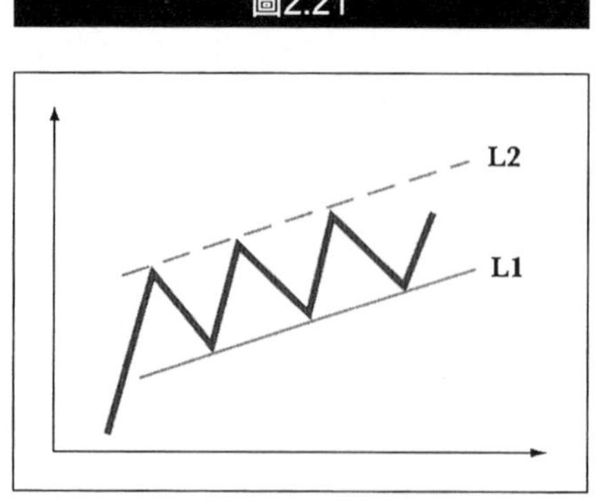

上升通道的出現，反映升勢具秩序，每次升近市場認同的合理高價（即L2線附近）時即沽貨，每次跌近合理低價（即L1）時就見投資者買貨，故股價反覆向上，L1成為預測支持位的依據，而L2成為預測阻力位的依據，

直至股價移出通道為止。

買賣策略

簡單而言，當股價跌近L1即買貨，升抵L2附近即沽貨套利，直至通道被打破。若股價跌破上升通道底部(即L1)，發出利淡訊號，可順勢沽空；相反，若升破通道頂部(即L2)時，顯示目前市況非常強勢，進入最後一段消耗性急升狀況，可小量高追。在升破上升通道時，可能的話，宜再重新調校，畫一條新的短期上升通道，才能緊貼地預測股價走勢。

升破或跌破上升通道時，量度升／跌幅約為通道的垂直距離。

實例闡釋

圖2.22 品質國際(0243)股價走勢圖

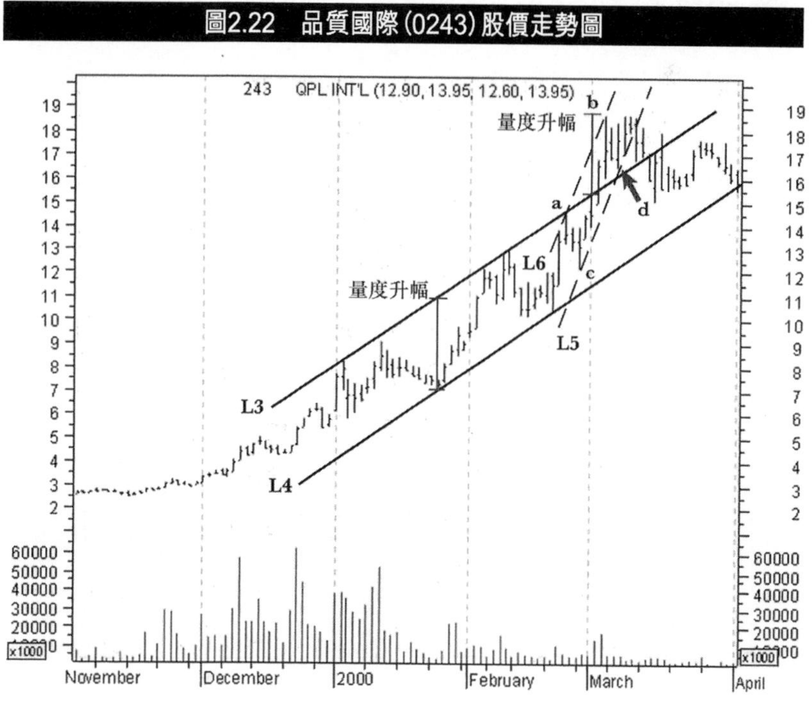

(i) 圖2.22的品質國際(0243)，其升勢自1999年底開展，主要原因是全球半導體市場復甦，令人預期該公司的盈利將大幅改善。原先的上升通道是由L3及L4組成，及後，於2000年3月初，股價升破上升通道，即於兩個交易日內完成量度升幅(上升通道的垂直距離)，約至19元。

在品質國際股價升破上升通道時，再畫一條新的上升通道作參考，結果，成功將明顯調整低點c及d點連接成上升軌(L5)，在其上亦平衡地將a及b點連接成L6，於是由L5及L6組成的上升通道便成為短期參考。最後，股價在屢試19元左右不能成功突破後，逐漸回落，跌破支持線L5，出現利淡訊號。隨後，股價緩緩而下。

(ii) 從圖2.23的北京控股(0392)股價走勢圖所見，上升通道的

圖2.23 北京控股(0392)股價走勢圖

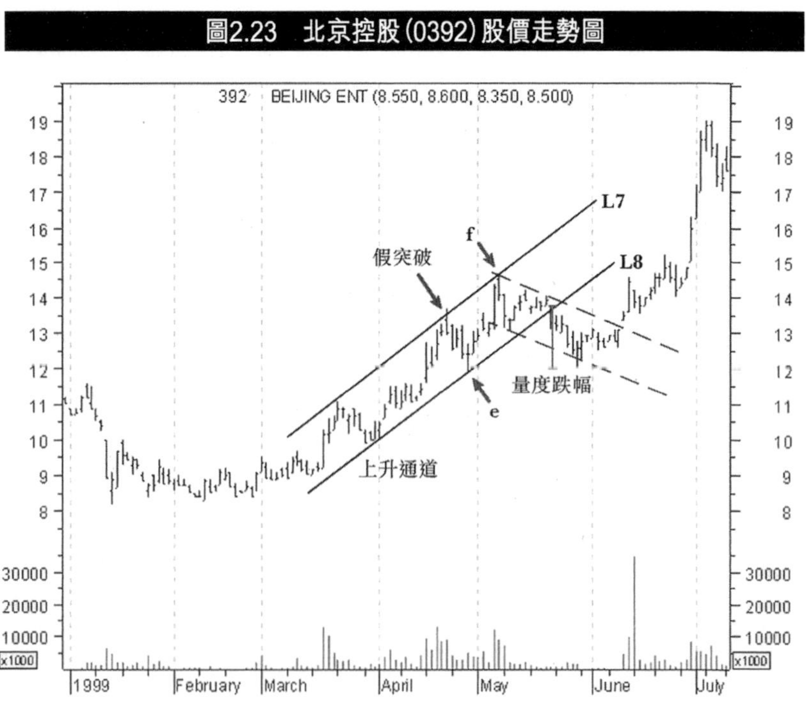

頂部(即L7)可用來預測阻力位，假設投資者於通道底部(L8)的e點(12元左右)買入，升抵L7的f點阻力位(14元左右)便應考慮沽出。果然，事實證明，北京控股股價升抵f點後即作回吐。

由於久衝上升通道頂部不破，好友難免心怯暫作退守，股價在缺乏承接力下回吐，該股於1999年5月終跌破上升通道，進入跌勢，形成下跌通道(將於以下部分詳細介紹)，隨後又接近完成量度跌幅，並作反彈。

2.5.2 下跌通道 (downtrend channel)

形態特徵

圖2.24

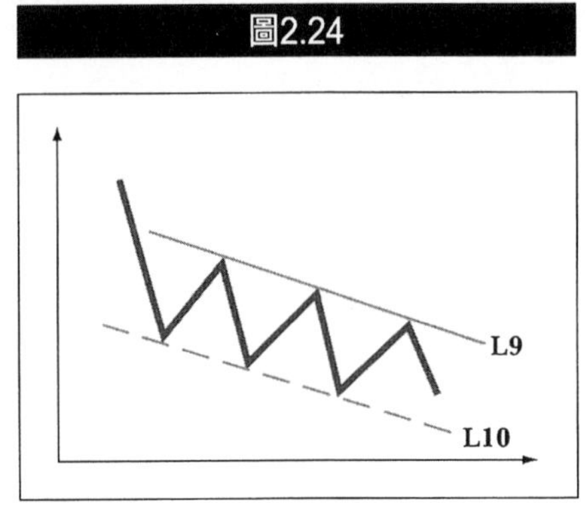

從圖2.24所見，下跌通道的形成，先是連接跌浪的各反彈高點成為下跌趨勢線(L9)，再在其下推出一條與L9接近平衡的向下走趨勢線(L10)，上下兩條接近平衡的下斜線成為下跌通通，反映股價反覆下跌，屬利淡形態。

下跌通道的出現，暗示看淡的大戶正有秩序地將手上貨源慢慢派出，以免令股價大幅下挫，大戶所持的貨源一批一批地順利沽出，預期他們一早看淡該股並有計劃地派貨，跌勢可以持續一段時間，形成股價一浪低於一浪。股價每次反彈接近L9阻力線附近，即見大戶沽貨，每次跌近低價(即L10)，大戶就會出來維持秩序，買小量貨而令股價反彈。下跌通道的頂部(即L9)成為預測阻力位的依據，而底部(L10)成為預測支持位的依據。

買賣策略

從策略而言，當股價跌近下跌通道底部時，可買貨博反彈，惟與上升通道比較，下跌通道的底部支持力較弱，畢竟市勢是向下滑落中，並不宜博反彈。

下跌通道的頂部阻力較大，不易被升破，投資者宜趁股價每次升至頂部時，將已套牢的股票沽出，以避免股價未來還會不斷下跌。

然而，若股價以大成交量配合升破下跌通道頂部，反映淡勢已被扭轉，是一個利好的買貨訊號，應該追入。量度升幅可參考通道的垂直距離，但通常升幅大於此量度升幅，投資者無須急於因升近

圖2.25　中國製藥(1093)股價走勢圖

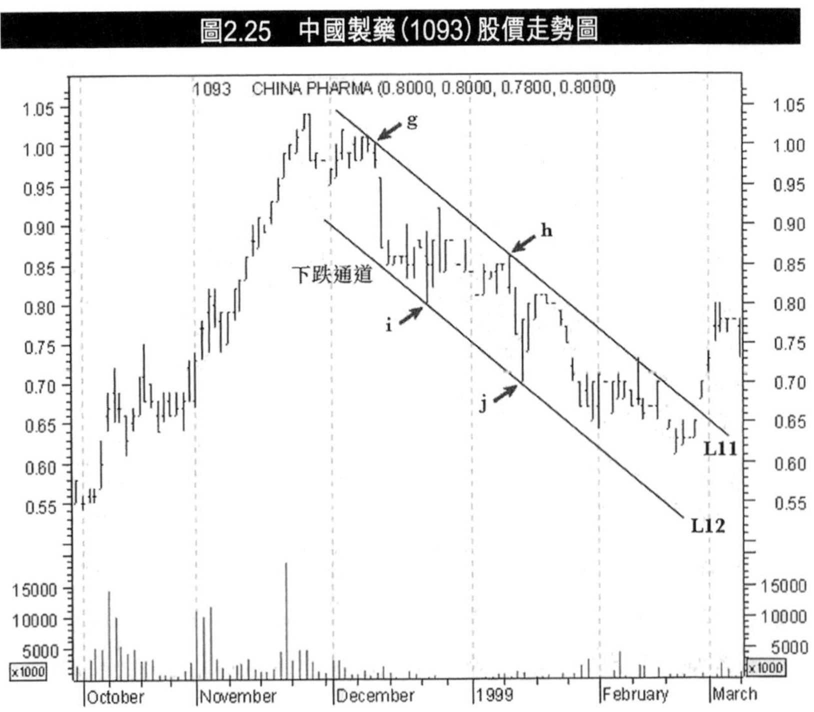

量度升幅而沽貨。

實例闡釋

(i) 圖2.25是中國製藥(1093)的走勢圖，該股的跌勢自1998年11月開始，其後出現兩個明顯反彈高點g及h點，將兩點連線即成下跌軌(L11)。由此下跌軌開始，將平衡尺向下推，再畫一條線，以貫穿用是段跌勢的第一個低點(即i點)為基礎的向下趨勢線(即L12)，形成下跌通道。結果證實，該股由反彈高點h點(0.86元)回落，觸近L12即呈支持而反彈，若把握時機在 j 點(0.7元)買貨博反彈，升抵通道頂部約0.8時元沽貨套利，當中的利潤也不俗。

(ii) 圖2.26的慶鈴汽車(1122)，其股價自1997年初反覆下挫，形成最初的下跌通道。此下跌通道，是先連接各明顯反彈高點而成

圖2.26 慶鈴汽車(1122)股價走勢圖

下跌軌（L13），再在L13下畫出一條接近平衡的線，即由k及l點連線的L14。

然而，由於股價在1998年5月一度假升破下跌軌，需重新畫一條新的下跌軌（L15），遇此情況，記着新的下跌通道底部亦需同時作相應調整，只要向下推一條線貫穿低點l點的平衡線便可。結果，新的下跌通道由L15和L16組成。

2.6 扇形三線或扇形原則（fan principle）

若股價突破一條有效的趨勢線已經可以提供可靠的買賣訊號，若突破由三條趨勢線所組成的扇形三線，其準繩度更加高，買賣自然更有把握。扇形三線主要分為上升及下跌兩種。

2.6.1 上升扇形三線

早前已提過一條上升軌反映一段反覆的升勢正運行，具支持作用，當股價調整回落至上升軌附近，一般預料會作反彈回升。然而，假如股價跌破上升軌支持位，便會確認後市轉趨淡勢。

所謂「上升扇形三線」，是由三條自同一起點連成的上升軌所組成，若股價反覆跌破三條上升軌（期間出現兩次後抽反彈），即表示淡勢已成。而上升的扇形三線主要配合在一個中期升勢中形成的，利淡訊號頗強烈，見此扇形形成應立即清貨離場。若是期指買賣者，可順勢沽空。

實例闡釋

圖2.27的希慎興業（0014），其升勢自1996年10月底在24元左右（圖示a點）開展，反覆上升至11月尾已見高位接近31元。初步先將

圖2.27 希慎興業(0014)股價走勢圖

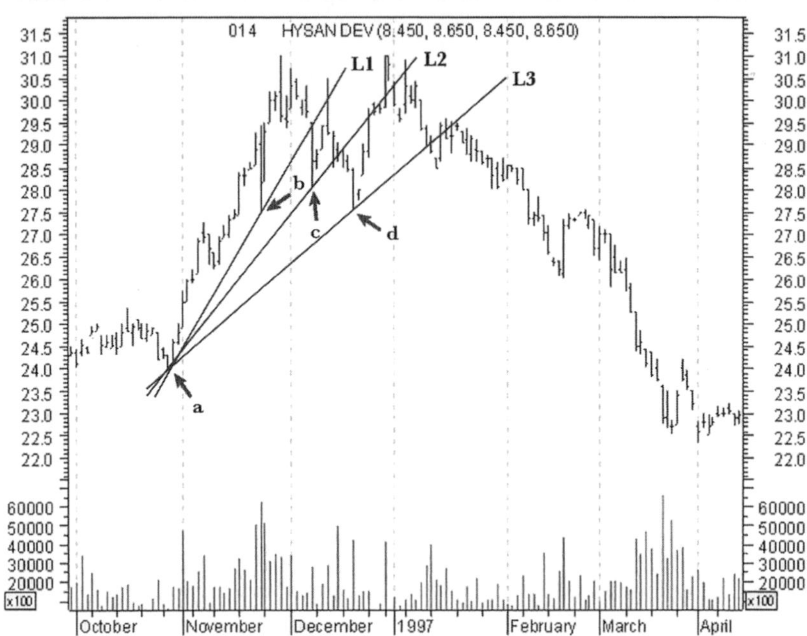

兩個明顯低位a及b點連成上升軌(L1)以作預測支持位的參考。當12月初該股股價正式跌破支持線(L1)，第一個利淡訊號出現，但觀察跌破支持線後未有一下子大幅回落，並呈反彈作「後抽」。

後抽過後，股價再跌破新形成由a點連貫c點的上升軌(L2)，但跟着又作後抽回升，投資者再次猶豫：究竟升勢是否結束？答案很快出現，只要該股股價跌破由a點連貫d點的上升軌(L3)支持位，便可確定跌勢已展開。果然，股價幾度升抵31元高位而回，跌破L3後，跌勢更加明顯，利淡訊號準繩度達九成，跌勢持續至1997年4月。

2.6.2 下跌扇形三線

與上升扇形三線呈相反結論，下跌扇形三線的突破，利好訊號頗強。處於下跌軌時，每當股價反彈近下跌軌，即預料會遇阻力而回，但當股價配合大成交量升破下跌軌時，則表示已扭轉劣勢，轉為升勢。

所謂「下跌扇形三線」，主要在中期下跌趨勢中形成，由三條自同一起點連成的下跌軌所形成，當股價反覆升破此扇形三線（期間出現兩次後抽回吐），預示升勢即將展開，應把握時機買貨。

實例闡釋

圖2.28　中海發展(1138)股價走勢圖

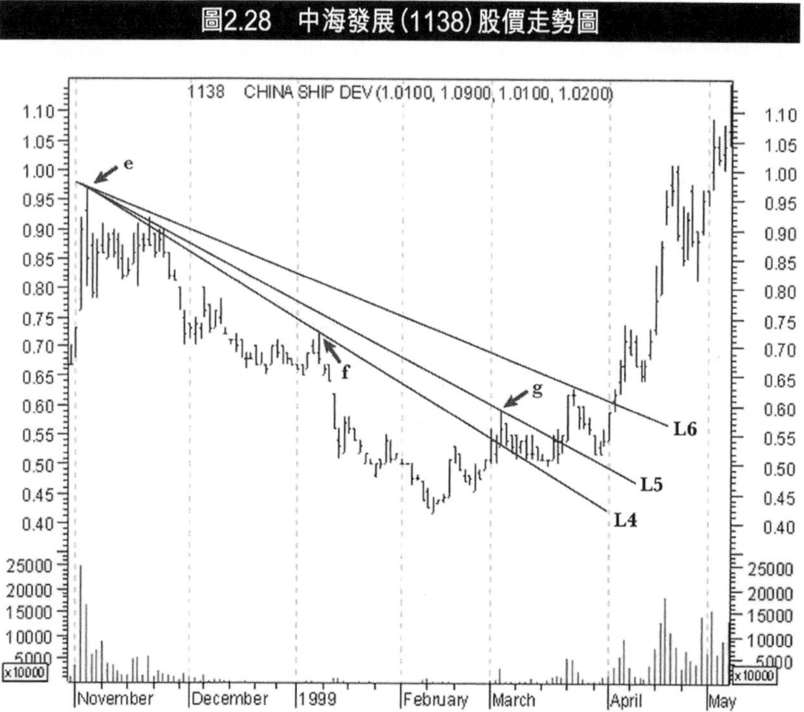

圖2.28的中海發展(1138)因公司盈利差，於1998年11月由0.97元左右(圖示e點)開始開展跌勢，但隨着市場憧憬中國加入世貿及預期中海發展的業績轉虧為盈，在1999年3月，該股開始呈一浪高於一浪的升勢。在3月初，先升破由e和f點連成的第一條下跌軌(L4)，但由於突破時成交量不算太大，加上股價作後抽回吐，升勢有待確認。此時，我們可以將是次開展後抽的起點(g點)與e點連成新的下跌軌(L5)。

結果，後抽過後，另一次升破下跌軌(L5)又出現，餘此類推，股價反覆於3月尾再升破第三條下跌軌(L6)，確定轉向強烈升勢。

配合觀察形成扇形三線期間的成交量，每次上破下跌軌均上升，相反在下跌回吐時則萎縮，反映買盤積極之餘，回吐時亦惜貨如金，突破時買入訊號更強烈，可放心地追貨。

3

圖形形態分析

——反轉形態

圖形形態(chart pattern)是指股價走勢所演示的圖形，研究者根據前人經多年觀察及綜合得出來的一些慣常見到的股價形態作分析，可以預測股價或股市將來的走勢方向，從而制訂買賣策略。

事實上，圖形形態分析技巧一直被視為技術分析入門的基本功，其方法很簡單，只需判斷股價走勢圖中各走勢形態就可以，而所運用工具不過是一把間尺及一枝筆。除各報章會刊登股價圖表外，隨着互聯網普及，投資者也可以在各網站裏很容易取得有關圖表，從而能夠實習一番。

形態大致可分為兩種，本章將集中介紹其中一種，即反轉(或叫轉向)形態(reversal pattern)。反轉形態是指股價趨勢將見逆轉的圖形，逆轉可以是股價由升勢轉跌勢，或是由跌勢轉向升勢。

若再將反轉形態細分，又可分為底部(預示股價正築底回升)及頂部(預示股價正築頂而回)反轉形態，前者包括頭肩底、雙底、三底、潛伏底、圓形底、V形、延伸V形、底部單日轉向和底部雙日轉向等。至於頂部反轉形態，包括頭肩頂、雙頂、三頂、圓形頂、倒轉V形、延伸倒轉V形、頂部單日轉向、頂部雙日轉向及擴散三角形等。

3.1 頭肩底 (head and shoulders bottom)

頭肩底是一個預示股價將見底回升的利好轉向形態，多在大跌市後慢慢形成，若及早在某股股價圖中發現，買入該股的獲利機會甚大。

形態特徵

營造典型的頭肩底可分四部曲，外觀呈倒轉山形，中間部分明顯比左右兩側為低，下面以圖3.1為例加以說明。

(1) **左肩**：股價經過一段持續跌勢後，開始見低殘及成交量萎縮，有小量買盤開始趁低吸納，從而出現反彈，但買盤信心不大，股價反彈至a點後見回吐，形成左肩。

(2) **頭部**：新一輪跌勢開始，股價更跌破左肩底部的低點，其後股價再次反彈，但接近上次反彈高點時又再回落，成交量在反彈時稍為增加，形成頭部。

(3) **右肩**：股價第三次回落，但今次回落的低點比頭部的低點要高，相當接近左肩的低點，成交量亦明顯減少。這反映看好的力量已漸控制大局，故今次股價回落未及跌至頭部低點已作反彈，形成右肩。

(4) **升破頸線及量度升幅**：看好一方已將貨源歸邊，蓄勢待

圖3.1　頭肩底

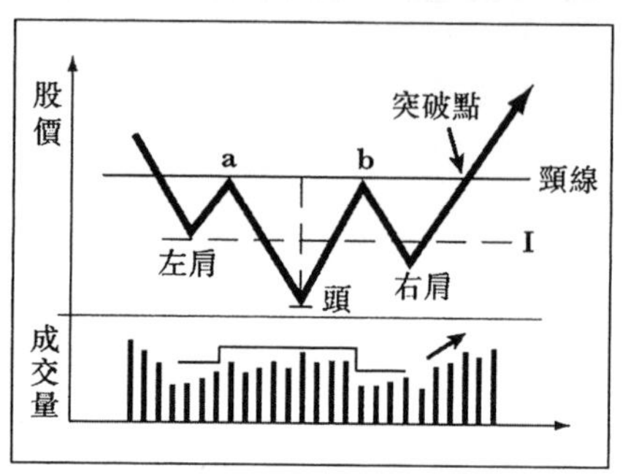

發，正式策動升勢，將股價推高。突破當日，股價上破由兩次反彈高位(即a及b點)連成的「頸線」，以收市價計，若能夠企穩在頸線突破點的1.5－3%以上，成交量同時大增，可視為頭肩底正式完成。股價上破頸線後，若要預計至少量度升幅，可由頭部的最低點畫一條垂直至頸線的直線(如圖中的垂直虛線)，然後在突破頸線的一點開始，向上量度出相同高度。

判斷形態真偽方法及買賣重點需知

(i) **短暫後抽無礙升勢**：有時候，股價在上破頭肩底的頸線後，並非一鼓作氣地往升幅目標上升，而會有短暫的下挫，但這陣子的下挫大約跌至頸線附近就止跌回升，市場術語稱之為「後抽」，反映買盤積極。後抽過後，股價仍會以預定的量度升幅推進。若後抽跌破頸線達三日(以收市價計)，則小心屬失敗的頭肩底形態，已追貨者宜先賣出股票止蝕。

(ii) **上傾頸線顯示買氣旺盛**：從圖3.1來看，典型頭肩底的頸線接近水平，顯示左肩至右肩中兩個反彈位a及b點接近，但在現實中，頸線多呈向上傾或向下傾。向上傾頸線反映第二個的反彈位比第一個為高，顯示市場買盤較積極，預期後市升勢較強及急促；相反，向下傾頸線反映第二個的反彈位較第一個為低，買盤較弱，小心實際升幅未必如預期。

(iii) **突破時成交量需增加**：股價上破頭肩底頸線時，成交量一定隨之大增，顯示市場有實質資金追捧，為有效突破訊號，意指股價到達量度升幅目標的機會增加。

(iv) **升幅往往比預測的多**：頭肩底為一個強烈利好轉向形態，故升勢特別強勁，至少量度升幅只是粗略的估計，實際升幅往往大於預測的。

(v) **形成時間一般較長**：股價經大跌後，大多需要一段時間作喘息整固，因此所形成的頭肩底較長，其頭部外觀較為圓滑，以股價的周線圖來觀察，較容易發現頭肩底形態。

(vi) **具高度對稱性**：這是指頸線趨於水平，左肩與右肩儘管成交量不一致，但在價格形態上卻趨於一致，左肩營造的時間與右肩的差不多，而且，左右肩的高位大致相若。因此，一些投資者一待頸線形成就在圖表上繪出一條與頸線平衡的直線，見圖3.1所示的虛線I，該線是在頸線之下，這一條直線由左肩頂部經過頭部並繼續向右伸延，用來預測右肩調整會達到哪個水平，當然，因右肩有時偏高或偏低，以至預測出現差距，故應只作參考，繼後需再進一步求證。

(vii) **買賣策略**：投資者應候股價有效地突破頸線，才追貨買入。由於一般量度升幅為至少預測數，追貨者可先以此位先套利一半或三分之二，將部分利潤鎖定，剩餘的持貨待股價升逾至少量度升幅目標才沽出，博最後一段升幅。

實例闡釋

(1) 從圖3.2可見，會德豐(0020)股價經一輪下跌後，於1998年6月中旬終因有買盤趁低吸納而出現反彈，但買盤欠積極，在股價彈至A點後再繼續跌勢，形成左肩。

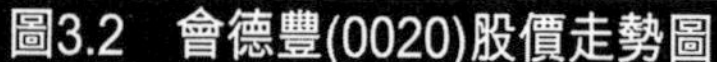
圖3.2　會德豐(0020)股價走勢圖

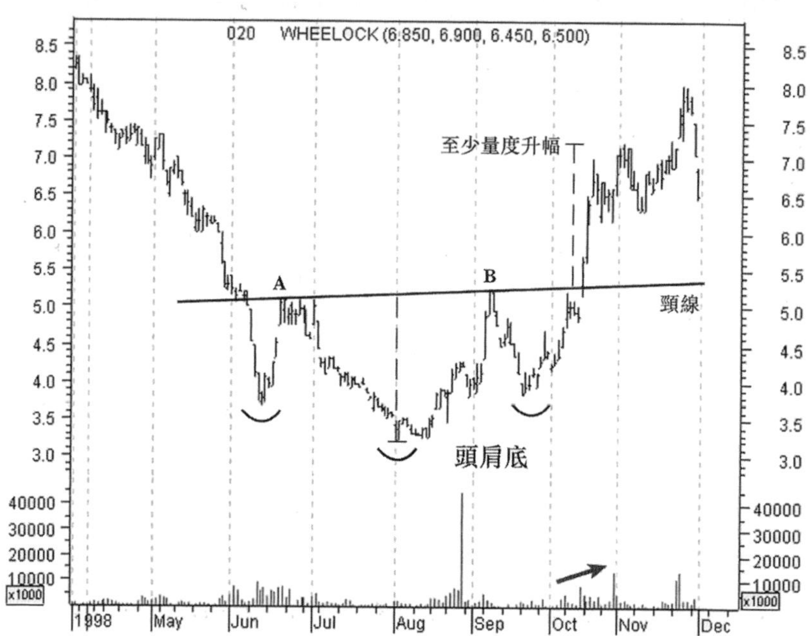

(2) 新一輪跌勢加劇，股價更跌破左肩底部的低點，及後股價終覓得支持而緩慢反彈至B點後回吐，成交量在反彈時稍作增加，形成一個外觀圓滑的頭部。

(3) 股價第三次回落，但回落低位只接近左肩低位及比頭部低位還要高，成交量稍減。此情況顯示，市場看好的力量已漸控制大局，隨後股價以裂口形式回升，形成右肩。

(4) 看好一方已將貨源歸邊，蓄勢待發，正式策動升勢，將股價推高，並上破由兩次反彈高位（即A及B點）連成的頸線，成交量同時大增。股價上破頸線後，若要預計至少量度升幅，可由頭部的最低點畫一條垂直線至頸線，然後在右肩突破頸線的一點開始，向上量度出相同高度，如圖中的垂直虛線所示。事實上，會德豐今次升勢是超過至少量度升幅（約至7.2元），最高曾升近8元。

3.2 頭肩頂（head and shoulders top）

與頭肩底相反，頭肩頂是一個預示股價將見頂下跌的強烈利淡轉向形態，多在大牛市末期發現此形態，已買入股票者宜先沽貨以避可能出現的大股災。

形態特徵

營造典型的頭肩頂可分四部曲，外觀呈三個明顯高峰，中間的一個高峰較左右兩個為高，成「山」外形，成交量呈梯級式下降，下面以圖3.3為例加以說明。

(1) **左肩**：股價經過一段持續升勢後，已被推高至開始脱離合理價，有小量套利回吐盤出現，令股價回吐至a點，成交量在股價回落時亦見減少，此時頭肩頂的左肩開始形成。

(2) **頭部**：市場看好的一方信心仍強，遂出現新一輪反彈升勢，並驅動股價上破左肩的高點，隨後又回吐至b點，成交量在回吐時稍微減少，形成頭部。

(3) **右肩**：由於市況正處瘋狂牛市階段，股價在跌至b點時又惹來趁調整吸納的買家，股價作第三次上升，但只能升近左肩高點附近水平，不能超過頭部高點部分，跟着會再一次出現調整回落，形成右肩，反映看好一方已趨審慎，並開始有人看淡，認為升浪已近尾聲，股價隨時回落。

圖3.3　頭肩頂

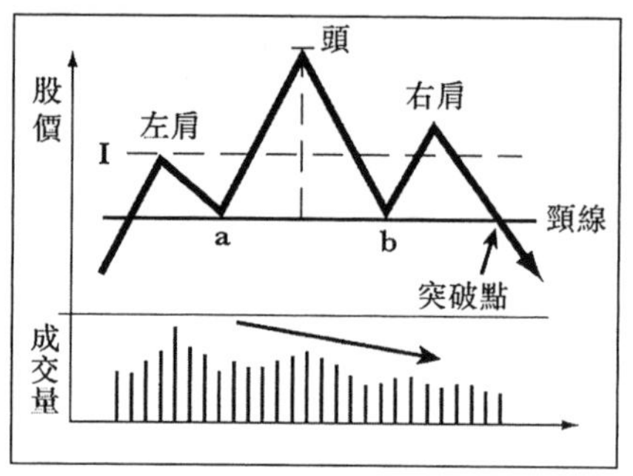

(4) **跌破頸線及量度跌幅**：利淡消息陸續傳出，早前以低位買貨的人士亦陸續套利，令股價受壓。突破當日，股價跌破由兩次反彈高位（即a及b點）連成的「頸線」，以收市價計，若企穩在頸線突破點的1.5－3%以下，可視為頭肩頂正式完成。股價跌破頸線後，若要預計至少量度跌幅，可由頭部的最高點畫一條垂直線至頸線（如圖中的垂直虛線），然後在突破頸線的一點開始，向下量度出相同高度。

判斷形態真偽方法及買賣重點需知

(i) **短暫後抽無礙跌勢**：有時候，股價在下跌頭肩頂的頸線時並非一鼓作氣地跌至下跌目標，而會有短暫的反彈，但這陣子的反彈大約升至頸線附近就停止，可稱之為「後抽」。後抽過後，股價仍會以預定的量度跌幅下滑。若後抽升破頸線達三日以上（以收市價計），則小心屬失敗的頭肩頂形態，要考慮重新買貨。

(ii) **下傾頸線顯沽壓大**：從圖3.3來看，典型頭肩頂的頸線接近水平，顯示左肩至右肩中兩個回吐位a及b點接近，但在現實中，頸線多呈向上傾或向下傾。向下傾頸線反映第二個的回落位較第一個為低，買盤較弱，屬弱勢頭肩頂，小心跌幅頗大；向上傾頸線反映第二個的回落位比第一個為高，利淡訊號較向下傾頸線為低。

(iii) **突破時成交量無須配合**：典型頭肩頂形成時，成交量變化通常是左肩最多，頭部次之，右肩最少，反映市場買盤力量逐漸減小。當股價跌破頭肩頂頸線時，成交量不必隨之大增，也可構成有效突破訊號，這點與頭肩底有明顯分別。

(iv) **跌幅往往比預測的多**：頭肩頂為一個強烈利淡轉向形態，故跌勢特別強勁，實際跌幅往往大於至少量度跌幅。

(v) **形成時間較短**：從頭至肩，形成的時間縮短，顯示股價一作調整即惹來買盤吸納而呈反彈，由於股市屬大升階段末期，市場追捧股票程度狂熱，股價波動亦特別大。頭肩頂的頭部外觀明顯較尖銳，一般可在股價日線圖上輕易分辨出來。

(vi) **具高度對稱性**：這是指頸線趨於水平，左肩與右肩儘管成交量不一致，但在價格形態上卻趨於一致，左肩營造的時間與右肩的差不多，而且，左右肩的高位大致相若。一些投資者一待頸線形成就在圖表上繪出一條與頸線平衡的直線，見圖3.3所示的虛線I，這一條直線由左肩頂部經過頭部，並繼續向右伸延，用來預測右肩反彈會達到哪個水平，當然，因右肩有時偏高或偏低，令預測出現差距，故應只作參考，繼後需再作進一步求證。

(vii) **買賣策略**：股價有效地跌破頸線，預計後市跌幅大，已持貨者應作止賺或止蝕，離場觀望。

實例闡釋

(1) 圖3.4是恆生指數周線圖，恆生指數先經一輪上升後，於1997年6月開始出現獲利回吐至A點，但市場上看好的情緒仍高漲，成交量在下跌時減少，形成「左肩」。

(2) 市場認為升勢未完，當時香港正值回歸中國，樂觀情緒高漲，在恆生指數調整近A點後又再重新吸納，驅動恆生指數上破左肩的高點，於1997年8月7日創下新高位16820，隨後又回吐至B點，成交量亦在回吐時稍微減少，形成「頭部」。

圖3.4 恒生指數周線圖

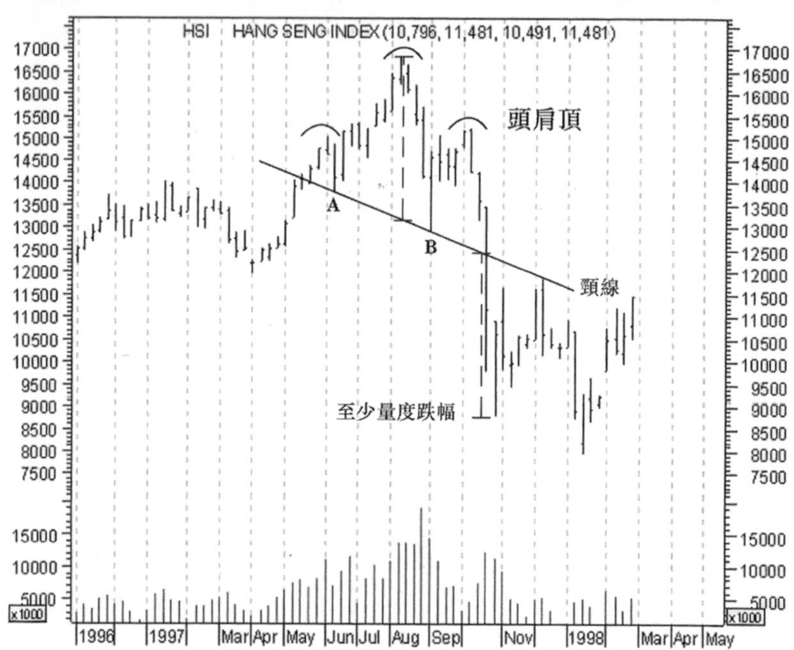

⑶ 當恒生指數跌至B點，又有投資者搶貨，恒生指數第三次上升，但只能升近左肩高點水平，已不能超越頭部高點，明顯反映市場裏買上力量減弱，看好人士轉趨審慎。其時，亞太其他地區的貨幣正被大戶狙擊而急挫，股市大跌，預期港股亦受拖累，有人開始看淡，認為是次升浪已近尾聲。恒生指數隨後回落，形成「右肩」。

⑷ 將上兩次恒生指數企穩反彈的低點（即A及B點）連成可見一條向下傾頸線，反映沽壓很大，當恒生指數跌破頸線，至少量度跌幅是由頭部的最高點畫一條垂直至頸線，然後在右肩跌破頸線的一點開始，向下量度出相同高度（即圖中所示的垂直虛線部分）。在例子中，當跌破頸線後，恒生指數只用兩周時間已完成至少量度跌幅目標，約至8775，可見頭肩頂的利淡威力。

失敗例子：

判斷頭肩式(包括頭肩底及頂)形態，關鍵之一在於突破頸線這一環，股價一天未突破頸線，形態不能成立。如圖3.5，儀征化纖(1033)的股價在1997年10月曾營造一個形態，近似頭肩底，有完整的左肩、頭部及右肩，但到最後因始終不能升破頸線而回落。

圖3.5 儀征化纖(1033)走勢股價圖

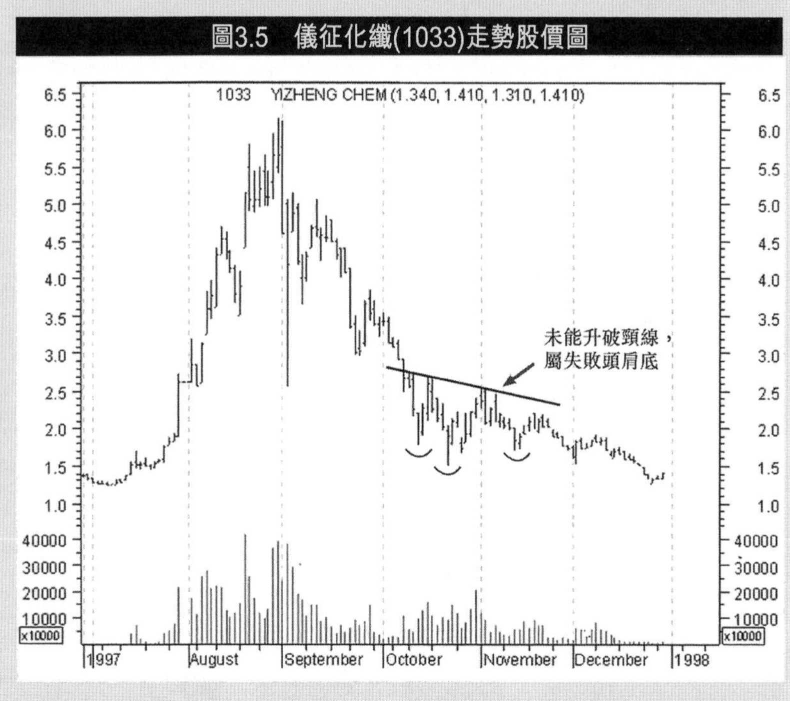

3.3 複式頭肩底(complex head and shoulders bottom)和複式頭肩頂(complex head and shoulders top)

3.3.1 複式頭肩底(complex head and shoulders bottom)

形態特徵

典型頭肩底具有左肩、右肩及頭部各一個，複式頭肩底則可算變形類，同是見底轉向形態，不同是後者形成的時間較長和股價波動較為複雜，圖3.6－圖3.12詳列各種可能類型的複式頭肩底形態。

(i) 一頭雙肩

圖3.6即有一個頭部、兩個大小接近相同的左肩及一個右肩；

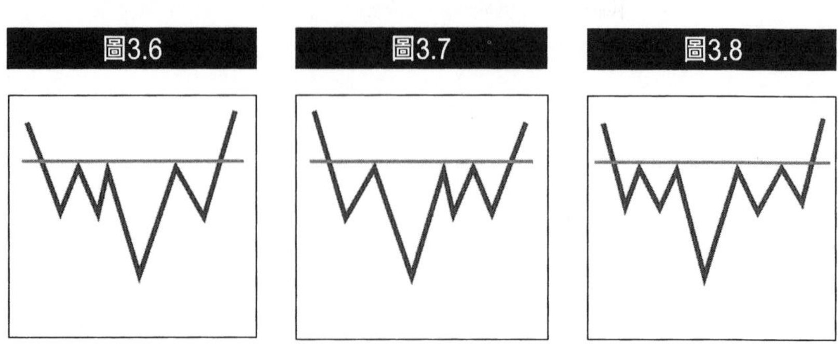

而圖3.7則有一個頭部、一個左肩和兩個大小接近相同的右肩。

(ii) **一頭多肩**

圖3.8有一個頭部、兩個大小相若的左肩和兩個右肩，有時候，更複雜的會出現三個肩的情況。

(iii) **多頭一肩或多肩**

圖3.9

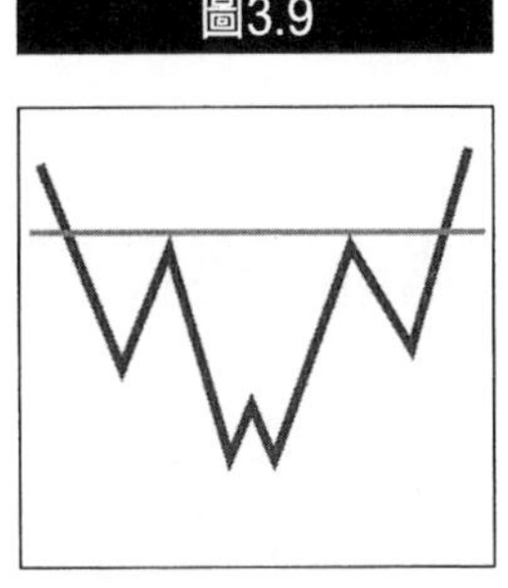

圖3.9有兩個頭部、一個左肩及一個右肩；圖3.10有頭部、左肩和右肩各兩個；圖3.11有兩個頭部、一個左肩及兩個右肩；而圖3.12具有兩個頭部、兩個左肩及一個右肩。

圖3.10

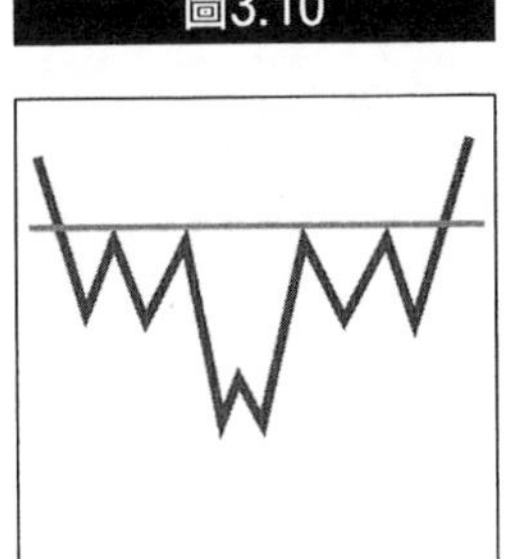

圖3.11

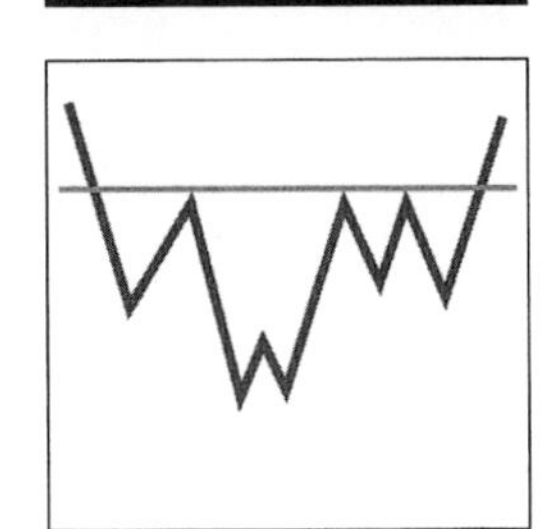

圖3.12

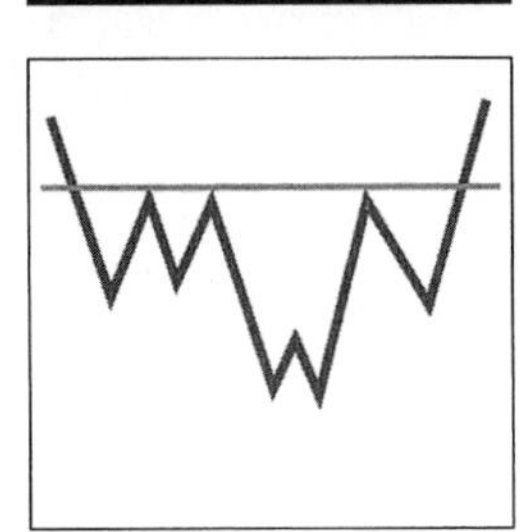

3.3.2 複式頭肩頂（complex head and shoulders top）

圖3.13

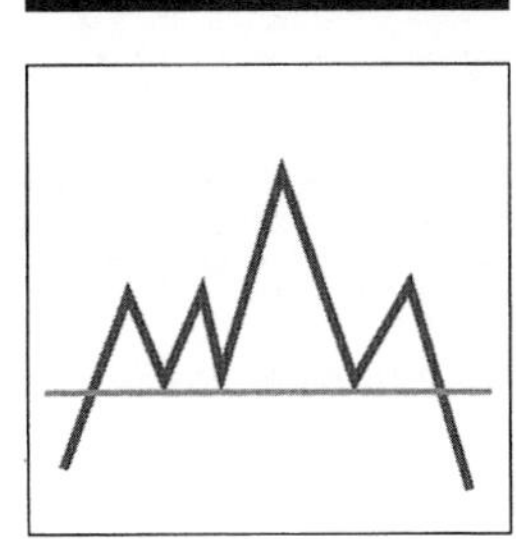

形態特徵

複式頭肩頂的各種可能形態，剛好是複式頭肩底的相反走向，詳見圖3.13－圖3.19，當股價跌破頸線時，就是強烈見頂訊

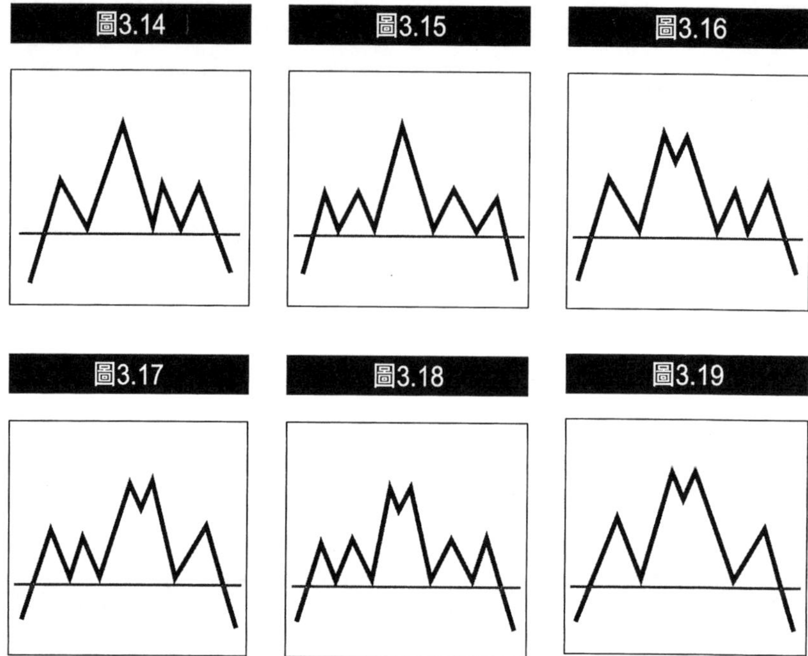

號，應毫不猶豫地沽貨離場。

分析重點及實例闡釋

複式頭肩底及複式頭肩頂的判斷形態要點，如觀察成交量變化、突破頸線準則及量度升跌幅等，大致與典型頭肩底及典型頭肩頂相若，但有兩點需特別多加留意。

(i) 頸線畫法準則

複式頭肩式形態的頸線一般不易畫出，這是由於肩與肩之間，肩與頭之間的低點不一定處於同一水平，因此不會簡單地全落在單一的一條直線上，遇此情況，只要取最接近左肩及右肩的兩個回吐點便可。當複式頭肩式形態的頸線畫出來，更為常見的是出現一內一外的兩條頸線，只有當外面的一條頸被突破時，才會見到股價有大幅變化。

圖3.20　恒生銀行(0011)股價走勢圖

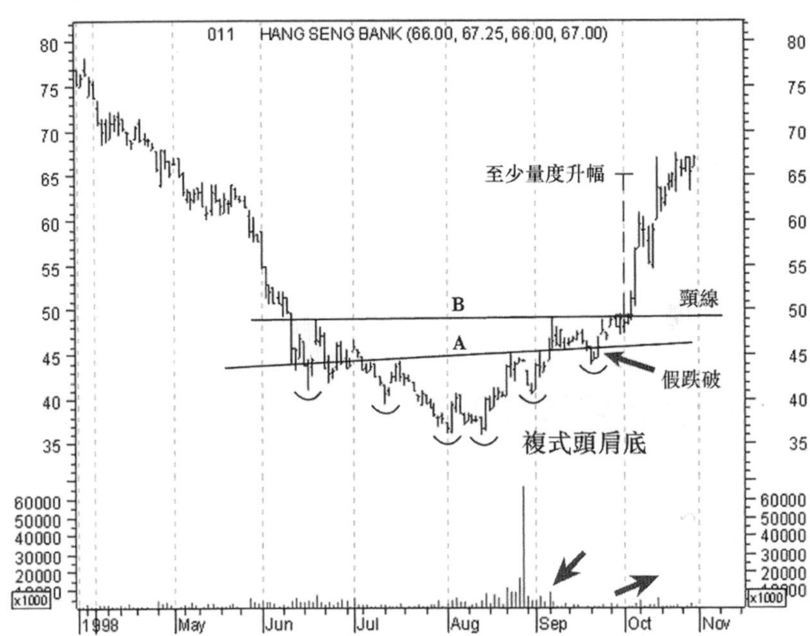

如圖3.20的恒生銀行(0011)便屬多頭多肩的複式頭肩底。該股自1998年4月以後跌勢不止，至8月因港府入市令股價終覓得支持，而且在低位近36元先營造兩個頭部，接着於9月初突破靠內側的頸線(指A線)，突破後股價只是緩升，並一度跌回頸線以下，因時間只有兩日，第三日已回升，可視為「假跌破」，無礙升勢，股價回升形成另一個右肩。於10月初，息口憂慮舒緩，該股終借勢升破外側的一條頸線(指B線)，當此條頸線一破，股價升幅明顯加大，不到兩周時間，股價已升抵至少量度升幅。

(ii) 宜高估升跌幅

此外，複式頭肩式形態的頸線多半接近水平，較少有向上傾或向下斜的頸線，而形成複式形態的時間一般較長。不管其頸線是向上傾或向下斜，當股價正式突破頸線時，應採取高估的態度。換句話説，當複式頭肩頂的頸線被跌破時，實際跌幅往往高於量度跌幅很多；相反，當以大成交量配合升破複式頭肩底頸線時，實際升幅往往大於量度的預測數。

圖3.21是中國製藥(1093)股價走勢圖，圖中可見，股價於1997年1月尾開始急升，及後以三個多月時間形成一頭雙肩頭肩頂，於5月中旬終以裂口形式跌破頸線，量度跌幅約至0.62元，但實際在6月至7月仍有低位可見，差不多跌至0.5元，這可見複式頭肩頂的威力。

圖3.21　中國製藥(1093)股價走勢圖

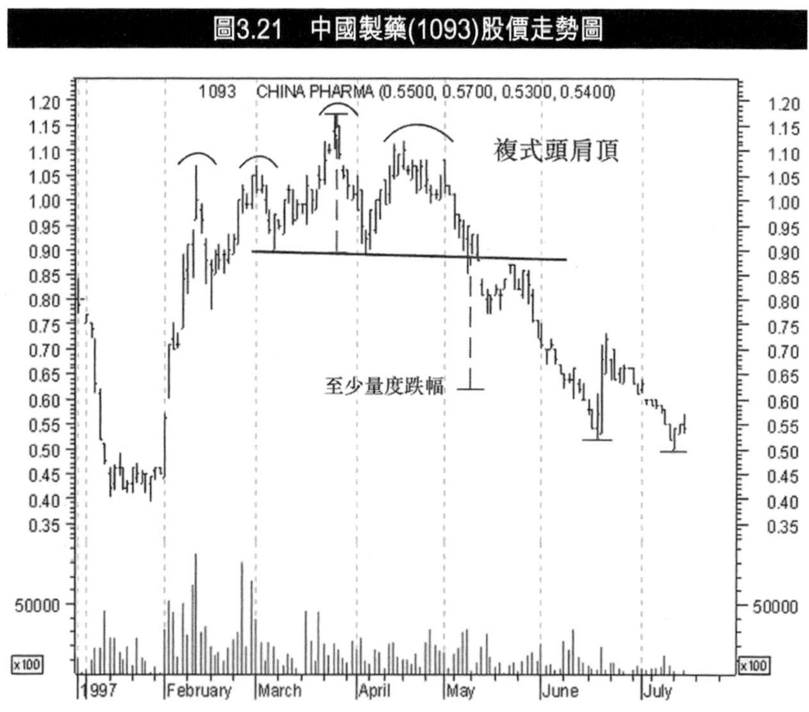

3.4 雙底（double bottom）

雙底是一個有組織的反彈轉向趨勢，一般在中、長期跌勢末段時漸漸形成的，形態一旦確定，預期股價會不斷攀升，應果斷地買貨。

形態特徵

從圖3.22可見，雙底走勢像英文字母「W」，故又名W字走勢，這清楚顯示股價兩試低位而回的情況。

圖3.22 雙底

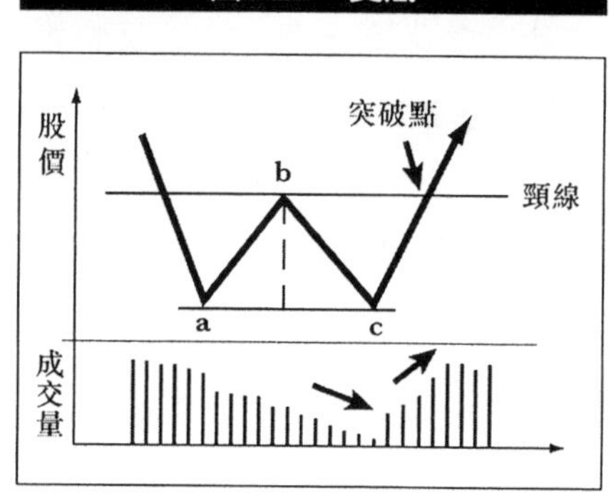

(1) **第一個谷底出現**：股價經過不斷下挫，顯得過殘，例如每股資產淨值大大高於現價，先知先覺的投資者會開始買貨，股價由低位a點升至b點，而b點約是a點的10%至20%。

(2) **第二個谷底出現**：早前已買貨的投資者，見股價反彈不少，利潤吸引，便會沽貨套利，股價開始由b點回落，但回落接近上次低位a點水平後，又再次出現買盤，股價由c點回升。由於股價第二次W破低位不成功，可以預見投資者信心將會增強，繼而加速未來的反彈勢。

(3) **升破頸線利好**：股價由c點回升，等候機會升破頸線阻力位，頸線阻力是指兩個谷底a及c點之間高點（即b點）的水平延長線；同時可以觀察到，第二個谷底c點的成交量比第一個谷底a點為低，反映沽壓減弱，此時可以確定雙底的成立，股價配合大成交量升破頸線，視為最後買貨機會。

(4) **量度升幅**：在股價升破頸線，後市向好。兩個谷底始終有少許高低差異，因此預期的至少升幅是先取兩個谷底中最低的那一個（即圖示a點），向上量度出至頸線間的垂直距離，再從升破頸線點向上量度出同等垂直距離的長度。另外一個量度方法是先將兩個谷底a及c點連線，然後由b點向下拉一條直線至a和c點所連斜線為止（如圖中所示虛線），股價一旦升破頸線，就由突破點開始向上量度出與虛線同等長度的直線，一般的實際升幅會大於量度升幅。

判斷形態真偽方法及買賣重點需知

(i) **升破頸線時成交量須上升**：在雙底形態中，第二個谷底的成交量通常比第一個為低，反映第二次股價回落時，沽壓明顯減少，有利後市反彈。當股價反彈升破雙底頸線時，成交量需明顯地大幅增加；如有大成交量，反映買盤力強，才算有效的買貨訊號，可放心追入。

(ii) **低點的差距準則**：雙底的兩個低點很多時並不一定在同一價格水平，兩者所出現差距如少於3%是可接受的，而第二個谷底一般較第一個為高，這是反映投資者在見第二次股價回落時已急不及待搶貨，令股價來不及下試上次低位就反彈。

(iii) **可能出現後抽**：股價升破頸線當日，收市價高於頸線約2至3%，可確定形態成立。有些實例中，股價在升破頸線時會有短暫的下挫，以收市價計，只要不跌回頸線以下達三日以上，可視為後抽，後市走勢看升。

(iv) **時間關鍵**：雙底通常在長期跌勢的底部營造，為一個預示趨勢將擺脫跌勢重納升勢的轉向訊號。一般而言，股價在經過一段跌勢後，要令投資者回復購買信心，是需要時間，而好淡雙方在低位亦會有一番對峙。因此，雙底形成時間較長，兩個谷底相距至少達一個月以上，且谷底外形上較圓滑，在周線圖發現此形態的機會較大。

(v) **買賣策略**：當股價升破頸線時，或有些情況下股價回試近頸線作後抽時，未持貨者應把握時機買貨，由於實際升幅往往比至少量度升幅為大，建議於升近至少量度升幅時，可先套利一半獲基本回報保障，然後再博繼續上升。

實例闡釋

(1) 圖3.23是北京燕化 (0325) 周線圖，圖中所見，該股股價在1997年開始隨大市回落，跌至1998年8月才尋底，先營造第一個谷底 (指A點) 約0.4元，及後股價大幅反彈至約1元水平，在高位獲利盤湧現，令股價再出現下挫，近1999年2月又一次成功築底回升。

(2) 從圖中可見，股價第二次試底時，低位 (指B點) 明顯比上一次為高，兩者相差很少；雖然成交量仍低，但已有形成雙底的機會。到1999年5月時，雖然所公佈的1999年度末期純利大跌近84%，但市場人士意識到內地石化行業已見谷底，將有大幅改善的機會，預期北京燕化的業績會大幅回升，故加以追捧，最終刺激該股升破頸線，而成交量亦配合大升，確定雙底的成立，結果股價擺脫歷時近兩年的跌勢而大升，在短時間內完成至少量度升幅。從此例中可見，實際升幅往往大於預期。

圖3.23　北京燕化(0325)周線圖

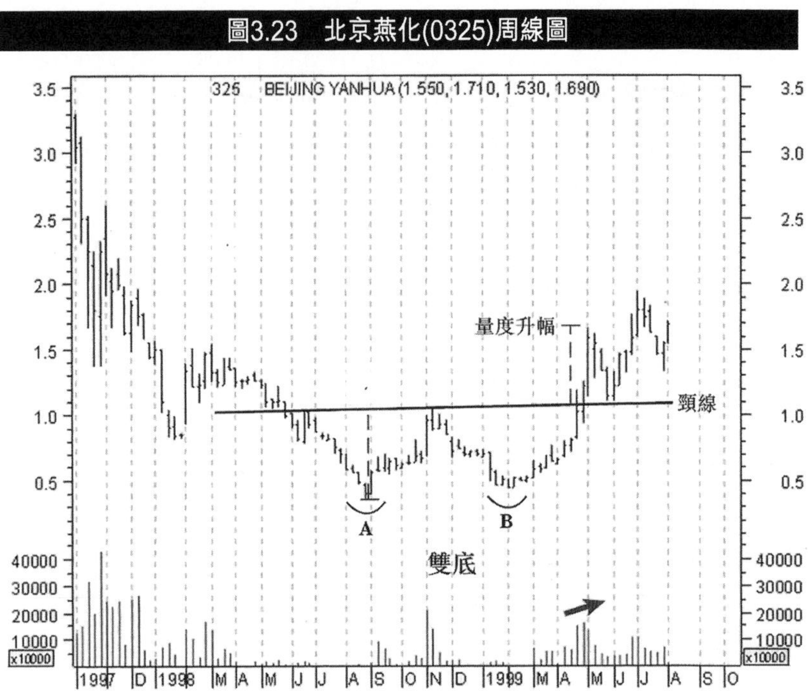

3.5 三底（triple bottom）

三底是雙底的延伸形態，它比雙底多一個低位，形成時間較長，而積壓的阻力也較多。若一旦升破頸線，去除所有阻力，可以預見，升幅會很驚人，屬利好的轉向形態。

形態特徵

圖3.24　三底

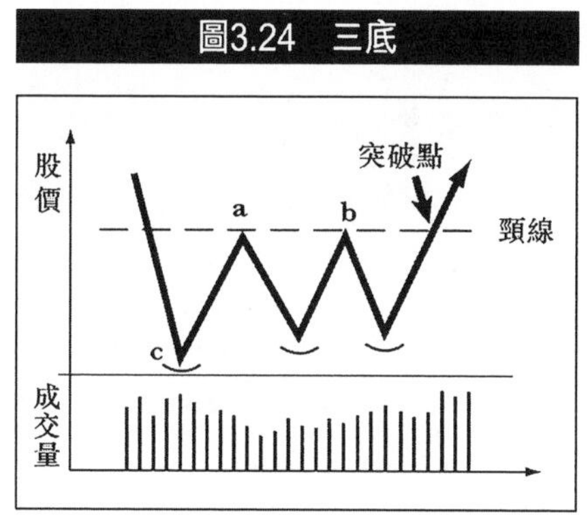

從圖3.24所見，三底基本上與雙底差不多，且各底分得很開、很深，成交量呈明顯下降趨勢，反映沽壓正逐漸減弱。三個谷底的低點相若，而由第一個和第二個谷底反彈的高位，分別為a點及b點，亦相當接近。當股價升破由兩個反彈高點a和b點所連成的頸線阻力位時，已成強烈的轉好訊號。至少量度升幅是取三個谷底中股價最低位(如圖示的c點)至頸線的垂直距離，再由突破點向上量度相同垂直距離。

判斷形態真偽方法及買賣重點需知

(i) **低點差距準則**：頭肩底同樣出現三個明顯谷底，但中間的那個明顯比左右兩個低出一段距離，而三底的三個底部則接近一個相同水平。然而，世事無完美，三底的低點很少巧合地落在同一水平線上，始終有一些差異，只要各低點的價格差距約在3%或以下，是可以接受。此外，三個谷底的距離亦無須一定相同。

(ii) **谷底特質**：三底各低點的出現時間並無硬性規定要相等，而三個底中，其中一個很多時呈微向上彎的圓底形態，反映股價正緩慢地向上。此外，在三底中，通常第一個谷底低位的成交量，會比後面兩個谷底的成交量為大，而第三個谷底低位附近的成交量，應為三個谷底之中最小的，才合乎三底的形態。

(iii) **升破頸線，以收市價為準**：升破頸線當日，一定以收市價作準，當日收市價最好高於頸線達3%或以上，利好訊號才算有效。有時候，股價在升破頸線時，會有短時間的後抽回落，只要下調貼近頸線，沒有重跌回頸線之下達三日(以收市價作準)，後市仍是看好。

(iv) **買賣策略**：在升破頸線時，應入市買貨，先以量度升幅作第一個套利目標，因為三底形成時間長，往往預期一旦升破頸線阻力，上升動力會很驚人，故在第一次套利後保留部分倉底貨再賺盡整段的升勢。假設股價只是假升破頸線，最後跌回頸線之下，應當機立斷地止蝕。

實例闡釋

(1) 圖3.25是和記黃埔(0013)日線圖，圖中顯示，由於受中國大陸、台灣軍事演習影響，以及美息有上調壓力，該股股價表現疲弱，在1996年2月至9月期間形成一個三底的形態。股價由1996年2月開始回落，繼後，在3月中旬先出現一個谷底並反彈回升，至5月中旬再出現第二個谷底，反彈接近50元時(即圖示A點)，又再受阻

圖3.25　和記黃埔(0013)日線圖

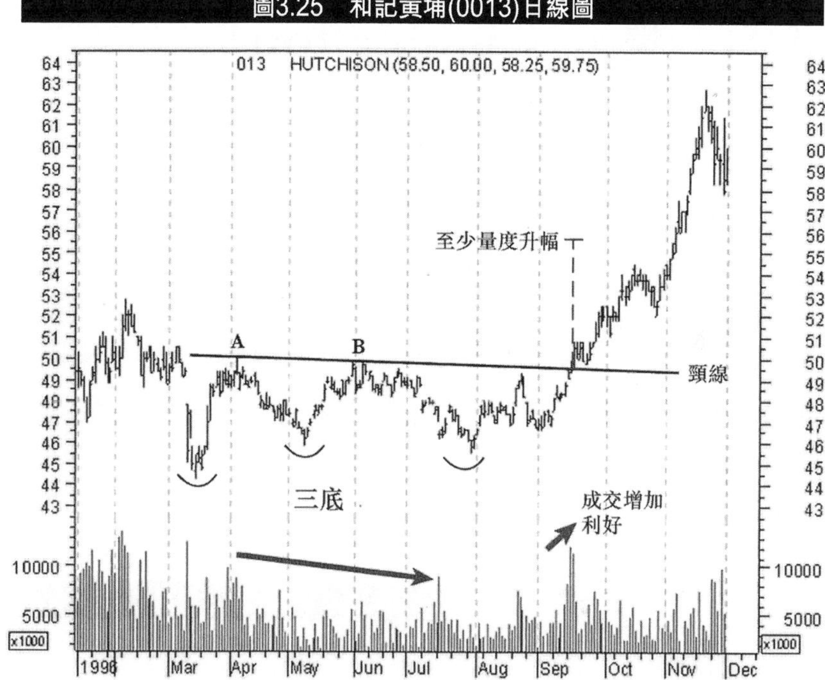

回落，最後股價再下試近第二個谷底的低點約46元，才再次作出反彈。

(2) 在第三個谷底形成時，從觀察可見，成交量以第一個谷底較高，隨後慢慢地下跌，而三個谷底低點亦相當接近，初步符合三底形態。及後，股價更於9月時借美息調升消除壓力，以大成交量升破由A及B點所連成的頸線阻力位。大舉急升，不但完成量度升幅，最後升幅更遠超預算。此種情況經常可見，因為三底的形成時間長，近頸線附近的阻力位只要一舉升破，投資者的信心便會大增，上升動力會很強。

3.6 雙頂（double top）

雙頂的殺傷力絕不遜於頭肩頂。雙頂一般會在一個中、長期升勢末段中發現，屬於典型的見頂回落形態，形態一旦確定，應果斷地清貨離場。

形態特徵

依圖3.26所示，雙頂走勢好像英文字母「M」，故又名M字走勢，清楚顯示股價兩試高位而回的情況。

圖3.26 雙頂

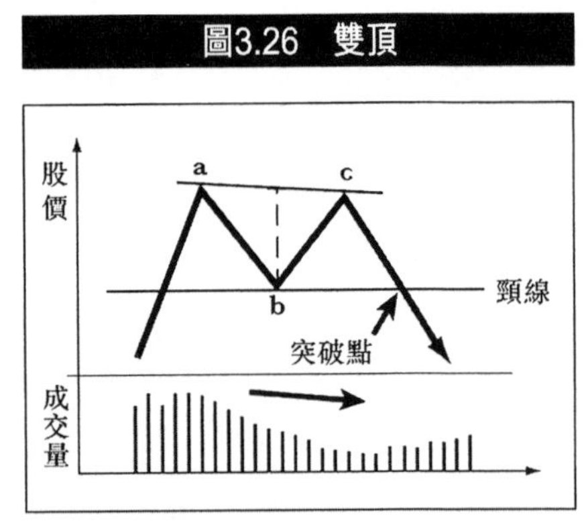

(1) **第一個高峰出現**：股價先經過不斷的攀升，開始脫離基本因素的支持，先知先覺的投資者或早前在低位持貨者開始沽貨套利，假設第一個高位a點出現後，股價作調整，由a點滑落至b點（b點約是a點的10%至20%），就應該小心正營造雙頂。

(2) **第二個高峰出現**：一些早前未有買貨的股民，見股價調整已有一定幅度，便被吸引買貨博反彈，股價開始由b點反彈，但反彈只能夠接近上次高位a點水平，之後又再次出現沉重的沽壓，股價由c點回落。由於股價第二次試破高位不成功，可以預見會打擊持貨者信心，繼而加速未來的跌勢。

(3) **跌破頸線利淡**：股價由c點回落時，需等候跌破頸線支持位，頸線支持位指兩個高峰a及c點之間底點（即b點）的水平延長線。同時，可以觀察到，第二個高峰c點的成交量比第一個高峰a點為低，反映買盤漸弱，此時可以確定雙頂成立，而跌破頸線可視為最後的清貨離場機會。

(4) **量度跌幅**：當股價跌破頸線，即表示後市向淡。兩個高峰大多會有少許高低差異，因此預期的至少跌幅是先取兩個高峰中最高的那一點（即圖示a點），向下量度出至頸線間的垂直距離，再從跌破頸線點向下量度出同等垂直距離的長度。另外一個量度方法則先將兩個高峰a及c點連線，然後由b點向上拉一條直線至a和c點所連斜線為止（如圖中所示虛線）；股價一旦跌破頸線，就以突破點開始向下量度出與虛線同等長度的直線。一般情況，雙頂的實際跌幅會比量度出來的大得多。

判斷形態真偽方法及買賣重點需知

(i) **跌破頸線，成交量無須配合上升**：在雙頂形態中，第二個高峰的成交量應比第一個為低，才可反映買盤正減弱。當股價跌破雙頂頸線時，成交量不上升，也視為有效的沽貨訊號。

(ii) **高點的差距準則**：雙頂的兩個高點很多時並不一定在同一價格水平，兩者所出現差距若少於3%是可以接受，而第二個高峰頂點一般亦較第一個頂點高一些，這顯示股價經過早前好消息的刺激而攀升後，市場看好氣氛仍濃烈，看好力量企圖推高股價，可是高位遇強大阻力而回。特別一提，當股價在第二次反彈，升近第一個高峰價格時，不但沒有停下來，反而以收市價計能超過第一個高峰達3%或以上，慎防營造雙頂形態已失敗，應作樂觀買貨準備。

(iii) **可能出現後抽**：股價跌破頸線當日，收市價低於頸線約3%，可確定形態成立。有些實例中，股價在跌破頸線時會有短暫的反彈，以收市價計，只要不升破頸線達三日以上，可視為後抽，後市走勢仍會下跌。

(iv) **時間關鍵**：雙頂的兩個高峰的相距時間至少要有一個月或以上，才能判定轉向訊號的有效性；事實上，兩個高峰形成的時間距離愈長(達三至六個月不等)，預期後市跌幅會愈深，利淡的訊號更加明顯。

(v) **買賣策略**：當股價跌破頸線時，或有些情況下股價後抽升近頸線，已持貨者應第一時間沽貨離場。

實例闡釋

(1) 從圖3.27的匯豐控股 (0005) 日線圖可見，該股股價於1997年中以雙頂回落。當時，股價在6月至7月中旬仍不斷攀升，先見高位93元，後呈回吐至86元，至8月中旬再試衝上次高位但未成功，市場已失信心。同時，可以觀察到，成交量在創股價新高位時反見萎縮，雙頂正慢慢迫近，心水清的股民當會記得此段時間正是對沖基金狙擊亞洲貨幣之時，貨幣的大幅貶值令投資者信心動搖，股市下挫。

(2) 股價由高位先跌破上升軌支持位，反應敏捷的持貨者會選擇在此時先套利一半。及後，股價曾假跌穿頸線 (當日股價雖曾跌破頸線，但最後以收市價計，仍收於頸線之上)，最終於8月尾跌破頸線，並出現後抽，此時可確定匯豐的升勢告一段落，也為持貨者最後沽貨離場的機會。

圖3.27　匯豐控股(0005)日線圖

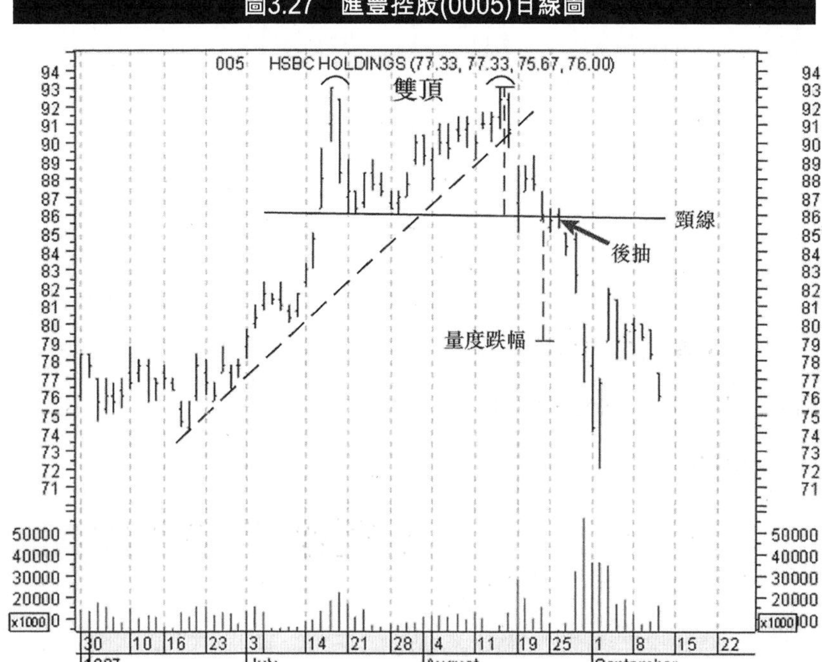

(3) 按計算，匯豐跌破此雙頂後，根據量度跌幅，股價應跌至79.5元，但實際不止於此，股價急挫至72元左右才作反彈，可見雙頂的利淡威力。

3.7 三頂（triple top）

三頂是雙頂的延伸形態，它比雙頂多一個高峰頂位，形成時間較長，同屬利淡的轉向形態。

形態特徵

從圖3.28所見，三頂基本上與雙頂差不多，且各頂分得很開、很深，成交量呈明顯下降趨勢，反映買盤力量正逐漸減弱，當股價跌破由兩個低點a和b點所連成的頸線支持位時，已成強烈的轉淡訊號。至少量度跌幅是取三個高峰中股價最高位至頸線的垂直距離，再由突破點向下量度相同垂直距離。

圖3.28　三頂

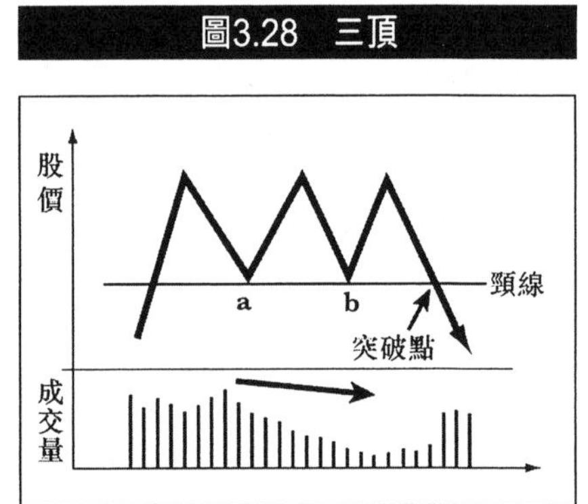

判斷形態真偽方法及買賣重點需知

(i) **高點差距準則**：頭肩頂同樣出現三個高峰，但中間的那個明顯比左右兩個高出一段距離，而三頂的三個高峰頂部則接近一個相同水平。然而，三頂的高點很少巧合地落在同一水平線上，始終有一些差異，只要各頂點的價格差距約在3%或以下，是可以接受。

(ii) **頂峰特質**：三頂各頂峰高點的出現時間並無硬性規定要相等，而三個頂中，其中一個很多時呈微向下彎的圓頂形態，反映股價正緩慢下滑。

(iii) **跌破頸線，以收市價為準**：跌破頸線當天，一定以收市價作準，當天收市價須低於頸線達3%或以上，利淡訊號才算有效。有時候，股價在跌破頸線時，會有短時間的後抽反彈，只要反彈貼近頸線，並沒有重回頸線之上達三日（以收市價作準），後市仍見跌。

(iv) **買賣策略**：在跌破頸線時，應沽貨離場。

實例闡釋

(1) 圖3.29中電控股（0002）日線圖，圖中顯示，股價於1997年

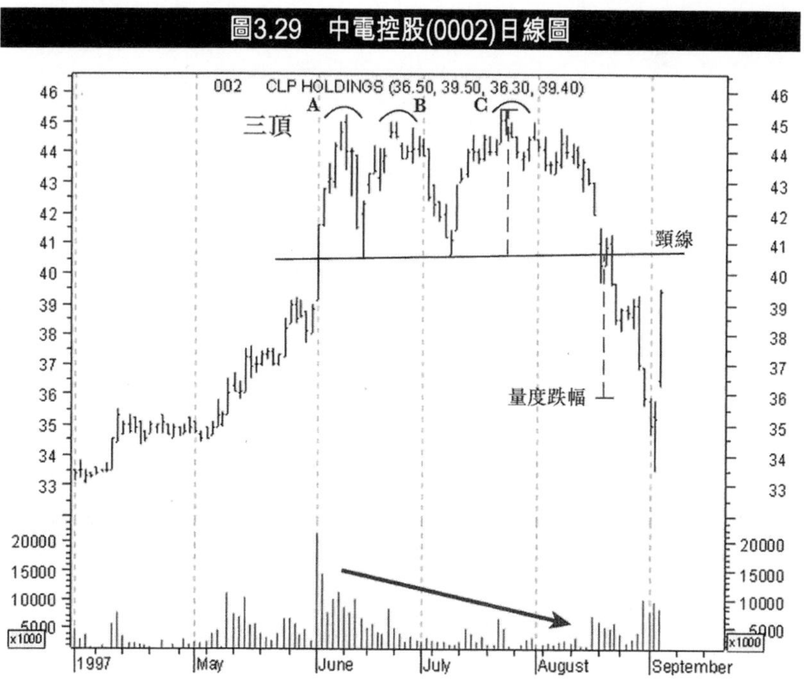

4月33元左右開始拾級而上，展開一段頗佳升勢。繼後，在6月至7月期間三次試高位而回，第一個高位A點為45.2元，第二個高位B點為45元，第三個高位為45.4元，三個高點差異少於3%。

(2) 在營造第三個頂部時，成交量萎縮，而且，清楚可見以圓頂形態滑落，三個頂的形成達兩個多月時間，此時應小心大調整隨時來臨。到1999年8月中旬，該股終因亞洲金融風暴所拖累而令股價跌破頸線支持位41元，此時可肯定三頂完成。按至少量度跌幅計，該股股價起碼下挫至36元左右，結果要跌至32.5元才見跌勢喘定作反彈。

3.8 圓形底（rounding bottom）／碟形底（saucer bottom）

圓形底屬利好轉向形態，它反映市場上看好與看淡兩方面經過一番爭持角力，最後由看好一方取勝。圓形底的出現，預示大升市即將來臨。由於資訊愈來愈發達，消息靈通，金融市場變得較以前敏感及變動得更快，而圓形底形成需時，故已成罕見的形態。

形態特徵

圖3.30 圓形底

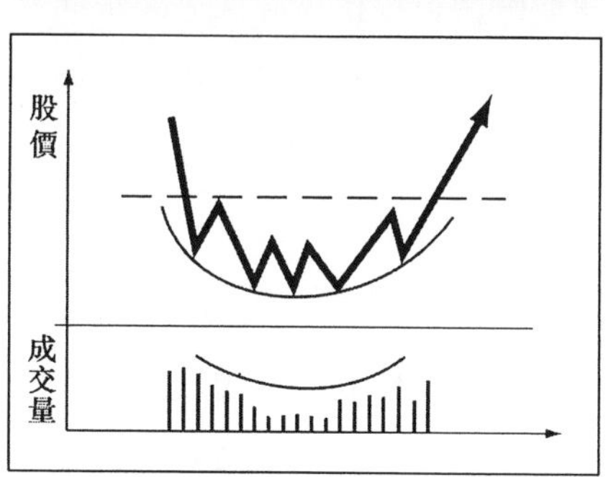

從圖3.30所見，圓形底的外形十分圓滑，股價及成交量呈弧形上漲趨勢，形成過程中顯示供求力量的一場角力智慧，從「供過於求」轉為「求過於供」，過程需時，不是突變的。

（1）**淡友先佔上風**：股票先經過賣家一輪的強力拋售攻勢，令股價不斷下跌，股票之所以被大手拋售是基於一些突然出現的利淡消息影響。

（2）**好淡角力**：當股價下跌至過分低殘水平後，賣方情緒開始冷靜，找不到太過利淡的藉口再大幅推低股價，於是成交量開始下跌，而部分投資者見股價不合理地偏低，便會小注買入投資，由於沽壓稍降同時出現小量買盤支持，供求開始取得平衡，跌勢亦漸見放緩，間中出現小幅度的反彈。從圖3.30所見，股價雖不斷創新低，但每個低點都比上一個低點低不了多少就稍作反彈，反彈後又迅速回落，而成交量則在圓形底部接近最低水平，由此形成一個在低位窄幅橫行的好淡爭持之局。

(3) **好友控制大局**：在一段時間後，那些看好股票前景或知道內情人士的好友，他們有耐性地在低位限價收集，已累積不少股票在手(市場術語為「貨源歸邊」)，繼而維持股價緩升的趨勢，成交量亦漸趨活躍。當對公司股價利好的消息出現時，市場需求大增，股價最終轉入加速上升的趨勢，這時候已是好友完全控制大局的階段。

判斷形態真偽方法及買賣重點需知

(i) **無量度升幅可預測**：與頭肩頂不同，圓形底並無量度升幅預測方法可提供。有部分人士觀察到，當圓形底築底回升時，多以其早前股價急跌的起點作為預期的升幅目標，但在很多實例中，由於形態的爆升力強，升幅往往難以置信，以圓形底起點作預期目標只是最保守估計，讀者可以運用其他技術分析技巧，如以移動平均線及長期下跌軌阻力位作推測。

(ii) **醞釀需時**：圓形底形成的時間一般需時一個月以上，形成的時間愈長，預示後市上升的爆炸力愈強，收穫愈豐。因此，在周線圖及月線圖所發現的圓形底，理論上會比日線圖所發現的具有更利好的趨勢，它預示股價將會很有機會大升，宜積極吸納。

(iii) **成交量需大增**：股價在底部回升時，成交量必須增加，以反映購買力逐步加強，利好訊號才算強烈。假如圓形底的成交量並不是跟隨股價作弧形增加，則不宜信賴，宜進一步觀察變化才作買貨決定。

圖3.31　圓形底出現「碟柄」

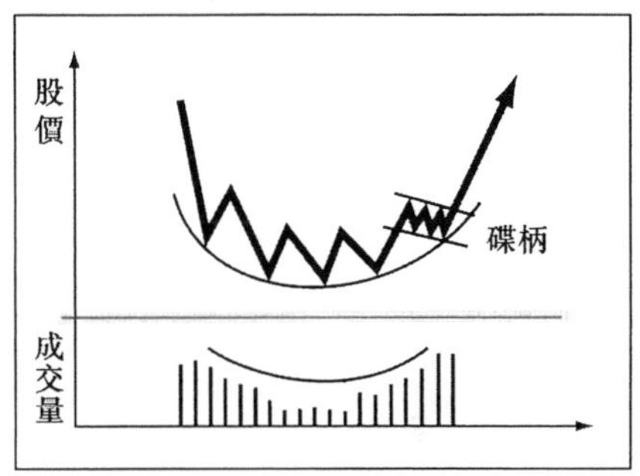

(iv) **可能出現「碟柄」**：在一些情況下，圓形底在形成的末段時，可能會有反覆牛皮爭持階段，成為一個平台整理及窄幅橫行區域，稱之為「碟柄」(platform)，如圖3.31所見。出現此情形，只是好友震倉的伎倆，由於知情好友知道股價將大升，為怕有大量投資者跟入，搶高股價，令好友不能以較便宜價格收集更多股票，於是故意小量滲沽股票以壓價，令股價牛皮橫行，沒耐性的短炒跟隨者很多時見股價牛皮，都寧願沽出以免資金被套牢；另外，一些沒信心的投資者亦會退出。當以上兩批人士退出後，好友便策動攻勢突破「碟柄」區，此時成交量會顯著大增。

實例闡釋

(A) 沒有碟柄的圓形底

(1) 圖3.32的九龍倉(0004)是典型的圓形底形態，該股受息口趨升困擾，在1999年初被大量拋售，沽售初段成交量大增，反映沽壓頗大，由近12元下滑，隨後一個多月的時間，股價跌多過升，股價最低見8.5元，累積跌幅接近29%。

(2) 接着至2月初時，跌勢見喘定，九倉股價開始在8.5元至9元左右的窄幅區域橫行爭持。

(3) 到3月中旬時，港府公佈數碼港計劃，市場開始垂青一些有科技概念的股份，由於九倉旗下持有有線電視寬頻網絡系統，備受

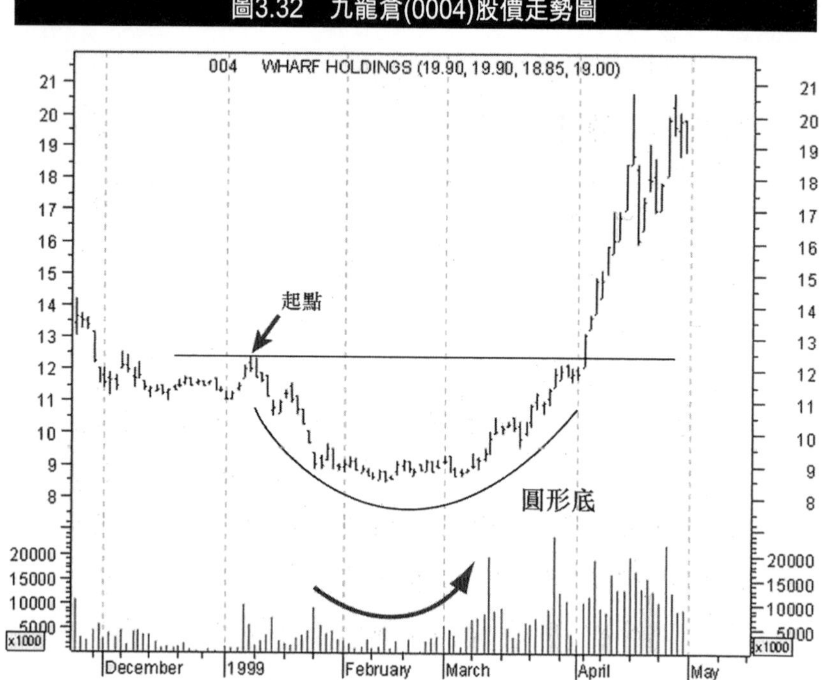

圖3.32　九龍倉(0004)股價走勢圖

看好，股價因此能擺脱低位，而成交量亦回升。此時，股價上升速度明顯加快，上升幅度也增大，成交量及股價呈弧形上升之勢。在3月尾，該股突破1月初高位約12元後，至4月中旬不足半個月的時間，股價由12元左右升至高位21元左右，累計升幅近75%，認真驚人。

（B）有碟柄的圓形底

(1) 圖3.33是四通電子(0409)周線圖，圖中顯示，圓形底形成時間達兩年多，股價於1995年初開始滑落，股價下跌初段，跌幅比較大，至1996年中跌勢開始放緩，並屢次觸近0.5元左右而覓得支持企穩，其後股價拾級而上。

(2) 在1997年2月尾，即急升前一、兩個月，該股曾在0.8元至

0.9元作窄幅上落，營造一個碟柄，及後，股價以大成交量升破碟柄的阻力位，股價大升，每周的升幅均較之前大很多。

圖3.33　四通電子(0409)周線圖

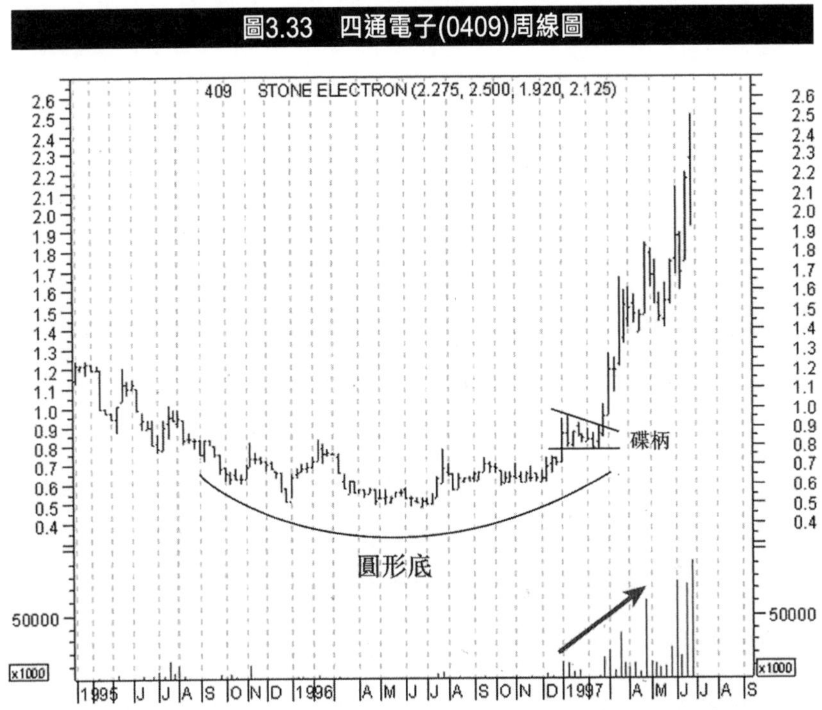

3.9 圓形頂（rounding top）／碟形頂（saucer top）

與圓形底相反，圓形頂的形態反映好淡雙方爭持，最後看淡一方勝出，莊家在此時亦完成派貨，在缺乏買盤承接下，股價急促滑落，所以圓形頂屬一個利淡的頂部轉向形態。圓形頂的出現，預示大跌市即將來臨。由於資訊愈來愈發達，消息靈通，金融市場變得較以前敏感及變動得更快，莊家要在高位維持有秩序地派貨比以前困難，而圓形頂在港股中出現的機會亦減少了許多。

形態特徵

從圖3.34所見，圓形頂外形很像一個被切去一半的籃球，形成的過程是：好友先佔上風，繼而好淡爭持，最後由淡友控制大局，股價走勢呈弧型下跌狀。

圖3.34　圓形頂

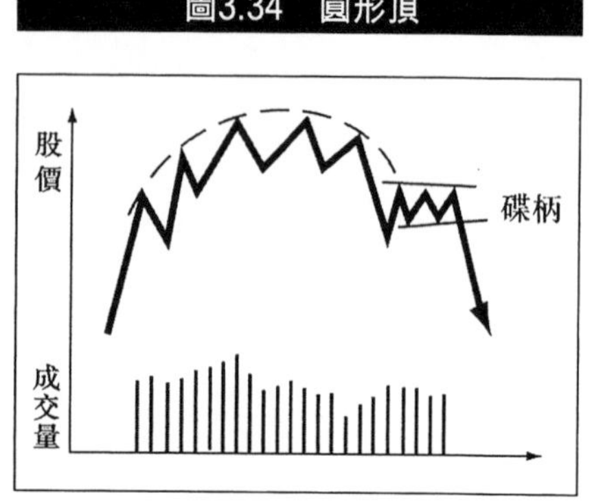

(1) **好友佔上風**：股價因為一些利好的消息刺激不斷上升，升勢凌厲。

(2) **好淡爭持**：經過一段時間的上升後，買方情緒開始冷靜，而市場上亦有部分人士認為股價過高不合理，於是賣方力量增強。在此段期間，升勢仍見持續但速度已漸漸放緩，當中股價雖然不斷地創新高位，可是每個高位較對上一個高不了多少便迅速回落。接近圓形頂頂部時，買賣雙方力量達至均衡，令股價保持在沒有上落的窄幅牛皮狀況。

(3) **淡友控制大局**：股價在圓形頂頂部徘徊一段時間後，買盤購買力漸弱，有部分莊家亦見沽貨離場，沽壓正加大，令圓形頂的後半部分出現股價高位一浪比一浪低，當淡友完全控制大局時，跌勢會突然轉急。

(4) **成交量沒有明顯特徵**：成交量多呈不規則，有時會在圓形頂頂部形成後逐漸減少，就像碟形形狀。

判斷形態真偽方法及買賣重點需知

(i) **無統一量度跌幅**：在圓形頂接近完成時，股價的跌勢會轉急，至於跌到哪一個水平，則無量度跌幅的預測方法。市場慣用的技巧，有以較中線的上升軌或移動平均線(如50天、100天或250天)作支持參考，也有些分析者會以跌回開始營造圓形頂的起點的距離(所謂「升多少，跌多少」)作參考跌幅。

(ii) **出現碟柄的可能**：從圖3.34可見，在圓形頂形成的後半部分，股價有一個窄幅反覆橫行的上落區，俗稱「碟柄」，這是莊家的托價把戲，投資者以為股價正在築底，不會大跌。然而，事實上，這碟柄很快便會跌破，跟着股價會繼續朝預期的下跌方向發展。

(iii) **形成時間愈長，殺傷力愈強**：形成圓形頂的時間至少一個月，若形成時間愈長，因在高位積壓不少新加入的買盤，預示將來股價一旦出現回落時，在大家爭相走貨下會令跌勢變急，殺傷力更強。因此，在周線圖或月線圖一旦發現圓形頂正形成時，應加倍小心跌市將來臨，而且跌勢會維持一段時間。

(iv) **買賣策略**：在高位見牛皮爭持，營造圓形頂頂部時，應先考慮沽售部分貨源，市場俗語有云：「十個牛皮九個淡」，當股價轉趨急跌時更確定形態已完成，應馬上清貨離場。

實例闡釋

(1) 圖3.35的廣南集團(1203)於1997年間曾形成一個大圓形頂回落形態。在1996年11月時，該股的股價由近5.5元開始展開上升趨勢，到1997年3月已標升至11.8元左右，及後在3月至5月底時，股價雖不斷創新高，但每次見高位又不久迅即回吐，反映市場上正有一股強大沽壓與買方抗衡。

(2) 在1997年5月見高位後，廣南的股價已呈跌勢，高位一浪低

圖3.35　廣南集團(1203)股價走勢圖

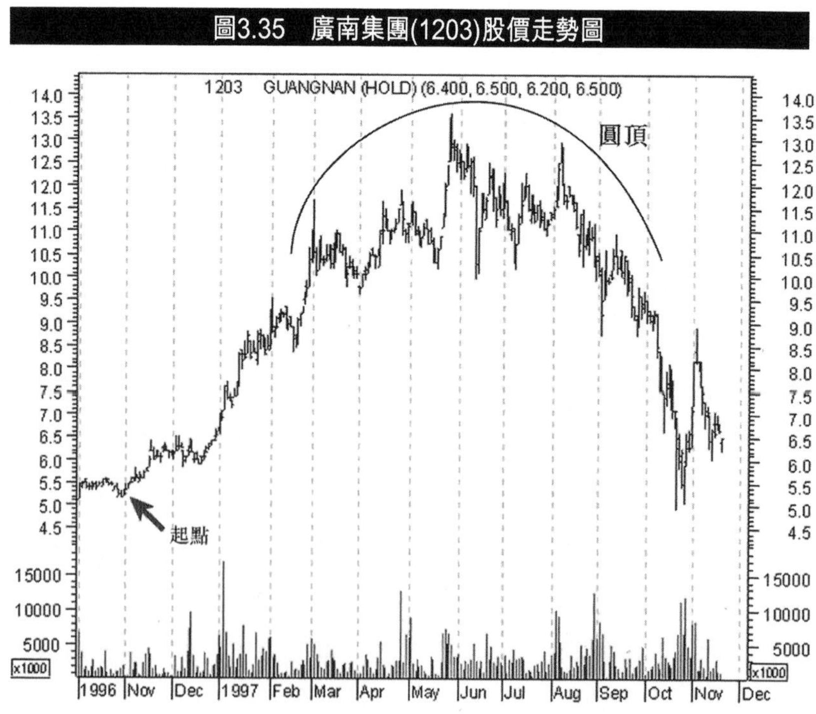

於一浪，到8月尾時跌勢更見加劇，正式確認是圓形頂。此時，大市見頂，並將大幅回落，而亞洲區的貨幣又被猛力狙擊，市場擔心港元和人民幣隨時貶值，構成了利淡的原因。結果所見，此圓形頂的利淡威力甚強，股價由1996年11月近5.5元開始攀升，用了八個月時間到達高位13.5元左右，不到五個月的時間，股價又迅即回落，返回起點附近。

3.10 潛伏底（line bottom）

除圓底外，潛伏底亦是一個能充分反映莊家有耐性地收集貨源的利好形態，多在一些名不經傳的細價股份中發現此形態。當發現股價明顯擺脱悶局，不妨陪莊家走一程，一般會有不俗收穫。

形態特徵

圖3.36　潛伏底

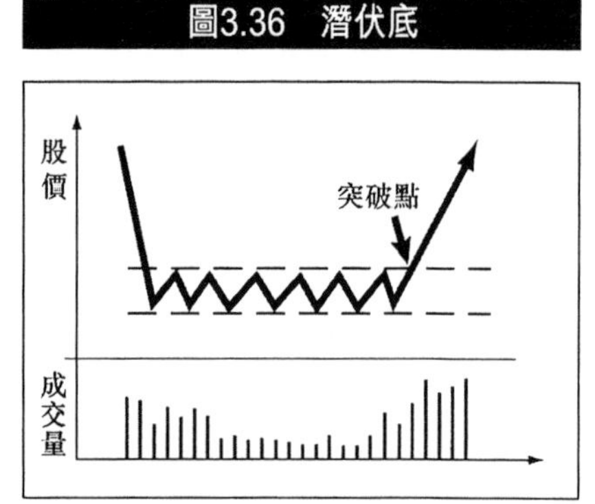

(1) **窄幅上落**：從圖3.36所見，潛伏底形成時，股價先反覆下跌，後有一段時間於底位在一個狹窄的區域內上落波動，每日的高低價波幅極小(這並沒有統一標準，一般在5%或以下可以接受)，成交量方面亦見稀疏，每日成交可能只有幾手，甚至沒有。

(2) **多在細價股份上發現**：潛伏底多發現在細價股份身上，主要是因為公司前景一般或盈利平穩欠驚喜，但又缺乏壞消息衝擊，令已持有股票者找不到急於沽售的藉口，而有意趁低收集者又不急於追貨，在低位只作有耐性的累積貨源，等候機會炒上。

(3) **波幅突然擴大，成交活躍**：當股價橫行多時(至少達一個多月的時間)後，股價波幅突然擴大，而成交亦見活躍起來，而且配合市場傳出或被證實對公司利好的消息，如盈利大升或接獲大訂單等，皆可視為擺脱潛伏底的突破訊號，預期股價將會爆炸性上升。

判斷形態真偽方法及買賣重點需知

(i) **形成時間較長**：潛伏底的形成一般時間較長，至少需要一個月以上，事實上長達半年至一年的潛伏底亦見過不少，可以預期形成時間愈長，愈多時間讓莊家盡收貨源，未來上升阻力愈小，升幅愈巨。

(ii) **講求成交量的配合**：此形態在股價波動上無甚特別，在形成潛伏底時，股價一般是橫行；當出現突破時，也並無至少量度升幅可測。相反，成交量的變化則需多花功夫觀察。在築潛伏底時，成交量應保持穩定及稀疏的走勢；但當股價波幅突然擴大，升幅增加時，成交量需配合大增(最好能持續達三日或以上)，這樣方可視為有效突破訊號，值得跟進買入。此外，股價在突破後處上升趨勢時，成交量亦最好維持在高水平。

(iii) **買賣策略**：在股價窄幅上落時，而成交量仍低迷，便不要意圖或企圖預測將會突破而買貨，因為潛伏底形成時間長，一旦誤測突破時間就會被白白套牢。當成交量激增，股價上揚擺脱潛伏底，方可吸納。此時買入價可能比在築底時為高，但由於突破訊號明確，追貨風險相對較小。同時，基於潛伏底缺乏量度升幅參考，追貨後宜採用不斷推高止賺位方法。假設在5元買入某隻股票2000股，總成本為10000萬元，當股價升至10元時，宜套利一半先賺回成本，剩下1000股就可以推高止賺位；假定止賺位為8元，跌破此位則應沽貨套利，相反，股價隨後只跌近9元又再攀升至11元，此時又可將止賺位推高至8.5元，餘此類推，務求可以賺盡整段上升幅度。

實例闡釋

(1) 以圖3.37的光通信 (0603) 周線圖為例，該股自1999年初開始，股價大部分時間在0.1元附近，窄幅徘徊下視覺上形成一條橫線形狀，此段期間成交量亦明顯維持稀疏走勢，最終形成潛伏底。

(2) 經過十一個多月的悶局後，該股於1999年11月開始成交量增加，因為市傳日本科技公司光通信收購該股，令股價突然脫離潛伏底作爆炸性的上升，投資者於11月底見成交大增便確定可以小注跟進。及後股價不但升至1元，成交量在上升途中亦跟隨大升，最後股價升近6元才作明顯的回吐。

圖3.37　光通信(0603)周線圖

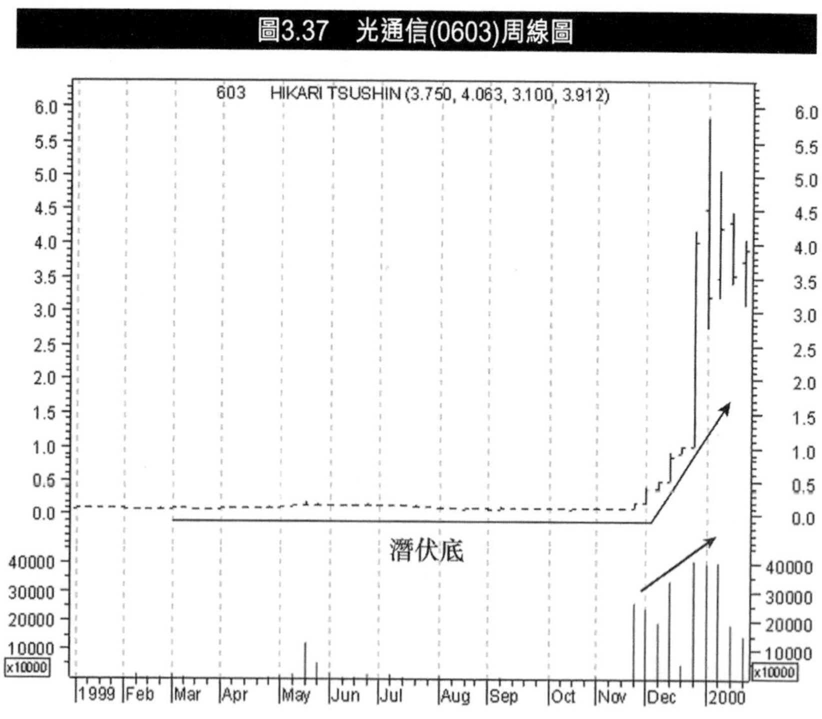

3.11 V形／V形底（V or spike bottom）

頭肩底及雙底的形成，好淡雙方會有一段時間爭持，直至看好一方取勝，控制大局，令跌勢轉向升勢，整個過程是漸進式的，具有節奏。然而，V形底走勢卻是突然發生的，一個突然出現的利好消息刺激，可以使原來的急跌勢逆轉向急升勢，而這往往令投資者來不及準備。坦白說，V形底轉勢時間太快很難掌握，投資者除有決斷力第一時間不計價於高位追貨外，成敗關鍵亦要靠運氣。

形態特徵

從圖3.38所見，顧名思義，V形底的移動軌跡極像英文字母「V」字形，形成需經三個階段。

(1) **下挫階段**：股價經過一段持續短時間下跌或急速下跌，由於下跌速度快促成V形左方走勢十分陡峭，成交量逐漸減少。

圖3.38　V形／V形底

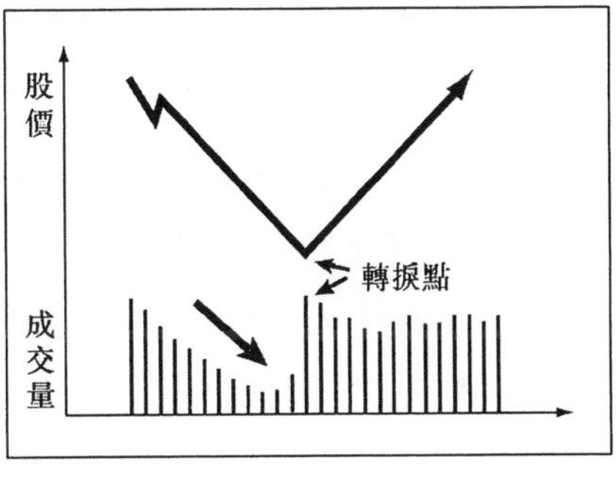

(2) **轉捩點**（pivot point）：股價經早前急挫後，買盤突然湧現，令跌勢停止，此轉勢點的時間僅為一、兩日，而且成交量在轉

勢點明顯大增，顯示買盤積極，從圖3.38可見，V形底部十分尖銳。

(3) **急升階段**：接着股價從轉捩點回升，回升速度幾乎是早前下跌時的同樣速度，並很快將所有失地收復，所謂「跌多少，升多少」，而且成交量增加。

判斷形態真偽方法及買賣重點需知

(i) **成交量變化重要**：在轉捩點那天或那幾天，成交量隨股價反彈而大升，市場買盤不問價地掃貨，增強V形底轉勢的利好訊號。在實際例子中，若股價在急跌尾段以裂口形式(指沒有任何交易的區域)跳價下挫，隨着又以裂口形式反彈回升，成島形轉向形態，預期V形的轉向訊號強烈，買貨後獲利機會較大。

(ii) **無量度升幅可測**：V形底轉向並無任何量度升幅預測方法，有經驗的技術分析者會先以早前急跌多少，來推算今次轉勢可能會以同樣幅度回升。另外，應該同時觀察股價升抵以前的重要密集阻力區時的反應，若股價升近阻力而回，就要慎防升勢或會放緩。

(iii) **買賣策略**：由於轉勢時間很短及速度很快，頗考驗投資者的反應，在出現轉捩點後應毫不猶豫地追貨，由於V形底並無量度升幅，升幅往往很大。當進貨後，已追貨的讀者可能會問，究竟應該甚麼時候才沽貨套利？這或可參考所謂“let profits run”的方法，意譯「讓利潤滾動」，其方法是將止賺位不斷推高。若你以5元追入，當股價升近10元時，就設立止賺位(視乎個人而定)，假設止賺位為8元，當跌破此位就要沽貨套利，這基本保障你能賺3元，用意是慎防市勢逆轉，由賺變蝕。若股價升近10元後，一度回吐近9元，接着又再急升至13元，此時，你又可將止賺位推高至10元，這樣就可以達利潤滾動的目的。

實例闡釋

(1) 圖3.39顯示，香港電訊(0008)受困於市場憂慮香港的電訊市場開放而影響盈利，股價自1999年底開始處疲弱之勢，跌浪一個接一個。接近2000年1月下旬，跌勢有轉急的趨勢，成交量增加，反映大戶正加緊拋售手持的股票，這視為V形底形態的第一階段。及後在2月時轉捩點出現，因為盈科數碼動力(1186)提出收購香港電訊，令股價跌至16.5元左右的低位後急促反彈，呈V形轉向之勢，沽壓盡消，買盤旺盛令成交量大增。

(2) 當確定V形底轉勢後，股價見狂升，成交明顯活躍起來，

圖3.39　香港電訊(0008)股價走勢圖

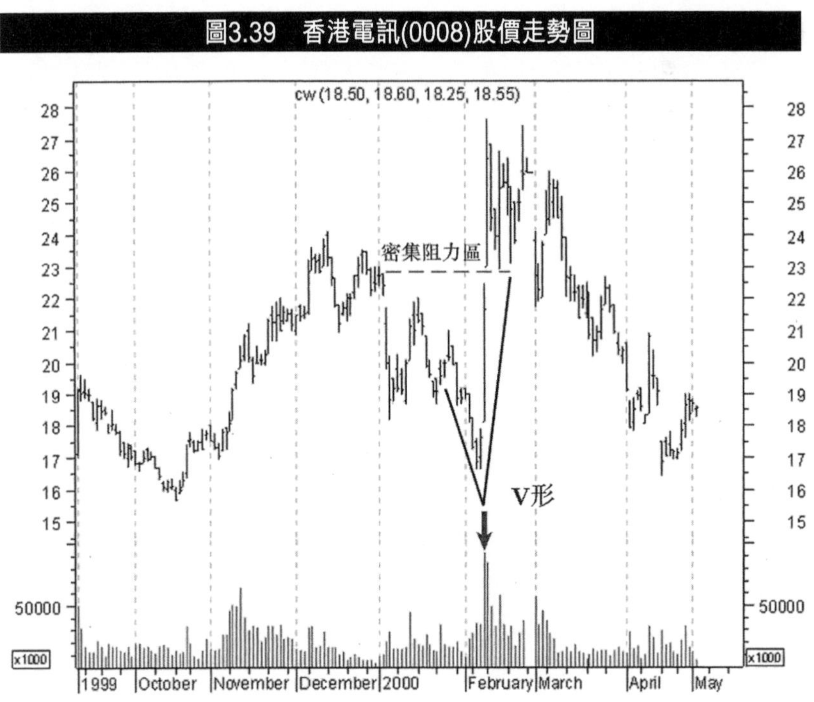

由於V形走勢無量度升幅可測，只可運用其他技術分析方法輔助，如重要阻力位。在香港電訊這例子中，股價在第一日狂升時，先升近密集阻力區22.5元左右而受制，但翌日以裂口形式上破此阻力，可視為利好訊號，結果顯示投資者若在當天開市時高追，以23元至24元買入該股，全日高見27.5元左右，仍錄得不俗利潤。

3.12 延伸V形／延伸V形底(extended V or spike bottom)

延伸V形只是典型V形的變種形態，分析重點大致與V形相若，同具利好的底部轉向意味。外形上只有少許差異，這將在以下加以說明。

形態特徵

圖3.40　延伸V形／延伸V形底

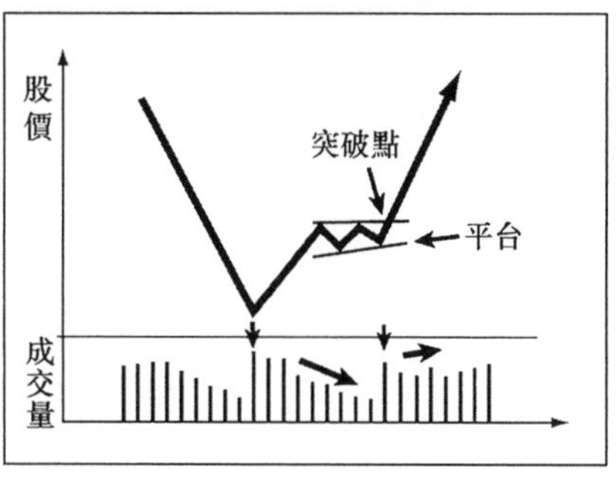

(1) **右邊現平台**：從圖3.40可見，延伸V形在股價見底轉向反彈的途中呈現變化，股價短時間(通常為一、兩周內的時間，不宜太長)出現一部分橫向的窄幅上落區域(又稱平台)，這是因為部分投資者仍對眼前升勢作評估。成交量在營造窄幅上落區時稍作下降屬正常，但當股價突破上落區時，成交量就需配合增加，而股價亦會迅速反彈回升，繼續完成形態。因此，投資者應在窄幅上落區把握時機買貨，這可視為最後的「上車」機會。

(2) **左邊現平台**：以上情況顯示，平台的形成在右邊，但有些例子，平台會在左邊出現，這反映股價在下跌途中大戶先維持有秩序地派貨，待派貨完畢，股價急瀉至見殘，大戶才再在低位買貨，因在此時很多人已經不起虧損而作止蝕，於是上漲升勢全無壓力，遂形成延伸V形的轉向形態。

實例闡釋

(1) 圖3.41是聯想控股(0992)股價走勢圖，該股股價於1997年底10月見頂後開始回落，至1998年初跌勢加劇，原因是東南亞其他地區的貨幣普遍貶值，謠傳人民幣也會跟隨，投資者對紅籌及國企股的信心大失，並加以拋售，而聯想亦不例外。可以觀察到，在股價急跌時，成交量見萎縮。

圖3.41　聯想控股(0992)股價走勢圖

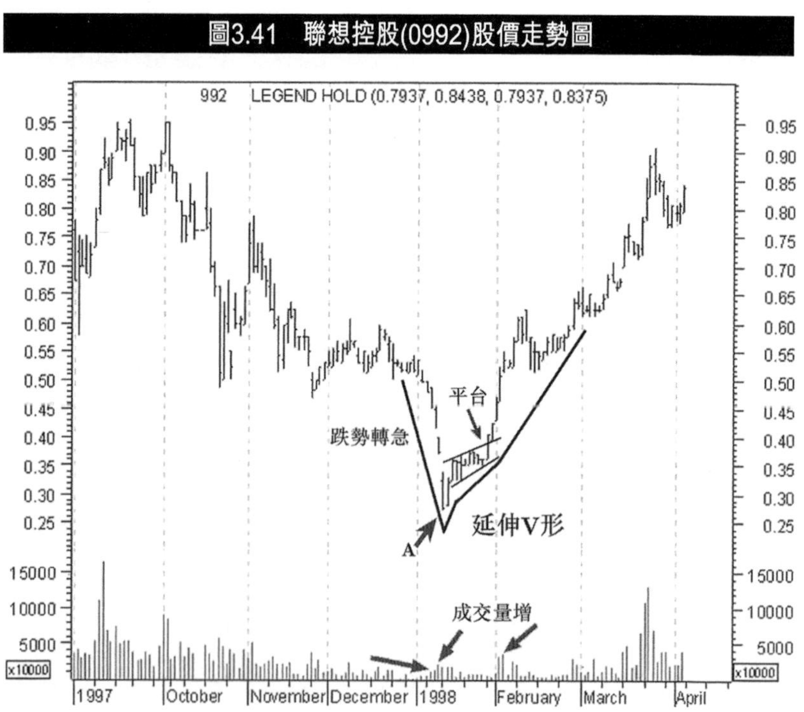

(2) 在1998年1月上旬，該股股價終跌至A點見底呈V形反彈，這是因該股一向盈利增長甚佳，當股價跌得太殘時，大戶便開始垂青承貨，使成交量大增。股價在反彈初期，明顯出現一條微向上傾的窄幅波動區，及後終再配合成交量增加而突破，升勢轉為強勁，此時延伸V形轉好形態已形成。最後到1998年3月尾時，股價已差不多返回1997年10月的高位，應驗了V形走勢「跌多少，升多少」的預測。此外，此例證亦顯示，營造窄幅波動平台區時正是最後的「上車」機會。

3.13 倒轉V形／倒轉V形頂(V or spike top)

與V形底走勢剛剛相反，倒轉V形或稱V形頂很多時因受突如其來的壞消息影響，令原來的漲升趨勢逆轉為下跌趨勢，這往往令投資者不知所措。

形態特徵

圖3.42 倒轉V形／倒轉V形頂

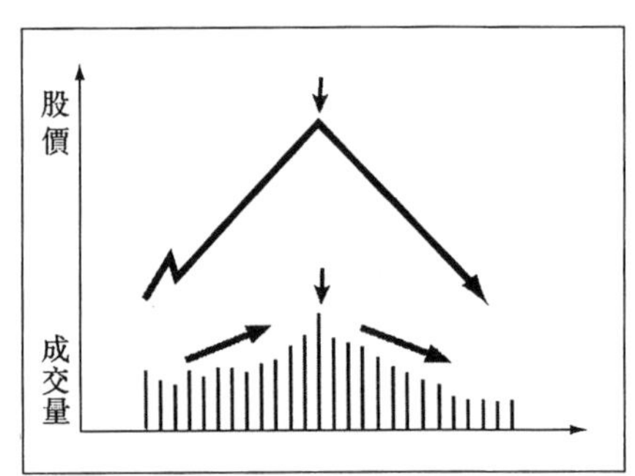

從圖3.42所見，顧名思義，倒轉V形的移動軌跡極像英文字母「V」的倒轉寫法，形成需經三個階段。

(1) **上升階段**：股價經過一段持續短時間上升或急速上升，由於上升速度快，促成V形左方走勢十分陡峭，成交量會逐漸增加。

(2) **轉捩點**：股價經早前急升後，沽盤突然湧現，令漲勢停止，此轉勢點的時間僅為一、兩日，而且成交量在轉勢點明顯大增，顯示沽壓增強，從圖中可見，V形底部十分尖銳。

(3) **急跌階段**：接着股價從轉捩點下挫，下挫速度幾乎與早前上升時的速度相若，所謂「升多少，跌多少」，而且成交量萎縮。

判斷形態真偽方法及買賣重點需知

(i) **觀察成交量變化**：在轉捩點，成交量明顯增加，就算不增加，維持接近在高水平亦可接受，顯示市場拋售力量強，轉為淡勢的訊號明顯。

(ii) **無量度跌幅**：與V形一樣，倒轉V形無量度跌幅可測，保守的會預計先跌回起點，但實際往往超於此水平，投資者只能以其他技術分析方法輔助作估計，例如利用重要支持區，或以移動平均線作支持假設。

(iii) **買賣策略**：在出現轉捩點當天，持貨者無論是賺或蝕都要當機立斷沽貨離場，因為預期已轉跌勢，利淡勢盛。

實例闡釋

(1) 圖3.43是盈盛數碼(0979)股價走勢圖，該股股價於2000年2月時曾出現一個典型的倒轉V形形態。2000年2月初，因為市場流傳集團將收購內地四川省有線電視網絡，刺激股價於數日內一口氣由近2.5元上升接近一倍，至5元左右後停牌，成交量在上升期間明顯增加。

(2) 及後，在停牌期間，公司單方面公佈有關詳情，但復牌當日出現轉捩點(即圖示A點)，因有報章報道四川省有關當局否認盈盛數碼擁有四川省的有線電視網絡經營權，加上另一間香港上市公司泛華科技(1105)亦宣稱擁有有關經營權，一時間演變成羅生門事件。復牌當日，盈盛數碼的股價早段曾上衝至近6.3元的高位，但迅即被市場大力拋售，成交量亦維持在高水平。

(3) 無須懷疑，倒轉V形已形成，後市由升勢轉為跌勢，在近2月尾時，盈盛數碼的股價已跌回起點水平，可見利淡威力驚人。已持貨者如在見股價急跌當日(即轉捩點出現時)，能當機立斷在4元至5元沽貨抽身離場，就可避開日後股價續跌的劣勢。

圖3.43　盈盛數碼(0979)股價走勢圖

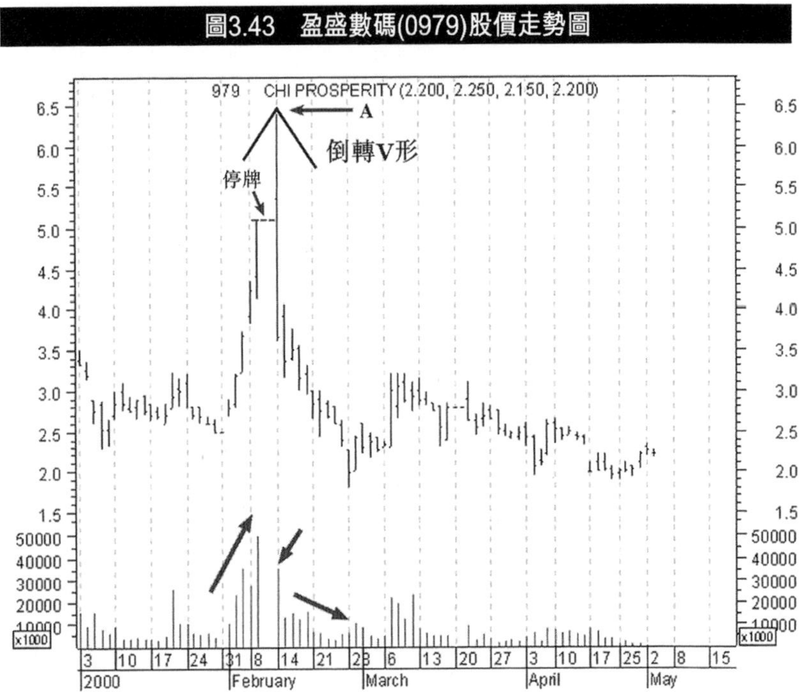

3.14 延伸倒轉V形／延伸倒轉V形頂（extended V or spike top）

不用多說，延伸倒轉V形為倒轉V形的變種形態，同具殺傷力極強的利淡轉向意味。

形態特徵

(1) **右邊現平台**：從圖3.44可見，延伸倒轉V形在股價見頂轉向下跌的途中出現變化，股價短時間(通常為一、兩周內的時間，不宜太長)出現一部分橫向的窄幅上落區域(又稱平台)，這是因為股價本節節上升，但遭突如其來的利淡因素扭轉形態，一些投資者仍未能接受現實，以為股價在下跌後形成窄幅橫行的平台只是作整理喘息，還有機會再上，但往往事與願違。其實，平台形成很多時是莊家正托價派貨，也是散戶最後逃走機會。

圖3.44 延伸倒轉V形／延伸倒轉V形頂

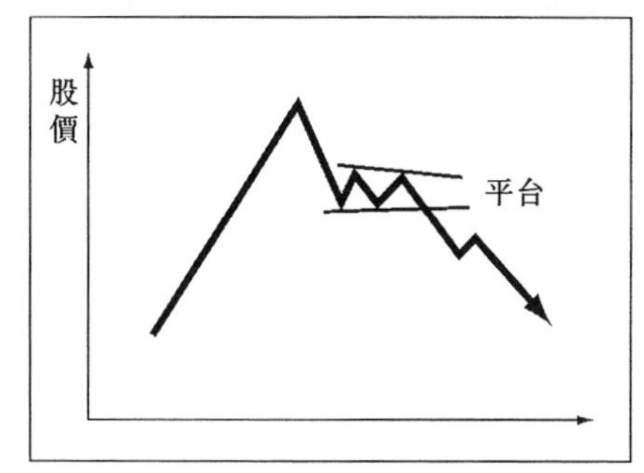

成交量在營造平台時稍作下降屬正常。就算在股價跌破平台時，成交量沒有配

合增加，也可視為可靠的利淡訊號，預計股價會繼續下滑。這點與延伸V形明顯不同(如果是延伸V型，成交量在升破平台時需配合上升)。

(2) **左邊現平台**：有時候，延伸倒轉V形的平台也會在左邊出現，但比較罕見，它多在股價上升的末段時形成。此時，接到內幕消息的莊家正盡力趁高位派貨，及利淡消息出現，升勢開始扭轉，因莊家早已散貨近七七八八，無須再托價沽貨，於是令跌勢迅速下滑。

實例闡釋

圖3.45是盈科數碼動力(1186)股價走勢圖，該股股價於2000年

圖3.45　盈科數碼動力(1186)股價走勢圖

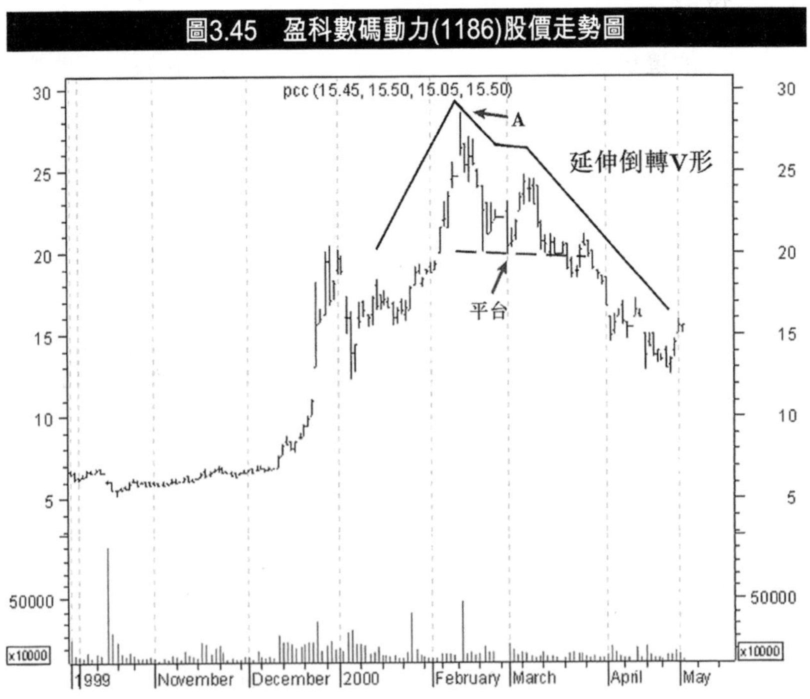

2月間出現一個右邊延伸倒轉V形。2000年初，該股股價開始急促上升，至2月公佈收購香港電訊(0008)計劃並配股集資，轉捩點正是配股後復牌的當日(即A點)，由於市場認為早前升幅已消化收購香港電訊的利好消息，加上預期盈科數碼動力仍有資金需求，股價急轉向下，成交量在當日亦大增。

該股轉勢後，在2月下旬至3月期間形成一個平台，屬派貨格局，當股價在3月下旬跌破平台底的支持(約在20元)，無須成交量配合上升，也可視為新一輪跌勢的開始，最後所見，近5月時，差不多跌回1月的低位，正所謂「升多少，跌多少」。

圖3.46是粵海投資(0270)股價走勢圖，該股於1999年9月至2000年初期間經歷由一個V形轉佳走勢迅即變為一個左邊延伸倒轉

圖3.46　粵海投資(0270)股價走勢圖

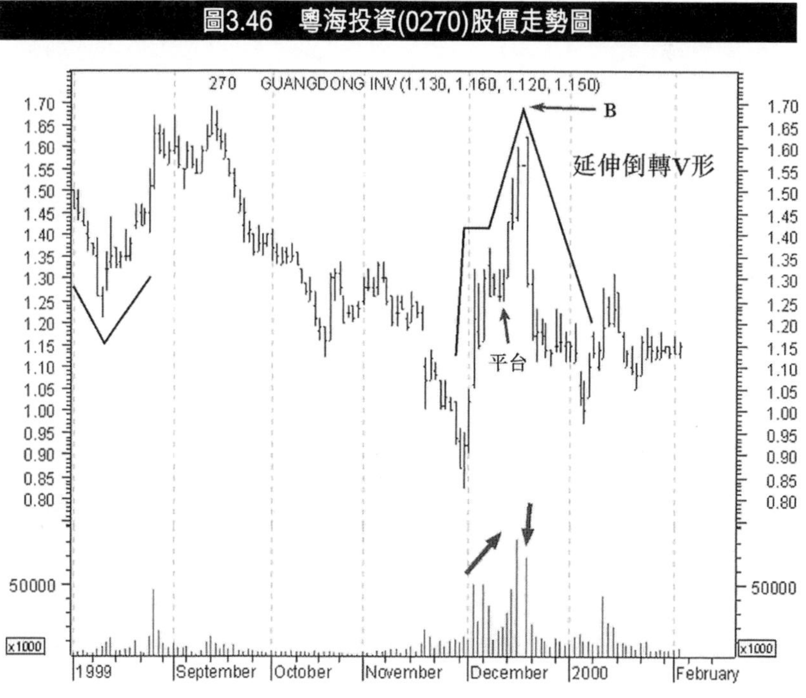

V形轉淡走勢的過程，散戶如坐過山車。圖中所見，粵海投資的股價於1999年9月見頂回落後，至11月時跌勢轉急，但到12月初，該股價卻呈V形轉向，不足一個月又回到9月的高位。然而，當股價急升至B點（約1.65元）高位後又轉淡，呈左邊延伸倒轉V形轉向；再觀察其成交量，股價急升時成交量漸增，轉勢時成交量亦增至最大，十分符合形態發展。

3.15 單日轉向（one-day reversal）

在V形或倒轉V形轉勢時，若伴隨着單日或雙日轉向形態，確定訊號更加清晰，究竟什麼是單日轉向及雙日轉向呢？將在本節及下節詳談。

形態特徵

單日轉向會分別在頂部及底部發生。

(1) **頂部單日轉向**：從圖3.47可見，當某隻股票股價經過一段時間的持續上升後，在某日股價突然不尋常地被推高，但馬上又遭沽盤強力拋售，把當日的升幅差不多全部跌去，有時可能還會跌更多，以全日最低價或接近最低價收市，同時，成交量在拋售時大增，此交易日的表現便被稱為「頂部單日轉向」，它預示升勢已近強弩之末，隨時作大幅回吐。

圖3.47　頂部單日轉向

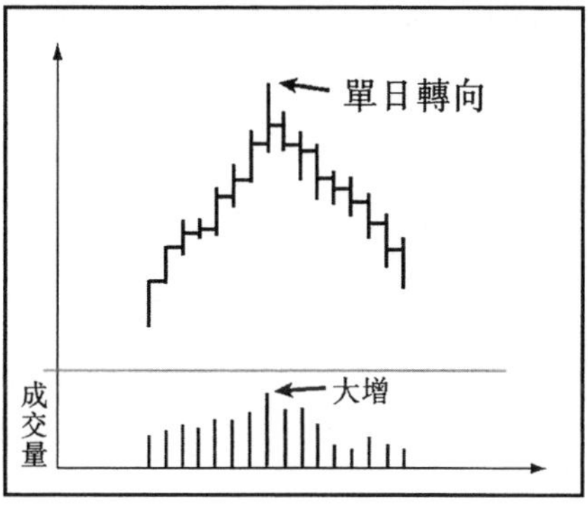

出現頂部單日轉向，屬利淡訊號，試想在股價再創新高下被強力推低，反映高位有阻力，而已持貨者為保盈利，便會爭相沽貨套利，

在缺乏承接力下，跌勢加劇。

圖3.48　底部單日轉向

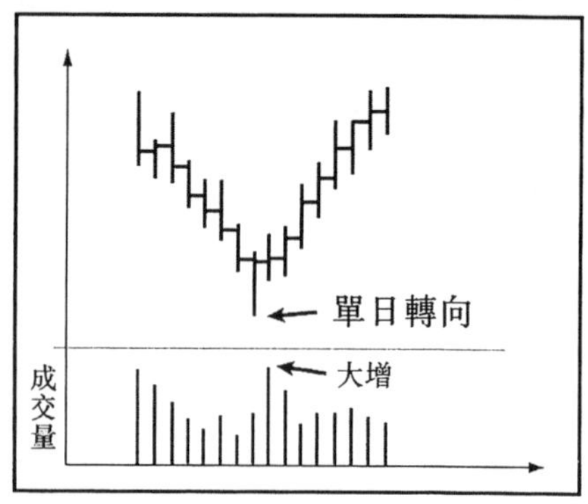

(2)**底部單日轉向**：從圖3.48可見，當股價持續下挫，至某日股價突然從低位掉頭回升，差不多把當日跌去的價位完全升回，並以全日最高價或接近最高價收市，同時，成交量在反彈時大增，此交易日的表現便被稱為「底部單日轉向」，後市可望反彈。

出現底部單日轉向，屬利好訊號，道理很簡單，因為在接近跌市尾聲，股價已累計下跌很多，愈來愈多投資者沒法承受虧損，被迫斬倉止蝕離場，令股價在某個交易日進一步被推低，但當斬倉盤完成後，拋售壓力大減，且因股價低殘，重新吸引一批實力買盤吸納，刺激股價迅速回升。

判斷形態真偽方法及買賣重點需知

(i)**成交量需大**：在單日轉向當日，成交量若異常的高，轉向的訊號更強。

(ii)**股價上升(或下跌)速度很快**：一般情況下，出現單日轉向後，股價上升(或下跌)的速度會相當快；但某些例子中，可能會發現上升(或下跌)速度較慢，但不必太擔心，在這情況下，上升(或下跌)的時間會較為延長及將持續。

(iii)**影響時間或長或短**：單日轉向的出現並不一定限於影響一段較長時間的大趨勢，有時它僅影響數日的走勢。在某些實例中，底部單日轉向在急速下跌之後出現，只是暗示短期技術性的反彈將開始。

(iv) **買賣策略**：出現頂部單日轉向當日，應毫不猶豫地沽貨離場；相反，出現底部單日轉向的當日，不妨放膽地在近收市時追貨。

實例闡釋

(1) 從圖3.49所見，道亨銀行(0223)在1999年11月時曾出現頂部單日轉向，當日道亨銀行因為受公佈成為恆指成分股的消息影響，令股價開市時不正常地推高，大幅造好，但因股價升勢過速，市場缺乏承接力，令股價迅速回落，最後證明在出現單日轉向當天為見頂之兆，當天收市前若能把握時機沽貨離場，可避後市下調所

圖3.49　道亨銀行(0223)股價走勢圖

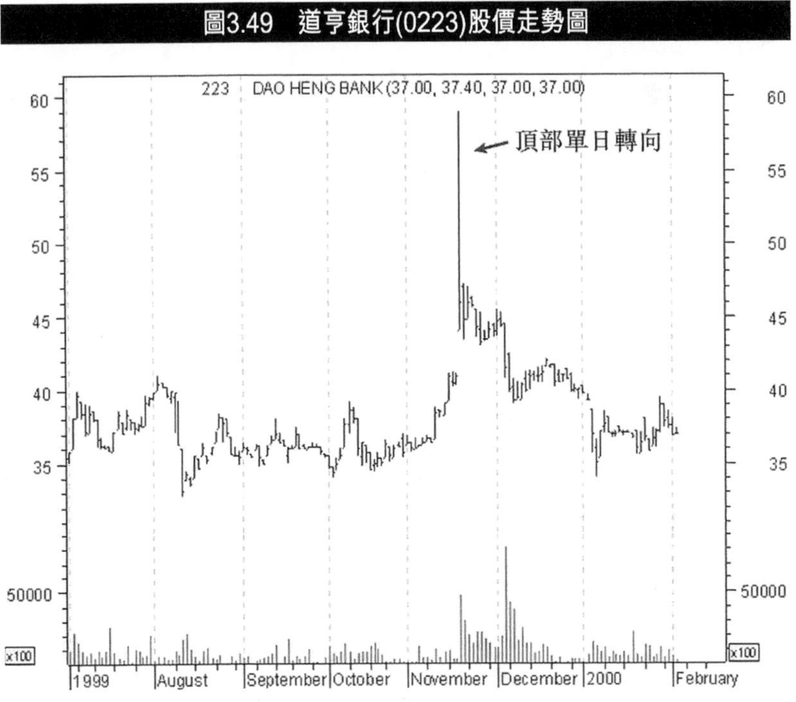

帶來的虧損。

(2) 圖3.50是偉易達(0303)股價走勢圖。該公司於1999年3月中時公佈擬生產新產品GSM流動電話，市場不大看好此產品的盈利前景，故把該公司股份大手拋售，令其股價由近24.5元開始急挫，直至出現底部單日轉向，股價低見約18元後才大幅反彈，主要原因是公司往績盈利增長理想，當股份被過分拋售而使股價低殘時，大戶便趁機低吸，而出現轉向當日，成交量明顯上升，更確認轉向訊號。結果，該股果真在隨後迅速反彈回升。

圖3.50　偉易達(0303)股價走勢圖

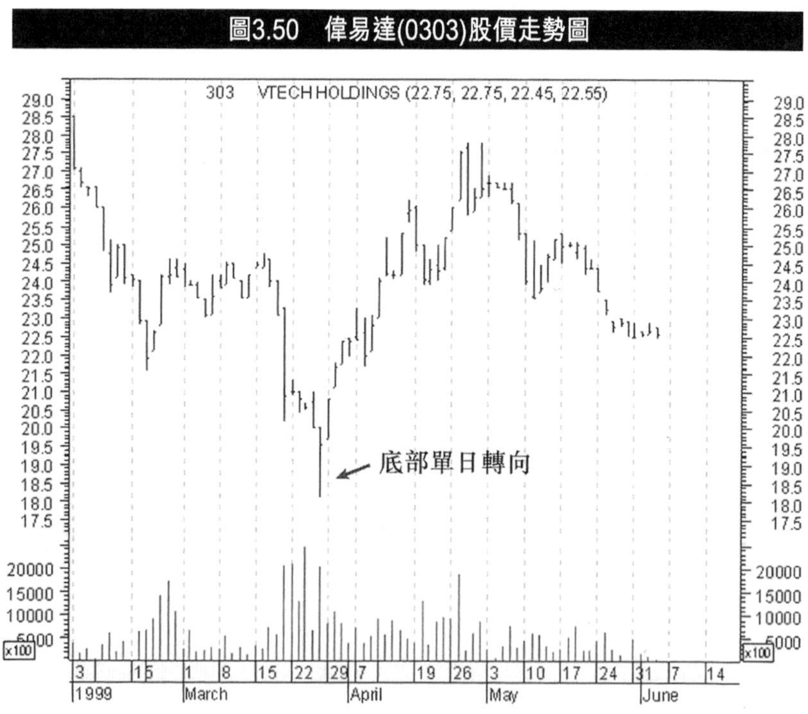

3.16 雙日轉向（two-day reversal）

雙日轉向的轉向日數需要兩日，分析重點與單日轉向差不多。

形態特徵

圖3.51　頂部雙日轉向

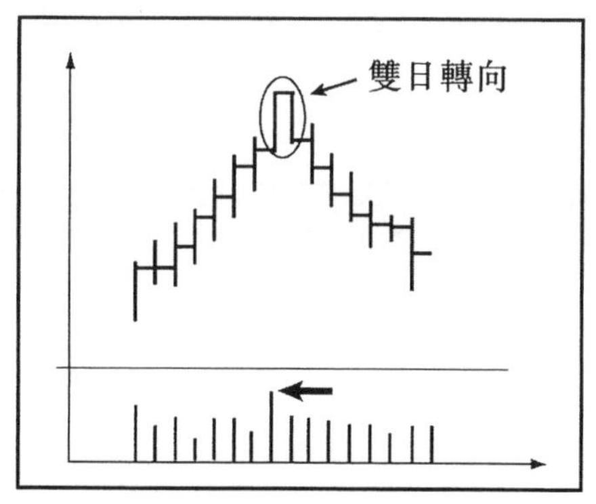

(1) **頂部雙日轉向**：圖3.51顯示，股價在不斷上升後，在某一個交易日股價突告大幅上揚，成交量倍增，而且當天差不多以全日最高價收市。可是，翌日股價在以前一天收市價附近開市後，淡友便策劃攻勢反攻，推低股價，將前一天的升勢打回原形，最後差不多以全日最低價收市，而成交量亦與前一天一樣那麼多，這反映沽盤拋售壓力大，屬利淡訊號。

圖3.52　底部雙日轉向

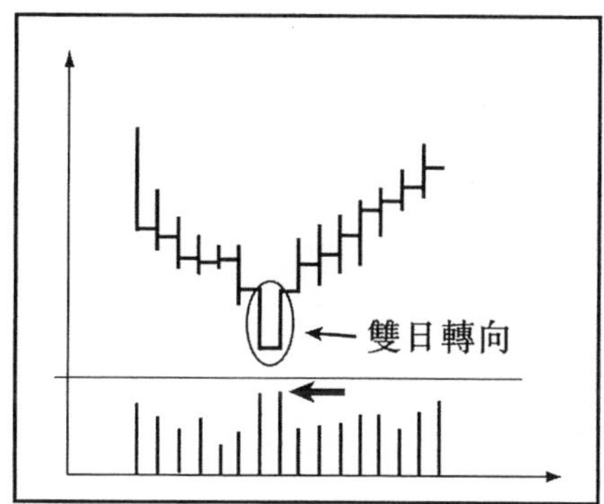

(2) **底部雙日轉向**：圖3.52顯示，股價在不斷下跌

趨勢中，但某一個交易日股價突告大幅下挫，成交量倍增，而且當天差不多以全日最低價收市。可是，翌日股價在以前一天收市價附近開市後，好友便策劃攻勢反攻，推升股價，即日收復前一天的失地，最後差不多以全日最高價收市，而成交量亦與前一天一樣那麼多，這反映買盤轉趨積極，屬利好訊號。

實例闡釋

(1) 圖3.53的希慎興業(0014)於1999年12月初曾出現頂部雙日轉向。12月某日股價突然不尋常地被推升至11.1元左右，並以接近高位收市，當天成交量亦異常大，然而，翌日，股價高開後即見下滑，最後差不多以全日最低價收市，利淡訊號明顯。結果證實，股價自12月見頂後，持續跌勢要至2000年2月才稍作喘定。

圖3.53　希慎興業(0014)股價走勢圖

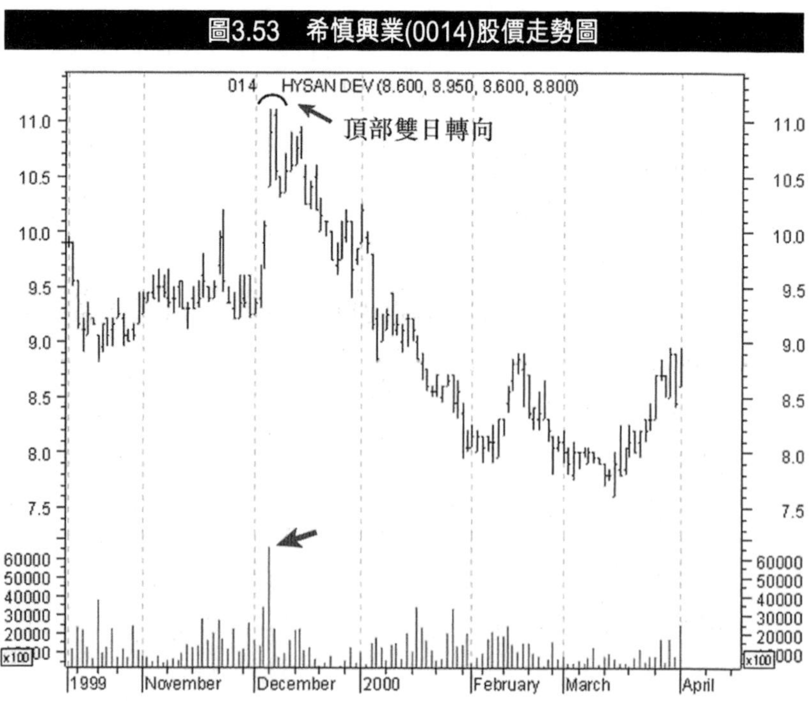

(2) 圖3.54是太古A (0019) 股價走勢圖，該股股價於1999年9月開始拾級而下，跌至10月下旬呈底部雙日轉向，頭一日被推低至34.25元，以全日最低價收市，翌日先以34.25元低開，但即日迅速攀升，差不多收復前一日的失地，成交量在兩日內亦見提升，屬利好見底訊號。投資者當時若在第二日上車買貨，縱使以收市價買入，隨後股價的升勢足以讓投資者獲厚利。事實上，由於當時的市場大戶憧憬商廈租金回升，太古A會最受惠，故在低位接貨；成交量大增往往是大戶入市的跡象，並促成後來見底轉向的走勢。

圖3.54　太古A(0019)股價走勢圖

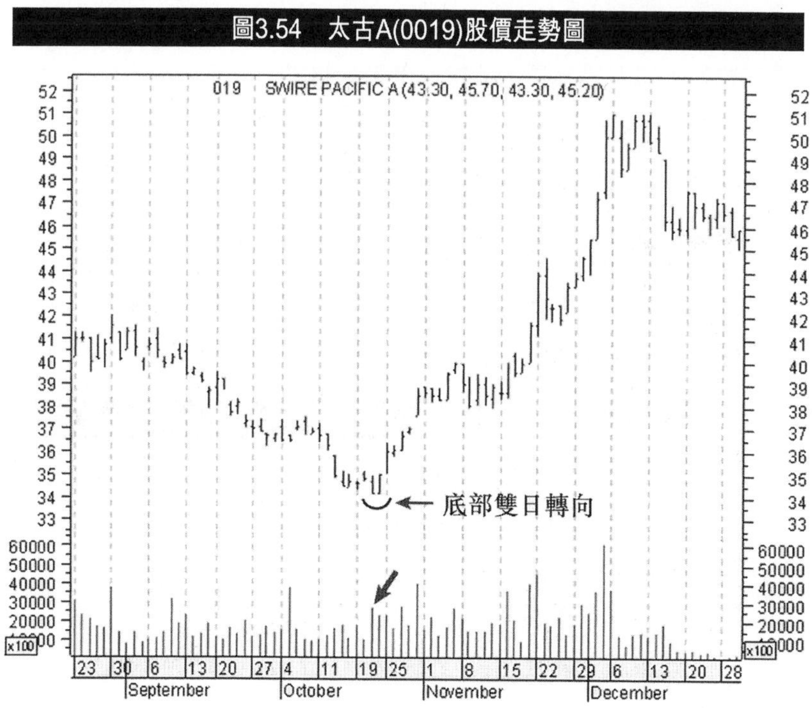

3.17 擴散三角形／喇叭形（inverted triangle）

當股價經過一段持續的升勢後，市場中股民的投機情緒會不自覺地提升，至頂點時更會出現不理智和瘋狂狀況，令股價由初時呈狹窄波動轉趨大幅波動，這情況下形成擴散三角形（又稱喇叭形）的機會很大，也暗示大升市將近完結，股災將近。所以，擴散三角形屬具殺傷力的利淡轉向形態，應加倍留神。

形態特徵

擴散三角形顯示股價上落的波動愈來愈大，其外形極像喇叭，向外伸展，故又稱喇叭形。擴散三角形的種類大致可細分三種：

(1) 圖3.55為擴散對稱三角形，圖中顯示，股價在上升時，一浪比一浪高，將至少兩點高位連線，上限成右傾向上線；相反，股價在下跌時，一浪亦比一浪低，將至少兩點低位連線，下限成右斜向下線。

圖3.55　擴散對稱三角形

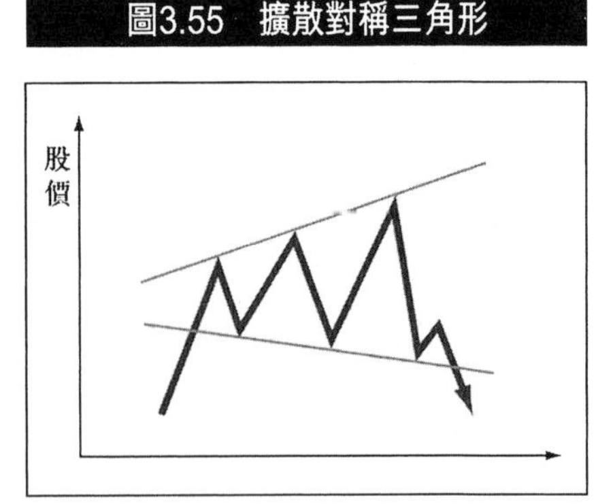

(2) 圖3.56為擴散上升三角形，圖中顯示，股價幾次升近某一水平時，均遭沽壓而回落，上限成水平或接近水平線；在股價下跌

時，則呈一浪低於一浪走勢，下限成右斜向下線。

(3) 圖3.57為擴散下跌三角形，圖中顯示，股價在上升時，一浪高於一浪，上限成右傾向上線；在股價下跌時，跌近某一水平即止跌回升，下限成水平或接近水平線。

在形成以上三類型的擴散三角型過程中，成交量大都呈高而不規則變動走向。

圖3.56 擴散上升三角形

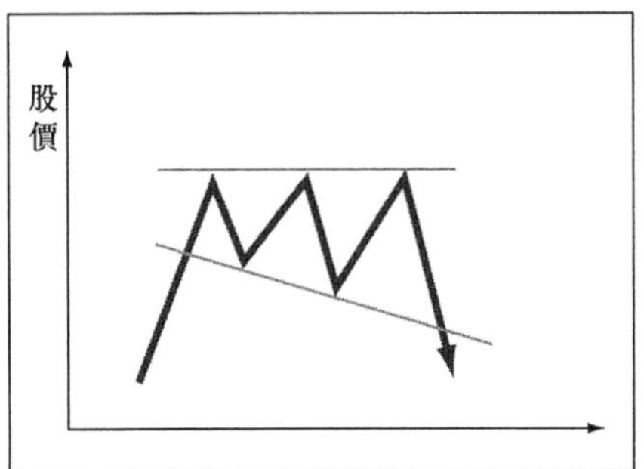

圖3.57 擴散下跌三角形

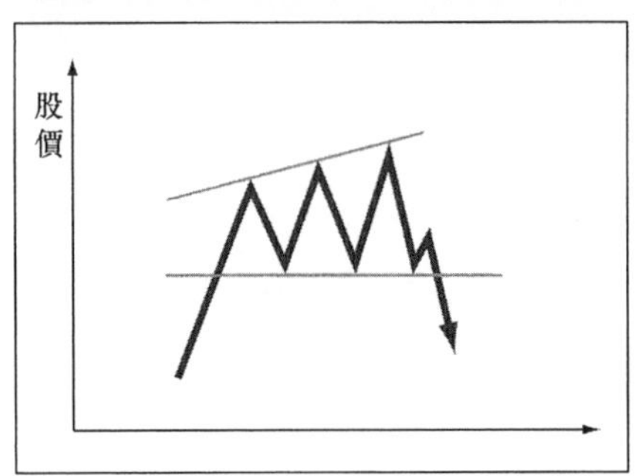

判斷形態真偽方法及買賣重點需知

(i) **沒有量度跌幅**：當股價往下跌破擴散三角形的下限線時，形態可確定，後市將急劇下轉，基本上雖無量度跌幅預測方法，只有作心理準備，跌幅會很大。

(ii) **五點轉向** (five-point reveral pattern)：由於擴散三角形屬極利淡形態，判斷形態時更需留神。一個理想的形態，應該具備有三個高點，兩個底點，一般憑這五點的位置來判斷形態。擴散三角形和頭肩頂形態一樣，屬「五點轉向」形態。

(iii) **觀察市場氣氛**：除從外形判斷外，觀察市場氣氛亦很重要，擴散三角形極需要一個投機氣氛熾熱的市場環境配合。股民在此段期間往往只憑市場小道消息或傳聞刺激來買股，當股價上升即撲入追貨，對公司前景一無所知，當稍有不利傳言傳出，持貨者又在無信心下一窩蜂地急於沽貨，令股價不正常地大起大落。

因此，此形態往往在大升市末段出現。當觀察到，在酒樓吃飯時隔枱人士對股票高談闊論、傳媒廣泛報道股市、收看新聞節目時頭條一周有三日都與股市有關、新股上市時引發認購潮等先兆，便顯示此形態很有機會出現。相反，擴散三角形極少在大跌市底部形成，因為在此階段投機氣氛薄弱，先天條件不足，難令股價大起大落。

(iv) **形態形成時間應不太長**：形態形成時間，一般不超過兩個月或以上的時間，因市場熾熱的炒風不能維持得太久，假使擴散三角形形成時間長達兩個多月，而又未跌破形態，便應加以修正。

(v) **提防「假升破」幻象**：在喇叭形中，經常會有往上假升破的情形出現，假升破是指當天股價雖曾一度升破上限阻力線，但最終未能以收市價企穩。雖說此形態暗示往下跌破機會較大，但在極少數例子中，股價也有可能升破形態，尤其喇叭形的上限線是由兩個同一水平的高點連成，成交量在突破上限阻力線時大增且收市價超過阻力位達2至3%的話，顯示升勢可望持續，最初看淡的預測應作修正。

(vi) **後抽之後也會回落**：股價向下跌破下限支持線時，有時候會作短暫反彈，若未能升回喇叭形態內，可視為後抽，後市大跌的預測仍有效。

(vii) **買賣策略**：只要股價向下跌破下限支持，應決斷地沽出所持股票離場。

實例闡釋

(1) 圖3.58是華能國際電力(0902)股價走勢圖，該股股價由1999年初1.8元左右攀升，至7月高位近3.5元，此時已累計升幅不少，在接近升市末段時，在6月至7月兩個月期間，股價雖屢創新高，但回落時呈一浪低於一浪走勢，只要將各高點(即圖示A、B和C點)連線及將各低點(即圖示D及E點)連線，清楚可見形成一個擴散近乎對稱的三角形，成交量亦見忽高忽低，就時間形成及成交量來觀察，是吻合形態發展。

最後該股股價在7月下旬時跌破下限支持線，確定形態已成立，股價隨即進入急跌狀態，事後證明這是一個擴散三角形，屬威力極強的見頂形態。

圖3.58　華能國際電力(0902)股價走勢圖

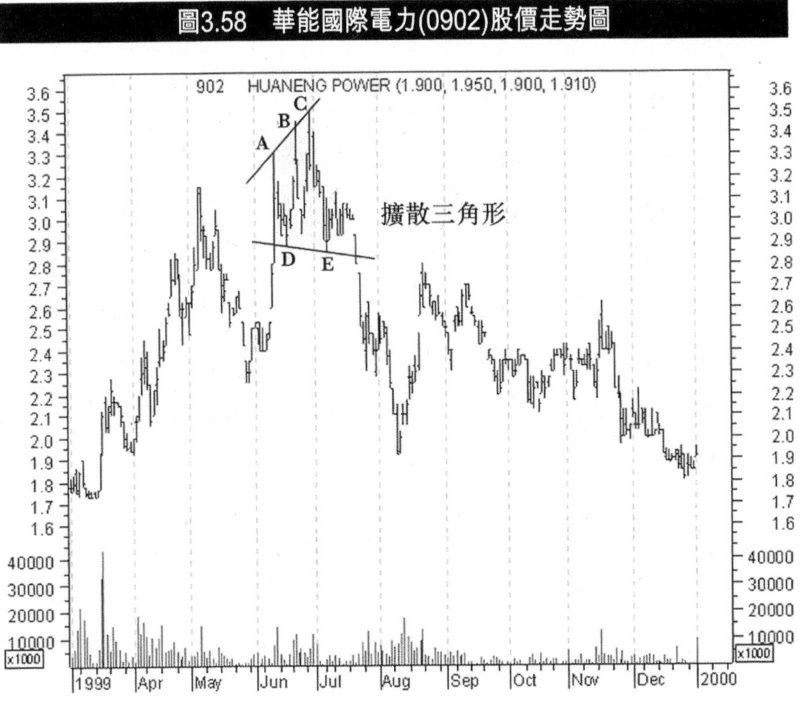

圖3.59　明珠網絡(0988)股價走勢圖

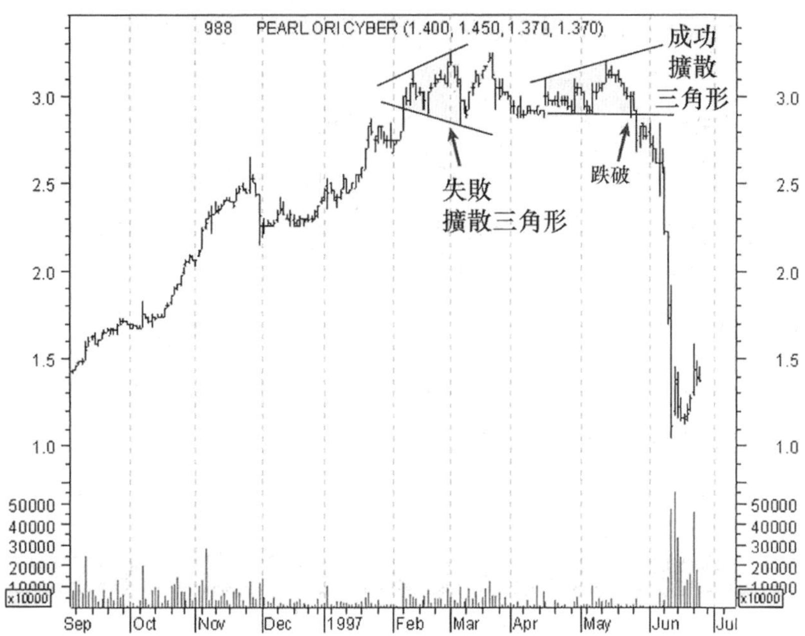

(2) 圖3.59是明珠網絡(0988)股價走勢圖，該股股價在1997年2月至3月期間，首先營造一個擴散對稱三角形，但當時並沒有跌破支持位，形態成立失敗。及後，在4月至5月期間，再營造一個擴散下跌三角形，結果今次再沒那麼幸運，受大市回落及市傳莊家股被洗倉，該股股價跌破接近水平的支持線後，股價出現急挫，不到一個月時間，股價由近2.8元急跌至1.1元左右，又一次證實喇叭形的殺傷力。

4

圖形形態分析

——整理形態

前章已介紹過主要的反轉形態，另一種主要形態為整理(或叫整固)形態(continuation/consolidation pattern)。

整理形態是指股價經過一輪快速變動後，暫停按原有走勢前進而在一定窄幅內上落整固，直至受到新因素刺激後，才繼續原有走勢。此類形態一般都是按照原先趨勢移動，少數會形成反轉，大致上可分為三角形、旗形、楔形、長方形、杯狀帶柄形、菱形及盤形等，這些均為常見的整理形態。

4.1 杯狀帶柄(cup-with-handle)

此形態為美國財經報章《Investor's Bussiness Daily》的創報人威廉．歐尼爾(Willam J. O'Neil)首先提倡的，當股票出現一段升勢後，就會整理築底，營造杯狀帶柄形態。及股價確定突破，就是大升勢開始之時。

形態特徵

圖4.1顯示杯狀帶柄形態極像一個附有彎彎杯柄的咖啡杯的側面，形成時間(由a點至f點)由七至六十五周不等，形成階段大致可分以下幾個階段：

圖4.1　杯狀帶柄形態

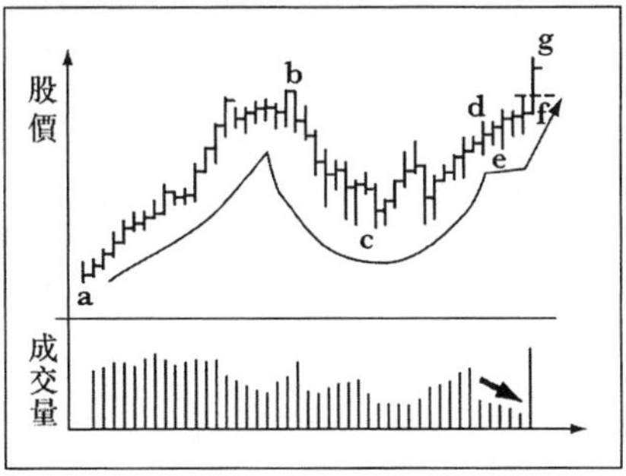

(1) a至b點：股價先出現一段強而有力的升勢，由a點開始升至高位b點，累積升幅至少逾30%。

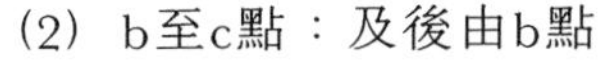

(2) b至c點：及後由b點開始調整至形態內的低點c點，調整跌幅最理想為a點至b點升幅的20%至30%，但一些預期具高盈利增長股份則可以有50%。由b點調整至c點期間，成交量徐徐下降為反映沽壓不大的利好先兆，好友惜貨如金，不為眼前少許調整而沽貨，而在觸及c點後股價緩緩上升，有一段時間作窄幅橫行，營造杯底部分，此部分通常帶圓型

U字狀，而非V形。

(3) c至d點：股價由c點慢慢上升至d點，接近上次高位b點附近後，約用一至兩個星期的時間營造杯狀的柄子(圖示d點至f點)，此柄子部分應該在b點至c點的上半部分，且在200天平均線以上，而成交量則進一步萎縮。

(4) 當股價升破杯柄阻力f點(同時接近形態中高位b點)時，成交量大升，較平時增加50%，且收市價企穩在阻力位上(如g點)，便可確定形態已被突破，預期股價會作爆炸性上升，為強烈的追貨訊號。

判斷形態真偽方法及買賣重點需知

(i) **拉回幅度不應太大**：杯狀帶柄形態，需至少九成符合以上每點營造條件的要求，否則，形態會過於鬆散，失敗機會較大。由b點開始調整至形態內的低點c點，若調整大於以上所列幅度，反映沽壓較大，不利後市再作大幅漲升。

(ii) **成交量的觀察**：在股價由形態中第一個高位b點回落及營造杯柄時，成交量需減小，才能顯示市場沽壓不大，看好一方惜貨如金，只是作喘息等候突破時機。若在以上情況下，成交量大升，形態就不足信。

(iii) **無量度升幅方法**：在股價上破杯柄時，預示將有一段頗佳升勢開展，惟無量度升幅可測。

(iv) **買賣策略**：此形態不是叫投資者在形成杯底低位或杯柄牛皮區時買入，而是叫他們等候形態成立，當好友已喘息夠再策動攻勢，突破杯柄阻力時才開始追貨，因為很多時股價向上突破時，才會吸引散戶注意，大戶買盤才會跟進炒賣以便散貨。因此與傳統投資智慧教人「低買高沽」的策略背道而馳，事實上，杯狀帶柄形態大多出現在一些強勢股身上，由於求過於供，股價屢創新高，就算在高位追貨，利潤與風險都是正比的。

實例闡釋

(1) 圖4.2是宏昌科技(0061)股價走勢圖。宏昌科技主要從事科技電腦業務，於1999年10月中旬因受惠市場炒賣科技股而令股價出現不俗升勢。股價由A點1.5元左右升至B點約4.35元，升幅近1.6倍。及後，股價回落整固，成交量配合放緩，一段時間在3元附近整理及建築底部，曾低見C點約2.8元(約為A點至B點升幅的42%)，其後再緩緩揚升，在2000年2月初時間升回上次高位A點附近。

約用一個星期的時間，該股營造杯柄，呈對稱三角形，股價由

圖4.2 宏昌科技(0061)股價走勢圖

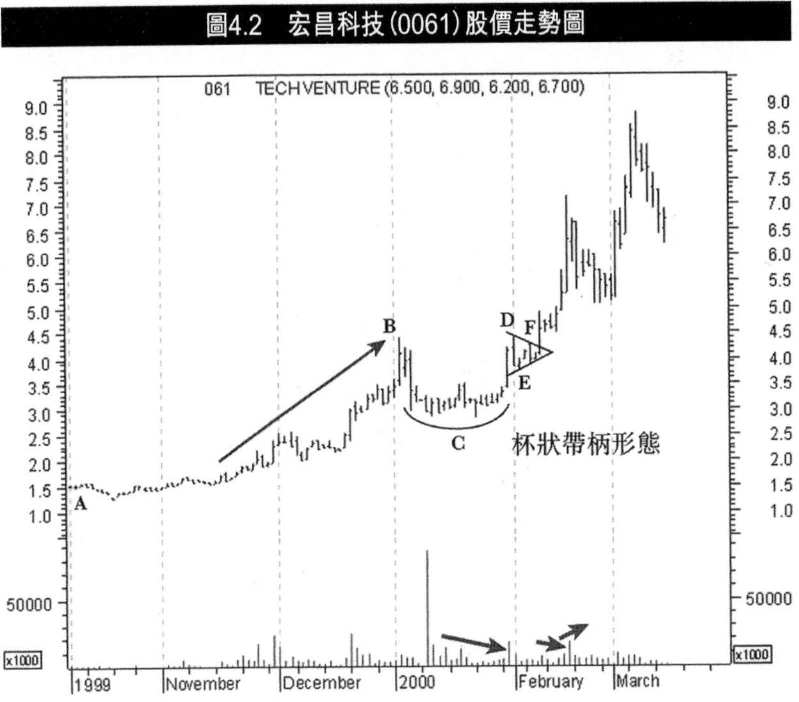

D點輕微回吐至E點並作反彈。整個杯柄（由D至F點）都在B點至C點的上半部分，成交量縮小，至此仍符合杯狀帶柄形態的發展。最後，當股價以大成交量升破F點阻力位時，確定形態成立，投資者若在此時買入該股，雖然是接近歷史高位追貨，但觀乎後市爆升力強亦值得追入。假設當時由近4.35元高位追入，升至3月初時近8.8元，利潤達一倍。

(2) 以上所見的宏昌科技可算標準的杯狀帶柄形態，而以下介紹的中國網絡（0383）則是一個很好的例子(見圖4.3），可用以說明突破形態才追貨的重要性。

中國網絡股價由1999年4月初時近2仙（圖示G點）開始上升，一直至5月時，因為公司重組且出售部分股權與科技公司盈科數碼動

圖4.3 中國網絡(0383) 股價走勢圖

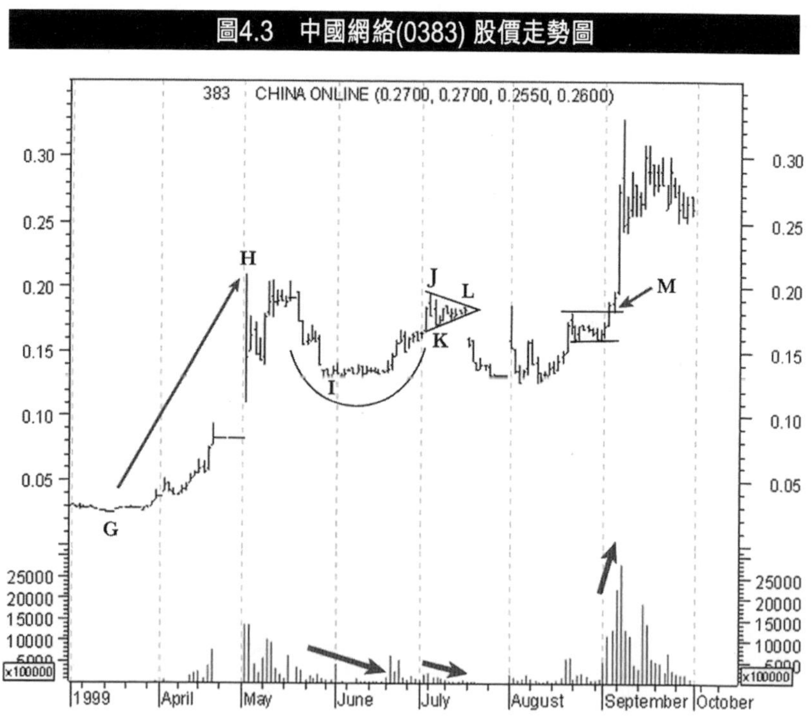

力(1186)，令股價大升至19仙(圖示H點)，升幅達8.5倍。及後，股價在5月至6月期間營造杯的圓底部分，杯底的低位在12仙左右(圖示I點)，調整幅度約為早前升幅的40%，成交量萎縮。

當股價觸及低點I點後，又再緩緩上升，約用兩星期時間營造杯柄區(圖示J至L點)，假設一些心急的投資者偷步在杯柄區買入，以為股價一定向上突破，那就錯了。且看股價隨後方向，突然向下跌破杯柄支持線，再度回落至早前I點附近，徘徊接近一個多月，不少投資者慘被套牢，一些心急的投資者因受不住股價牛皮的走勢而離場，然而，這就白白錯過之後的升幅，該股股價在突破M點阻力位後重拾大升勢。

4.2 盤形（scallops）

有些股民喜歡天天入市短炒，但有些則喜歡作長期投資，一隻股票可以持有數年，如國際知名的價值投資者畢菲特（Warren Buffett）。在選擇長期持有股票時，固然要從基本盈利方面分析，如利用過往財務報表，但其實，從圖表形態中亦可窺探一二，如今節介紹的盤形，屬長升長有的整理形態，多在一些盈利具穩固基礎的基金股中發現。

形態特徵

圖4.4顯示盤形基本上與圓底反轉形態相若，由一連串圓底所組成，後一個的平均交易價要比前一個為高，每一個盤形的尾段股價，都要比開始時高出一些。

圖4.4 盤形

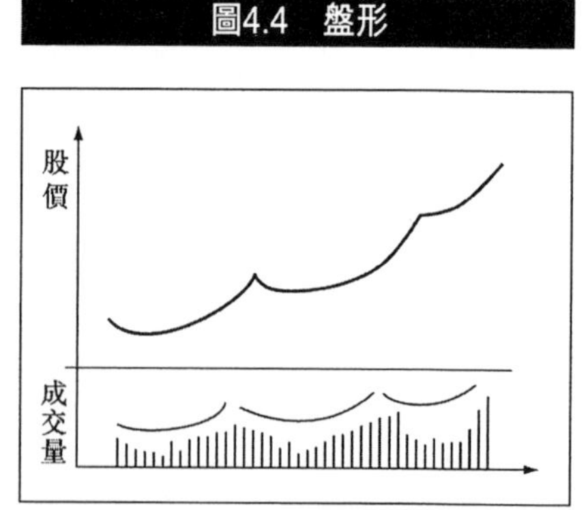

盤形的上升步伐穩健且緩慢，很有秩序，並非大幅搶升，股價每當升勢轉急時，便馬上遭受沽壓，但每次回吐壓力不太強，反映大戶有心壓價。當成交量減少至某一低水平時，大戶又再策動攻勢推動股價上升，股價就是這樣反覆地且有秩序地上升。

判斷形態真偽方法及買賣重點需知

(i) **形成時間較長**：一個盤形的形成，往往數以月計，很少短於三周，太短的形態小心最終會失敗，因此在周線圖發掘到的盤形，利好訊號特別強烈。

(ii) **成交量下調時萎縮**：成交量在股價作調整時應作萎縮，反映大戶惜貨如金。

(iii) **升勢持續**：當盤形走勢確定，股價上升勢將會一直持續，直至圖表上出現其他見頂的轉向形態，才會扭轉升勢。

(iv) **買賣策略**：應趁每個圓形底部營造時買入作中長線持有。

實例闡釋

圖4.5　德昌電機(0179)周線圖

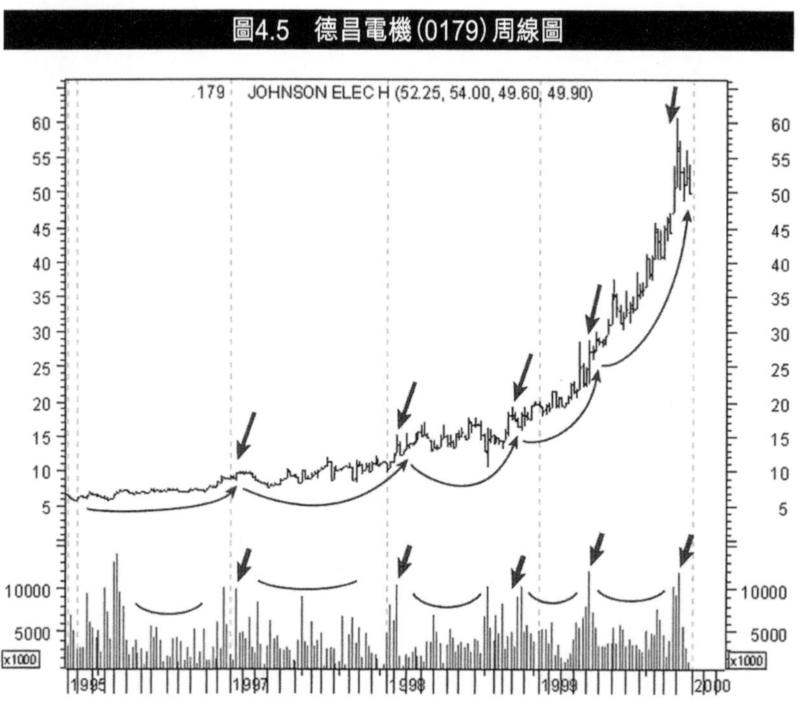

圖4.5是德昌電機(0179)周線圖，從圖中可見，該股自1995年以來的升勢正是盤形所帶來的，該股以製造馬達為主，產品國際化，縱然經歷九七年金融風暴，盈利仍能保持穩步增長趨勢。自1995年至2000年初共營造五個圓底，每個圓底的平均做價均較上一個為高，每次當股價急升時即被沽盤壓價。

4.3 矩形／長方形（rectangle）

在上升或下跌勢途中，出現矩形(又稱長方形)形態，顯示市場正進入好淡雙方角力的階段，股價呈牛皮上落走向，好淡雙方一旦分出勝負，即可按策略買賣。

形態特徵

圖4.6 矩形 / 長方形

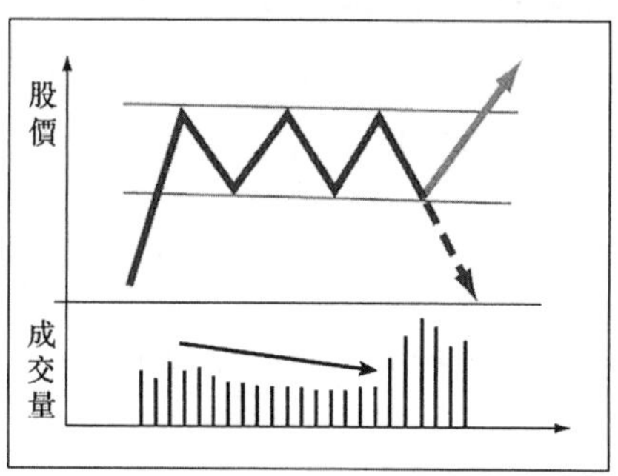

從圖4.6所見，當股價上升至某一水平時就會遇到阻力而回落，但很快股價便獲支持而回升，可是回升到上次同一高點時又再下挫，直至跌近上次低點時再獲支持，將各高點連成上限阻力線，另將各低點連成下限支持線，便清晰可見一條近平衡的水平通道，呈長方形狀。

矩形的出現顯示市況牛皮，為何出現此情況，大致有以下三個可能的原因：其一，是市場人士對後市發展不明朗感到迷惘，低位缺乏強大購買力，但又無太利淡消息能構成重大沽壓。其二，可能反映大戶獲知幕後好消息，若大手買貨會惹來注意，因此故意維持牛皮水平，趁機會在低位收貨。其三，可能反映大戶正托價派貨，為免股價愈沽愈低，於是當股價回落至某一水平時便停止沽售，反而以小量買盤將股價推升，引投資者跟入。

判斷形態真偽方法及買賣重點需知

(i) **成交量減小**：矩形形成過程中，除非有突如其來的消息刺激，或出現股份數量變動等情形，否則其成交量應不斷地減少。

(ii) **需擺脱悶局才可定策略**：矩形屬一個好淡爭持的形態，在升市或跌市途中均有機會出現，宜等候突破訊號。當股價以大成交量配合升破矩形上限阻力時，反映看好一方已控制大局，應視為利好訊號，順勢買入；若成交量不配合上升，可視為「假突破」。相反，當股價跌破矩形下限支持位時，就算成交量不增加，也可視為可靠的利淡訊號。

(iii) **有機會呈後抽**：股價出現突破，與其他形態一樣，需要以超越矩形的阻力線或支持線達3%幅度為基礎(實際情況中，未必達3%，1至2%亦可以，只要成交量大增)。有時候，當股價向上升破矩形會有短期後抽，若股價回試近矩形上限線企穩(此時上限線由突破前具阻力作用變為突破後具支持作用)，後市續向好。相反，若股價向下跌破矩形時出現後抽，而股價回升近矩形下限線而無力再上(此時下限線由突破前具支持作用變為具阻力作用)，後市應看淡。

(iv) **量度升／跌幅預測法**：至少量度升幅或跌幅為矩形內最高價與最低價間的垂直距離。

(v) **形成時間長短有啟示**：矩形形成時間一般在一至三個月以內，可以這樣看，若形成時間愈長，反映好淡雙方爭持愈激烈，一旦出現突破，並分出高下時，要有心理準備實際升幅或跌幅往往比量度預測的為多。

(vi) **高低波幅大具威力**：一個高、低波幅較大(一般指達10%

或以上)的矩形，較一個狹窄而長的矩形更具威力。

(vii) **有機會變成轉向形態**：矩形大多屬整理形態，在持續升勢中出現，暗示再往上上升的機會較大；相反，在跌勢途中出現，暗示再往下下跌的機會較大。

有時候，矩形在升市的頂部或跌市的底部出現，就頓成一個轉向形態，這時應留意成交量來作判斷。在上升途中，當營造矩形時，若由股價下限反彈的成交量較由股價上限回落的成交量為高，反映看好一方力量仍積極買貨，眼前的牛皮市況屬整理形式的機會較大，後市還有機會突破向上。相反，若由股價上限回落時的成交量較由股價下限反彈時為大，應小心可能是一個轉向形態，市況隨時逆轉成跌勢。

(viii) **買賣策略**：雖說矩形出現突破時是理想制定策略的時刻，但總有另類投資者在矩形營造時作買賣。若矩形上下高低位幅度達10%或以上，很多時會吸引短線投機客，以矩形作窄幅上落炒賣，實行「低買高沽」策略，在觸近矩形下限時買入，升近上限時沽出。若見股價升破矩形即反手追入，跌破下限即執行止蝕。在運用以上策略時，講求的是時常觀察市況變動，慎防隨時突破，而且，亦要嚴格執行止蝕。

實例闡釋

(1) 圖4.7是深圳高速公路(0548)股價走勢圖，該股股價在1999年10月至12月期間先後出現兩個矩形。第一個在1999年10月開始成形，股價一度假升破阻力線(收市價未能企穩其上，故視為假突破)，及後終以大升成交量作正式突破，超額完成量度升幅。

第二個矩形在11月股價見頂回落勢途中出現，股價在整理完畢

圖4.7　深圳高速公路(0548)股價走勢圖

後再向下跌破支線線，即日完成量度跌幅。

(2) 圖4.8是合和實業(0054)股價走勢圖，圖中所見，有一矩形在上升勢途中出現，約在1999年4月至6月期間形成。該股每次升近4.5元即掉頭回落，但跌近4元又獲支持而反彈，如是者將各高點及低點分別連線，便會形成一個上下接近水平的矩形，而成交量亦見萎縮，反映好淡正爭持成悶局。及後，因集團主席胡應湘透露可能成功向泰國政府追討賠款，令好友有機可乘，趁勢將股價推升突破矩形阻力位4.5元，而成交量亦見配合上升，視為強烈利好買入訊號。至少量度升幅是由突破點向上量度出與矩形垂直長度相同的距離，此例約至5元，但事後證明實際升幅大於量度升幅(該股最後升近6元)。

圖4.8　合和實業(0054)股價走勢圖

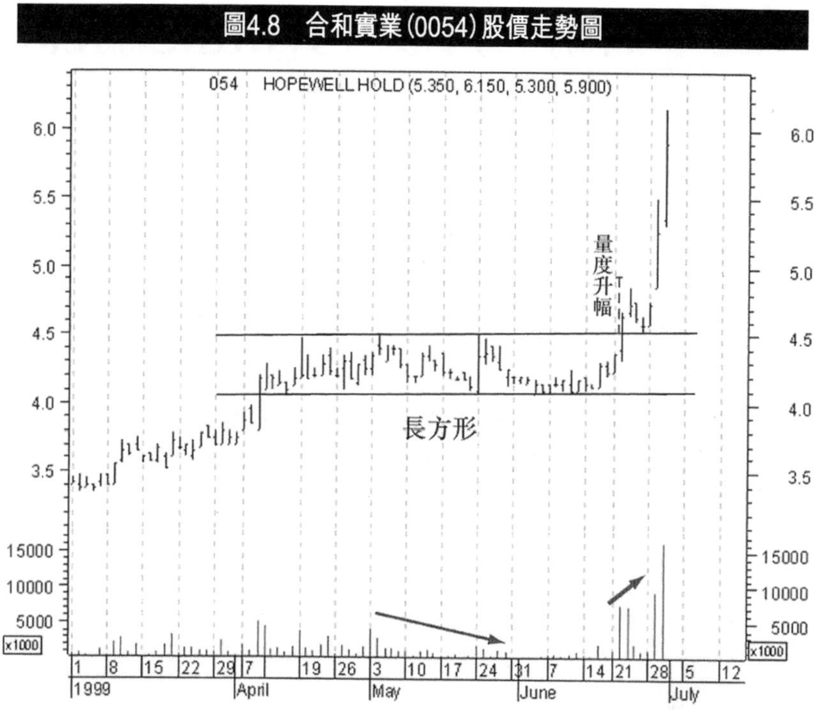

4.4 對稱三角形（symmetrical triangle）

三角形給人神秘莫測的感覺，如百慕達敏感三角地帶、埃及的古老三角形建築物金字塔，而圖表形態中，三角形系列又是否如此難以捕捉分析呢？只要看過以下介紹便會知道。三角形系列中，上章介紹過的擴散三角形屬轉向形態，而今章介紹的對稱三角形、上升三角形及下跌三角形則屬常見的整理形態。

形態特徵

圖4.9a是一個對稱三角形，形態形成過程中，股價變動幅度逐漸收窄，每個高點均較前一個略低，而每個低點則較上一個為高，只要將至少兩個高點連成下斜線（即阻力線），以及將至少兩個低點連成上傾線（即支持線），兩線的角度接近對稱及最終相交於一點。至於成交量，可觀察到會逐漸萎縮，此時對稱三角形大致成形，投資者宜等候股價有突破才行動。

圖4.9a　對稱三角形

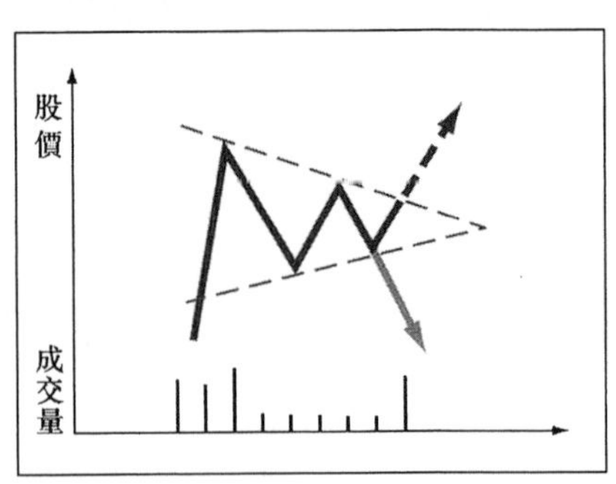

判斷形態真偽方法及買賣重點需知

(i) **向上或向下突破機會均等**：形成對稱三角形，只是反映好淡實力平衡，股價往上或往下突破的機會均等，故在營造三角形時宜觀望，等候突破才跟進。

(ii) **成交量變化**：股價向上升破形態阻力線時，成交量需配合上升，反映買盤積極吸納，才算有效的突破訊號；若成交量不足，不宜跟進。相反，股價向下跌破支持線時，成交量則不必配合上升，若成交量大增，反而慎防為錯誤的沽貨訊號。

(iii) **股價的突破**：當股價突破時，以超越形態內阻力線或支持線約2%至3%為佳；此外，突破應以當日收市價企穩為準。若突破當日，股價只是在交易時間內突破形態，不能符合以上準則，可視為莊家的把戲，屬假突破，不應跟進。

(iv) **突破點時間有要求**：一個典型而標準的對稱三角形，必須具備至少兩個明顯的高點及低點。如果股價在距三角形尖端的四分之三以後的位置才呈突破，形態最終失敗的機會較高，股價太早或太遲作突破均不理想，最理想的突破點是在股價距三角形尖端的一半至四分之三的位置。

(v) **可能出現「後抽」**：就算符合以上突破守則，股價也會作短暫的反方向變動，出現後抽。只要股價向上突破後，出現的後抽能守穩在突破前以高點連成的阻力線，利好預測仍有效；相反，若股價向下跌破，出現後抽後不能上破在突破前以低點連成的支持線，後市仍屬走淡。

圖4.9b

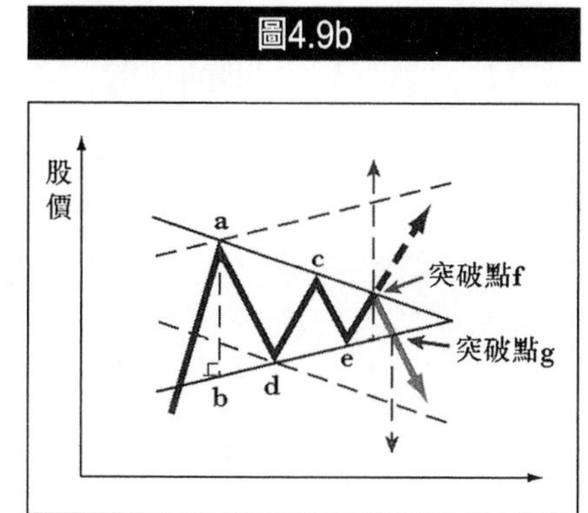

(vi) **量度升／跌幅有二法**：依圖4.9b作詳解，其一是先取形態內第一個高點（即a點）至支持線的垂直距離（即由

a點至b點），若股價向上突破f點，就自突破點向上量度出相同的垂直長度；相反，向下跌破，就由突破點g開始向下量度出相同垂直長度。

另一個方法是畫平衡線模擬一條通道，若向上突破，可以兩個低點d及e點為軸心，向上推一條貫穿形態內最高點a點的平衡線，成一條上升通道，以上升通道頂部作升幅的阻力預測。相反，若向下跌破，可以兩個高點a及c點為軸心，向下推出一條貫穿形態內最低點d點的平衡線，頓成一條下跌通道，以通道下限作跌幅的預測。

(vii) **有時也有特例**：雖然對稱三角形大多屬整理形態，但在小部分實例中也有在升市頂部或跌市低部中出現，此時則屬轉向形態

圖4.10　中電控股(0002) 股價走勢圖

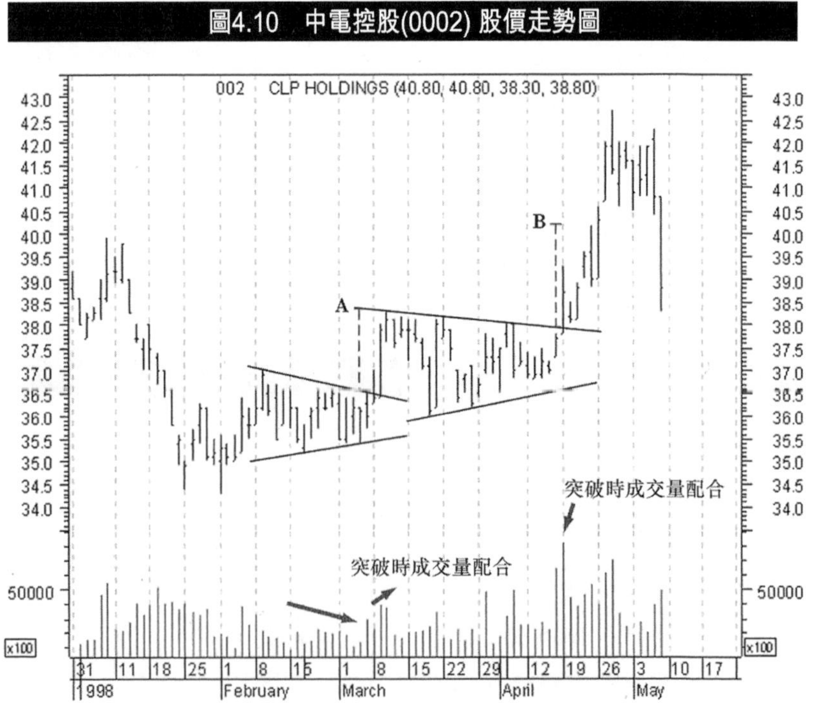

性質，一個中、長線的趨勢將扭轉。

(viii) **買賣策略**：當升破形態，追貨以量度升幅作初步套利目標；相反，當跌破形態時，已持貨者應沽貨離場。

實例闡釋

(1) 從圖4.10的中電控股(0002)股價走勢圖所見，該股在1998年2月初開始的升勢途中，營造了兩個屬整理性質的對稱三角形。第一個在2月至3月中旬期間，成交量在形態內萎縮，但升破阻力線時，成交量則配合上升，完成量度升幅至A點水平，第二個對稱三角形隨即在後面3月中至4月中時間形成，是次升破阻力位時，成交量同樣上升，並升逾量度升幅B點水平。

圖4.11　北京大唐電力(0991)股價走勢圖

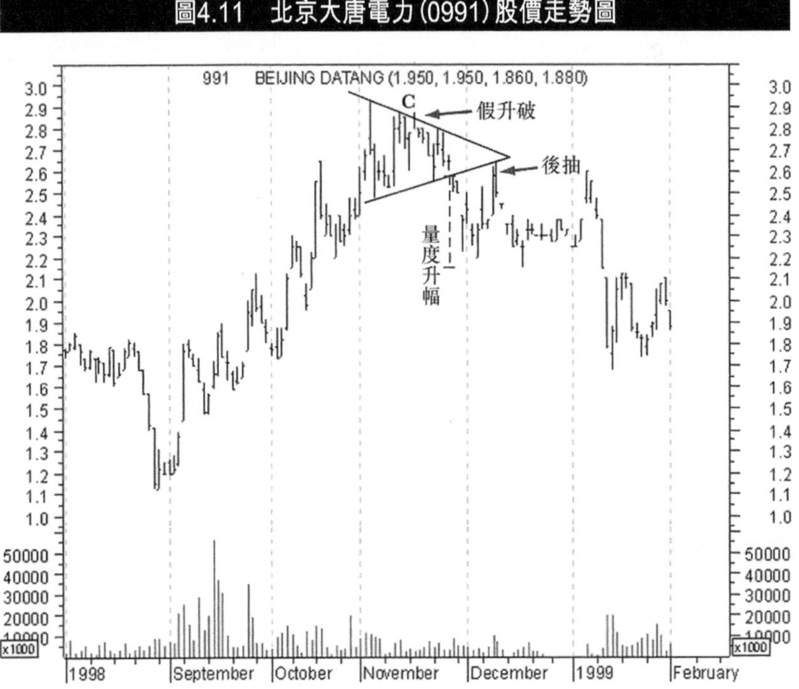

(2) 圖4.11是北京大唐電力(0991)股價走勢圖，圖中所見，其股價形成一個具轉向性質的對稱三角形，扭轉早前升勢，令後市陷反覆跌勢中。該股股價在1998月9月初時拾級而上，在接近升勢的末段出現對稱三角形，期間一度出現假升破C點，何以判定為假升破，因收市價未能超越阻力線達3%；此外，就算此時能達3%的突破原則，因突破在距三角形尖端的一半前的位置，太早突破亦令形態失敗。及至11月尾，終見正式跌破支持線，隨後雖作後抽，也難逃股價轉趨跌勢的厄運。

4.5 上升三角形（ascending triangle）

上升三角形一般在上升趨勢途中出現，股價作窄幅上落的走勢，主要是消化沽盤壓力，一旦完成整理，超過70%的實例中，股價是會再往上繼續升勢。

形態特徵

圖4.12 上升三角形

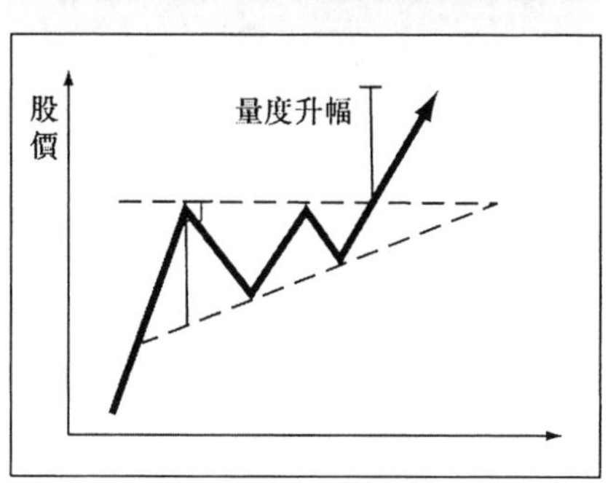

圖4.12所見的上升三角形，形態的形成反映股價每次升抵某一水平後呈強大阻力而回落，但市場承接力強，股價每次未及跌至上次低點即作反彈。如是者，若將至少兩個高點連線，可畫出一條接近水平的阻力線；若將至少兩個低點連線，可畫出一條向上傾斜的支持線。成交量方面，在形成形態時應不斷減少。

判斷形態真偽方法及買賣重點需知

(i) 上升三角形形態的判斷原則，與上節介紹對稱三角形的差不多。少許不同的地方是在對稱三角形中，向上或向下突破的機會均等，但上升三角形通常在上升勢途中出現，向上升破的機會往往較向下跌破的為大，屬利好的整理形態。當然，若股價跌破三角形支持線時，應按策略沽貨離場。

(ii) 此外，至少量度升幅只有一個，是上升三角形中第一個回升高點至底部支持線的垂直距離，如圖4.12所示。若跌破支持線同以以上方法量度出的跌幅，一般實際的升幅均大於預期的。

(iii) 最後一提，有時候股價會稍微跌破上升三角形，但迅即重歸形態內，遇此情況，只需根據第三或第四個短期低點再畫一條支持線，重新修訂新的上升三角形便可。

實例闡釋

圖4.13是友聯銀行(0349)股價走勢圖，圖中出現兩個上升三角形，頭一個在1999年7月至8月期間，股價兩次試近5.5元而回，兩

圖4.13 友聯銀行(0349)股價走勢圖

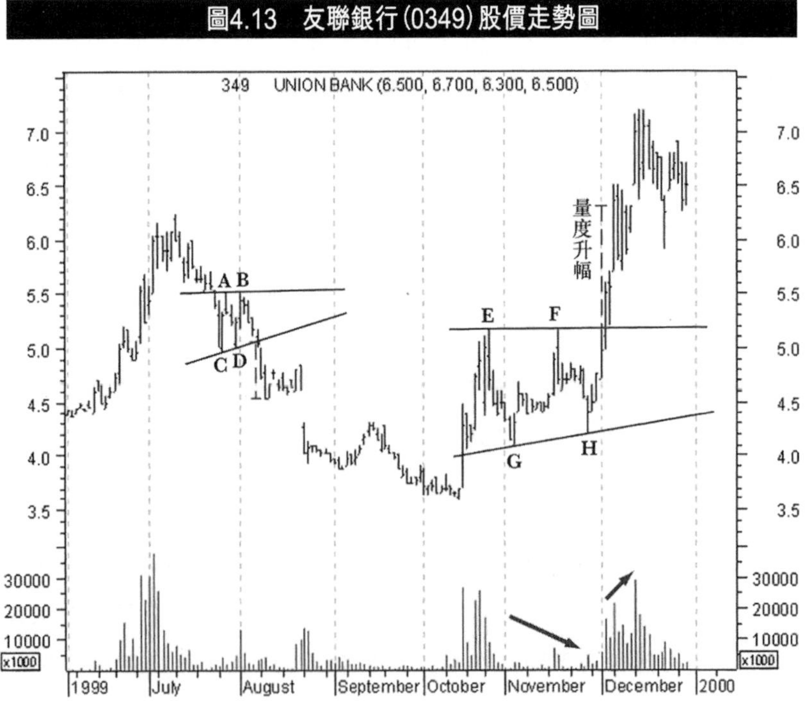

個回落低點呈一浪高於一浪走勢，若將A及B點連線成水平橫線，將C及D點連線成向上傾支持線，上升三角形大致成形。最後因母公司減持該股，股價跌破支持線，確定形態成立，股價跌近量度跌幅目標雖有反彈但乏力，於8月又以裂口跌破。

友聯銀行的另一個上升三角形則在10月股價見底回升時形成，股價兩次觸近5.2元而回落，但第二次股價的回落未及跌至上一個低點已回升，證明市場承接力強。若將兩個反彈高點(即E和F點)連線成水平阻力線，兩個低點(即G及H點)連線成向上傾支持線，上升三角形即成形，同時又觀察到成交量正萎縮，符合原則，此時只等候突破時機。股價於12月終受母公司表示會為友聯銀行引入新股東，在市場憧憬重組的刺激下，以大成交量配合升破阻力線，並於短期完成量度升幅約至6.3元，最高更見過7.2元。

4.6 下跌三角形（descending triangle）

與上升三角形相反，下跌三角形常在跌勢途中形成，暗示股價在作窄幅上落後向下續跌的機會較大。

形態特徵

圖4.14　下跌三角形

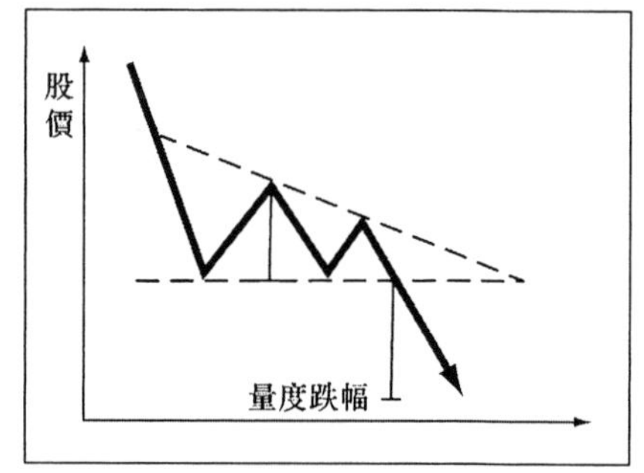

圖4.14的下跌三角形，主要反映股價每次跌近某一水平後即呈支持而反彈，但每次反彈，股價未及升至上次高點即作下調，反映看淡一方不斷地增加沽壓，股價還沒回升至上次高點，便急不及待地沽出，而看好一方則堅守某一價格水平，令股價獲支持。

若將至少兩個低點連線，可畫出一條接近水平的支持線；若將至少兩個高點連線，可畫出一條向下傾斜的阻力線。成交量方面，在形成形態時應該不斷減少。

判斷形態真偽方法及買賣重點需知

下跌三角形通常在下跌趨勢途中出現，預示股價向下跌破的傾向較大。當股價往下跌破三角形的支持線，無須大成交量配合上升，也可視為利淡訊號，一般在跌破後的兩、三日時間，成交量才見明顯增加。當然，若股價升破下跌三角形的阻力線，而成交量又大增，此時便應作策略性追入。

在股價跌破下跌三角形時，量度至少跌幅的方法是由第一個回升高點開始，畫一條與支持線平衡的垂直線，當股價跌破時，預期股價至少將以同樣高度下跌，一般實例中實際跌幅會大於預期量度的跌幅。

其他分析重點及判斷形態技巧，如收市價、突破時間等準則，大致與之前提及的三角形態相若。

實例闡釋

圖4.15是中電控股(0002)股價走勢圖，圖中所見，該股自1999年10月由高位40元回落，在下跌勢途中，出現一個假下跌三角形及

圖4.15　中電控股(0002)股價走勢圖

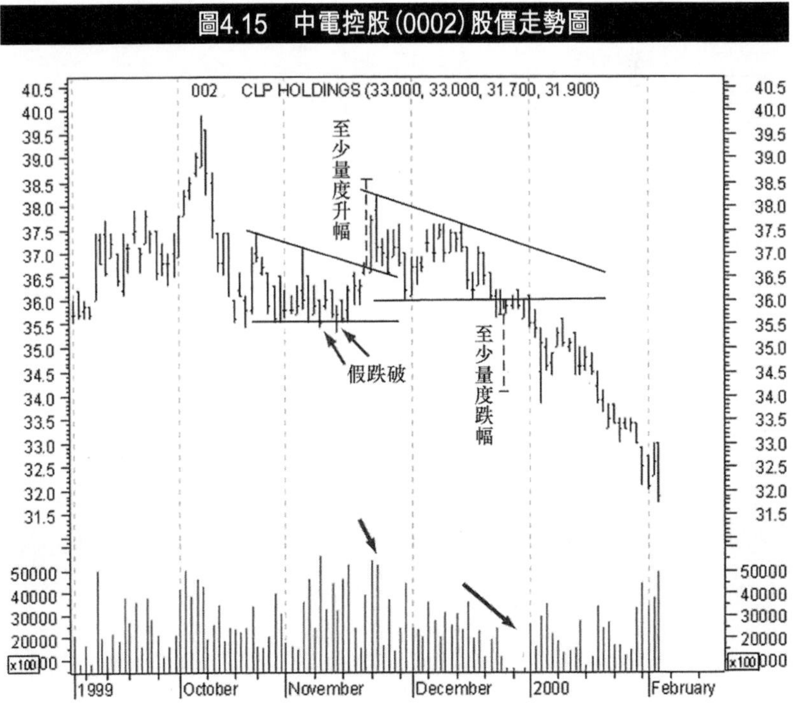

一個真下跌三角形。假的一個在10月至11月期間形成，雖然外形很像下跌三角形，期間曾出現假跌破，但細心觀察成交量，並非呈逐漸放緩走勢，結果最後股價雖以大成交量升破阻力線，但連至少量度升幅目標也達不到。

一個真的下跌三角形則在隨後形成，股價兩次跌近36.2元而反彈，但反彈每個高點均一個比一個低，成交量亦見萎縮，當股價於12月下旬跌破三角形支持線時，可確定跌勢開始，在跌破支持線初期，股價曾作後抽，但以收市價計始終不能企回形態內，結果股價往後跌幅大大超越至少量度跌幅。

4.7 菱形/ 鑽石形（diamond）

菱形，又稱為鑽石形，可算是擴散三角形及對稱三角形的混合體，它的出現反映市場投資者的買賣情緒由激烈高漲轉趨猶豫徬徨。

形態特徵

圖4.16 菱形

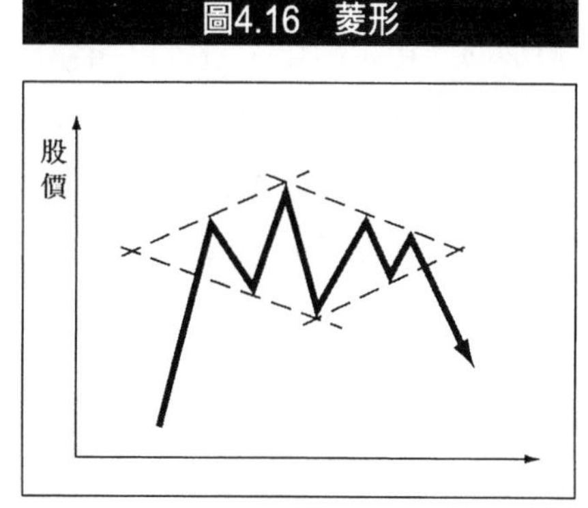

(1) 從圖4.16所見，菱形的走勢左半部屬擴散三角形，第二個上升高點較前一個為高，回落時低點較前一個低點為低，股價波幅正擴大，成交量呈高但不規則變動狀況，此段時期反映市場買賣情緒高漲，漸見不理智。

(2) 接下來，當股價第三次回升時，高點卻不能升破第二個高點水平，而下跌回落低點呈一浪高於一浪走勢，股價波幅正在收窄中，呈一個對稱三角形，反映市場投資情緒轉趨審慎冷靜，成交量在此階段亦見放緩。將擴散三角形及對稱三角形結合起來分析，就是菱形形態，由於外形像一粒鑽石，故又被稱為鑽石形。

判斷形態真偽方法及買賣重點需知

(i) **極少在跌市底部出現**：菱形的發展需要相當活躍的市場，因為形態左部分屬擴散三角形，需要在一個市場投資氣氛很盛的先天環境下形成，所以它極少在跌市的底部出現。

(ii) **突破才行動**：當股價向下跌破菱形右部分對稱三角形的支持線時，就是一個強烈的沽貨訊號，雖說此形態意味往下跌破的機會較大，但不排除向上突破的可能性。如果股價以大成交量升破菱形右部分對稱三角形的阻力位，便可視為可靠買入訊號。

(iii) **突破準則**：菱形形態較複雜，在股價突破時，要以3%的突破及以收市價為準。

(iv) **量度升／跌幅**：若股價向下跌破，可從菱形右部分對稱三角形的支持線開始，量度出相當於形態內最高點和最低點的垂直距離，以作為至少量度跌幅的預測。由於菱形大多出現在中期下跌的頂部，所以要作心理準備，實際跌幅往往大且急於預期。至於量度升幅，是自菱形右部分對稱三角形的阻力線開始，量度出相當於形態內最高點和最低點的垂直距離。

(v) **注意出現時間**：在跌市或升市的中途出現的菱形，視為整理形態，往往預期股價調整過後，會繼續往早前趨勢發展。相反，若菱形發現在一個已累積很多升幅及中、長期升勢的頂部出現，此時，應視為轉向形態，隨時扭轉眼前的升勢。無論如何，只要投資者緊守原則，當股價正式突破形態才行動，出錯的機會就可減至最少。

(vi) **買賣策略**：當股價跌破形態時，應第一時間清貨離場。

實例闡釋

(1) 圖4.17是恒生銀行 (0011) 股價走勢圖，該股股價於1996年10月至1997年2月所形成的菱形屬轉向形態，扭轉早前升勢。菱形左邊先出現一個擴散三角形，其後又出現一個對稱三角形，於2月中旬跌破形態，至少量度跌幅為先取形態內最高點 (圖示a點) 及最低點 (圖示b點) 的垂直距離，再從跌破點向下量度出相同的長度，約至82元。

在股價跌破形態時，該股有一段短時間作後抽返回形態內，但最終後抽失敗，再次回落，不但完成量度跌幅目標82元左右，而且更超過預測，最低見76元，可見菱形的量度跌幅一般只是至少量度跌幅，實際跌幅往往更多，故在股價跌破形態時，第一時間離場最

圖4.17 恒生銀行(0011)股價走勢圖

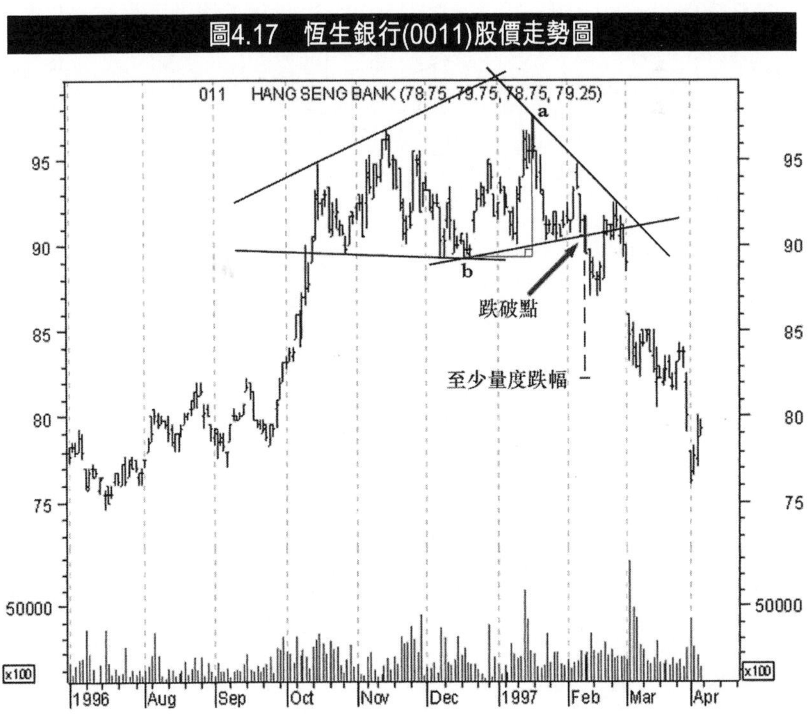

重要。

(2) 圖4.18的港燈(0006)於1999年3月至4月期間形成一個屬整理性質的菱形。該股於4月中旬終以上升裂口形式升破形態右半部的對稱三角形，加上成交額配合大升，確定為有效的買入訊號，最後實際升幅超越量度升幅。在此實例中，由於菱形是在升市中途出現，反映投資者只是稍作冷靜，讓獲利回吐盤消化，隨後因配合消息，再展另一次的升勢。

圖4.18　港燈(0006) 股價走勢圖

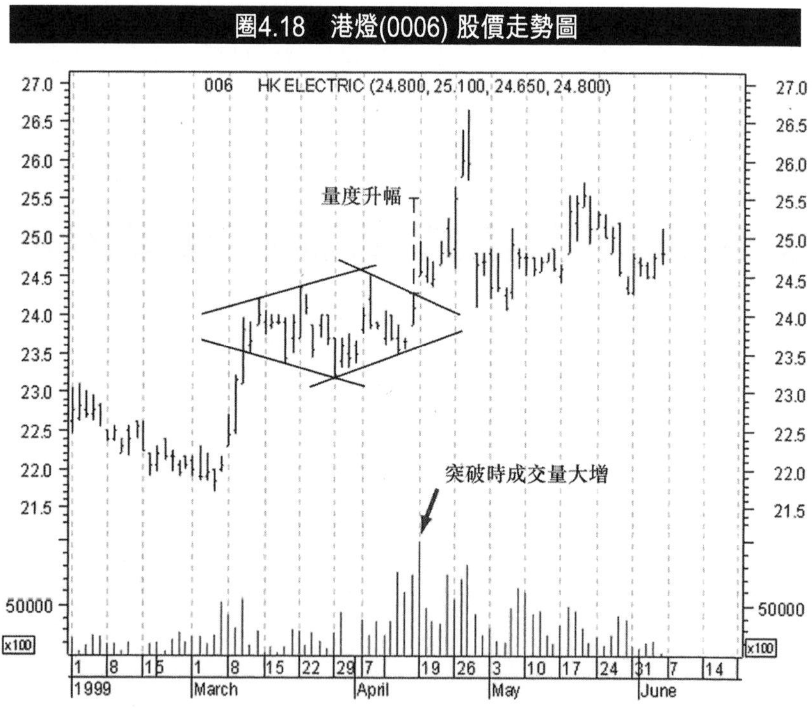

4.8 上升楔形（rising wedge）

上升楔形這個整理形態，常在大跌市的回升反彈階段中出現，顯示跌市還沒見底，只不過是技術反彈而已，形態的利淡意味較重。

形態特徵

圖4.19 上升楔形

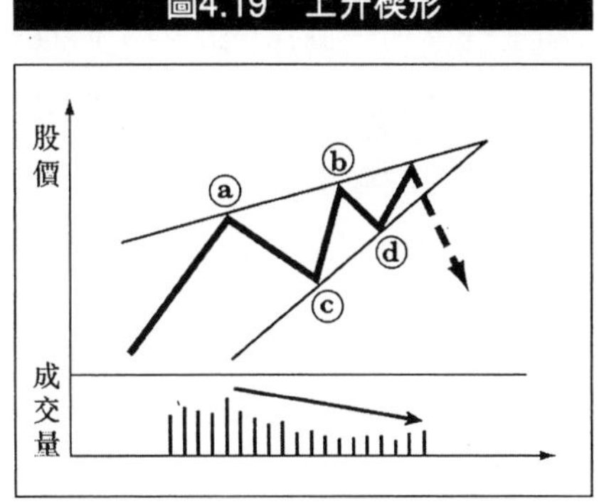

從圖4.19所見，上升楔形是由兩條同向上傾並最終相交於一點的線所組成，在此形態內，股價波動的幅度會逐漸收窄。

(1) 形態內所見，股價雖反覆上升，呈一浪高於一浪的走勢，但每個短期上升高點比前一個高不了多少就回落，升勢明顯減弱，但市場仍有投資者努力承接，令每次股價由高點調整下來時，未及跌至上次低點已獲支持而反彈，只要將圖中的至少兩個高點 (即a和b點) 先連線及將至少兩個低點 (c和d點) 也連線，便會發現下面的一條支持線較上面的一條阻力線來得陡峭，故兩條線同往上傾線時，最終會相交於一點，成上升楔形。

(2) 在營造上升楔形時，成交量明顯萎縮，反映市場人士的買賣興趣正在逐漸消失。

(3) 留心觀察，便會發現，上升楔形與三角形系列在外形上有明顯分別之處，三角形中的兩條上下限邊線不可能同時間向上傾，對稱三角形由一條向下斜線及一條向上傾線組成，上升三角形由一條水平線及一條向上傾線組成，下跌三角形則由一條向下斜線及一條水平線所組成。相反，上升楔形則由兩條同往上傾線組成，而下節介紹的下跌楔形則由兩條同往下斜線組成。

判斷形態真偽方法及買賣重點需知

(i) **利淡意味較重**：表面上，上升楔形具有兩條同向上傾的趨勢線，照理應是相當具升市味道，但這樣推理就錯了！上升楔形的上限阻力線雖然顯示市場沒有太大的沽售壓力，可是每一個新的短期上升浪均一個比一個弱，而且成交量亦減少，反映市場上投資者的信心正減弱，投資興趣漸衰竭，只要稍有一些利淡的消息衝擊，股價即會跌破形態的支持線，形態正式被確認。當股價跌破上升楔形的支持線時，可視為沽貨利淡訊號。

(ii) **常出現「假升破」陷阱**：在實例分析中可發現，大戶經常在上升楔形製造「假升破」陷阱，在交易日內假將股價推升，升破形態的上限阻力線，只要投資者觀察以下兩個突破原則就可識破這種把戲，就是假若成交量與平時差不多及收市價未能企穩在阻力線上達3%，都屬「假突破」徵兆。在出現假突破後，預期在短時間內股價將急跌。

(iii) **有可能出現後抽**：在股價跌破上升楔形的初段，股價可能出現後抽情況，反彈近楔形的下限線。

(iv) **觀察成交量**：在營造上升楔形時，成交量應見漸漸減少，若不跌反升，小心形態將失敗。此外，上升楔形所具利淡意味較重，預料股價往下跌破形態的機會較大，但股價仍有少許機會升破形態阻力線，只要股價在突破時成交量大升，則可視為利好買貨訊號，這時候應改變原有看淡睇法，後市有機會發展成一條上升通道，開展新的升勢。

(v) **三分二準則**：股價在形態內的波幅逐漸收窄，最終呈突破，若股價在接近楔形尖端才往上或往下突破，將大大降低其有效性，即股價向上升破時股價未必如預期般大升，或股價向下跌破時股價未必如預期般狂跌，最理想的突破點是由形態第一個低點開始，至上升楔形尖端這段距離的三分之二左右位置。

(vi) **無量度計算方法**：跌破形態並無量度跌幅的方法，但市場一般會預期，起碼會重返上升楔形的起點，所謂「漲多少，跌多少」。實例中，實際跌幅往往超過以上預測數，故當形態確認時，應當機立斷地沽貨離場。

(vii) **形成時間**：楔形的形成時間極少長於三個月，若長於三個月，小心形態失敗。一般來說，需要三星期左右來營造形態，在日線圖發現此形態的機會比周線圖為多。

(viii) **買賣策略**：股價在出現假升破時，先將之視為跌市先兆，已錄得不少利潤的持貨者可考慮沽出四分之一左右，以保障所獲的部分利益。當股價正式跌破上升楔形的下限支持線時，宜將手持貨源，無論是否已錄得虧損，都應盡快沽出。

實例闡釋

(1) 圖4.20的廣深鐵路(0525)在一個早前的持續跌勢下，曾於反彈過程中形成一個上升楔形。該股股價在1998年9月開始攀升，隨後股價呈一浪高於一浪的形態，但上升之勢在減弱中，而每次回

圖4.20　廣深鐵路(0525)股價走勢圖

落反彈異常迅速，低點且呈一浪高於一浪的形態，只要將圖示A和B點相連，以及C、D和E點相連，清楚可見上升楔形，而成交量亦見正在放緩。11月初，該股股價一度上破形態，但收市未能企穩之上，成假突破現象，結果股價在11月中跌破形態，並一度在下限附近爭持成後抽情況。後抽過後，跌勢轉急，到1999年1月下旬，已差不多跌回上升楔形起點(即C點)約0.7元，並作顯著的反彈。

(2) 圖4.21是匯豐控股(0005)股價圖，在這例子中，再一次證明上升楔形作假升破的陷阱。匯豐控股股價在1999年11月初開始拾級而上，到11月中至12月底時，市場買盤減弱，波幅正在收窄中。若將兩個明顯高點F和H點連線及將兩個低點G和I點連線，當兩線同往上傾且相交於一點，便成一個明顯的上升楔形，同時，成交量

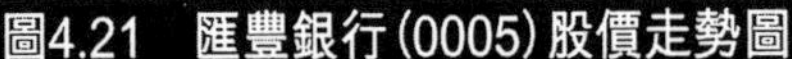

圖4.21　匯豐銀行(0005)股價走勢圖

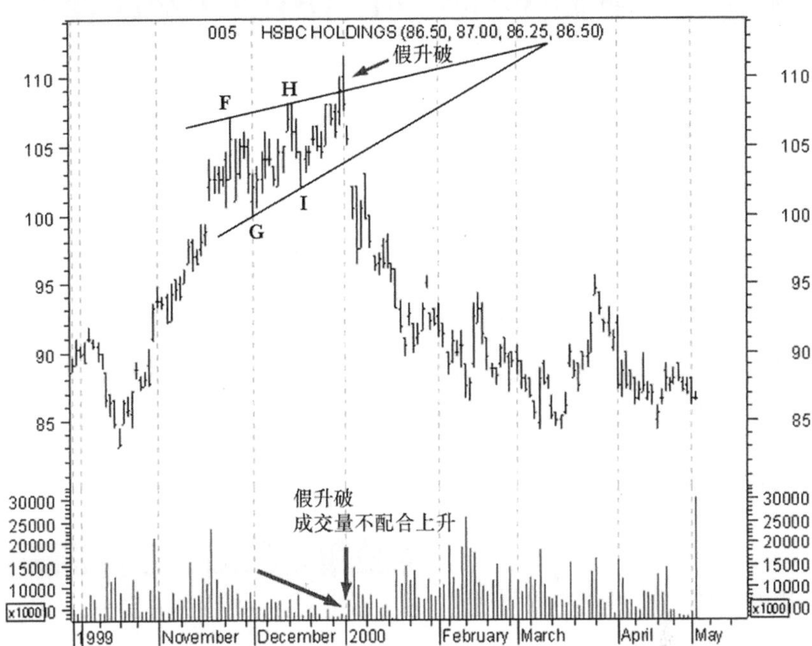

亦在減少中，符合形態發展。

及至1999年尾的兩個交易日，大戶假借基金粉飾櫥窗之藉口作假升破陷阱，在股價第一次上破上升楔形上限阻力線時，收市價仍能險守，但第二次再向上升破阻力線時，以收市價計，明顯不能企穩在阻力線上；而且，此兩日的成交量相當低，明顯不足以配合升勢，故視為「假突破」。果然，元旦假期後回來，基金基金粉飾櫥窗行動完成，加上憂慮加息，跌勢開始轉急，最後以下跌裂口形式跌破上升楔形，跌幅擴大轉急。

4.9 下跌楔形（falling wedge）

下跌楔形與上升楔形的外形及走向剛好相反，通常在中、長期升市的回落調整階段中出現，暗示現時的調整只是技術性，不過是好友喘息部署作下一輪升勢的準備，形態利好的意味較重。

形態特徵

從圖4.22所見，下跌楔形由兩條同向下斜並最終相交於一點的線所組成。

圖4.22　下跌楔形

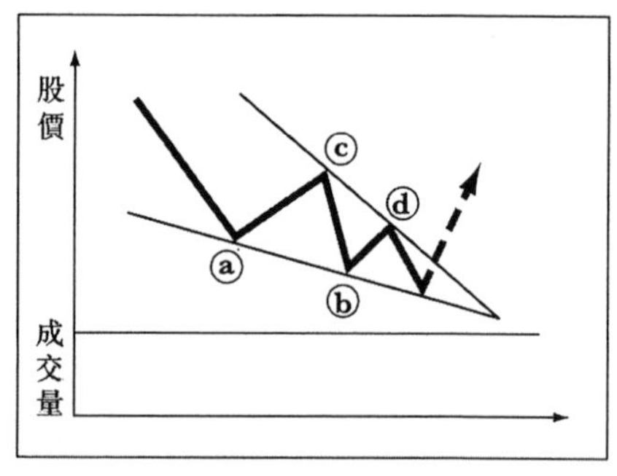

(1) 形態內所見，股價雖反覆下跌，不斷創低點，但每個低點比前一個低不了多少就作反彈，跌勢明顯放緩，不過市場上投資者面對眼前跌勢要買貨博反彈的信心仍薄弱，令每次股價由低點反彈上去時，未及升抵上次反彈高點已遇阻力而回落，只要將圖示的至少兩個反彈高點(即c和d點)先連線及將至少兩個低點(a和b點)連線，會發現上面的一條阻力線較下面的一條支持線來得陡峭，故兩條線同往下的斜線最終相交於一點，形成下跌楔形。

(2) 在營造下跌楔形時，成交量需要明顯萎縮，而且股價愈接近楔形的尖端，成交量愈小，反映市場沽盤力量正在逐漸減弱，對將來反彈更有利。

判斷形態真偽方法及買賣重點需知

(i) 分析重點與上節介紹過的上升楔形基本上差不多，如圖形形成時間、股價突破以收市價為準則、成交量在營造形態時萎縮及可能出現後抽。

(ii) 下跌楔形中，股價突破最理想的位置，是以形態內第一個高點開始(即圖4.22的c點)，移至楔形尖端這段距離的三分之二左右的位置。此外，並無量度升幅，一般會以返回楔形第一個高點(即起點)作保守的估計，但事實上實際升幅往往大於預期。

(iii) 表面上，下跌楔形具有兩條同向傾斜的趨勢線，照理反映出市場的承接力不足，相當具跌市意味，不過這樣推理就錯了！下跌楔形的下限支持線雖向下，可是每一個新的短期跌浪均一個比一個弱，而且成交量亦收縮，反映市場的沽壓逐漸減弱，只要出現一些利好的消息刺激，股價即可升破形態的阻力線，形態正式被確認。

(iv) 當股價升破下跌楔形的阻力線時且成交量比平常為多，屬可靠的利好買貨訊號。雖說形態的出現，預示後市向上突破的機會較大，但仍有機會向下發展。若見股價跌破下跌楔形的支持線，則要小心後市形態的發展將演變成下跌通道，需要修改早前看好的看法。

(v) 下跌楔形與上升楔形有一點明顯不同的地方，就是突破後的股價變動速度。在上升楔形中，當股價往下跌破支持線後，股價一般如失控一樣出現急跌的情況；相反，在下跌楔形中，股價向上升破阻力後，往往出現向橫發展，形成牛皮窄幅上落區，而成交量仍見低沉；然後，股價才慢慢地上升，成交量此時亦配合大升。出現以上情況並不難理解，始終股價在經過早前的弱勢下跌後，股民的信心一下子未能恢復過來，寧願看清楚形態，見跌勢真的喘定才行動，故股價初段回升的迅速會較慢。

(vi) 在股價以大成交量升破下跌楔形阻力線時，應第一時間追入買貨，以返回起點為初步目標。

實例闡釋

(1) 圖4.23是鵬利國際 (0268) 股價走勢圖，該股於1998年初開展升勢，及後在4月至6月間營造了一個下跌楔形整理形態，只要將反彈高點Ⓐ及Ⓑ點連線，以及將Ⓒ及Ⓓ點連線，便清楚可見兩條線向下斜並相交於一點，而成交量亦在減少中，符合形態發展原則。

圖4.23 鵬利國際 (0268) 股價走勢圖

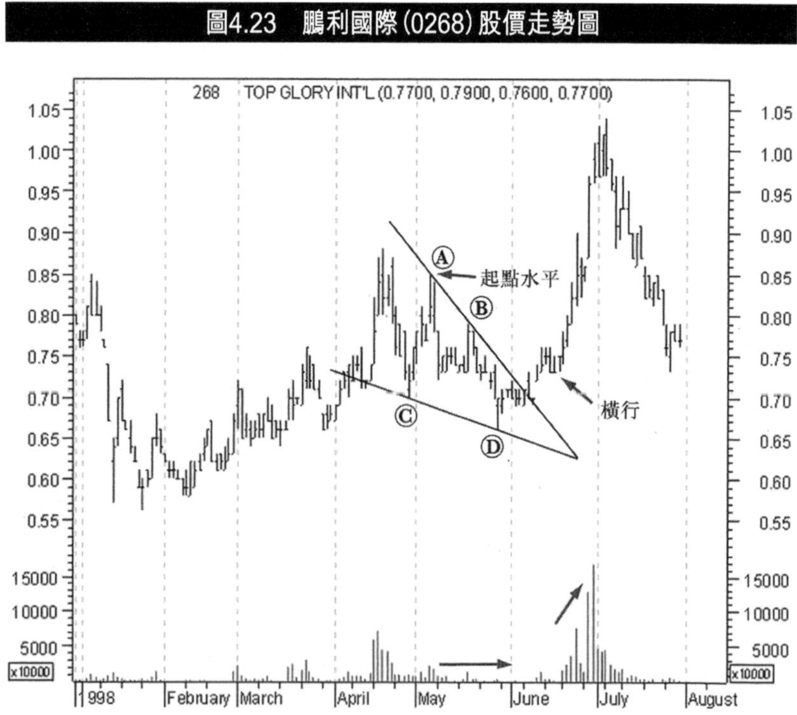

到6月中旬，該股終以大成交量配合股價上升，確認形態的突破，初段升勢明顯，曾出現一個星期的橫行階段，反映市場投資者仍有點審慎，但繼後回升速度加快，不但返回起點0.85元(即Ⓐ點)，而且超越該點，一度觸近1.05元。

(2) 圖4.24是新鴻基地產(0016)股價走勢圖，該股股價走勢呈一個失敗的下跌楔形，於1996年11月股價見高位後，反覆向下，反彈高點一浪低於一浪，而調整低點亦是，只要將Ⓔ、Ⓕ及Ⓖ點連線，以及將Ⓗ和Ⓘ點連線，即呈一個類似下跌楔形的形態。此形態外形雖似下跌楔形，但細心觀察成交量，並沒見萎縮，及後近1997年3月初時更呈現假升破，且向下跌破楔形支持線(即圖示Ⓙ點)，最後，所演變成的一條下跌通道底部支持線(由Ⓗ及Ⓚ點連成)亦在

圖4.24　新鴻基地產(0016)股價走勢圖

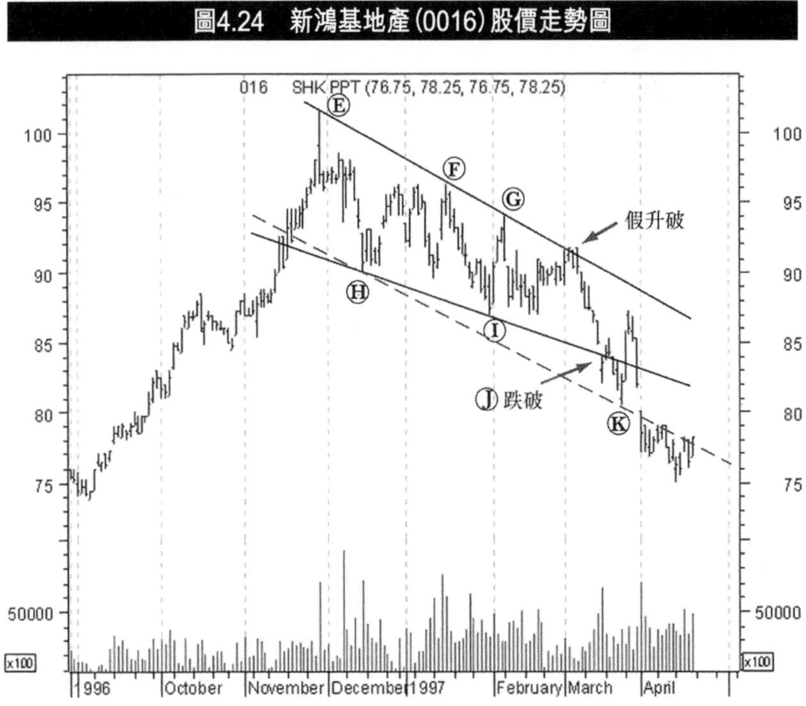

3月尾時跌破。此例證中顯示，一開始若成交量不配合，不斷萎縮，已注定形態失敗；及後，股價跌破下跌楔形，投資者更應第一時間沽貨逃生。

4.10 上升旗形（flag in rising trend）

旗形被公認為最可靠的整理形態，在指示方向及量度目標方面，很少出錯。旗形走勢主要分上升旗形、下跌旗形、楔形旗(或三角旗形)三類，今節先介紹上升旗形。

形態特徵

從圖4.25清楚可見，上升旗形看上去，就像在汪洋中懸掛於大船頭旗杆頂部的一面旗幟。

圖4.25　上升旗形

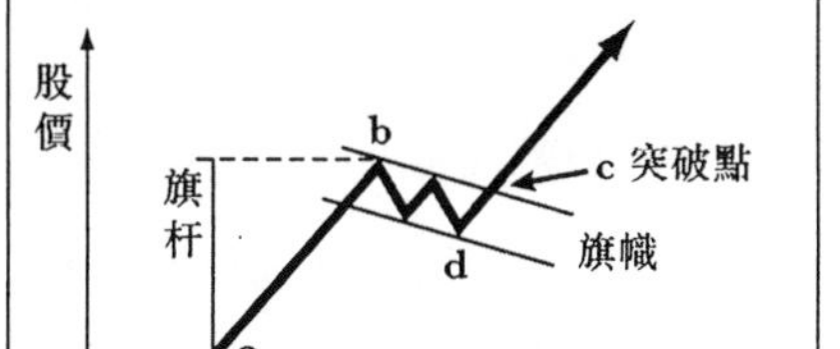

(1) 股價先受利好消息刺激而出現急促上升之勢，而成交量亦伴隨增加。股價在進入相對高價區後，遭到獲利回吐盤的拋售而令股價作小幅度回落，由圖示a點(升勢起點)至b點(開始調整)的垂直距離部分，視為上升旗形的「旗杆」(flagpole)。

(2) 在股價不斷緩跌時，形成一個緊密、狹窄而稍微向下斜的密集區，將此密集區的高點及低點分別以線連接，呈現一條細小的下跌通道，視為「旗幟」，與前一段升勢呈相反走向。此階段中，成交量明顯萎縮，反映市場人士正在喘息整固，由於對公司前景仍具信心，所以沽壓不大。直至股價以大成交量配合，升破下跌通道的上限阻力位（圖示c點），股價才重拾升勢，視為利好訊號，上升旗形正式獲確認。這裏，至少量度升幅是從突破點c點起，向上量度出與旗杆相同的垂直長度。

判斷形態真偽方法及買賣重點需知

(i) **成交量升跌具韻律**：在上升旗形中，成交量的變化，口訣記着是「升、跌、升」，股價初段上升時成交量大，中段整理時成交量減少，尾段股價突破時成交量再見大升。若不符合升跌韻律，小心屬失敗形態。

(ii) **旗形形成時間應不長**：上升旗形必須在四個星期內，向預期中的方向突破，當營造時間超過三星期仍未呈突破，小心屬失敗形態，即表示當股價最終往上破時，未能完成量度升幅，甚至股價可能向下跌破上升旗形。一個強勢的上升旗形，整理只需要一、兩日。

(iii) **調整幅度**：營造旗幟時，股價調整究竟到哪個幅度才可接受？以圖4.25來解說，由b點跌至d點，跌幅不宜接近旗杆升幅的一半，否則，跌幅過大會破壞形態。此外，上升旗形中的下跌通道部分，上限及下限寬度距離愈大，則該旗杆將相對較長；換句話說，所需的整理時間相對較長，當然，不能超過四個星期的統一準則。

(iv) **牛市伴隨物**：上升旗形大部分在牛市第三期，股價升勢最為凌厲及急促，能一口氣急升數日且升幅大，幾乎成一直線。雖然如此，但同樣暗示，升市已進入最後階段。在少數情況下，上升趨勢中的旗形，旗幟部分會微微向上傾。

(v) **買賣策略**：在營造旗幟時，不宜偷步入市，直至見股價明確突破旗形才追貨買入，初步以量度升幅作目標。

實例闡釋

圖4.26是恒基發展(0097)股價走勢圖，該股由1999年12月初展開升勢，主要原因是公司公佈將成為恒基系發展科技事業的旗艦，由於當時正值炒賣科技股熱潮，故受市場人士追捧。股價由低位4.5元開始上升，先出現一個楔形旗(此形態容後細談)，接着出現一個上升旗形，在營造小型下跌通道時成交量減少，形成時間亦在三周內完成突破。當突破形態時，成交量亦見配合上升，從突破點起量度出相當於旗杆(即圖示A點至B點)的垂直長度為至少量度升幅，約至8.8元，結果最高見過9.2元。

圖4.26　恒基發展(0097)股價走勢圖

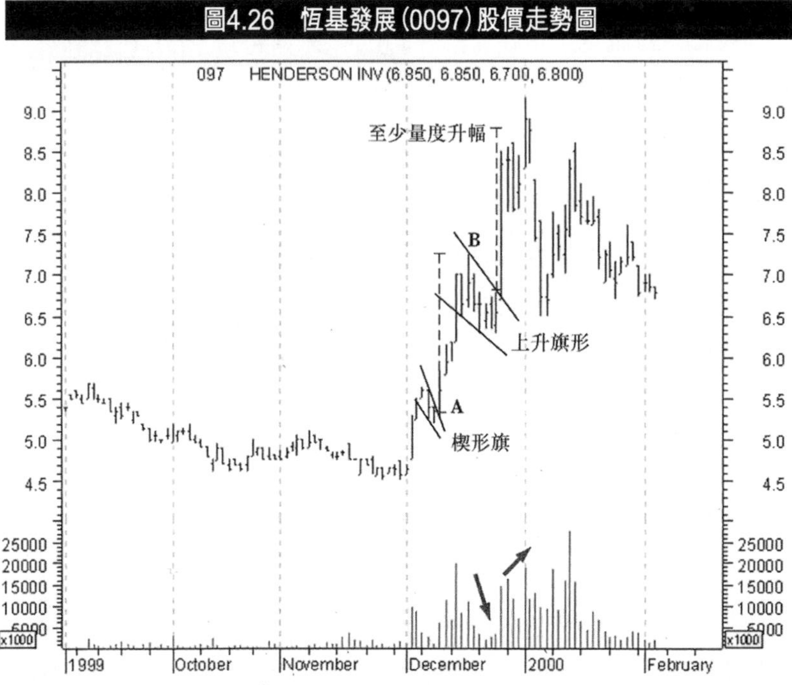

4.11 下跌旗形（flag in falling trend）

下跌旗形剛與上升旗形的走勢相反，屬利淡的整理形態。

形態特徵

從圖4.27所見，下跌旗形看上去就像倒轉懸掛於大船頭旗杆底部的一面旗幟。

圖4.27　下跌旗形

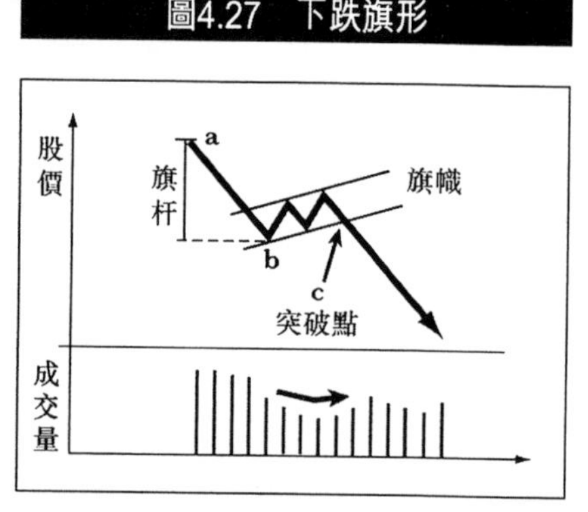

(1) 股價先受利淡消息刺激而出現急促下滑跌勢，而成交量亦伴隨增加。股價在進入相對低位區，淡友放緩攻擊，在小量買盤趁低吸納帶動下，股價呈小幅度反彈，由圖示a點（跌勢起點）至b點（開始反彈）的垂直距離部分，視為下跌旗形的「旗杆」。

(2) 在股價進入緩升反彈時，形成一個緊密、狹窄而稍微向上傾的密集區，將此密集區的高點及低點分別以線連接，呈現一條小型上升通道，視為「旗幟」，與前一段跌勢呈相反走向。在此階段中，成交量若見明顯萎縮，反映幕後莊家正有秩序地托價派貨，減緩沽壓。直至股價跌破小型上升通道的下限支持位（圖示c點），成交量再度增加，顯示新一輪跌勢又再展開，視為利淡訊號，下跌旗形正式獲確認。這裏，至少量度跌幅是從突破點c點起，向下量度出與旗杆相同的垂直長度。

判斷形態真偽方法及買賣重點需知

(i) **方向倒轉**：分析重點與上升旗形大致相若，只是方向倒轉，營造下跌旗形的小型上升通道時，反彈升幅不宜太大，至於成交量變化韻律及旗幟形成時間的準則，與上升旗形的要求一樣。

(ii) **熊市伴隨物**：下跌旗形大多在熊市中出現，若在熊市一期中出現，暗示股價即將作大幅度且垂直急促的下跌，此階段形成的旗形旗幟十分狹窄，可能在三、四個交易日內已經完成。如果在熊市三期中出現，預計旗形形成的時間較長，而且，跌破後只作有限度的下跌，未必能完成至少量度跌幅。

圖4.28　和記黃埔(0013)股價走勢圖

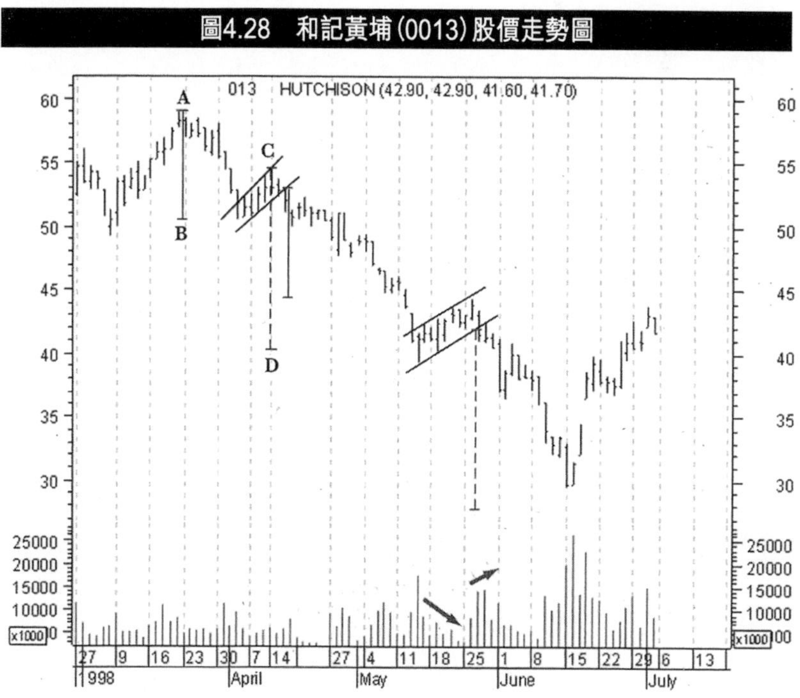

(iii) **買賣策略**：當股價跌破旗形，應當機立斷地沽貨離場。

實例闡釋

從圖4.28的和記黃埔(0013)股價走勢圖所見，該股受息率趨升困擾，股價跌勢自1998年3月約59元開始，至4月時曾作小幅度反彈，營造下跌旗形的小型上升通道；結果，股價跌破上升通道下限，跌幅超過至少量度跌幅(即圖示跌勢起點A點至反彈起點B點)的垂直距離。第二個下跌旗形則於5月跌破，預期量度跌幅為圖示的C點至D點的垂直距離，但是次實際未能完成量度跌幅。

4.12 三角旗形／楔形旗 (pennant)

形態特徵

三角旗形(又稱楔形旗)與上兩節介紹過的旗形，外形最大分別之處在於：前者以收斂的邊線定界，有時呈對稱三角形、上升三角形、下跌三角形、上升楔形或下跌楔形，反映股價作調整時幅度收窄的幅度更厲害，而後者則以平行線為主。成交量在營造旗幟時，同樣會萎縮。

圖4.29 三角旗形

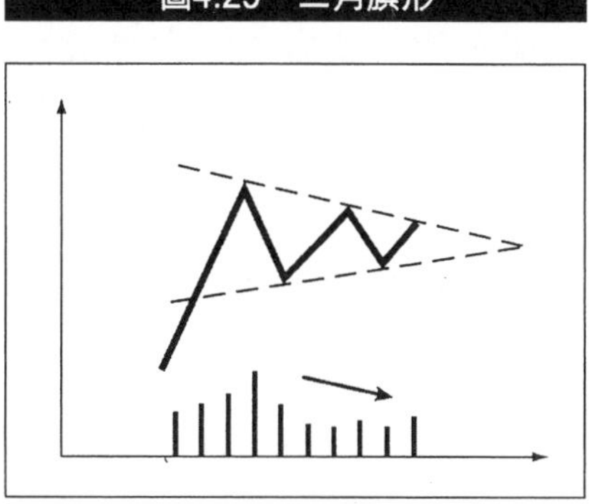

(1) 從圖4.29可見，三角旗形中，收斂的兩條線演變成對稱三角形，因突破對稱三角形的機會均等，此形態利好及利淡的傾向亦均等，宜等候突破。

圖4.30 下跌楔形旗

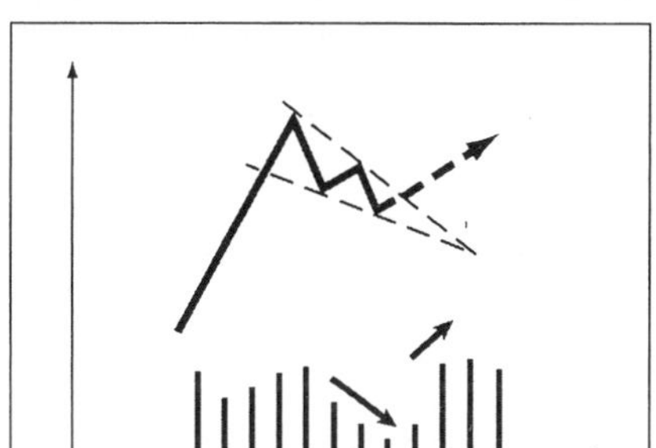

(2) 至於在圖4.30，股價經急促上升後，形成小型下跌

楔形作調整，在此特別一提，下跌楔形營造的時間較楔形旗長一點，時間最多可以在三個月內，而楔形旗則在一個月內向預定方向突破，形成時間相對較短。此楔形旗較具利好意味，若後市股價以大成交量配合，升破形態，屬利好的買入訊號。

圖4.31　上升楔形旗

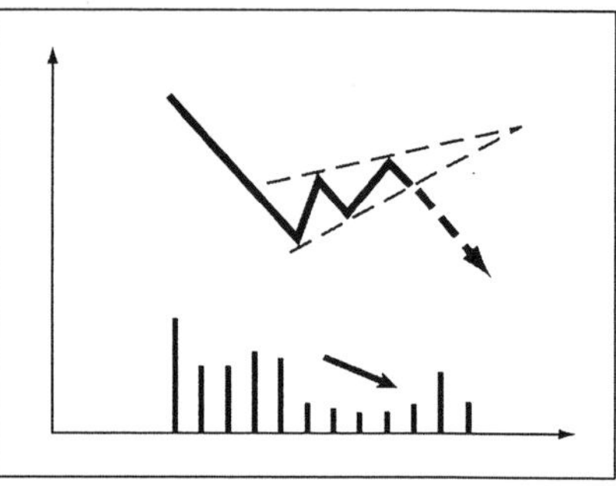

(3) 圖4.31顯示，股價經急促下跌後，形成小型上升楔形作反彈，若後市股價再度跌破形態，屬沽貨的訊號，利淡意味較重。

判斷形態真偽方法及買賣重點需知

分析重點方面，與之前介紹的差不多，當楔形旗向上突破時，視為利好買入訊號，往下跌破時，視為利淡的沽貨訊號，而量度升幅及跌幅以旗杆長度計。只是有兩點情況稍為不同：

(i) 和上升或下跌旗形比較，三角旗形在營造旗幟部分時，邊線明顯收斂於一點，波幅來得狹窄，成交量亦會因此減少得更快，甚至減少至幾乎沒有成交的地步。

(ii) 此外，三角旗形的突破通常不是以一種突然的直線脫離方式，而是以一種加速曲線呈弧型趨向線抵達量度目標區，成交量是逐漸增加而不是呈突然激增的趨勢變化。

實例闡釋

圖4.32是科聯系統 (0046) 股價走勢圖，該股股價自2000年初因獲大集團和記黃埔 (0046) 入股而受市場人士看好，展開急促的升

圖4.32　科聯系統(0046)股價走勢圖

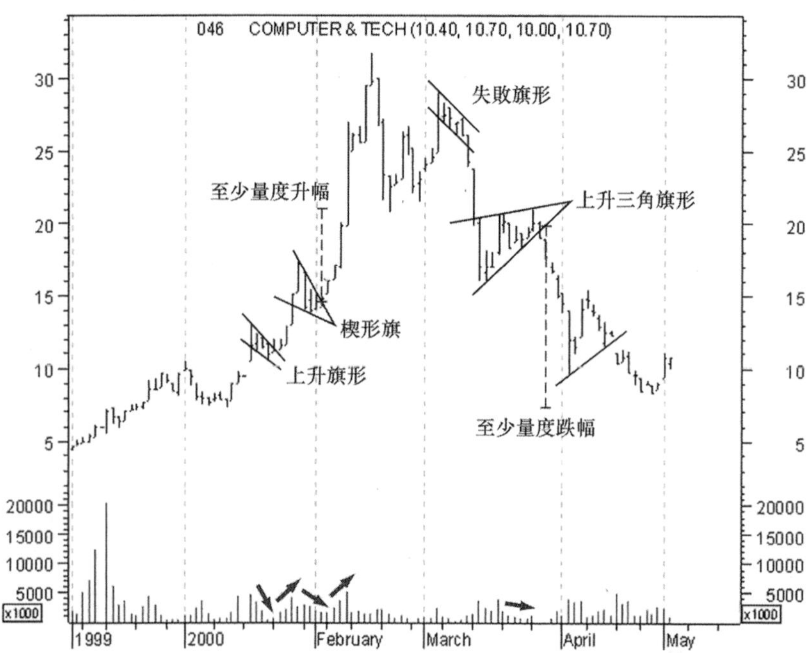

勢，首先出現上升旗形，股價以大成交量配合突破阻力位11元左右後，在短短四個交易日內升抵至少量度跌幅約至17元。

隨後再營造一個楔形旗，至2月初時升破其小型下跌楔形，而成交量同時配合上升，結果，股價升逾至少的量度升幅目標。

隨着美國深受通脹及加息壓力之困，科技股盈利增長料不夠大，股價出現調整，受此所拖累，科聯系統於2月中見頂後，股價呈反覆跌勢。到3月時，曾出現一個上升旗形，但最終跌破旗形支持，成失敗上升旗形。在3月中旬時，股價經過早前幾日的急跌後，作兩次反彈，試近21元水平而回，營造一個近乎上升的三角形旗，而成交量亦見萎縮，符合旗形發展原則，最後當股價跌破形態後，便一直跌近量度跌幅目標。

4.13 整理型頭肩底／整理型頭肩頂（The continuation head and shoulders pattern）

在第三章曾介紹頭肩頂／頭肩底形態，並舉出多個實例反映當此反轉形態成立時，市勢將逆轉，這是一般的情況。不過，在偶然的情況下，頭肩頂／頭肩底也可能成整理形態，意指股價將再繼續原先的趨勢移動，而非扭轉趨勢。究竟如何判斷兩者分別？詳細參考下例。

圖4.33　反轉型頭肩底

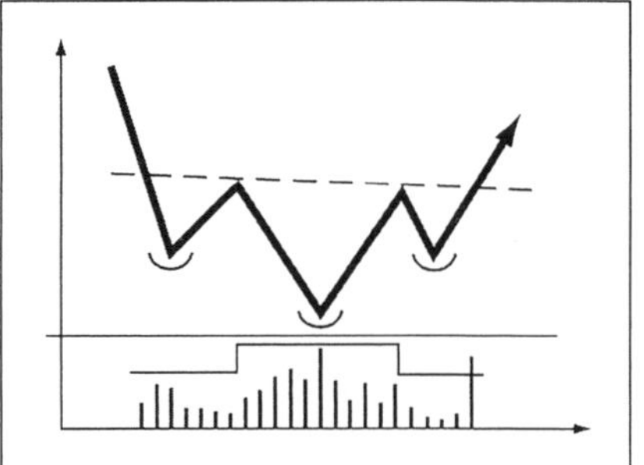

圖4.34　整理型頭肩底

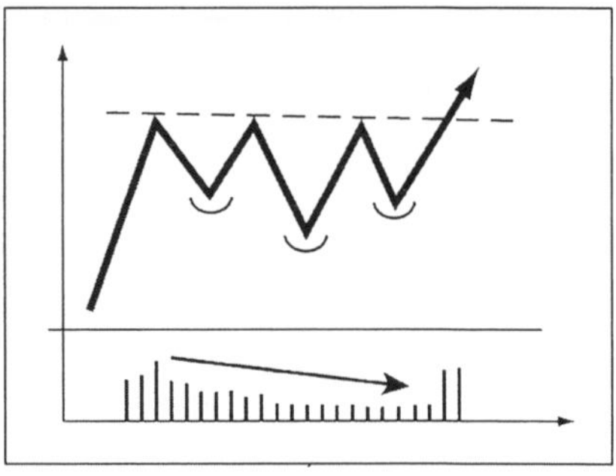

形態特徵

(a) 整理型頭肩底

圖4.33是反轉型頭肩底，主要在跌市底部中出現，成交量在頭部明顯較多。再用圖

4.34作對比，圖4.34是整理型頭肩底，它與反轉型頭肩底最明顯分別，在於它是在升市趨勢中途出現，而其外形特徵與反轉型頭肩底相同；此外，其成交量則呈緩緩下跌的走向。

圖4.35　反轉型頭肩頂

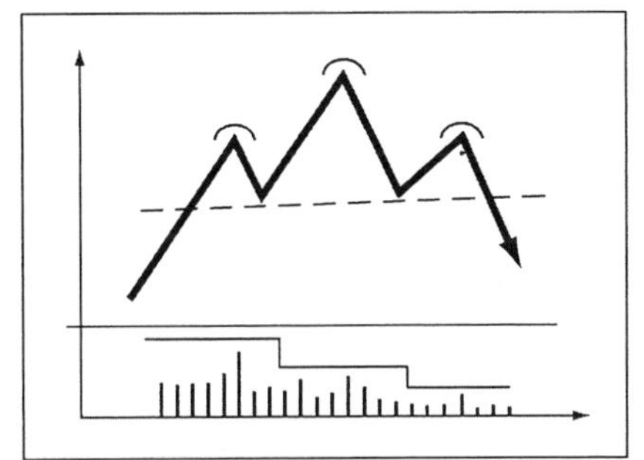

(b) 整理型頭肩頂

圖4.35是反轉型頭肩頂，主要在升市頂部中出現，成交量呈梯級式下降。再用圖4.36作對比，圖4.36是整理型的頭肩頂，它與反轉型頭肩頂最明顯分別，在於它是在下跌趨勢中途出現，但其外形特徵與反轉型頭肩頂相同，而其成交量亦呈減少趨勢。

圖4.36　整理型頭肩頂

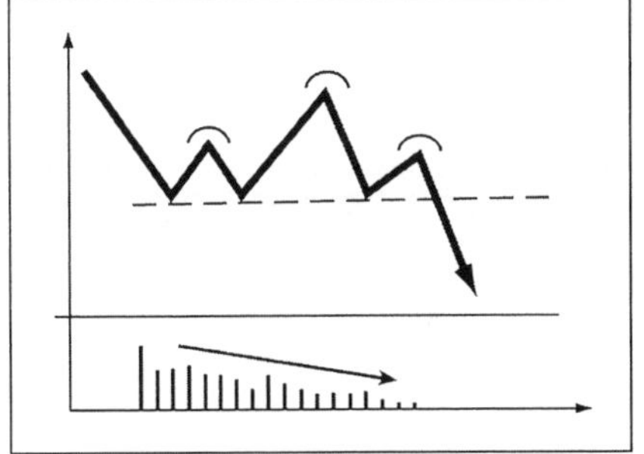

判斷形態真偽方法及買賣重點需知

(i) 無論屬反轉型或整理型頭肩底，只要最後能以大成交量上破頸線，均為利好的買貨訊號。驟眼看來，整理型頭肩底的股價走勢，看似多次到頂不破，上升阻力十分強，其實只是壓價買貨的伎倆。

(ii) 無論屬反轉型或整理型頭肩頂，不論成交量有沒有配合增加，只要跌破頸線，均為利淡的沽貨訊號。驟眼看來，整理頭肩頂的股價走勢，看似多次跌到某一水平(頸線)而呈強烈反彈，支持力強，其實只是大戶托價沽貨的伎倆，跌市正來臨。

(iii) 雖然頭肩式反轉形態有至少量度升／跌幅的量度方法，但頭肩式整理形態並不太適用，實際升跌幅往往與量度的不符，但是在某些情況下，兩者之間相差卻不太遠。因此，讀者在運用量度方法時宜只作參考，最好同時參考其他分析技巧的指示。

實例闡釋

(1) 圖4.37是美國道瓊斯指數周線圖，從圖中所見，兩個整理型的頭肩底均在大升市途中出現。第一個頭肩底在1997年下半年形成，並最終於年尾時突破頸線，巧合地完成量度升幅；第二個則在1998年內形成，最後因受美國進入減息周期，突破頸線阻力位，超

圖4.37 美國道瓊斯指數周線圖

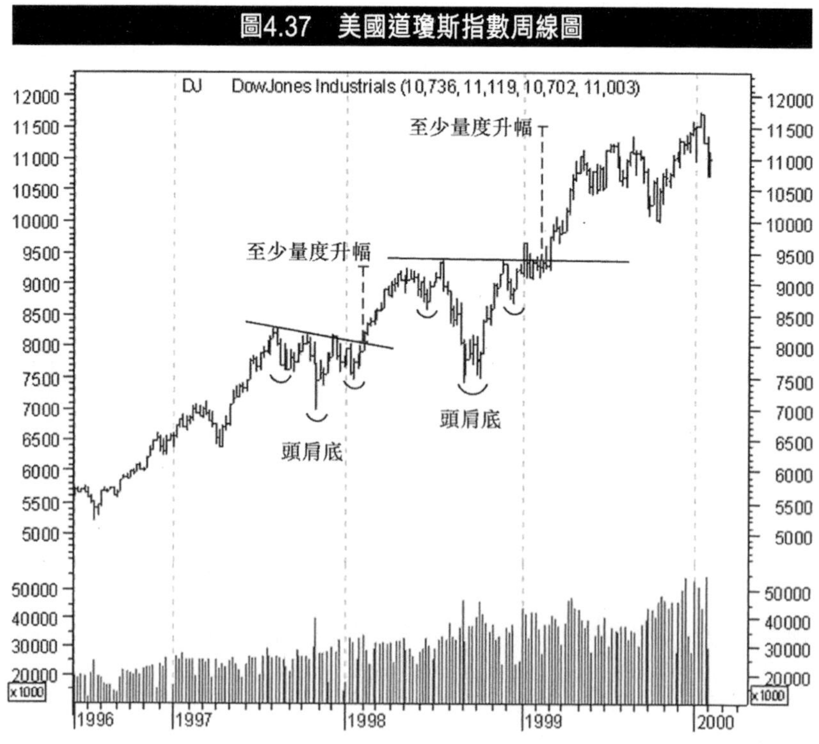

過所示參考的量度升幅目標。

(2) 圖4.38是恒基地產(0012)日線圖，從圖中所見，在1999年4月尾當美國減息完畢後，市場預期減息潮已完結，將進入加息潮，令該股股價轉勢下跌。在跌市期間，於5月至7月形成的頭肩頂形態，因在跌市中出現及成交量見減少，可歸類為整理型的頭肩頂。結果，到7月中旬時，該股跌破頸線支持位，跌勢至10月才見喘定。在此例子中可見，量度跌幅所提供的目標並不符合預測。

圖4.38 恒基地產(0012)日線圖

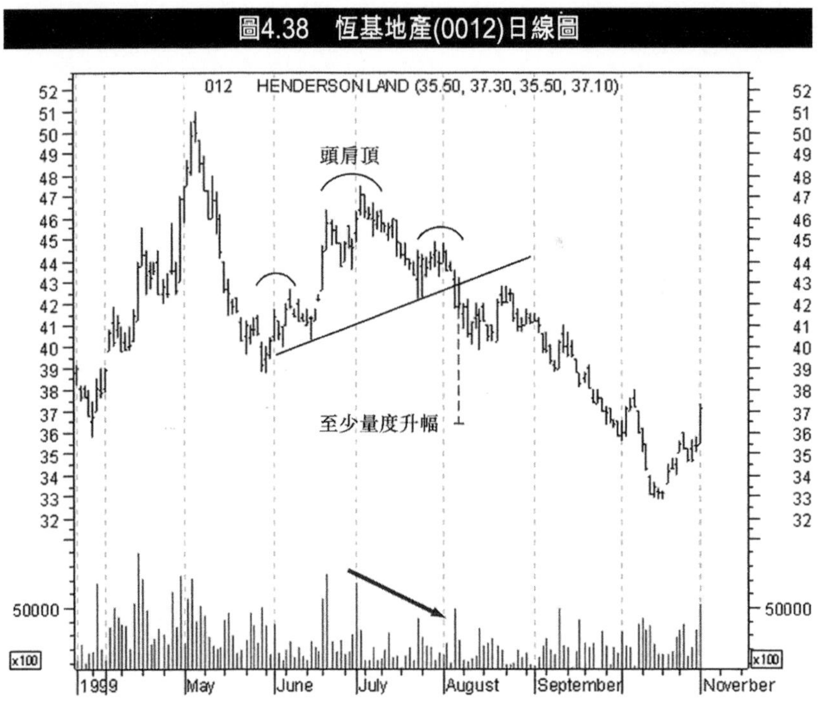

5

裂口

「今日恆指以裂口開出後持續向好並高收，收報XXXX點，全日升XXX點。」對以上內容，相信讀者不會感陌生，因為平時閱讀報章，收看或收聽財經新聞報道時都會看過或聽過。

在每個股市交易日中，在不同股票或指數上都有機會出現「裂口」(gaps)，不要小看裂口的作用，它對後市有很大啟示，在趨勢中不同位置出現裂口，將有不同變化。

簡單而言，裂口是指股價在快速大幅變動中，股價沒有任何交易的真空區，可分為上升、下跌及除淨裂口；複雜而言，按對後市有啟示的作用，又可細分為普通性、突破性、持續性和消耗性。由裂口衍生的圖形，主要為島形頂或島形底的反轉形態。

5.1 簡單的裂口分類

5.1.1 上升裂口（upside gap）

圖5.1顯示，假設某股票當日最高價見88元，但翌日股價因利好消息刺激而以95元裂口高開，並拾級而上，最後以98元收市，全日未跌破過95元，因此在88元至95元間形成一個沒有任何交易的真空區域，由於是向上突破，故稱為「上升裂口」。出現上升裂口，多少帶點利好意味。

圖5.1　上升裂口及下跌裂口

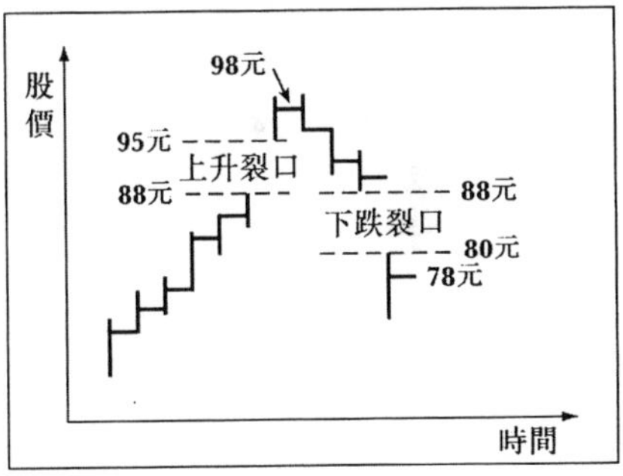

股價
98元
95元
上升裂口
88元
88元
下跌裂口
80元
78元
時間

5.1.2 下跌裂口（downside gap）

同以圖5.1來解說，假設某股票當日最低價見88元，但翌日股價因壞消息刺激而以80元裂口低開，並拾級而下，最後以78元收市，全日未見過股價能成功反彈升破80元，因此在80元至88元間形成一個真空區域，由於是向下突破，故被稱為「下跌裂口」。出現下跌裂口，多少帶點利淡意味。

5.1.3 除息裂口（ex-all gap）

股價由於除息，在除息日開市一刻股價相應地調低，所形成的裂口稱為「除息裂口」。

在除息當日，所派股息會在當天的股價中扣除。例如，某股股價在除息日前一天為10元，股息為1元，那麼在除息日，開市的股價跳空下滑變為9元。若在除淨當日，股價在9元低開後，一路都未能升破9元，最後收8.8元，這樣在9元至10元間便形成一個除淨裂口。

由於除息裂口並非建基於買賣雙方供求關係變動的交易行動，因此參考意義不大，讀者無須費神研究。

5.2 複雜的裂口分類及特徵

圖5.2顯示了一段完整上升趨勢中可能出現的幾種裂口，以下分析同樣適用於下跌趨勢，只是下跌趨勢中因為股價向下滑，裂口向下發展而已。

5.2.1 普通性裂口（common gap）

這種裂口通常在密集的股價上落區中出現，如整理形態矩形、三角形中，只因某天出現單一強勁的買氣或賣壓而呈裂口。

5.2.2 突破性裂口（breakaway gap）

圖5.2

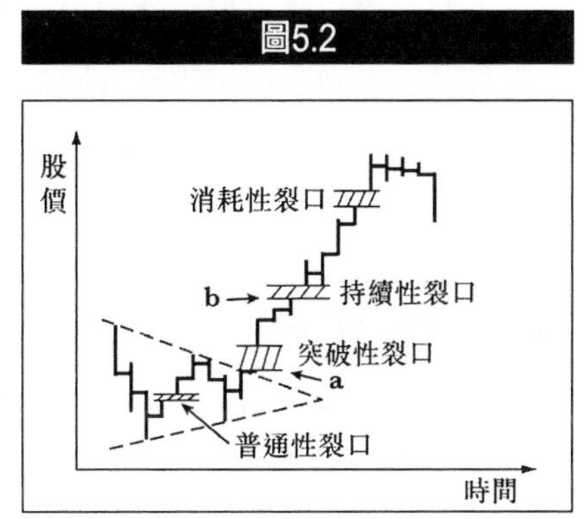

這種裂口通常在一個反轉或整理形態完成後再突破主要阻力線或支持線而形成，如圖5.2所示，股價跳空升破對稱的三角形形態，故視為突破裂口。當股價以一個很大的裂口突破密集區，表示真正的突破，裂口愈大預示未來的股價

變動幅度愈大。

5.2.3 持續性或量度性裂口（runaway or measuring gap）

當股價以突破性裂口突破，上升或下跌趨勢獲確定後，在急促的上升勢或下跌勢途中出現的裂口，就是持續性裂口，可用作預測後市的升／跌幅目標。以圖5.2為例，先取突破始點a點至持續性裂口始點b點的垂直距離，再由b點量度出相同距離，可得到至少量度升幅，故持續性裂口又稱為量度性裂口。

上升趨勢中，在於部分投資者見漲勢已成，但不想高追，總想在股價作調整時才入市，結果股價不但沒有下跌，反而更快速的上揚，於是投資者決定入市，因而出現持續性裂口。

5.2.4 消耗性裂口（exhaustion gap）

這種裂口大多在恐慌性拋售跌勢的末段或消耗性上升的末段時伴隨着股價波動快且大而出現，預示後市將逆轉。如在一段漲勢末段，因為股價快速上揚，使短線投機者入市搶貨，而沽空了該股的人士見漲勢太過淩厲，想先行回補以減少損失，於是購買力突然膨脹起來，進入升勢高潮，成交量大增；但好景不常，一旦買盤消失，股價就會迅速回落。

<u>秘訣</u>：四類裂口中，以後三者關係最為密切。最貼切的比喻可用交通紅綠燈原理作解釋，突破性裂口的出現確定升／跌勢的開始，好比駕車人士看見綠燈訊號一樣，知道前路可以通行；持續

性裂口標誌着迅速持續的股價趨勢在進行中或接近中途站；至於消耗性裂口則代表股價如紅燈訊號一樣，當駕車人士見紅燈一亮即收掣停車。

5.3 各種裂口的分析意義及實例闡釋

5.3.1 普通性裂口

基本而言，此種裂口並無特別的分析意義，只能幫助我們辨認清楚某種形態的形成，當發現形成中的三角形系列或矩形中有較多細小的裂口出現，好淡正在爭持的情況更為確定。

5.3.2 突破性裂口

突破性裂口的分析意義比普通性裂口為大，形成原因是因某一水平的阻力經長時間爭持，供給力量完全被吸收，貨源歸邊，後來投資者被迫急於以高價搶貨，形成上升突破裂口。相反，某一水平的支持力經長時間考驗，購買力已被消耗，沽出須以更低價才能找到買家，因此形成下跌突破裂口。

一般而言，一個伴隨着大的突破性裂口的轉向形態，如以裂口方式突破頭肩底、雙頂等頸線，而且成交量倍增，預期股價未來的波動會較沒有突破性裂口為大。突破性裂口愈大，未來股價變動波幅或速度料將更加激烈，此外，向上突破性裂口的當天成交量若增加，更確定升勢。

實例闡釋

圖5.3是匯豐控股(0005)股價走勢圖，該股於1997年12月開始呈短期回落之勢，至1998年1月初以一個上升三角形築底，形態內出現四個普通性裂口，反映好淡正在爭持。到2月初時，該股以一個大裂口升破平底三角形主要阻力線，加上突破當日成交量倍增，確認為突破性裂口，未來反彈升勢相信頗可觀。其後果見股價上揚，不但完成三角形的量度升幅，最後升勢更拾級而上，至4月為止，高見83元。

圖5.3　匯豐控股(0005)股價走勢圖

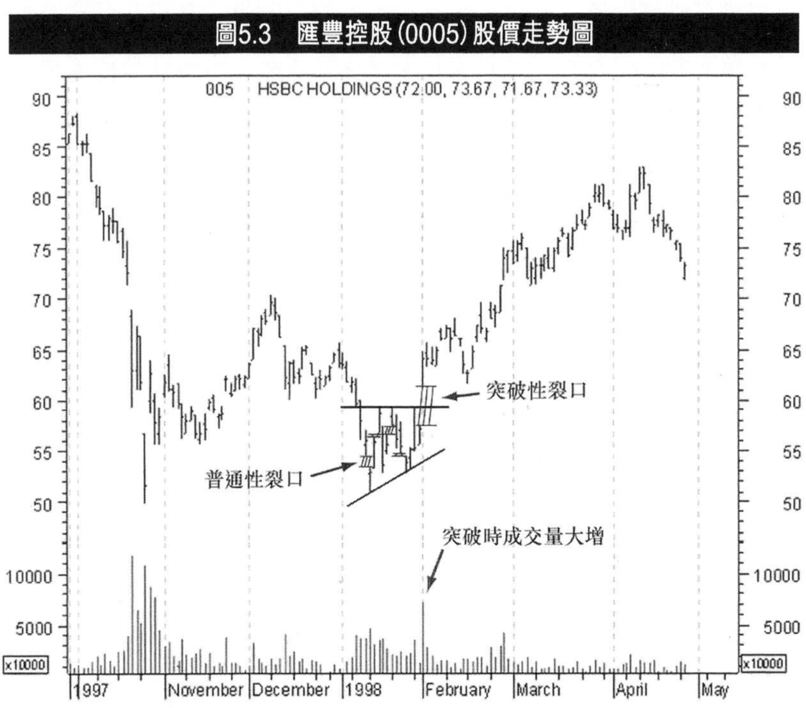

5.3.3 持續性裂口

秘訣：普通性裂口及突破性裂口都與密集區整理形態有關係，前者在價格形態內發生，而後者則當股價移出形態時產生；相反，持續性裂口及後述的消耗性裂口均與形態無關，它們產生於股價移動迅速、直線急漲或急落的階段中，相當容易辨認。

持續性裂口只出現在股價直線上升或直線下跌的過程中，因此不需要有股價形態。此外，出現持續性裂口當天，其成交量多為數月來最大的，而日後直至到達預期量度升／跌幅時，亦無法比這一天的成交量來得多。

由於這種裂口具量度升／跌幅預測能力，分析意義更強於突破性裂口。一般而言，預測的量度升／跌幅與實際的往往有出入，宜只作參考。此外，值得參考的是可以將持續性裂口用於「出市」參考，但千萬不可用於「入市」。若出現兩個或以上的持續性裂口，在上升勢途中，可以先量出這兩個裂口間的一半價位，再從該價位加上至最近一個短線起漲點的同等垂直距離，以作為預測的量度升幅；至於跌市時，則可作相反方向量度。

實例闡釋

圖5.4是匯豐控股(0005)的另一股價走勢圖，該股於1997年10月開始其跌勢，先出現一個下跌的突破性裂口，而成交量亦配合上升；由於當時亞太區貨幣被猛烈衝擊，該股不久再出現一個持續性裂口，在股價下跌當日，成交量倍增，為數月以來最高的。計算量度跌幅是先取突破性裂口起點A點至持續性裂口起點B點的垂直距離(即虛線部分)，再由B點向下量度出相同的長度，但實際跌幅大

圖5.4 匯豐控股(0005)股價走勢圖

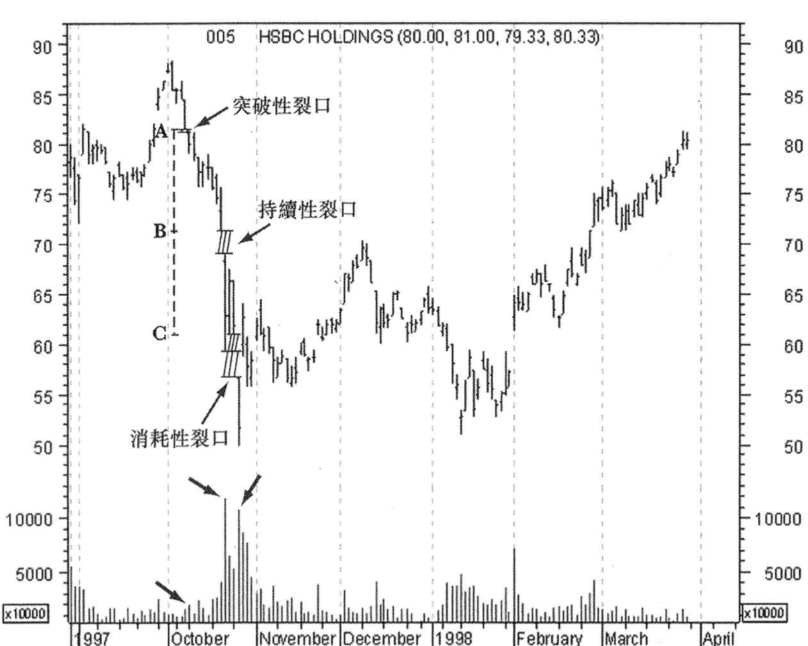

於以上預測。

5.3.4 消耗性裂口

消耗性裂口的出現，意味原先趨勢將告一段落，但並非表示股價後市的走勢已呈肯定的反轉，如在一段累積升幅不少的升勢末段中呈消耗性裂口，暗示升勢快將完結，相反，在下跌趨勢的末段出現，則暗示跌勢將完結。

在裂口出現的當日或翌日若成交量特別大，而且趨勢的未來似乎無法隨成交量而大幅度變動，這可初步判斷為消耗性裂口。

由於消耗性裂口很少是突破股價形態後的第一個裂口，它的前面至少應該有一個持續性裂口，因此可假設在急促直線上升或下跌勢途中出現的第一個裂口為持續性裂口。但隨後若再出現裂口，每個均有機會成為消耗性裂口，尤其這個裂口比前為大，可靠性更強。因此在升勢或跌勢末段期間，出現裂口的次數愈多，預示原先趨勢隨時完結的機會愈大。如果趨勢已將突破股價形態的測量目標全部達到，那麼消耗性裂口比持續性裂口的可能性更強。

實例闡釋

同以圖5.4作剖釋，在1999年10月，匯豐控股的股價呈直線下滑之勢，出現持續性裂口後，近10月尾時再呈消耗性裂口，不但裂口大，且成交量也大，確定跌勢暫告一段落，股價於12月初已拾級反彈，上升至70元左右。

<u>秘訣</u>：綜合而言，在一個上升趨勢或下跌趨勢途中，裂口出現愈多，顯示趨勢愈快接近終結，若升市出現第三個裂口時，暗示升市快將結束，當第四個裂口出現時，更提高短期下跌的可能性，應作心理準備。

5.4 裂口回補的分析

(1) 何謂回補裂口？

所謂「回補裂口」，就是指當股價出現裂口後，經過數天，甚至更長時間的變化，然後由相反方向反轉過來，回到原本裂口的價位區域。

(2) 裂口會否回補？何時回補？

裂口屬於一個真空沒成交量的區域，它是因為突如其來的利好或利淡消息刺激而形成的，當中反映了投資者一時的衝動行為表現，在衝動過後，當投資者情緒歸於平靜，便開始反省過往行為，從而作出修正，因而出現回補裂口 (gaps filling)，情況相當正常。

普通性、突破性、持續性及消耗性四類裂口之中，回補裂口的時間各有不同，而是否作回補亦有別。

(3) 普通性裂口及消耗性裂口多於短期回補

一般而言，普通性及消耗性裂口會在短期內 (即數日至一星期左右的時間內) 作回補。

(4) 突破性裂口及持續性裂口未必馬上回補

突破性裂口出現後會不會馬上回補，可以從成交量的變化中觀察出來，如果在出現裂口之前有大成交量，而裂口出現後成交量相對減少，那麼即時回補裂口的機會只是五五之比。

假如出現突破性裂口以後，成交量明顯大增或保持高水平，那麼短期回補裂口的機會相對較低，未來可能要用數個月或半年以上的時間才能回補裂口。

(5) 裂口具支持或阻力作用

裂口的另一個大作用是作為支持位或阻力位的參考，漲勢中的裂口代表漲勢將繼續，當股價調整回落時，裂口位通常發揮支持作用，預期股價會覓得支持而反彈回升；相反，如果完全回補裂口，可以初步判定升勢已被扭轉，走勢轉淡。

在下跌勢途中的裂口代表跌勢持續，任何股價的反彈，料受制於裂口區域，若裂口完全被補回，反彈走勢持續上揚，暗示先前的下跌趨勢已經結束，後市看升。

實例闡釋

(1) 圖5.5中的盈科數碼動力(1186)股價有幾個重點需留意：

(i) **突破性裂口未即時回補**：升勢自1999年12月，以突破性裂口(圖示A區)形式由11元左右躍升至18元，所見此裂口出現後，成交量保持高水平，結果股價在四個多月以來均未作回補。

(ii) **裂口發揮支持作用**：此例所見，在股價出現上升之勢時，裂口證實具短期或中期支持作用。首先，出現A裂口後，股價由近20元一度作回吐，但跌至A裂口區上部分即止跌回穩。其次在出現第二個裂口(圖示B區)時，股價有一段時間跌近裂口上限位15.35元左右即止跌，發揮支持，隨後股價果現穩健升勢。

(iii) **回補裂口扭轉升勢**：及後於2000年2月時，出現第三個裂口(圖示C區)，隨着盈科數碼動力收購香港電訊(0008)的計劃獲證實，其股價見過高位28.5元後便回落，大戶借好消息出貨，該股幾度觸近裂口C區上限支持位19.9元而反彈，但在3月最終受美國納斯達克指數大幅下挫而拖累，跌破19.6元至19.9元的裂口，裂口即作回補，確定扭轉升勢，結果股價呈一浪低於一浪的跌勢。

(iv) **消耗性裂口短期回補**：在2000年2月中，盈科數碼動力收購香港電訊的計劃公佈，並於市場配股集資，在2月15日復牌當日，該公司股價呈消耗性裂口(圖示D區)上揚，此裂口並於翌日作回補。

圖5.5 盈科數碼動力(1186)股價走勢圖

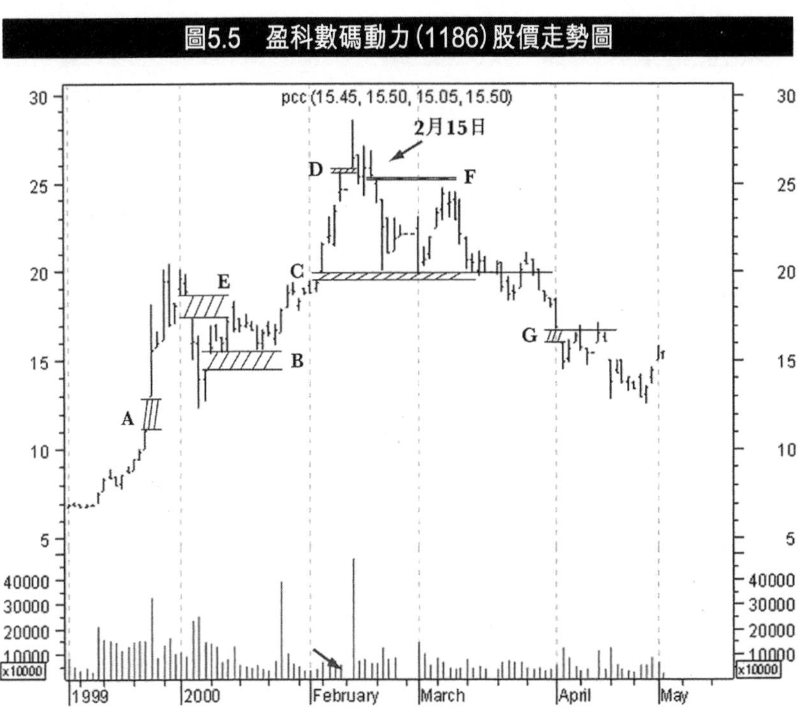

(v) **裂口具阻力作用**：在股價處短期或中期下跌勢時，裂口呈反彈阻力作用，如圖示E、F及G區。

(2) 圖5.6是香港電訊(0008)股價走勢圖，圖中所見，在下跌勢中，裂口可作反彈阻力區的參考，視為最後沽貨機會。在2000年初，香港電訊股價隨大市回落，呈裂口(圖示H區)下挫，及後股價反彈，但仍受制H區上限阻力位22元左右，結果香港電訊股價再由22元回落至16.5元的低位才大幅反彈。另一個下跌裂口(圖示J區)在2月尾出現，隨後該股股價曾作反彈，但同樣受制裂口上限區26元左右，當時為持貨者最後沽貨離場機會。

最後，圖示I區的裂口被回補，扭轉升勢訊號強烈。該股股價由2月高位近27.5元回落後，股價有兩次觸近I區裂口上限位23元而

圖5.6　香港電訊(0008)股價走勢圖

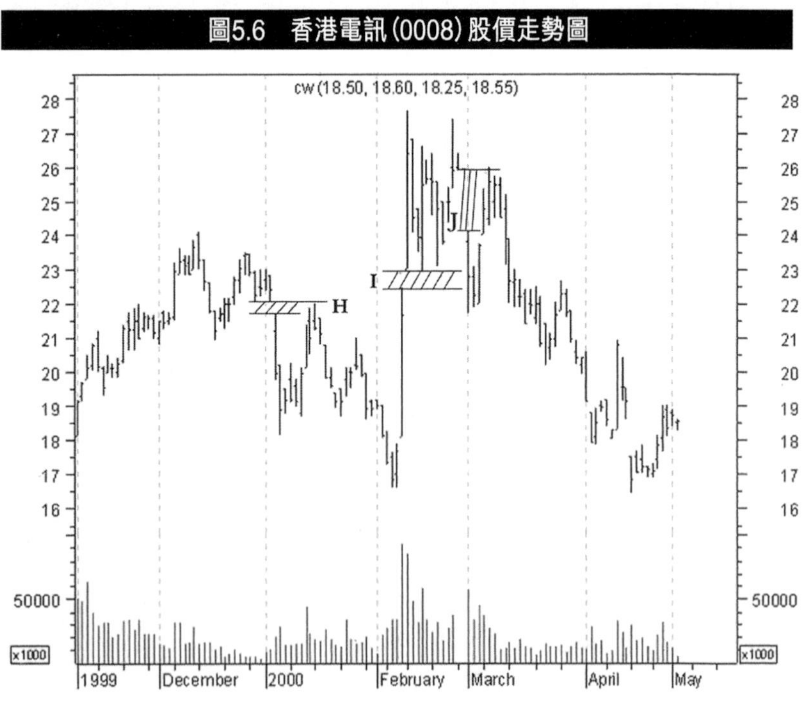

反彈，若在此兩次中投資者相信裂口具支持作用而入市博反彈，是有錢賺的，但及後股價回補裂口，並在裂口區附近爭持，此時應有心理準備市勢將近逆轉，裂口再無支持作用，結果，股價遠離裂口愈來愈遠，並於4月跌破2月時的升勢起點水平。

5.5 島形頂（island reversal top）

認識了各種裂口的特徵，相信對今後兩節所介紹由裂口衍生的形態島形頂及島形底會更容易掌握。

形態特徵

圖5.7a

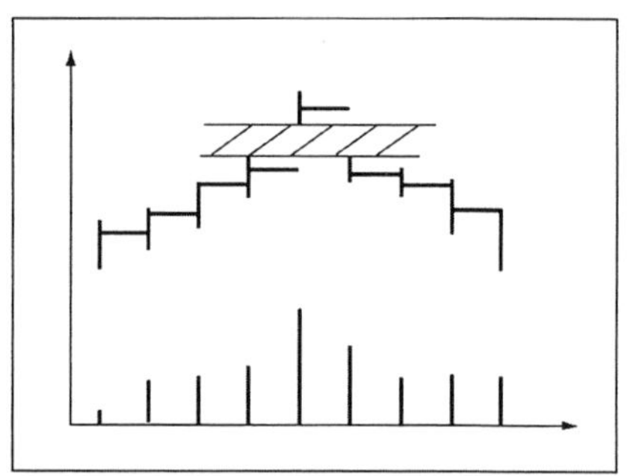

圖5.7b

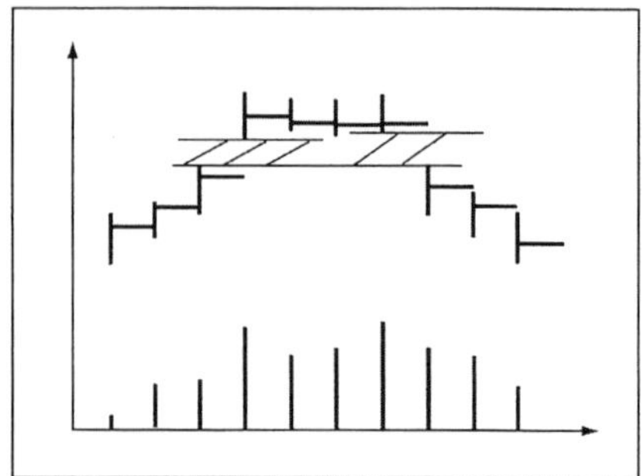

股價持續上升一段時間後，有一日忽然呈裂口性上升，接着股價於高水平徘徊，徘徊時間可以是一天（如圖5.7a），又可以是數天（如圖5.7b），但在高位企不穩，很快地股價又再以裂口形式下跌，兩邊的裂口發生在幾乎相同的水平線上（有某種程度的重疊），圖表看起來就像一個孤島聳立在海洋中心上。

成交量方面，在形成島形頂期間十分巨大。

出現島形頂，主要是因為股價不斷上升，使原來想買貨的投資者沒法在預期的股價追入，眼見升勢愈來愈大且急，終忍不住不計價地搶入，形成一個上升的裂口。這正好落入莊家的圈套，莊家刻意掃高股價讓散戶接貨，由於股價在高位明顯缺乏實質盈利支持，屬不合理水平，遂於高水平呈現沽壓，經過一段短時間的爭持後，終難敵洶湧的沽壓，而以裂口回落。在高位追貨者亦慌忙逃生，令預期跌勢加速，故島形頂具利淡意味。

判斷形態真偽方法及買賣重點需知

(i) 在島形頂前出現的裂口主要為消耗性裂口，其後在反轉方向移動中出現的為突破性裂口，這情況以裂口回補裂口，因此與消耗性裂口迅速被補回的原則符合。

(ii) 島形自身不會成為主要反轉形態，但由於經常在長期或中期性趨勢的頂部或底部出現(如頭肩頂的頭部)，所以才會給人錯覺。

(iii) 買賣策略：在判定消耗性裂口出現後，若某日股價呈單日轉向，高開低收，應已有心理準備島形頂隨時有可能出現，當在消耗性裂口水平的右邊再出現突破性裂口，而且成交量大增，可以確認島形頂的形態成立，預示大市將見頂回落，屬利淡訊號，宜先行沽貨離場。

實例闡釋

(1) 圖5.8是華潤創業(0291)股價走勢圖，圖中所見，該股股價自1999年6月低位11元開始反彈，期間出現兩個裂口，於7月再出現一個消耗性裂口，當日股價高見16元左右，成交量大幅度增加，但翌日即以突破性裂口回落，此裂口還大於左邊的消耗性裂口，形成一個一天轉向的島形頂，屬利淡訊號，結果，股價由高位16元回

圖5.8 華潤創業(0291)股價走勢圖

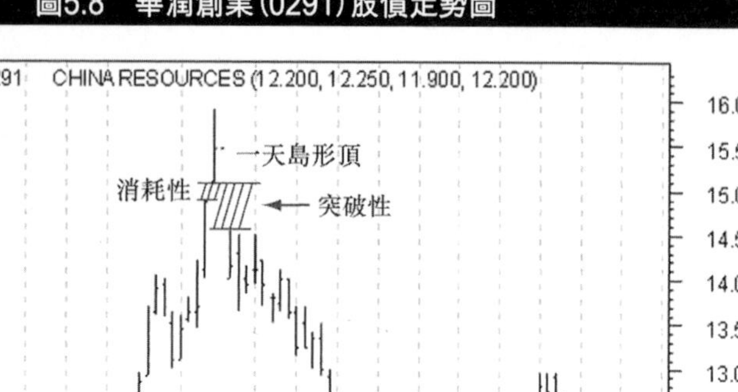

落，至8月已跌破6月升浪的起點水平，低見10.5元後跌勢才見喘定，反彈回升。

(2) 同為華潤創業，在圖5.9所見，該股於1997年2月尾至3月初時間出現一個由數日形成的島形頂，股價經過早前由島形底(後節將詳談)引發的升勢後，於2月尾時呈裂口上升，成交量大增，具消耗性裂口的特質，後五個交易日在高位牛皮，中間的一日更呈高開低收的單日轉向利淡訊號，發展至此時，投資者應有心理準備，最後在接近右邊的消耗性裂口水平附近，以突破性裂口由高位回落，隨後所見跌勢頗急且大，事後證明此島形頂的利淡威力強烈。

圖5.9　華潤創業(0291)股價走勢圖

5.6 島形底（island reversal bottom）

相對於島形頂，島形底屬利好的反轉訊號，隨着它的出現，往往有一段短期的反彈勢緊隨。

形態特徵

圖5.10a

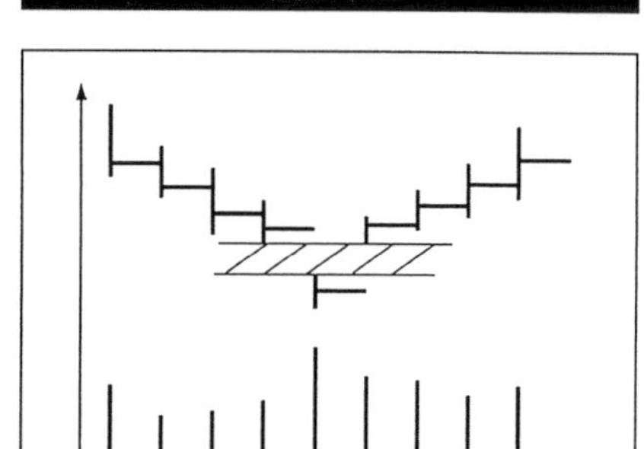

股價持續下跌一段時間後，有一日忽然呈裂口性下挫，接着股價會在低水平徘徊，徘徊時間可以是一天（如圖5.10a），又或者是數天（如圖5.10b），在低位企穩後，很快股價又再以裂口形式上升，兩邊的裂口發生在幾乎相同的水平線上（有某種程度的重疊），圖表看起來島形底就像一個反轉的孤島。

圖5.10b

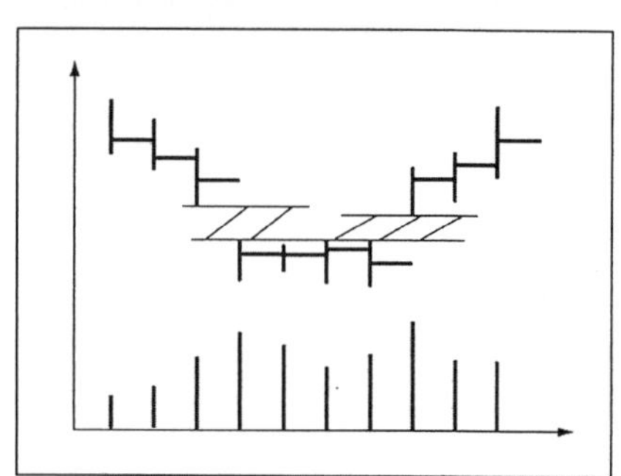

成交量方面，在形成島形底附近期間相對較大。

出現島形底，主要是因為股價經不斷下跌後，持貨者眼見跌勢愈來愈大且急，終忍不住不計價地沽貨止蝕，形成一個下跌的裂口。同時，某些大戶認為股價過分低殘，願意在低位接貨，但受制弱勢仍不敢貿然不計價地搶貨，且仍有少許沽盤阻礙。經過一段短時間的爭持下，終將所有貨源歸邊，並重新策動升勢，以上升裂口突破，市場上投資者眼見市況將大幅反彈，遂積極追貨，令預期升勢加速，故島形底具利好意味。

判斷形態真偽方法及買賣重點需知

(i) 在島形底前出現的裂口主要為消耗性裂口，其後在反轉方向移動中出現的為突破性裂口。而島形底自身不會成為主要反轉形態，但由於經常在長期或中期性趨勢的底部出現，故被視為利好轉向訊號。

(ii) 買賣策略：島形底的出現，預示大市將反彈回升，屬利好訊號，雖沒量度升幅的計算方法，但也應及早入市追貨。

實例闡釋

(1) 圖5.11是恆生指數日線圖，在1999年9月中旬，恆生指數開展短期跌勢，由14100點左右滑落，期間先出現普通性裂口(即A區)，繼後以突破性裂口(即B區)跌破下跌旗形，再以持續性裂口(即C區)滑落，成交量亦見相應增加。

在第一個持續裂口出現後，繼後每個裂口均有可能為消耗性裂口，結果於10月上旬出現持續性裂口(即D區)。如何判斷D區為持續性裂口？首先當日的成交量不算異常大，二來並未完成量度跌幅。若出現兩個持續性裂口，先量度出這兩個裂口間的一半價位(即G點)至這段短期跌勢起點(即F點)的垂直距離，再由G點向下量度出相同長度(即至H點)作預期量度跌幅，由於在出現D區的持續

圖5.11　恆生指數日線圖

性裂口當日，收市價還不到量度跌幅，故應屬持續性裂口。

最後，10月中旬終出現消耗性裂口(E區)，恆生指數跌近12000點水平，翌日以小型突破性裂口回升，形成一個一天島形底，結束跌浪，當時市場對息口趨升憂慮減低及憧憬中、美會達成世貿協議，更加速升勢。

(2) 圖5.12的新鴻基地產(0016)於1999年8月營造頭肩底失敗，股價由69元左右的高位輾轉回落，至10月上旬時出現裂口，觀察當日成交量(即圖示I)為自8月股價下跌以來最高的，故可確定為消耗性裂口。經過七個交易日，股價在低位爭持後，終以突破性裂口上升，成交量此時更大增(即圖示J)，兩邊裂口接近同一水平，形成一個由數日形成的島形底，屬利好買入訊號。結果股價大幅攀升，至11月時已升破8月時跌浪的起點，高見74元左右。

圖5.12　新鴻基地產(0016)股價走勢圖

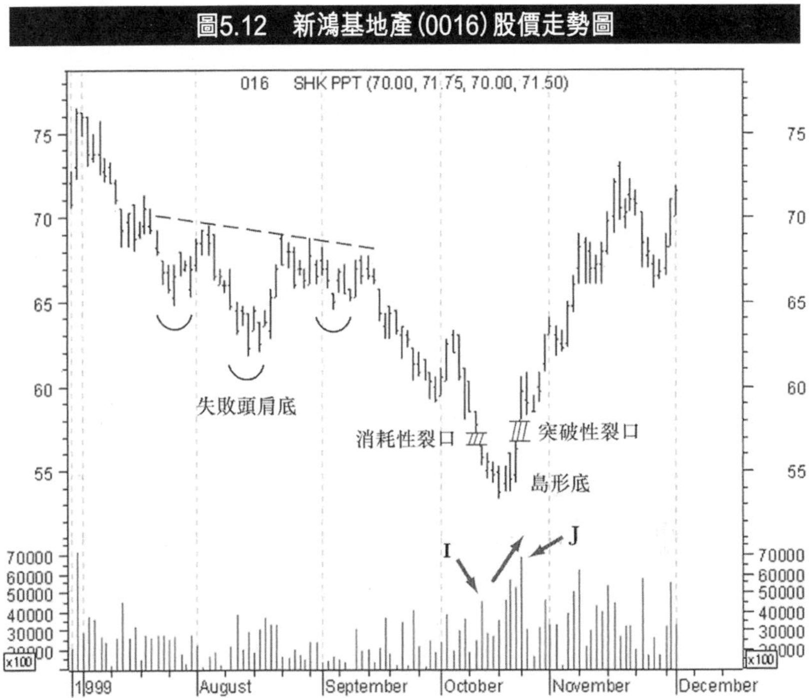

6

技術指標分析

所謂「技術指標」(technical indicators)是運用計算公式，代入價格、成交量的漲跌等資料而計算出一些數據，利用這些計算數據來判斷眼前市場狀況，以預測未來價格走勢。

之前介紹過的圖形形態，在判斷圖形時難免會出現主觀性，而技術指標無疑能夠得出一些較客觀的數字以輔助預測，它所提供的客觀性剛好補救圖形形態分析的不足之處，故「技術指標」又被稱為「輔助指標」。

隨着電腦普及應用，近年來不少新的技術指標應運而生，但市場普遍應用的則離不開以下介紹的幾種。因此，本章只集中講解較普及的幾種技術指標，大致可分為以下四類：

1. 市場趨勢指標(trend indicators)：由於市場價格多呈上下起伏波動，為捕捉實際價格趨勢，最好是採取「平均」的運算方式，消除異常的價格波動，本章**6.1**節的移動平均線、**6.2**節的保歷加通道就是屬於這個範疇。

2. 市場擺動指標(又稱市場動量指標)(momentum oscillators)：買賣雙方的力量變化，直接影響價格變動，因此有市場擺動指標的出現，以集中研究價格於某個特定時間內的變化，判斷市況「超買」還是「超賣」。本章第**6.3**節的隨機指標、**6.4**節的相對強弱指標、**6.6**節的動向指標、**6.8**節的動量指標和變速率及**6.9**節的威廉指標均屬此範疇。

3. 市場循環指標（cyclic indicators）：主要從市場的循理周期入手，以圖捕捉周期的高低位，本章**6.5**節的指數平滑移動平均線就屬此範疇；此外，指數平滑移動平均線亦具市場擺動指標的特性。

4. 成交量指標（volume indicators）：「量」是「價」的先行指標，欲捕捉價格趨勢變化就要好好研究成交量的變化，成交量指標的出現便為此而設，本章**6.7**節的成交量平衡指標就是屬於此範疇。

最後要特別指出，每一類技術指標都有其優點及缺點，在某種市況中運用，功效才能發揮到最大，讀者應因地制宜。此外，綜合幾種技術指標作分析，亦可互補不足之處，在以下章節，將為大家詳細以實例說明之。

6.1 移動平均線（moving averages）

判斷趨勢怎樣會來得客觀，很多股市技術分析人士會告訴你當然是利用移動平均線(簡稱平均線)，這種技術分析方法是由葛蘭碧(Joe Granvillle)所提倡，至今仍為市場人士普遍使用。簡單而言，移動平均線是利用統計學方法，將連續一段時間內價格作平均計算，從而得出一個概括走勢或方向，使投資者能夠掌握趨勢。

計算方法

以下只是介紹了計算的公式及基本原理，詳細計算方法及例子可翻閱《技術分析Q & A》一書，而本章其他節的安排亦如是。

(i) 簡單移動平均線(simple moving average，SMA)

這種方法是最簡單，只要將所採用時段的收市價相加，再求出平均值，公式如下(C為收市價，n為日數)：

$$\mathbf{SMA} = \frac{(C_1 + C_2 + \ldots\ldots C_n)}{n}$$

(ii) 加權移動平均線(weighted moving average，WMA)

這種方法是將不同時間的收市價的相對重要性分別出來，將愈近期的數據加大比重以顯示其重要性，公式如下(C_n為今天收市價)：

$$\mathbf{WMA} = \frac{\{(1)\,C_1 + (2)\,C_2 + \cdots\cdots (n)\,C_n\}}{(1 + 2 + \cdots\cdots + n)}$$

(iii) **因子移動平均線**(exponential moving average，EMA)

這種方法為三者中較為複雜的，與WMA的計算原理相若，唯一分別是WMA的加權比例是固定的，以1，2，3，4……疊進而上，相反，EMA所用的加權比例則以指數形式(exponential)級數疊進而上。

$$\mathbf{EMA(2) = (1 - SF) \times EMA(1) + (SF \times C)}$$

* SF是平滑因子(smoothing factor)，計法是$\frac{2}{(1+n)}$。

三者之中，市場較流行及慣用的始終是簡單移動平均線，畢竟計算方法較簡單，本章實例多以此為主。但在股價高低波幅很小、窄幅橫行的牛皮市中，因子移動平均線發揮會較理想。

圖6.1是美國道瓊斯工業(DOW JONES)指數日線圖，從圖中的長方形可見，在趨勢市中，10天因子移動平均線夾在10天的簡單移動平均線及加權移動平均線中間，三線無大特別，但在牛皮橫行市中，如圖中圓圈內，因子移動平均線明顯較前兩者率先下跌。在牛皮市中，價格往往在平均線上下頻繁波動，若依此作買賣，出錯機會會很大。在此例中顯示，因子移動平均線較簡單移動平均線及加權移動平均線的敏感度為高，指數首先跌破後兩條移動平均線，而最後才跌破因子移動平均線；由於因子移動平均線較遲被衝擊，令買賣訊號不太頻繁，這可減少出錯機會。

圖6.1　美國道瓊斯工業指數日線圖

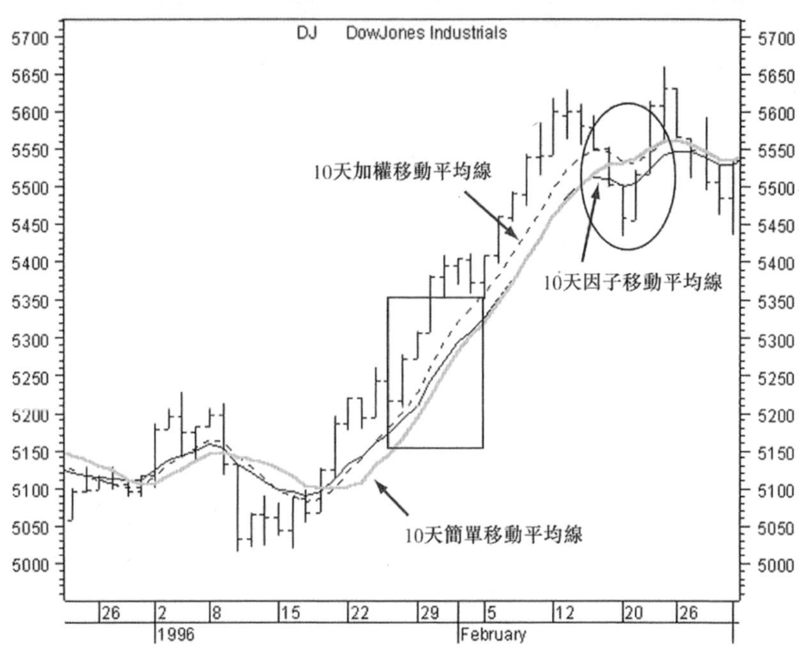

慣用計算日數參考

就日線圖的製作，短、中及長線平均線的計算日數設定如下：

短線：2天、5天及10天。

中線：10天、20天及50天。

長線：100天、200天及250天。

其中尤以250天平均線為市場一般慣用來判斷牛熊市的指標：在250天線上，市場會判斷為「牛市」；而在250天線下，市場會判斷為「熊市」。

以上為日線圖製作移動平均線的參考日數設定，若轉在周線圖中應用，只要將所設日數除以5便可，因為一周的交易日大概為5日，若是100天線即等於20周線。若轉在月線圖應用，只要將日數除以21，因為一個月的交易日大概有21日，若是200天線即等於9個月線。

理論上，所採用的日數愈短，敏感度愈高，進出訊號自然較多，但同時出錯機會亦較大。若採用的日數愈長，敏感度較低，進出訊號自然較少。事實上，所採用日數並無硬性規定，視乎投資策略的需要；若是作短線測市，自然採用較短日數的移動平均線。

葛蘭碧提出的移動平均線應用八大法則

1. 當平均線有從下跌逐漸開始走平或有向上方移動的趨勢，一旦股價由下向上穿過平均線，便是買進訊號。（見圖6.2，ⓐ所示）

圖6.2 葛蘭碧移動平均線八大法則

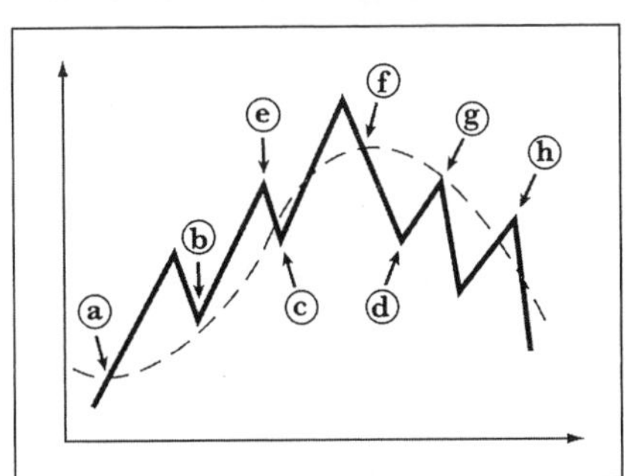

2. 股價走勢在平均線上方變動，股價向下跌至平均線附近，但沒有跌破平均線，並再度攀升，亦視為買進訊號。（見圖6.2，ⓑ所示）

3. 股價下跌至平均線的下方，而平均線短期內仍然有向上的趨勢，可視為買進訊號。（見圖6.2，ⓒ所示）

4. 股價走勢在平均線下方變動時，突然急跌，距離平均線非常遠，有可能呈技術反彈升近平均線，為買進訊號。（見圖6.2，ⓓ所示）

5. 股價在上升中，而且在平均線之上，因為短期累計上升幅度很大，而且距離平均線愈來愈遠，暗示短期買入的投資者都已開始獲利，隨時會產生獲利回吐壓力，視為沽出訊號。（見圖6.2，ⓔ所示）

6. 平均線移動方向由上漲趨勢轉為水平走向，而且股價從平均線的上方向下跌破平均線，高位被套牢的沽壓漸重，視為沽出訊號。（見圖6.2，ⓕ所示）

7. 股價走勢在平均線之下變動，回升時並未超越平均線，而平均線已由趨於水平，變為有向下跌的趨勢，同為沽出訊號。（見圖6.2，ⓖ所示）

8. 股價在平均線附近移動，但未向下跌破平均線，但平均線有向下持續滑落的趨勢，視為沽出訊號。（見圖6.2，ⓗ所示）

應用法則

1. 單線應用法

(i) 當平均線上升，股價上升並在線之上，表示動力仍在，是買入或繼續持有的訊號，相反，則宜沽出。

(ii) 若股價一直在平均線上，但突然下破平均線，視為利淡沽空訊號；相反，股價一直在平均線之下，突然上破平均線，視為利好買入訊號。

圖6.3是美國納斯達克(NASDAQ)日線圖，圖中顯示，指數於1999年10月開展升勢，在3月下旬前一直在50天平均線上保持淩厲上升之勢，及後指數跌破50天平均線(圖中箭咀Ⓐ所示)，反映後市趨跌，視為利淡訊號。及後，指數於6月初升破50天平均線(圖中箭咀Ⓑ所示)，作出反彈，結果後市趨升。

(iii) 當平均線由上升轉為下跌，視為利淡沽空訊號；相反，由跌轉升，視為利好買入訊號。

(iv) 當股價及平均線趨勢皆向上，股價突見下挫，可暫以平均線作支持位，若能守穩，即顯示長期升勢仍繼續，可繼續持有或順勢買入。假若跌破，則視為利淡後市走勢訊號。

圖6.3　美國納斯達克日線圖

(v) 相反，當股價及平均線皆下跌，股價突然回升，可暫以平均線作阻力位，考慮套利部分。若能上破，即表示弱勢即將扭轉，將轉升勢，可順勢買入。

圖6.4是日本日經平均指數日線圖，圖中顯示指數於1999年11月開始展開強勁升勢，穩守於100天平均線上，在2000年2月一度跌近100天平均線(圖中箭咀 ⓐ 所示)，但平均線起支持作用，令指數回升。隨後至4月時，指數見頂回落，跌破100天平均線(圖中箭咀 ⓑ 所示)；跌破此平均線後，指數一度掙扎反彈，但明顯受制於平均線，此時平均線實際起了阻力作用，指數最後再反覆回落。

2. 綜合兩線或以上的應用法

除利用一條移動平均線作判斷趨勢，綜合利用兩條或以上的平

圖6.4　日本日經平均指數日線圖

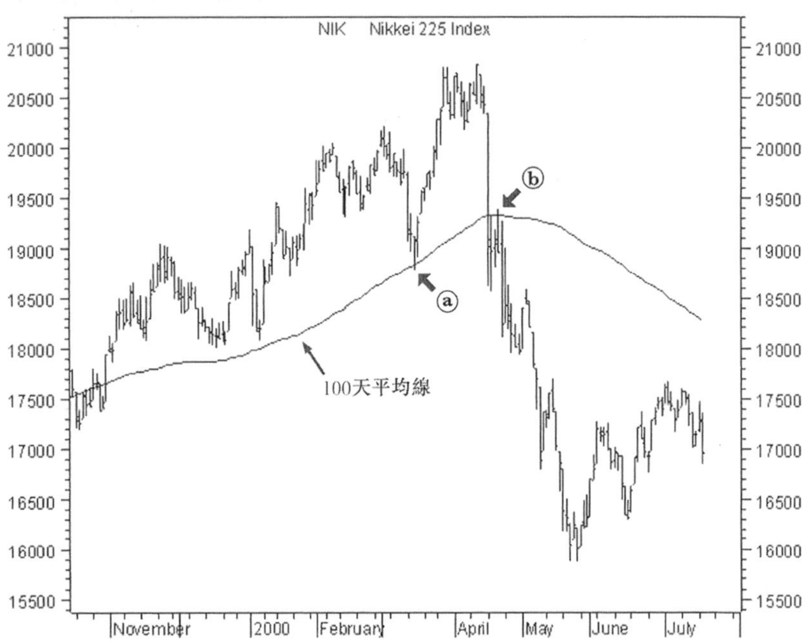

均線交叉(包括黃金交叉及死亡交叉)作買賣訊號效果更佳。

兩線的組合，市場一般應用在短線的預測，日數包括2/19天，另有5/20天、8/19天、10/50天等的組合。綜合三線的組合，亦是市場人士喜歡運用的，三線的選擇包括短線、中線及長線，10/20/50天的組合是不錯的選擇，另有4/9/18天組合。

至於綜合兩線或以上的運用，主要是利用平均線的交叉原則，主要有兩種交叉形式。

(i) **黃金交叉** (golden cross)

當較少天數平均線，從下而上升破較多天數的平均線，而兩條平均線都是向上的，稱為「黃金交叉」，表示可能會有一段漲勢即將開展，為利好買入訊號。特別值得一提的是，由於移動平均線屬落後指標(lagging indicator)，在出現黃金交叉雖主後市趨勢向好，但價格往往已累積一段升幅，可能短暫先作回吐，見交叉訊號即撲入買貨並不是適當時候，不妨等候隨後幾天回吐時才買入。

(ii) **死亡交叉** (death cross)

當較少天數的平均線，從上而下跌破較多天數的平均線，而兩線交叉且同時向下跌的，稱為「死亡交叉」，表示可能會有一段跌勢即將開展，為利淡沽空訊號。同樣，在出現死亡交叉時，價格往往已有一段累計跌幅，可能先作短暫小反彈，若見交叉訊號即撲入沽空，並不適當，投資者可以用兩、三日時間捕捉反彈高位趁機沽空。

圖6.5是中信泰富(0267)日線圖，圖中顯示，在1999年12初曾

圖6.5　中信泰富(0267)日線圖

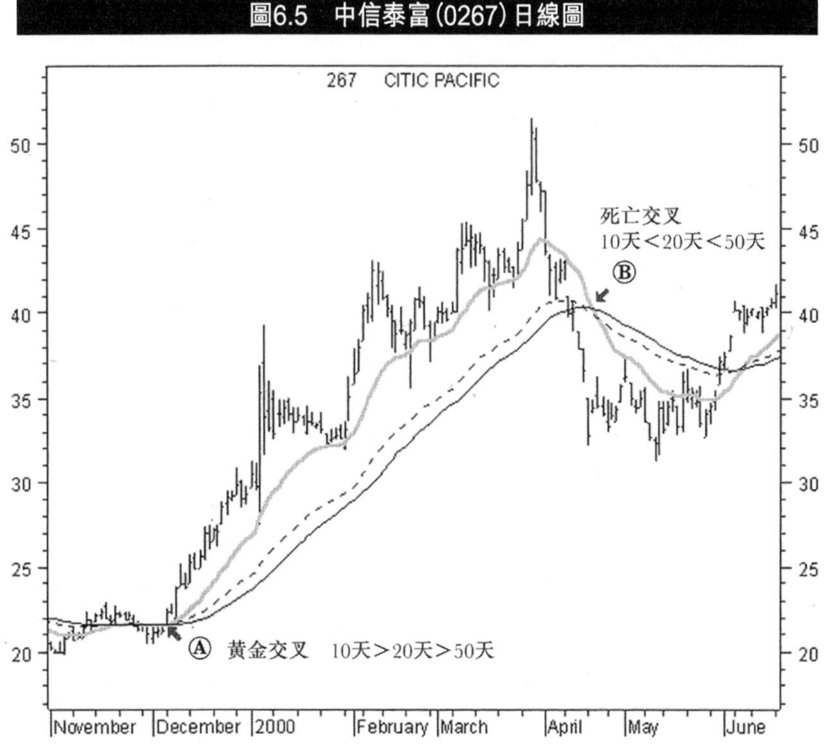

出現黃金交叉訊號，10天平均線分別升破20天及50天平均線，預示後市將展升勢，結果果然如是。但到翌年的4月中時，則出現死亡交叉訊號，10天平均線先後跌破20天及50天平均線，後市於4月至5月時作調整，並呈下跌之勢。

移動平均線的優點

1. 判斷中、長線趨勢較為準確，適用於趨勢市，分析簡單，使投資者能清楚了解當前價格趨勢。

2. 買賣訊號清楚：移動平均線的黃金交叉可視為買進訊號，而死亡交叉則可視為賣出訊號。

移動平均線的缺點

1. 短線的移動平均線起伏大，不能提供清楚的後市走向，亦不易把握股價趨勢的高點及低點。

2. 在牛皮窄幅波動市，平均線時常出現上下交錯的頻繁出入貨訊號，容易產生錯誤，故在牛皮市時不適宜利用平均線的交叉訊號作買賣。

如圖6.6的中國上海A股指數，於1999年5月中開始，9天平均線上破18天平均線，預示指數開展升浪，此升浪維持至7月初，指數高見1750左右開始回落；在7月至9月期間，指數作窄幅橫行，9天與18天平均線頻作交叉，若當時只是跟隨交叉訊號作買賣，則出錯機會會較大。如ⓒ點及ⓔ點所示，9天跌破18天平均線後不到三日時間，股價即作反彈，在ⓓ點及ⓕ點見9天升破18天平均線，但股價未見大幅上揚，反見掉頭回落，只有ⓐ點及ⓑ點所示的買賣訊號較有效，跟隨買賣有小量利潤。

3. 作為落後指標的移動平均線，往往在股價向上升了一大段後或跌了一大段後，才分別發出買入及沽出訊號，若只是盲目跟從移

圖6.6 中國上海A股指數日線圖

動平均線的突破或交叉作即時買賣，出錯率會很高。因此，宜以短線的技術指標，如相對強弱指數(RSI)、隨機指數(STC)來找出正確的買賣點；或者，等候多幾天才按訊號買賣。

4. 平均線的日數沒有一定的標準和規定，它是根據股市的特性及處不同的發展階段而有不同。因此，對初學者來說，宜先以市場慣用的標準作起步，隨後才自行一步一步地慢慢摸索，找出最具效用的平均線。

重點提示：綜合而言，移動平均線為判斷趨勢的最佳技術指標，應用於趨勢市效果最佳，不適合應用在牛皮市。此外，日數採用的選擇亦很靈活，宜多作測試，找出測市準確度較高的那一條移動平均線作應用。

牛市與熊市的界定

在報章或電視、電台報道中，常會聽到股市專家評論股市正處「牛市」，又或者「熊市」，究竟他們憑什麼判斷呢？其實，其中一個判斷原則是靠一條平均線作分界。市場一般界定當指數跌破250天平均線(即50周線)，視為進入熊市(大跌市)狀況，後市積弱持續下跌；相反，當指數升破250天平均線則視為進入牛市(大升市)狀況，後市將會持續向好，升勢凌厲。

圖6.7是恒生指數周線圖，圖中所見，恒生指數於1994年1月7日由高位12599點開始回落，因受美國開始進入加息周期影響，令恒生指數持續滑落，至3月時跌近50周平均線，並反覆上落波動，測試此平均線的支持力，最終於11月時正式跌破該線，進入熊市，恒生指數由當時的低位9770點再往下沉，跌至6850點低位才完成跌浪。

圖6.7　恒生指數周線圖

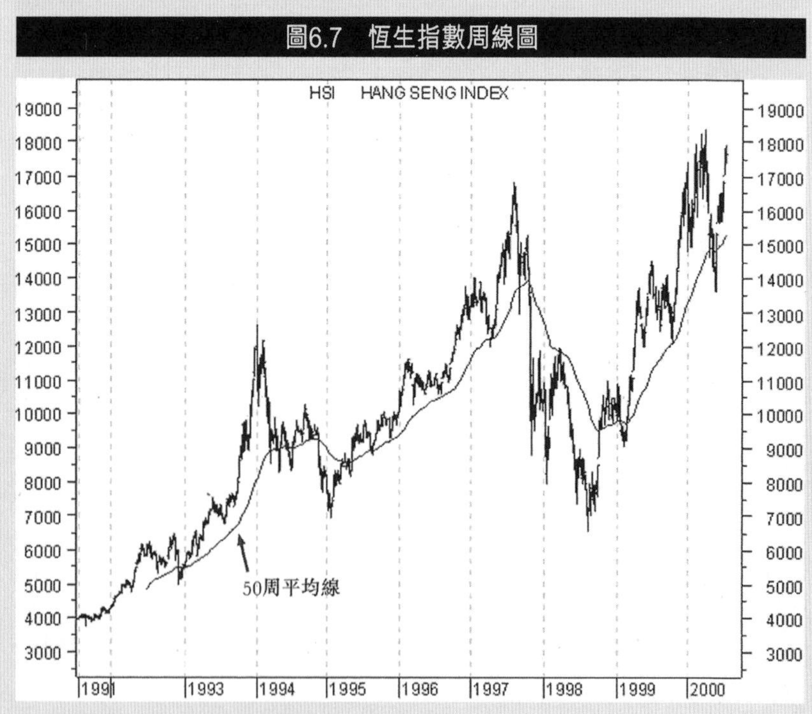

其後，恆生指數於1995年5月升回50周平均線上，進入牛市大升市，恆生指數每跌近此平均線均呈支持而反彈回升，無礙升勢。直至1997年出現的一場金融風暴，再度進入熊市階段，恆生指數於10月再度跌破50周平均線，由跌破50周平均線14000點左右計起，跌至1998年8月的低位6545點，跌勢維持近十個月，期間所見，恆生指數一度反彈，但受制50周平均線，可見其阻力作用。

技術而言，除以移動平均線作界定牛市及熊市外，其他牛市見頂及熊市見底現象亦有徵兆可見，詳見如下：

牛市見頂徵兆：	**熊市見底徵兆**：
* 大市平均市盈率升至歷史高位；	* 大市平均市盈率跌至歷史高位；
* 利率開始上升，進入加息周期；	* 利率上升至高位，有見頂回落現象；
* 貨幣供應量收縮；	* 貨幣供應量增加；
* 基金持現金量大減或已減至零；	* 基金持現金量升，達到40%或以上；
* 市場投資專家差不多一致看升，達牛市共識；	* 市場投資專家差不多一致看跌，達熊市共識；
* 新股上市數目大增；	* 新股上市數目大減；
* 大市走勢呈現頭肩頂、雙頂、上升楔形或擴散三角形等；	* 大市走勢呈現頭肩底、雙底、下跌楔形或三角形等；
* 公司大股東減持；	* 公司大股東持續增持；
* 大市對利好消息無太大反應，指數不升反跌；	* 大市對利淡消息無太大反應，指數不跌反升；
* 投資者或基金人士換馬，大手買入周期性上升股而捨盈利穩定性較強的公用股；	* 盈利高增長股份開始有投資者或基金人士大手買入；
* 全民皆在談論股市，傳媒大事報道。	* 全民不再大談股市。

6.2 移動平均線通道（moving average band envelops）及保歷加通道（Bollinger's bands）

以移動平均線為基礎計算價格的波動，可以衍生兩個相關的技術分析法，這就是移動平均線通道及保歷加通道。保歷加通道是由保歷加（John Bollinger）在移動平均線通道基礎上發展改良而成。

6.2.1 移動平均線通道

這理論是建基於認為市場價格不能無止境地大幅偏離移動平均線，因此假設市價的波幅價在移動平均線的某個百分比率內上落，故在一條移動平均線上下加減某一個固定百分比率，形成通道上下限，可以用來判斷行情將會朝某個方向過度延伸的走勢。

計算方法

移動平均線通道上限數值＝移動平均值＋（移動平均值×k%）

移動平均線通道下限數值＝移動平均值－（移動平均值×k%）

* k為所採取的固定百分比率數。

慣用計算的代數參考

短線投資者或可以採用20天移動平均線的＋3%及－3%的百分比率作通道；長線投資者而言，可以考慮採用10周移動平均線的＋5%及－5%，或者採用40周移動平均線的＋10%及－10%。

應用法則

1. 當大市處趨勢市中，股價移近上限時，可視為阻力位，若隨後衝破阻力位，而收市價又收於移動平均線及上限之上，顯示目前升勢強勁，仍可繼續持有或買入。

2. 當大市處趨勢市中，股價移近下限時，可視為支持位，若隨後向下跌破，收市價收低於移動平均線及下限之下，顯示目前跌勢強勁，利淡沽空訊號強。

圖6.8　美國道瓊斯工業指數日線圖

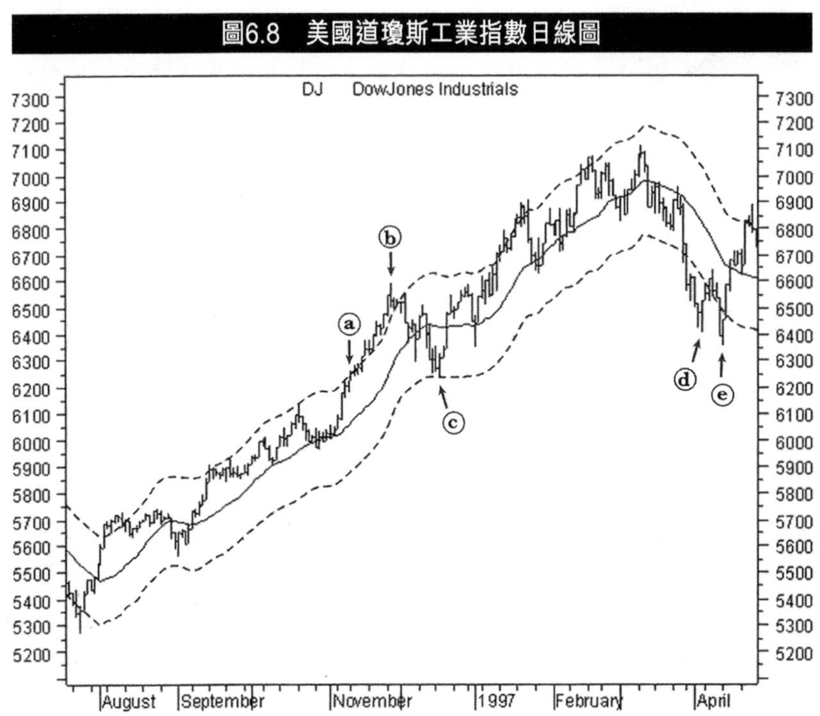

3. 大市進入橫行區，通常在上下限內波動，以上限為阻力及下限為支持，適宜進行低買高沽策略。

圖6.8是美國道瓊斯工業指數日線圖，圖中採取的是20天移動平均線＋3％及－3％的通道。所見ⓐ點，道指升破通道上限阻力位，顯示升勢強勁，結果道指順勢而上。然而，過分偏離通道上限，亦暗藏危機，如圖中的ⓑ點，道指在上試高位6600後回落至通道內作調整。道指下試近通道下限時(圖中的ⓒ點)，下限呈現支持位而刺激道指反彈。

接着，道指於1997年4月時跌破通道下限，過分偏離通道(圖中的ⓓ及ⓔ點)，令道指隨時有機會作反彈，升回通道內。

移動平均線通道的優點

1. 計算簡單，訊號清晰。

2. 前一節已講過移動平均線只適宜用於趨勢市，當遇上牛皮窄幅上落市，便失去效用。移動平均線通道可補其不足，在牛皮市中具一定測市功效。當價格進入橫向調整時，一般波幅收窄，通常價格會在內通道上下波動，投資者只要根據通道的支持及阻力定下低買高沽策略，便有機會賺取利潤。

移動平均線通道的缺點

通道上下限是以固定的百分比率計算而成，遇到市況出現不正常的波幅，如突如其來的大升市或大跌市，移動平均線通道便無法反映市場情況。

6.2.2 保歷加通道

保歷加通道的出現正好解決以上移動平均線通道的缺點，不是用固定百分比率來設定通道上下限，而是計算最近某特定期間（通常為20天）價格分配的標準差（standard deviation），從而令通道上下限的波幅隨市況波動程度而改變。

所謂「標準差」是一種統計參數，衡量價格偏離價格平均數的離散程度，根據統計理論，大約有95%的價格會在「移動平均值的+2個標準差及−2個標準差」的界定範圍內。因此，這成為保歷加通道上下限設定的基礎。

計算方法

保歷加通道上限數值（upper band）＝移動平均值＋（2×SD）

保歷加通道下限數值（lower band）＝移動平均值－（2×SD）

* SD為標準差

慣用計算的日數參考

20天為日線圖製作所慣用的參數（以下實例多以20天為主）；若是於周線圖，則為20周。

應用法則

1. 上限為阻力，下限為支持

在窄幅上落市中，可以將保歷加通道上限視為阻力位，而下限視為支持位，如果價格由通道下限反彈上升，一旦穿越中軸移動平均線，就把通道上限視為上升阻力區。相反，每當價格由通道上限折返，一旦跌穿中軸移動平均線，就把通道下限視為下跌支持區。

圖6.9是希慎興業（0014）股價走勢圖，圖中顯示，股價於1999

圖6.9　希慎興業(0014)股價走勢圖

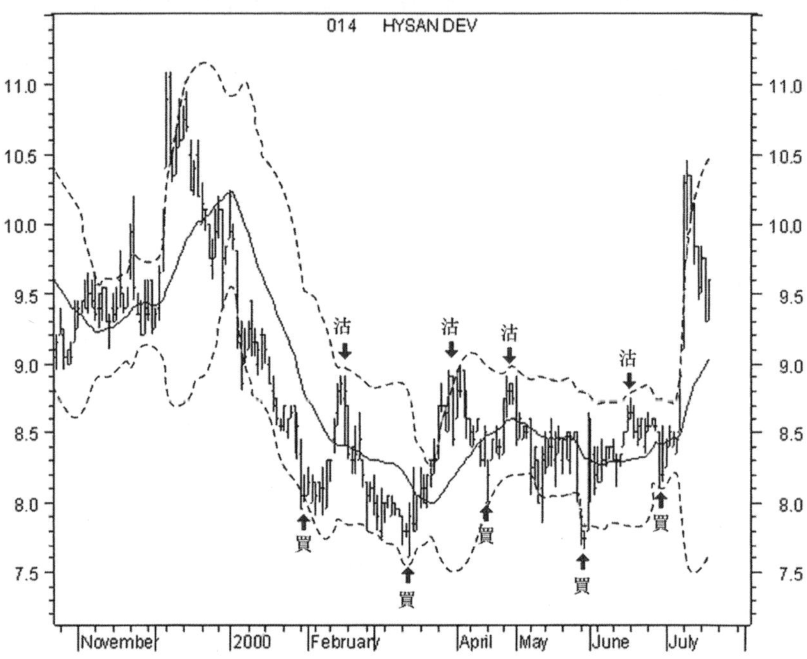

年見頂回落後，翌年7月前股價波動以橫行為主，此時，以保歷加通道的上下限作阻力及支持，實行低買高沽的策略，效果理想。

2. 超買(overbought)及超賣(oversold)

若價格升破通道的上限，代表目前升勢強勁，可判斷行情處於超買狀態，若價格過分偏離通道一段時間，則要小心隨時回落，但記着不是一定即時回落，故出現以上情況，宜以調整的警號看待。相反，價格跌破通道的上限，代表目前跌勢凌厲，可判斷行情處於超賣狀態，應視為反彈的警號看待。

圖6.10是和記黃埔(0013)股價走勢圖，圖中所見，四方形內的股價顯示，在上破保歷加通道上限後，能在上限外沿行一段時間才作調整。

圖6.10　和記黃埔(0013)股價走勢圖

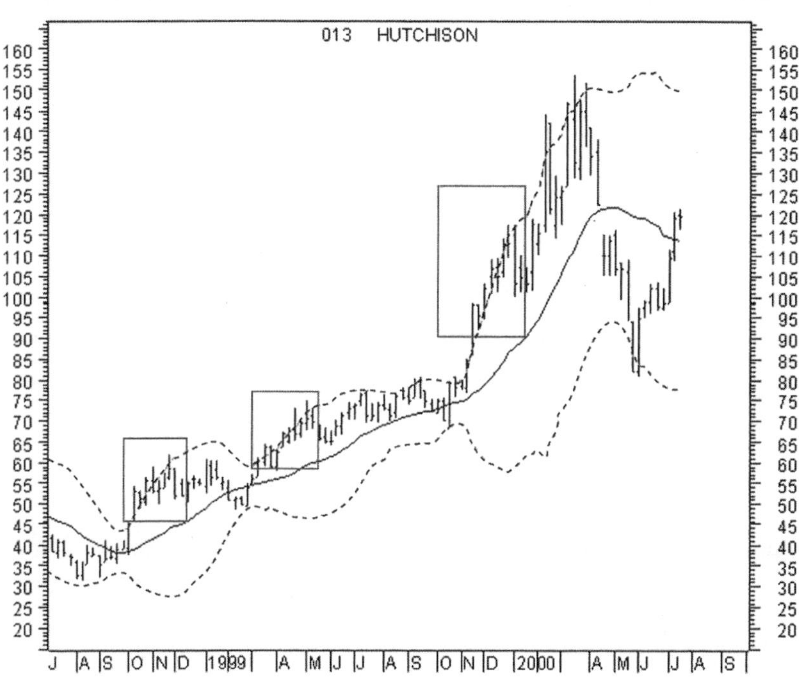

為客觀地判斷市況超買及超賣的情況，保歷加亦設計了一個指標，名為%BB，以判斷出市況與通道波幅的關係。

$$\%\mathbf{BB} = \frac{(\text{收市價} - \text{通道上限值})}{(\text{通道上限值} - \text{通道下限值})} \times \mathbf{100\%}$$

其運作很簡單，當股價上升創高位，%BB亦同步創高位，升勢可算配合；相反，若%BB未跟隨創高位，反而掉頭回落，呈背馳，反映升勢放緩且快將出現逆轉的危機。

當股價下跌創低位，%BB亦同步創低位，跌勢可算配合；相反，若%BB未跟隨創低位，反而掉頭上升，呈背馳，反映跌勢放緩且快將逆轉，反彈回升機會增加。

3. 轉勢市的啟示

保歷加通道上下限的寬度具自動調節的功能，可擴大或收縮，取決於最近20天的價格波動程度。如果最近20天的價格波動加劇，價格分配的標準差數值會變大，通道的寬度便會隨之擴大。相反，如果價格波動屬穩定，價格分配的標準差數值會變小，通道的寬度則會收縮。

透過觀察通道寬度的變化，可以捕捉到轉勢市。當通道寬度不正常的擴大，一般代表趨勢即將結束。當通道寬度過度收縮，通常代表新趨勢即將開展。

圖6.11是中信泰富(0267)日線圖，圖中顯示，在1999年9月至

圖6.11　中信泰富(0267)日線圖

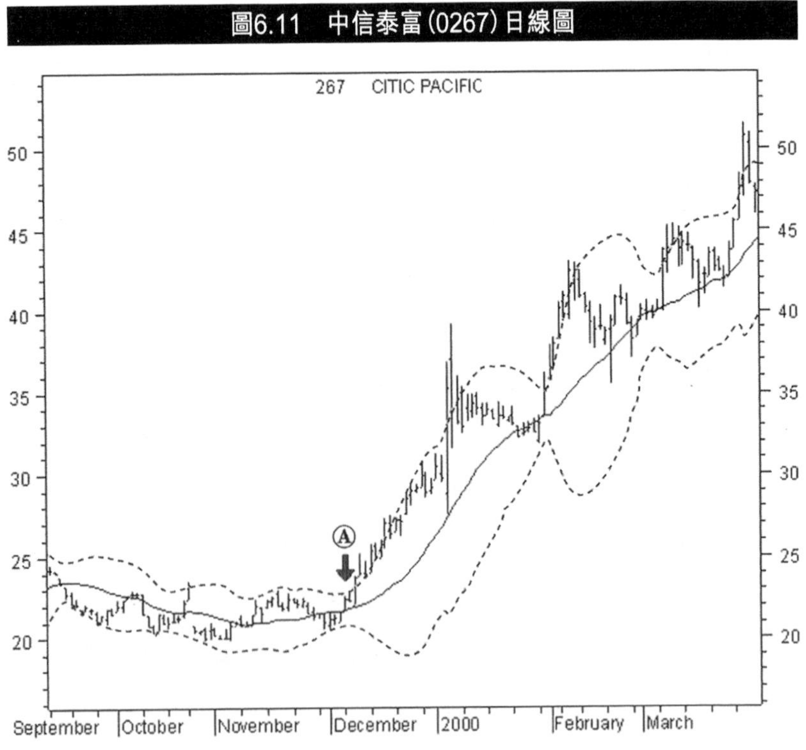

12月期間，股價橫行，20天保歷加通道寬度無太大變動，直到12月初，通道急促收窄(圖中的Ⓐ點)，預示新趨勢將出現，結果，股價以向上突破擺脫牛皮市，開展升浪。

圖6.12　希慎興業(0014)日線圖

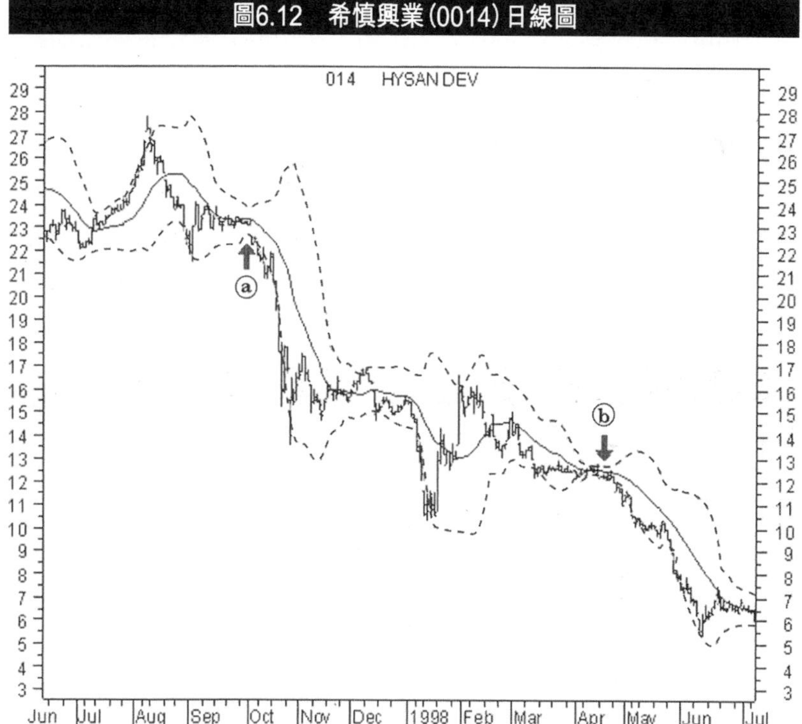

圖6.12是希慎興業(0014)日線圖，圖中顯示，在1997年9月尾至10月初期間，保歷加通道寬度突然擴闊(圖中ⓐ點)，預示當時的牛皮市已呈轉變，股價展開跌勢。另一次出現以上情況是在圖中ⓑ點，是次通道寬度收窄得更過度，預示當時股價窄幅橫行的走勢將呈突破。隨後，股價果向下突破。

4. 判斷市勢的強弱

若價格大部分時間在通道上限及中軸移動平均線區內運行，反映當時市勢較強；相反，若價格大部分時間在通道下限及中軸移動平均線區內運行，反映當時市勢較弱。

圖6.13是和記黃埔(0013)周線圖，圖中所見，在1996年8月至1997年8月曾有一段升勢，股價基本上在保歷加通道上限與中軸移動平均線區內徘徊的時間較多，反映該段時間升勢強烈。反之，在1997年8月見高位回落至1998年9月見跌勢喘定，該段時間的股價呈跌勢，股價相對在保歷加通道下限與中軸移動平均線區內徘徊的時間較多，而且股價於1998年3月一度反彈近保歷加通道上限(圖中Ⓐ

圖6.13 和記黃埔(0013)周線圖

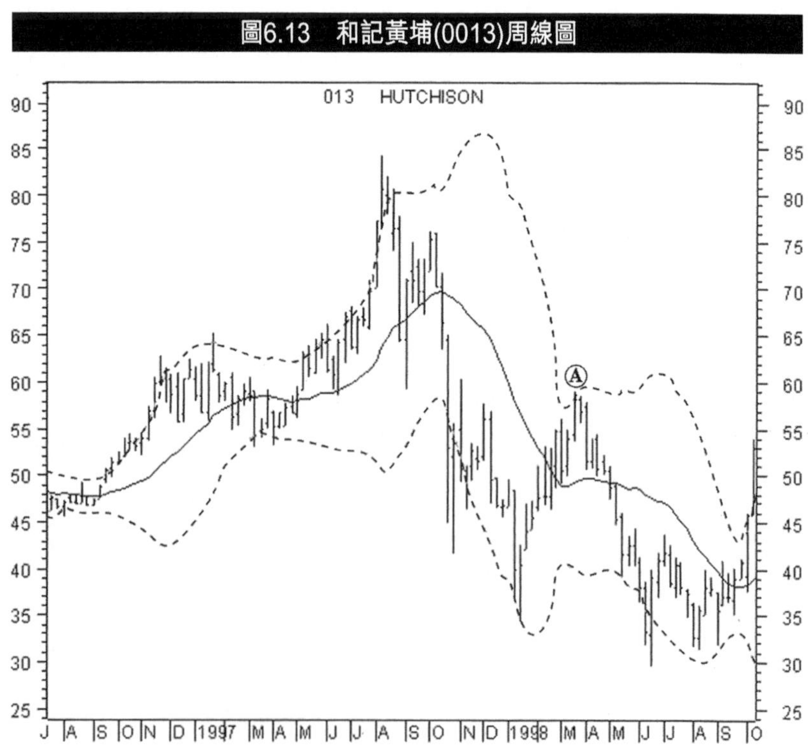

點），但上限發揮阻力功效，令股價回落。

保歷加通道的優點

1. 清楚反映市況的波動性，參考價值較移動平均線通道為高。

2. 捕捉轉角市尤其準確，而且，在上落牛皮市中功效發揮大。

保歷加通道的缺點

只能反映出趨勢的強弱，但目前升勢或跌勢幾時完結則不能提供答案。

重點提示：用以捕捉轉勢市，效果發揮理想。

6.3 隨機指數（STC）

隨機指數，又稱KD線（英文全名為stochastics，簡稱STC）是由George Lane所提出的，至今已流行四、五十年。流行原因主要是指標能綜合動量觀念、強弱指數及移動平均線的一些優點，計算過程中充分利用股價每日的變化價格，研究每日高低位與收市價的關係，以反映價格走勢的強弱勢及超買超賣情況。

計算方法

假設為9/3天的%KD線，計法如下：

$$\%K值 = \frac{(C-L9)}{(H9-L9)} \times 100$$

%D值＝%K值的三日平均值

* C為當日收市價；L9為9天內最低價；H9為9天內最高價

以上計算的隨機指數為最原始計算方法，稱為「快隨機指數」（fast-stochastics），後來作了改良，並在目前投資界流行。此改良版稱為「慢隨機指數」（slow-stochastics），K值取原先快隨機指數中的D值，而慢隨機指數的D值取新的K值三日平均價，這樣的改良令指數更為平滑，減少頻繁的買賣訊號，加強準確度。

透過以上公式，計算將每日的K值連線即為%K線（在圖表中以實線表示），而由D值所相連的則成為%D線（在圖表中以虛線表示），而%K及D線亦控制在0至100的區域內，方便統一比較觀察。

圖6.14是中國移動（0941）日線圖，圖的下側為慢STC及快STC，所見慢STC較為平滑，敏感度雖然較低，但不會頻繁發出出入市訊號，減少出錯機會。2000年5月下旬（箭咀所示a），快STC中的%K上破%D，但迅即回落，當時跟入者需倉皇逃走，但幾日後%K又上破%D（箭咀b），此時才是真的利好買入訊號。反觀慢STC，5月下旬才發出一次買入訊號，%K上破%D（箭咀b所示），減少了出錯的損失。

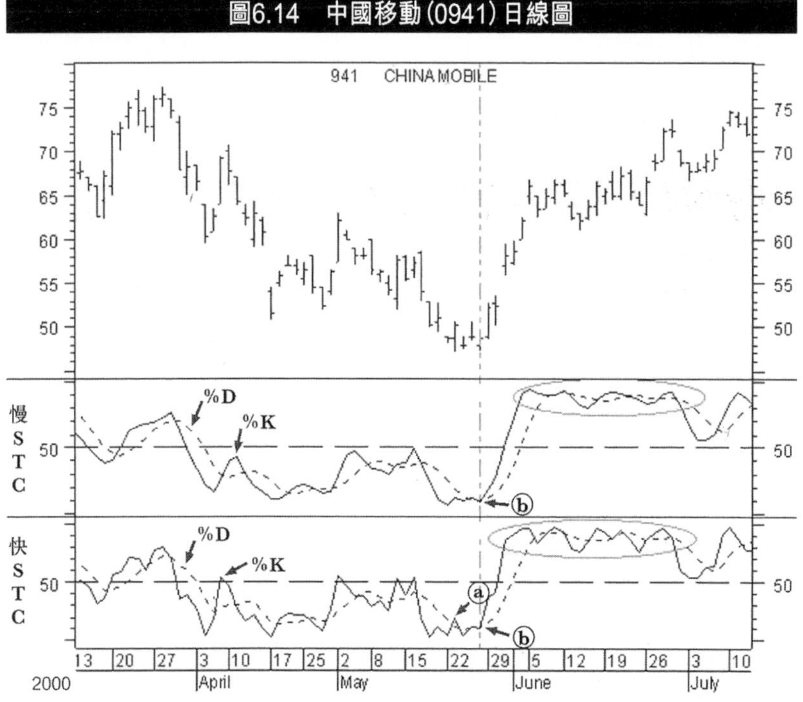

圖6.14 中國移動（0941）日線圖

慣用計算日數參考

STC需要計算兩條線（分別為%K線及%D），在計算之前，需要決定所用日數，%K/%D線的組合通常為14天/3天、18天/5

天，或者9天/3天。以下大部分例子，將以18天/5天的組合作日數參數，因為效果較佳。

應用法則

1. 超買(overbought)區／超賣(oversold)區的啟示

當%K值在80以上，以及%D值在70以上視為「超買」，反映其時市勢非常強勁，當然升勢雖強但慎防股價隨時回吐。相反，當%K值在20以下，以及%D值在30以下屬「超賣」，反映市勢非常弱，雖然如此，由於股價過殘，很多時在物極必反下，股價會作技術性的反彈。

特別一提，不要將%K及%D線升至超買區視為即時沽空訊號，或將%K及%D線跌至超賣區視為即時買入訊號，正確態度宜

圖6.15　中建電訊(0138)日線圖

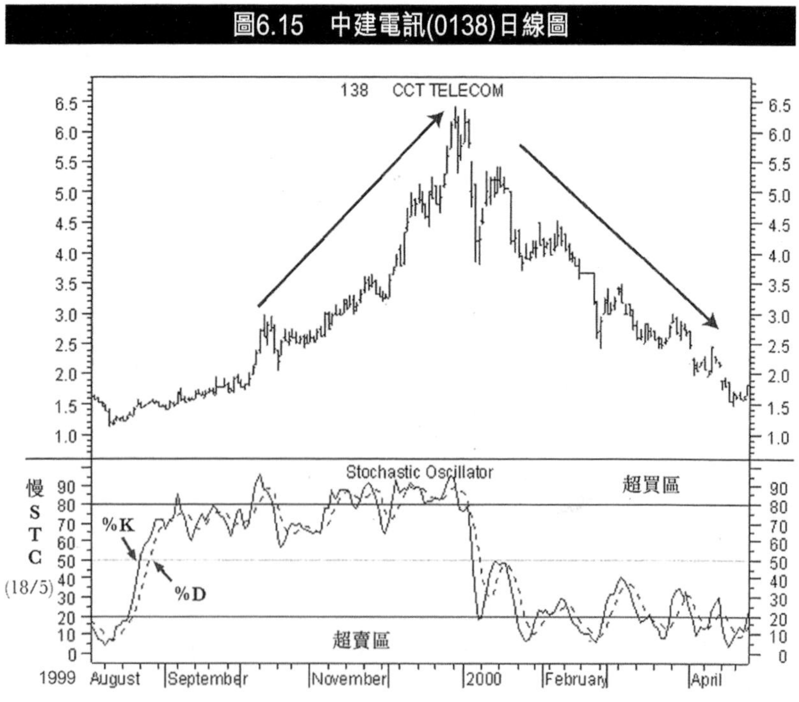

視為警號，出現以上現象，先作心理準備，觀望多一回才買賣。

圖6.15的中建電訊(0138)於1999年8月初受惠全球炒賣科技股而拾級而升，在同年9月初至年底所見，慢STC大部分時間在超買區附近徘徊，反映升勢強勁。相反，隨着美國科技股大跌，該股於年尾見頂回落，進入下跌弱勢，明顯地STC亦在超賣區作橫行。

2. 背馳(divergence)效應

事實上，在一段上升趨勢中，STC可以超買又超買；下跌趨勢時，超賣又超賣。然而，在經過一段在超買區／超賣區徘徊的時間，股價走勢與%K和%D線走勢剛好相反。

當股價持續創新高，走勢呈一浪高於一浪的形態，相反，%K和%D線未能跟隨上升，反而呈一浪低於一浪的走勢，市場術語稱

圖6.16　南京熊貓電子(0553)日線圖

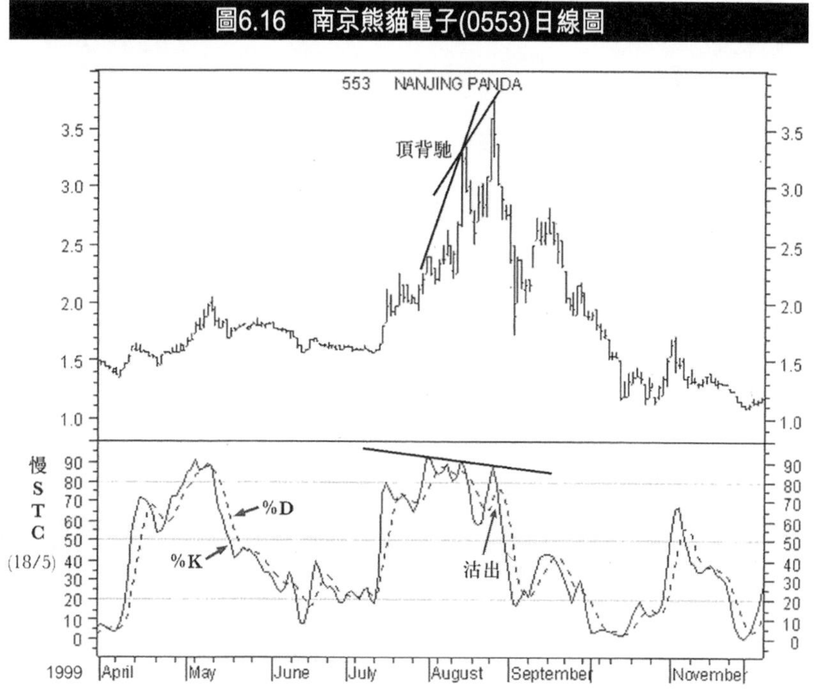

之為「頂背馳」，這可以加強大市將可能見頂的利淡訊號。

圖6.16的南京熊貓電子(0553)在1999年7月至8月期間，股價持續上升出現一浪高於一浪形態，但慢STC卻出現一浪低於一浪形態，呈「頂背馳」，反映當時的升勢在高位逐漸承接乏力，股價隨時會回吐。隨後，在超買區附近，%K線跌破%D線，發出利淡訊號，而該股股價真的呈現一浪低於一浪的跌勢。

相對於頂背馳，有「底背馳」的形成，是指當股價呈一浪低於一浪的走勢，%K和%D線未有跟隨配合下跌，反而呈一浪高於一浪形態，反映當時沽壓已放緩不少，隨時反彈上升，屬利好買入的訊號。

圖6.17是宏昌科技(0061)的日線圖，圖中顯示，該股於2000年

圖6.17　宏昌科技(0061)日線圖

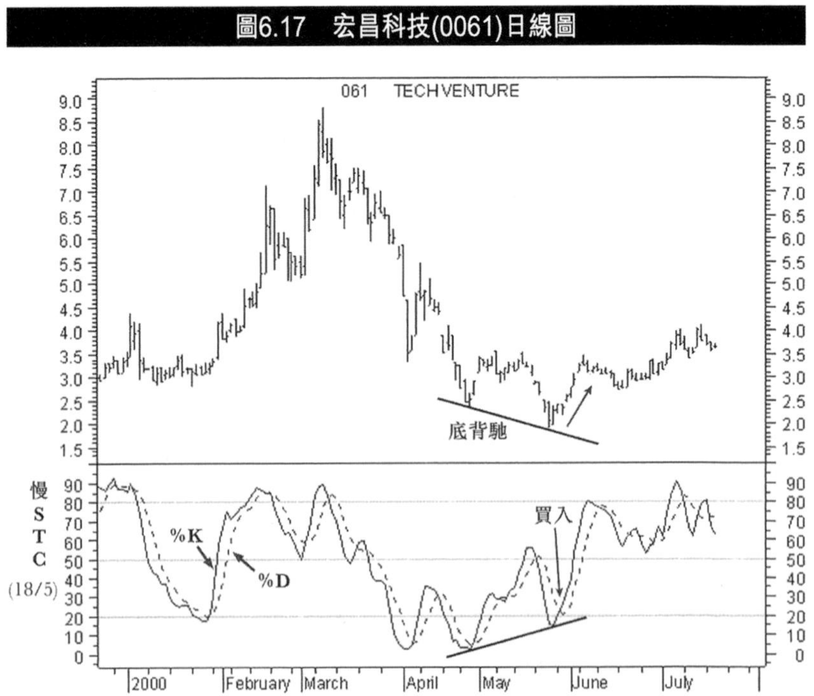

3月見頂下跌，股價呈一浪低於一浪走勢，慢STC在初段亦有跟隨回落。到了4月至5月間，驟見股價繼續創新低，但%K及%D線卻呈一浪高於一浪形態，反映沽售壓力減弱，接着於5月尾時，%K線在20超賣區附近向上升破%D線，確認買入訊號，當時若跟隨訊號買入，股價由近2元迅即反彈升至3.5元左右，利潤可不俗。

3. %K與%D的交叉啟示

當%K和%D線在20附近的超賣區徘徊一段時間，一旦%K線從下而上升破%D線，視為利好買入訊號。如果%K線在50附近(約40至60之間)窄幅上落，顯示趨勢仍見反覆牛皮，縱然見%K升破%D線，不算是強烈利好訊號，不宜積極吸納。

相反，當%K和%D線在80附近的超買區，一旦%K線從下而

圖6.18 廣東科龍(0921)日線圖

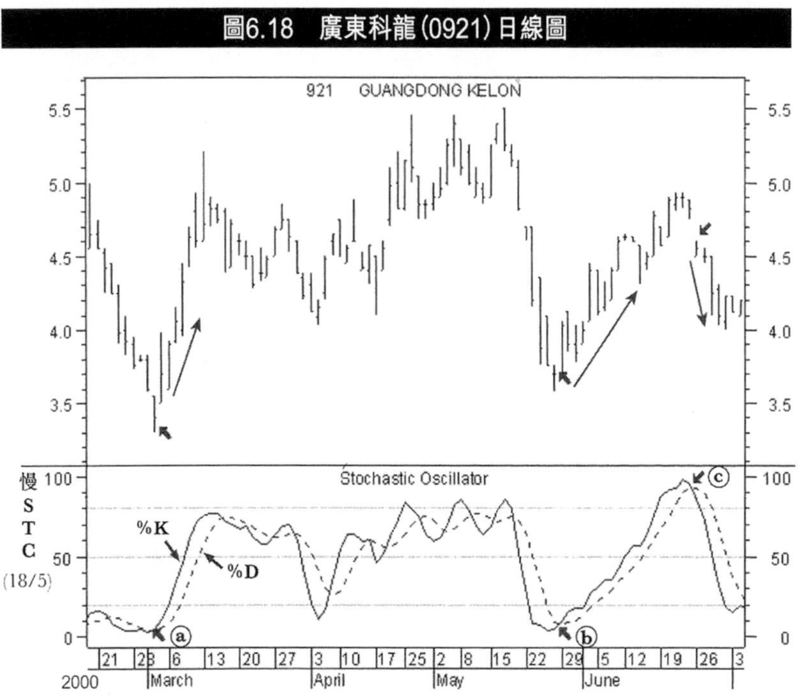

落跌破%D線，視為利淡的沽貨訊號。如果%K線在50附近(約40至60之間)盤旋，反映市況牛皮爭持，縱然見%K跌破%D線，不算強烈利淡訊號，不宜沽空。

圖6.18是廣東科龍(0921)日線圖，圖中顯示，在2000年3月初時，%K線在超賣區中從下而上升破%D線(圖示ⓐ)，為利好訊號，若隨訊號買入，其後後市股價攀升，便可賺錢。及後到5月時，股價由高位5.5元左右回落，%K及%D線跌至超賣區中，%K線又一次從下而上升破%D線(圖示ⓑ)，發出買入訊號，若跟隨訊號入市，又一次賺錢。最後，近6月中旬時，%K在超買區中從上而下跌破%D線(圖示ⓒ點)，今次明確發出利淡的沽貨訊號，後市即見偏軟。

4. %K線形狀的判斷

%K線的傾斜角度亦有一定啟示，當%K線傾斜度趨於平緩，甚至屈曲時，顯示上升或下跌的速度減弱，預示短期轉勢的警告訊號增強。

圖6.19是英國金融時報指數日線圖，圖中顯示，自2000年初開始，%K線急促下跌，跌破%D線，所見%K線傾斜度相當斜，及後%K線趨於平緩並見屈曲，反映指數跌勢速度減慢，結果，隨後指數迅速回升。

%K線跌至下極端位0時，在「物極必反」的原理下，通常會出現反彈至20至30之間的走勢，然後，短時間內再度回落至0，這時股價走勢才真正作反彈。相反，%K線升至上極端位100時，通常再稍微回落，然後，短期內再度升抵100，消耗市場購買力，這時股價走勢才真的見頂回落。

圖6.20是IBM集團日線圖，該股股價於1996年1月中旬開始急

圖6.19 英國金融時報指數日線圖

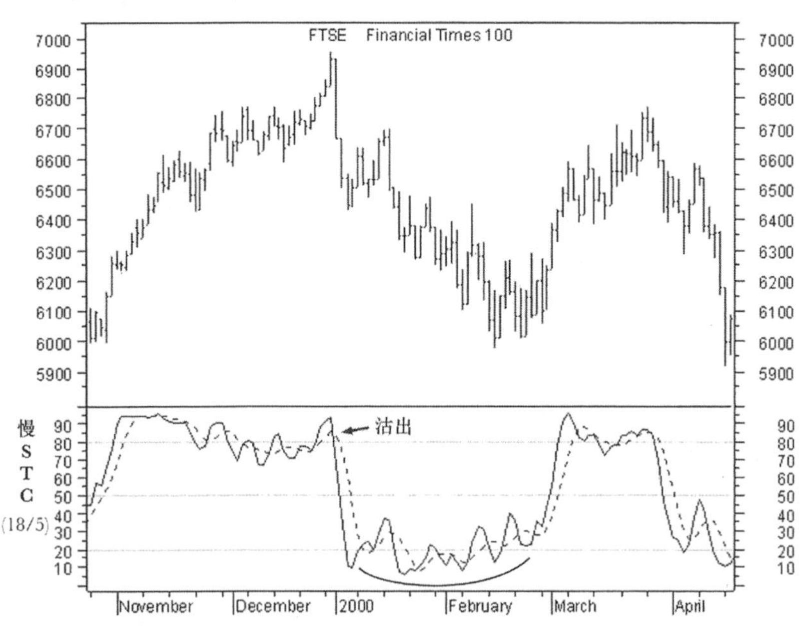

圖6.20 IBM集團日線圖

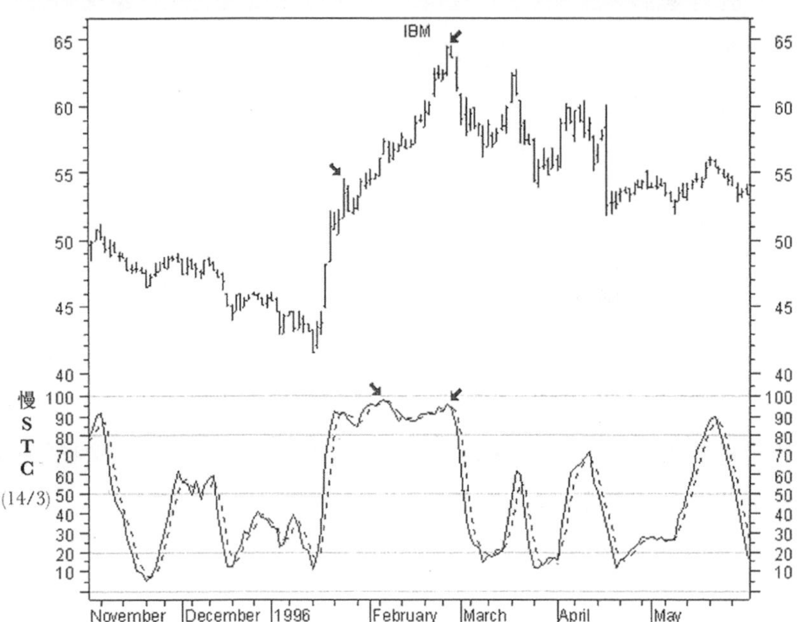

升，%K線於2月急促升近100極端超買區，然後稍微回落，至2月尾時，再一次升近95，股價再向上升至高位，此時反映市場大戶正推高股價，以消耗市場購買力，在大戶派完貨後，股價真的見頂回落。

隨機指數的優點

1. 集合動量觀念、強弱指標與移動平均線的優點，分析較全面，不但適合應用在股價強弱勢的判斷，在期貨市場亦適用。

2. %K及%D的日子參數，可按個別股價及股市自行調整，具靈活性。

隨機指數的缺點

1. 冷門股，平時成交不活躍的細價股，不適合以隨機指數來作股價趨勢的預測。

2. 作為擺動指標的隨機指數，在判斷市況處於超買還是超賣相當有效，在預測短線價格走勢準確性高，但在捕捉中、長線的大趨勢的走向功效稍減，雖然如此，但有補救方法。這就要利用周線圖加以確認，增強短線買賣訊號，若在周線圖中，%K在%D線以上，即表示中期升勢強，未來制定的買賣策略應以買入為主，而不要理會在日線圖中出現的利淡沽空訊號，在日線圖中，當%K及%D線進入超賣區，而且%K線上破%D線，可視為候低吸納的機會。相反，若在周線圖中，%K在%D線之下，即表示中期跌勢強，未來制定的買賣策略應以沽空為主，而不要理會在日線圖出現的利好買入訊號，在日線圖中，當%K及%D%線進入超買區，而且%K線下破%D線，可視為趁高沽空的機會。

重點提示：隨機指數較為敏感，在預測短線價格波動的趨向具效用，但K及%D%在超買區及超賣區上下波動頻繁，而交叉機會又多，短線買賣訊號過頻，很多時形成出錯機會。因此，除應用周線圖外，亦應利用移動平均線作配合，以減少過頻的買賣訊號，增加準確度。

6.4 相對強弱指數（RSI）

相對強弱指數（relative strength index，RSI）是技術分析大師J. Welles Wilder, Jr. 於1978年在其著作《New Concepts in Technical Trading System》中提出的，至今在投資市場中仍相當流行。RSI的理論基礎主要是通過比較一段時間內的平均收盤漲數與平均收盤跌數來分析市場好淡雙方的實力，從而作預測後市趨勢，故RSI可視為領先指標（leading indicator）。

計算方法

$$\mathbf{RS} = \frac{\text{(所採用時段內股價上升的淨值平均數)}}{\text{(所採用時段內股價下跌的淨值平均數)}}$$

$$\mathbf{RSI} = \mathbf{100} - \frac{\mathbf{100}}{\mathbf{(1+RS)}}$$

經以上計算公式計算後的數據，可以成功將RSI值控制在0至100之間，透過RSI在0至100之間的波動微妙變化，有以下幾項應用法則可用來預測後市趨勢。

慣用計算日數參考

最初由Welles Wilder提出的RSI所採用日數是14天，至今在市場仍為大多數人士所採用，但這不一定是最好的，故在實際操作時，分析者會因應自己需要作調校，尤其對短期趨勢的預測，5、

9及12天的日數較敏感，所發出的訊號亦較快，故效果較佳。若在周線圖上，9周與14周RSI亦慣為市場應用。

應用法則

1. 超買區╱超賣區的啟示

當初Welles Wilder提出，RSI值錄得70以上視為進入超買區域，反映買賣氣氛旺盛，後市隨時會出現見頂回吐的下跌走勢。相反，當RSI值錄得30以下則視為進入超賣區域，反映市況積弱，但物極必反，股價過殘反惹來買盤乘機低吸，後市隨時會見底回升，因此將70界定為超買及30界定為超賣，為市場所慣用的標準。

然而，實際操作中，有經驗的技術分析者會小心衡量一隻股票的超買及超賣水平，一般做法是參考過去一年的強弱指數記錄。此外，以市場特性作決定，在起伏不大的穩定股價或指數走勢中，一般界定70以上為超買，而30以下為超賣。若在波動較大的股價或指數走勢中，則可以80以上為超買，20以下為超賣。

值得一提，當RSI進入超買區只能代表當時市況處強勢，股價被炒高，有回吐機會，但不代表即時就要作回吐，故只盲目見RSI升破超買區便沽空，實屬不智，正確態度是以警戒訊號看待。若於超賣區，處理態度亦應如上。

圖6.21顯示北京大唐電力（0991）在1998年8月至1999年6月期間的股價及9天RSI的表現。在此例中可發現，RSI升近70或以上的超買區時（圖中的ⓐ、ⓑ及 ⓒ 點），都能預示股價短期將會見頂回落；同樣，當RSI跌至30或以下（圖中的ⓓ、ⓔ及 ⓕ 點）的超賣區時，均能預示股價將會見底反彈。

圖6.21　北京大唐電力(0991)日線圖

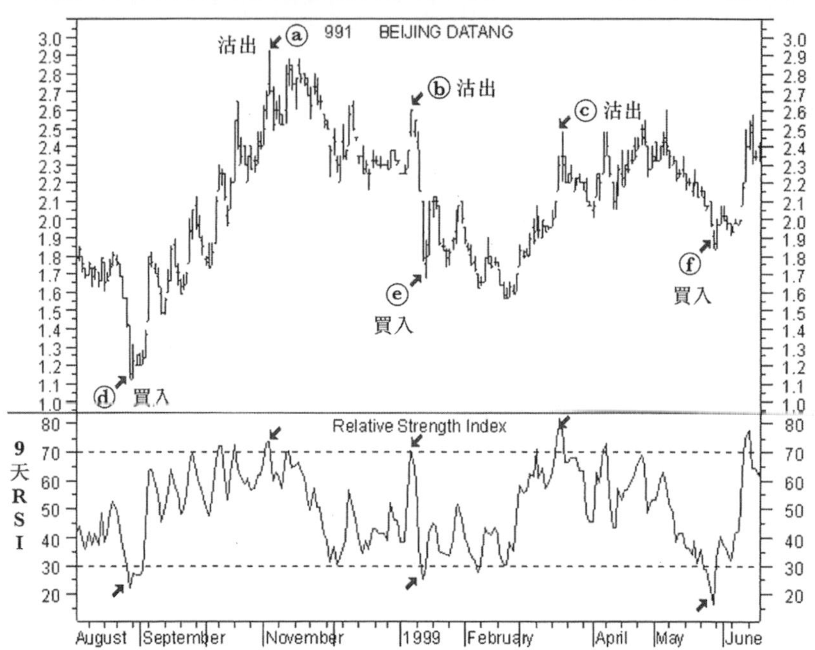

2. 50中軸線具分水嶺功能

一般而言，股價在下跌中，RSI又多於50以下徘徊，顯示市況積弱；相反，股價在上升中，RSI多於50以上徘徊，顯示市況處於強勢。

當RSI在超賣區徘徊一段時間後回升，一般可以50中軸線作阻力位，預計RSI升抵50中軸時會遇阻力而回，股價料同時完成反彈而回，視為短線沽貨訊號。倘若RSI升破50中軸並企穩二至三日以上，可以確認之前弱勢已被扭轉，重拾升勢，視為利好買入訊號。

相反，當RSI在超買區徘徊一段時間後回落，一般可以50中軸線作支持位，預計RSI跌近50中軸時會有支持而作反彈回升，股價料同時反彈，視為短線利好買入訊號。倘若RSI跌破50中軸並達二至三日以上，可以確認之前強勢已被扭轉，短期跌勢將展開，視為利淡沽出訊號。

圖6.22是匯豐控股(0005)日線圖，圖中所見，該股在1999年2月中旬展開升勢，9天RSI在70以上的超買區徘徊，顯示市況處強勢，接近3月時RSI跌近50中軸線(圖中ⓐ點)，預期有支持及反彈，若此時買入且看股價回升，將成功捕捉買貨機會。5月時，RSI跌破50中軸(圖中ⓑ點)，被視為利淡訊號。接近5月尾時，RSI在低位回升，升破50中軸(圖中ⓒ點)，又再出現買入訊號。隨後RSI跌近50中軸(圖中ⓓ點)及跌破50中軸(圖中ⓔ點)，均是可靠有效的買賣訊號。

圖6.22 匯豐控股(0005)日線圖

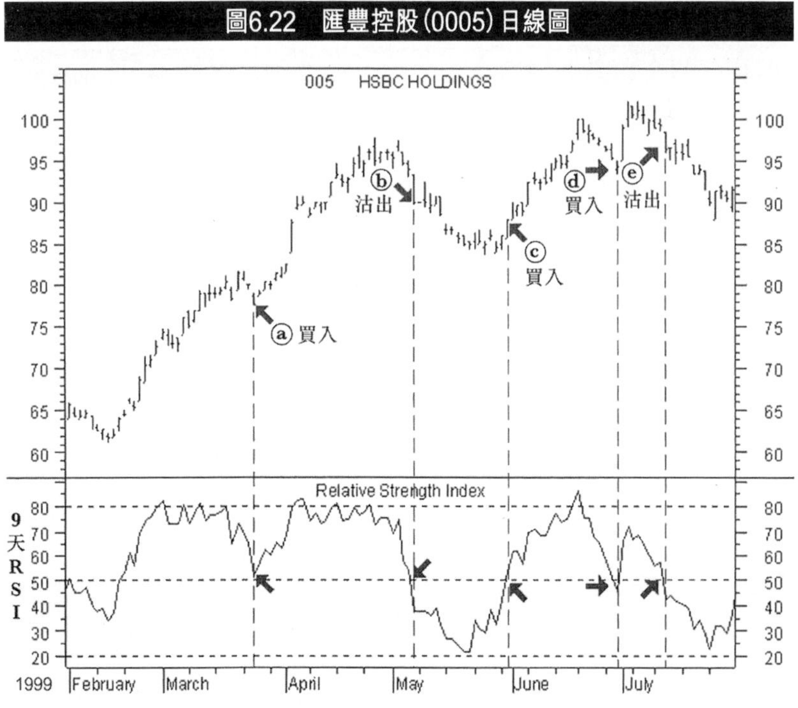

3. 具趨勢線及突破功能

由於RSI是領先指標，往往能領先於股價並預示後市去向，故觀察RSI線趨向具實際作用。事實上，RSI線具趨勢特質，RSI走勢更較股價走勢容易畫出上升支持軌及下降阻力軌。因此我們可以將各明顯低點連接成上升支持軌，它具支持作用；同時，亦可將各明顯高點連成下降阻力軌，它具阻力作用。

當股價仍向下覓低位，若RSI早一步觸及上升支持軌而反彈，預期未來一、兩日時間股價會覓得支持而反彈。相反，當股價向上反彈，若RSI早一步升抵下降阻力軌而回，可以預期隨後股價即將回落。很多時，RSI會早股價一步突破下降軌或支持軌，提早發出利淡或利好訊號。

圖6.23　華潤創業(0291)日線圖

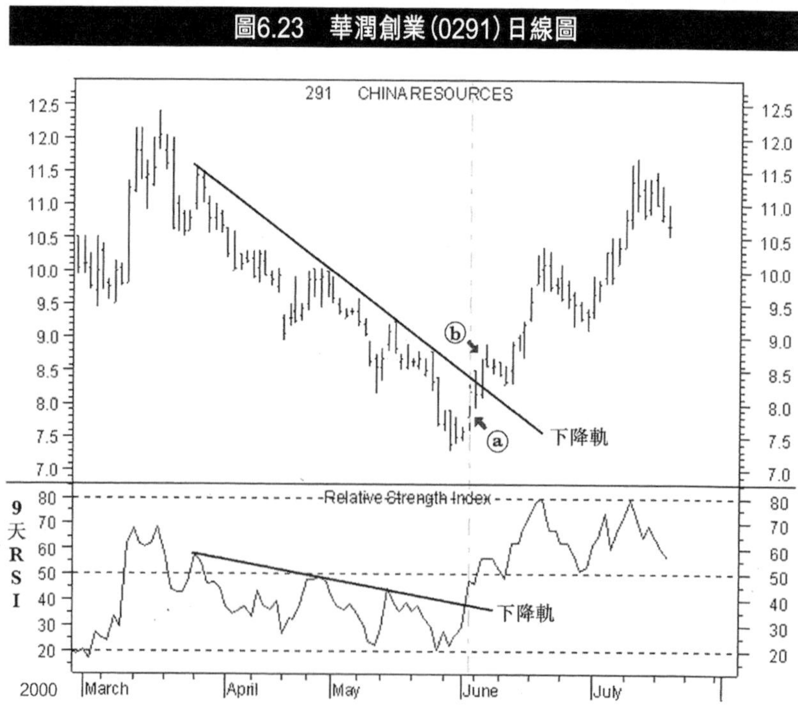

圖6.23是華潤創業(0291)日線圖，於2000年3月中由12.4元左右的高位展開跌勢，反覆而下，若將反彈高點連線，便可見下降軌，而RSI同樣亦出現反彈高位一個低於一個的走向，也可成功連線成下降軌。及至6月初時，RSI成功上破下降軌(圖中ⓐ點)，首先發出利好買入訊號。反觀以股價突破下降軌(圖中ⓑ點)發出的利好訊號，卻較RSI來得遲，可見RSI具領先指標的特質，領先於股價作突破。

圖6.24是恆生指數日線圖，圖中顯示，於1997年8月股災前，9天RSI確實提早幾天跌破上升楔形的支持線(圖示Ⓐ)，發出利淡訊號，而股價明顯在後幾天才跌破支持線(圖示Ⓑ)。

圖6.24　恆生指數日線圖

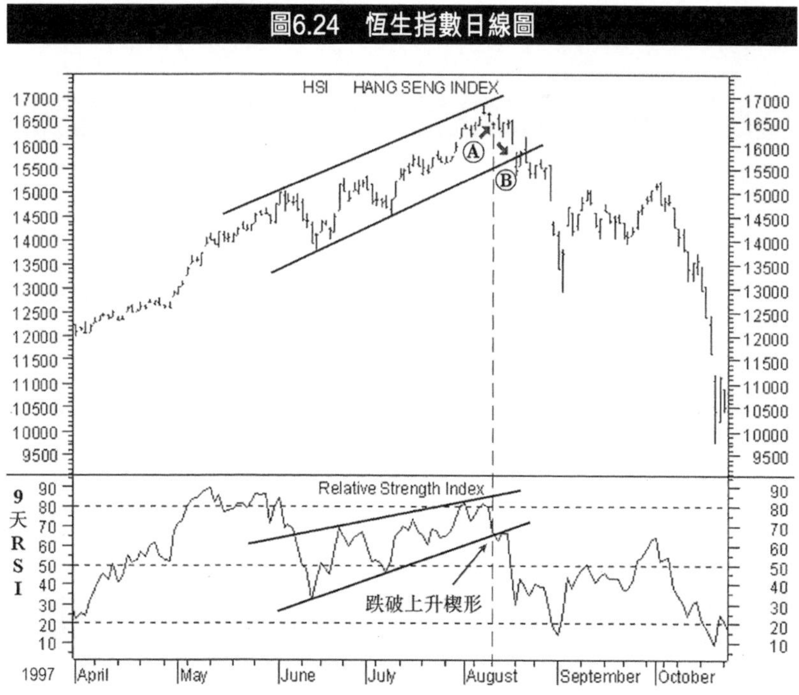

4. 可以形態作分析

RSI線走勢與股價走勢一樣，在經過一段時間運作變動後，都會形成一些有規則的圖形形態，故RSI又可以圖形形態作分析。當RSI往上突破形態時，表示RSI及股價走勢已轉強；相反，當RSI往下跌破形態時，表示RSI及股價走勢已轉弱。然而，在RSI圖形形態分析中，不能像股價或指數圖形，可以預測突破形態後的量度升跌幅。

圖6.25是浙江滬杭甬(0576)日線圖，圖中顯示，該股股價於1999年11月從1.45元左右的高位回落，一直至2000年4月中旬，其間股價走勢形成一條長長的下跌通道，然而，同期9天RSI卻形成一個具兩個左肩、兩個右肩及一個頭的複式頭肩底。隨後RSI率先突破複式頭肩底阻力頸線(圖中ⓐ點)，跟着股價才升破下跌通道，

圖6.25 浙江滬杭甬(0576)日線圖

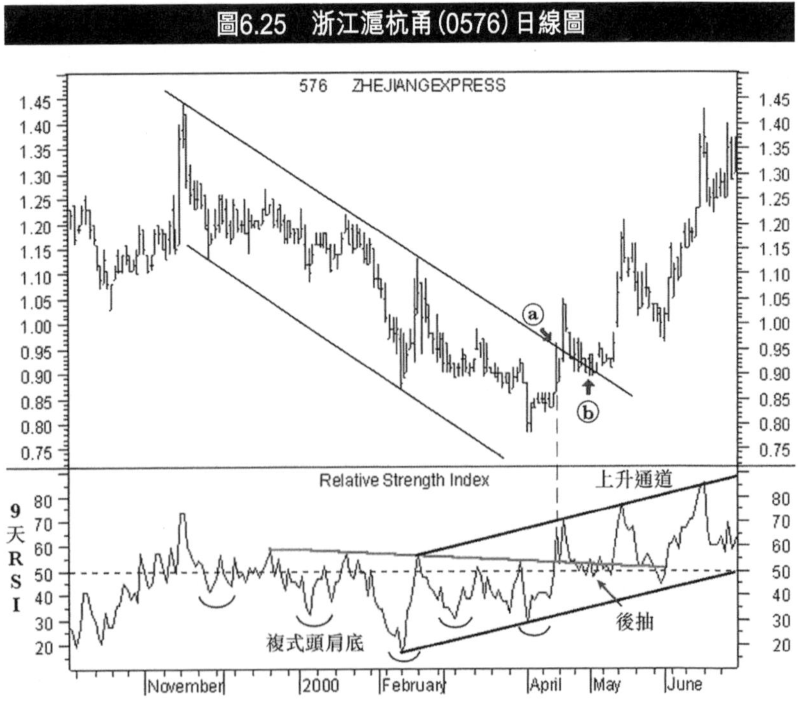

證明RSI在預示突破上較股價為先。在RSI上破頸線後，一度作回吐後抽，但能穩守頸線及50中軸線附近，只能視作健康調整，此時應趁機買入(圖中 ⓑ 點附近水平)，期望後市股價升勢會表現強勁，而RSI亦形成上升通道，並確認升勢理想。

5. 背馳效應

當股價或指數屢創新高，但RSI在70至80以上的超買區中沒有跟隨創新高，技術術語稱之為「頂背馳」，顯示上升動力正減弱，暗示後市有很大機會調整下跌。相反，當股價或指數屢創新低，但RSI在20至30以下的超賣區中沒有跟隨創新低，稱之為「底背馳」，顯示沽售動力正減弱，暗示後市有很大機會反彈回升。綜合而言，背馳數量愈多，預示後市轉向機會愈大。

圖6.26　匯豐控股(0005)日線圖

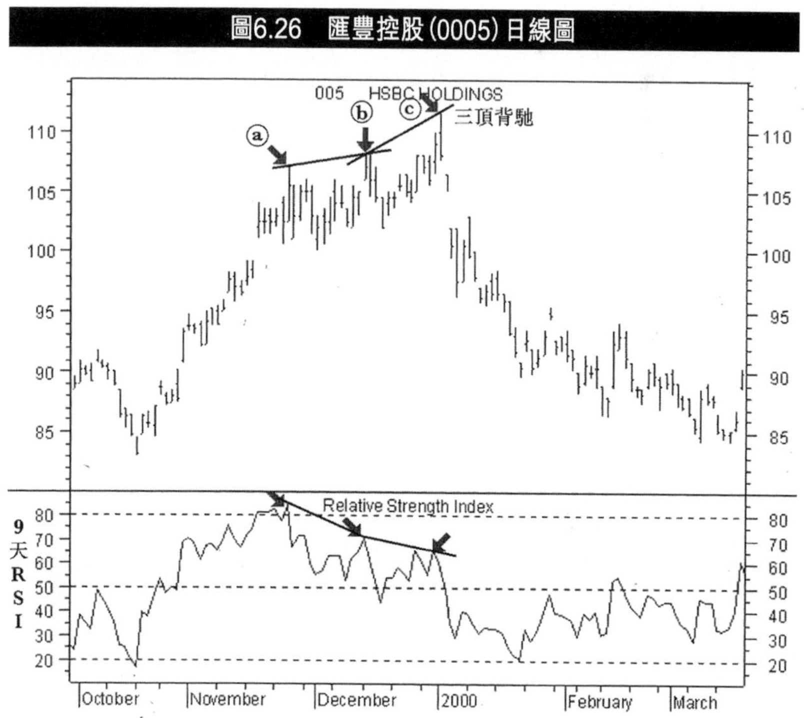

圖6.26的匯豐控股(0005)於1999年10月開展升勢，至11月至12月期間，股價三度創高位(即圖中ⓐ、ⓑ及ⓒ點)，但9天RSI卻未能同步創高位，呈「三頂背馳」，反映上升動力減弱，結果股價於2000年初急挫。

圖6.27是鞍鋼新軋鋼(0347)日線圖，該股於1999年10月開始，股價呈浪低於一浪走勢，但9天RSI卻上升呈「三底背馳」，隨後股價即時作小反彈，但反彈仍受制50中軸線而回。及後，於2000年2月時，呈「雙底背馳」現象，並立即作反彈，此次股價能升破50中軸阻力線，可以較為確認反彈幅度會大於前一次，而事實也證明如此。

圖6.27 鞍鋼新軋鋼(0347)日線圖

6. 交叉功能

RSI線亦可以像移動平均線一樣，憑觀察較少天數的RSI線與較多天數的RSI線交叉，作為買賣訊號。較少天數的RSI升破較多天數的RSI視為利好買入訊號；相反，較少天數的RSI跌破較多天數的RSI，則視為利淡沽空訊號。然而，根據經驗，其預測效果並太理想，在此不打算深入介紹。

RSI的優點

1. 若市況處窄幅波動的牛皮狀態，RSI能提供有效的買賣警號。

2. 較為敏感，適用於預測短線市況，中、長線測市則不太適合。

RSI的缺點

1. 在大趨勢市下，RSI可以超買又超買、或超賣又超賣，頓失預測後市功能。補救方法是配合利用移動平均線，先找出目前是否處於大趨勢市；若是屬實，則不要單以RSI作買賣策略。

2. 由於RSI屬於擺動指標，缺乏對大趨勢作判斷的效用，除利用移動平均線配合判斷外，讀者亦可考慮製作以周為基礎的RSI圖，周線圖對捕捉長線的走勢較有用。例如，當RSI日線於30以下的超賣區向上揚，但同期觀察RSI周線亦在下跌中，顯示其時升勢疲弱，買入訊號薄弱。

重點提示：RSI在大市處窄幅上落市時，發揮的效用較佳；相反，若在大升市或大跌市中，則不宜單獨使用RSI來測市。特別需要強調，RSI的超買／超賣以及背馳訊號本身只是説明市況處強勢還是弱勢，並不能構成有效的買賣訊號，所以應該只作為警告訊號來看待。

6.5 指數平滑移動平均線(MACD)

移動平均線在趨勢市中較具效用，相反，遇到窄幅波動牛皮市及大市缺乏方向時，擺動指標如相對強弱指數(RSI)及隨機指數(STC)會較有效用，讀者心裏或有疑問，究竟是否有一種指標能綜合兩者優點？答案當然是有的。

這指標名為指數平滑移動平均線，又稱平滑異同移動平均線(英文全名為moving average convergence and divergence，簡稱MACD)為Gerald Appel所提出。

計算方法

1. MACD線計算

MACD線是利用兩條快慢速度的指數平滑移動平均線(expontential moving average)差離值來繪製的，一般所用平均線日數為12及26日。

$$\text{EMA12} = \text{前一日EMA12} \times \frac{11}{13} + \text{當日收市價} \times \frac{2}{13}$$

或

$$\text{前一日EMA12} + \{\frac{2}{13} \times (\text{當日收市價} - \text{前一日EMA12})\}$$

$$\text{EMA26} = \text{前一日EMA26} \times \frac{25}{27} + \text{當日收市價} \times \frac{2}{27}$$

或

$$\text{前一日EMA26} + \{\frac{2}{27} \times (\text{當日收市價} - \text{前一日EMA26})\}$$

MACD值＝EMA12－EMA26

2. 訊號線的計算

將每日計算得來的MACD值按時間順序連起來即成MACD線，隨後再將9日的MACD值平均化，即成訊號線（signal line）。

訊號線＝**MACD值的9日EMA**

3. MACD柱狀圖

每日計算MACD線與訊號線的差額，將差額記錄在每枝差離柱線，便可繪製成MACD柱狀圖（histogram）。

總括而言，MACD綜合平均線除有中期趨向預測的能力外，因為隨着市況波動，兩條平均線所產生的差異會作擴張或收縮，故可以用來判斷市況究竟是超買還是超賣。

慣用計算日數參考

MACD是利用兩條日數長短不一的指數平滑移動平均線，以及計算訊號線的日數，一般採用的日數組合為12＆26/9、較短線的測市則為8＆17/9、其他較少人用的有25＆50/9。

應用法則

透過觀察MACD線、訊號線及柱狀圖的變化可構成預示後市向好或向淡的訊號。

1. 用以判斷升跌勢的強弱

當MACD線及訊號線在0以上時，反映市況處於升勢，股價／指數上升的機會大過下跌，應順勢而設定買入策略。相反，當MACD線及訊號線在0以下時，反映市況處於較弱的跌勢，股價／指數下跌的機會大過上升，應順勢而設定沽空策略。

2. 交叉買入原則

(i) 若MACD線由下往上升破訊號線，是發生在MACD線及訊號線在0以上時，可視為強烈買入訊號；若發生在MACD線及訊號線在0以下時，反映正處反彈市，買入訊號相對會較弱，只宜小量買入博反彈。

圖6.28是恆生指數日線圖，圖中顯示，箭咀ⓐ、ⓑ、ⓒ及ⓓ點同見MACD線由下而上地升破訊號線，視為買入訊號；一般來

圖6.28 恆生指數日線圖

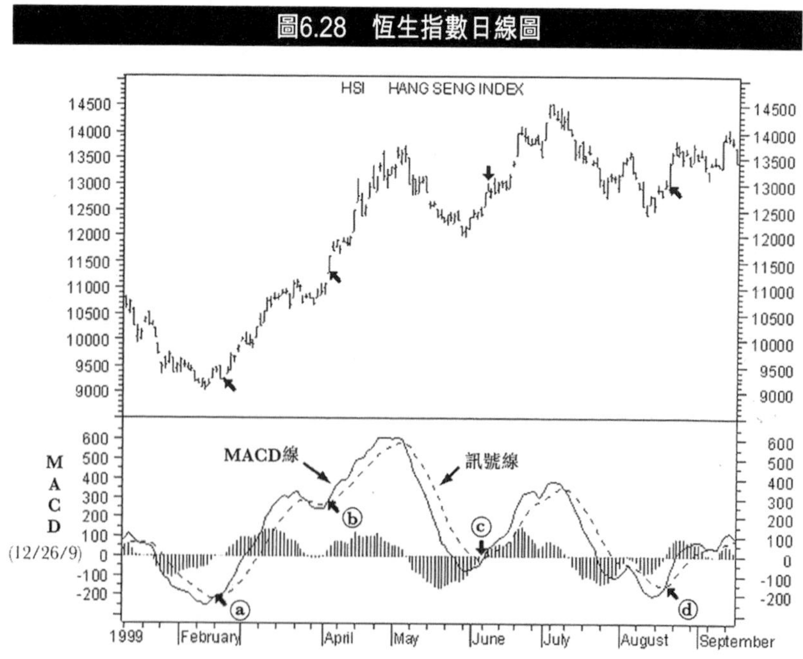

說，當ⓑ及ⓒ點的交叉訊號發生在MACD線及訊號線同在0以上，升勢尤其淩厲。

(ii) 剛提過若MACD線在0以下升破訊號線，大部分屬價格反彈回升情況，反彈後股價通常仍會跌，然而，若MACD線連續兩次在0以下升破訊號線，卻是顯示大市即將轉向重拾大升勢的表現。

圖6.29是美國納斯達克指數日線圖，圖中顯示，指數自2000年3月初回落，隨後到5月尾，指數呈一浪低於一浪形態，MACD線已在0以下連續兩次上升，升破訊號線，且呈「底背馳」(容後第4點再談，屬利好訊號)，加強後市呈大反彈升勢訊號，結果指數由近3000點開始急促反彈。

圖6.29　美國納斯達克指數日線圖

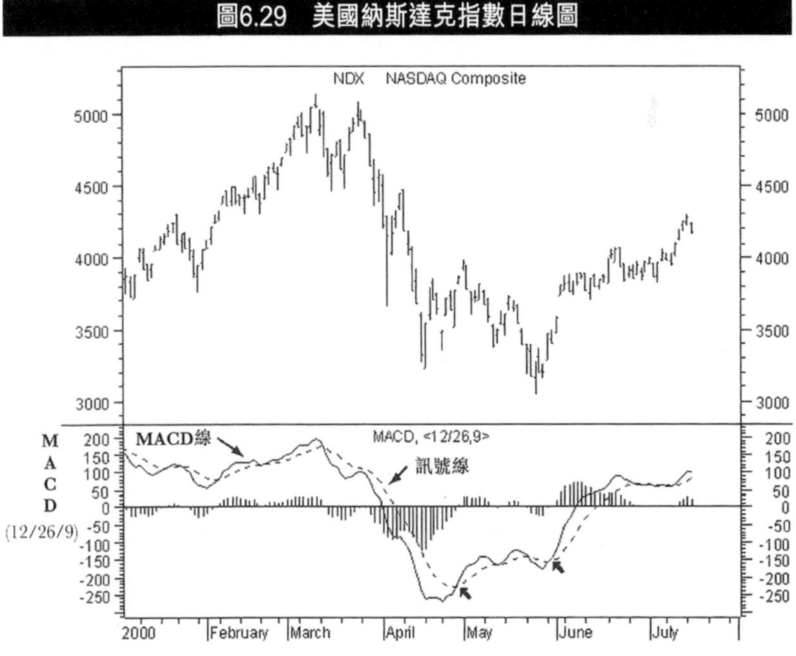

3. 交叉沽空原則

(i) 若MACD線由上而下跌破訊號線，是發生在MACD線及訊號線在0以下時，可視為強烈沽空訊號；若發生在MACD線及訊號線在0以上時，反映目前跌勢只是大升勢後的健康調整，沽空訊號相對會較弱。

圖6.30是國企指數日線圖，圖中顯示，箭咀Ⓐ、Ⓑ、Ⓒ及Ⓓ點均見MACD線由上而下地跌破訊號線，視為利淡沽空訊號，其中尤以D點顯示的利淡訊號最為強烈，因為交叉訊號發生在MACD線及訊號線均處0以下，圖中所見在利淡訊號發出後，後市繼續下跌，縱見技術性反彈，但幅度明顯比前幾次為小。

圖6.30　國企指數日線圖

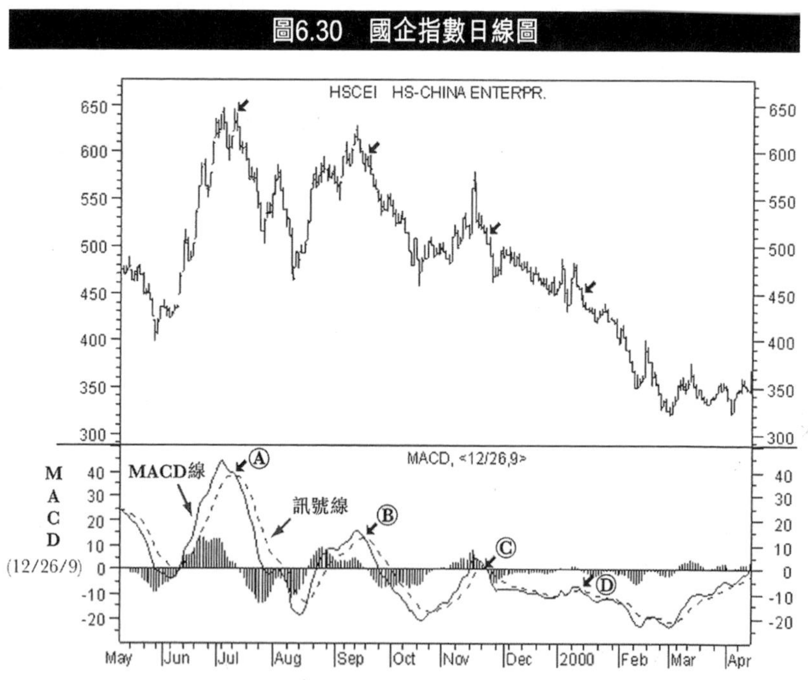

(ii) 若MACD線在0以上跌破訊號線，大部分屬價格升勢後的健康調整，後市仍有機會再升，然而，若MACD線連續兩次在0以上跌破訊號線，卻是顯示大市即將見頂回落的利淡訊號，需要小心。

圖6.31 美國納斯達克指數日線圖

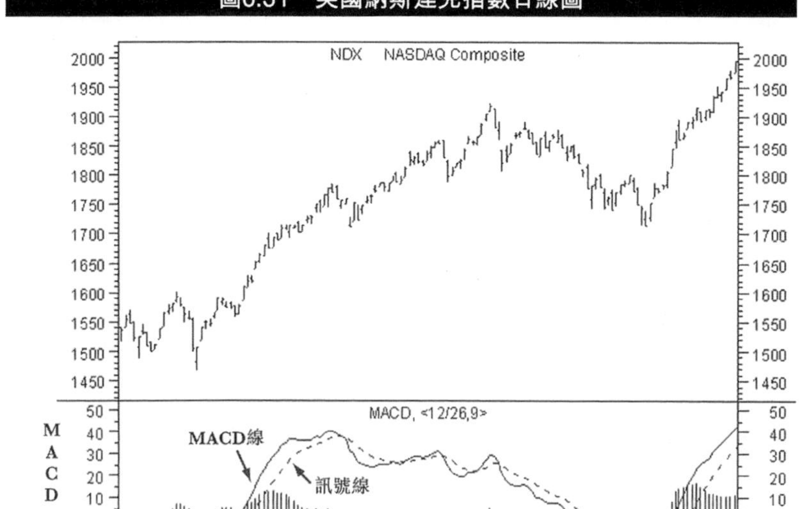

圖6.31是美國納斯達克指數日線圖，圖中顯示，指數於1998年2月至4月期間呈一浪高於一浪形態，但MACD線已在0以上連續三次跌破訊號線，結果指數由1900點左右回落至1700點左右，跌勢才見喘定回升。

4. 底背馳／頂背馳

當股價出現兩個或三個近期的低點時，但同時間內MACD線未見同步下跌反而上升，呈「底背馳」現象，反映其時沽壓正在減弱，後市可望反彈回升。相反，當股價出現兩個或三個近期的高點時，但同時間內MACD線未見同步上升反而下跌，呈「頂背馳」現象，反映當時雖仍處升勢中，但上升動力正在減弱，後市隨時因上升動力最終消失而下跌。

圖6.32是北京燕化（0325）日線圖，圖中顯示，該股股價於1999

圖6.32　北京燕化(0325)日線圖

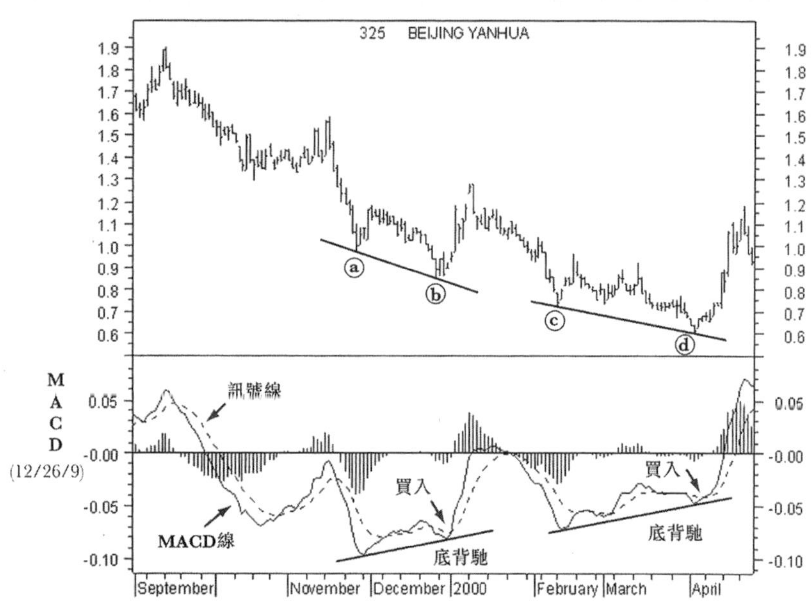

年9月顯現跌勢，跌至年尾時，股價創近期新低位(圖中ⓑ點低於ⓐ點)，但同期MACD線卻反方向上升並見上升訊號線，呈底背馳利好反彈訊號，結果股價由0.85元左右彈上約1.3元水平。其後於2000年4月再呈底背馳，股價呈一浪低於一浪走勢(圖示ⓓ點低於ⓒ)，但MACD線回升，隨後股價由0.6元低位反彈，升至1.2元高位。

圖6.33是恒生指數日線圖，1999年尾，恒生指數高位一個高於一個，但MACD線反方向地下跌，呈頂背馳利淡訊號，結果恒生指數出現急促下調。接着於2000年3月尾時，恒生指數又呈一浪高於一浪的走勢，但MACD線未見配合上升，呈頂背馳，預示後市向下，結果亦如是。

圖6.33　恆生指數日線圖

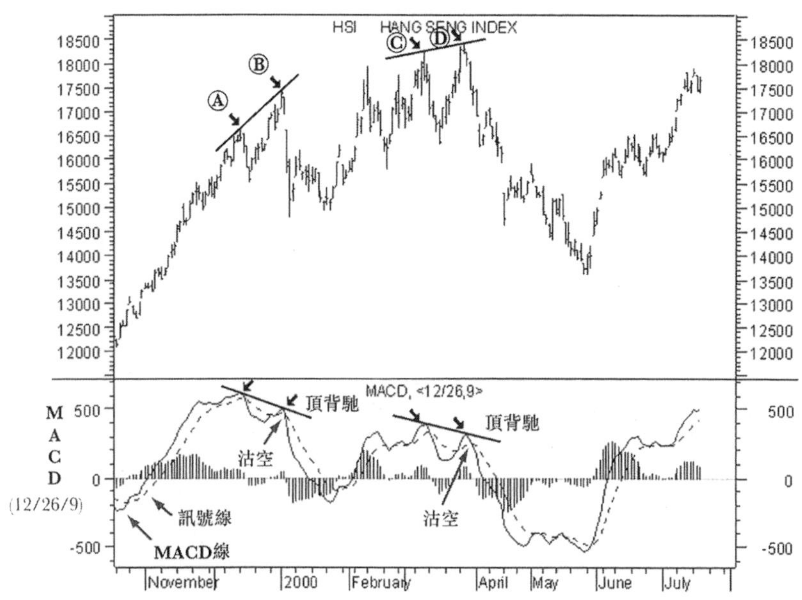

5. 牛差離／熊差離

從柱狀圖觀察差離柱線的高低亦有啟示，當價位出現一浪低於一浪，但差離柱線未見同步增長，反而縮短，為利好買入訊號，並稱為「牛差離」訊號。相反，當價位出現一浪高於一浪，但差離柱線未見同步增長，反而縮短，為利淡沽空訊號，一般稱為「熊差離」訊號。

圖6.34是日本日經平均指數日線圖，圖中顯示，在2000年3月下旬至4月上旬期間，指數輕微再創新高位，但差離柱線未見跟隨上揚反而呈下跌，呈「熊差離」利淡訊號，反映升勢動力正減弱，隨後指數果然見頂後大幅回落。在下跌趨勢中，到5月下旬時，指數已見一浪低於一浪走勢，但差離柱線卻見收縮呈「牛差離」，反映大市沽壓正減弱，並將展反彈升浪，結果亦如是。

圖6.34　日本日經平均指數日線圖

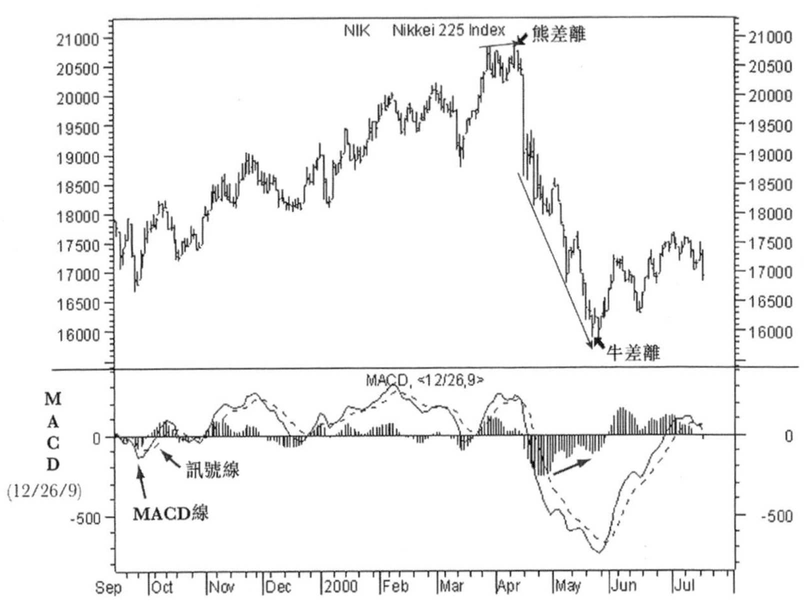

6. 雙牛／熊牛買入及雙熊／牛熊沽空訊號

當差離柱線在縮短並由負數變為正數(升破0)，而同時MACD線在0以上水平上升破訊號線，稱為「雙牛買入」利好訊號；但若同時MACD線在0以下水平上升破訊號線，則稱為「熊牛買入」訊號。兩者相比，雙牛買入訊號較熊牛買入訊號為強。

圖6.35是台灣加權指數日線圖，圖中顯示，在1999年2月出現「熊牛買入」訊號，指數即見回升(即圖示ⓐ點起)；及後至6月時又出現「雙牛買入」訊號，結果指數即見回升(圖示ⓑ點起)。

相反，當差離柱線在縮短並由正數轉為負數(跌破0)，而同時MACD線在0以上水平跌破訊號線，稱為「牛熊沽空」利淡訊號；但若同時MACD線在0以下水平跌破訊號線，則稱為「雙熊沽空」訊號。

圖6.35　台灣加權指數日線圖

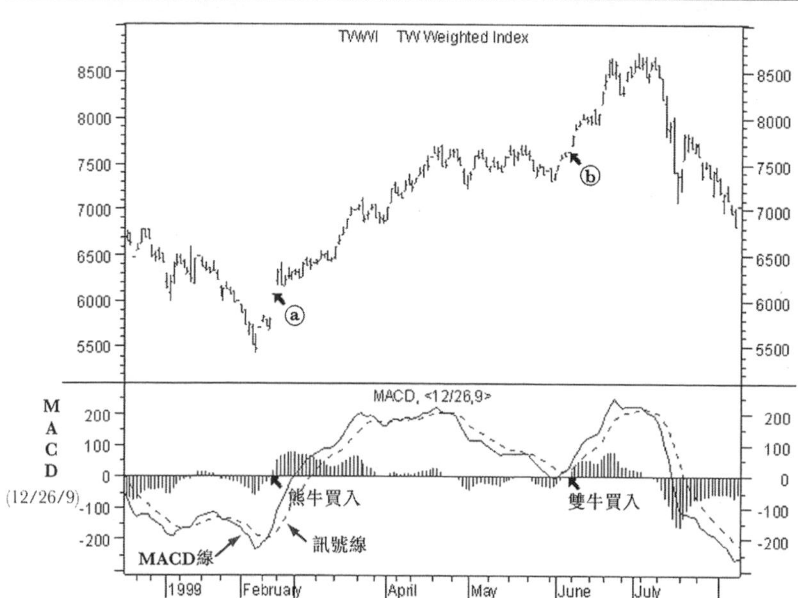

圖6.36　第一太平控股(0142)日線圖

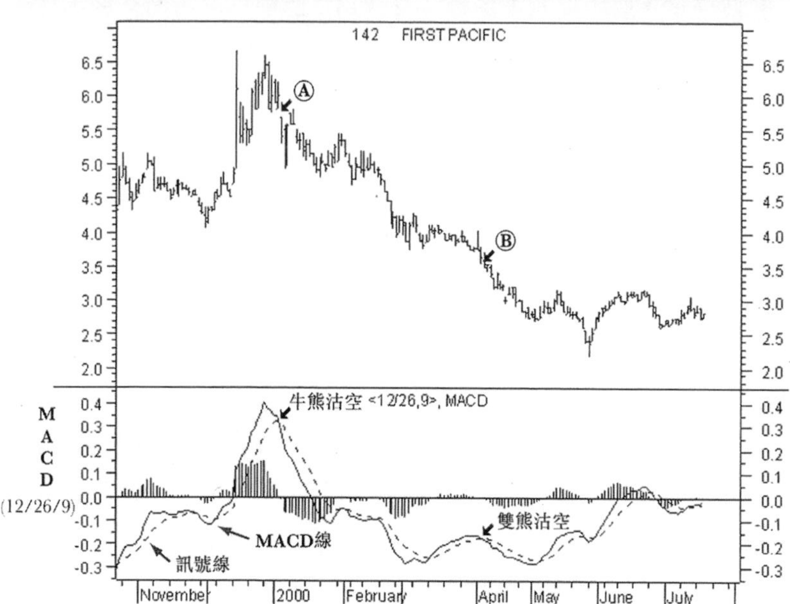

圖6.36是第一太平控股(0142)日線圖，圖中顯示，於2000年初見「牛熊沽空」訊號，隨後股價輾落回落(圖示Ⓐ點起)。到4月，又出現「雙熊沽空」訊號，結果，股價再作重拾明顯下跌趨勢(圖示Ⓑ點起)。

MACD的優點

MACD屬中期指標，在判斷中、長線趨勢特別具準確度，而且可以靈活配合其他對捕捉短期走勢敏感度較高的技術指標(例如隨機指數)，以互補不足。

MACD的缺點

1. 在短線買賣上對股價反應太慢，若市況是牛皮窄幅波動，買賣訊號便不明顯。

2. 計算繁複。

<u>重點提示</u>：**屬中期測市指標，最適用於趨勢市，不適合於牛皮橫行市，故在牛皮市中，建議配合預測短線走勢敏感度較高的隨機指數(STC)或相對強弱指數(RSI)等。**

6.6 動向指標（DMI）

前幾節已介紹過移動平均線、隨機指數(STC)及相對強弱指數(RSI)的優缺點，在趨向市運用移動平均線效果較佳，而在上落牛皮市則以STC和RSI較佳。要判斷何時用移動平均線？又或者何時用STC及RSI？可以借助本章介紹的動向指標(directional movement index，簡稱DMI)，這個指標首先由 J. Welles Wilder Jr. 提出，可預示市場究竟處於上落牛皮市還是趨勢市，令投資者更易制定策略。

計算方法

DMI的實際計算過程複雜，在此只簡單介紹其計算公式及原理。在計算DMI的過程中需充分利用每日收市價、最高價及最低價，最後得出三條線，分別為＋DI線、－DI線及ADX線，以用來判斷市況。

1. 動向變動值(directional movement，DM)

按一定規則比較每日股價波動的最低價、最高價和收市價，從而計算反映上升趨向的上升動向(＋DM值)和反映下跌趨向的下跌動向(－DM值)，兩值必須為絕對值，意思是沒有負數。

2. 真實波幅(true range，TR)

通過比較下列三種股價差額的絕對值，取其中最大的價差絕對值作為每日的TR值。

當日最高價－當日最低價

當日最高價－昨日收市價

當日最低價－昨日收市價

3. 動向指數(directional indicator，DI)線

將N日的＋DM和－DM值分別除以N日的TR值，從而求出N日的＋DI及－DI線，市場一般把N日設定為14。

4. 平均動向指數(average directional index，ADX)線

先計算DMI，即為＋DI及－DI的差和以比，計算公式如下，n為設定日數：

$$\mathbf{DMI} = \frac{\{(+\mathbf{DI_n}) - (-\mathbf{DI_n})\}}{\{(+\mathbf{DI_n}) + (-\mathbf{DI_n})\}} \times \mathbf{100\%}$$

然後將14日的DX累加平均，求出ADX線。

$$\mathbf{ADX} = \frac{(\mathbf{DMI_1} + \mathbf{DMI_2} + \mathbf{DMI_3} \cdots\cdots + \mathbf{DMI_n})}{\mathbf{14}}$$

若想反映ADX的主要趨勢，可透過以下計算方法計出平均動向指數評估數(average directional index rating，簡稱ADXR)，市場實際較少應用此ADXR線，在此提出來只供參考。

$$\mathbf{ADXR} = \frac{(\text{當日}\mathbf{ADX} + \mathbf{14}\text{日前}\mathbf{ADX})}{\mathbf{2}}$$

慣用計算日數參考

在計算DMI時，市場一般所採用的日數14日，亦有人採用18日和28日。

應用法則

1. ＋DI與－DI線高低的啟示

簡單而言，＋DI為上升方向的指標，＋DI值愈高代表漲勢愈強烈；相反，－DI為下跌方向的指標，－DI值愈高代表跌勢愈重。

圖6.37是台灣加權平均指數日線圖，從圖中所見，箭咀ⓐ及ⓓ示＋DI值相當高，反映該段期間指數升勢凌厲，相反，箭咀ⓑ及ⓒ示－DI值亦處高位，表示該股期間指數處於明顯跌勢中。

圖6.37　台灣加權平均指數日線圖

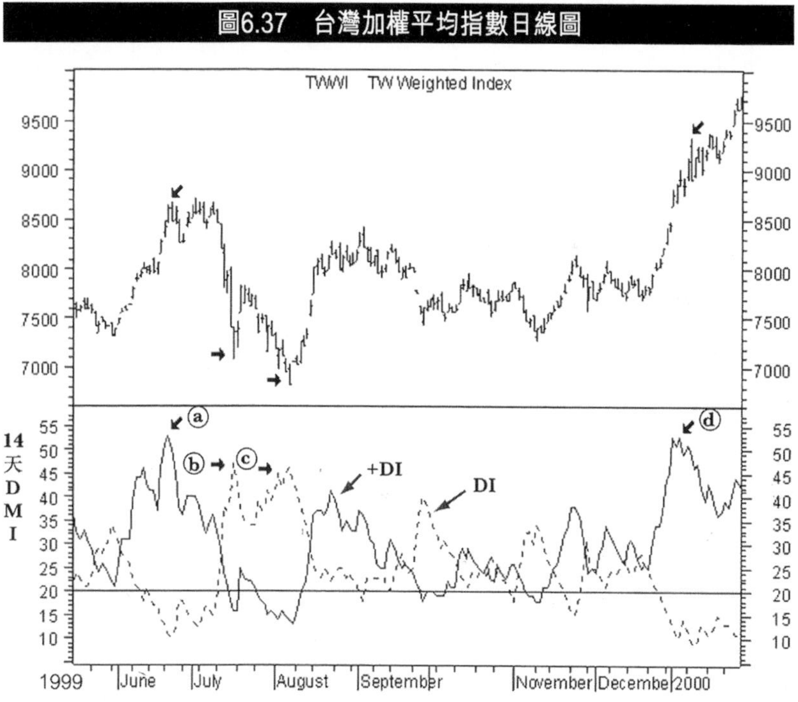

2. 用作判斷趨勢市

(i) 當＋DI線上破－DI線，同時ADX線亦尾隨往上揚，預示後市漲勢強烈，屬大升的趨勢市，而且升幅頗大。倘若＋DI線在上破

－DI線後，ADX線未見隨步上揚，預期往後升勢會較為弱，一般升幅有限。

圖6.38是和記黃埔(0013)日線圖，圖中顯示，在1999年10月中旬，＋DI線上破－DI線(圖示Ⓐ)時，ADX線亦跟隨上升，預示後市進入大升市，結果亦如是。

圖6.38　和記黃埔(0013)日線圖

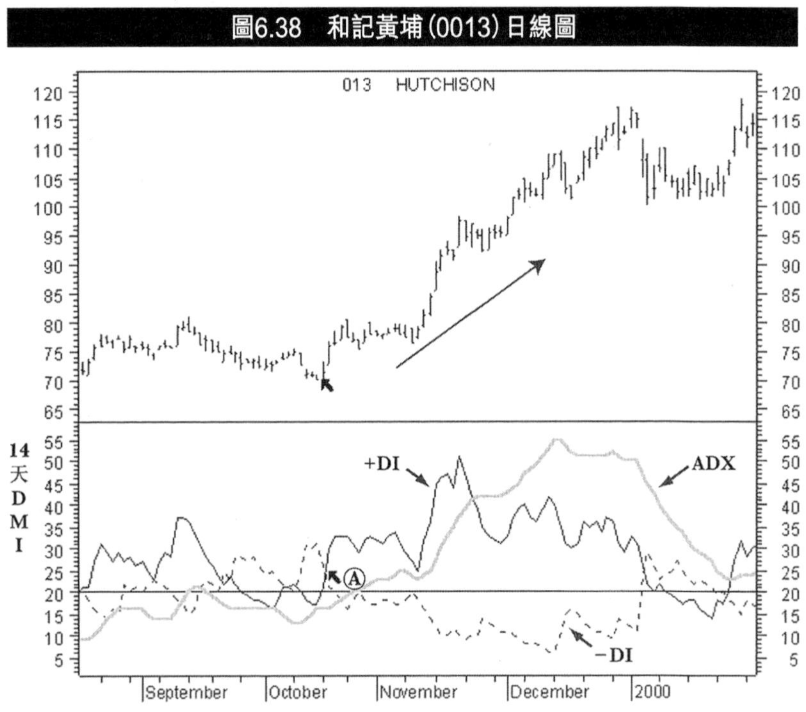

圖6.39是會德豐(0020)日線圖，圖中顯示，在2000年3月中旬，＋DI線上破－DI線(圖示ⓐ)時，ADX線未見尾隨上揚，預期後市股價升勢較弱，事實上股價只由5.1元升至5.8元就再回落，股價再度呈一浪低於一浪走勢。同年於6月初，＋DI線同樣升破－DI線(圖示ⓑ)，ADX線亦同步上揚，預示後市升勢較強，隨後股價由5元升到6.4元左右，而股價走勢更一浪高於一浪。

圖6.39　會德豐(0020)日線圖

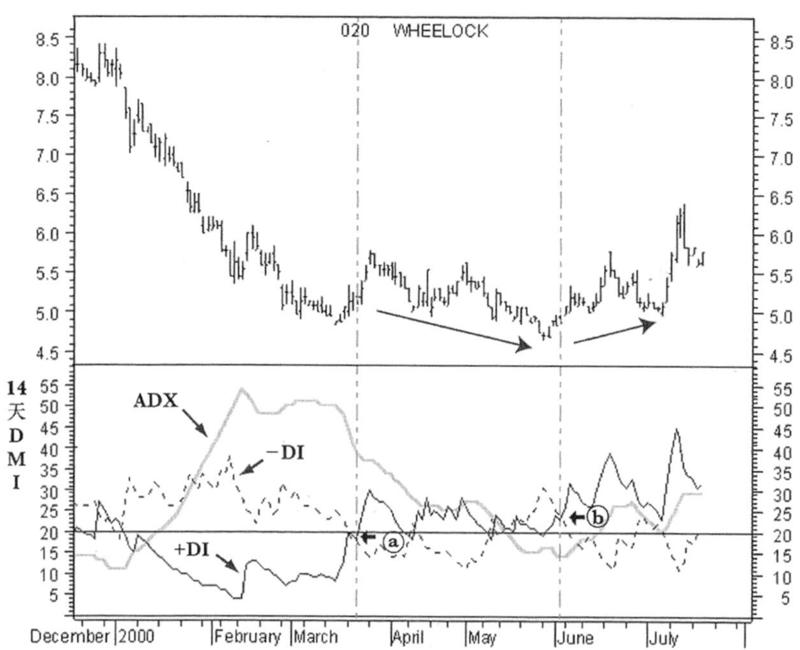

(ii) 當＋DI線下破－DI線，同時ADX線亦尾隨往上揚，預示後市跌勢強烈，屬大跌的趨勢市，而且跌幅頗大。倘若＋DI線在下破－DI線後，ADX線未見隨步上揚，預期往後跌勢會較弱，一般跌幅有限。

圖6.40是新鴻基地產(0016)日線圖，圖中顯示，在2000年初，＋DI線跌破－DI線(圖示Ⓐ)，但ADX線未跟隨上升，股價隨後表現所見，雖仍處於弱勢，跌多於升，但跌幅尚算溫和。反觀同年3月出現的那次＋DI線跌破－DI線(圖示Ⓑ)，隨後ADX同步上升，預示後市股價將會急跌。

圖6.40　新鴻基地產(0016)日線圖

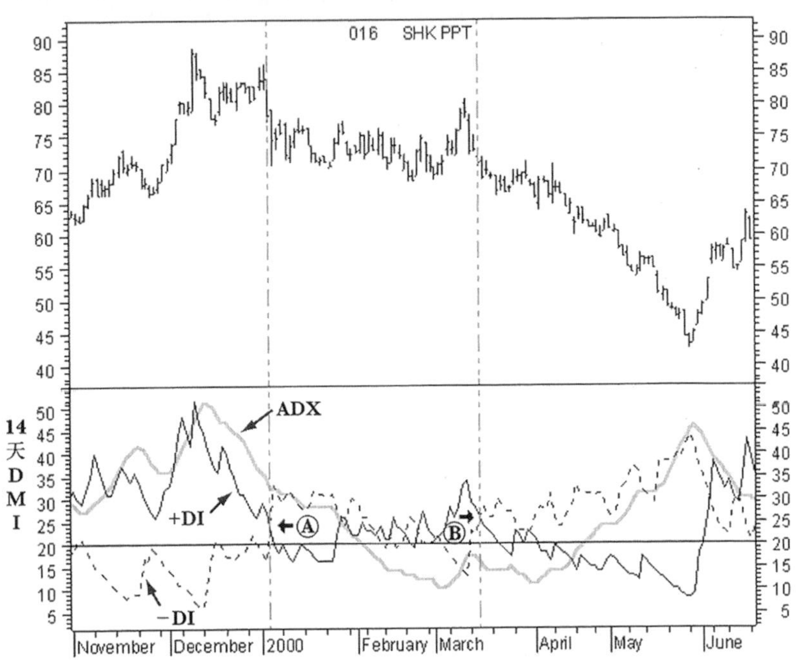

3. 用作判斷牛皮市

ADX線一般波動在20以下至40以上，在25或以上，市況才說得上具趨勢存在。而當ADX線往上升時，表示一段趨勢在開展，移動平均線較為適用；相反，ADX線向下跌或橫行，代表市況正處牛皮市，擺動指標如隨機指數、相對強弱指數較為適用。

若+DI及−DI線經常糾纏交叉，同時ADX線又低企於20之下，代表市況正處於牛皮窄幅上落市，股價每日的高低波幅細微，大幅沽空或買入的策略均不適合。

圖6.41是長江基建(1038)周線圖，圖中所見，股價於1998年10月見頂回落，ADX線隨之而滑落。在1999年4月至年尾期間，ADX線主要在20以下徘徊，+DI線與−DI線糾纏不清，實難找到什麼方

圖6.41　長江基建(1038)周線圖

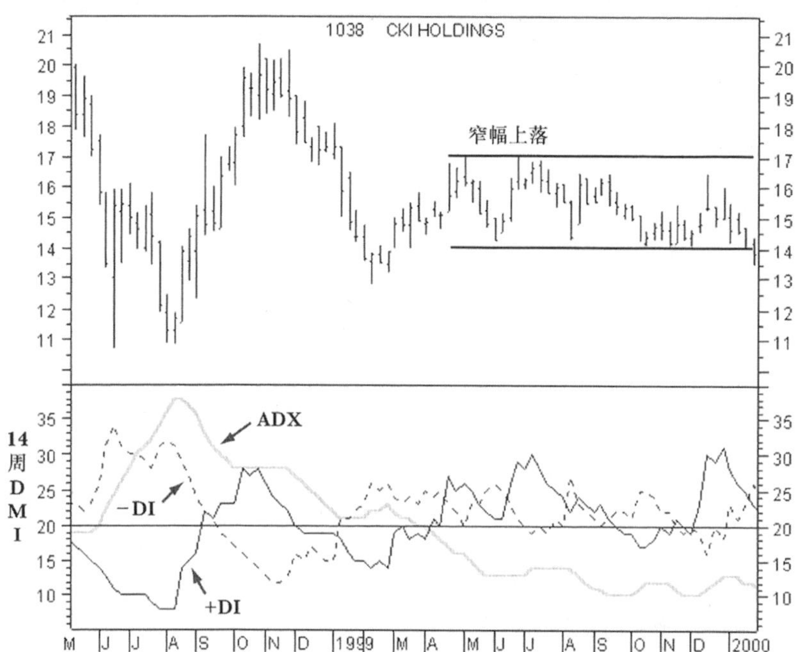

向，股價在14元至17元形成長方形作橫行，實際反映市況全無方向感。

4. 用作判斷中期見頂訊號

當股價的升勢持續一段時間，＋DI線高於－DI線，而＋DI線與－DI線之間的差幅又很大，同時，ADX線分別升破－DI線及＋DI線，並開始見頂回落，這可視為可靠的見頂訊號。

圖6.42的匯豐控股(0005)於1999年10月開展升勢，到11月時，＋DI線高於－DI線，且差幅相當大；此外，ADX線先升破－DI線(圖示Ⓐ)，後升破＋DI線，並開始見頂回落(圖示Ⓑ)，已可視為中期見頂訊號。至2000年初，＋DI正式跌破－DI線，出現確定的利淡沽空訊號，股價由高位112元跌至5月時低位83元才見跌勢喘定。

圖6.42　匯豐控股(0005)日線圖

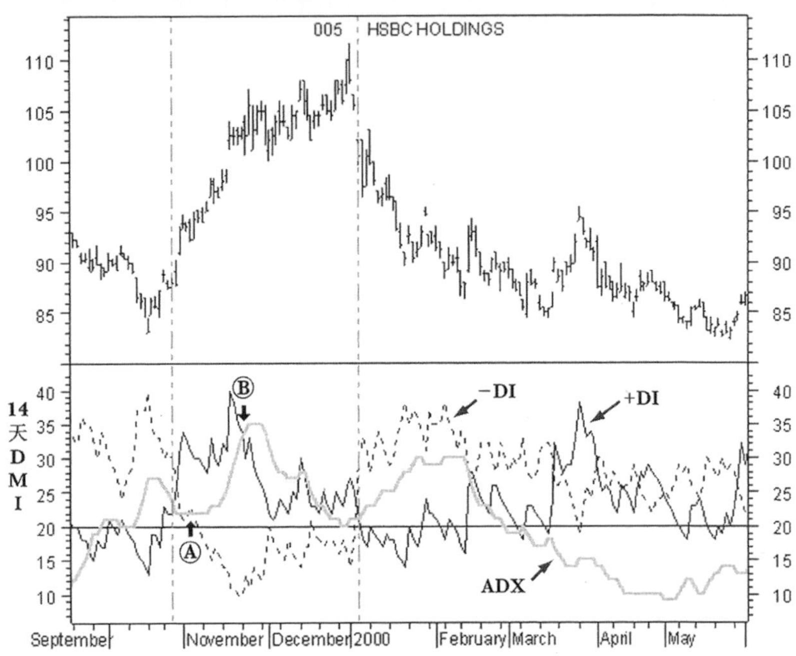

5. 用作判斷中期見底訊號

當股價的跌勢持續了一段時間，－DI線高於＋DI線，而＋DI線與－DI線之間的差幅又很大，同時，ADX線分別升破＋DI線及－DI線，並開始見頂回落，這可視為可靠的見底訊號。

圖6.43是東亞銀行(0023)日線圖，圖中顯示，該股股價自1999年底展開跌勢，至5月反覆跌勢已持續近半年，在2000年5月觀察時，－DI線高於＋DI線且距離很大，同時，ADX線先升破＋DI(圖示ⓐ)，後升破－DI線(圖示ⓑ)，並開始見頂回落，再綜合＋DI線接着升破－DI線，可確認為見底訊號。東亞銀行股價隨後真的見底並開展升勢。

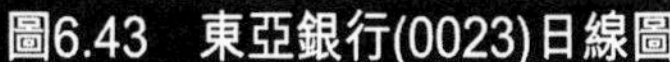
圖6.43　東亞銀行(0023)日線圖

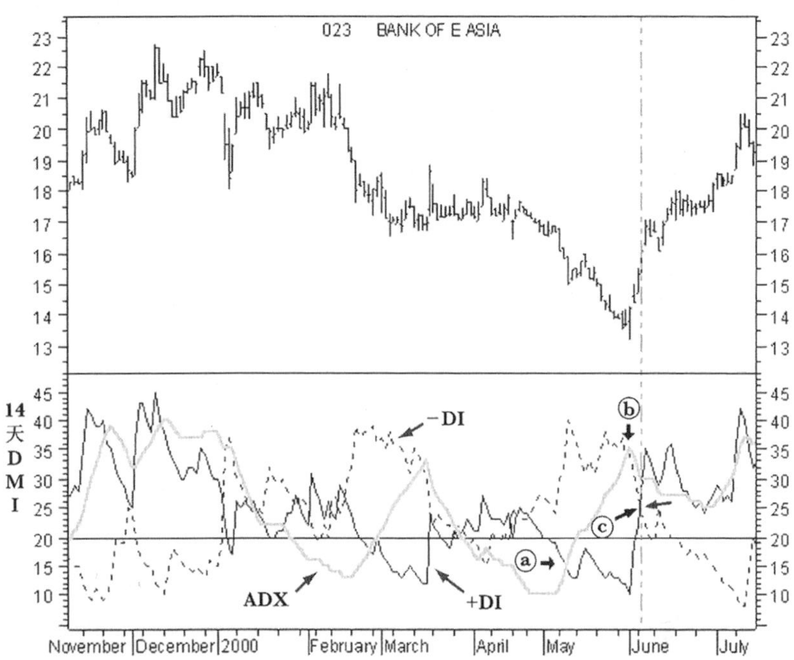

DMI的優點

1. 訊號清晰，＋DI線與－DI線的交叉訊號容易理解。

2. 市場技術分析者有時亦把ADXR線配合DMI一起運用，這可增強買賣訊號的準確性。原理很簡單，ADXR線的波動一般較ADX平緩，當＋DI與－DI線相交，發出買賣訊號後，若ADXR線又與ADX線相交，便可視為最後出入訊號。

此外，ADXR還是市場的評估指標，當ADXR處於高位時，顯示趨勢波動較大；當ADXR處於低位時，顯示趨勢呈牛皮窄幅波動。

DMI的缺點

計算複雜，需要電腦輔助儲存齊全資料。

重點提示：DMI屬趨勢判斷的技術指標，較適合應用在中、長線的預測，並不適合作短線的預測，因此，宜配合隨機指數(STC)及相對強弱指數(RSI)，加以靈活運用。

6.7 成交量平衡指標（OBV）

成交量平衡指標，又稱能量指標(on-balance volume, OBV)，是由葛蘭碧(Joe Granville)所提出的，理論基礎是市場價格的變動必須配合成交量。顧名思義，此指標的設計是將成交量與價格的關係予以數字化，製成趨勢線，以便判斷買賣雙方的實力孰強孰弱。

計算方法

股價／指數上漲(指當日收市價高於昨日收市價)，反映買方的收集力量較大；而股價／指數下跌(指當日收市價低於昨日收市價)，則反映賣方的沽售力量較大；當股價／指數無起跌，代表買賣雙方處於勢均力敵狀況。

因此，當股價上漲時：

當日累計OBV值＝(前一日累計OBV值＋當日成交量)

當股價下跌時：

當日累計OBV值＝(前一日累計OBV值－當日成交量)

當股價無起跌：

當日累計OBV值＝(前一日累計OBV值)

將每日計得的OBV值以線連結，即可製作成OBV線。

慣用計算日數參考

OBV的計算，先要選擇一個適當的日期作計算的起點，通常是從一段走勢的低點或高點開始計算，其基數數字為0。

應用原則

1. OBV配合股價緩升利好

當股價穩步上升，OBV線同時呈現緩慢上升趨勢時，反映市場收集力量正在凝聚，後市可繼續看好，持股者應不必急於沽清手持現貨。

2. 股價與OBV呈頂背馳利淡

OBV線不能無止境地上升，當股價或指數向上漲，而OBV線卻止漲回跌，兩者出現背馳現象時，反映購買力正在減弱，股價可能將回落，視為利淡沽空警號。

圖6.44　聯想控股(0992)日線圖

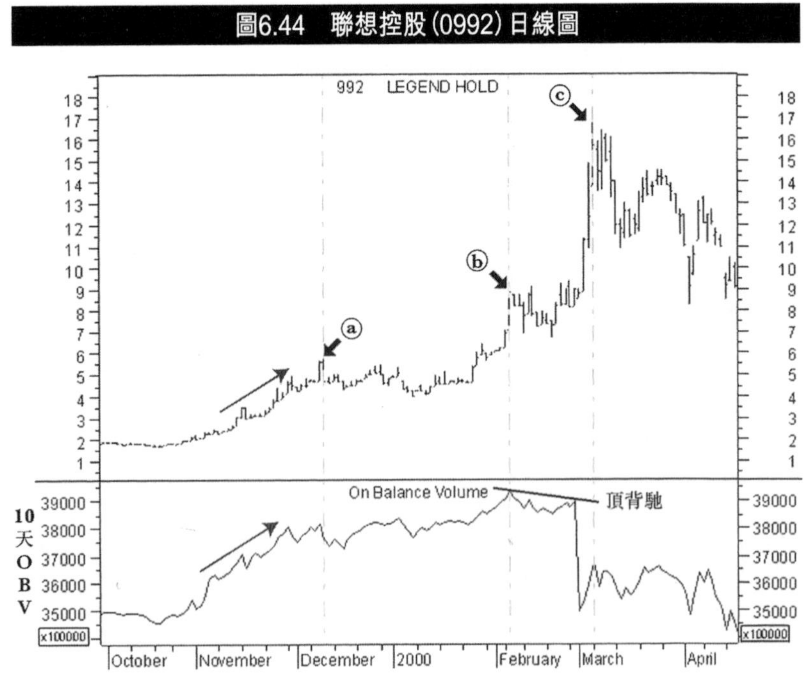

圖6.44是聯想控股(0992)日線圖，由於受惠全球追捧科技股，該股自1999年10月開始拾級而上，股價緩緩上升，而OBV線亦跟隨向上。到12月時，股價雖已由約2元升至5.7元左右的高位水平，但OBV線仍持續向上，後市繼續看好，已持貨者此時應不要急於沽貨套利。當股價從圖示ⓐ點升至ⓑ點，OBV線繼續向上，但股價於2000年3月漲升至高位ⓒ點時，OBV線明顯走下，呈頂背馳，隨後股價明顯結束升勢，呈一浪低於一浪的下跌趨勢。

3. OBV配合股價緩跌利淡

當股價緩緩穩步下跌時，OBV線同時呈現緩慢下跌趨勢，反映市場沽售力量正慢慢湧現，後市續有調整壓力，不要急於買貨。

4. 股價與OBV呈底背馳利好

OBV線不能無止境地下跌，當股價或指數向下跌，而OBV線

圖6.45　儀征化纖(1033)周線圖

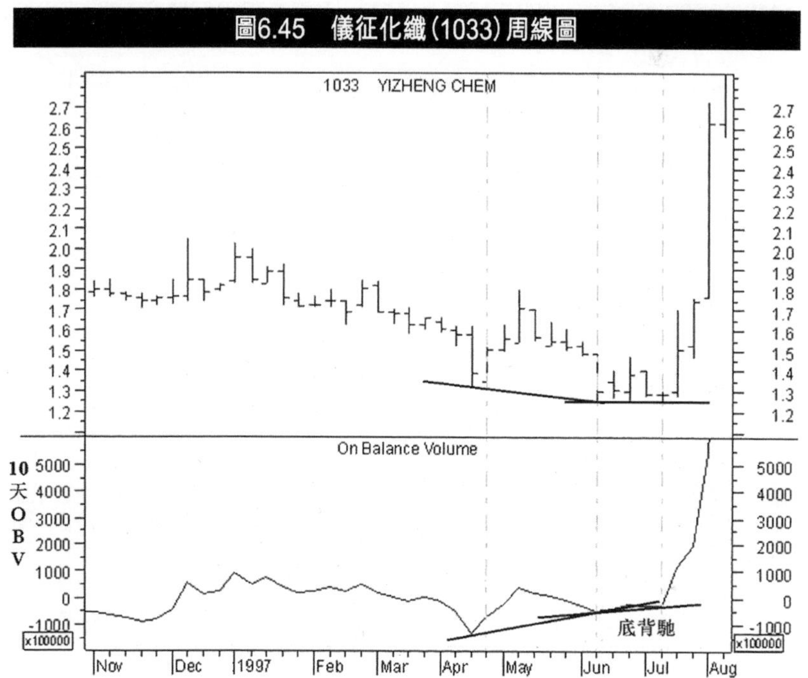

卻止跌回升，兩者出現背馳現象時，反映在低位有承接購買力出現，股價可能將會反彈回升，視為利好買入訊號。

圖6.45是儀征化纖(1033)周線圖，圖中顯示，該股於1997年初展開跌勢，股價有秩序地緩緩下跌，而OBV線也一樣，故此階段時間不買貨是應該的。及至6、7月時，出現股價與OBV線呈底背馳現象，股價再創新低，但OBV線回升，反映低位有買盤承接。隨後，股價果見急升。

5. OBV值正變負或負變正都有啟示

當OBV值從正的累計數值轉為負數，代表賣方已經取得優勢，後市將轉為下跌趨勢，持貨者應盡快清貨套利。相反，當OBV值從負的累計數值轉為正數，代表買方已取得優勢，後市看好將轉升勢，為利好買入訊號。

圖6.46　品質國際(0243)日線圖

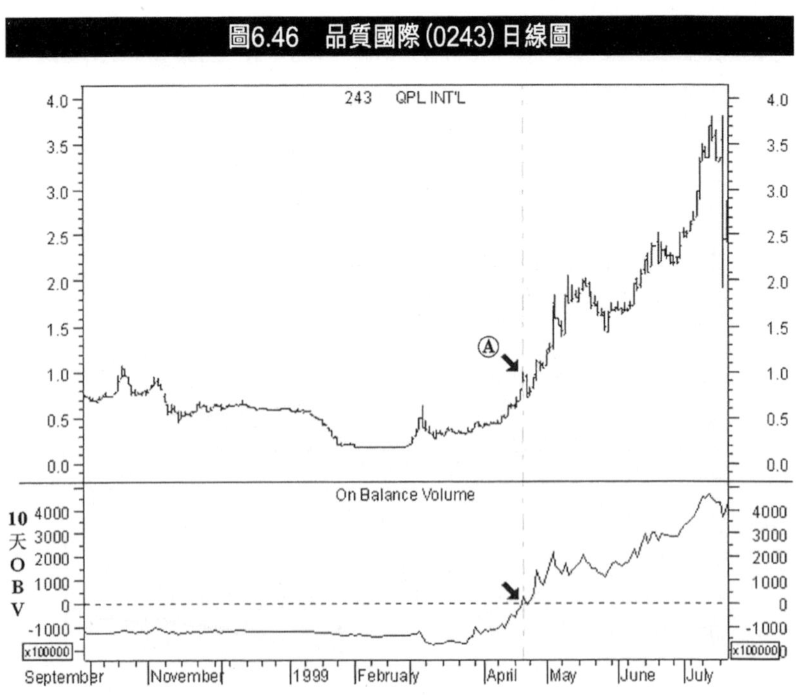

圖6.46是品質國際(0243)日線圖，圖中顯示，在1999年4月中旬，OBV值由負數轉為正數(圖中Ⓐ點)，預示買方已控制大局，股價隨時開展大升勢。在OBV值由負數轉為正數時，最好以兩、三日時間觀察是否屬真突破轉勢，如此例中的品質國際，在OBV值轉為正數的後幾日，股價回吐下跌，其OBV值微跌但幅度不大，可視為莊家震倉收集的伎倆，隨後OBV值及股價緩緩上揚，確認升勢。若OBV值大幅返回負值之下，則可視為「假突破」，後市續淡。

6. OBV線急升反而對後市不利

若OBV線呈現急速上升現象，反映大戶可能抽高股價大舉派貨，由於能量不能歷久不衰，恐後市股價難維持高位，即將出現急促回落之勢，因此宜趁高位沽貨套利為上策。

圖6.47是儀征化纖(1033)周線圖，圖中顯示，該股股價於1997

圖6.47 儀征化纖(1033)周線圖

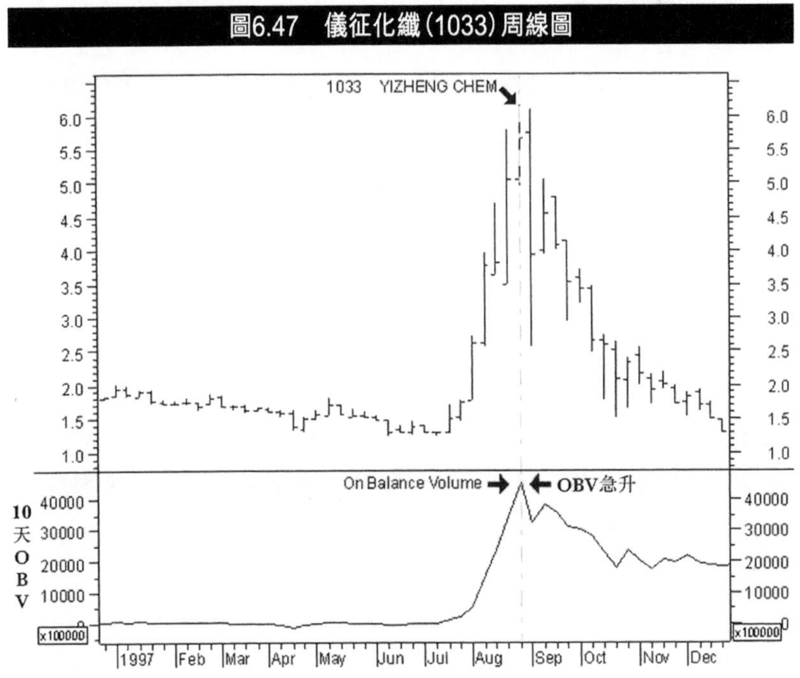

年8月(出現大股災前的一個月)急升，而OBV線也呈斜直的急速升勢，結果在耗盡能量後，股價急挫，於12月時已跌回是段由7月開始的升勢的起點。

OBV的優點

1. OBV能幫助確定股價突破盤局後的發展方向，並顯示資金的移動方向。

2. OBV有助判斷雙頂形態的形成可能，當股價於雙頂第一個高峰下跌又再回升時，如果OBV線未能跟隨股價上升，雙頂的形成機會增加。

OBV的缺點

1. 利用成交量去決定當天市場的購買力量，是有缺點的，一單交易的完成一定有買方亦有賣方，買賣力量同時出現。成交量大只能代表市場買賣轉趨活躍，在升跌市中，難以清楚界定股價升而成交量增就是買方購買積極的表現。從以往所見，港股每次見頂指數大升時，成交量都很大，這往往只是大戶趁高派貨的現象，故在指數或股價開始初升時，OBV的分析才較為適用。

2. 計算OBV時，若當日收市價高於前一日收市價，就會視為收集力量，股價微升與大升的效果一樣，故這不能反映市場的轉手情況。

重點提示：OBV僅適用於短線測市，而不適用於長線測市。此外，OBV的計算原理過於簡單，建議不要單獨使用OBV來測市，宜配合其他判斷股價走勢的指標，如相對強弱指數(RSI)及隨機指數(STC)作分析。

6.8 動量指標(MTM)及變速率(ROC)

動量指標(momentum, MTM)及變速率(rate of change, ROC)均屬相同類型的指標，都是專門分析價格波動的速度、價格波動過程中各加速、減速的現象而設，只是計法稍有差異。

計算方法

MTM＝當日收市價－N日前收市價

$$\mathbf{ROC} = \frac{\text{當日收市價}}{\text{N日前收市價}} \times 100$$

將每日計算出來的MTM值及ROC值分別以線連起，就可以透過其波動變化而找出預示後市上升或下跌動力的線索。在MTM中，透過以上公式計算後，一般以0為中心線(又稱靜速地帶)，中心線以上是股價上升動量地帶，而中心線以下為股價下跌動量地帶。至於ROC中，中心線界定為100，其餘與MTM一樣。

慣用計算日數參考

短線作測市，市場一般慣用的為10天；若是作中長線測市，則可以考慮13周、26周、甚至52周。

應用法則

1. 由上而下跌破中心線利淡

若MTM或ROC由上而下跌破中心線，顯示下跌動力增強，視為利淡訊號。

圖6.48是中遠太平洋(1199)周線圖，圖中顯示，13周的ROC於1997年9月由上而下跌破中心線，確認大跌勢展開。

圖6.48　中遠太平洋(1199)周線圖

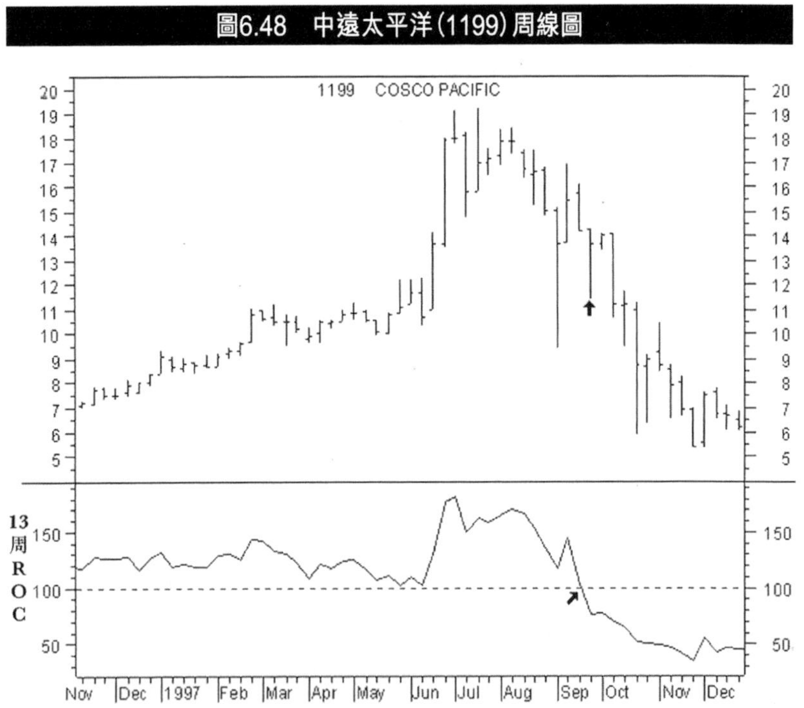

2. 由下而上升破中心線利好

相反，若MTM或ROC由下而上升破中心線，顯示上升動力增強，視為利好訊號。

圖6.49的東亞銀行(0023)，在1999年2月，10天MTM由下而向

圖6.49　東亞銀行(0023)日線圖

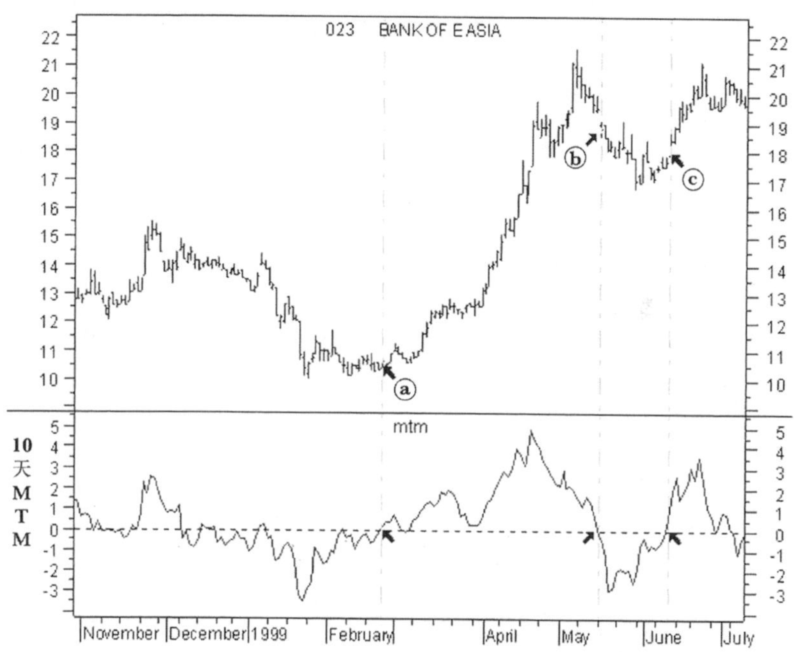

上升破中心線(圖中ⓐ點)，發出利好訊號，結果後市重拾升勢，並於同年6月MTM由下而上升破中心線(圖中ⓒ點)，發出利好訊號。若當時跟隨訊號買入，由追入價假設為18元計起升至21元左右，利潤可不俗。至於同年5月，MTM由上而下跌破中心線(圖中ⓑ點)，發出利淡訊號，顯見後市一度出現調整。

3. 背馳效應

股價上漲創新高點，而MTM或ROC反而未能配合上升，出現所謂「頂背馳」現象，意味上升力量正減弱，應留意後市隨時逆轉向下。相反，股價下跌創新低點，而MTM或ROC反而未跟隨下跌，出現所謂「底背馳」現象，意味沽售壓力正減弱，需留意後市會隨時逆轉反彈上升。

圖6.50　九龍倉(0004)日線圖

圖6.50是九龍倉(0004)日線圖，其股價於1999年初由低位攀升，但自4月開始至6月，股價雖不斷攀升，但10天MTM卻出現一浪低於一浪情況，呈頂背馳，反映上升動量正減弱，後市結果呈現反覆下跌勢。

圖6.51是中國海外(0688)日線圖，該股於1998年11月由高位展開跌勢，股價明顯出現一浪低於一浪走勢。直至1999年2月時，股價雖再見下跌，但10天ROC明顯沒有跟隨下調，呈底背馳，反映沽壓減弱，預示後市隨時見底回升。結果，隨後ROC突破中心線，而股價亦隨之上揚。

4. 同步效應

若股價與MTM或ROC在低位同步上升，可以較為確認反彈升

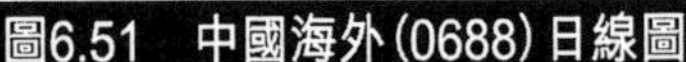

圖6.51 中國海外(0688)日線圖

勢，相反，若股價與MTM或ROC在高位同步下跌，更能確認跌勢。

MTM及ROC的優點

1. 計算較簡單。

2. 不同於移動平均線落後於價格走勢，MTM及ROC經常是價格走勢的領先指標，在價格到達頭部或底部之前，首先會發生動量流失的現象，由此提供啟示。

MTM及ROC的缺點

1. 在大趨勢市中，太早發出超買超賣訊號。

2. 過於敏感，出現太多波動的訊號，在制定策略時容易錯誤。

3. MTM或ROC值並無上下限制，何謂「大」，何謂「小」，並無客觀標準，需要分析者憑以往記錄及經驗作衡量。因此，後來有相對強弱指數(RSI)出現，限制波動範圍在0至100之內，以補MTM及ROC的不足。

重點提示：有時光用MTM或ROC值來作分析，過於簡單，在實際操作中，可以設置一條MTM或ROC值的移動平均線，形成快慢速度移動平均線，以當日MTM線與其10日平均線的交叉現象來作買賣策略的參考。

6.9 威廉指標

威廉指標，又稱%R指標（Williams overbought/oversold index）是由Larry Williams所提出，屬隨機指標的變形，同樣利用擺動原理來量度股市的超買超賣情況，在預測短線走勢時功效較佳。

計算方法：

$$\%R = \frac{(\text{所採取日數內的最高價} - \text{當日收市價})}{(\text{所採取日數內的最高價} - \text{所採取日數內的最低價})} \times 100\%$$

由以上計算公式得出的數值，每日連線即成%R線，數值一般會在0至100之間波動。0至20為超買區，而80至100為超賣區，50為中軸線。

慣用計算日數參考

計算威廉指標前，先要決定採用的時段日數，市場一般採用的有12、14及20天。

應用法則

1. %R處超買區表示勢強

%R值愈小，表示當時市場買盤積極，當%R升至0至20之間時，反映市場正處於強烈升勢中，並進入超買狀態，並可能維持一段時間，出現超買又超買情形。如在圖6.52所見，和記黃埔（0013）

圖6.52　和記黃埔(0013)日線圖

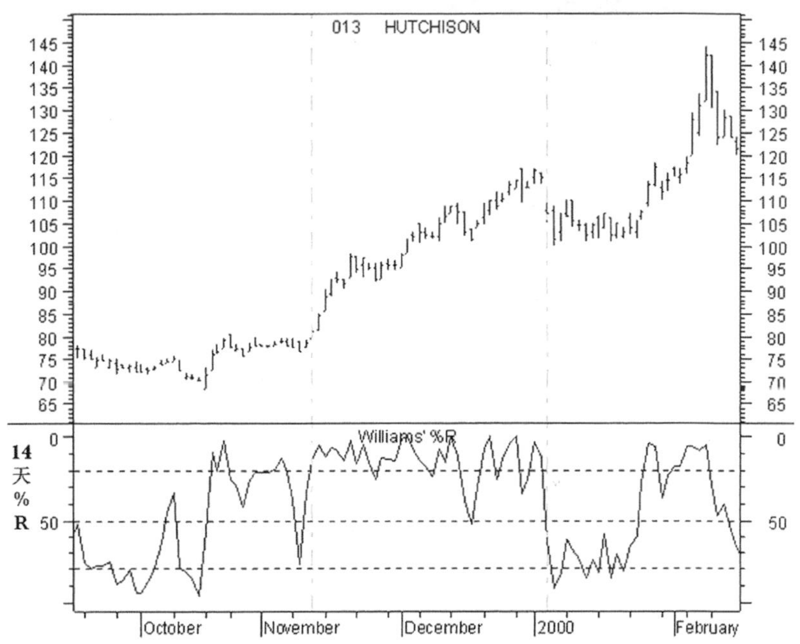

於1999年11月至年尾的接近一個半月時間，%R線大部分在0至20的超買區橫行，股價顯示升浪一個接一個。

2. 跌破50中軸線亮利淡警號

當%R線進入超買區的時候，反映市況升勢佳的同時，暗藏危機，正所謂「物極必反」，股價總不能長時間處於上升狀態，故在%R進入超買區，可視為發出市況將轉向的警號，應提防後市逆轉下跌。

只有確定%R線明顯出現轉向，由超買區向下先跌破20，再接着跌破50中軸線後，才可視為短期利淡賣出訊號。%R跌破50中軸線後，亦需一、兩天的觀察是否真跌破，若跌破後迅速返回中軸線上，反映是段升勢未完結，應停止作任何沽空行動。

圖6.53　和記黃埔(0013)日線圖

圖6.53是和記黃埔(0013)日線圖，圖中顯示，股價於1998年初展開升勢，途中%R於2月一度跌破50中軸線(圖中ⓐ點)，但迅即攀升回上，於3月初亦出現以上情況(圖中ⓑ點)，兩次%R假跌破50中軸線都只接近短期調整的底部，若大家當時因%R跌破中軸線而沽貨，便會輸錢。直至3月尾時，終見%R在超買區先跌穿20，再跌穿中軸線達兩、三天時間(圖中ⓒ點)，確認前段升勢已完結，後市開始進入下跌勢。

3. %R處超賣區表示弱勢

%R值愈大，表示市場沽盤積極，當%R跌至80至100之間時，反映市場正處於強烈跌勢中，並進入超賣狀態，預算可能維持一段時間，而且可能出現超賣又超賣的情況。

圖6.54 長江實業(0001)日線圖

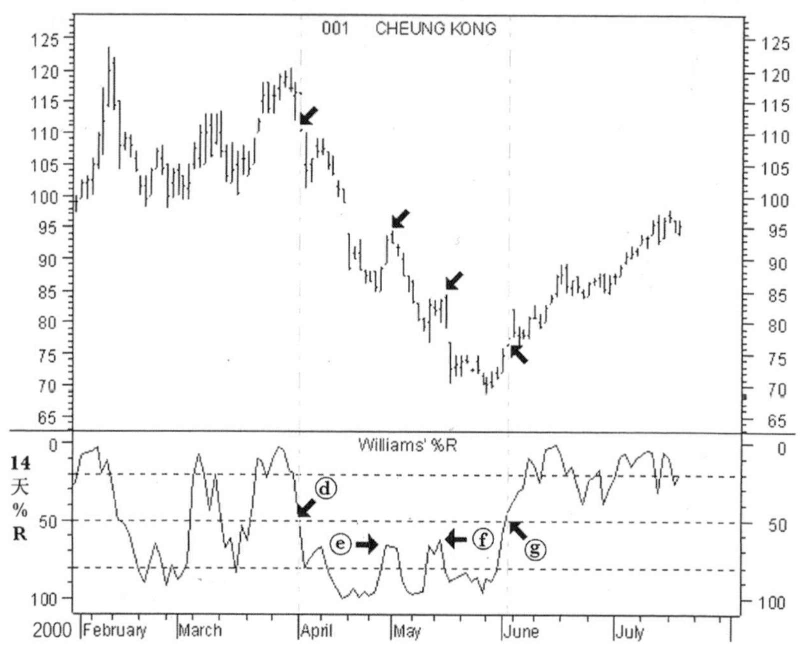

從圖6.54所見，長江實業(0001)於2000年3月尾，%R線從超買區向下跌破50中軸後(圖示ⓓ)，在4至5月時大部分時間在80至100的超賣區橫行，股價顯示跌浪一個接一個，反映市況積弱。

4. 升破50中軸線亮利好警號

當%R線進入超賣區的時候，反映市況跌勢猶在，不過與此同時，也暗露曙光，股價總不能長時間處於下跌狀態，故在%R進入超賣區，可視為發出市況將轉向的警號，應提防後市將逆轉向上反彈。

只有確定%R線明顯出現轉向，由超賣區向上先升破80，再升破50中軸線後，才可視為短期利好買入訊號。%R升破50中軸線後，亦需一、兩天的觀察是否真升破。

同以圖6.54作參考，長江實業(0001)於2000年3月尾進入短期跌勢，低點一個低於一個，期間股價雖兩度反彈，但%R均未能升抵50中軸線而回(即圖示ⓔ及ⓕ)，反映股價反彈無力，不宜跟進。直至6月初時，股價攀升的同時，%R亦升破中軸線(圖示ⓖ)重回0至20超買區上，確認反彈有力，也確認為利好買入訊號，結果顯示後市真的重拾升勢。

威廉指標的優點

1. 當股價無法再創新高或新低價時，%R往往能提早發出市況將轉向的啟示，具領先指標作用。

2. 應用方法簡單易明。

威廉指標的缺點

%R常達到0或100的極端點，令波動過於激烈，容易產生錯誤的買賣訊號。

重點提示：威廉指標的敏感性較強，宜結合其他穩定性較強的相對強弱指數(RSI)或動向指標(DMI)來判斷市況，加強測市的準確性。此外，當股價已向一定方向建立趨勢後，威廉指標所發揮的效用將大減，如之前已提過強勁升勢中超買又超買的情況經常出現，在此情況下不宜應用威廉指標。在上落市中，才較適合應用威廉指標。

6.10 結合多項技術指標分析

前九節已交代過目前市場普遍應用的幾種技術指標，並詳細說明過各指標的優點及缺點，以及在什麼市況下，發揮的效用才最大。

今節主要是想講解一下各技術指標其實可靈活地配合運用，以達到互補不足。

6.10.1 STC與RSI配合運用

隨機指標(STC)的其中一個缺點是太過敏感，提供的買賣訊號雖然較多，但同時亦增加出錯的機會率，究竟如何彌補？除以周線圖來雙重核對買賣訊號外，配合敏感度較低的相對強弱指數(RSI)及指數平滑移動平均線(MACD)，可作過濾買賣訊號的效果。

圖6.55是恆基地產(0012)日線圖，圖中顯示，股價於1999年7月初開始下跌趨勢，在反覆下跌趨勢中，慢STC中的%K及%D線幾度跌至超賣區，發出隨時反彈的訊號，但卻無法確定究竟幾時見底，同期參考了14天RSI於股價跌勢近尾聲才第一次回至20超賣區附近(圖示ⓐ)，見底有望，避免如STC般發出過於頻繁的訊號。同年11月至12月期間，在股價回升途中，STC迅即升至超買區(圖示ⓑ)，發出股價隨時回落的訊號，但RSI明顯地未見超買，股價

圖6.55　恒基地產(0012)日線圖

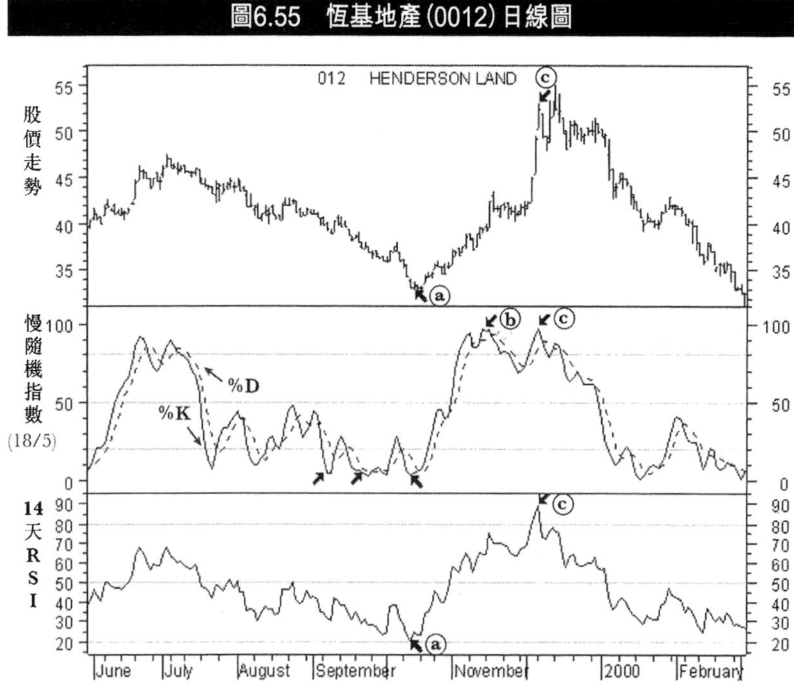

隨後繼續向上，直至RSI及STC同踏入超買區(圖示ⓒ)，股價才見頂回落。這實例中，可見RSI及STC的配合發揮功效。

6.10.2 STC與MACD配合運用

MACD提供清楚的短期或中期趨勢完結訊號，避免在升勢或跌勢途中出錯市或入錯市，這正好補救STC過於頻繁的超買或超賣訊號。

圖6.56是太古A(0019)日線圖，圖中顯示，股價於1999年10月展開升勢，慢STC的%K線迅即升至超買區，若當時只跟隨超買情況而沽出，最後便錯過此段由34元左右升至51元的升浪。反觀，以

圖6.56　太古A(0019)日線圖

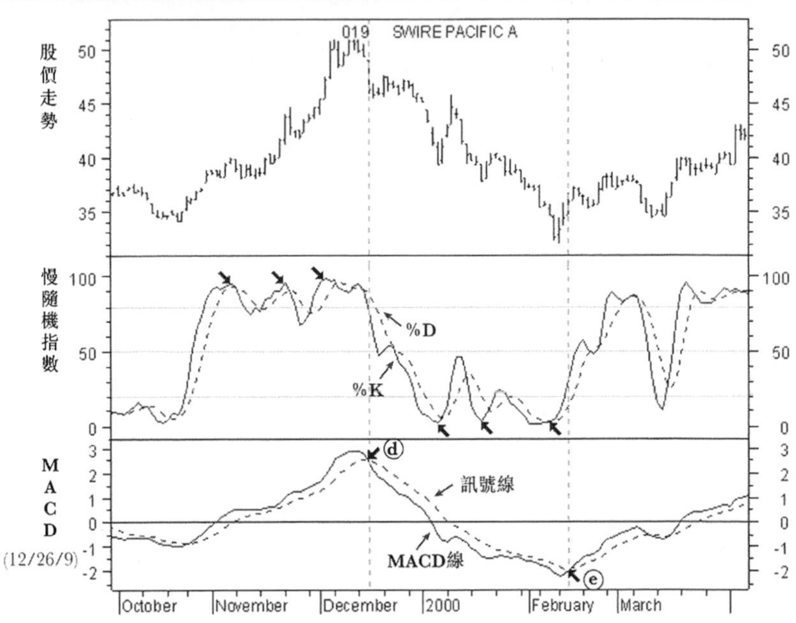

MACD作配合參考，股價升至升浪頂附近，MACD線才見跌破訊號線，發出利淡後市走向的訊號(圖示ⓓ)，此時STC在超買區中，產生的雙重利淡訊號才算確認；結果，股價由高位展開跌勢，呈一浪低於一浪的形態。同樣，在下跌勢途中，慢STC幾度跌至超賣區，買入訊號不足信，等候至2000年2月中旬時，MACD線升破訊號線(圖示ⓔ)，而且前幾天STC中的%K線升破%D線，產生雙重利好訊號，才確認升勢重拾。

6.10.3 移動平均線與STC配合運用

之前已提過，短線測市指標STC中的%K線或%D線跌至超賣區只是一個利好警號而已，不足構成準確買入訊號，但配合屬於趨勢指標移動平均線，卻能發揮互補不足的作用，因趨勢線具判斷阻力及支持作用，若%K線跌至超賣區，股價同步下試近趨勢線的支持位，或趨勢線出現黃金交叉訊號，利好訊號便可加強。相反，若%K線升至超買區，股價同步上試近趨勢線的阻力而回，或趨勢線出現死亡交叉訊號，利淡訊號便可加強。

圖6.57美國可口可樂公司的日線圖，在1995年11月至1996年5月期間，可見其股價大致在100天平均線覓得支持力，每次跌近此平均線均呈支持而反彈上升，如圖示的ⓕ點及ⓖ點，當股價觸及平均線的同時，慢STC跌至20超賣區，發出股價將呈反彈的訊號，結果，兩次的入市都算是短期跌勢的低位水平，買入者應有不錯的利潤。

圖6.57 美國可口可樂公司日線圖

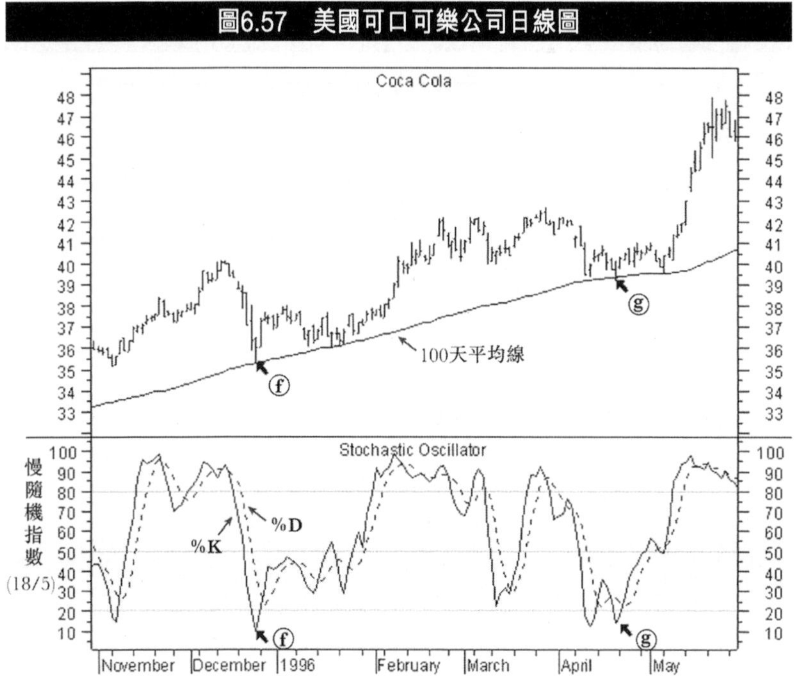

6.10.4 保歷加通道與RSI配合運用

股價突出保歷加通道上限外，只能代表目前的趨勢頗強，但同時隱藏市況過於超買或超賣，隨時出現逆轉情況。究竟怎樣可以加強確認逆轉市？答案就是利用RSI的背馳訊號，這方法效果甚佳，且看以下實例。

圖6.58是中信泰富(0267)日線圖，圖中顯示，股價在1999年3月至4月間，曾數次上破20天保歷加通道上限，但未見觸及大幅度的調整，及至5月的一次(圖示ⓗ)，14天RSI呈現頂背馳(股價創高位但RSI卻未能跟上)，結果，股價隨即作調整，由高位25元跌至20元才見跌勢喘定。到6月時，股價再度升穿保歷加通道上限(圖示

圖6.58 中信泰富(0267)日線圖

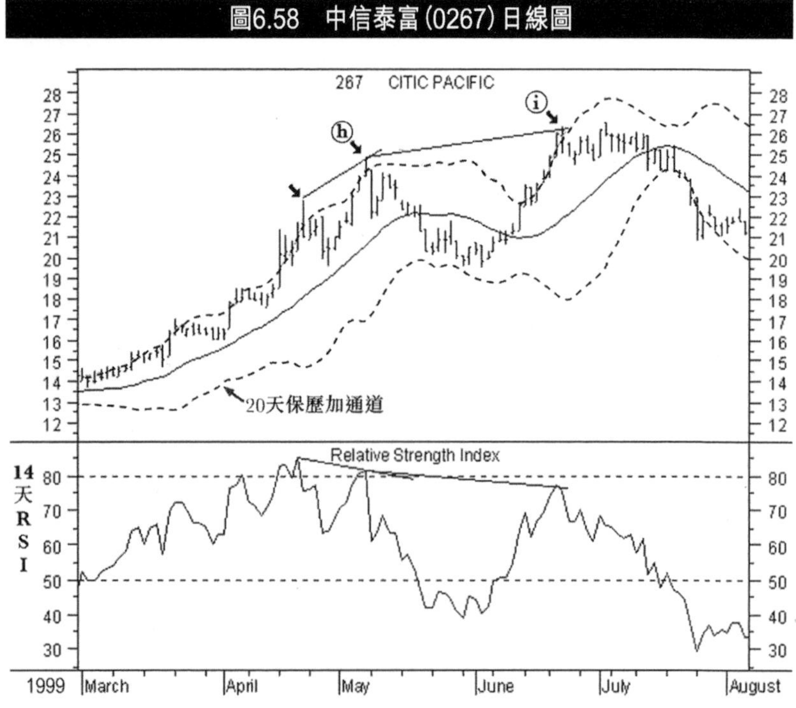

ⓘ)，但RSI見頂背馳現象，隨後股價兩次到達高位26.5元左右而回。從實例中可見，RSI及保歷加通道可以很好地互相配合應用。

6.10.5 DMI與STC

先重溫動向指標(DMI)中的ADX線，它具反映市況的作用，若上升則顯示市況正朝一個既定趨勢展開，相反，下跌或持平顯示市況處牛皮窄幅橫行，無方向可言。若見ADX線呈下跌或持平，配合屬擺動指標的隨機指標(STC)效果較佳。

圖6.59是東亞銀行(0023)日線圖，圖中顯示，該股在1998年2

圖6.59 東亞銀行(0023)日線圖

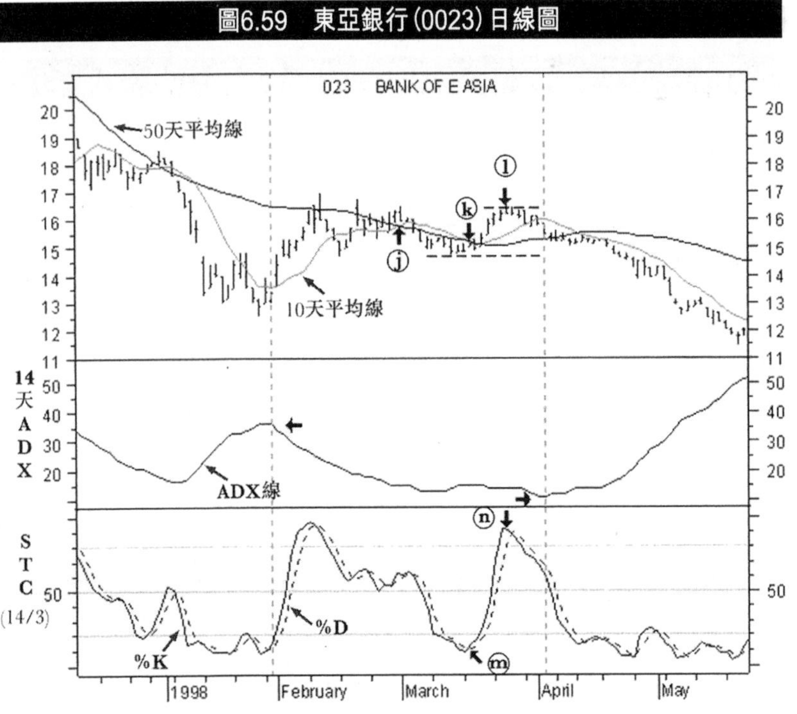

月至4月初這段時間，ADX線先呈下跌後持平發展，市況呈窄幅上落狀況，若此段時間利用移動平均線預測，出錯機會很高，如圖示ⓙ點，10天線上破50天線發出利好訊號，但跟着買入，隨後一日股價即又再跌；圖示ⓚ點，10天平均線稍微跌破50天平均線屬利淡訊號，但跟着沽出，股價其後即升。相反，若利用敏感度較高的STC，效果則不同：圖示ⓜ點表示%K線升破%D線發出利好訊號(當時股價約在15元)，此時買入，等候圖示ⓝ點，%K線跌破%D線發出利淡訊號時才沽出(當時股價約在16.5元)，可以成功地完成在牛皮市中低買高沽的策略。

6.10.6 DMI與移動平均線

圖6.60　東亞銀行(0023)日線圖

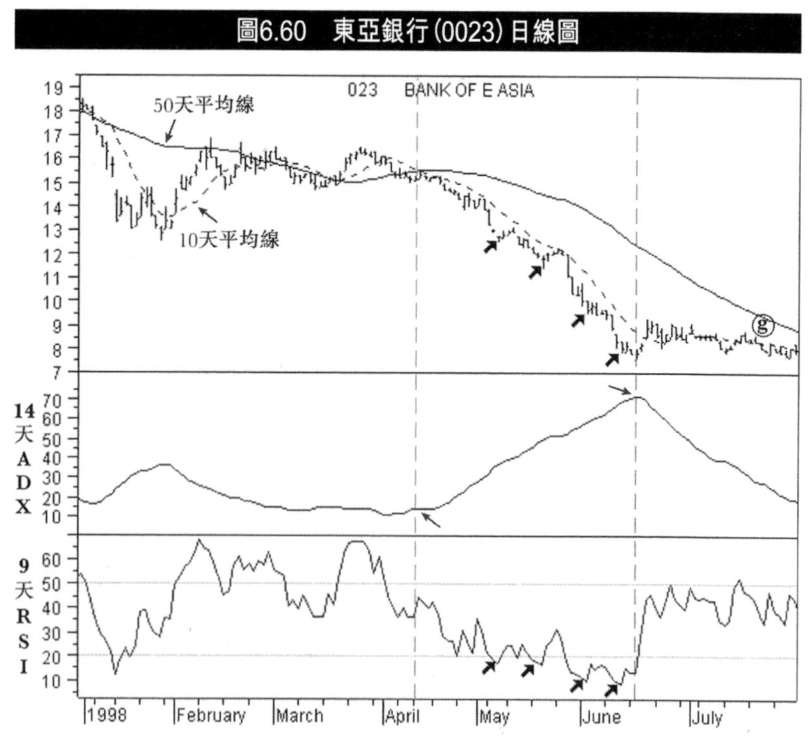

至於在趨勢市中，移動平均線則發揮較大的作用。

圖6.60同是東亞銀行(0023)日線圖，圖中顯示，該股在1998年4月至6月中旬期間，ADX線呈上升趨勢，加強股價跌勢的確認，此段下跌趨勢，若運用擺動指標RSI，效果會很差勁。圖示箭咀處，股價呈一浪低於一浪走勢，而9天RSI幾度跌至20超賣區，不知哪個才是真的擺脫跌勢的啟示。若在此段時間一見RSI超賣即以為股價將回升而買貨，那就錯了！從同期的移動平均線表現所見，股價幾度反彈近10天平均線而回，顯示阻力明顯，加上ADX確定跌勢，投資者無須作不必要的憧憬，股價暫難望見底反彈。

7

陰陽燭分析方法

陰陽燭(candlesticks)又稱「K線」，發源於日本，方法的運用可以追溯至公元1750年，當時日本人主要利用此分析技巧來制訂入市買賣稻米期貨的策略。

在日本流行百年以上的陰陽燭，在西方股市流行只是十多年前的事。1989年12月，美國人Steve Nison發表了一篇有關陰陽燭的文章，表示陰陽燭運作簡單易明，而用來形容形態的名稱亦生動貼切；此文發表後，受到廣泛關注。繼後，Steve Nison將多年學習得來的陰陽燭的運用方法以英文撮寫成書，將之發揚光大，使陰陽燭廣為西方股市技術分析人士所採用。

本章大部分內容正是取自Steve Nison所著的兩本書，一本是《Japanese Candlestick Charting Techniques》(中譯本名為《陰陽燭線》，寰宇出版)，New York：New York Institute of Finance，1991，另一本是《Beyond Candlesticks》(中譯本名為《股票K線戰法》，寰宇出版)，New York: John Wiley & Sons，1994。

此外，部分內容撮錄自Gregory L. Morris所著的《Candlestick Charting Explained》，Dow Jones-Irwin，1995(Originally published as Candle Power in 1992)。

陰陽燭的運用方法相當具彈性，可以單獨使用，也可以結合其他技術分析工具使用。由於陰陽燭以「價」的表現為重心，較缺乏「量」和「趨勢」的數據分析，因此建議讀者最好結合本章及其他章節所介紹的技術方法來預測後市，尤其上章介紹的技術指標分析方法，配合陰陽燭使用，更能發揮最佳效果，令買賣更有把握。

7.1 陰陽燭的繪製方法

7.1.1 日線圖的繪製

陰陽燭的繪製方法已在第一章的1.2.3節「走勢圖的類型」中介紹過，在此再作簡單介紹。

陰陽燭主要由四個價格數據所組合，包括開市價、最高價、最低價及收市價，將開市價與收市價以長方形的實體（俗稱燭身）(real body) 表現出來，而最高價及最低價則以幼黑影線 (shadows) 表現。

圖7.1為典型的陰燭及陽燭兩種線形，從外形上看，讀者可以理解為何稱為陰陽燭，兩根線形極像分別塗上白色及黑色的蠟燭，而突出蠟燭的為燭蕊，究竟蠟燭及燭蕊部分是什麼？若當日的收市價高於開市價，實體部分（即燭身）將以白色顯示（在彩色製作的圖中會以紅色顯示），稱之為「陽燭」。相反，若當日的收市價低於開市價，實體會以黑色顯示（在彩色圖中則以藍色顯示），稱之為「陰燭」。

燭蕊部分等同突出於陰陽燭實體部分的影線，有分為上影線（俗稱手部）(upper shadow) 及下影線（俗稱腳部）(lower shadow)。在陽燭中，突出實體上部分的手部是連接當日的最高價及收市價，而突出實體下部分的腳部則連接開市價及最低價。在陰燭中，手部是連接當日的最高價及開市價，而腳部則連接當日的最低價及收市

圖7.1　陰燭與陽燭

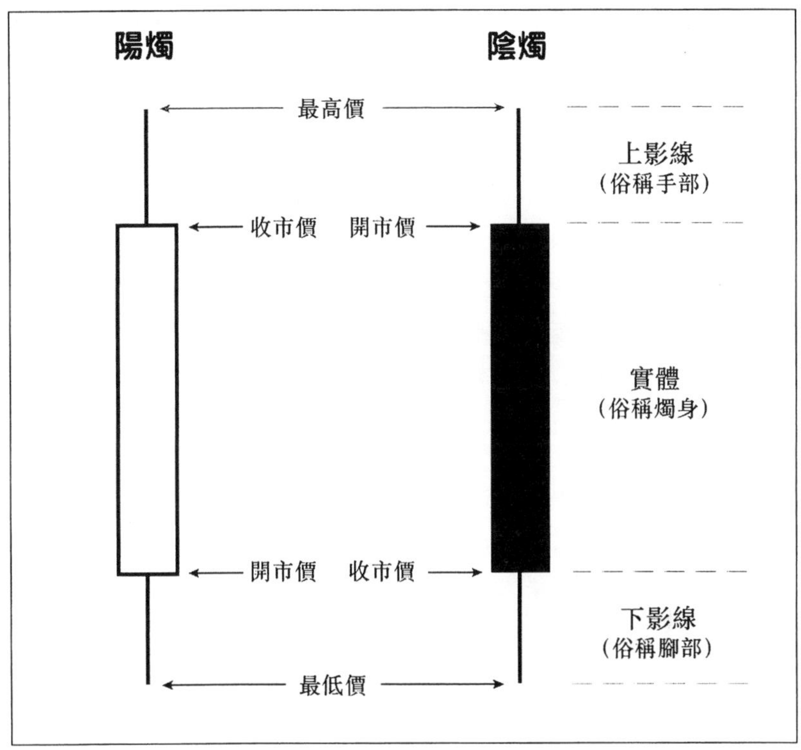

價。

將每個交易日的開市價、最高價、最低價及收市價製作成陰陽燭且順時間排列，又稱陰陽燭日線圖。

7.1.2 周、月及年線圖的繪製

陰陽燭可以適用於任何時間架構，製作周線圖的原理亦與以上一樣，一枝陽燭或陰燭記錄了一周內的四個價格組合，包括每周第一個交易日的開市價、每周最後一個交易的收市價(以香港為例，股票交易日為星期一至星期五，假設某周的星期一為假期休市，當周的第一個交易日便是星期二，當周應以星期二的開市價作製作周線；又假設某周的星期五為假期休市，當周的最後交易日便為星期四，應以星期四的收市價作計算）、周內見過的最高價和周內見過的最低價。

陰陽燭月線圖的四個價格數據，包括每個月第一個交易的開市價、月內最高價、月內最低價和每個月的最後一個交易日的收市價。餘此類推，陰陽燭年線圖包括每年第一個交易的開市價、年內最高價、年內最低價和每年最後一個交易日的收市價。

在炒賣期指時，很多時會用到更短時間的陰陽燭圖，包括一分鐘圖、五分鐘圖、十五分鐘圖、三十分鐘圖、小時圖，其製作方法與以上的大同小異。

7.2 單一線形的用法和意義

在陰陽燭走勢圖中，即使是單一一枝蠟燭或線形也有其分析意義，本節將詳細講解究竟單一一枝大陽燭、大陰燭、陀螺(紡錘)及十字星的意義是什麼？又如何運用？

7.2.1 大陽燭（又名長陽燭）

形態特徵

圖7.2所示的大陽燭，反映買盤積極，某個交易日中股價在接近全日最低位開市後，持續攀升，終於以接近全日最高位收市，開市價與收市價拉得很開，形成實體部分較長。某股票的開市價與收市價怎樣才算「拉得很開」，並無定義，最好拿該股票近一年的陰陽燭參照對比。此外，部分陰陽燭專家提供一些實數比例，讀者亦可參考；例如，他們指出，一枝具有明顯意義的大陽燭，其實體長度至少是前一天實體長度的三倍。

圖7.2　大陽燭(長陽燭)

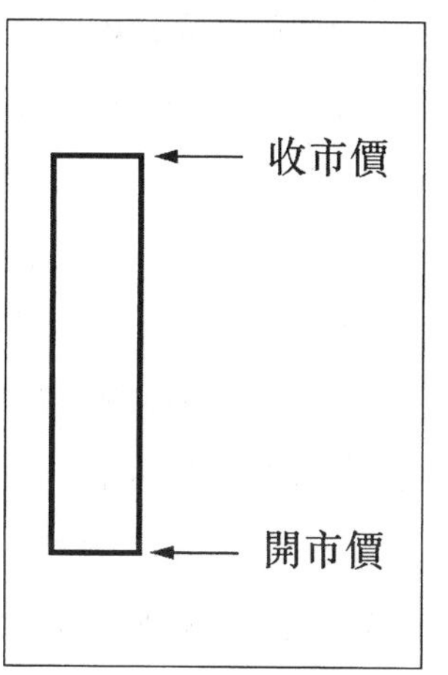

表面上看，大陽燭代表股價低開高收，屬利好的啟示，但實際如何運用，以下將詳細介紹。

運作方法詳解

(i) 以大陽燭確認調整時的支持

我們可以以大陽燭來確認調整時的支持是有效力，方法很簡單。參考圖7.3a及7.3b，當股價在上升勢途中回落時，觸及一些重要趨勢線(如上升軌支持線)，或移動平均線而能以大陽燭形式止跌回升，反映上升軌及移動平均線的支持暫算強勁，好友已轉守為攻，預示後市續向好。

圖7.3a 跌近上升軌呈支持反彈

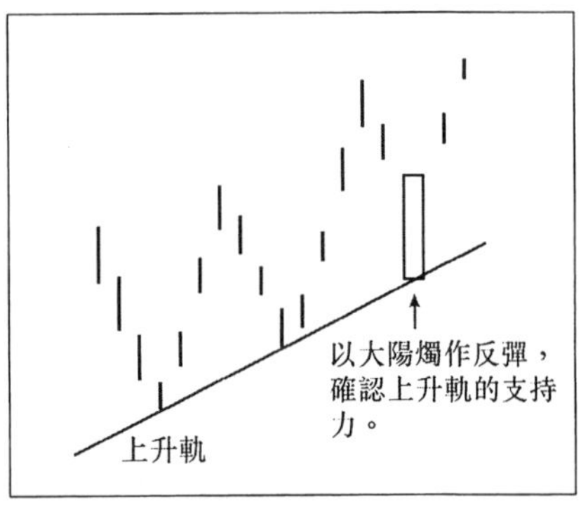

圖7.3b 跌近移動平均線呈反彈

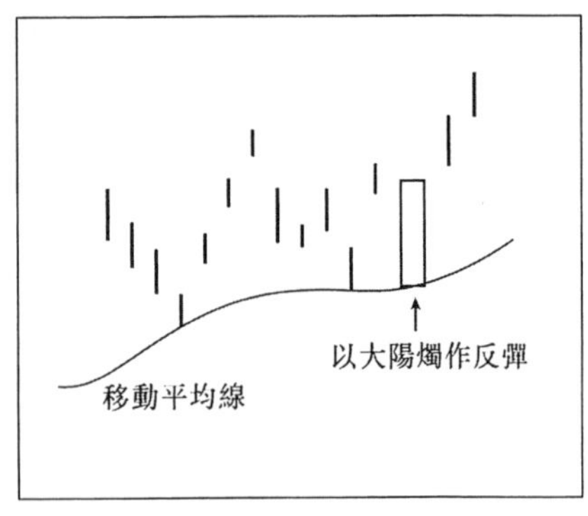

圖7.4是電視廣播(0511)陰陽燭圖，圖中顯示，因互聯網業興盛帶旺廣播媒體業，該股受追捧，於1999年10月上破50天移動平均線，確定升勢。其後所見，股價首次(圖示A點)觸近平均線而以大陽燭反彈，到第二次(圖示B點)又是這樣，此時已加強了此50天平均線的支持力，後市若有信心，可在股價分別觸近平均線(圖示C及D點)時買入博反彈，而兩次所見，股價都能以大陽燭回升，投資者得以獲利。

圖7.4　電視廣播(0551)陰陽燭日線圖

(ii) 以大陽燭確認突破時的力量

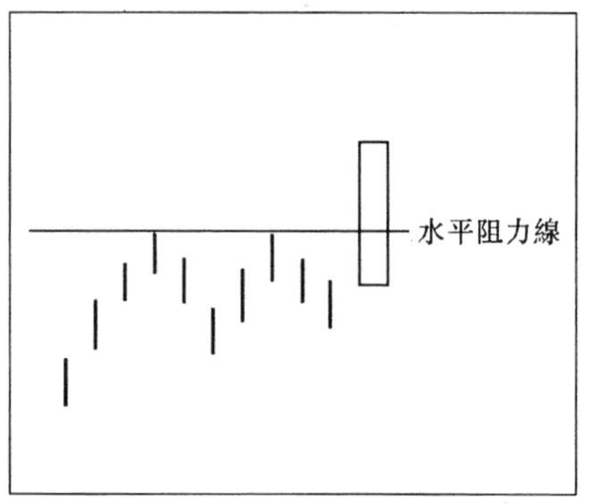

圖7.5a　以大陽燭上破水平阻力線

股價在反覆窄幅波動後，若以一枝實體較長的大陽燭來突破阻力線或移動平均線等，突破訊號的有效性會增強。如圖7.5a所示，股價以大陽燭升破接近水平的阻力線，裂解雙頂的形成威脅；而圖7.5b則顯示，股價以大陽燭升破下降軌，同是有效力的突破訊號，

圖7.5b　以大陽燭上破下降軌

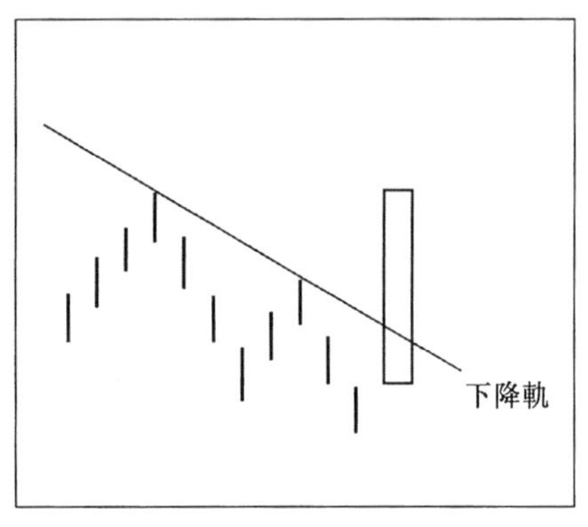

若同時配合觀察股價在以大陽燭突破，而成交量又上升的話，屬強勁利好訊號，便可以放心買貨。

圖7.6的中國移動（0941）（前稱中國電信）自1997年上市以來一直被憧憬獲母公司注資而支持股價不斷上揚，1999年間，股價以大陽燭方式升破下降軌阻力線（圖示E點）、上升旗形阻力線（F點）和水平阻力線（G

圖7.6　中國移動（0941）陰陽燭日線圖

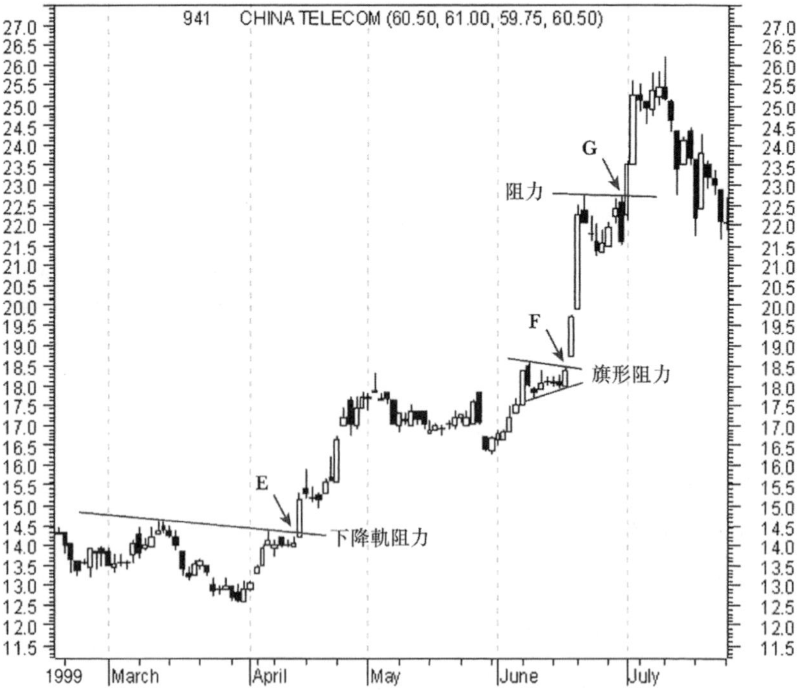

點)，並在突破後升勢猛烈，可見突破訊號強。

(iii) 利用大陽燭實體預測支持位

在上升趨勢途中出現的大陽燭，不但具支持作用，而且可用來預測支持位。在一段升勢途中出現大陽燭後，由於短期上漲勢過速，處於極超買狀況，股價此時可能需作調整，以消化回吐獲利的沽盤，這樣的調整一般視為健康，可以大陽燭作為預測的支持位。

從圖7.7a和7.7b所見，回吐時股價往往在先前大陽燭實體的中點部分或整枝大陽燭(包括下影線)的最低點獲得支持。特別一提，股價的支持以收市價為準，若股價於某交易日曾跌破大陽燭的最低點，但收市企回之上，仍視為有效的支持，料後市應有力回升。假若以收市價計，股價跌破大陽燭的最低點，便應否定大陽燭的支持力，對後市也宜審慎觀察。

圖7.7a　以大陽燭實體的中點為支持

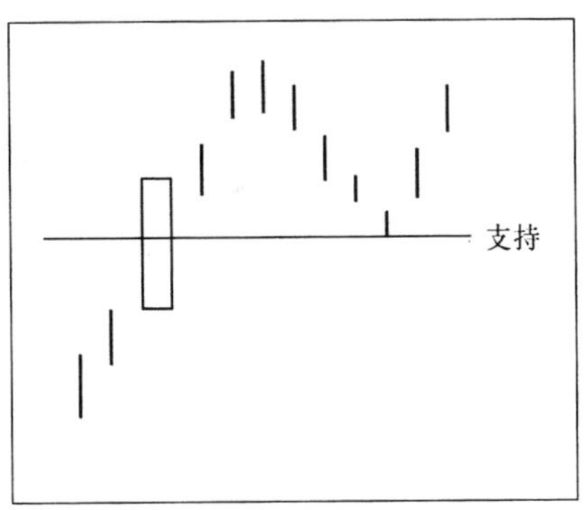

圖7.7b　以大陽燭低點為支持

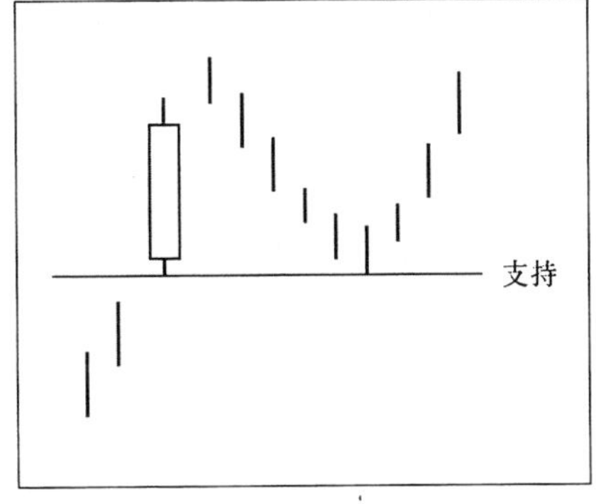

圖7.8的匯豐控股(0005)在1999年2月開始，由於憧憬將公佈的業績有理想成績而刺激股價上升，上升勢途中，出現大陽燭；在出現大陽燭後，其升勢轉趨平緩，及後股價更於5月近88元高位作回吐，但跌近大陽燭的最低價即見支持而作反彈。股價第一次觸及大陽燭最低價時(圖示H點)只作

圖7.8 匯豐控股(0005)陰陽燭日線圖

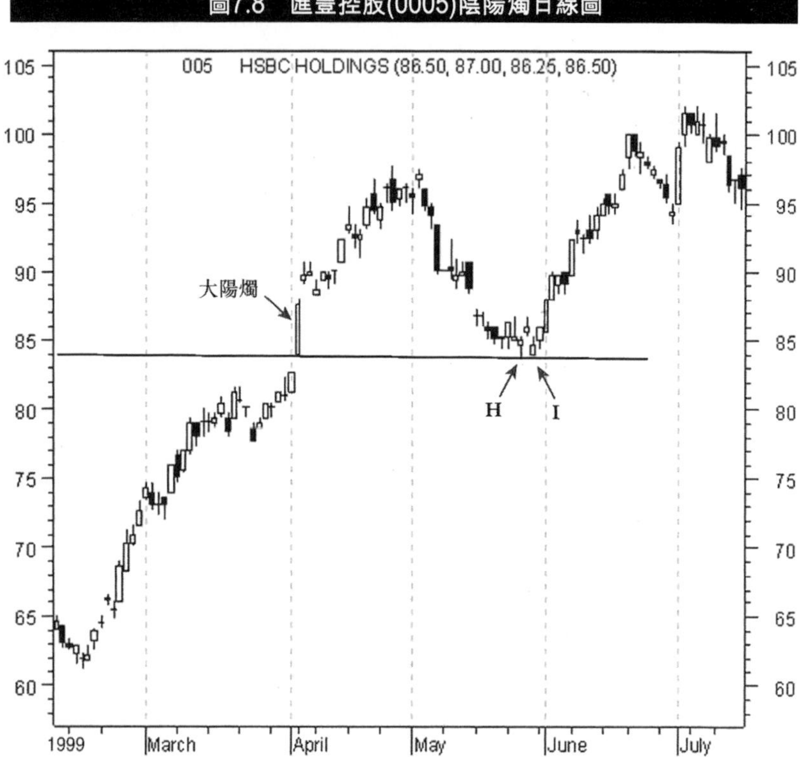

輕微反彈，但到第二次（圖示I點）再觸及大陽燭最低價時，可以確認已發揮支持力，股價隨後果然再展升勢。

7.2.2 大陰燭（又名長陰燭）

形態特徵

圖7.9所示的大陰燭，反映沽盤強勁，某個交易日中股價於接近全日最高位開市後，持續下跌，終於以接近全日最低位收市，開市價與收市價拉得很開，形成黑色實體部分較長。同樣，陰燭何謂「大」並無明確定義，最好拿該股票近一年的陰陽燭參照對比，而部

分專家指一枝具有明顯意義的大陰燭，其實體長度至少是前一天實體長度的三倍。

與大陽燭相反，由於大陰燭的形成，代表當日股價先升後回軟，多少具利淡意味，尤其當大陰燭在已有一段累計升幅不少的趨勢中出現，利淡意味更強。

圖7.9 大陰燭(長陰燭)

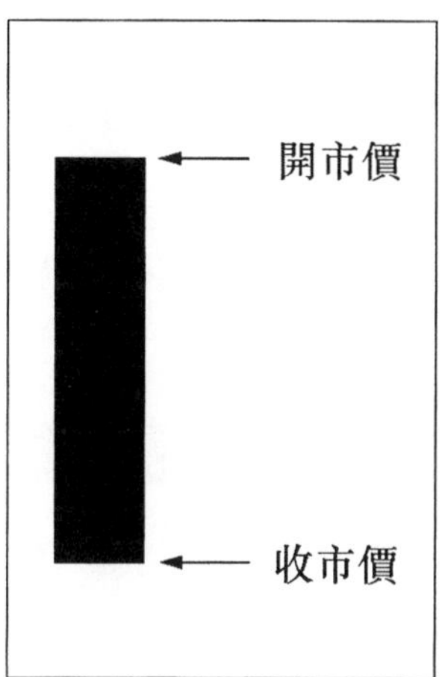

圖7.10a 反彈受制阻力線

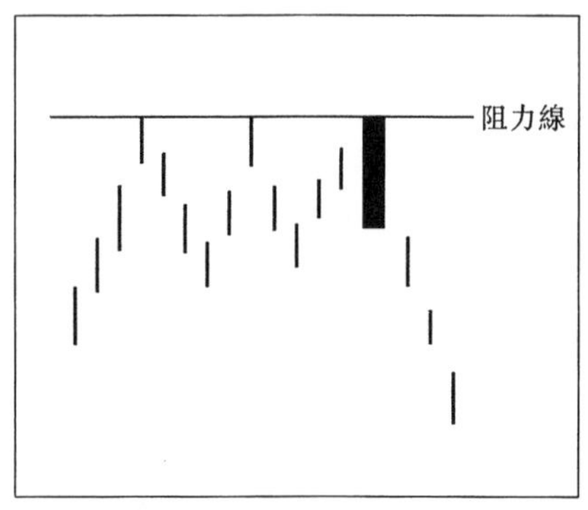

圖7.10b 反彈受制移動平均線

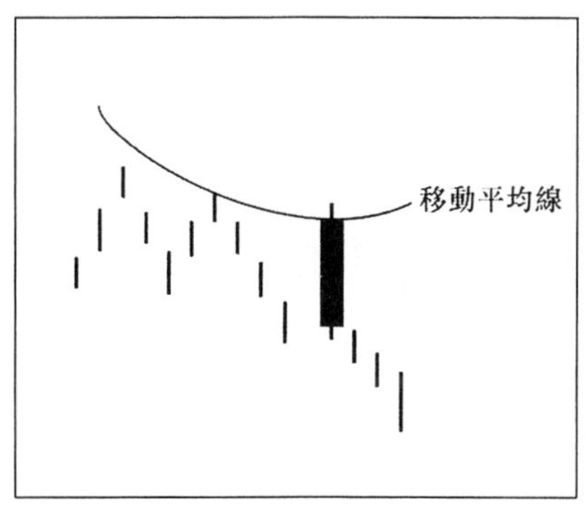

運作方法詳解

(i) 以大陰燭確認反彈的阻力

在一段反覆下跌趨勢中，如果股價反彈觸及重要趨勢線或移動平均線時，遇沽壓並以一枝大陰燭形式回落，可以確定趨勢線或平均線仍發揮阻力作用，沽壓仍沉重，後市將繼續向淡。

在圖7.10a，股價兩次反彈近水平阻力線而回，最後一次反彈更大陰燭回落，反映此水平阻力線具效力，短期一日未能升破，走勢仍會反覆向下。而圖7.10b則顯示，股價反彈近移動平均線後以大陰燭回落，確認處於弱勢，利淡訊號增強。

圖7.11是鷹君集團（0041）陰陽燭日線圖，圖中顯示，該股於1997年8月以大陰燭形式跌破10天平均線，確定短期轉入跌勢，其後兩次反彈近10天線附近（圖示A和B點），均以大陰燭回落，足證10天線的阻力。

圖7.11　鷹君集團（0041）陰陽燭日線圖

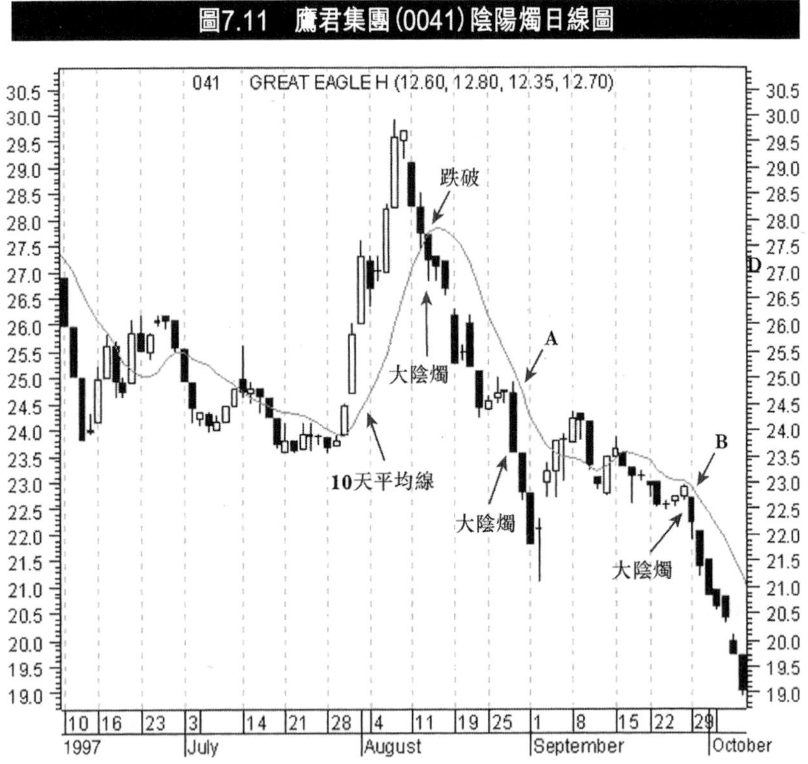

(ii) 以大陰燭確認突破時的力量

當股價以大陰燭形式跌破重要的支持線或移動平均線，突破訊號更加獲確認，利淡訊號更強烈。如圖7.12a所見，若股價以大陰燭跌破水平支持線，以及圖7.12b所見，股價以大陰燭跌破上升軌

圖7.12a　以大陰燭跌破水平支持線

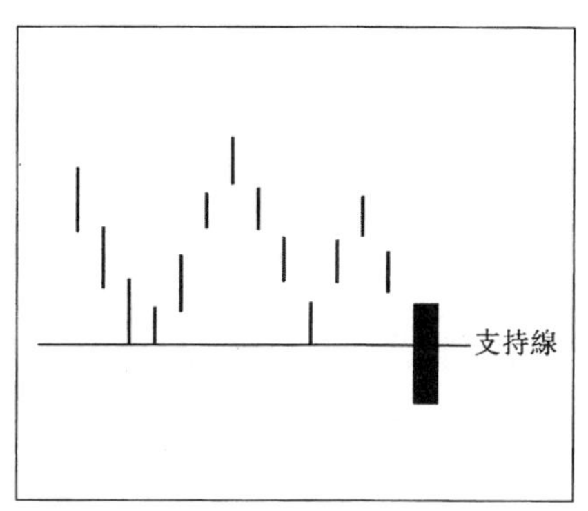

圖7.12b　以大陰燭跌破上升軌

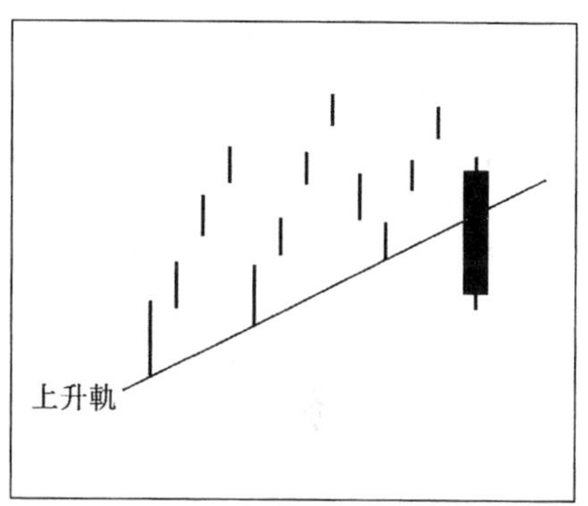

支持位，兩者均屬確定利淡的突破訊號。

圖7.13是電視廣播(0511)陰陽燭日線圖，圖中顯示，在1997年

圖7.13　電視廣播(0511)陰陽燭日線圖

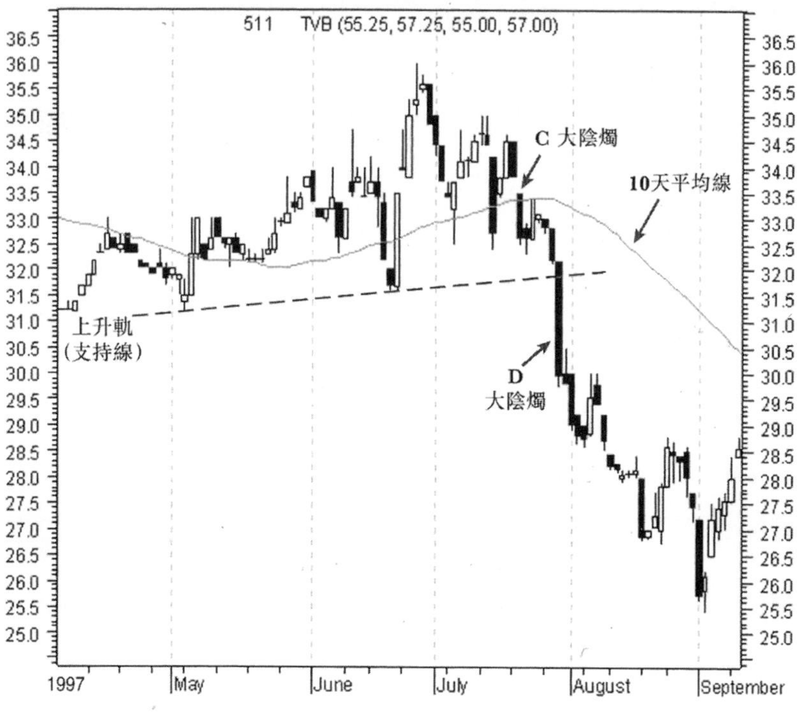

5月至7月中旬期間，該股股價仍在高位近10天線間反覆徘徊，未有明顯趨勢，直至7月下旬(圖示C點)以大陰燭跌破10天線；繼後，再以大陰燭跌破上升軌(支持線)，進一步確定跌勢展開；果然，隨後股價大幅滑落。

(iii)利用大陰燭實體預測阻力位

與大陽燭相反，在確定跌勢後出現的大陰燭，具阻力作用，可以以其實體來預測阻力位。方法如圖7.14a和7.14b所示，在出現大陰燭後，股價呈短暫的反彈，很多時可以預測反彈將受制於先前大陰燭實體的中點部分或整枝陰燭(包括上影線)的最高點而回落，未清貨者應趁此機會沽貨離場。

圖7.14a　以大陰燭實體的中點作阻力

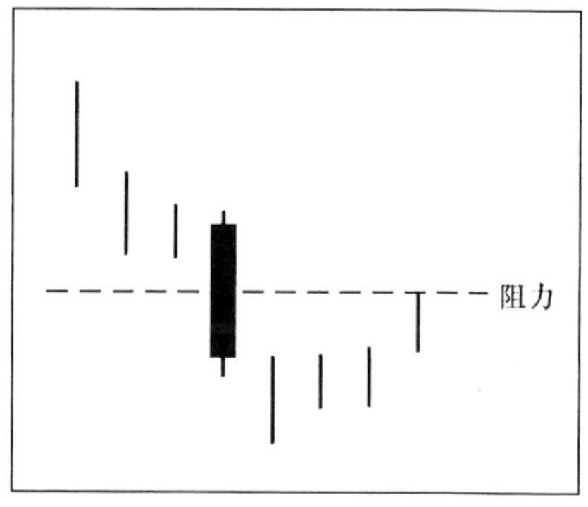

圖7.14b　以大陰燭最高點作阻力

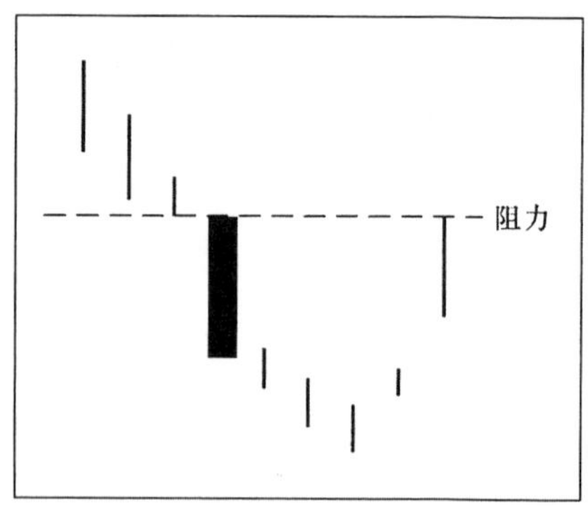

圖7.15是城市電訊(1137)陰陽燭日線圖，圖中顯示，股價於1999年底以下跌裂口兼大陰燭跌破上升軌支持，確認趨勢轉跌。及後於2000年2月時，股價一度反彈，但升近大陰燭最高價部分即遇阻力而再度回落，事後證實此為最後沽貨機會。

圖7.15　城市電訊(1137)陰陽燭日線圖

7.2.3 十字星（doji）

十字星是最重要的單一線形之一，是指開市價與收市價處相同水平，實體部分以一條細橫線代表。世事無完美，有些情況下，開市價與收市價只差幾個價位，也可視為十字星。

形態特徵

參考圖7.16，十字星大概可分以下三類型：

(i) **長腳十字星**(long-legged doji)：具相當長的上、下影線，反映在某交易日，股價開市不久先走高後大幅下挫，最終看好買盤再將股價拉上，令收市價接近開市價；又或者股價開市不久先下跌，後再大幅上揚，最終沽盤將股價力壓回近開市價收市。這兩種股價走向均反映好淡雙方勢均力敵，要小心觀察後市發展才可判斷哪一方勝出。

圖7.16 十字星

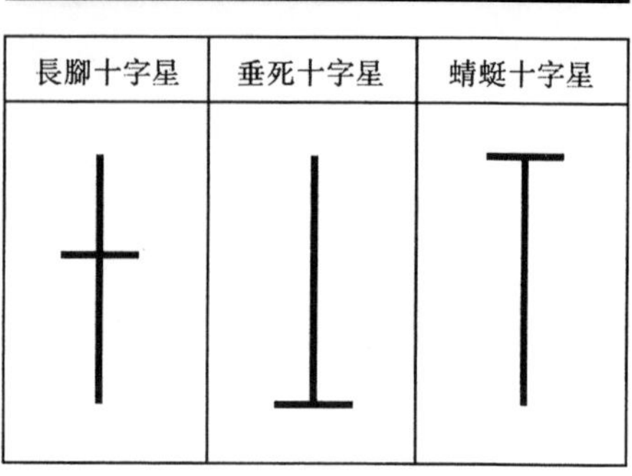

(ii) **垂死十字星／墓碑十字星** (gravestone doji)：聽其名已知利淡多於利好，垂死十字代表當日股價由低位開市，並一度大幅上揚，及後被強勁沽壓力壓而回，以接近開市價及全日最低價收市，形成上影線十分長而沒有下影線的十字星體。若在一個累積升幅不少的高價區出現垂死十字，利淡訊號更強。

(iii) **蜻蜓十字星** (dragonfly doji)：蜻蜓十字剛好與垂死十字相反，下影線很長，沒有上影線，顯示當日股價開市後不久即大幅下挫，但臨近收市又被積極的買盤推高回開市價水平。若在一個累積跌幅不少的低價區出現蜻蜓十字，具「探底」意味，屬利好訊號。

名稱	長腳十字星	垂死十字星	蜻蜓十字星
意義	好淡爭持	利淡	利好

運用方法詳解

如果當時股價處於窄幅橫行走勢，十字星就沒有什麼特殊的意義，此際十字星的形成正代表市場人士對後市舉棋不定，猶豫不決，處觀望階段。

可是，十字星若發生在上升或下跌趨勢的末期時段，便是待變轉向的先兆，分析意義較大。

圖7.17是宏安集團(1222)陰陽燭日線圖，圖中顯示，該股在1999年底擺脱密集低位區(0.3元至0.4元)而上升，近12月底出現長腳十字星，但此時升勢才剛展開，未屬見頂訊號，翌日以大陽燭上升確認好友已控制大局，股價由1元左右飛升至2.25元。但當在急升勢中再出現長腳十字星，此時就要小心提防，果然隨後股價連番下挫，證實淡友已成功反撲，市況趨淡。

圖7.18是大新金融(0440)陰陽燭周線圖，圖上長腳十字星出現

圖7.17　宏安集團(1222)陰陽燭日線圖

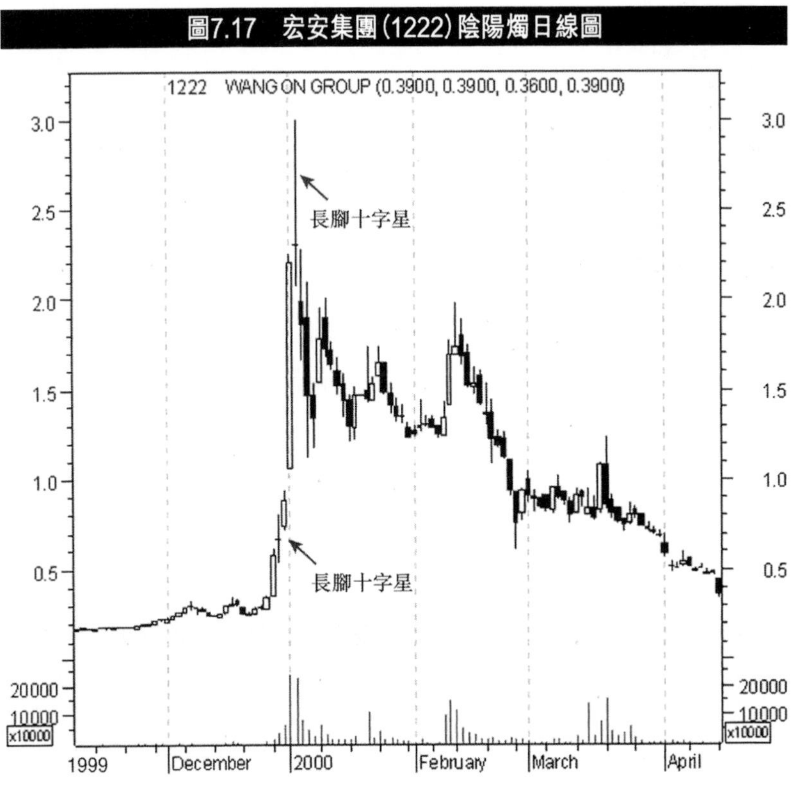

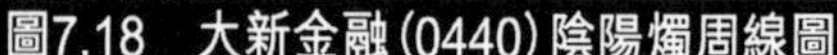

在連續急挫的相對低位中，有喘定的作用；結果，股價在低位覓得支持後，反覆回升。

圖7.19的上海實業(0363)在1997年8月前，股價拾級而上，踏入8月上旬，股價繼續上升，但已是強弩之末，升近高位60元當日，呈現垂死十字星，由於此十字星出現在相對的高位，已可確定為見頂訊號，8月尾出現長腳十字星後，好淡雙方勢均力敵，正在猶豫之際，股價續以陰燭回落，明顯地顯示高位已見，轉趨跌勢，發展到後來，清楚可見8月出現的垂死十字星正是複式頭肩頂的頂部所在。

圖7.19　上海實業(0363)陰陽燭日線圖

7.2.4 陀螺（又名紡錘）（spinning tops）

形態特徵

從圖7.20所見，所謂「陀螺」是指實體部分很小，而上、下影線相對較長的陰陽燭，此屬待變形態，反映好淡雙方正處於拉鋸中，供求力量均等，市況缺乏上升及下跌力量。

圖7.20　陀螺(紡錘)

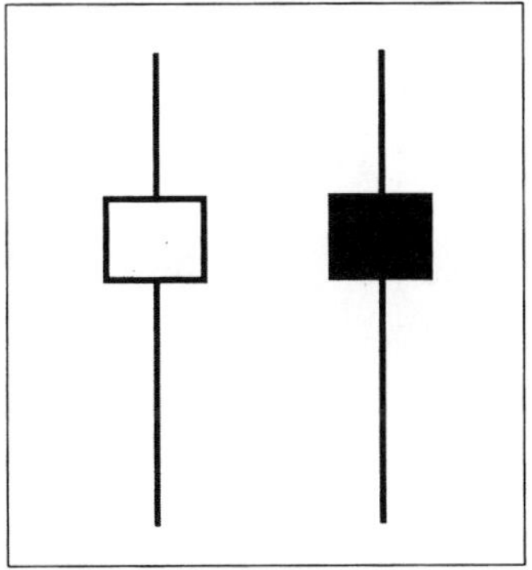

運用方法分析

陀螺出現在持續攀升趨勢的高價區中或持續下跌趨勢的低價區，其分析意義才強烈。而陀螺實體部分屬陰燭或陽燭不太重要，當然，在低位形成的陀螺若屬陽燭實體，可以加強見底的利好訊號。

(i) 當陀螺出現在持續攀升的高價區中，尤其急漲走勢之後，股價在高位停滯不前，成交量大增，小心為莊家托價沽貨的伎倆，一旦托價完成，預示後市將因缺乏承接力而輾轉下滑。

圖7.21a是香港電訊(0008)陰陽燭日線圖，圖中顯示，股價在1999年4月初由15元急升至4月尾22.5元的高位後出現陀螺(1)，反映短期升勢已到強弩之末，隨後股價果然回落。同樣，該股股價由

圖7.21a　香港電訊(0008)陰陽燭日線圖

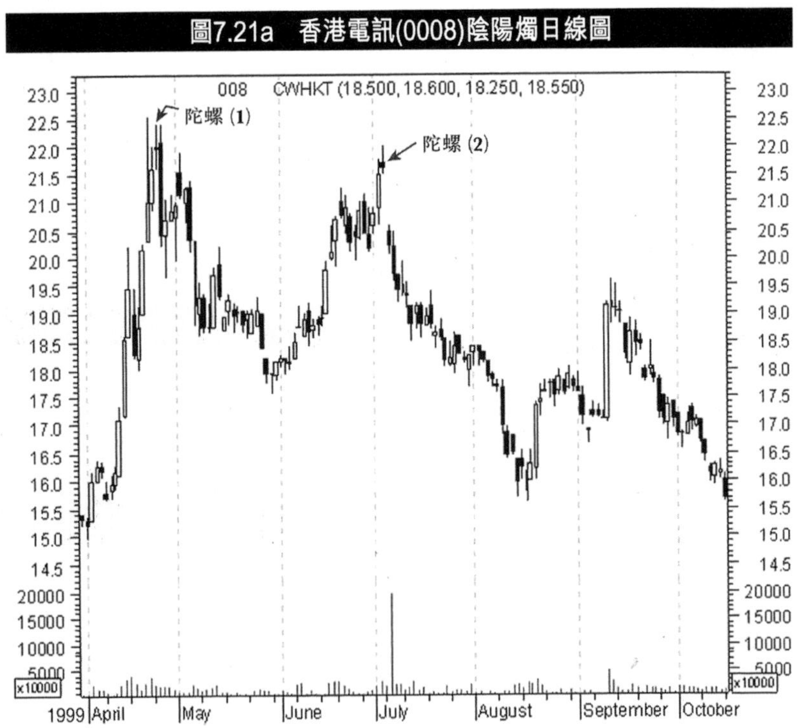

5月尾再呈反彈，但至7月初時間又出現陀螺形態，出現陀螺的翌日股價以下跌性裂口回落，進一步確認後市向淡走向；結果，股價呈一浪低於一浪的利淡走勢。

(ii) 當陀螺出現在持續下挫的低價區中，而成交量增加，反映看淡一方正全力搶攻，拋售股票，而停滯不前的股價表現，顯示淡方雖已加強攻勢，但仍無法將股價再大幅推低，其時好友將淡友所沽售的股價接下來，在買盤的積極吸納下，市況可望有機會回升。

圖7.21b的香港電訊(0008)，在1998年初，股價經過沉重的沽壓後，出現陀螺，成交量大增，反映買盤積極，結果股價迅速回升。

圖7.21b 香港電訊(0008)陰陽燭日線圖

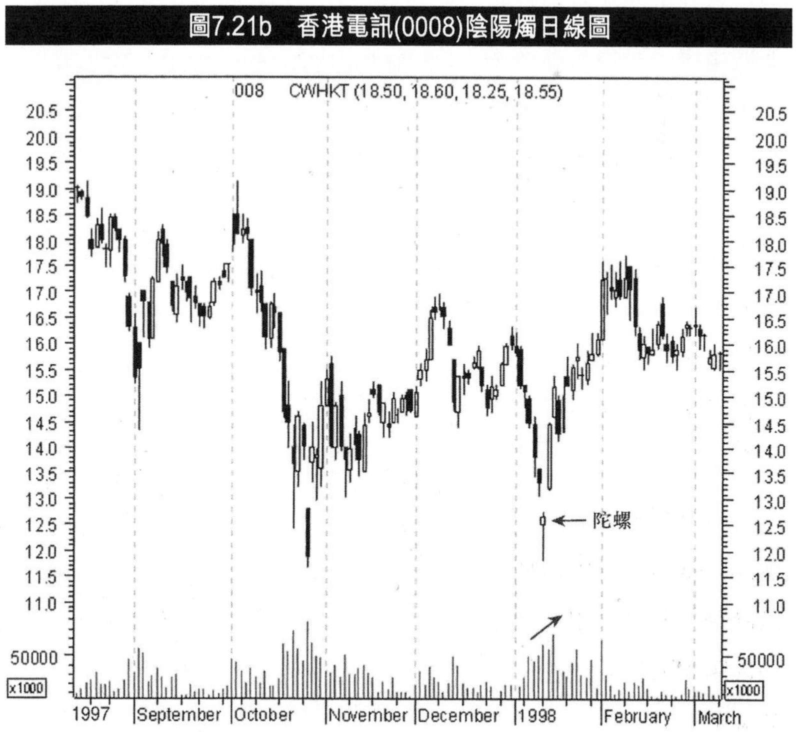

7.3 陰陽燭的反轉形態

陰陽燭分析與圖形形態一樣，可以歸類為反轉形態與整理形態。本章將集中介紹陰陽燭的反轉形態，在此有必要一提此形態的出現，它預示原有趨勢很可能發生變化，但趨勢反轉通常分為許多階段，有緩慢，有急進，建議投資者在發現此等反轉形態時，還是以其他技術分析指標作輔助參考，這方面的運作將在本章7.5一節中介紹。

反轉形態可以由一根陰燭／陽燭、可以由兩根陰陽燭、甚至三根或以上的陰陽燭所組合而成。限於篇幅，表7.1只詳列一

表7.1 陰陽燭的反轉形態

利好	利淡
鎚頭(1)	吊頸(1)
倒轉鎚頭(1)	射擊之星(1)
破腳穿頭(2)	穿頭破腳(2)
底部身懷六甲(2)	頂部身懷六甲(2)
底部十字胎(2)	頂部十字胎(2)
曙光初現(2)	烏雲蓋頂(2)
好友反攻(2)	淡友反攻(2)
平底(2)	平頂(2)
飛鴿歸巢(2)	雙鴉／雙飛烏鴉(2)
底部星形十字(2)	頂部星形十字(2)
早晨之星(3)	黃昏之星(3)
晨星十字(3)	夜星十字(3)
底部棄嬰(3)	頂部棄嬰(3)
底部三星(3)	頂部三星(3)
塔形底(3根以上)	塔形頂(3根以上)
鍋底(3根以上)	倒轉鍋底(3根以上)
三白兵(3)	三飛烏鴉／三胎烏鴉(3)
	大敵當前(3)
	步步為營(3)

備註：形態名稱後面括弧內的數字，代表排列構成的陰陽燭線形的基本數量。

些常見的反轉形態以供參考。

以下將就各反轉形態作詳細的介紹，並配以實例，令學習者更易掌握。在形態圖形之前後所繪的垂直線，只是顯示市場先前或以後發展的趨勢，而與形態無直接的關連。

在此還要一提，在辨認各形態時，不要太重視其外形要求，在現實情況中，有時候是不能百分百符合典型的形態，可能會有些微偏差。因此，學習時應多加注意形成形態的背後原因，知其「神髓」尤其重要。只知其形而不知其髓，最後還是學不好陰陽燭的運用方法。

7.3.1 鎚頭（hammer）與吊頸（又稱吊人）（hanging man）

簡評：鎚頭屬見底反彈徵兆，吊頸屬見頂回落徵兆，宜確認形態。

形態特徵

圖7.22a 鎚頭

最高價及收市價
開市價
可以是陰燭
最低價

圖7.22b 吊頸

最高價及開市價
收市價
可以是陽燭
最低價

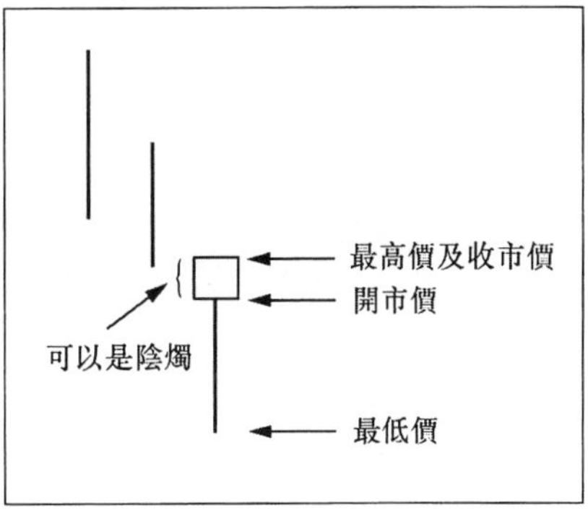

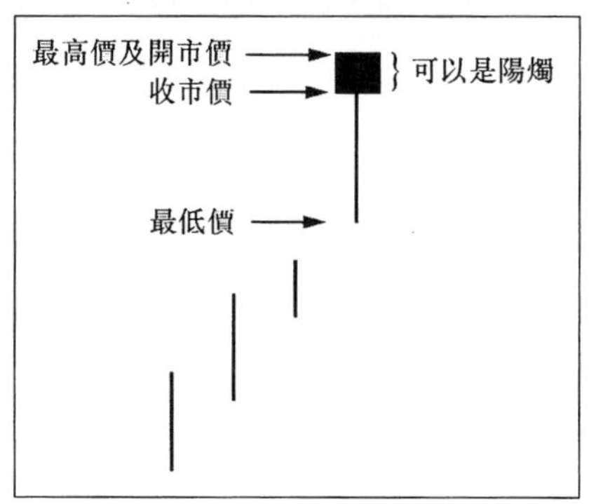

圖7.22a及7.22b分別為鎚頭及吊頸形態，主要由單一陰陽燭所構成的。兩者外形一樣，具長長下影線，沒有上影線，實體部分很短且位於交易區的上端，但所出現的位置不同。鎚頭出現在連續下跌趨勢和超賣情況下，而吊頸則出現在連續上升趨勢中和超買情況下。

辨認形態法則

(i) 不宜有上影線，就算有，它必須很短。

(ii) 下影線長度應遠較實體長度為長，至少是實體的兩倍。

(iii) 短小的蠟燭實體部分必須處於形態的最上端。

(iv) 實體部分可以是陰燭或陽燭。

形態背後的意義

鎚頭：在低位出現鎚頭，反映該交易日股價先向下顯著大幅下挫，及後，有買盤趁低積極吸納，將股價推高，最後以接近全日最高價收市，形成長的下影線，足證低位承接力強，有見底機會。若翌日開市價高於鎚頭的上端(即最高價)，而且收市價高於開市價，可以進一步確認市況已見底，可順勢買貨。

吊頸：在高位出現吊頸，反映該交易日股價高開後，一度被大量沽盤所力壓，雖然最後買盤力抗，將股價推至接近最高價收市，表面看來強勢上漲，但長長的下影線已是市場開始出現沽壓的徵兆，接近強弩之末。若翌日開市價低於吊頸的下端(即最低價)，可以確認市況已見頂，高位買貨的人被「吊」在高價區，未來跌勢愈急，引發買貨者爭相沽貨止蝕的力量愈強，利淡之勢遂現，策略是順勢沽空。

如何判斷形態效力

(i) 股價的趨勢發展愈長，行情愈容易被確認反轉。這意指：跌勢愈久，在低位發現鎚頭的見底機會愈高；相反，升勢愈久，在高位發現吊頸的見頂機會愈高。

(ii) 要強化鎚頭的利好效力，或吊頸的利淡效力，最重要是看下影線，下影線要至少是實體的兩倍，「下影線愈長，實體及上影線愈小」，效果最佳。

(iii) 雖説對鎚頭與吊頸的實體顏色要求不太重要，但鎚頭的實體為白色陽燭，顯示股價收高見底機會更大，這總好過股價收低於開市價而出現黑色陰燭。相反，吊頸的實體若為陰燭，顯示沽壓較大，此形態的利淡效力更強。

(iv) 股價在低位出現鎚頭，若配合觀察當日成交量在股價回升時大增，更能反映買盤積極吸納，見底反彈機會很大。吊頸對成交量並沒有太大要求。

(v) 在出現鎚頭時，暗示好友已發動攻勢將股價推上，但往往因市況積弱多時，仍會遭到淡友頑強抵抗，將股價力壓，令股價拉回再重新測試鎚頭的低點，只要此低點不破，成功探底將令底部更堅固，後市漲勢更可看好。

(vi) 出現吊頸的翌日，開市價與吊頸實體之間的向下裂口愈大，反映高位被套牢的人愈多，形態見頂的殺傷力愈強。同樣，出現鎚頭的翌日，開市價與鎚頭實體之間的向上裂口愈大，形態見底的訊號愈強。

實例闡釋

圖7.23是中遠太平洋(1199)陰陽燭日線圖，從圖中所見，經一

圖7.23　中遠太平洋(1199)陰陽燭日線圖

段跌勢後，在1999年10月中旬出現鎚頭，成交量增多，反映低位買盤積極。翌日，開市價再以高於鎚頭實體的走勢上揚，進一步確認見底，最後用了一個多月的時間迅即急升回8月時的高位7.7元左右。

圖7.24是大新金融(0440)陰陽燭日線圖，從圖中所見，1996年7月出現的吊頸形態的翌日，股價低開並出現陰燭，確認為見頂訊號，結果股價急挫。

兩個例子比較：

股份名稱	形態	意義
中遠太平洋(1199)	鎚頭	見底回升
大新金融(0440)	吊頸	見頂回落

圖7.24　大新金融(0440)陰陽燭日線圖

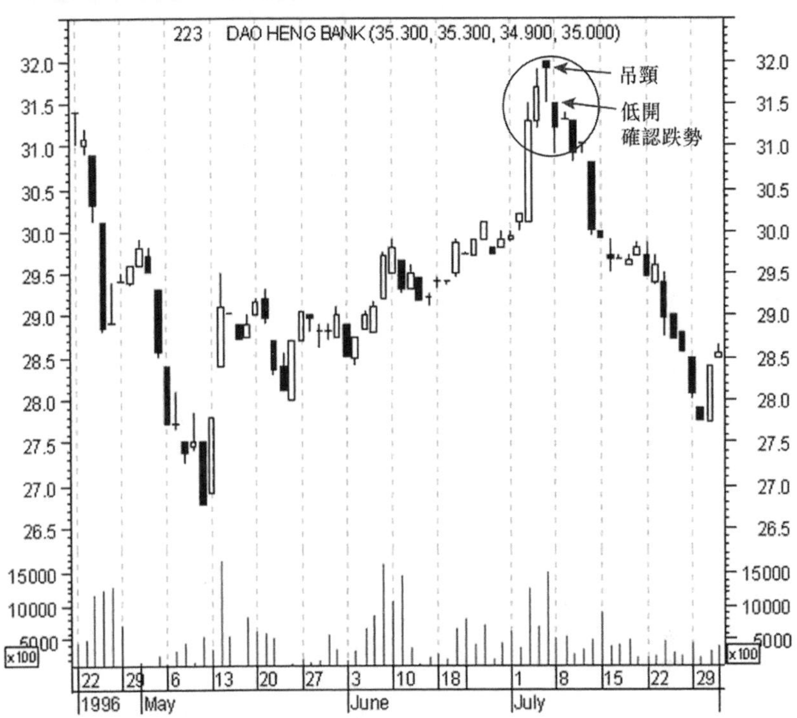

7.3.2 倒轉鎚頭（inverted hammer）與射擊之星（shooting star）

簡評：倒轉鎚頭為見底之徵兆，射擊之星為見頂之徵兆，一定要小心確認形態。

形態特徵

圖7.25a及7.25b分別為倒轉鎚頭及射擊之星，均由單一枝陰陽燭所組成，具長長的上影線，實體部分很短且位於交易區的下端，

7.25a 倒轉鎚頭

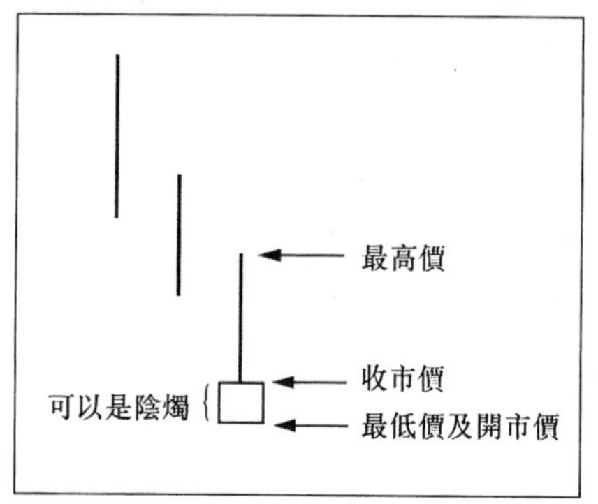

7.25b 射擊之星

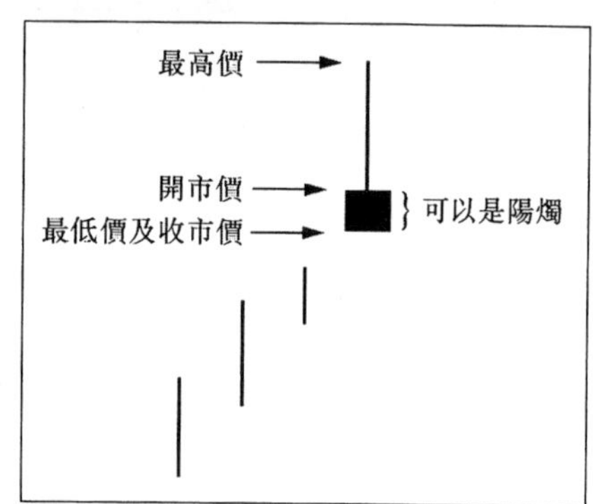

沒有下影線，但所出現的位置不同。倒轉鎚頭出現在連續下跌趨勢和超賣情況下，而射擊之星則出現在連續上升趨勢中和超買情況下，形同拉弓射箭。

辨認形態法則

(i) 不宜有下影線，就算有，它必須很短。

(ii) 上影線長度應遠較實體長度為長，至少是實體的兩至三倍。

(iii) 短小的蠟燭實體部分必須處於形態的最下端。

(iv) 實體部分可以是陰燭或陽燭。

(v) 在辨認倒轉鎚頭與射擊之星時，唯一的差異是在射擊之星中，實體應該有向上跳空的現象，而在倒轉鎚頭中，只要是發生在下跌趨勢，實體並不需要有跳空的現象。

形態背後的意義

倒轉鎚頭：在低位呈倒轉鎚頭，反映該交易日股價先承之前跌勢而滑落，及後，低位有買盤承接吸納，推動股價反彈，但市況積弱已久，好友未能一下子扭轉形態，將漲勢維持到收市，最後只能以接近全日收市價收市。在反覆下跌勢中，出現倒轉鎚頭，反映低位開始有承接力，雖然當日買盤仍被沽盤力壓，但總算是一個好開始。

射擊之星：在高位出現射擊之星，反映該交易日股價裂口高開，並大幅向上推升，但急升一輪後，又遇到強勁沽壓，股價回落至接近開市價收市，形成一條長長的上影線，這證實高位承接力弱，失去上升的持久力，後市將見頂回落，宜先行獲利回吐或順勢沽空。

如何判斷形態效力

(i) 要加強倒轉鎚頭及射擊之星的有效力，最重要是看上影線的長度，應至少是實體長度的兩倍或以上；此外，實體顏色能夠反之前趨勢(意指在底部出現倒轉鎚頭的實體最好為白色陽燭，在高位出現射擊之星的實體最好是黑色陰燭)，效果更佳。

(ii) 倒轉鎚頭出現後，需要進一步確認，才應跟進買入。道理簡單，試想在形成此形態當日，股價雖見反彈但仍被沽家力壓，所以出現倒轉鎚頭的翌日表現，可以判斷好淡雙方的力量。翌日能以裂口高開，幅度愈大，且維持一段時間在高水平，成交量亦見配合上升，可確認倒轉鎚頭的見底訊號。假設在翌日，開市價高於倒轉鎚頭的實體，並維持一段時間，預計在前一日低位沽空的淡戶已出現虧損而急於買貨補倉，補倉盤觸發的漲勢大大改善市場氣氛，激勵更多買盤加入承接股票，從而出現強烈的低位轉勢訊號。就算翌日，未能以裂口開出，但只要當日收市價高於上日收市價並呈陽燭，都可成功構成見底訊號。

(iii) 鎚頭與倒轉鎚頭相比，前者能以接近全日高位收市，利好訊號較強烈。吊頸與射擊之星相比，後者以接近全日低位收市，利淡訊號更為強烈。

實例闡釋

圖7.26是匯豐控股(0005)陰陽燭日線圖，圖中顯示，於1999年8月及10月先後兩次出現有效的倒轉鎚頭，8月的一次在出現此形態的翌日，股價以裂口高開並維持至收市，加上成交量增加，顯示買盤積極，結果股價由低位急升逾12%才停止漲勢；在10月，出現倒轉鎚頭的翌日，成交量雖然不是大幅攀升，但股價是以裂口高開並以大陽燭收市，亦是確認見底的訊號。從圖中可見，同年9月，匯豐曾出現失敗的倒轉鎚頭，此形態為何失敗？事緣在形態出現後的翌日，股價未能以陽燭收市，呈高開低收走勢，見底訊號未能確

圖7.26　匯豐控股(0005)陰陽燭日線圖

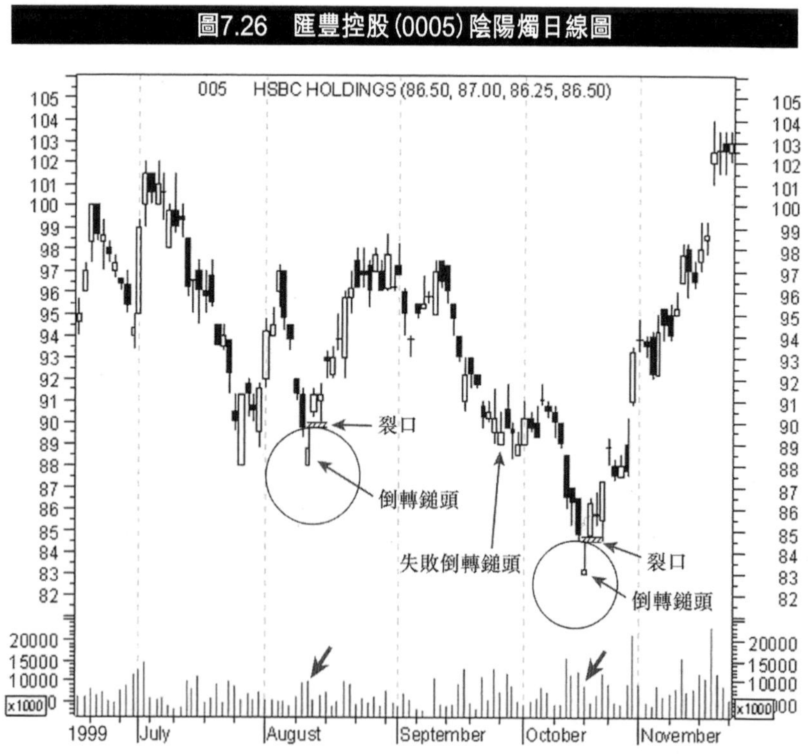

認，結果股價未能見底，再回落至10月中喘定跌勢。

圖7.27是數碼通電訊(0315)陰陽燭日線圖，圖中顯示，在1999年11月18日，當該股被公佈加入恒生指數成分股，由於事出突然，股價以裂口高開後飛升至近45元高位，但市場人士見股價升得太快且不合理，遂引發沽盤沽售，股價即日大幅回落至37元左右收市，形成射擊之星利淡的見頂形態。

圖7.27　數碼通電訊(0315)陰陽燭日線圖

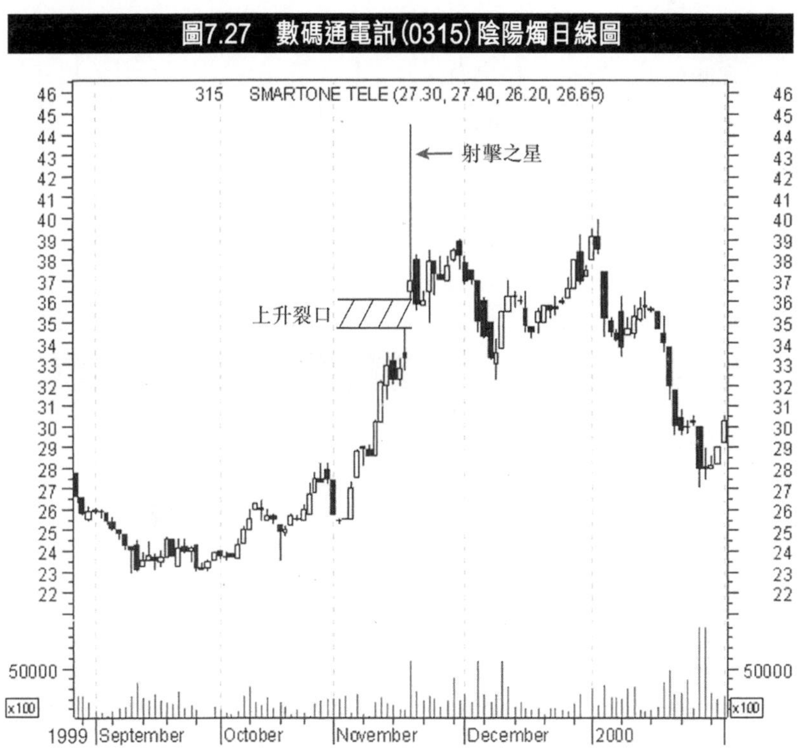

7.3.3 吞噬形態（engulfing pattern）

簡評：破腳穿頭利好，穿頭破腳利淡，宜確認形態。

形態特徵

吞噬形態主要由兩枝實體顏色相反的陰陽燭所組成，有分利好後市的「破腳穿頭」(bullish engulfing) 及利淡後市的「穿頭破腳」(bearish engulfing) 兩種。

圖7.28a 破腳穿頭

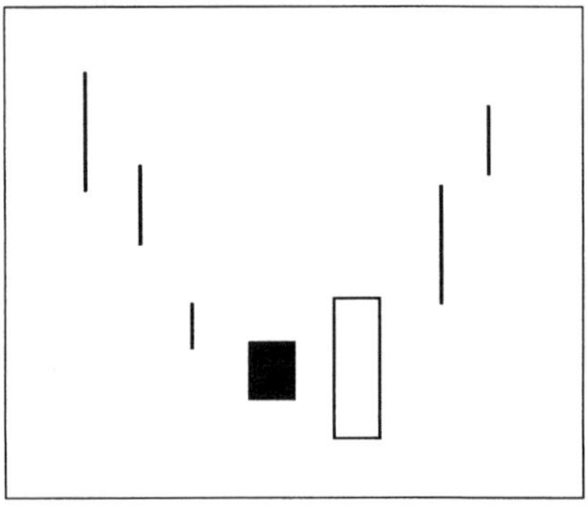

圖7.28a所示為破腳穿頭，在持續跌勢後，先出現一枝陰燭，翌日股價先下破上日陰燭實體的低位部分，後呈急促反彈，升破上日陰燭實體的高位收市，形成一枝大陽燭，將上日陰燭實體全面地吞噬。

相反，圖7.28b所示為穿頭破腳，在持續漲勢後，先出現一枝陽燭，翌日股價先上破上日陽燭實體的高位後呈急促回吐，跌破上日陽燭實體的低位收市，形成一枝大陰燭將上日陽燭實體完全吞噬。

圖7.28b 穿頭破腳

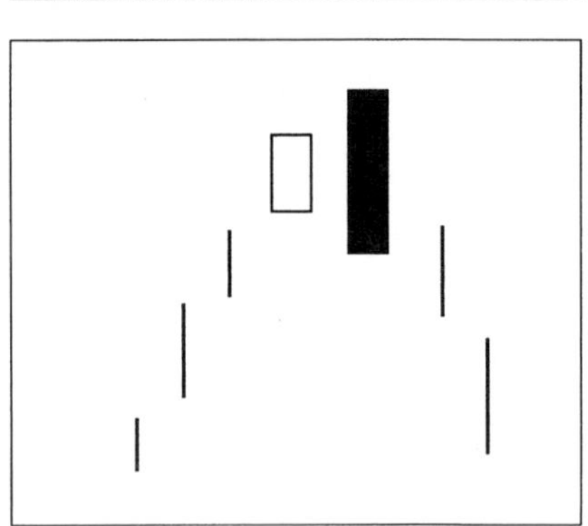

辨認形態法則

(i) 兩者必須發生在明顯的上漲或下跌趨勢中，破腳穿頭當然是在下跌趨勢中，而穿頭破腳則在上漲趨勢中。

(ii) 兩枝陰陽燭的實體必須呈相反顏色。破腳穿頭中，第一枝為黑色陰燭或星體形態，第二枝為白色陽燭。穿頭破腳中，第一枝為白色陽燭或星體形態，第二枝為黑色陰燭。

(iii) 吞噬的情況只是計實體部分，即第二枝蠟燭的實體部分必須將前一枝蠟燭實體吞噬，上下影線無須包括在內。

形態背後的意義

破腳穿頭：在破腳穿頭中，第二枝陽燭顯示股價先走低後升高，反映好友已全面控制大局，如果第三日股價持續攀升，可以確認有見底跡象，利好後市。

穿頭破腳：相反，在穿頭破腳中，第二枝陰燭的形成顯示，翌日股價雖再創新高，但高位承接乏力，遇沽盤力壓，啟示上升趨勢已遭破壞；如果第三日股價持續走低，可進一步確認見頂，利淡後市。

如何判斷形態效力

(i) 在吞噬形態中，第一日的實體部分短小，相反，第二日的實體部分很長，顯示原先趨勢的力量已減弱，扭轉原先趨勢的力量則相當強勁。因此，若觀察到第二日的實體不僅吞噬第一日的實體，還吞噬第一日的上下影線部分，按理此形態成功的機會率大增。

換句話說，在破腳穿頭中，第二枝陽燭實體愈長，顯示買盤的積極性愈大，後市向上機會愈高。相反，在穿頭破腳中，第二枝陰燭實體愈長，顯示沽壓愈大，後市下跌機會愈高。

(ii) 如果吞噬形態中兩枝蠟燭實體長度不是差得太遠，隨後很可能產生橫向發展，效力較低。

(iii) 在破腳穿頭形態出現時，留意第二日股價由低位反彈回升時的成交量，若發現成交量配合股價反彈而上升，代表購買力增強，形態的成功率機會愈大。

實例闡釋

圖7.29是和記黃埔(0013)陰陽燭日線圖，圖中顯示，在1999年8月及10月先後兩次出現破腳穿頭形態，兩次的形態都很成功地成立。8月出現破腳穿頭，第二日的陽燭將第一日小陰燭的實體及上下影線全面吞噬，而成交量又增加；而10月形成的破腳穿頭，第二日的陽燭實體非常長，加上成交量大幅增加，結果升勢更為猛烈。

圖7.29　和記黃埔(0013)陰陽燭日線圖

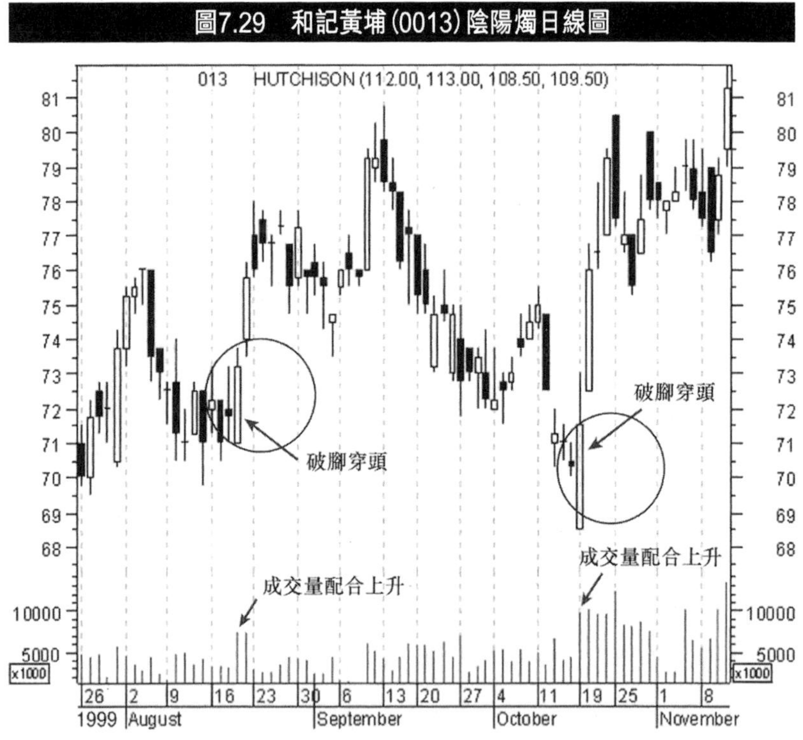

圖7.30是恆生銀行(0011)陰陽燭日線圖，圖中顯示，在1997年中，因香港受東南亞金融風暴所影響，使該股股價分別在7月初及7月尾以穿頭破腳形式見頂回落，尤其第二個穿頭破腳，股價顯示雖能挑戰7月初117元左右的高位，但最終不能企穩其上，營造複式頭肩頂，結果複式頭肩頂的兩個頂部均以穿頭破腳回落獲確認，跌

圖7.30　恒生銀行(0011)陰陽燭日線圖

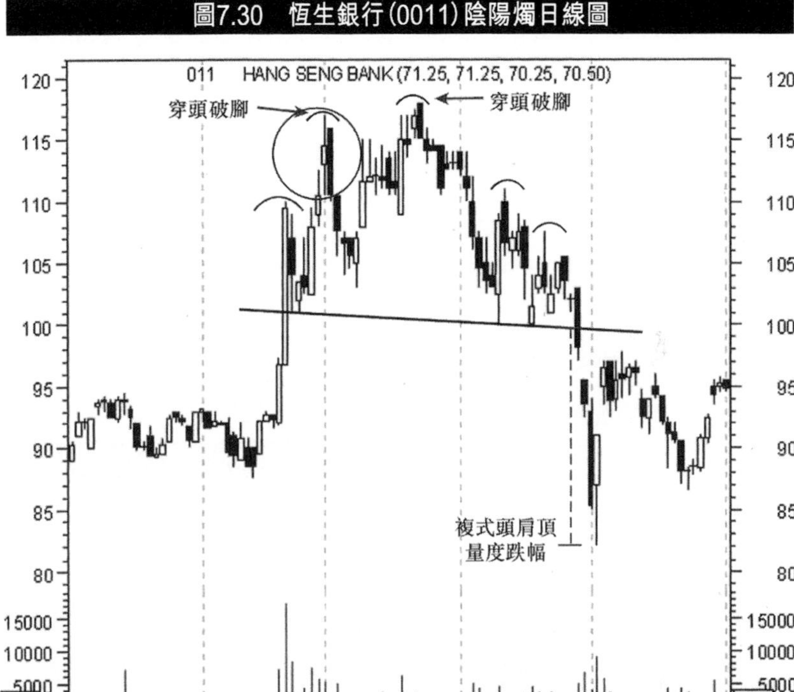

勢一觸即發。

7.3.4 身懷六甲（harami）

簡評：底部身懷六甲屬見底徵兆，頂部身懷六甲屬見頂徵兆，均有待變意，宜進一步確認形態。

形態特徵

身懷六甲主要由兩枝實體顏色不同的陰陽燭所構成，分為底部身懷六甲及頂部身懷六甲。

圖7.31a屬底部身懷六甲，在明顯下跌趨勢中，先出現一枝大陰燭，及後出現一枝短小陽燭，其實體全被上日的大陰燭包藏在內，就像母親懷有身孕一樣。留心觀察，此形態相對吞噬形態中的破腳穿頭只是有一點不同，就是破腳穿頭中的第一枝陰燭實體較第二枝陽燭實體為短，而底部身懷六甲剛好相反。

圖7.31a　底部身懷六甲

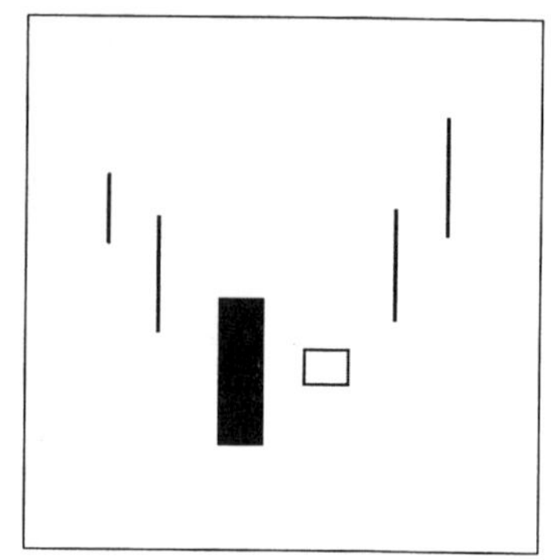

圖7.31b屬頂部身懷六甲，在明顯上升趨勢中，先出現一枝大陽燭，及後出現一枝短小陰燭，其實體全被上日的大陽燭包藏在內。此形態相對吞噬形態中的穿頭破腳只是有一點不同，就是穿頭破腳中的第一枝陽燭實體較第二枝陰燭實體為短，而頂部身懷六甲剛好相反。

圖7.31b　頂部身懷六甲

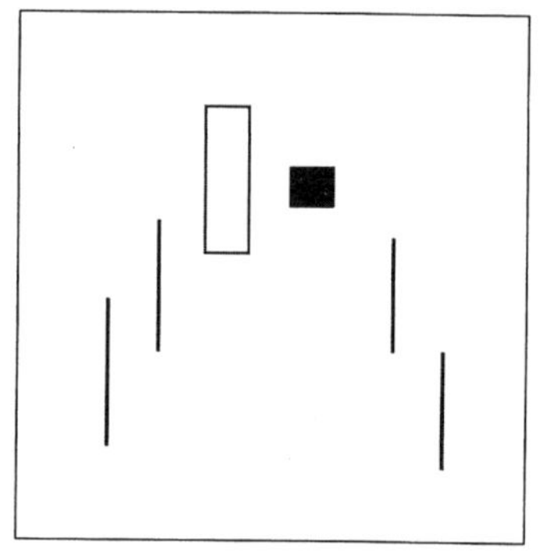

其實，身懷六甲與西方傳統技術分析中的所謂「內困日」(inside day)很相似，圖7.31c為內困日形態，差別在於身懷六甲取蠟燭實體部分(即開市價及收市價)，相反，內困日將全日最低價及最高價也計算在內。

圖7.31c　內困日

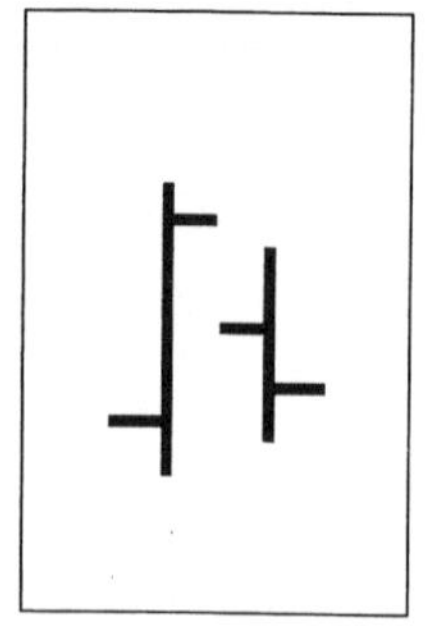

辨認形態法則

(i) 兩日的陰陽燭顏色應呈相反。

(ii) 第一日的蠟燭顏色並不是身懷六甲排列的必要條件，意思說，在下跌勢中，若第一枝蠟燭屬大陽燭，只要後一枝小蠟燭屬陰燭，亦可構成底部身懷六甲。相反，在上升勢中，若第一枝蠟燭屬大陰燭，只要後一枝小蠟燭屬陽燭，亦可構成頂部身懷六甲。這樣的排列剛好與圖7.31a及7.31b相反。

(iii) 身懷六甲只是計實體部分，即第二枝小蠟燭的實體部分必須將在一枝大蠟燭實體之內，上下影線無須包括在內。

形態背後的意義

底部身懷六甲：在下跌趨勢中，出現一枝大陰燭會強化利淡之氣氛，但翌日股價高開反映下跌力度放緩中，有買盤吸納，但買盤仍算審慎，未見大幅搶高而令股價急升，故收市價仍在前一日大陰燭範圍內，形成利好的底部身懷六甲。在身懷六甲的第二日若成交量增加，加上第三日以高位開出，可以確認跌勢已被扭轉，可追入買貨。

頂部身懷六甲：在上升趨勢中，再出現大陽燭本是利好，但翌日低開並在前一日大陽燭範圍內窄幅上落，反映好友對後市能否再上一層抱猶豫不決態度，若觀察成交量屬低沉，小心漲勢難繼續，後市隨時受壞消息影響而出現爭相沽貨的情況，當第三日股價再下挫，確認見頂訊號明顯。

如何判斷形態效力

(i) 在身懷六甲中，第二枝小蠟燭表現對形態是否成功確立具重要性。若第二枝小蠟燭(包括影線部分)完全處於第一枝大蠟燭實體內，或處於中央部分，預示未來趨勢呈轉向的機會更強烈。

(ii) 在下跌趨勢中所構成的底部身懷六甲，若第二枝小蠟燭實體位於第一枝大陰燭實體的較下端，隨後可能會出現橫向的走向，股價未必能作急促反彈回升。同樣，在上升趨勢中所構成的頂部身懷六甲，若第二枝小蠟燭實體位於第一枝大陽燭實體的較上端部分，後市發展可能出現橫向而非急促下跌勢。

(iii) 最後，第二枝小蠟燭的實體部分愈短小，身懷六甲訊號愈明確。

(iv) 在之前已提過身懷六甲中，第一枝蠟燭顏色並不重要，只要形態內兩枝蠟燭的顏色不同亦可接受。可是，為進一步加強身懷六甲的訊號效力，可以加強對蠟燭顏色排列的觀察。在下跌趨勢中，第一枝為大陽燭，第二枝為小陰燭，所構成的底部身懷六甲，相比第一枝為大陰燭，而第二枝為小陽燭的排列，利好氣勢較盛，原因是大陽燭本身已具利好意義。相反，在上升趨勢中，第一枝為

圖7.32　光大控股(0165)陰陽燭日線圖

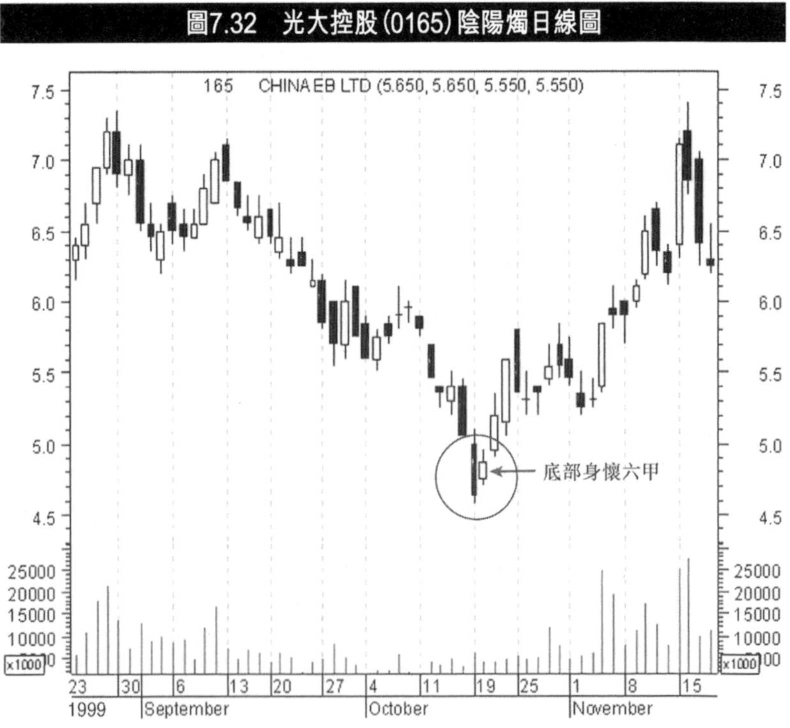

大陰燭，第二枝為小陽燭，所構成的頂部身懷六甲，相比第一枝為大陽燭，而第二枝為小陰燭的排列，利淡氣勢較盛，因為大陰燭本身已具利淡意義。

實例闡釋

圖7.32是光大控股(0165)陰陽燭日線圖，圖中顯示，自1999年8月開始，該股股價持續出現下調，於10月中旬終以底部身懷六甲形態作反彈，此形態中的第二枝陽燭，成交量雖未算大，但翌日股價高收，確認升勢。

圖7.33是永隆銀行(0096)陰陽燭日線圖，圖中顯示，自1999年

圖7.33　永隆銀行(0096)陰陽燭日線圖

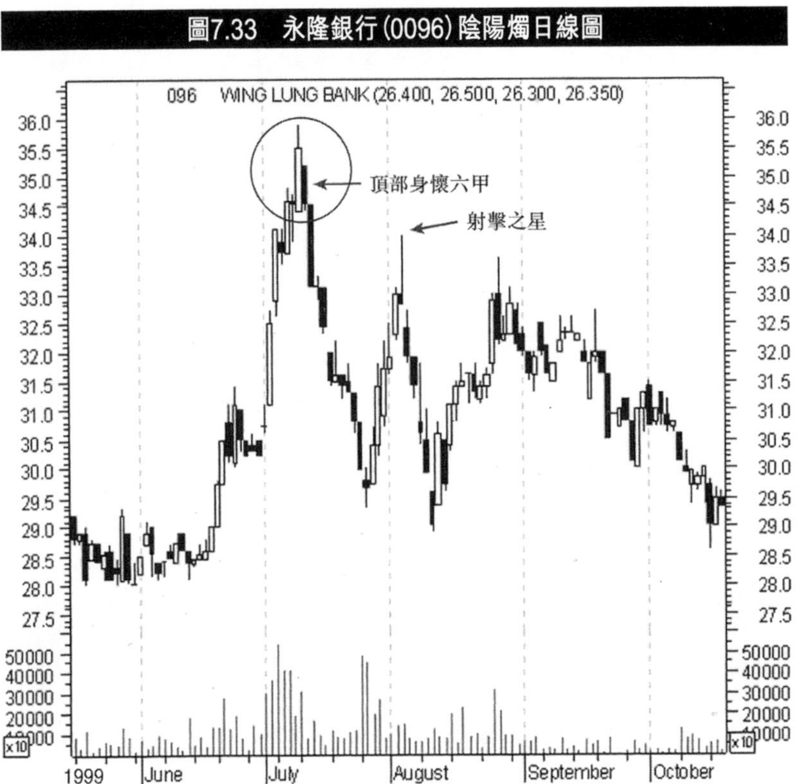

6月中旬擺脫悶局急升，在7月上旬升近36元後以頂部身懷六甲形式，見頂下滑。

7.3.5 十字胎（harami cross）

簡評：底部十字胎屬見底徵兆，頂部十字胎屬見頂徵兆，無須確認形態。

形態特徵

圖7.34a 底部十字胎

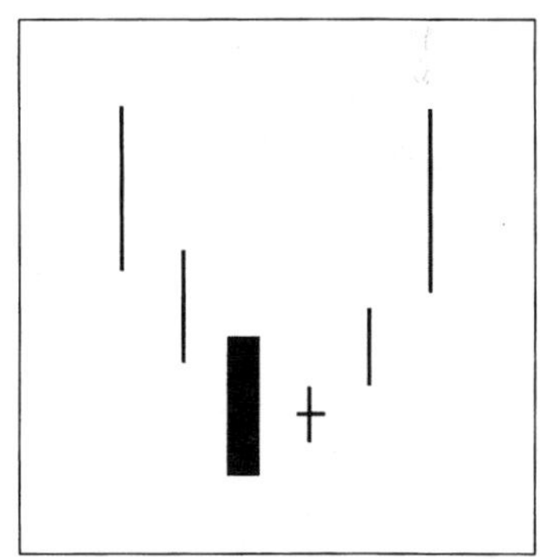

十字胎基本上與身懷六甲相似，兩者的第一枝蠟燭的實體較長身，而第二枝蠟燭，十字胎中由十字星（收市價與開市價一樣）所取代。

圖7.34a屬底部出現的十字胎形態，在下跌趨勢中，某日跌勢以大陰燭完成，但隨後出現十字星體，完全包藏在第一枝大陰燭內。

圖7.34b 頂部十字胎

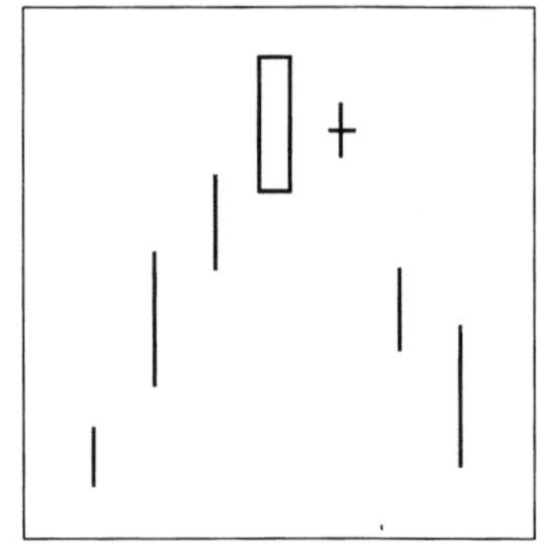

圖7.34b屬頂部出現的十字胎形態，在上升趨勢中，某日升勢以大陽燭完成，但隨後出現十字星體，完全包藏在第一枝大陽燭內。

辨認形態法則

(i) 第二日出現的十字星，收市價與開市價相若，若相差一、兩個價值尚可接受。

(ii) 十字星包藏於前日的蠟燭內。

形態背後的意義

與身懷六甲大致相若，底部十字胎反映低位沽壓放緩中，好友等候機會反攻，向好意味較強。頂部十字胎則反映高位買盤力漸弱，淡友正等候反攻，向淡意味較強。

如何判斷形態效力

(i) 出現十字胎前數天，若不曾出現太多十字星，十字胎的效力會較強。

(ii) 十字星置於前一枝蠟燭的實體較中央部分，轉向機會愈

圖7.35 五豐行(0318)陰陽燭日線圖

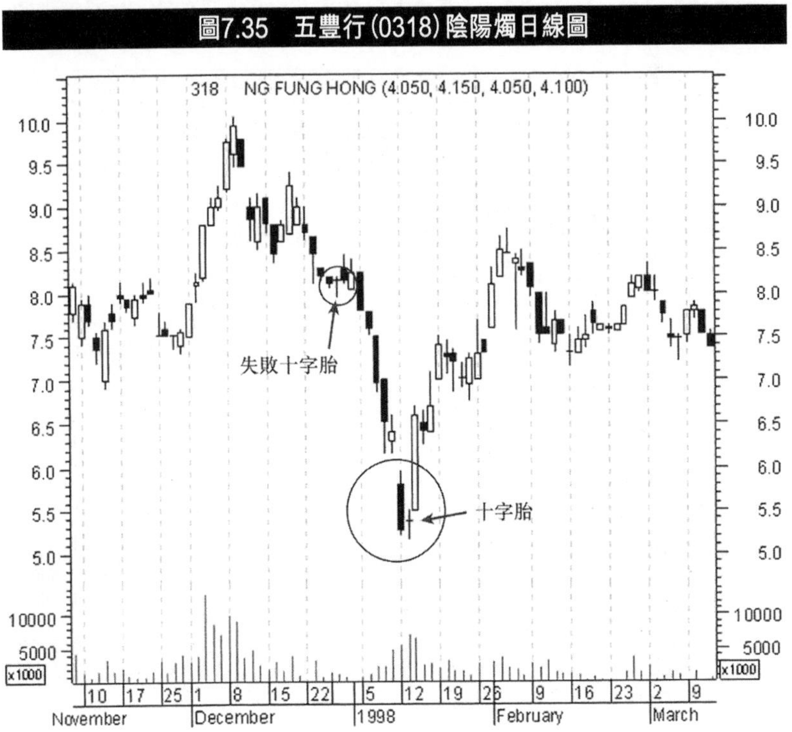

大。

(iii) 十字胎形態雖然與身懷六甲相近，但效力較強，因為單是一粒十字星已具相當轉向意義。

實例闡釋

圖7.35是五豐行(0318)陰陽燭日線圖，圖中所見，其股價於1997年12月近10元高位回落，跌至月尾8元水平曾出現近似十字胎的形態，但若細心分析，第一枝陰燭實體燭身比較短，隨後股價輕微回升時成交量亦不見配合上升，屬失敗形態。相反，於1998年初呈現的底部十字胎，翌日股價大升兼配合成交量，確認見底回升訊號強烈。

圖7.36　第一太平控股(0142)陰陽燭日線圖

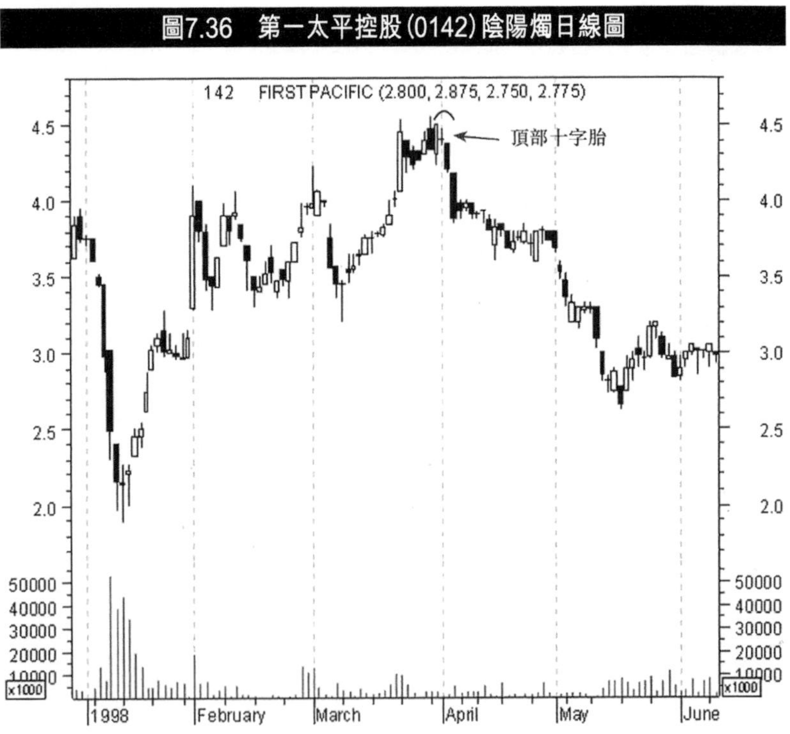

圖7.36是第一太平控股(0142)陰陽燭日線圖，圖中所見，其股價自1999年初反覆向上，升至3月尾的4.5元高位，升幅逾倍，明顯處於上升趨勢中，故月尾時出現的十字胎屬強烈見頂訊號，出現了十字胎後，再以大陰燭下挫，確認見頂，後市轉趨跌勢。

7.3.6 曙光初現（piering pattern）

簡評：曙光初現，下跌動力消除中，後市有望見底回升。無須確認形態，利好訊號強。

形態特徵

圖7.37 曙光初現

圖7.37所見為曙光初現，主要由兩枝陰陽燭所組成，發生在下跌趨勢末段。第一日是持續下跌趨勢的大陰燭，第二日則是一根大陽燭，其開市價創新低，但收市價能反彈升回在前一日大陰燭實體的中點附近或以上水平。

辨認形態法則

(i) 第一日為大陰燭，繼續其下跌趨勢。

(ii) 第二日的大陽燭，其開市價低於前一日大陰燭的最低價，而非收市價。

(iii) 第二日所呈現的大陽燭，以收市價計，位於前一日大陰燭實體中點或以上水平。所謂「差之毫釐，謬之千里」，參考圖7.38a、

圖7.38a　頸內線

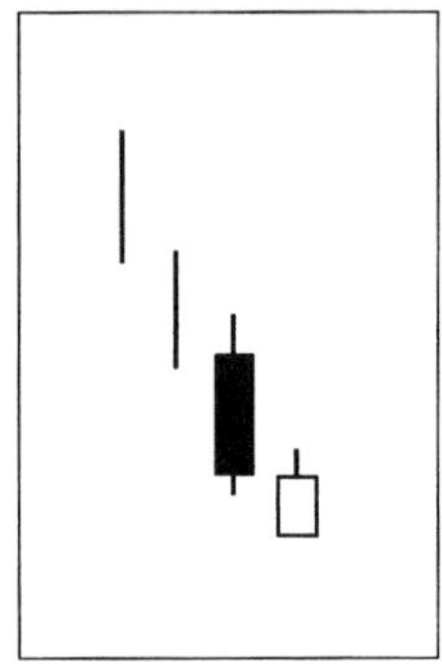

圖7.38b　頸上線

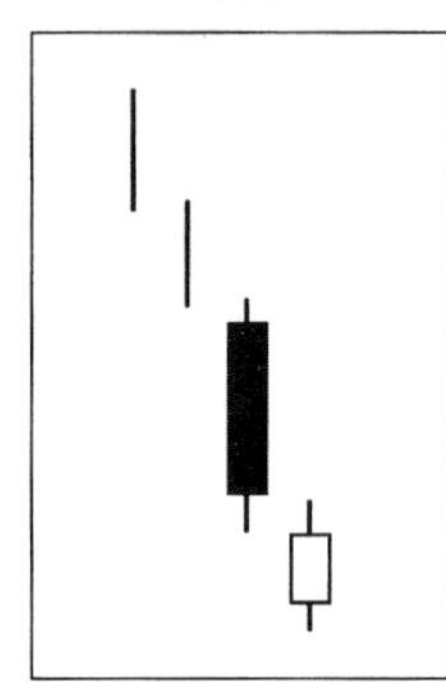

圖7.38c　戳入線

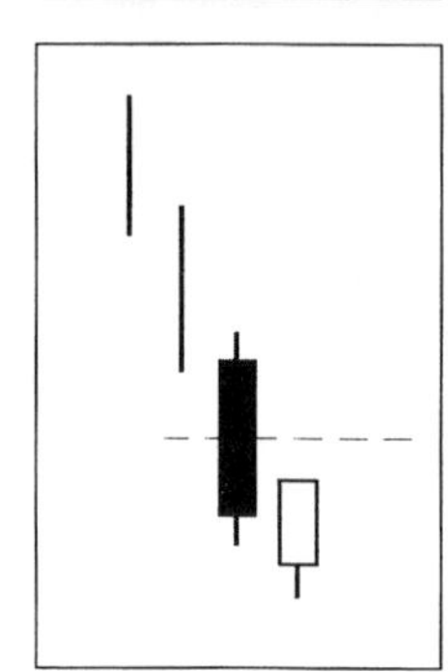

7.38b及7.38c，雖形成曙光初現，但細心分析三個形態，第二枝陽燭都不及第一枝陰燭實體的一半，不屬曙光初現。其實圖7.38a、7.38b及7.38c分別名為「頸內線」、「頸上線」及「戳入線」，其真正意義如何，將在下節陰陽燭的整理形態中介紹。

形態背後的意義

在下跌趨勢中所形成的大陰燭會令淡友氣勢持續，然而，翌日股價低開後，在低位突然出現積極的買盤吸納，反映好友已覺現價低殘，故積極吸納以博反彈，淡友被迫重新估計現時形態，最終股票在求過於供的定律下，刺激股價上揚，股價最後以接近全日高位收市，收市價並深入第一日的大陰燭內，形成曙光初現，充分反映好友展開反攻，見底機會大增。

如何判斷形態效力

(i) 第二枝反彈的大陽燭，絕對需要遵守深入第一枝大陰燭實體一半或以上的大原則，愈是深入，見底反彈機會愈大。需注意，若第二枝大陽燭所顯示的收市價高於前一枝陰燭的實體，則演變成破腳穿頭，同屬利好訊號。

(ii) 第二枝反彈的大陽燭，成交量若配合上升，此曙光初現的利好見底訊號愈強。

(iii) 若在曙光初現後，立即出現一枝大陰燭，收市價低於曙光初現中第二枝陽燭的最低價，應否定市況見底的可能，預期後市繼續下跌。

實例闡釋

圖7.39是匯豐控股(0005)陰陽燭周線圖，圖中顯示，該股於1999年7月見頂回落後，呈明顯跌勢，至10月，先出現大陰燭，後出現大陽燭深入於前一枝陰燭實體一半左右，而且翌周再以大陽燭回升，成交量增多，雙重確認見底形態。結果，股價由83元左右的低位迅即攀升至112元左右的高位。

圖7.39　匯豐控股(0005)陰陽燭周線圖

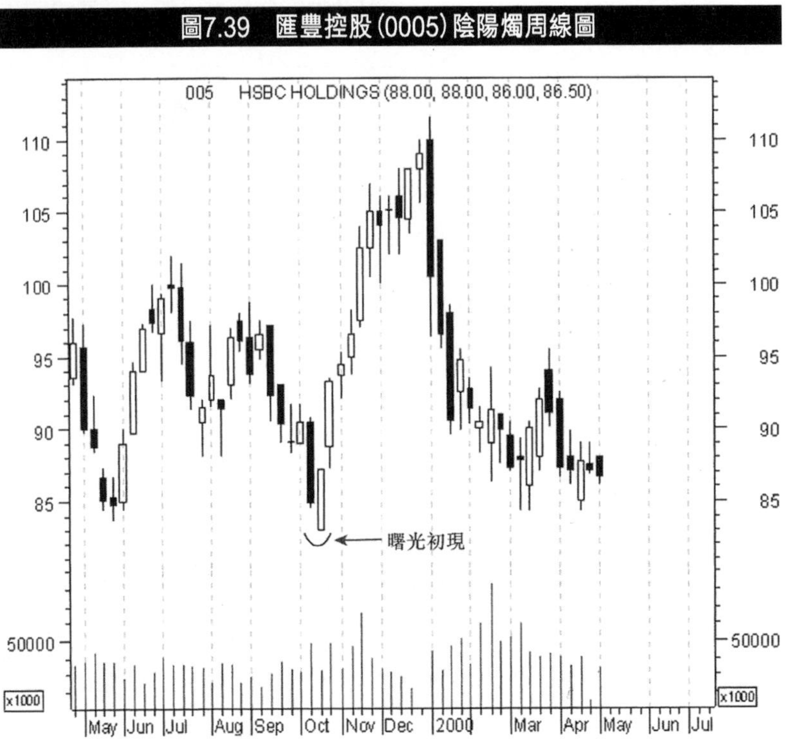

7.3.7 烏雲蓋頂（dark-cloud cover）

簡評：(1) 烏雲蓋頂，上升動力減弱，見頂徵兆。

(2) 無須確認，利淡訊號強。

形態特徵

圖7.40所見為烏雲蓋頂，基本上是曙光初現的相反形態。烏雲蓋頂主要發生在上升趨勢末段。第一日是持續上升趨勢的大陽燭；第二日則是一根大陰燭，其開市價創新高，但收市價被沽盤力壓拉回至前一日大陽燭實體的中點附近或以下水平。

辨認形態法則

圖7.40　烏雲蓋頂

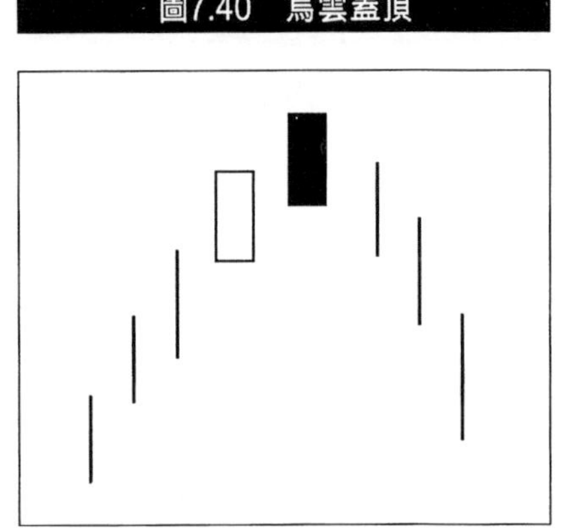

(i) 第一日為大陽燭，繼續其上升趨勢。

(ii) 第二日的大陰燭，其開市價高於前一日大陽燭的最高價，而非收市價。

(iii) 第二日所呈現的大陰燭，以收市價計，位於前一日大陽燭實體中點或以下水平。

形態背後的意義

市場處於上升趨勢呈大陽燭，這可能是莊家意圖營造利好氣氛，最後一擊以達推高股價散貨的目的，事實上，在烏雲蓋頂形態中第二日走勢顯示，股價雖再推高，但並未能在高位企穩，所呈大陰燭代表收市價差不多是全日最低價，沽壓沉重，後市見頂機會增加，宜沽貨離場或順勢沽空。

如何判斷形態效力

(i) 第二枝下跌的大陰燭，深入第一枝大陽燭實體愈深，見頂回落的機會愈大。需注意，若第二枝大陰燭所顯示的收市價低於前一枝陽燭的實體，則演變成穿頭破腳，同屬利淡訊號。

(ii) 在烏雲蓋頂形態中，若見第二天開市時股價以裂口跳空向上穿越主要阻力區，但收市時被拉低，證明買盤的力量弱，高位缺乏承接，這可加強形態的見頂訊號。

(iii) 第二天開市時的成交量愈大，反映很多人已入市買貨，股價一旦被拉低回落，這批在高位買貨的人士將會虧損及被套牢，將

圖7.41　恒基地產(0012)陰陽燭日線圖

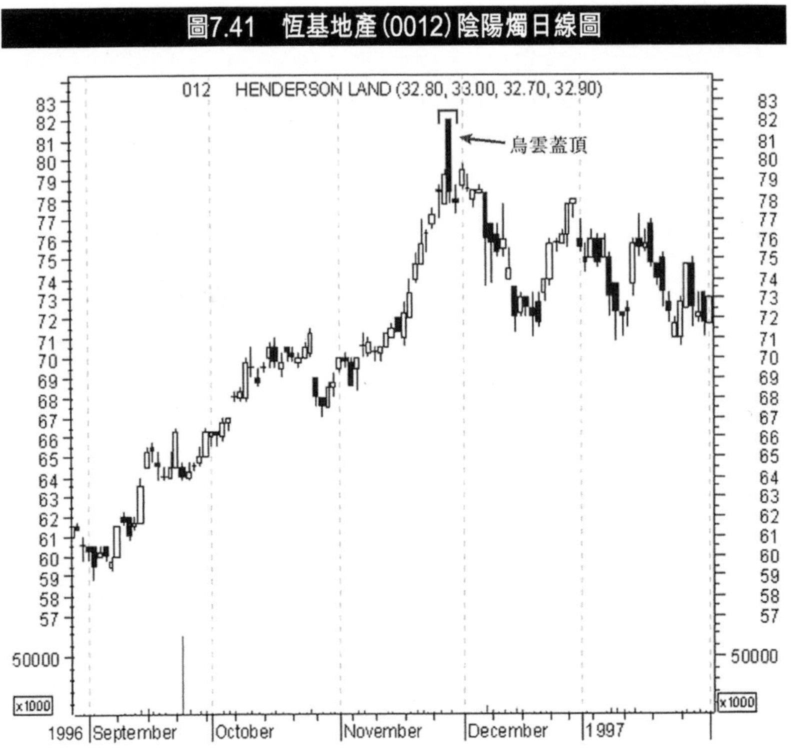

來股價一旦接近高位，即引發這批人士爭相沽貨，高位搶貨的人士將成日後潛在的沽盤，令後市再上漲的機會減低，烏雲蓋頂發揮的見頂效力因此而變強。

實例闡釋

圖7.41是恒基地產(0012)陰陽燭日線圖，圖中顯示，其股價於1996年9月開展升勢，升近11月時，先呈大陽燭，但翌日大幅高開後低收，所形成的大陰燭深入於前一日大陽燭的實體一半之上，構成烏雲蓋頂見頂訊號，最後所見，股價反覆下挫成跌勢。

7.3.8 反攻線(counter-attack lines)

簡評：(1) 好友反攻利好後市，淡友反攻利淡後市。
(2) 宜確認形態。

形態特徵

反攻線是由連續兩枝陰陽燭所組成，蠟燭實體的顏色相反且收市價相若，若在明顯跌勢中出現的反攻線，稱之為「好友反攻」(bullish counter-attack lines)，屬利好。相反，若在明顯升勢中出現反攻線，稱之為「淡友反攻」(bearish counter-attack lines)，屬利淡。

圖7.42a　好友反攻

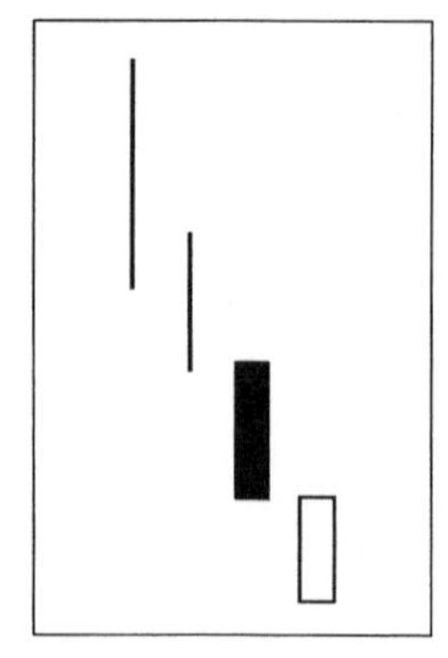

圖7.42a所見屬好友反攻，發生在股價出現反覆跌勢後，首先出現一枝長形的大陰燭，翌日開市後又向下大幅回落，此時，主

力沽售的淡友信心十足，以為勝券在握之時，好友開始策動反攻，將收市價推高，回到前一天的收市價附近，遂出現大陽燭。

細心觀察，曙光初現與好友反攻形態相似，差異在曙光初現中，第二枝大陽燭深入在前一枝大陰燭實體之內一半或以上，而好友反攻的大陽燭未夠深入，僅觸及第一枝陰燭的收市價。就利好氣勢來說，曙光初現顯示好友反攻較強。

圖7.42b　淡友反攻

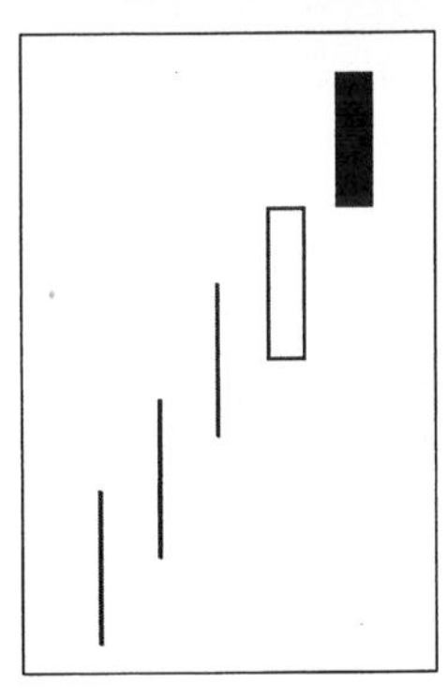

圖7.42b所見屬淡友反攻形態，發生在明確升勢途中，首先出現一枝長形的大陽燭，翌日開市後又向上大幅上揚，此時，主力買入的好友信心十足，以為勝券在握之時，淡友開始策動反攻，將收市價推低，回到前一天的收市價附近，遂出現大陰燭。

同樣，淡友反攻與早前介紹的烏雲蓋頂形態相似，只是烏雲蓋頂中第二枝的大陰燭深入前一日大陽燭實體之內一半或以上，而淡友反攻就不需要。就利淡後市而言，以烏雲蓋頂的威力較強。

辨認形態法則

(i) 兩枝蠟燭的實體顏色應該相反。好友反攻中，第一枝應為陰燭，而第二枝為陽燭，在淡友反攻中則呈相反。

(ii) 兩枝蠟燭的實體均較長。

(iii) 在好友反攻中，第二天的開市價必須向下大幅跳空，顯示原先的趨勢非常明確，但收市時升回前一天收市價附近，預示後市有轉向趨勢。相反在淡友反攻中，第二天的開市價必須向上大幅跳空，顯示原先的趨勢非常明確，但收市時跌回前一天收市價附近，則預示後市有可能反轉。

形態背後的意義

好友反攻：市況先處於下跌，再出現一枝大陰燭更強化淡勢，淡友正沾沾自喜之際，冷不防好友反攻，令股價由低位急作反彈，如果第三日高開，後市見底反彈之勢更加明確。

淡友反攻：市況處於上升，再出現一枝大陽燭強化利好之勢，股價開市後急升，但冷不防淡友反攻，將股價大幅推低，這反映淡友有部署之餘，高位亦見承接乏力，否則就不會抵擋不了淡友的攻擊，第三日股價再見低開，後市見頂轉淡機會更大。

如何判斷形態效力

(i) 反攻線中，兩枝蠟燭實體部分長，效力更佳。然而，實際

圖7.43　中遠太平洋(1199)陰陽燭日線圖

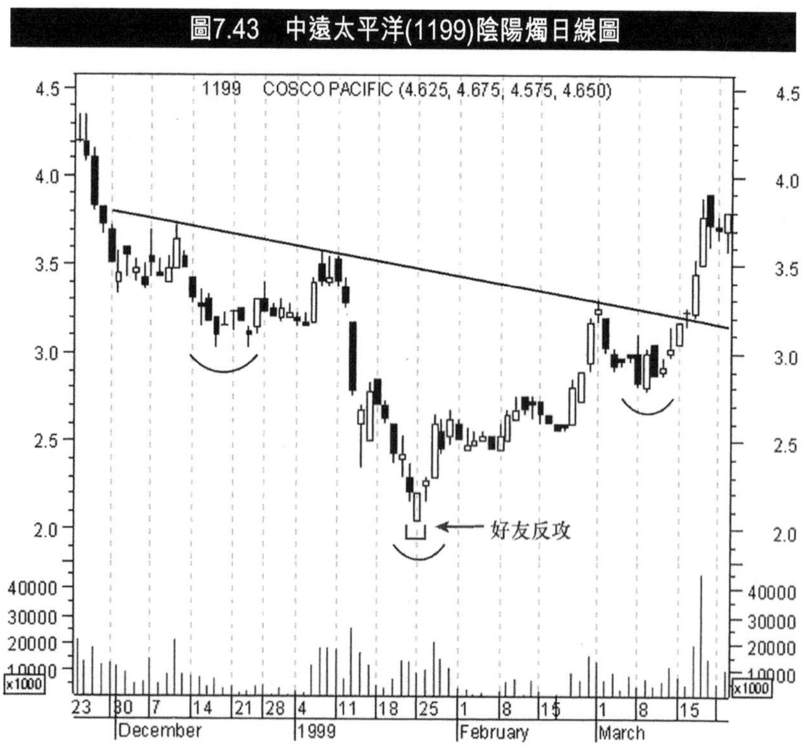

情況中，第二枝蠟燭的實體長度若比第一枝為長，亦可接受。

(ii) 在好友反攻中，第二枝陽燭的出現，股價反彈若能配合成交量倍增，更顯好友的購買力量，利好效力更強。

實例闡釋

圖7.43是中遠太平洋(1199)陰陽燭日線圖，圖中顯示，股價於1998年11月開始其跌勢，至1999年1月下旬時，出現好友反攻，最後證明為頭肩底的底部所在。

圖7.44同為中遠太平洋陰陽燭日線圖，圖中顯示，股價由1999年5月尾近4.5元始急升至7月初的7.5元高水平，處於明顯升勢，在

圖7.44　中遠太平洋(1199)陰陽燭日線圖

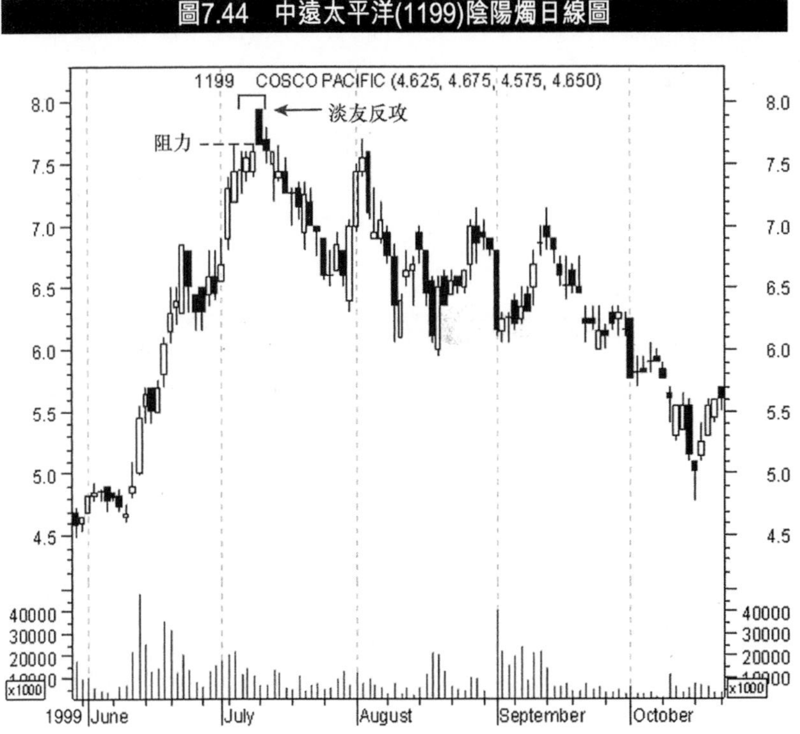

累計升幅不少的趨勢中，先出現一枝大陽燭，好友信心更強。出現大陽燭的翌日，股價跳空上升，突破前幾日的高價阻力位7.65元左右，並一度上揚至7.9元，但即日遭淡友反攻，將股價推低，形成一枝大陰燭，與前一枝大陽燭的收市價接近，構成淡友反攻形態，結果後市呈一浪低於一浪的中期跌勢，確認此淡友反攻的見頂利淡反轉訊號是有效。

7.3.9 平底（tweezers bottoms）

簡評：(1) 平底預示市況快將見底回升。

(2) 必須確認形態。

形態特徵

下跌走勢中，某天先出現一枝大陰燭，表示跌勢仍大，但翌日沽售一方再未有能力令股價再創新低，最低價與前天的最低價相若，此謂「平底」。

圖7.45 平底

(a) 平底加鎚頭

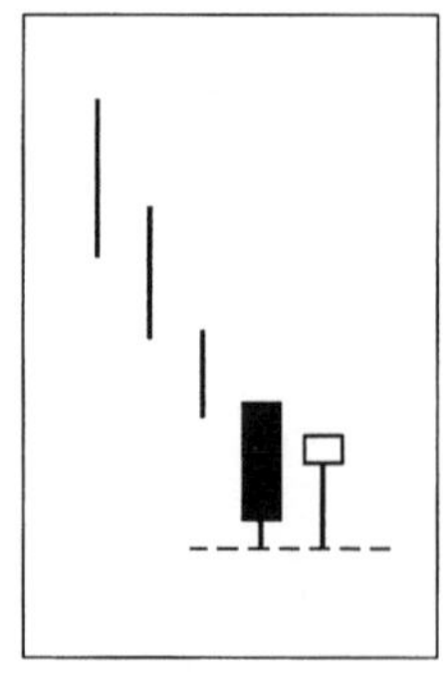

(b) 平底加曙光初現

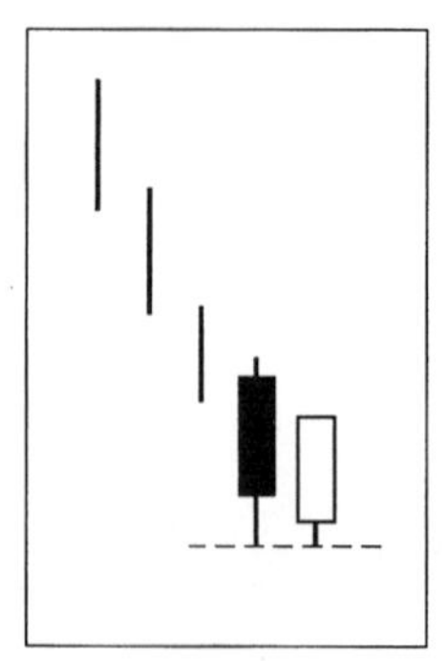

(c) 平底加倒轉鎚頭

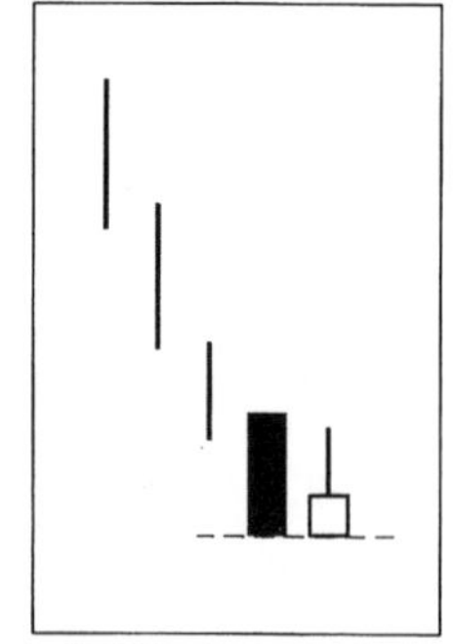

圖7.45a所示的平底，先呈大陰燭，後出現利好的見底鎚頭形態，兩日的最低價接近。

圖7.45b所示的平底，第二日所呈的陽燭實體深入第一日的陰燭實體一半以上，可視為曙光初現見底形態。

圖7.45c所示的平底，第二日出現倒轉鎚頭，同屬見底形態，利好後市。

辦認形態法則

(i) 發生在明顯的趨勢中。

(ii) 以最低價作準，兩日的最低價相若，便算是平底，兩者只差一、兩個價位亦可接受。

(iii) 平底不局限於兩天的排列規則，在某些情況下，構成平底的兩枝陰陽燭，可能出現數日的不規則走勢。

形態背後的意義

平底的出現顯示沽壓減弱，兩日的最低價相若，淡友見好友頑強抵抗會暫緩沽售，好友可順利反攻，令股價出現反彈的機會較大。

如何判斷形態效力

(i) 平底排列的兩枝陰陽燭連續發生或相隔很近，屬效力較差的反轉形態，需其他形態作確認見底；相反，若它發生在過度升勢或跌勢末期，成反轉形態的機會較大。

(ii) 在周線圖及月線圖所發現的平底形態，要比在日線圖的來得重要。試想在周線圖所形成的平底，其最低價已經經過兩周的測試但跌不破，反映市底已打好基礎，只要配合好消息隨時反彈。

(iii) 平底若配合其他見底反轉形態，如曙光初現，底部十字胎，利好訊號更強烈。

實例闡釋

圖7.46是中電控股(0002)陰陽燭日線圖，圖中顯示，該股股價在2000年2月出現平底前，屬明顯的跌勢，由1990年11月的38元跌至2000年2月中旬低位29元左右，累計跌幅近24%，在此段明確跌勢中，股價兩次最低試近29元而反彈，形成平底。此平底形態，第二枝蠟燭屬倒轉鎚頭，強化見底訊號。最後，中電股價真的在29元左右成功築底，反彈急升。

圖7.46 中電控股(0002)陰陽燭日線圖

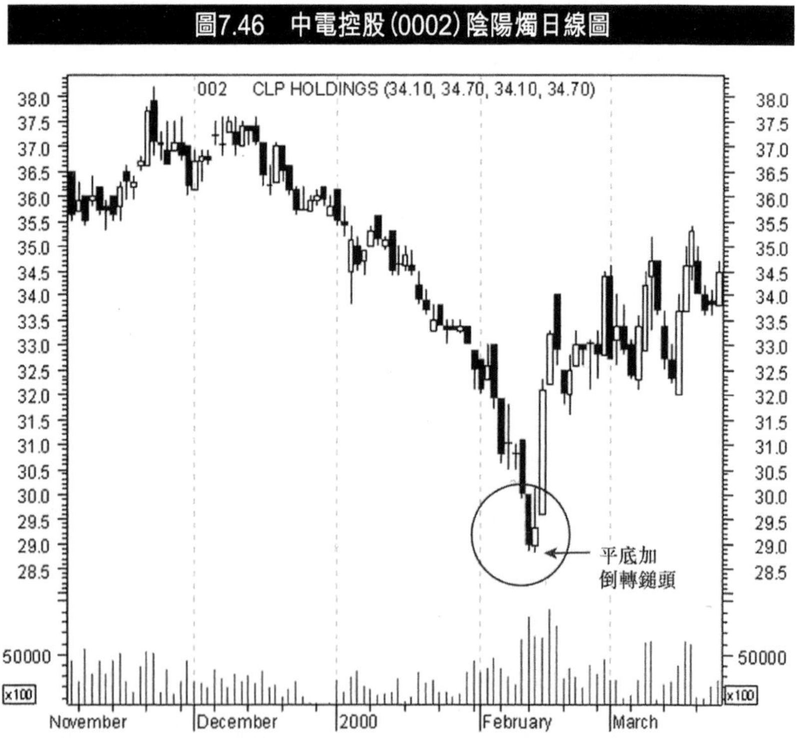

圖7.47同屬中電控股陰陽燭日線圖，股價在1998年6月及8月分別出現平底；第二個的平底，其兩枝陰陽燭的排列中間，有兩日作

圖7.47　中電控股(0002)陰陽燭日線圖

低位橫行，但無礙構成平底的發展。

7.3.10 平頂（tweezers tops）

圖7.48a 平頂加十字胎

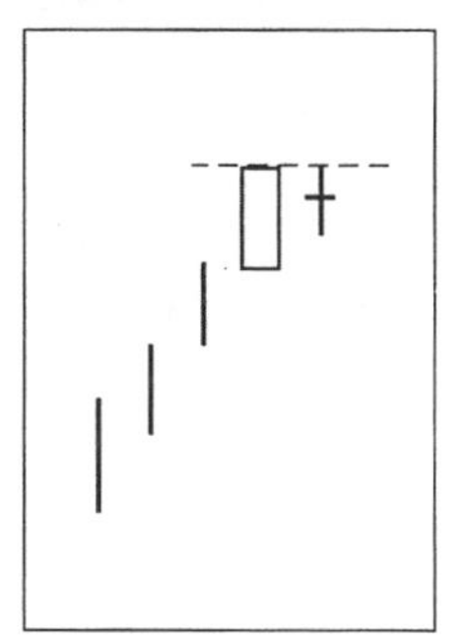

簡評：(1) 平頂預示市況快將見頂回落。
(2) 必須確認形態。

形態特徵

一個已累積不少升幅的上升走勢中，某天先出現一枝大陽燭，表示升勢仍強勁，但翌日該股股價不夠動力再創新高，最高價與

圖7.48b 平頂加吊頸

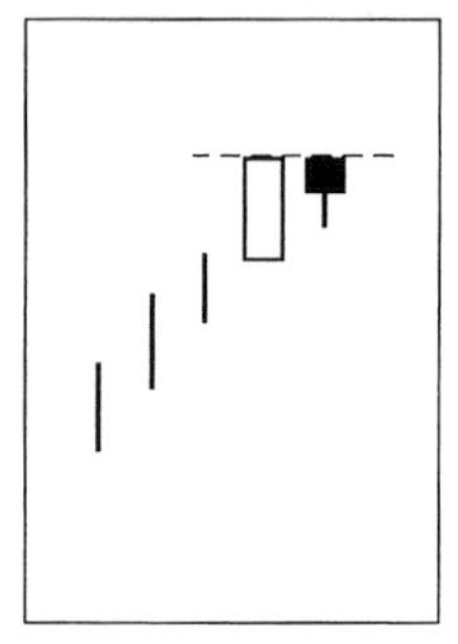

圖7.48c 平頂加射擊之星

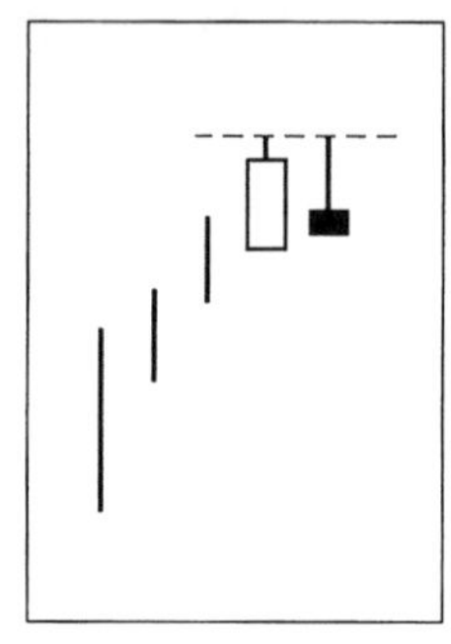

圖7.48d 平頂加烏雲蓋頂

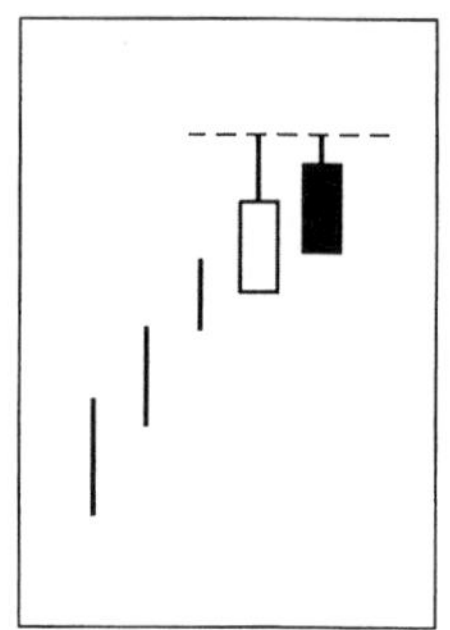

前天最高價處相等水平時，這種情況稱為「平頂」。

圖7.48a所示平頂，配以十字星，成頂部十字胎。

圖4.48b所示平頂，配以吊頸見頂形態。

圖4.48c所示平頂，配以射擊之星見頂形態。

圖4.48d所示平頂，配以烏雲蓋頂見頂形態。

辨認形態法則

(i) 發生在明顯的趨勢中。

(ii) 以最高價作準，兩日的最高價相若便算是平頂，兩者只差一、兩個價位亦可接受。

形態背後的意義

平頂的出現暗示買家兩次上試最高位均遇很大沽壓，令信心減弱，很多時投資者會主動先套利一部分以保障自己，然後看清楚形態再行部署。在套利盤湧現下，股價出現調整的機會較大。這正如戰場上，兩軍對壘，當一方屢次強攻對方但未能成功將對方擊敗，便很容易影響軍心，宜撤軍再作部署。

如何判斷形態效力

(i) 平頂若配合其他利淡見頂形態，如烏雲蓋頂、頂部十字胎、吊頸等，利淡效力愈強。

(ii) 與平底一樣，在周線圖及月線圖所發現的平頂，要比在日線圖的來得重要。試想在周線圖所形成的平頂，其最高價已經過兩周的測試，屢次高位不破，反映沽壓力強，回吐機會較大。

實例闡釋

圖7.49是希慎興業(0014)陰陽燭日線圖，圖中顯示，該股股價在1999年12月初築頂，兩次升近11.1元高位而回落，成平頂加烏雲蓋頂形態，由於近11.1元也是8月時的高位，在12月初未能成功衝

圖7.49 希慎興業(0014)陰陽燭日線圖

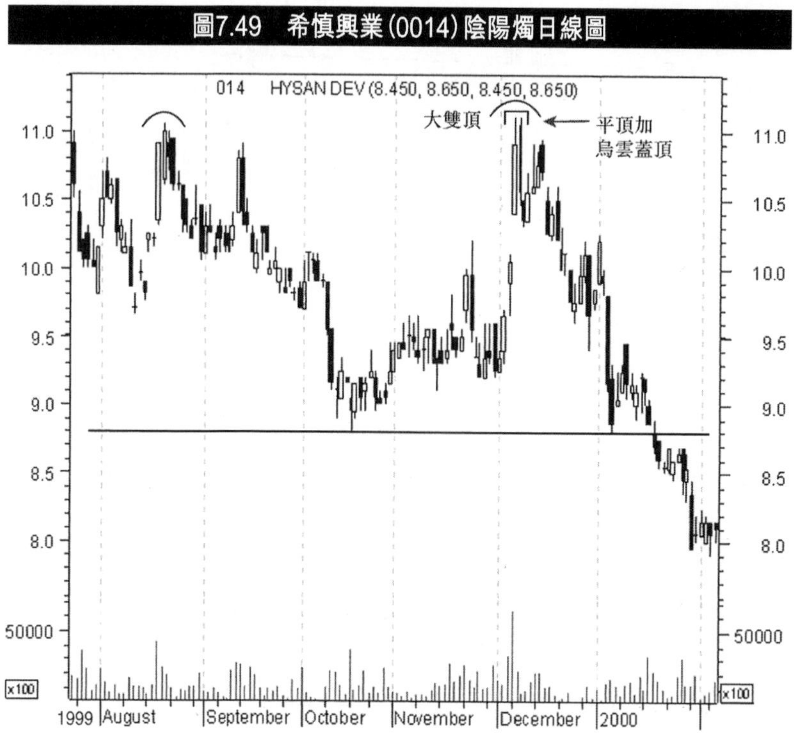

破，便構成雙頂回落形態；當在12月以平頂形態見頂後，股價反覆急挫，轉勢的時間頗快。

圖7.50是匯豐控股(0005)陰陽燭日線圖，圖中顯示，該股股價自1998年初開展升勢，升了兩個多月時間，至4月終以平頂形態見頂回落，這個平頂顯示股價兩次上試近83元高位而不破，此外，平頂的第二根蠟燭屬吊頸，加強見頂的利淡訊號，最後證實此為複式頭肩頂，股價轉趨跌勢。

圖7.50 匯豐控股(0005)陰陽燭日線圖

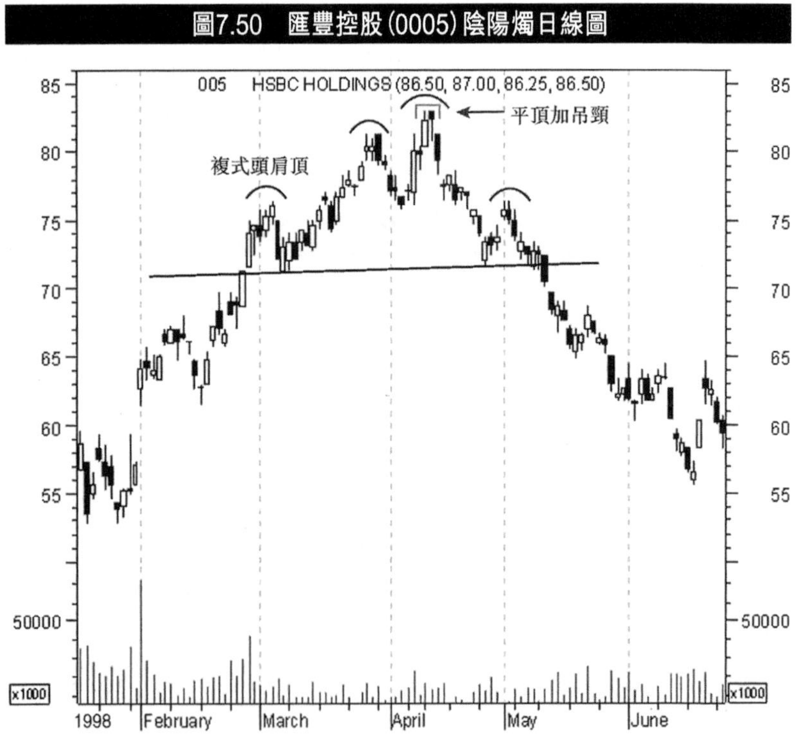

7.3.11 飛鴿歸巢（homing pigeon）

簡評：飛鴿歸巢是見底好兆頭，宜確認形態。

形態特徵

圖7.51所顯示的為飛鴿歸巢，圖中所見，近似底部的身懷六甲，只是兩枝蠟燭均呈陰燭，第一枝陰燭將第二枝陰燭全包藏着。

辨認形態法則

圖7.51　飛鴿歸巢

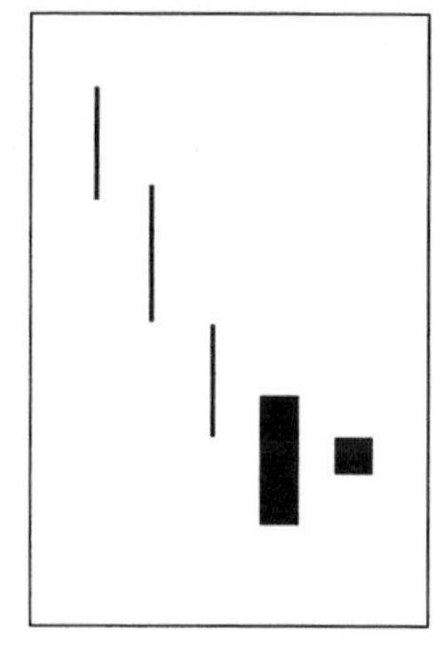

(i) 發生在明顯的下跌趨勢中，先呈現大陰燭。

(ii) 第二枝陰燭 (包括上下影線、實體) 被第一枝大陰燭完全包藏着。

形態背後的意義

在下跌趨勢中，出現大陰燭，強化市場看淡的氣氛，惟翌日股價以高於大陰燭的最低價高開，成交價全日控制在前一枝大陰燭範圍內，未有再大幅下跌創新低，反映下跌力量放緩中，屬見底徵兆。

如何判斷形態效力

若在出現飛鴿歸巢的翌日，股價以大成交量配合上升，可增強形態的有效性，見底訊號進一步獲確認。

實例闡釋

圖7.52是新世界發展 (0017) 陰陽燭日線圖，圖中顯示，該股於1999年出現飛鴿歸巢利好訊號之前，股價反覆下跌處明顯跌勢，先呈第一枝大陰燭，繼後的第二枝小陰燭被大陰燭所吞噬，構成飛鴿歸巢，及後再現第三枝小陰燭被第二枝小陰燭所包藏，形成近似飛鴿歸巢形態。結果在出現此利好形態後，呈大陽燭反彈，成交量亦配合上升，確認見底訊號強烈。

圖7.52　新世界發展(0017)陰陽燭日線圖

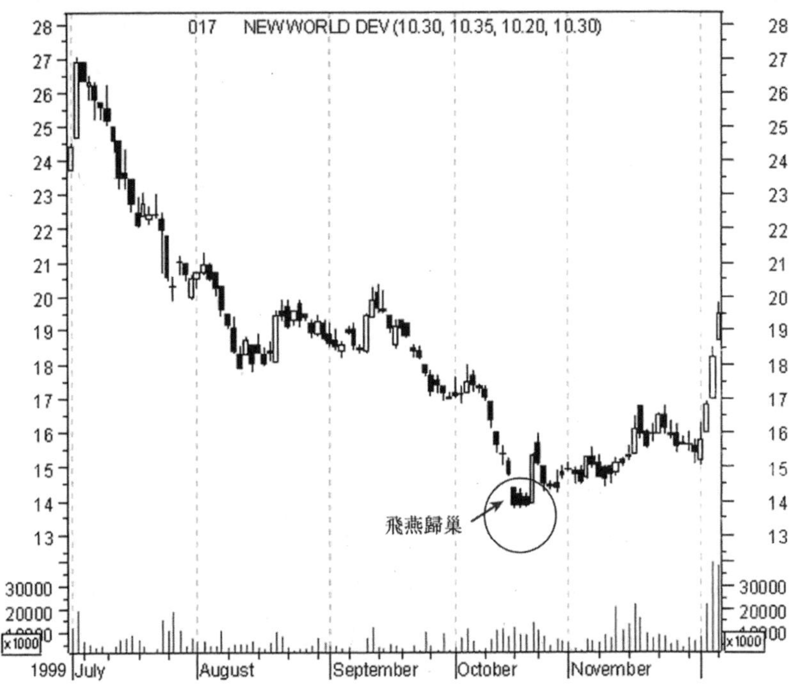

7.3.12 雙飛烏鴉（upside-side two crows）及雙鴉（two crows）

簡評：(1) 雙飛烏鴉及雙鴉均屬利淡之徵兆，市況將見頂回落。
(2) 無須確認形態，利淡訊號強。

形態特徵

從圖7.53a所見，雙飛烏鴉由三枝陰陽燭組合而成。市場原處於上升趨勢中，當某一天開市先以裂口上升，其後創新高位，可是好友未能成功守穩高位而收市時低收，形成一枝陰燭，構成飛行形

圖7.53a 雙飛烏鴉

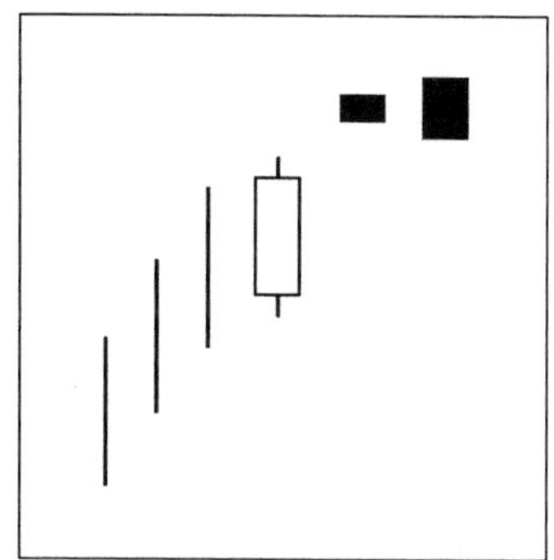

態。翌日，開市後續創新高位，但同樣未能以全日高位收市，反而比前日的收市價為低，再構成一枝大陰燭，將前一枝陰燭全面吞噬，兩枝陰燭架空在裂口上，構成「雙飛烏鴉」，利淡後市。

圖7.53b為雙鴉，與雙飛烏鴉稍不同的是，第三枝陰燭深入於第一枝大陽燭實體內。

圖7.53b 雙鴉

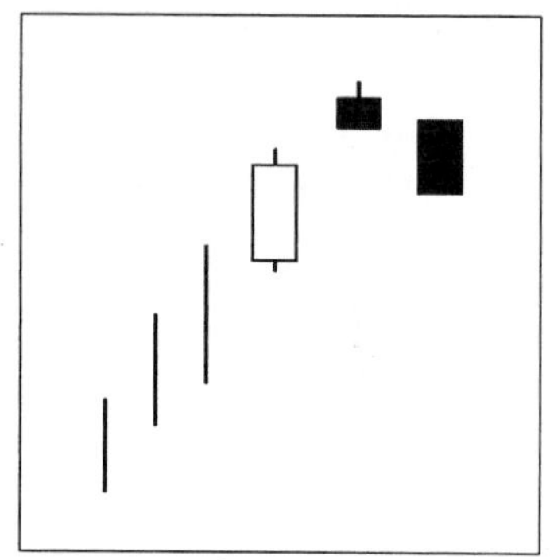

辨認形態法則

雙飛烏鴉：

(i) 形態內第一枝大陽燭之後，出現向上跳空的陰燭。

(ii) 第三枝的陰燭開市時向上跳空，收市卻低於第二枝陰燭，其實體將第二枝陰燭完全吞噬了！

(iii) 第三枝陰燭的收市價，仍高於大陽燭的收市價。

雙鴉：

(i) 上升趨勢中出現一枝大陽燭，第二枝大陰燭向上跳空出現裂口。

(ii) 第三枝陰燭向下補回裂口，收市價位於第一枝大陽燭實體內，並深入於第一枝大陽燭實體內。

形態背後的意義

從此雙飛烏鴉及雙鴉走勢可以看出，好友雖努力推高股價而創新高，但市場明顯缺乏承接力，連續兩日未能以全日高位收市，預示後市有一定隱憂，有貨者宜止賺或止蝕離場。

如何判斷形態效力

雙鴉略比雙飛烏鴉具利淡意義，試想雙鴉中，第三枝陰燭的收市價需要深入第一枝陽燭實體內，若第三枝陰燭愈長，代表其深入第一枝大陽燭愈深，利淡訊號更明顯。

實例闡釋

圖7.54是四通電了(0409)陰陽燭日線圖，圖中顯示，該股股價在1999年底受科技股股災所拖累，見頂回落，在一段升勢後先出現

圖7.54　四通電子(0409)陰陽燭日線圖

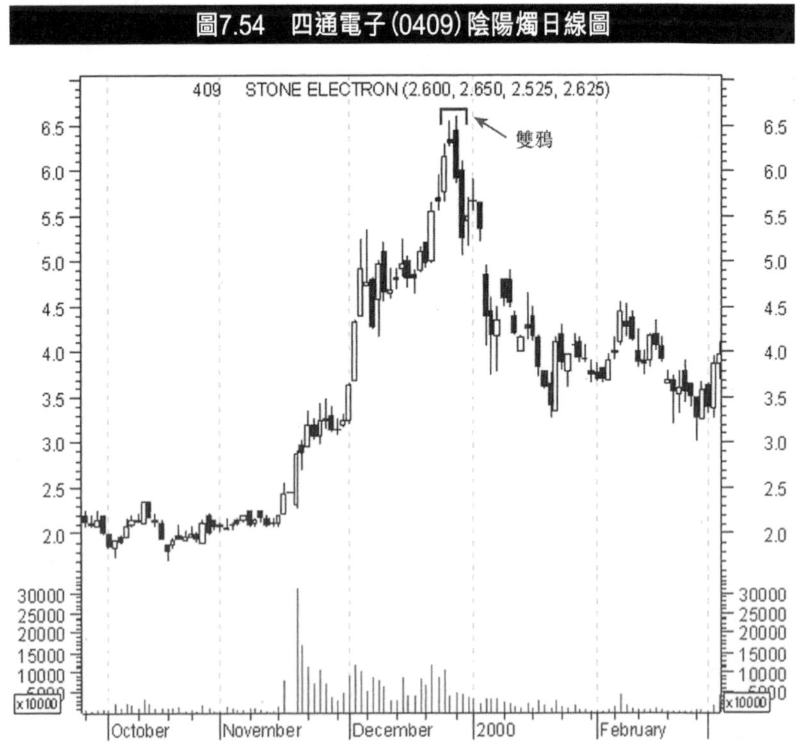

一枝大陽燭，但繼後兩日股價雖再創新高但未能守穩，形成雙鴉形態，確認見頂。

7.3.13 星形十字（doji star）

簡評：星形十字，含待變意味，必須確認形態。

圖7.55a 底部星形十字

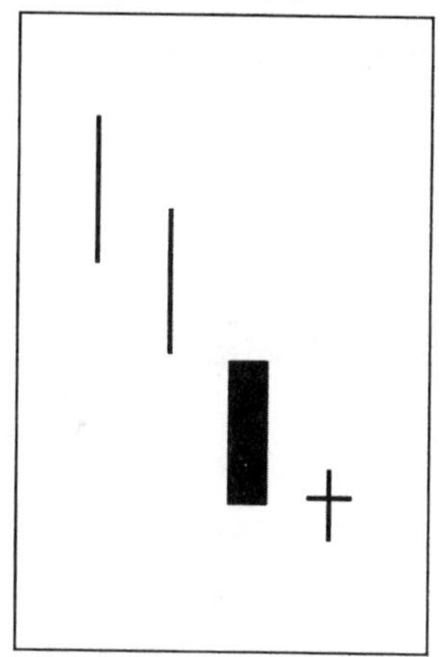

形態特徵

星形十字主要由一枝實體較長的蠟燭及十字星所組成，分為底部星形十字及頂部星形十字。

圖7.55a為底部星形十字，在下跌趨勢中，先出現一枝陰燭，後在低位呈十字星。

圖7.55b為頂部星形十字，在上升趨勢中，先出現一枝陽燭，後在高位呈十字星。

圖7.55b 頂部星形十字

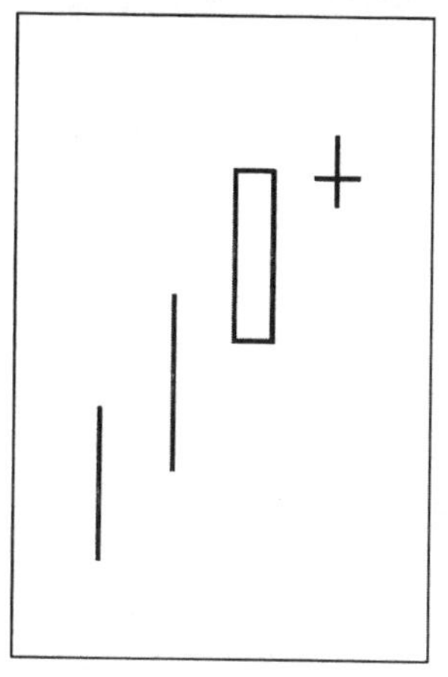

辨認形態法則

(i) 第一日的蠟燭實體應該較長。

(ii) 第二日順勢跳空，並形成影線較短身的十字星。

形態背後的意義

底部星形十字：股價的下跌趨勢受

到大陰燭的出現而強化利淡氣氛，第二日股價再以低於大陰燭的收市價開出並一度下挫，令淡友更有信心和把握，但當日收市價最後拉回近開市價，反映低位出現承接力與淡友抗衡，具待變之意。

頂部星形十字：股價的上升趨勢受到大陽燭的出現而強化利好氣氛，第二日股價再以高於大陽燭的收市價開出並一度上升，令好友更有信心和把握，但當日收市價最後拉回近開市價，動搖了好友的信心，反映高位承接乏力，具待變之意。

如何判斷形態效力

(i) 如果影線之間也有裂口跳空現象，可加強後市反轉的訊號。

圖7.56　五豐行(0318)陰陽燭日線圖

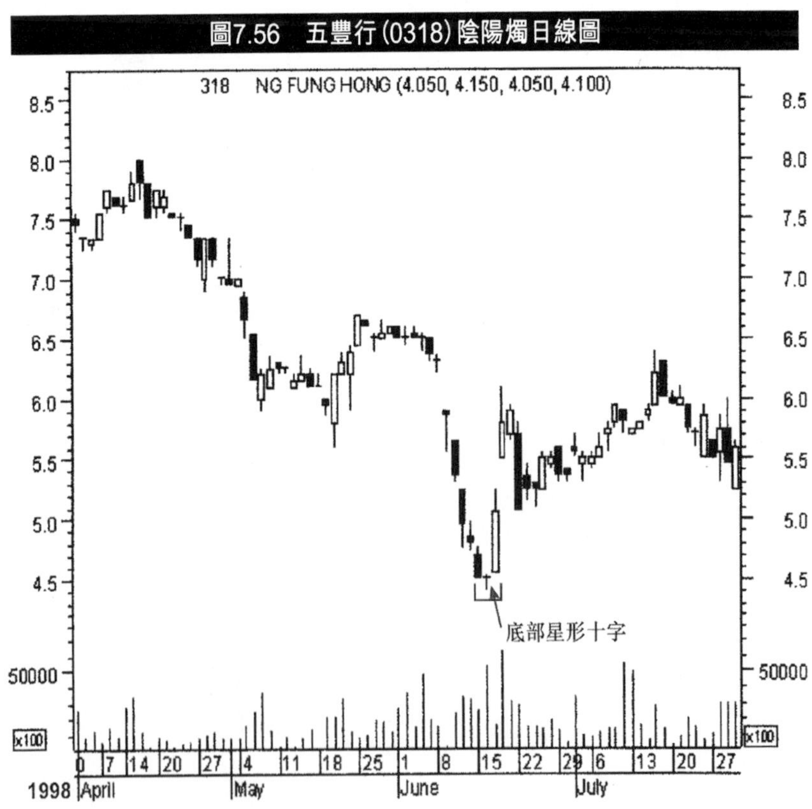

(ii) 星形十字很需要其他見底形態作確認，試想當底部星形十字在低位形成，市況已積弱多時，重建買盤信心不易。同樣道理，在持續升勢中，投資者買貨意欲強，總是相信後市還會再升，當出現頂部星形十字，投資者信心仍強。因此，若在出現底部星形十字後，再呈大陽燭反彈上升，可確定升勢；相反若在出現頂部星形十字後，再呈大陰燭回落，利淡效力加強。

實例闡釋

圖7.56是五豐行(0318)陰陽燭日線圖，該股在1998年4月開始展開跌勢，由高位8元左右跌至6月開始尋底，6月中旬接近底部，出現一枝大陰燭加強利淡氣氛，但翌日股價在再試新低後卻拉回高

圖7.57　中國光大控股(0165)陰陽燭日線圖

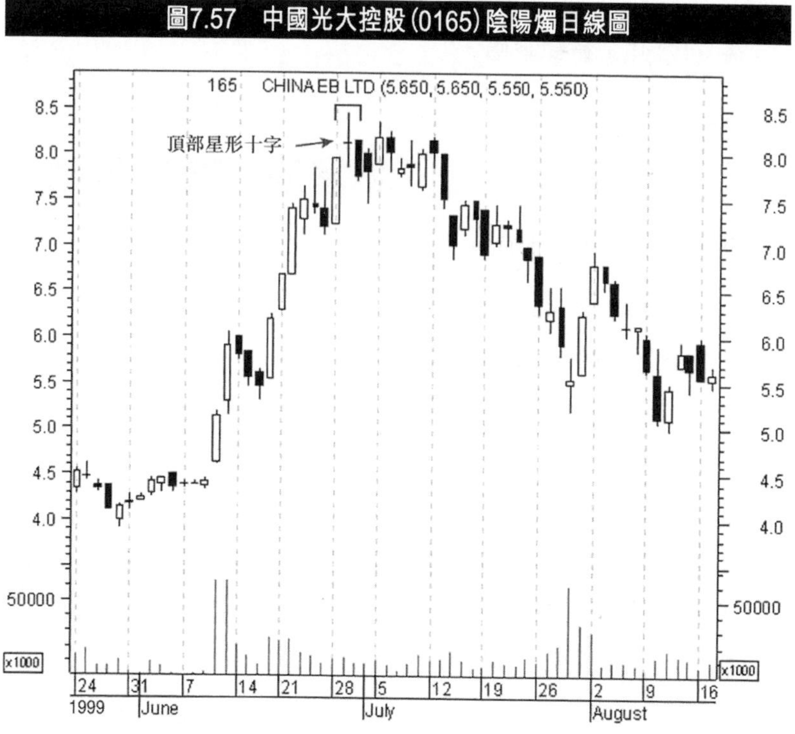

位收市，形成底部星形十字，最後，配合出現大陽燭確認見底，股價作反彈。

圖7.57是中國光大控股(0165)的陰陽燭日線圖，其股價走勢於1999年6月出現了一組頂部星形十字，同樣最後以跟隨的大陰燭獲確認見頂，結果股價拾級而下。

7.3.14 早晨之星（morning star）與黃昏之星（evening star）

簡評：(1) 早晨之星見底之徵兆，利好；黃昏之星見頂之徵兆，利淡。

(2) 無須確認形態。

形態特徵

早晨之星及黃昏之星，均由三枝陰陽燭所組合而成。

圖7.58a　早晨之星

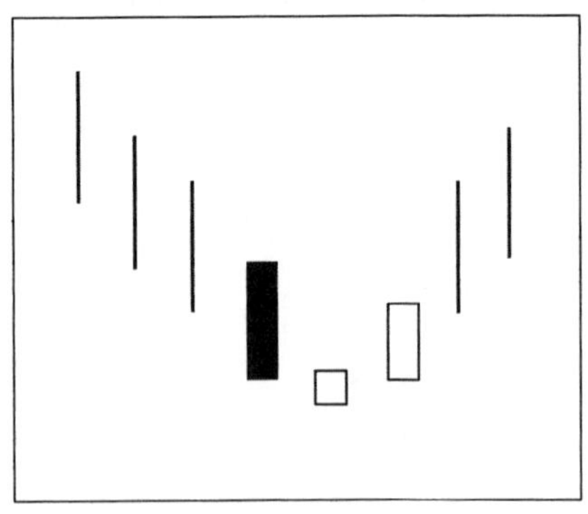

圖7.58a為早晨之星形態，主要發生在接近下跌勢中的底部，由三枝陰陽燭所組成，第一天股價大幅下挫，形成一枝大陰燭；第二天，跌勢減弱，並在低位牛皮，收市價與開市價差不多在一個水平，形成實體較短小陰燭或小陽燭；到第三天股價出現較大的反彈，形成一枝大陽燭。

圖7.58b為黃昏之星形態，主要發生在上升趨勢，第一天股價

大幅上升形成一枝大陽燭，第二天則在高位牛皮，收市價與開市價差不多在一個水平，形成小陰燭或小陽燭，到第三天股價出現較深的調整，形成一枝大陰燭。

圖7.58b　黃昏之星

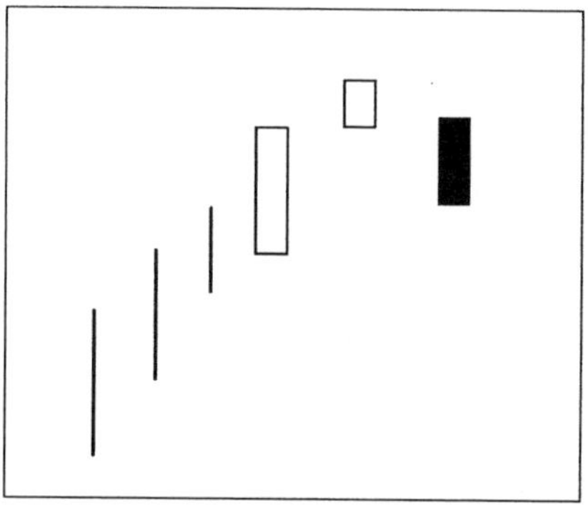

辨認形態法則

(i) 第一枝蠟燭的顏色承原先趨勢，換句話説，發生在下跌趨勢中的早晨之星第一枝應為陰燭，而發生在上升趨勢中的黃昏之星第一枝應為陽燭。

(ii) 第三枝蠟燭顏色應與第一枝相反。

(iii) 第二枝蠟燭與第一枝蠟燭的實體之間有跳空裂口，而第二枝蠟燭屬陰燭或陽燭，並不影響分析。

形態背後的意義

早晨之星：在下跌勢中出現大陰燭，令淡勢更盛，翌日，股價跳空走低，並整日在低位窄幅波動，呈實體較短小的陰燭、陽燭或小陀螺，反映低位沽壓已放緩中，具待變意味。到第三日股價向上回升，確定成功築底，後市見底回升。

黃昏之星：在上升勢中出現大陽燭，令升勢更盛，翌日，股價跳空走高，並整日在高位窄幅波動，呈實體較短小的陰燭、陽燭或小陀螺，反映高位買盤見猶豫，具待變意味。到第三日股價向下跌，確定成功築頂，後市見頂下跌。

如何判斷形態效力

(i) 若第二枝小陰燭／小陽燭／小陀螺與第一枝大蠟燭或第三

枝大蠟燭實體之間出現裂口，均可加強早晨之星及黃昏之星的效力。

(ii) 如果第三枝大蠟燭的收市價深入於第一枝大蠟燭的實體內，有助加強效力。在早晨之星中，第三枝陽燭深入第一枝大陰燭實體內，見底機會增加；而黃昏之星中，第三枝陰燭深入第一枝大陽燭實體，見頂機會增加。

(iii) 在早晨之星中，若第三枝陽燭的成交量較第一枝陰燭為大，代表股價在反彈時買盤積極，更有利後市見底回升。在黃昏之星中，第一枝陽燭的成交量較第三枝陰燭為少，反映第一枝陽燭背後的升市未有足夠買盤支持，相反，第三枝陰燭成交量特大，反映

圖7.59　新世界基建(0301)陰陽燭日線圖

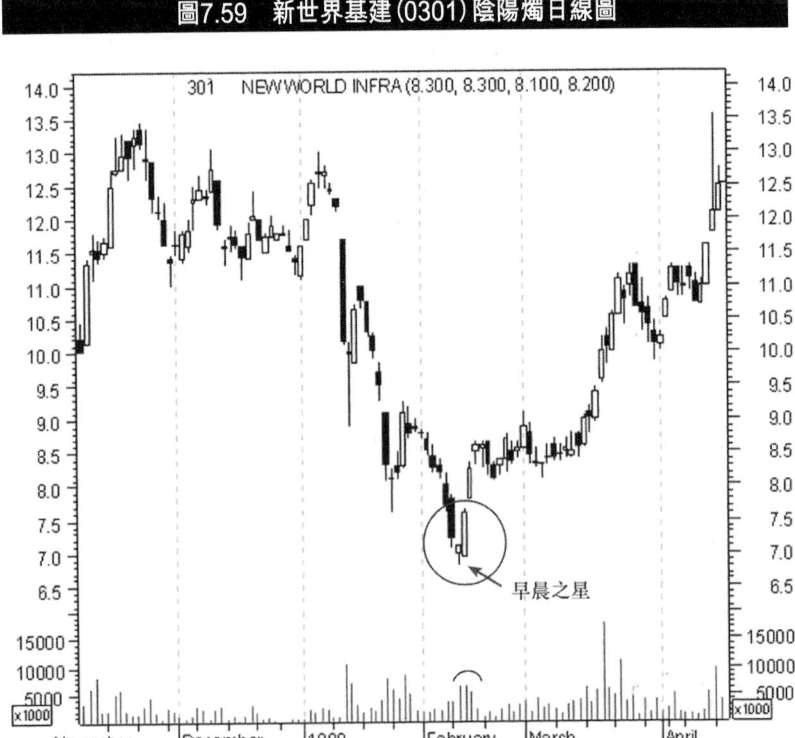

沽壓甚強，見頂的機會很大。

實例闡釋

圖7.59是新世界基建(0301)陰陽燭日線圖，圖中顯示，該股於1998年11月見頂回落，一直至1999年2月，持續跌勢近四個月，故在2月形成的一組早晨之星頗具效力，成交量亦見配合遞增，確定見底，最後股價迅即在4月時升回1998年11月的高水平。

圖7.60是上海實業(0363)陰陽燭日線圖，圖中顯示，於1999年7月初兩次出現黃昏之星，第一個黃昏之星，第三枝陰燭已深入第一枝陽燭內；而第二個黃昏之星中，第二枝蠟燭以上升裂口高開，

圖7.60　上海實業(0363)陰陽燭日線圖

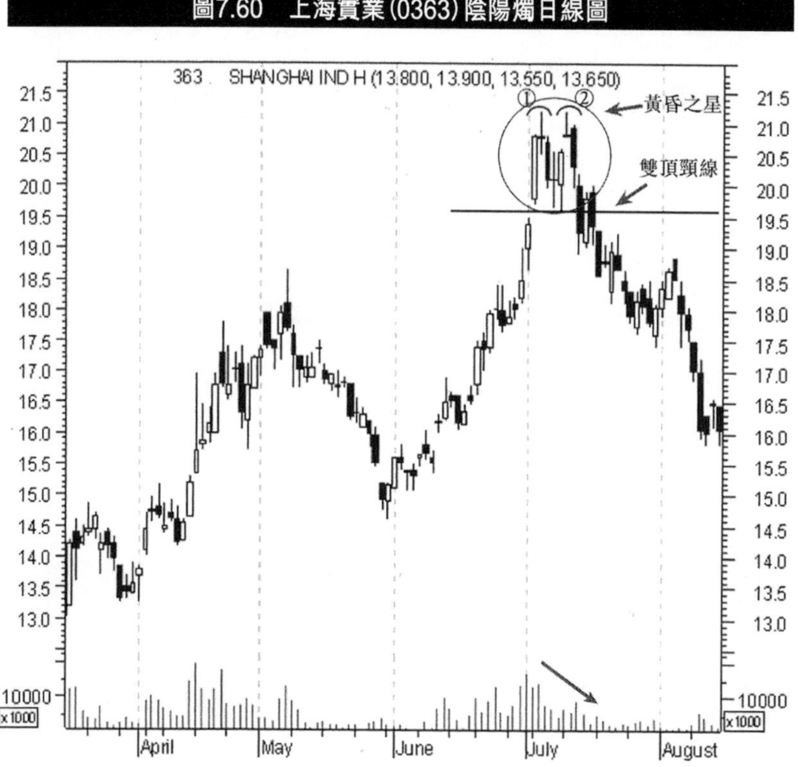

但近似垂死十字，見頂訊號明顯。加入圖形形態分析，兩個黃昏之星的形成，正是雙頂的頂部，多項訊號顯示市況見頂，結果無須多說，呈跌勢多於升勢。

7.3.15 晨星十字（morning doji star）與夜星十字（evening doji star）

簡評：(1) 晨星十字見底之兆，利好；夜星十字見頂之兆，利淡。
(2) 無須確認形態。

圖7.61a 晨星十字

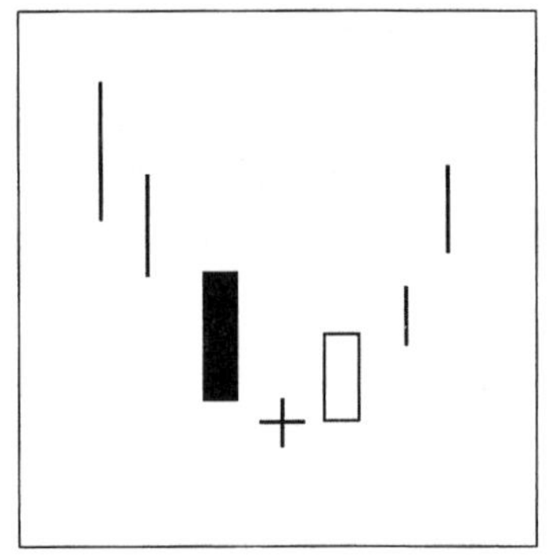

形態特徵

晨星十字及夜星十字，為星形十字的延續形態，主要由三枝陰陽燭所組成。

圖7.61a為晨星十字，基本上是早晨之星的變種形態，中間的蠟燭以十字星所取代，屬利好的見底形態。

圖7.61b 夜星十字

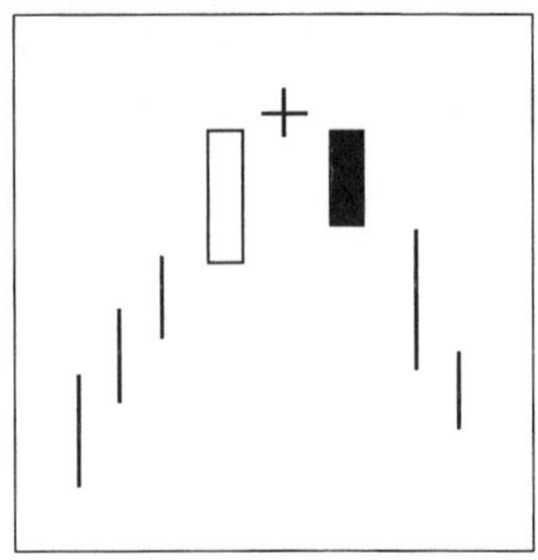

相反，圖7.61b為夜星十字，基本上是黃昏之星的變種形態，中間的蠟燭以十字星所取代，屬利淡的見頂形態。

辨認形態法則

與前一節介紹早晨之星及黃昏之星相若，唯一分別是，第二枝蠟燭一定是十字星。

形態背後的意義

與前一節介紹早晨之星及黃昏之星相若，可參考前文。

如何判斷形態效力

與前一節介紹早晨之星及黃昏之星相若，可參考前文。

實例闡釋

圖7.62　美聯物業(1200)陰陽燭日線圖

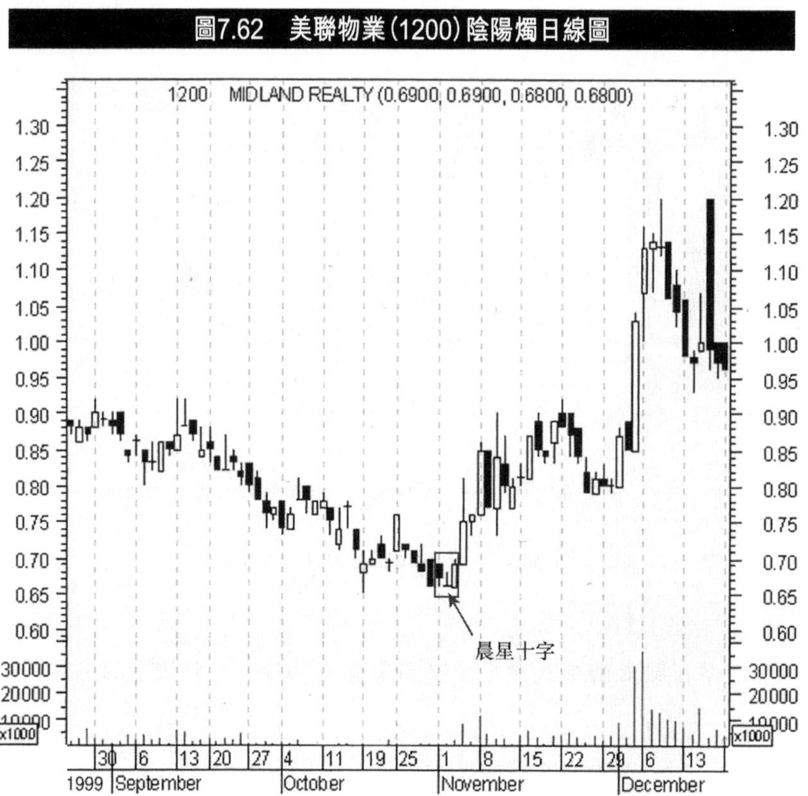

圖7.62是美聯物業(1200)陰陽燭日線圖，於1999年11月初出現晨星十字後，股價即結束多個月以來的跌勢，重納升軌。

圖7.63是香港電訊(0008)陰陽燭日線圖，於1996年10月呈夜星十字，此組形態，第三枝大陰燭跳空下挫，更增強利淡的威力。

圖7.63　香港電訊(0008)陰陽燭日線圖

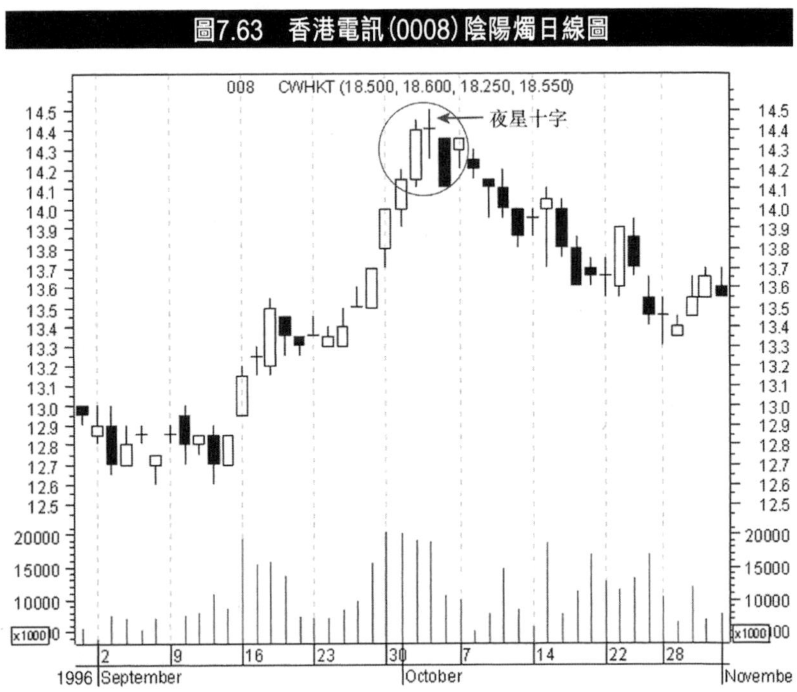

7.3.16 底部棄嬰（abandoned baby bottom）與頂部棄嬰（abandoned baby top）

簡評：底部棄嬰見底徵兆，頂部棄嬰見頂徵兆。無須確認形態。

形態特徵

圖7.64a　底部棄嬰

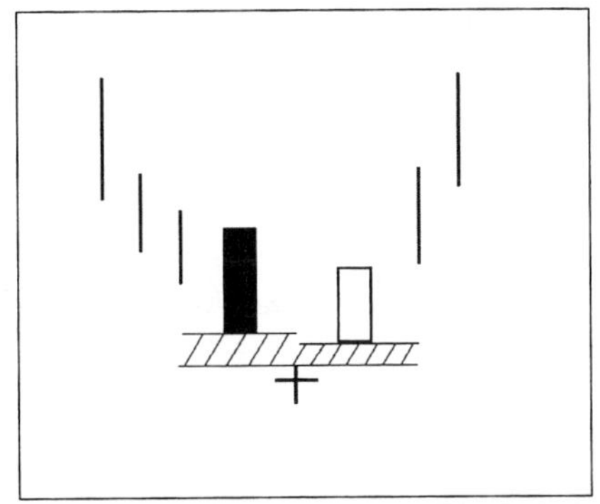

從圖7.64a所見，底部棄嬰基本上與晨星十字差不多，唯一分別是底部棄嬰中第二枝十字星，架空在第一枝陰燭及第三枝陽燭之上。還有，底部棄嬰與西方圖形形態的島形底接近。

圖7.64b　頂部棄嬰

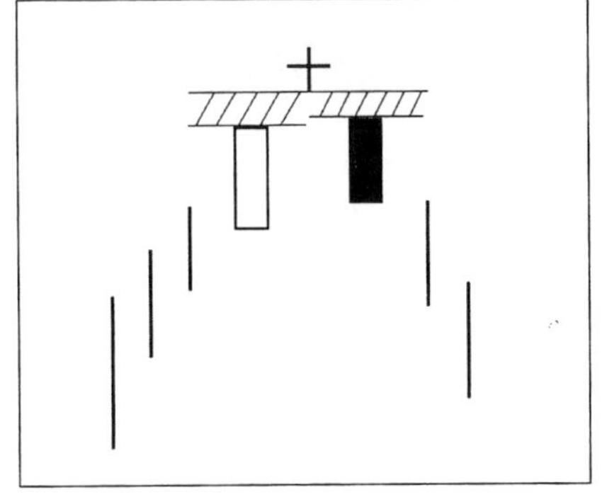

從圖7.64b所見，頂部棄嬰基本上與夜星十字差不多，唯一分別是頂部棄嬰中第二枝十字星，架空在第一枝陽燭及第三枝陰燭之上。還有，頂部棄嬰與西方圖形形態的島形頂接近。

辨認形態法則

第二枝十字星，其影線與第一枝及第三枝蠟燭的上下影線存在裂口，換句話說，在底部棄嬰中，第二枝的十字星上影線應不與第一枝陰燭下影線重疊，以及不與第三枝陽燭的下影線重疊。相反，在頂部棄嬰中，第二枝的十字星下影線應不與第一枝陽燭上影線重疊，以及不與第三枝陰燭的上影線重疊。

形態背後的意義

大致與前兩節所介紹的早晨之星及黃昏之星相若，讀者可翻閱前文。

如何判斷形態效力

大致與前兩節所介紹的早晨之星及黃昏之星相若，讀者可翻閱前文。總括而言，底部棄嬰雖比早晨之星及晨星十字罕見，但利好效力來得強烈，同樣，頂部棄嬰雖比黃昏之星及夜星十字罕見，但利淡效力來得大。試想在頂部棄嬰形態中，第二日以裂口高開，大批股民被迫高位追貨，買入股票，但第三日又以裂口低開，形成大批股票被套牢，觸發止蝕沽貨，未來沽壓將很大。

實例闡釋

圖7.65是美聯物業（1200）陰陽燭日線圖，該股股價在1999年

圖7.65　美聯物業（1200）陰陽燭日線圖

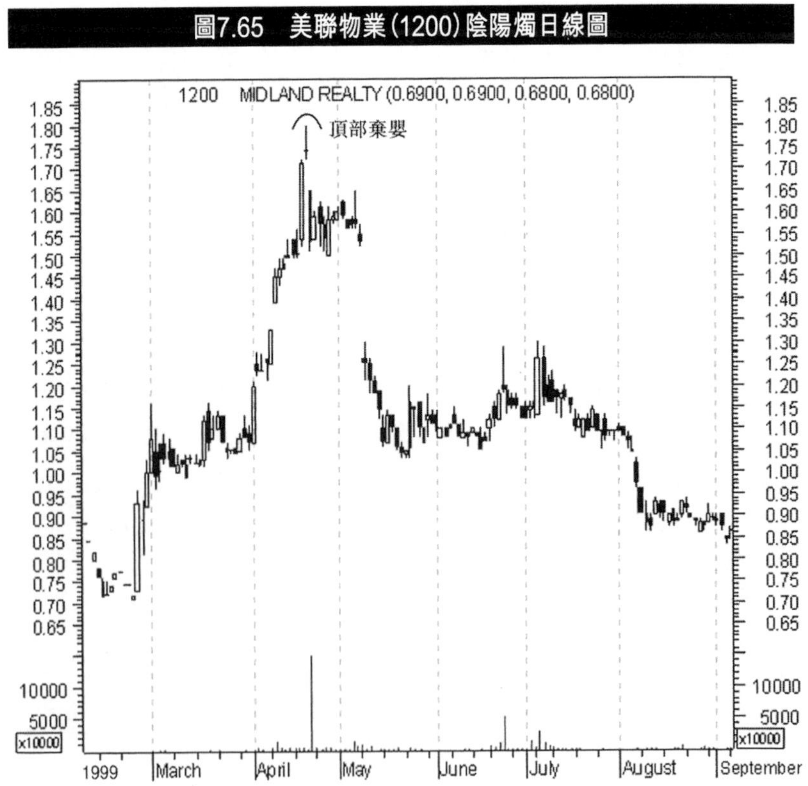

2月底位0.7元開始升勢，至4月時見頂，先呈大陽燭，翌日出現跳空十字星，反映高位買盤猶豫，承接乏力，緊接下來又以下跌裂口形式回落，並形成大陰燭，深入於第一枝大陽燭實體內，構成頂部棄嬰極利淡形態，最後股價如預期般見頂下挫，到9月初已跌近2月升勢的起步點，可見頂部棄嬰的利淡殺傷力。

7.3.17 三星（tri star）

簡評：三星拱照，轉勢在即，宜確認形態。

圖7.66a　底部三星

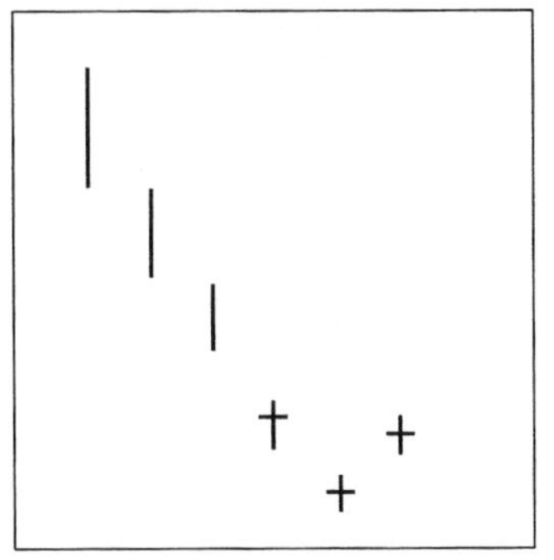

形態特徵

顧名思義，三星是由三枝十字星所組成的，它是極罕見的形態。

圖7.66a所示，在反覆跌勢下，出現三枝十字星，構成底部三星，預示後市回升機會較大。

圖7.66b所示，在反覆升勢下，出現三枝十字星，構成頂部三星，預示後市向下機會較大。

圖7.66b　頂部三星

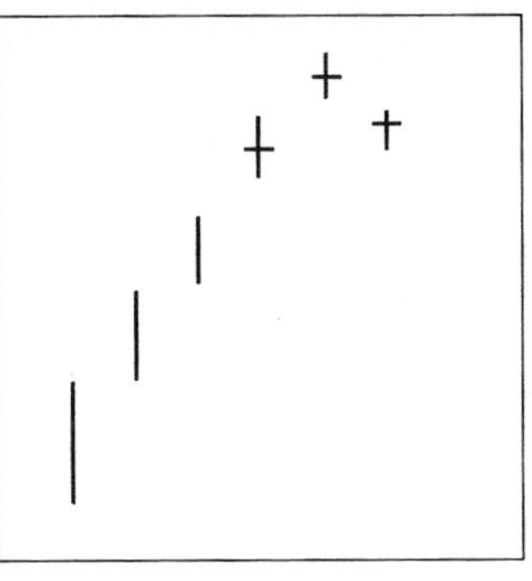

辨認形態法則

(i) 三枝均屬十字星，收市價與開市價相若，若某一枝十字星收市價與開市價並不是百分百相若，只差一、兩個價位，亦可以接受，畢竟世事無完美。

(ii) 第二枝十字星，與前、後兩枝間都有跳空開市的現象，而跳空情況是指收市價與收市價之間。

形態背後的意義

市場可能處於長期上升或下跌趨勢中，趨勢逐漸轉弱，線形的實體也逐漸縮小。在反覆下跌趨勢中，出現第一枝十字星，先顯示跌勢在放緩中，以引起投資者關注。所呈的第二枝十字星，顯示市場已不再有任何趨勢及方向存在，只要好淡任何一方肯出擊，便會扭轉局勢。而端倪出現在第三枝十字星，該股開市價率先向上跳空攀升，雖未以大陽燭收市，但該日收市價高於第二枝十字星的收市價，已反映買盤已積極入市，預示後市向好。

在反覆上升趨勢中，出現三星意義與以上差不多，只是方向相反而已。

如何判斷形態效力

(i) 若第二枝十字星跳空的情況，不止收市價，尚包括影線，形態更具效力。

(ii) 底部出現三星後，再呈現大陽燭，成交量配合上升，可以進一步確認形態屬利好。相反，在頂部出現三星後，再呈現大陰燭，就算成交量不足，也可視為利淡。

實例闡釋

圖7.67是恒生指數陰陽燭日線圖，圖中顯示，於1997年10月大股災前的8月，在頂部出現三星，所見第二及第三枝收市價與開市價未見一致，嚴格來說不屬十字星，但其實相差不是太遠，加上與之前的蠟燭相對，多屬實體較長的大陽燭，反映升勢強勁，到出現

圖7.67　恒生指數陰陽燭日線圖

近似十字星，即顯示升勢已放緩中，故將第二及第三枝當作星體是有道理，最後確定為頭肩頂之頭部所在，至1997年10月時出現大跌市。

7.3.18 塔形底（tower bottom）與塔形頂（tower top）

簡評：塔形底見底徵兆屬利好，塔形頂見頂徵兆屬利淡，宜確認形態。

形態特徵

圖7.68a 塔形底

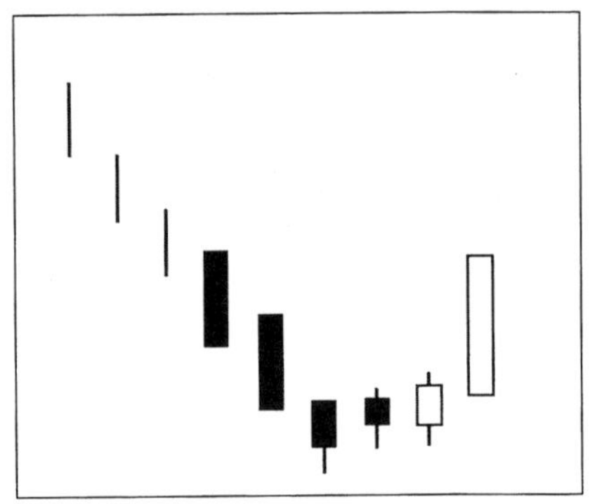

塔形底及塔形頂主要由多於三枝的陰陽燭所組成，屬漸變式的反轉形態。

圖7.68a為塔形底，簡單而言，形成可分三部曲。主要在持續跌勢的低位形成，第一部曲是先出現一枝修長的大陰燭，及後跌勢見放緩成第二部曲，在低位出現數枝短燭身的陽燭或陰燭，反映低位已見承接力，最後一部曲是以一枝修長燭身的大陽燭反彈。

圖7.68b 塔形頂

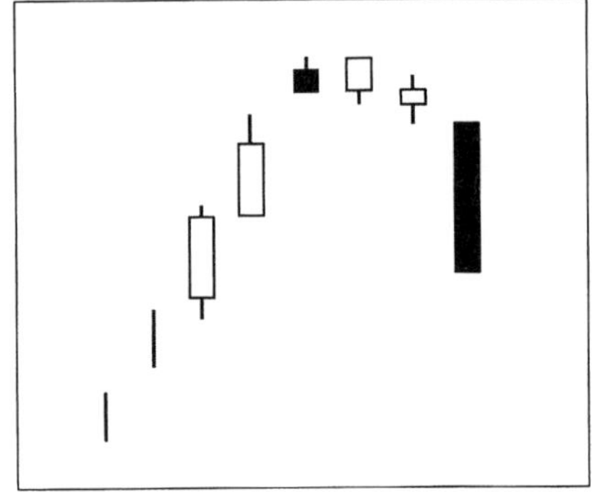

圖7.68b為塔形頂，主要在上升趨勢的頂部形成，先出現一枝修長的大陽燭，但及後升勢放緩，在高位出現幾枝實體較短小的陽燭或陰燭，最後以一枝修長的大陰燭下跌。由於塔形頂左右兩方，均呈修長的大陽燭及大陰燭，似塔身，加上高位以短小蠟燭組合而成，外形上似塔頂，故稱「塔形頂」。

辨認形態法則

(i) 發生在明確的趨勢中。

(ii) 形態內頭尾兩枝大蠟燭，實體顏色應該相反。即是說，塔形底頭一枝應為大陰燭，但尾一枝為大陽燭；相反，塔形頂頭一枝應為大陽燭，但尾一枝為大陰燭。

(iii) 中間幾枝蠟燭實體應該屬短身，不能長於頭尾兩枝大蠟燭。

形態背後的意義

塔形底：

首先，市況處於跌勢時，出現一枝長而有力的陰燭，更強化利淡情緒。當市場累積不少跌幅後，下跌速度減弱，形成在低位牛皮一段短時間(一般不超過兩星期)局面，低位出現的陽燭或陰燭燭身明顯較短，反映低位有買盤收集貨源，但鑑於市況積弱已久，不敢大幅購買搶高股價，只在低位密密收集。最後，當買貨人士見沽壓減弱不少，又沒有壞消息，突作反擊，其他未買貨者亦跟隨，呈一枝大陽燭反彈上升，扭轉早前跌勢，塔形底的出現成轉好訊號。

塔形頂：

首先，市勢先呈強勁的升勢，出現一枝長而有力的陽燭，加強利好氣氛。當市場累積不少升幅後，上升速度見減弱，形成在高位牛皮一段短時間(一般不超過兩星期)局面，高位出現的陽燭或陰燭燭身明顯較短，內裏有兩個可能：從樂觀方面看，可視為是消化獲利回吐；從悲觀方面看，則可視為莊家有秩序地散貨，反映市場見審慎。最後，當市場人士見升勢停滯不前，擔心股價再無動力推升，即爭相拋售手持的貨源，呈一枝大陰燭回落，扭轉早前升勢，塔形頂的出現便成轉淡訊號。

如何判斷形態效力

在塔形底組合內，最後股價以大陽燭反彈，成交量能配合上升，後市轉升的訊號將愈強烈；若股價大幅反彈當日，成交量微薄，則要審慎觀察，不宜跟進買入。

實例闡釋

圖7.69是永隆銀行(0096)陰陽燭日線圖，圖中顯示，塔形底在1998年1月底時形成，股價之前明顯處下跌趨勢，由1997年12月初的高位41.5元開始下挫，跌近1998年初時，先以大陰燭滑落，繼後所出現的幾枝蠟燭雖是陰燭，但燭身一枝比一枝短，反映跌勢放緩，最後再以大陽燭反彈回升，成交量亦見配合上升，確定見底。

圖7.69　永隆銀行(0096)陰陽燭日線圖

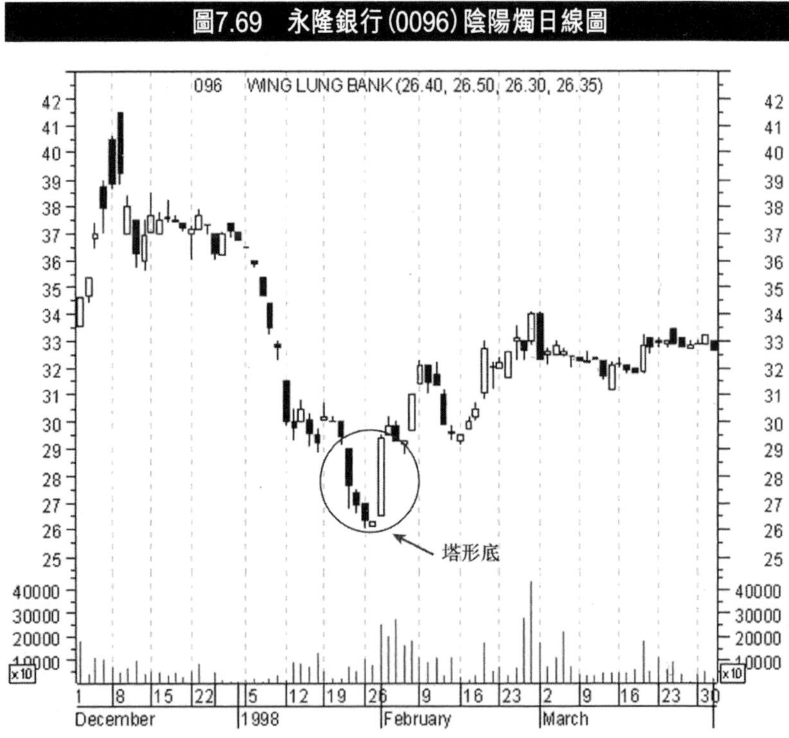

圖7.70是香港電訊(0008)陰陽燭日線圖，圖中顯示，在1997年初展開升勢，到3月中旬時已有強弩之末之感，先出現大陽燭，後在高位徘徊，最後以大陰燭形式打破悶局而滑落，構成塔形頂，後來所見，跌勢轉急，發揮見頂效用。

圖7.70　香港電訊(0008)陰陽燭日線圖

7.3.19 鍋底（fry pan bottom）與倒轉鍋底（dumpling top）

簡評：(1) 鍋底似圓底，有部署地收貨，後市可望回升；倒轉鍋底似圓頂，有部署地派貨，後市料回落。

(2) 宜確認形態。

形態特徵

圖7.71a所見為鍋底，股價先經過一段反覆下跌的走勢，跌勢愈跌愈慢，在底部形成一個窄幅橫行區，直至出現一枝向上跳空的

圖7.71a　鍋底

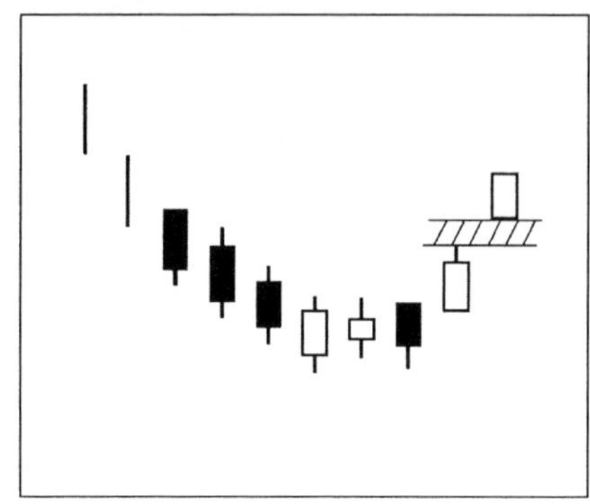

圖7.71b　倒轉鍋底

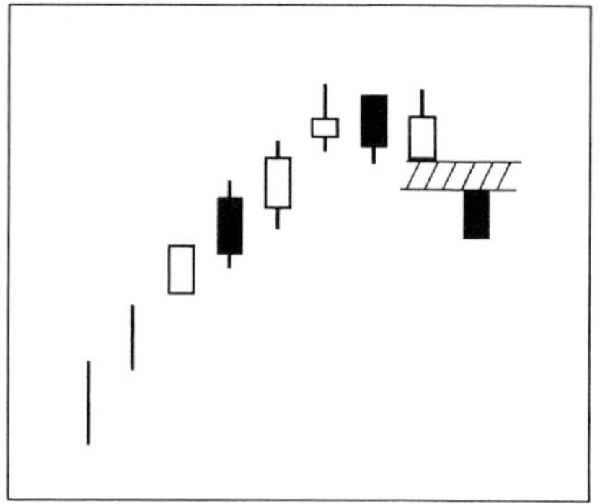

小陽燭，呈弧形向上走勢擺脫悶局，確認鍋底的形成。

圖7.71b為倒轉鍋底的形態，股價先經過一段反覆上升的趨向，升勢愈升愈慢，在頂部形成一個窄幅橫行區，好淡雙方正在劇烈爭持中，每日上下波動不大，最後股價作裂口下跌，並形成小陽燭，呈弧形向下走勢擺脫悶局，確認倒轉鍋底，反映淡友已成功控制市場。

辨認形態法則

(i) 其實鍋底與塔形底相類似，只是前者需要以一個上升裂口的小陽燭來確認，而後者無須以上升裂口確認，同時最後需要以一枝大陽燭來完成整個塔形底形態。

(ii) 同樣，倒轉鍋底與塔形頂相類似，只是前者需要以一個下跌裂口的小陰燭來確認，而後者無須以下升裂口確認，同時最後需要以一枝大陰燭來完成整個塔形頂形態。

形態背後的意義

鍋底：在低位徘徊區，反映市場人士有耐性地以低價收集貨源，等候適當時機反攻，最後的一枝以上升裂口跳空的陽燭，反映貨源已歸邊，盡在強者手中，未來升勢預料會較急。

倒轉鍋底：在高位徘徊區，反映市場人士有耐性地托高股價散貨，手上貨源散盡後，在缺乏買盤承接下，最後的一枝以向下跳空的陰燭回落，未來跌勢預料會較急。

如何判斷形態效力

在築鍋底時，蠟燭的燭身宜短，此外，在以裂口上破密集低位區時，成交量若同步上升，可加強見底反彈的效力。倒轉鍋底對成交量並無太大要求。

實例闡釋

圖7.72　新鴻基地產(0016)陰陽燭日線圖

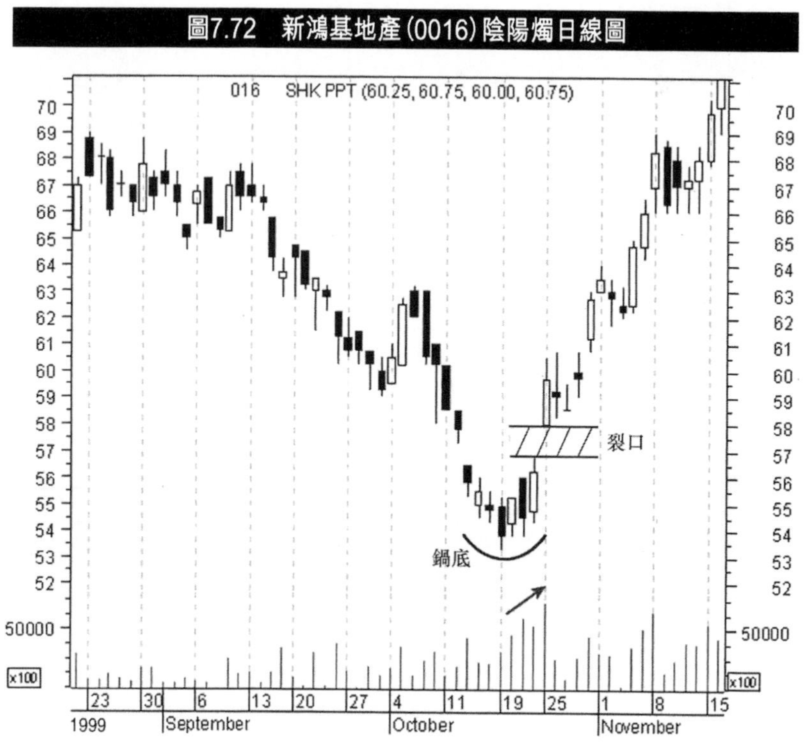

圖7.72是新鴻基地產(0016)陰陽燭日線圖，圖中顯示，在1999年10月中旬築鍋底而反彈，在突破低位時，以裂口形式上升且以接近全日高位收市，加上成交量配合上升，確認見底擺脱跌勢。

圖7.73是匯豐控股(0005)陰陽燭周線圖，圖中顯示，在1999年1月至2月間築成倒轉鍋底，由於此形態發生在已升近一年的趨勢下，在高位牛皮一定程度上反映莊家有秩序地散貨，結果證實，最後以下跌裂口大陰燭作回落，呈短期下跌勢。

圖7.73　匯豐控股(0005)陰陽燭周線圖

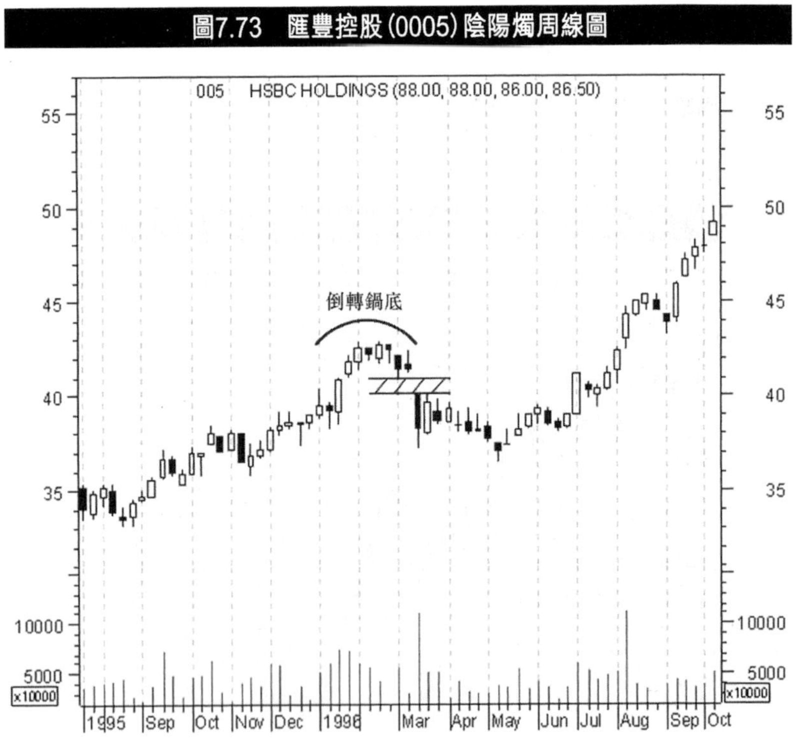

7.3.20 三白兵（又稱三個白武士）(three white soldiers)

簡評：(1)三白兵進攻，市況轉升。
(2)無須確認形態。

形態特徵

圖7.74為三白兵，由三枝實體長度相若、穩步成梯狀向上升的大陽燭所形成。

圖7.74 三白兵

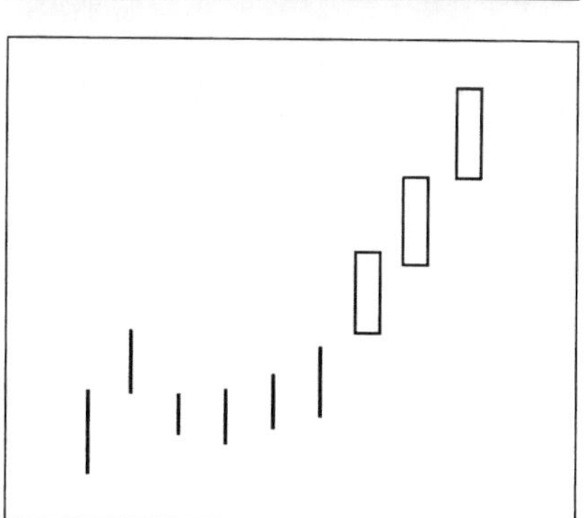

辨認形態法則

(i) 形態內的三枝蠟燭，每日的開市價應較前一日為高，開市價應該在前一枝陽燭的實體或附近水平。

(ii) 每枝陽燭的收市價應在全日最高價或附近水平。

(iii) 三枝陽燭的實體長度應相若。

形態背後的意義

三白兵發生在下跌趨勢中，反映市場的強勁買盤，試想每日收市價高於開市價，極具見底利好意味。

如何判斷形態效力

(i) 第二日及第三日的開市價可以在前一日實體之內的任何部分，但如果開市價在前一日實體的中間部分，成梯狀上升，利好效力強。

(ii) 三枝陽燭的成交量平均，顯示買盤力量持續，進一步確認走勢。

實例闡釋

圖7.75是和記黃埔 (0013) 陰陽燭日線圖，圖中顯示，股價在1999年10月配合破腳穿頭見底回升，升抵75元至80元，呈窄幅上落的三角形，反映當時買盤仍對市況猶豫。直至11月，以三枝實體相若的陽燭遞升而上破三角形，成交量配合平均上升，確認市場人士已對前景具信心，正式擺脫弱勢，重納升軌。

圖7.75　和記黃埔 (0013) 陰陽燭日線圖

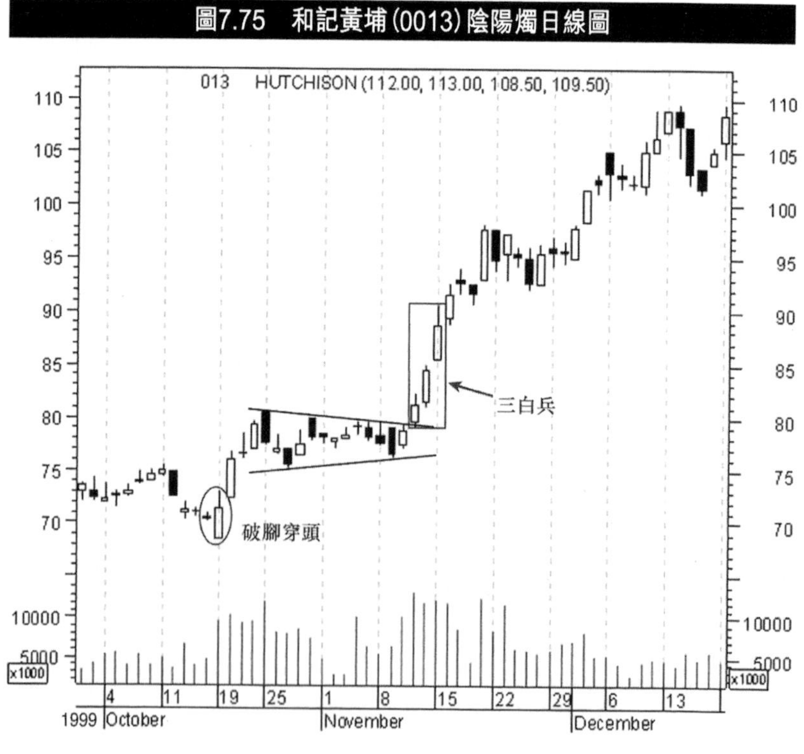

7.3.21 大敵當前（advance block）

簡評：(1)大敵當前，小心見頂回落。

(2)宜確認形態。

形態特徵

大敵當前實為三白兵的變種形態，兩者不同是大敵當前(必須出現在一個明確升勢或累積升幅已多的趨勢下，相反，三白兵則在下跌趨勢或剛擺脱跌勢的頭一個階段。

外形方面，同樣由三枝陽燭所形成，但兩者略有不同，圖7.76所見為大敵當前形態，最後兩枝陽燭或最後一枝陽燭的實體有縮短現象，且上下影線拉上。相反，三白兵的三枝陽燭實體相若。

圖7.76　大敵當前

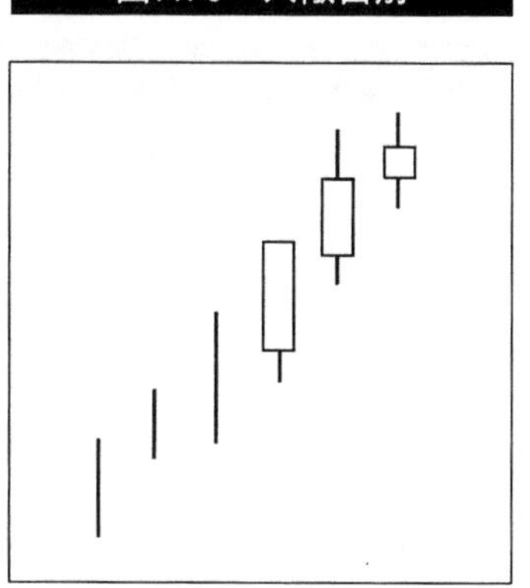

辨認形態法則

(i) 連續三枝陽燭，每日的收市價均比前一日為高。

(ii) 每日的開市價在前一日實體內。

(iii) 第二枝及第三枝陽燭具較長的上影線或下影線，顯示上升力量正減弱。

形態背後的意義

三枝陽燭不斷縮短陽燭顯示，升勢力量漸失，買盤若不再積極吸納，市況隨時出現獲利回吐，是見頂的徵兆。

如何判斷形態效力

每天的陽燭實體愈來愈短小，而上下影線偏長，均加強大敵當前見頂的機會。

實例闡釋

圖7.77是中信泰富(0267)陰陽燭日線圖，圖中顯示，該股股價自1999年3月低位近13元開展升勢，升近4月底時已累計升幅約一倍。在5月初時，再呈現大陽燭，但及後兩日陽燭實體愈縮愈短，第三日的上影線很長，更形成射擊之星形態，構成大敵當前，見頂訊號明顯。

圖7.77　中信泰富(0267)陰陽燭日線圖

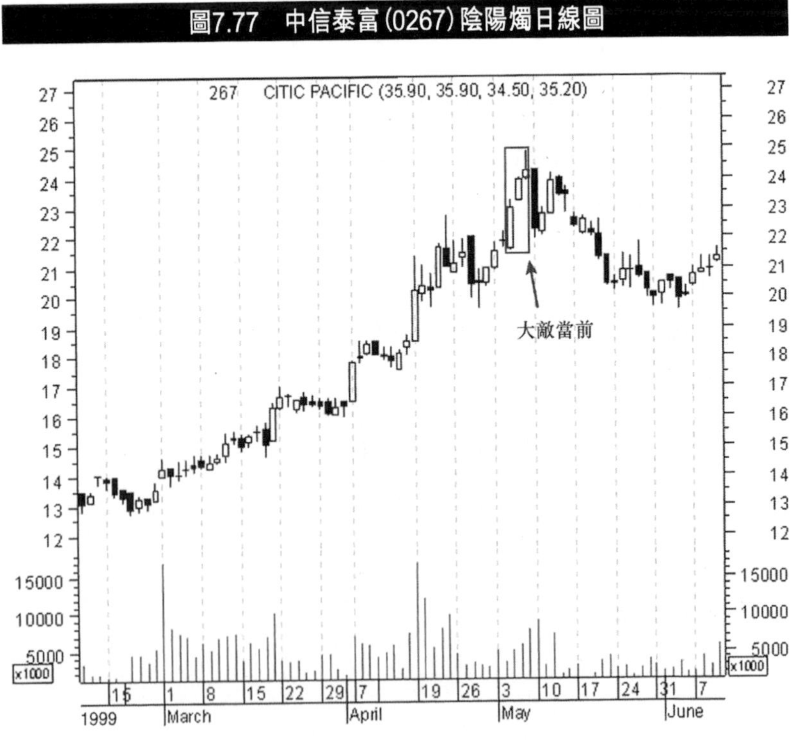

7.3.22 步步為營（deliberation）

簡評：(1) 步步為營，小心見頂。
(2) 宜確認形態。

形態特徵

步步為營，同為三白兵的變種形態。

圖7.78 步步為營

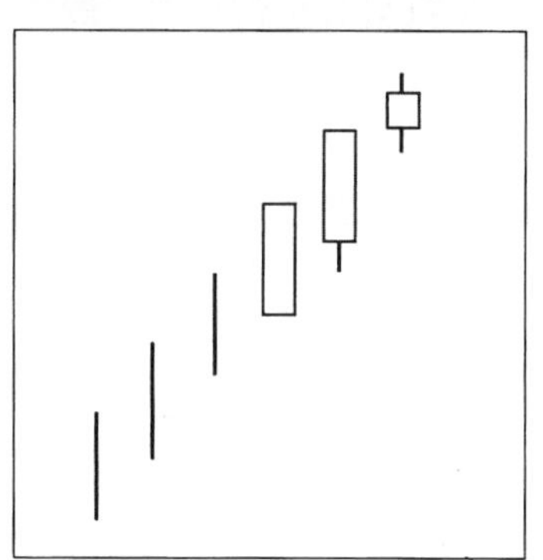

圖7.78為步步為營形態，出現在升勢末段時間，前二枝大陽燭創新高價，最後一枝只是一枝實體較短身的陽燭，反映上升力量急速減弱，小心見頂。

辨認形態法則

(i) 第一及第二枝陽燭實體較長。

(ii) 第三日的開市價接近第二日的收市價。

(iii) 第三日的蠟燭形態，可以是十字星，也可以是陀螺。

形態背後的意義

與大敵當前相類似，步步為營反映升勢正在減弱中，但前者上升動力是以漸進式進行，而後者，在第三日時上升動力突然失去。繼後再呈大陰燭，可以確認見頂，跌勢開始。

如何判斷形態效力

如果第三日出現的小陽燭/ 十字星/ 陀螺下影線部分，與第二日大陽燭的上端有裂口出現，顯示買盤作最後一擊，盡力推高股價以散貨，後市向下機會更大。

實例闡釋

圖7.79是太古A（0019）陰陽燭日線圖，圖中顯示，該股於1999年10月由低位近34元開始升勢，升近12月初，再呈兩枝大陽燭，但第三枝陽燭明顯突然縮短，顯示買盤急停，上升動力轉弱，成步步為營形態。隨後，該股股價幾度上試51元阻力水平而不破，已確定步步為營見頂的效力，股價隨後至2000年2月時已回至1999年10月的升勢起點水平。

圖7.79　太古A（0019）陰陽燭日線圖

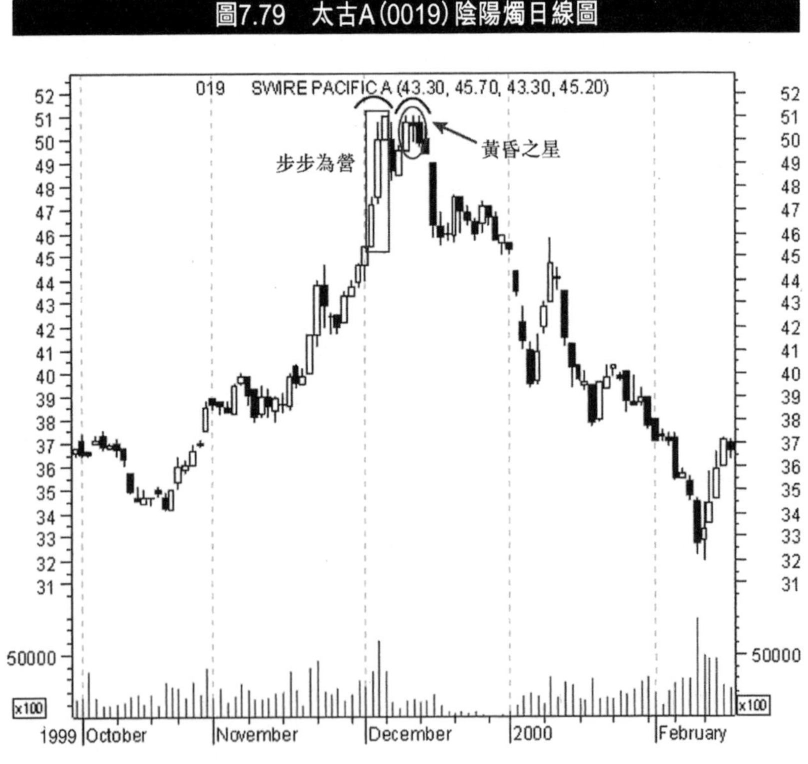

7.3.23 三飛烏鴉（three black crows）與 三胎烏鴉（identical black crows）

簡評：(1) 烏鴉是不祥之兆，見頂回落機會高。
(2) 無須確認形態。

形態特徵

顧名思義，三飛烏鴉及三胎烏鴉均屬利淡形態，主要在上升趨勢末段形成。

圖7.80a　三飛烏鴉

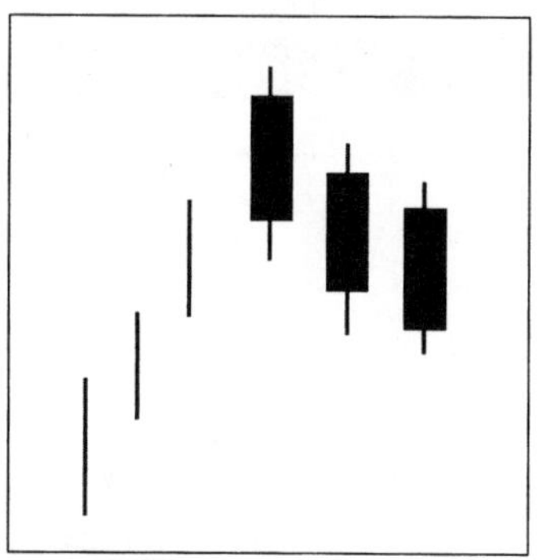

圖7.80a為三飛烏鴉，由三枝大陰燭構成，每日的開市價均在前一日陰燭的實體內，但開市價即下挫，成陰燭。三日的收市價均向下跌，呈三枝陰燭有秩序地下跌的走勢。三飛烏鴉相對的形態自然是三白兵。

圖7.80b　三胎烏鴉

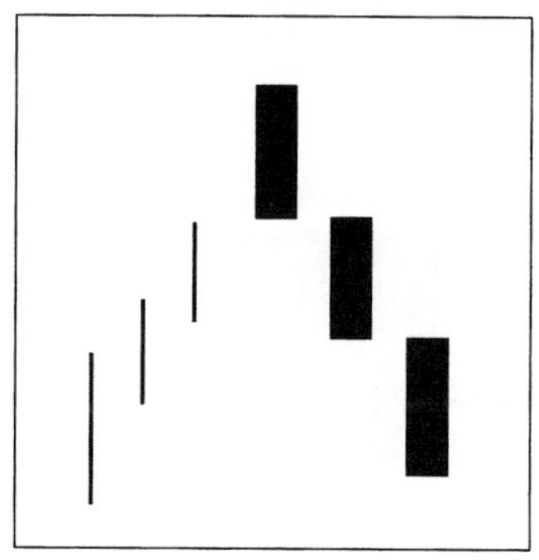

圖7.80b為三胎烏鴉，與三飛烏鴉相若，同為三枝逆創新低的大陰燭構成，差別在於三胎烏鴉中，每日的開市價貼近前一日的收市價，三枝大陰燭實體相若，成階梯狀下跌走勢。

辨認形態法則

(i) 每日的收市價向下跌，創新低。

(ii) 每日收市價接近每日的最低價，收低於開市價，呈陰燭。

(iii) 三飛烏鴉而言，每日的開市價均在上一日的實體內，而三胎烏鴉，每日的開市價則貼近上一日實體的收市價部分。

形態背後的意義

兩種形態中，收市價一日低於一日，均顯示在高位獲利回吐壓力強勁，宜先獲利回吐或順勢沽空。

如何判斷形態效力

在三飛烏鴉中，第一枝的陰燭實體最好是處於前一日陽燭最高價的下側位置，這可加強利淡的威力。

圖7.81　鷹君集團(0041)陰陽燭日線圖

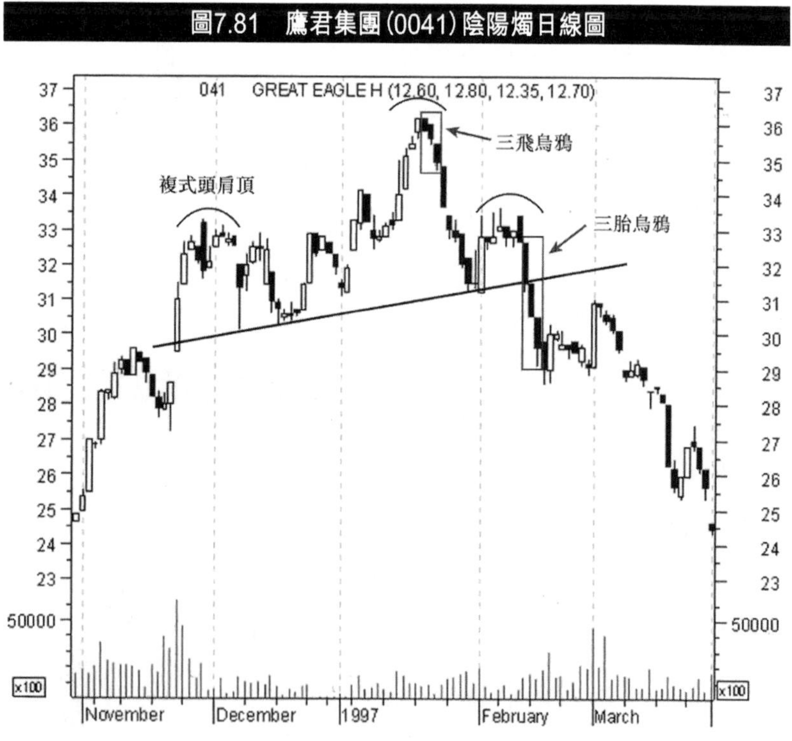

實例闡釋

圖7.81是鷹君集團(0041)陰陽燭日線圖，圖中顯示，於1997年1月中旬，當股價之前持續一段升勢後，近36元高位呈三飛烏鴉見頂形態，及後於2月時又出現三枝陰燭實體均等的三胎烏鴉形態，進一步確認利淡後市。結果所見，股價走勢形成複式頭肩頂形態，配合三飛烏鴉及三胎烏鴉，宜清貨離場。在當時若不清貨離場，且看後市迅即跌近24.5元，即1996年11月的低水平，損失可算慘重。

7.4 陰陽燭的整理形態

整理形態的出現表示市場好淡雙方正處休息，在一輪休息過後，一般再恢復原先的趨勢發展。

表7.2為部分常見的陰陽燭整理形態，以下將逐一詳細解釋。

表7.2 陰陽燭的整理形態

利好	利淡
上升三部曲 (5)	下跌三部曲 (5)
執墊 (5)	頸上線及頸內線 (2)
上肩帶裂口 (3)	下肩帶裂口 (3)
向上跳空併肩陽燭 (3)	向下跳空併肩陽燭 (3)
高價跳空 (3根以上)	低價跳空 (3根以上)
三線反擊 (4)	三線反擊 (4)
	戳入線 (2)

備註：形態名稱後面括弧內的數字，代表排列構成陰陽燭線形的基本數目。

7.4.1 上升三部曲 (rising three methods) 與執墊 (mat hold)

簡評：(1) 上升三部曲與執墊，是升勢中的整理形態；整理過後，股價繼續上升機會仍大。

(2) 無須確認形態。

形態特徵

圖7.82a 上升三部曲

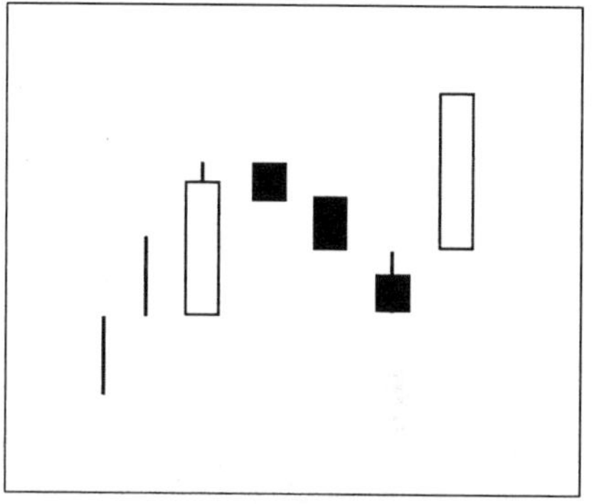

圖7.82a所見的是典型的上升三部曲，主要出現在強勢的上升趨勢途中，第一部曲先出現一枝大陽燭。大陽燭出現後，股價作回吐，連續呈現三枝短小陰燭(但如果是兩枝小蠟燭亦可)，其實體均在第一枝長形大陽燭的交易區內(包括影線)，同時成交量下降，這是第二部曲。第三部曲是指在股價出現兩至三日的溫和調整後，好友再度發力，以一枝大陽燭突破調整局面，開市價高於前一天的收市價，並創五日以來高位。

圖7.82b 執墊

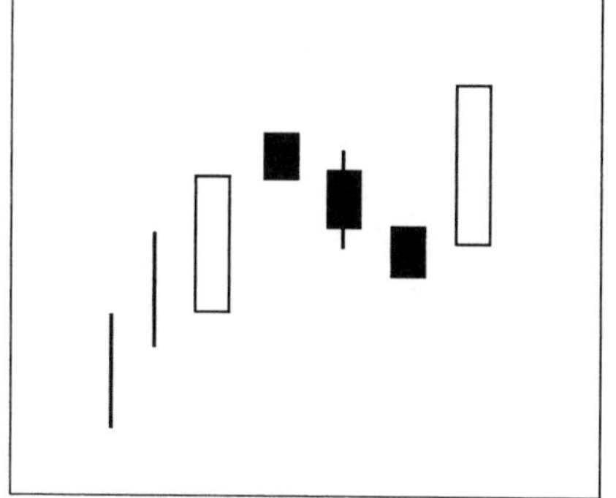

圖7.82b所見的為執墊，是上升三部曲的變種形態，差異在於調整時的價格相對要比第一枝陽燭為高，所有短小陰燭並沒有必要處於第一枝陽燭內(包括實體及影線)，最後股價開市大幅向上跳空，其收市價超越前四日的最高價，再呈大陽燭支持漲勢持續。

辨認形態法則

(i) 在上升趨勢中出現大陽燭。

(ii) 最後一日出現的大陽燭，其開市價應高於前一日小陰燭的收市價。

(iii) 最後一日出現的大陽燭，收市價應高於第一枝陽燭的收市價。

(iv) 辨認形態法則中，兩種形態的分別如下：就上升三部曲而言，大陽燭後的調整，所出現蠟燭，全部為實體較短小的，最理想的數量為三枝，但數量如果是兩枝或多於三枝也可以接受，唯一條件是它們必須處於第一枝大陽燭內(包括影線在內)。此外，這些小蠟燭亦具彈性，可以是陰燭或陽燭，但普遍以陰燭較多。

(v) 就執墊而言，以大陽燭上揚後，第二枝小陰燭跳空而上，未必在大陽燭的實體內，第三及第四枝小陰燭則在大陽燭實體較上側部分。同樣，股價調整時的幾枝小蠟燭的數量及顏色具彈性。

形態背後的意義

總括而言，兩種形態均類似西方圖形形態中的上升旗形，在上升趨勢途中呈大陽燭(就是旗杆)，反映買盤強勁，隨後幾枝小陰燭(就是旗幟)，顯示市場正消化獲利回吐盤，買盤在喘息，等候機會突破調整悶局，再一次策動攻勢將股價推升。請記着，上升三部曲並不一定成功形成，最好等最後出現大陽燭、確定突破時才追貨。

兩種形態相比，執墊比上升三部曲的上升趨勢較為強勁。

如何判斷形態效力

兩種形態來說，股價調整時，三枝小陰燭的排列應該顯示持續的下跌趨勢。

成交量方面，第一枝大陽燭應該較大，代表買盤強勁，第二、三及四枝小陰燭需下降，以顯示調整時大戶仍未大量拋售股票，因此屬健康獲利回吐盤。最後一枝大陽燭，突破調整悶局時，成交量應相對增加，代表看好一方再積極買貨。記着成交量變化是「高、低、高」。

實例闡釋

圖7.83是中國光大控股(0165)陰陽燭日線圖，圖中顯示，該股於1999年6月擺脫窄幅上落的悶局，處於升勢，所形成的上升三部曲，三枝陰燭的實體全包在第一枝大陽燭內，而成交量亦符合「高、低、高」原則，結果顯示股價在以大陽燭突破調整悶局後，股價再度飛升至8.5元左右的高位。

圖7.83　中國光大控股(0165)陰陽燭日線圖

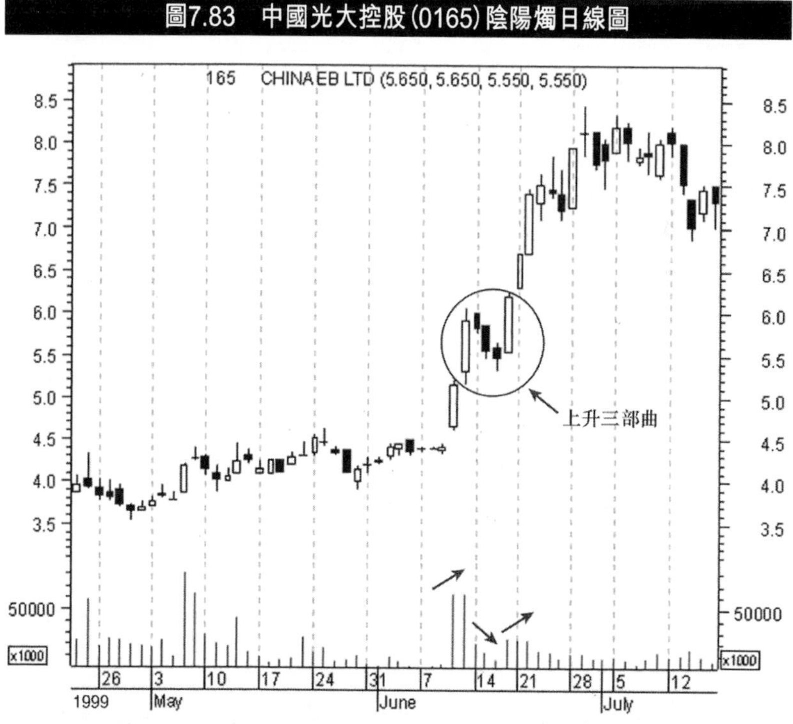

圖7.84是太古A(0019)陰陽燭日線圖，圖中顯示，在1998年11月出現一個失敗的上升三部曲，最後以一枝大陰燭滑落；此例子證明等候最後出現大陽燭突破悶局才追貨的重要性。

圖7.84 太古A(0019)陰陽燭日線圖

兩個例子比較：

股份名稱	形態	意義
中國光大控股(0165)	成功的上升三部曲	三枝陰燭的實體全包在第一枝大陽燭內
太古A(0019)	失敗的上升三部曲	最後一枝大陰燭滑落

圖7.85是和記黃埔(0013)陰陽燭日線圖，圖中顯示，在1998年10月初先出現三白兵，其中一枝大陽燭構成執墊。在執墊形態中，股價調整時的第一枝小陰燭似陀螺狀，高企於第一枝大陽燭的實體之上，隨後兩枝小陰燭都是位於第一枝大陽燭實體一半以上，足證調整時沽壓不強，最後以一枝大陽燭跳空上升，其開市價差不多高於前四枝蠟燭的收市價。

圖7.85　和記黃埔(0013)陰陽燭日線圖

7.4.2 下跌三部曲（falling three methods）

簡評：(1) 下跌三部曲，是跌勢中的整理形態；整理過後，股價繼續下跌機會仍大。
(2) 無須確認。

形態特徵

下跌三部曲只是上升三部曲的相對形態，主要在下跌趨勢中形成。

圖7.86為下跌三部曲，在下跌趨勢途中，第一部曲先現一枝大

陰燭。大陰燭出現後，股價作反彈，連續呈現三枝短小陽燭(但如果是兩枝小蠟燭亦可)，其實體均在第一枝長形大陰燭的交易區內(包括影線)，同時成交量下降，這是第二部曲。第三部曲是指在股價出現兩至三日的溫和反彈，淡友再度發力，以一枝大陰燭突破小反彈局面，開市價低於前一天的收市價，並創五日以來低位。

圖7.86　下跌三部曲

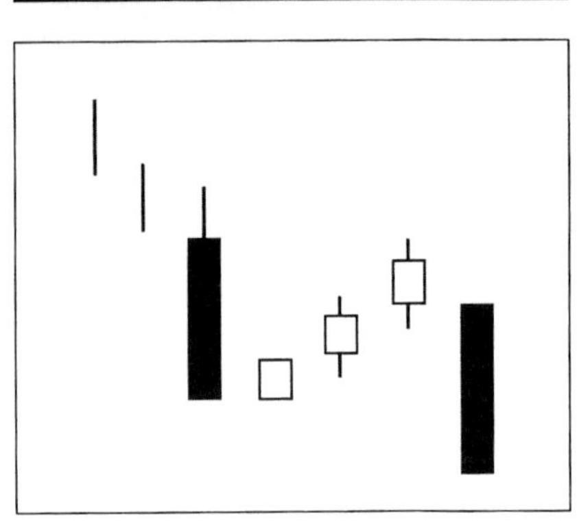

辨認形態法則

(i) 在下跌趨勢中出現大陰燭。

(ii) 最後一日出現的大陰燭，其開市價應低於前一日小陽燭的收市價。

(iii) 最後一日出現的大陰燭，收市價應低於第一枝陰燭的收市價。

(iv) 大陰燭後的反彈，所出現蠟燭，全部為實體較短小的，最理想的數量為三枝，但數量如果是兩枝或多於三枝也可以接受，唯一條件是它們必須處於第一枝大陰燭內(包括影線在內)。此外，這些小蠟燭亦具彈性，可以是陰燭或陽燭，但普遍以陽燭較多。

形態背後的意義

下跌三部曲類似西方圖形形態中的下跌旗形，在上下跌趨勢途中呈大陰燭(就是旗杆)，反映沽盤強勁，隨後幾枝小陽燭(就是旗幟)，顯示幕後人士暫緩大量拋售股票，以圖托價沽貨，等候機會突破小反彈悶局，再一次策動攻勢將股價推低。

如何判斷形態效力

股價反彈時，三枝小陽燭的排列應該顯示持續的上升趨勢。

成交量方面，第一枝大陰燭應該較大，代表沽盤正強勁拋售股票，第二、三及四枝小陽燭需要下降，以顯示股價反彈，只是因為沽盤暫緩拋售，但買盤微量，屬莊家托價的伎倆。最後一枝大陰燭，確認突破小反彈悶局時，成交量應相對增加，代表看淡一方又再積極沽貨。記着成交量變化是「高、低、高」。

實例闡釋

圖7.87是中電控股(0002)陰陽燭日線圖，圖中顯示，該股股價於1997年7月近45.5元的高位開始下跌，下跌勢途中，所出現的下

圖7.87 中電控股(0002)陰陽燭日線圖

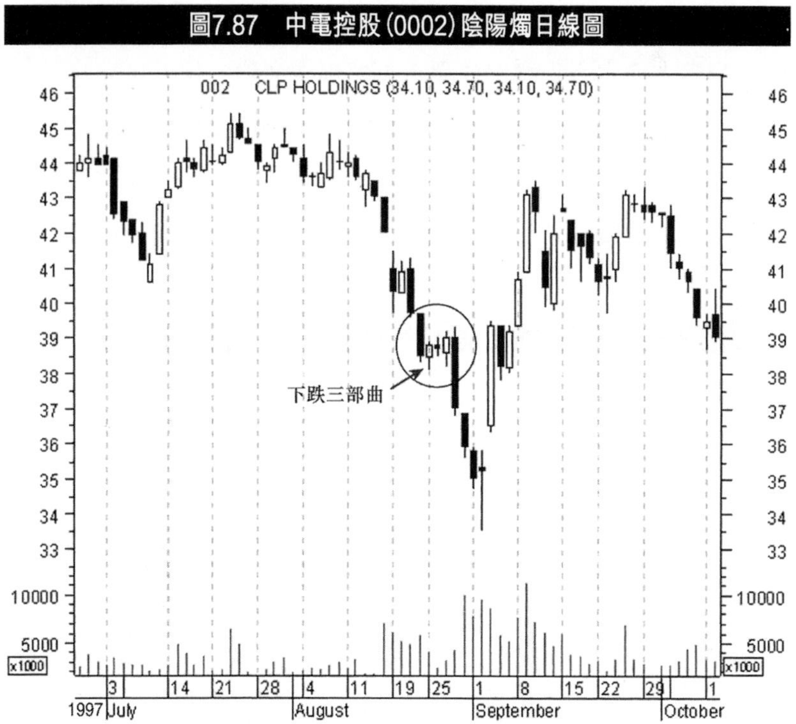

跌三部曲，其中一枝為小陰燭，但無礙形態發展，結果股價再大幅向下跌。

7.4.3 上肩帶裂口（upside-gap tasuki）與下肩帶裂口（downside-gap tasuki）

簡評：(1) 上肩帶裂口，股價續向上望；下肩帶裂口，股價續向下挫。

(2) 宜確認形態。

形態特徵

「肩帶」是指用來綁往袖子的布條，而「肩帶裂口」乃指在市場當時的趨勢方向上出現跳空的裂口，像綁往肩帶一樣。

圖7.88a為上肩帶裂口，屬上升趨勢中的整理形態，由三根陰陽燭所組成。在一枝向上跳空的陽燭後，立即出現一枝陰燭，陰燭的開市價在陽燭的實體內，收市價則低於陽燭的實體，但總算沒有

圖7.88a　上肩帶裂口

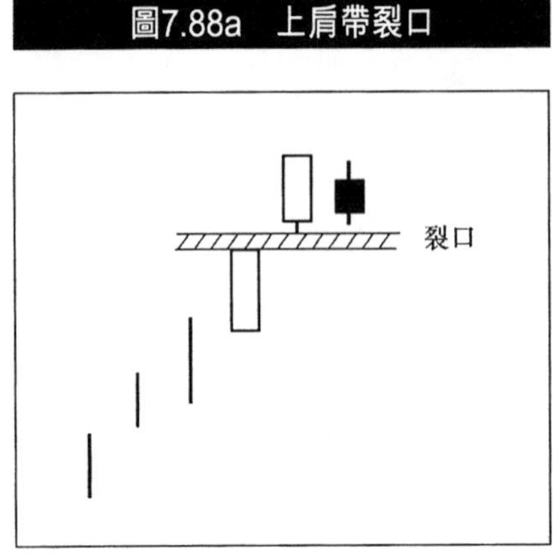

圖7.88b　下肩帶裂口

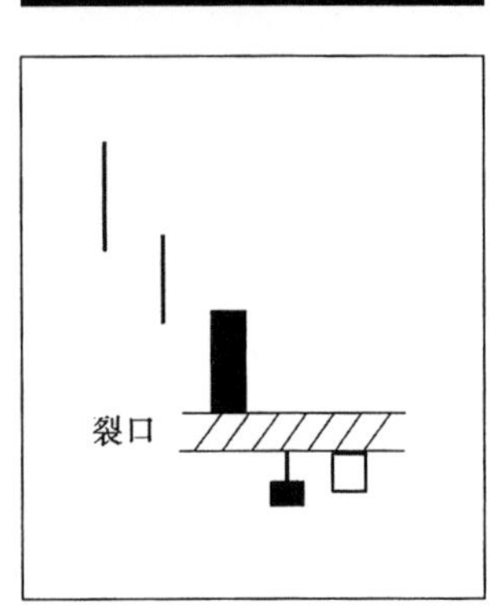

完全補回剛出現的上升裂口，顯示升勢仍強，後市續向上望。

圖7.88b為下肩帶裂口，屬下跌趨勢中的整理形態。在一枝向下跳空的陰燭後，立即出現一枝陽燭，陽燭的開市價在陰燭的實體內，收市價則高於陰燭的實體，但未能完全補回剛出現的下跌裂口，顯示跌勢仍在，後市續向下挫。

辨認形態法則

(i) 趨勢中，在兩枝同顏色的陰陽燭之間出現跳空裂口。

(ii) 前兩根陰陽燭的顏色代表當時的趨勢，換句話説，上肩帶裂口應為陽燭，而下肩帶應為陰燭。

(iii) 第三枝陰陽燭呈相反顏色，其開市價位於第二枝陰陽燭實體內。

(iv) 第三枝陰陽燭的收市價應該位於裂口範圍，未有完全回補，若完全回補，小心原先趨勢未能持續。

(v) 裂口上 (指上肩帶裂口) 或裂口下 (指下肩帶裂口) 的兩枝短身陰陽燭，長度應該相若。

形態背後的意義

兩種形態的形成，是隨着跳空的趨勢而行動。股價在以裂口上升後，第三日的調整並未填補裂口，代表當時只是好淡雙方正喘定，原先趨勢仍強勁，所以先前的趨勢料會持續發展。

如何判斷形態效力

(i) 裂口回補得愈小，原來的趨勢愈有機會持續。如在上肩帶裂口，續向上升的機會會增加；相反，下肩帶裂口，則續向下跌的機會會增加。

(ii) 在上肩帶裂口中，若隨後兩枝陰陽燭將上升裂口完全補回，顯示沽壓仍十分明顯，應否定後市向好的假設；相反，在下肩帶裂口中，若隨兩枝陰陽燭將下跌裂口完全補回，顯示買盤仍強勁，應否定後市向淡的假設。

實例闡釋

圖7.89是香港電訊(0008)陰陽燭日線圖，圖中顯示，該股股價在1999年3月初先呈現大陽燭上升勢，翌日股價以上升裂口上揚，形成小陽燭，隨後一枝實體呈黑色的陰燭最低價能穩守裂口之上，構成上肩帶裂口，結果股價經幾日高位爭持後，持續反覆向上上升。

圖7.90是文化傳信(0343)陰陽燭日線圖，圖中顯示，該股股價

圖7.89　香港電訊(0008)陰陽燭日線圖

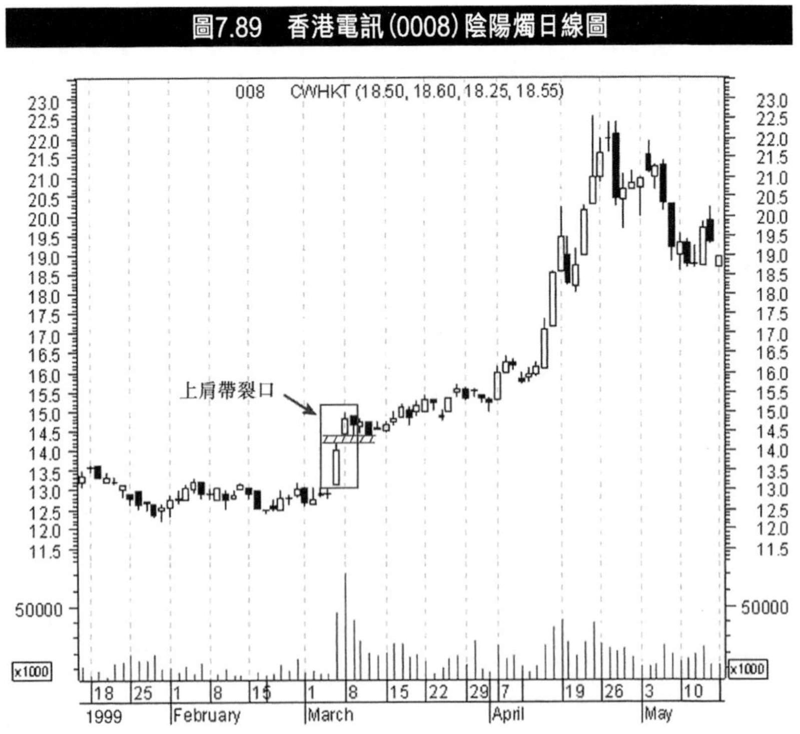

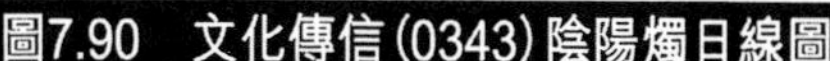
圖7.90　文化傳信(0343)陰陽燭日線圖

在2000年初隨美國科技股大幅調整而見頂滑落，在跌勢途中，於4月初出現下肩帶裂口，以下跌裂口回落後的兩日，股價未能成成功回補裂口，反映股價反彈欠動力，後市續見下跌。

7.4.4 向上跳空併肩陽燭（upgap side-by-side white lines）與向下跳空併肩陽燭（downgap side-by-side white lines）

簡評：(1) 向上跳空併肩陽燭，後市續向上望，無須確認形態。
(2) 向下跳空併肩陽燭，後市續向下挫，宜確認形態。

形態特徵

圖7.91a為向上跳空併肩陽燭，由三枝陰陽燭構成，屬利好的整理形態。在一枝大陽燭之後出現向上跳空裂口，而隨後連續出現兩枝守穩於裂口上的陽燭，其長度相若，而且開市價也相近。實際上，此形態與上肩帶裂口相若，只是兩枝架空的蠟燭顏色不同而已，前者兩枝均為陽燭，後者一陰一陽。

圖7.91a　向上跳空併肩陽燭

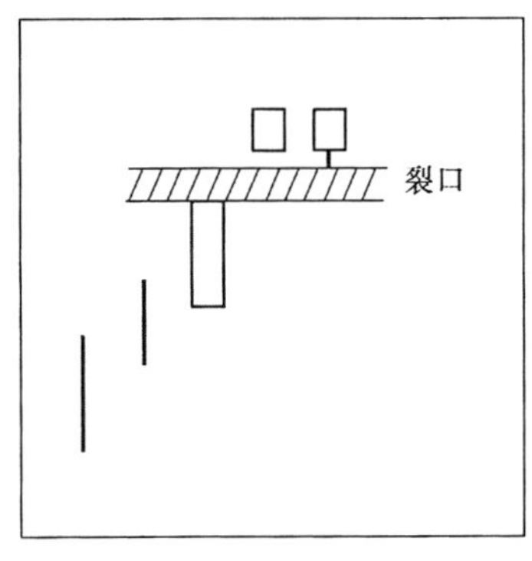

圖7.91b　向下跳空併肩陽燭

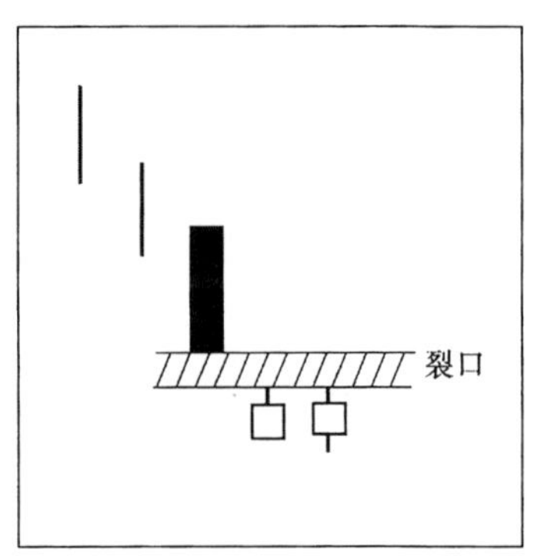

圖7.91b為向下跳空併肩陽燭，在一枝大陰燭之後出現向下跳空裂口，而隨後連續出現兩枝受制於裂口的陽燭，其長度相若，而且開市價也相近，屬罕有的利淡整理形態。同樣，此形態與下肩帶裂口相若。

辨認形態法則

大致與前一節所介紹的上肩帶及下肩帶裂口相若，可以參閱前文。只是架空於裂口上的陰陽燭，兩枝均為陽燭。

形態背後的意義

向上跳空併肩陽燭：市場處於上升趨勢，大陽燭的出現可強化利好氣勢，翌日，開市以上升裂口上揚，並且高收。到第三日，開市價低，大約在前一日的開市價附近，但隨後又再度回升，並以接近最高價收市，如此低開高收走勢，代表市場人士見低價已急不及待搶入買貨。在第一日大陽燭後，跳空於上的兩枝陽燭未有完全回補裂口，更反映承接力強，買盤強勁，故利好後市。

向下跳空併肩陽燭：市場處於下跌趨勢，大陰燭的出現先強化利淡氣勢，翌日，開市以下跌裂口下挫，最終高收呈陽燭。到第三日，開市價開高，大約在前一日的開市價附近，但隨後又再度回升高收，再呈陽燭。表面看來似利好，但因為兩枝陽燭都不能完全回補下跌裂口，反映反彈欠動力，後市再有壞消息刺激，持續下跌。

如何判斷形態效力

兩根架空於第一枝蠟燭的陽燭，長度宜相若，這樣效力更強。

圖7.92　利豐集團(0494)陰陽燭日線圖

實例闡釋

圖7.92是利豐集團(0494)陰陽燭日線圖，圖中所見，在1998年10月初出現向上跳空併肩陽燭，以收市價計，兩枝陽燭均成功守穩於上升裂口上，故後市續見向上。

7.4.5 高價跳空（high-price gapping play）與低價跳空（low-price gapping play）

簡評：(1) 高價跳空，突破調整悶局，後市續向上望。
(2) 低價跳空，後市續看下挫。
(3) 無須確認形態。

形態特徵

兩種形態均由三枝以上的陰陽燭燭所構成。

圖7.93a為高價跳空，一般發生在持續上升之勢中途。當股價一輪急升後，在高位窄幅波動，出現幾枝實體較小的陰燭或陽燭，

圖7.93a 高價跳空

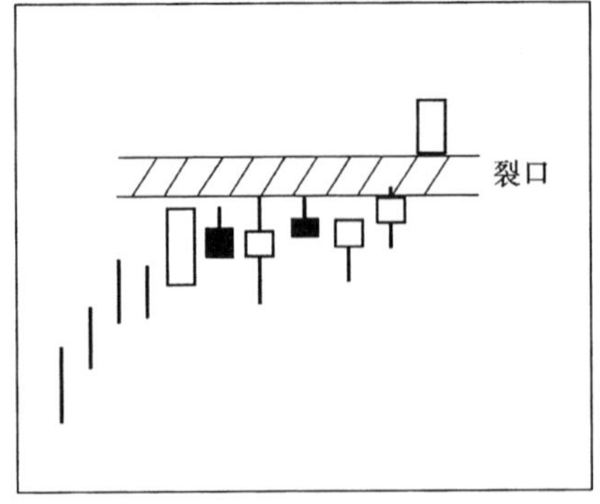

圖7.93b 低價跳空

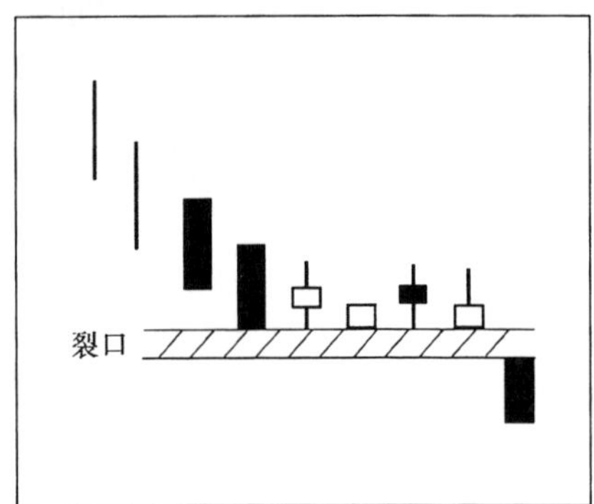

最後以上升裂口方式升破密集區的各小陰燭或陽燭最上端高位，以大陽燭完成高價跳空形態；若出現這形態，將利好後市。

圖7.93b為低價跳空，構造與高價跳空相反，一般發生在持續跌勢中途。當股價一輪急跌後，在高位窄幅波動，出現幾枝實體較小的陰燭或陽燭，最後以下裂口方式跌破密集區的各小陰燭或陽燭最下端低價位，以大陰燭完成低價跳空形態；若出現這形態，將不利後市。

辨認形態法則

(i) 形態內頭、尾兩枝陰陽燭應該屬同一顏色。

(ii) 以裂口形式突破窄幅波動密集區的陰陽燭。

(iii) 在密集區中，陰陽燭的實體應該屬短身，至於顏色如何，對分析不起太大影響。

形態背後的意義

高價跳空：

高價跳空，屬利好形態。股價在一、兩天的急漲走勢之後，市場人士在高位水平築成密集的上落區作整固，在整固階段中，出現一系列實體很短的小陰陽燭，表面看來似遇阻力，行情不確定，實際是好友正消化獲利回吐盤，重新部署，待好消息配合，股價某日以上升裂口衝破位於高位的密集區，屬利好買入訊號。

低價跳空：

低價跳空，屬利淡的形態，一般來說，股價在一、兩天的急跌走勢之後，市場經常需要透過整理來消化。所謂「整理」，是莊家維持在一個窄幅密集區上落，因而出現一系列實體很小的陰陽燭，表面上看，跌勢似乎穩定起來，有可能築底部，但內裏卻往往大有乾坤，實際是先知先覺的莊家正托價沽貨的伎倆。然而，受制於弱勢，再有利淡消息衝擊，向下跳空以裂口跌破密集區底部，令好友博反彈的希望幻滅，再陷谷底。

如何判斷形態效力

股價在以裂口突破窄幅波動的小陰燭或小陽燭時，成交量配合加倍上升，反映形態效力很大。

實例闡釋

圖7.94是聯想控股(0992)陰陽燭周線圖，圖中所見，該股股價在1997年3月至5月形成高價跳空利好形態。在1997年初時，該股股價才由0.1元開始攀升，至3月初先出現一枝大陽燭，其後幾個星期

圖7.94　聯想控股(0992)陰陽燭周線圖

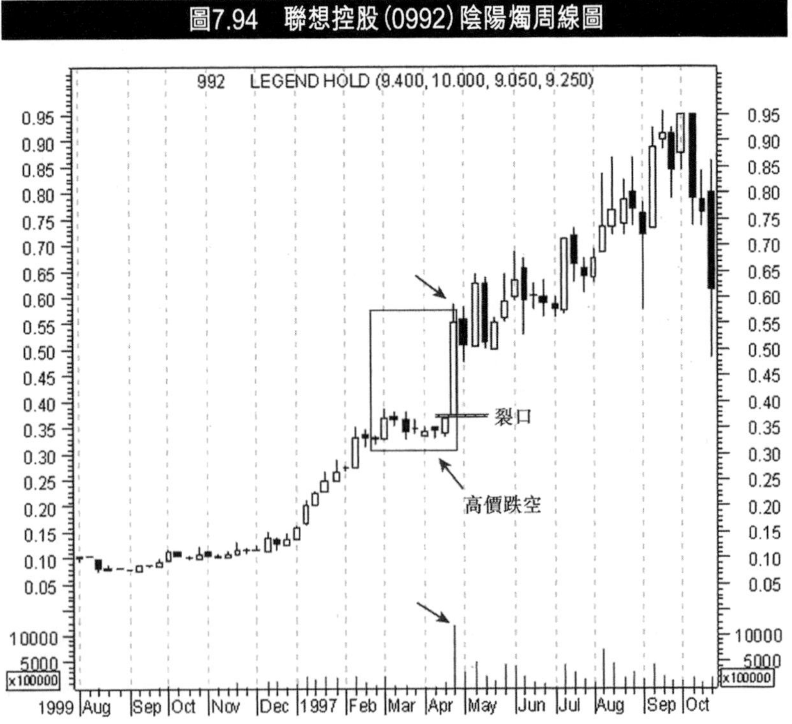

的股價窄幅橫行，形成短小實體的小蠟燭，最後配合成交量增加以上升裂口形式突破向上，完成高價跳空形態，重展升勢。

圖7.95是大新金融(0440)陰陽燭周線圖，圖中所見，該股股價在1998年8月形成低價跳空利淡形態，股價先處跌勢，呈大陰燭，後於8.2元至9元窄幅上落，最後以下跌裂口方形下跌，形態內首尾兩枝大陰燭長度相若，達首尾呼應效果。

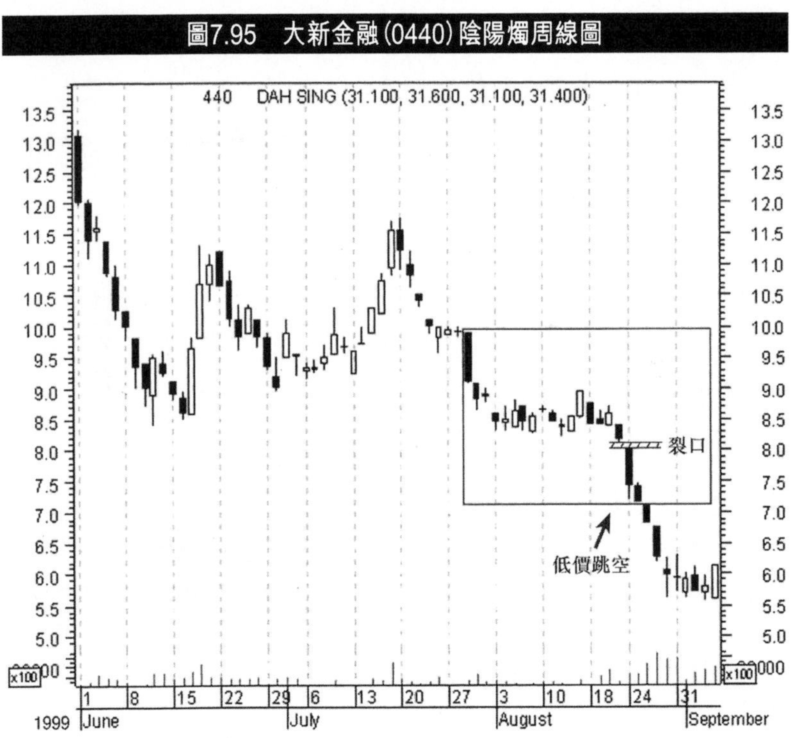

圖7.95 大新金融(0440)陰陽燭周線圖

7.4.6 三線反擊（three-line strike）

簡評：(1) 三線反擊時間短，反擊過後仍朝原先方向發展，屬整理形態。
(2) 必須確認形態。

形態特徵

三線反擊，主要由四枝陰陽燭所形成。

圖7.96a 高位三線反擊

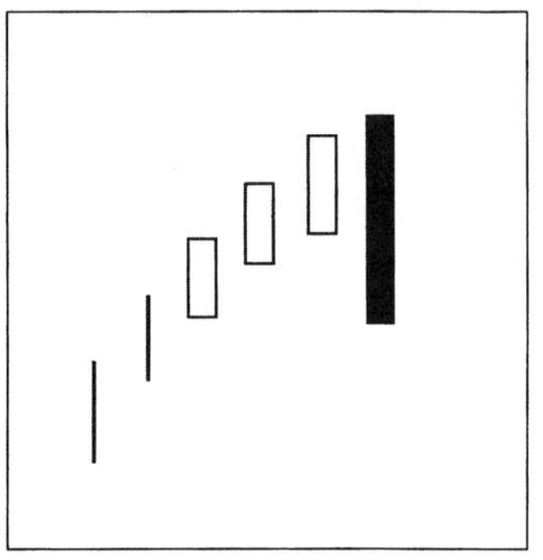

圖7.96a是在明確升勢中出現的三線反擊，在最高價見到不斷升高的連續三枝陽燭後，突然出現一枝大陰燭，此大陰燭的開市價較前三枝陽燭為高，隨後股價急挫，收市時，其最低價較形態內第一枝陽燭還要低，若在強勁升勢中，這可視為獲利回吐，是淡友的突然反擊，然而，買盤力量最終會壓倒淡友，故後市續看升。

圖7.96b 低位三線反擊

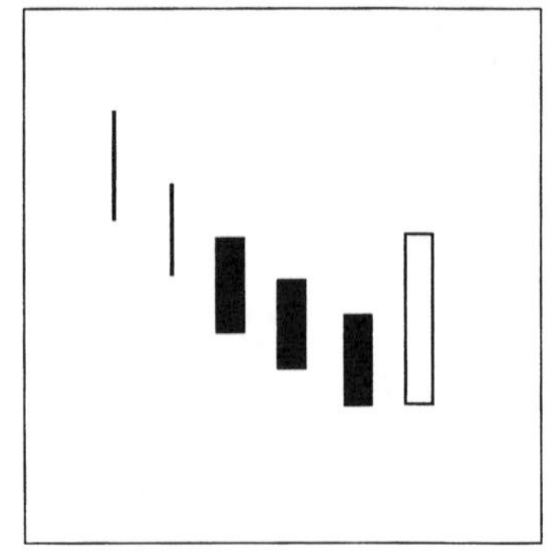

從圖7.96b所見，在明確跌勢中出現了三線反擊，在最低價出現不斷下跌的連續三枝陰燭後，突然出現一枝大陽燭，此大陽燭的開市價較前三枝陰燭為低，隨後股價即日反彈上升，收市時其最高價較形態內第一枝陰燭還要高，若在積弱跌

勢中，這可視為好友垂死掙扎的反擊，沽盤力量最終會壓倒好友，故後市續看跌。

辨認形態法則

最大一枝大蠟燭，應該將前三枝蠟燭全吞噬。

形態背後的意義

在升勢中途發現的三線反擊猶如即日調整，完成跌幅才展升浪。股價突然下跌呈大陽燭，往往是看好後市的莊家震倉伎倆，莊家為了以低價再買貨源，將股價力壓回落。在持續上升中，突然出現大陰燭，難免影響已持貨者信心，一些信心不足的持貨者，經此一嚇會沽貨先套利，此時莊家便可以較低價格接貨，等候機會配合好消息再將股價推上。

在累計不少跌幅趨勢中，股民時有博反彈心態，在呈三枝連續下跌陰燭後，莊家就設陷阱，假裝將股價大幅推升形成一枝大陽燭，令股民以為反彈開始，最後，淡戶再開始大幅拋售股票，令跌勢再展。

如何判斷形態效力

形態中，第四日的漲跌幅度愈大，三線反擊的連續形態愈成功。換句話説，在上升趨勢中的三線反擊，第四枝陰燭愈大，愈達到「震倉」效果，貨源重歸看好後市的莊家手中，後市續向好機會較高；相反，在下跌趨勢中的三線反擊，第四枝陽燭愈大，莊家散的貨愈多，未來無須再托價沽貨，後市更淡。

實例闡釋

圖7.97是恆隆集團(0010)陰陽燭周線圖，圖中顯示，股價在1999年4月高位11.8元開始展開跌勢，及後在7至8月形成三線反

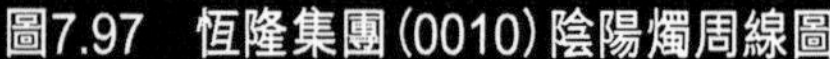

圖7.97　恒隆集團(0010)陰陽燭周線圖

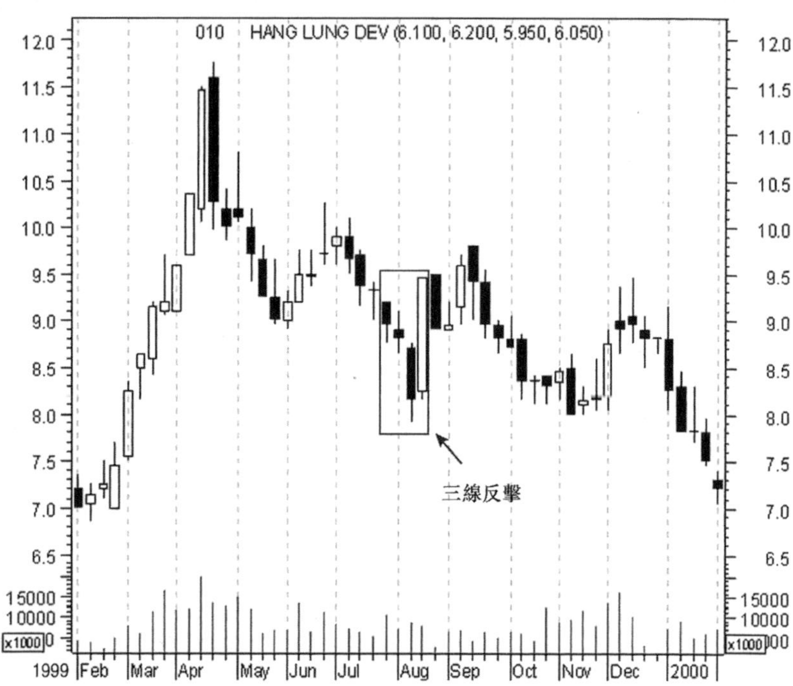

擊，股價經過三周高開低收後，呈現連續三枝陰燭，到第四周股價出現大陽燭反彈，反彈時股價並未見大幅倍增，可以確認為反彈而已，最後證實跌勢再展，所形成的三線反擊形態只是整理形態。

7.4.7 頸上線（on-neck line）與頸內線（in-neck line）

簡評：(1) 頸上線與頸內線，顯示反彈力不足，後市仍看跌。

(2) 宜確認形態。

形態特徵

前文介紹曙光初現時，已提過頸上線與頸內線兩個名稱，在此將詳細解釋，請不要混淆。

圖7.98a　頸上線

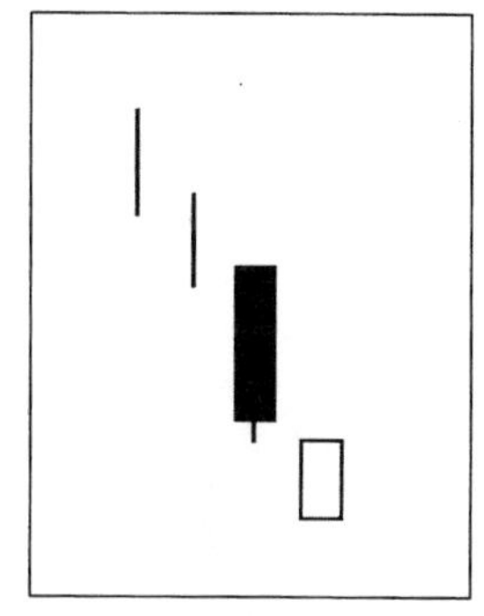

從圖7.98a所示，頸上線主要在下跌趨勢中出現，先呈大陰燭，緊隨的陽燭實體收市價僅回升到前一枝大陰燭的下影線最低價，反映反彈力弱，後市續有機會承前趨勢下跌，故成為整理形態。

圖7.98b　頸內線

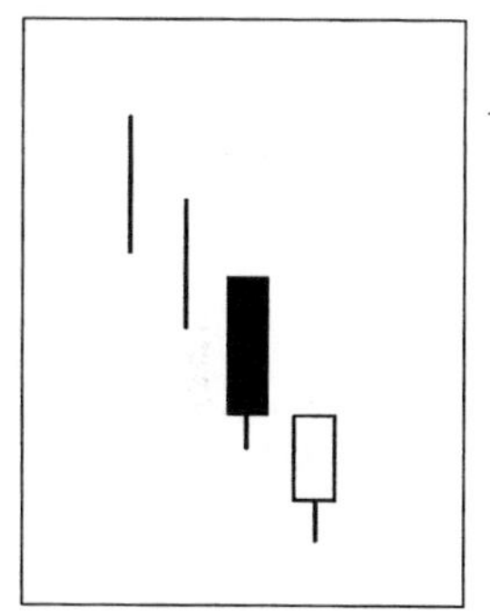

圖7.98b所示為頸內線，同樣在下跌趨勢先出現一枝大陰燭，緊隨的陽燭實體收市價僅稍微高於前一枝陰燭實體的收市價附近，反彈力較頸上線為好，但較曙光初現弱，後市續有機會承前趨勢下跌，成為整理形態。

辨認形態法則

(i) 出現在明確的下跌趨勢中，以一枝大陰燭作引子。

(ii) 第二日的陽燭，其開市價低於前一日的最低價。

(iii) 頸上線與頸內線的辨認形態法則只有以下差異：頸上線的第二日陽燭收市價，低於第一日陽燭的收市價，而頸內線則相若。

形態背後的意義

兩種形態而言，第二枝的陽燭若未能大幅高於第一枝的陰燭，反映反彈動力仍弱，在反彈日的低位買貨者會觀察尾市，假如收市價仍未能大幅高於前日收市價，他們便會感到不安，趁還有少許利潤而沽貨離場，於是刺激股價再跌。

如何判斷形態效力

如果，第二枝陽燭出現時，股價反彈，而成交量不足支持，可加強頸上線及頸內線的利淡效力。

實例闡釋

圖7.99是馬鞍山鋼鐵(0323)陰陽燭日線圖，圖中顯示，股價先處明顯跌勢，於1998年5月初先出現頸上線，大陰燭之後，所呈的反彈陽燭，當日收市價未能收近前日的收市價，成交量低，反映反彈勢弱，結果，跌勢持續，頸上線只是好友垂死反撲的掙扎。在7

圖7.99　馬鞍山鋼鐵(0323)陰陽燭日線圖

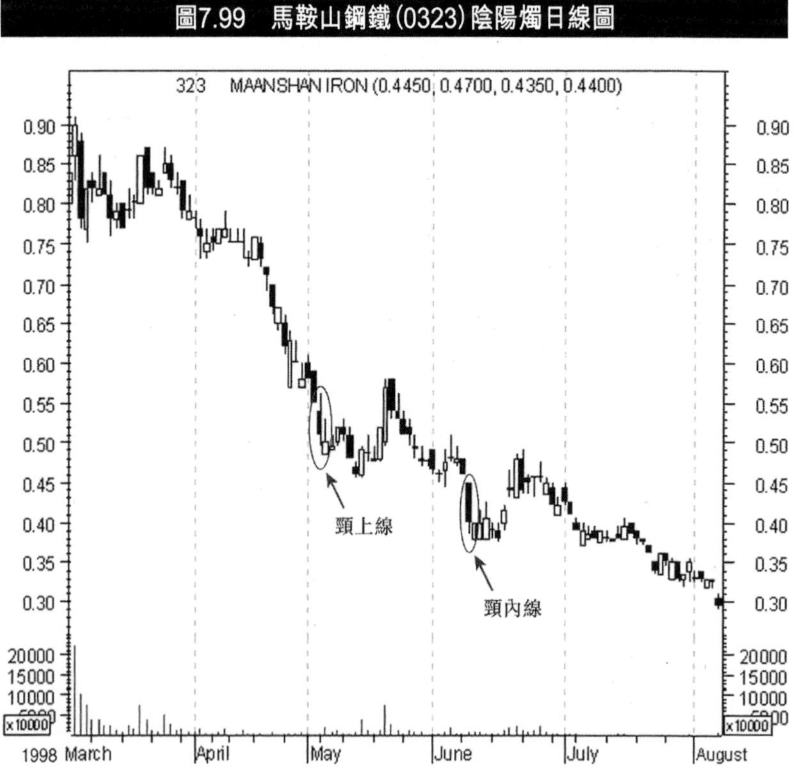

月的一組頸內線，第二枝陽燭的收市價只能貼近第一枝陰燭的收市價，未能擺脱跌勢。

7.4.8 戮入線（thrusting line）

簡評：(1) 戮入線，反彈力量仍薄弱，後市續跌。
(2) 必須確認形態。

形態特徵

圖7.100 戮入線

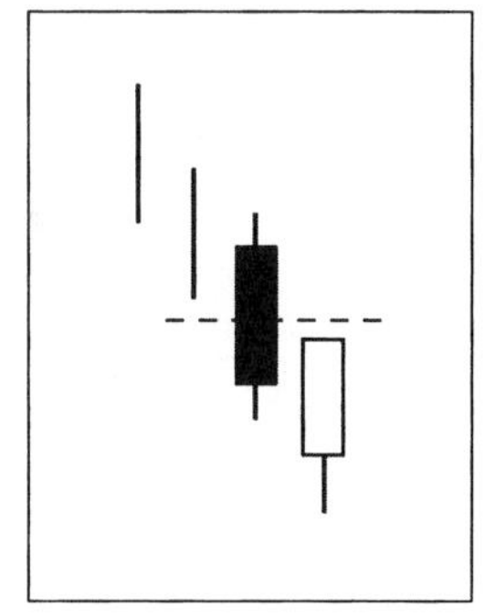

圖7.100所見為戮入線，下跌趨勢中，先呈一枝大陰燭，第二枝陽燭實體收市價位於第一枝大陰燭實體的位置，但未夠實體的一半水平。

戮入線雖然較頸上線及頸內線強勁，第二日的反彈水平較高，但始終不及曙光初現，故戮入線仍屬淡。

辨認形態法則

(i) 在下跌趨勢中出現大陰燭。

(ii) 第二枝陽燭，其開市價遠低於前一天的最低價。

(iii) 第二枝陽燭的收市價深入前一枝大陰燭，但未超過實體的一半水平。

形態背後的意義

與上節介紹頸上線及頸內線相若，可參閱前文。

如何判斷形態效力

觀察反彈時成交量低，顯示反彈力弱，戮入線成為跌市中的整理形態機會更大。

實例闡釋

圖7.101是華潤創業(0291)陰陽燭日線圖，圖中顯示，1999年1月時，先出現大陰燭，翌日股價反彈，但反彈不及大陰燭實體一半水平，構成戮入線，結果，後市仍順勢下挫。

圖7.101 華潤創業(0291)陰陽燭日線圖

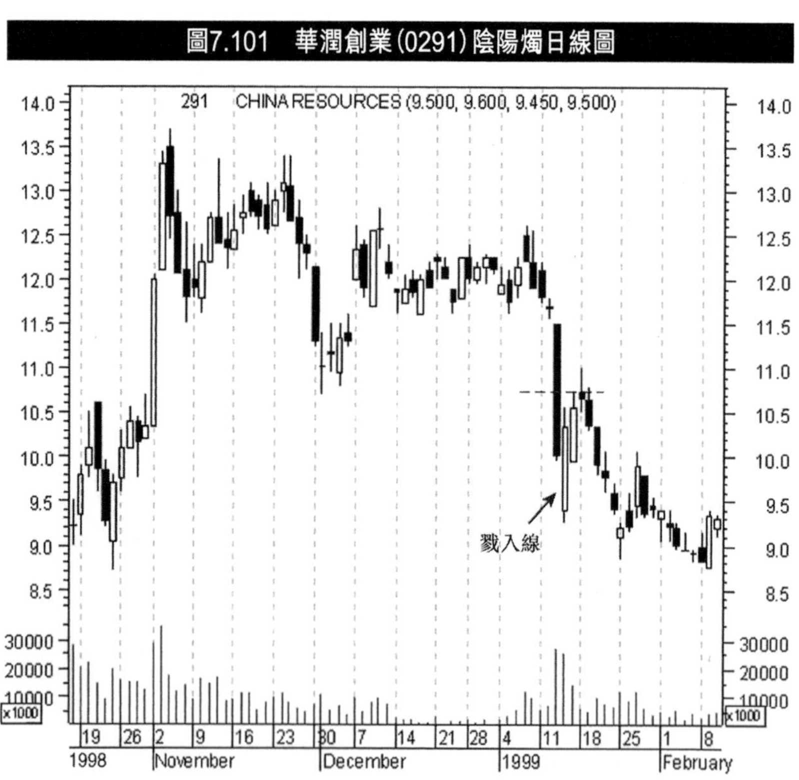

7.5 陰陽燭與其他技術分析法配合應用方法

7.5.1 陰陽燭形態的可靠性排列

在介紹過陰陽燭各種形態後，或者會有讀者問，究竟形態的可靠性是否有高低之分，準確性又如何？根據Joe Van Nice所著的一部《日本蠟燭圖》一書中說，轉向形態的可靠性若作高低排列，應如表7.3，表中列出頭七名較具可靠的形態。

表7.3 反轉形態可靠性高低的排行榜*

1	早晨之星／黃昏之星
2	穿頭破腳
3	十字星
4	射擊之星
5	十字胎
6	烏雲蓋頂
7	曙光初現

＊資料來自 Joe Van Nice所著的《日本蠟燭圖》

7.5.2 陰陽燭與其他技術分析法的應用

此外，本章一開始已再三強調，單靠觀察陰陽燭形態是不足制定準確的買賣策略，故在本節中，將透過實例，講解一下如何配合利用一部分技術分析法來加強買賣訊號。

(a) 陰陽燭與圖形形態

首先，我們可以陰陽燭分析技巧加強確認某種圖形形態的成立，假若在一些重要的反轉形態中，如利好的頭肩底、雙底等及利淡的頭肩頂、雙頂等，會有頸線阻力或支持位的出現，若以大陽燭升破或大陰燭跌破頸線，突破訊號特別強勁。

圖7.102是四通電子(0409)陰陽燭月線圖，圖中所見，該股於1999年第四季受惠於全球追捧科技股熱潮，因而刺激股價大升，當時以大陽燭突破雙底頸線阻力位，突破具雙重多頭確認訊號，隨後股價配合成交量上升，超額完成突破雙底的量度升幅。

圖7.102　四通電子(0409)陰陽燭月線圖

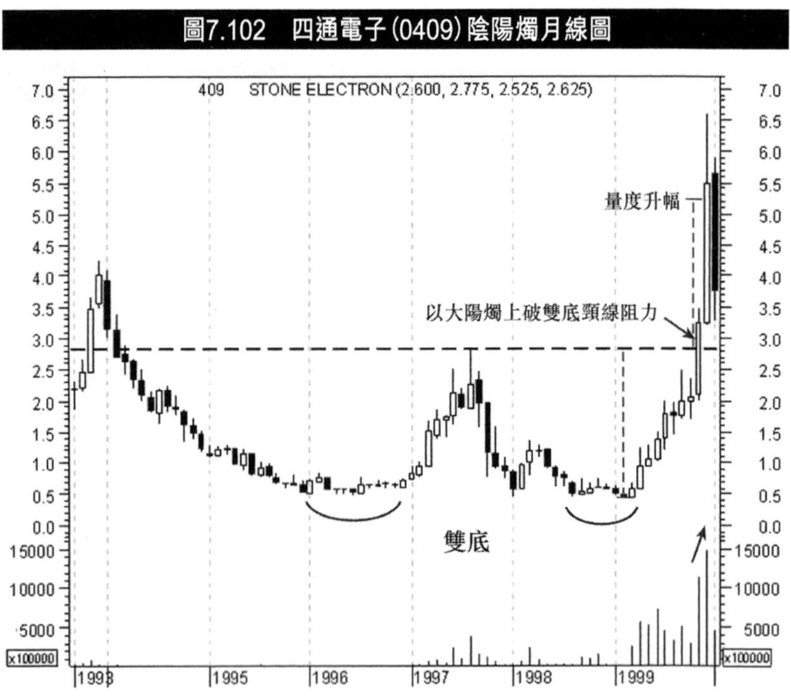

(b) 陰陽燭與支持位和阻力位的判斷

配合陰陽燭形態，可以進一步驗證趨勢線的有效性，加強判斷支持位和阻力位。大原則是當股價觸近支持線，能以見底的陰陽燭形態上升，顯示支持位作用強；相反，當股價升近阻力線，以見頂的陰陽燭形態回落，顯示阻力位作用強。

圖7.103是九龍倉(0004)陰陽燭日線圖，圖中顯示，股價於2000年3月中由低位反彈，隨後三次觸近13.5元水平而覓得支持作反彈，先形成一條接近平衡的支持軌，至7月初股價再度下試近支持軌，但仍能守穩其上，並以鎚頭加破腳穿頭的見底利好形態作反彈，具多重利好訊號。結果，隨後因市場憧憬美息將見頂，九倉負債利息支出壓力料得以舒緩，令其股價急升，更以三白兵利好形態突破阻力線，若當時以突破16元阻力位計追入，隨後兩日股價已標升至18元，累計利潤率近13%，作短線投機，可算不俗。

圖7.103　九龍倉(0004)陰陽燭日線圖

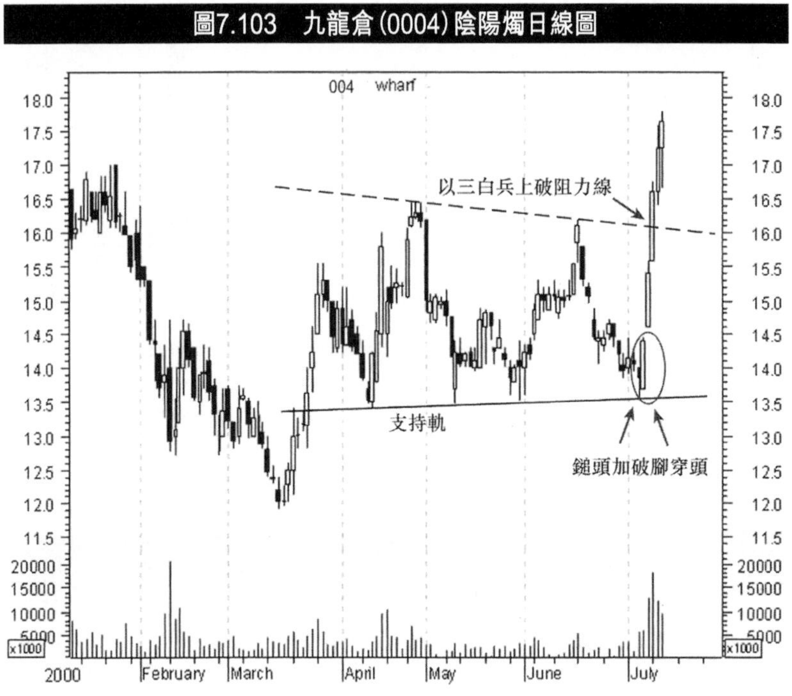

圖7.104是恆基地產(0012)陰陽燭周線圖，圖中顯示，股價於1997年5月及8月兩度試近阻力位(77.5元)而退，形成的兩個明顯頂部均配合黃昏之星而成，利淡訊號特別強，最後股價在見頂後出現急瀉。

圖7.104 恆基地產(0012)陰陽燭周線圖

(c) 陰陽燭與移動平均線

若股價在升勢中作調整，下試移動平均線時，以利好見底的陰陽燭形態回升，顯示平均線的支持力強，後市升勢料持續。相反，若股價在反彈途中升抵移動平均線後，以利淡見頂的陰陽燭形態回落，顯示平均線的阻力特別強烈，後市續可看淡。

圖7.105同是恆基地產(0012)陰陽燭周線圖，圖中顯示，該股

圖7.105　恒基地產(0012)陰陽燭周線圖

股價於1997年8月尾以陰燭跌破65周移動平均線，確認轉淡勢，及後，股價反彈均受制移動平均線，並見以吊頸及大陰燭形態回落，確認反彈無望，後市跌勢加劇。

圖7.106是恒生指數陰陽燭日線圖，圖中顯示，恒生指數於1997年4月尾以裂口形式的陽燭升破50天線(圖示a)，利好訊號增強，隨後恒指納入強勁升勢。至8月尾則幾度試穿50天線，最後終以大陰燭跌破50天線(圖示b)，顯示後市跌勢轉急，而到10月初恒生指數一度反彈升近50天線，但以黃昏之星的利淡形態回落，確認反彈已無望，後市再轉急挫。

圖7.106　恆生指數陰陽燭日線圖

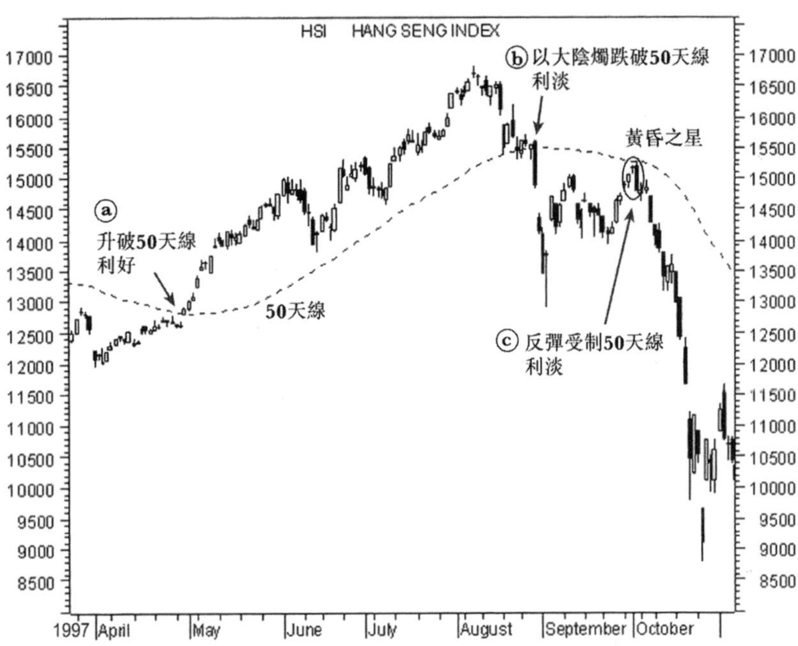

(d) 陰陽燭與裂口

圖7.107同是恆生指數陰陽燭日線圖，圖中顯示，恆生指數於1997年8月見頂回落，出現第一個突破性裂口(即圖示a)，在裂口出現的第二日曾作反彈，一度補回裂口，但全日最後低收，呈燭身較長的陰燭，證明裂口具阻力。隨後恆生指數又出現第二個裂口(即圖示b)，並作反彈，兩度上升至裂口上限位，但兩次均以利淡的穿頭破腳及夜星十字形態回落，以收市價計，始終未能好好企於裂口上限位達三日以上，確認升勢只屬反彈。最後再出現一個大型裂口(即圖示c)，結果亦顯示裂口上限具重大阻力，以穿頭破腳形態回落。

圖7.107　恒生指數陰陽燭日線圖

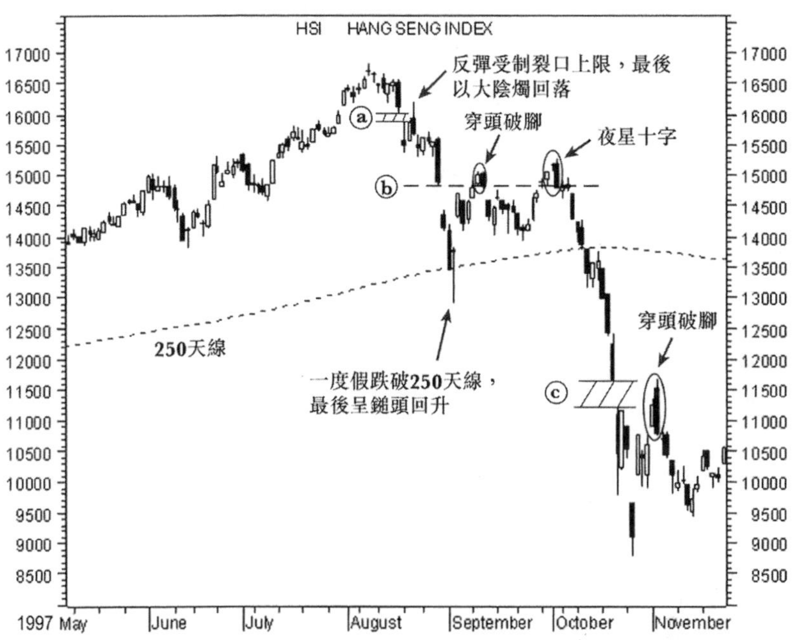

(e) 陰陽燭與相對強弱指數(RSI)

大原則的運用方法簡單，當RSI進入極超賣區，或呈底背馳現象時，若配合出現利好的見底陰陽燭形態，如早晨之星、鎚頭、曙光初現等，預示後市見底回升機會高。相反，當RSI進入極超買區，或呈頂背馳現象，若再配合出現利淡的見頂陰陽燭形態，如黃昏之星、穿頭破腳、射擊之星、吊頸等，預示後市見頂回落機會增加。

圖7.108是恒生指數陰陽燭周線圖，圖中顯示，恒生指數於1999年初上升，升至7月見高位14500左右時，明顯見9周RSI出現底背馳現象，反映升勢再難維持，配合出現黃昏之星，更顯示升勢結束的機會大於一切，結果股價輾轉下調，期間曾出現反彈，但最

圖7.108 恒生指數陰陽燭周線圖

後還是以跌破上升楔形作終結。

圖7.109是中國移動(0941)陰陽燭日線圖，圖中顯示，股價於1997年11月開始回落，在1998年1月初股價再創新低10.3元左右，但9天RSI呈底背馳且現底部身懷六甲，此時應可放心趁低買貨，因這是雙重利好訊號，隨後結果證明屬複式頭肩底的頭部。

圖7.110同為中國移動(0941)陰陽燭日線圖，圖中顯示，在1998年初出現底部身懷六甲後反彈，其後於2月尾時一度出現射擊之星，但此時只屬升破頭肩底頸線初段升勢，加上9天RSI未見過分超買，故此射擊之星的利淡訊號相對較弱，股價只調整幾天。升勢到3月尾時，RSI已升抵至90左右，並見高位接近上破複式頭肩底的量度升幅，此時需有心理準備，股價隨時會見頂回落；事實上，在高位再見變形黃昏之星，此組黃昏之星中間多了一枝實體較短的陰

圖7.109 中國移動(0941)陰陽燭日線圖

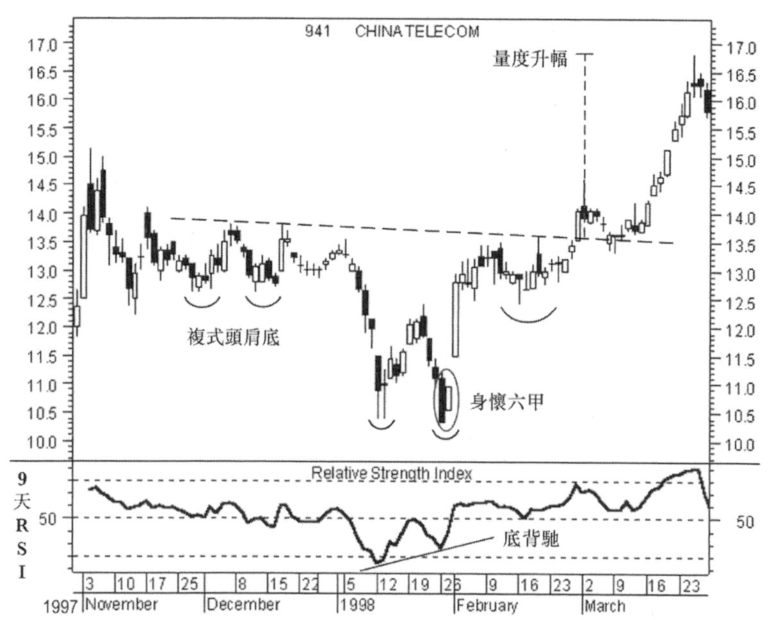

圖7.110 中國移動(0941)陰陽燭日線圖

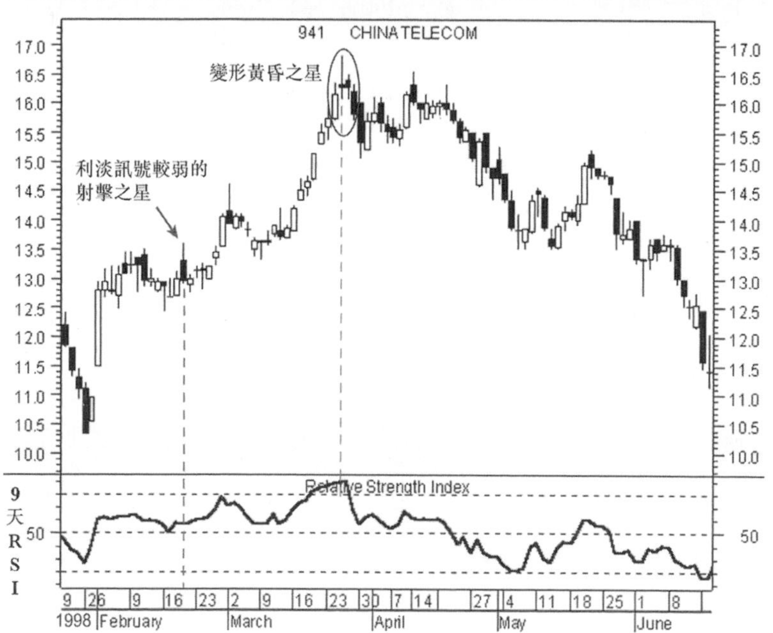

燭，但無失其神髓，反映高位承接乏力。隨後證實，該股在多種見頂訊號出現後結束升勢。

(f) 陰陽燭與隨機指數(STC)

隨機指數與陰陽燭混合應用，簡單方法如下：當STC處於超賣區或呈底背馳時，%K上破%D時視為良好買入訊號，此時配合出現明顯的利好見底陰陽燭形態，如鎚頭、早晨之星、曙光初現等，更加強確認升勢。相反，當STC處於超買區或呈頂背馳時，%K下破%D時視為沽空訊號，此時配合出現明顯的利淡見頂陰陽燭形態，如烏雲蓋頂、雙飛烏鴉、黃昏之星等，更可以確認跌勢。

圖7.111是儀征化纖(1033)陰陽燭日線圖，圖中顯示，該股股價於1996年6月近1元回落，至8月見低位0.32元，已累計一段跌幅

圖7.111　儀征化纖(1033)陰陽燭日線圖

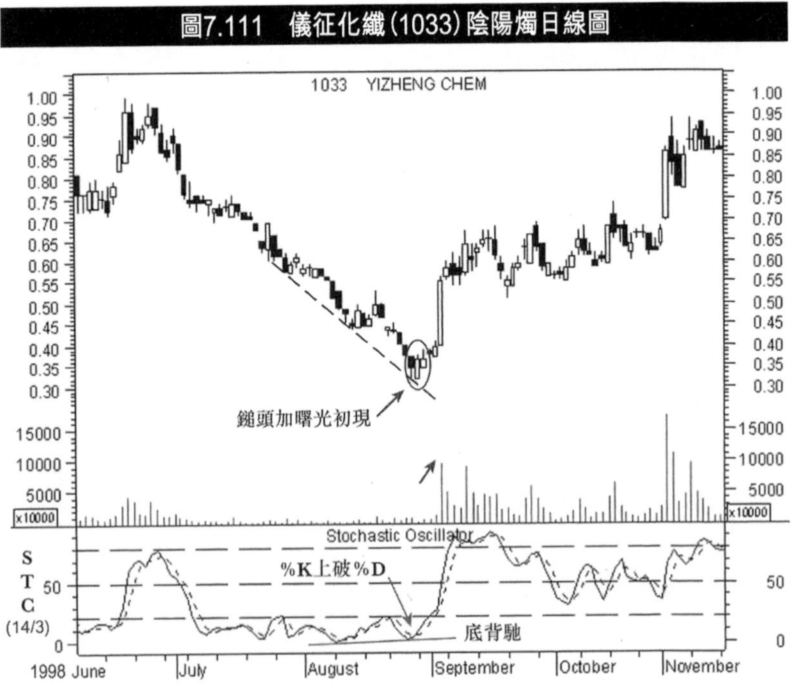

及時間，理應反彈。先觀察STC，股價於8月見低位時，STC處超賣區且呈底背馳，當%K上破%D時，陰陽燭形態亦見鎚頭加曙光初現的雙重見底反彈形態，確認升勢訊號強烈，股價隨後果然真的急升。

圖7.112是恒生指數陰陽燭日線圖，圖中顯示，恒生指數於1996年11月尾時，STC處超賣區，當%K跌破%D時(圖示a)，配合高位出現穿頭破腳形態，具雙重利淡訊號，確認短期見頂。於1997年1月中旬時間，恒生指數又再上衝，此時明顯地見STC呈頂背馳現象(圖示b)，且%K在超買區內跌破%D，預示後市將展調整跌幅，結果證實以複式頭肩頂形態回落。

圖7.112　恒生指數陰陽燭日線圖

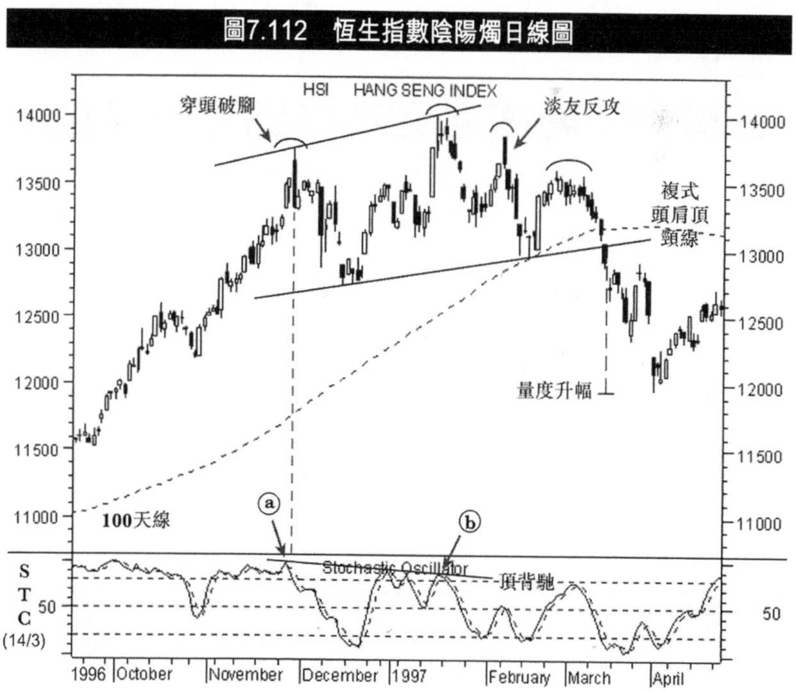

(G) 陰陽燭與指數平滑移動平均線(MACD)

若MACD線上破訊號線時，配以其他見底陰陽燭形態，可以確認升勢訊號強烈；相反，若MACD線跌破訊號線時，配以其他見頂陰陽燭形態，確認跌勢訊號強烈。

圖7.113是東亞銀行(0023)陰陽燭周線圖，圖中顯示，股價於1997年8月見頂回落，跌至1998年2月左右時，MACD線一度上破訊號線(圖示a)，原以為利好訊號，但所見反彈中呈射擊之星，不能配合反彈，結果股價再急挫。至1998年8月時，MACD線再一次升破訊號線(圖示b)，股價亦見在隨後呈倒轉鎚頭及大陽燭反彈形態，可以確定此次反彈料較持久及具升幅，事實亦證明如此。最後，到1999年3月時，MACD線升破訊號線(圖示c)時，股價呈三白兵利好形態，確定升勢。

圖7.113　東亞銀行(0023)陰陽燭周線圖

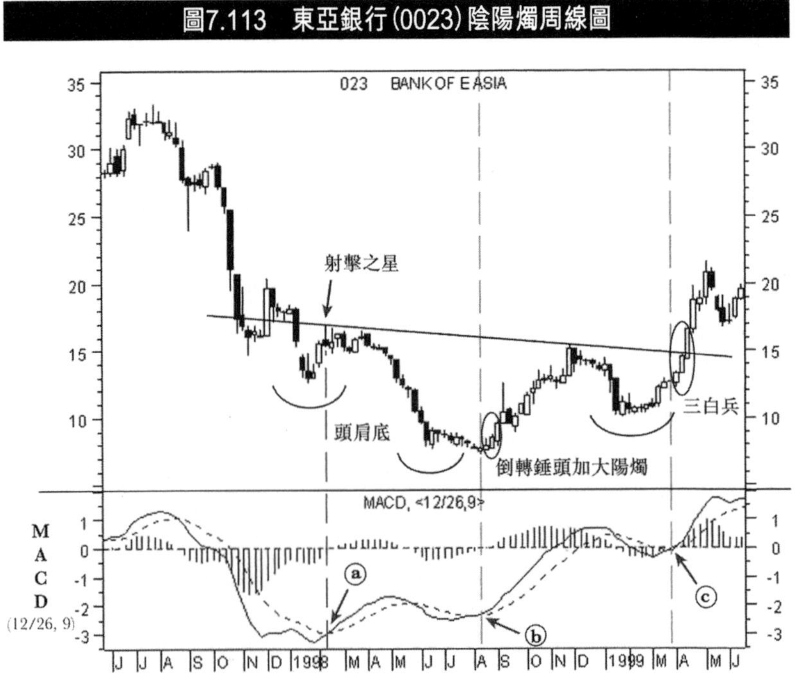

圖7.114　東亞銀行(0023)陰陽燭周線圖

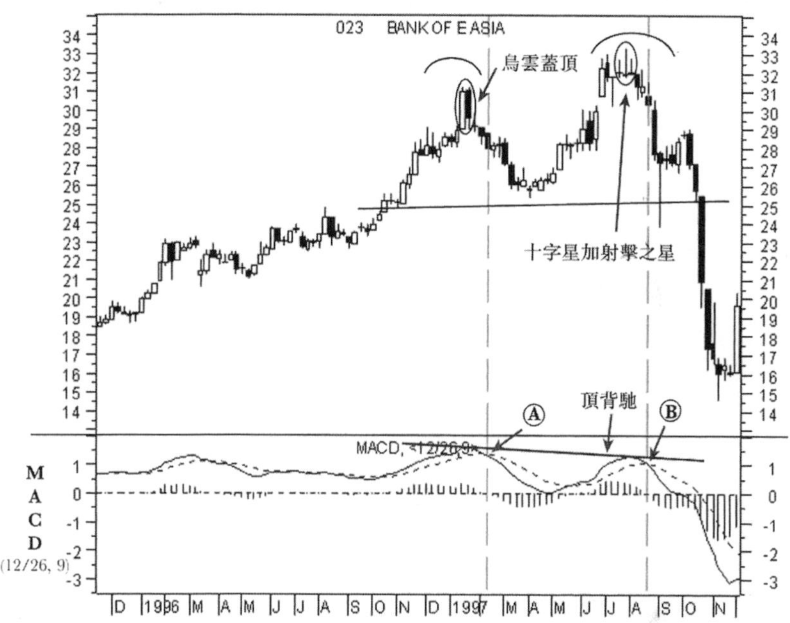

圖7.114同為東亞銀行(0023)陰陽燭周線圖，圖中顯示，1997年年初時，在升勢末段期間，出現烏雲蓋頂見頂形態，隨後MACD線跌破訊號線(圖示A)，發出利淡訊號，雙重的見頂訊號發出，股價隨即輾轉回落。及至1997年8月股價見頂時，頂部呈十字星及射擊之星，已具利淡意味，加上緊隨的MACD線跌破訊號線(圖示B)且呈頂背馳，確認利淡訊號很強，最後所見，跌勢真的非常急。可見，陰陽燭分析技巧與技術指標配合運用，所發揮的預測威力實在強勁。

8

成交量與價格的關係

股票能夠成交，是買賣雙方需求與供給達至平衡的結果，所以可以這樣說，股票的價與量的關係是有着因果關係的，「量」是「價」的先行指標，故在正常情況下，我們仍可以透過觀察「量」的增減變化，作為預測股價未來的可能趨勢，這亦是本章重點所在。

在此提及的「量」，若應用在股票中，一般是指成交量（volume），即是特定時段的交易數量，在股價走勢圖中，每日的成交量就相應繪在價格之下。至於周線圖，也可以顯示成交量，一周總數的成交量相應繪在價格之下。若應用在期貨市場中，所謂「量」就是指未平倉合約（open interest），即每天交易結束而仍然在外流通的期貨合約總數量。

在每一個波段行情中，股票的價與量都起着不同的變化，大致上可以歸類為九種變化，且對後市有一定啟示。

這九種變化，頭三種，即8.1至8.3是就成交量增加與價格漲跌所帶來的啟示；中間三種，即8.4至8.6是就成交量持平與價格漲跌所帶來啟示；最後三種，即8.7至8.9是就成交量減少與價格漲跌所帶來的啟示。

若簡單總結，其法則是：量持續擴大是股價上漲的必然條件，若量與價背馳則預示後市有機會轉向。

至於成交量增加，並無特定準則，讀者可以當日的成交量與昨日成交量，又或者與前五日至十日的成交量平均數作一比較。

此外，不得不提，透過統計數學原理製作出來的成交量平衡指標(on-balance volume)，其製作基礎概念都是以觀察「量」的波動而確認股價行為，此部分已在第六章「技術指標分析」的第七節中詳細介紹過，讀者可翻閱前文重溫。

8.1 價漲量增

股價上升而成交量比平時增加，為主力買盤或大戶買盤積極的表現，一般而言，反映市場投資者買賣情緒漸高漲，雖屬典型升市現象，惟是否一定利好後市，很大程度視乎當時股價處於哪個行情階段中。

● 若股價已成下跌趨勢，反覆下跌已有一段時間，出現價漲量

圖8.1 新鴻基地產(0016)日線圖

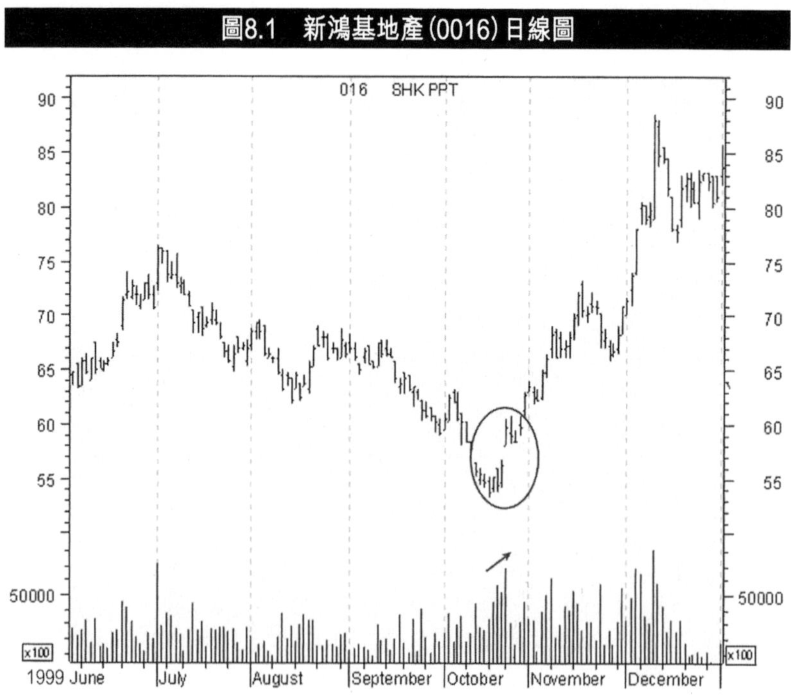

增，反映在低位已有大戶積極吸納，漲勢已成，後市可望止跌回升。圖8.1是新鴻基地產(0016)日線圖，圖中所見，該股股價於1999年7月開始下跌，接近10月時已跌了三個多月時間，在10月中旬終在55元左右覓得支持，股價回升，並配合逐漸增加的成交量，這是股價初升時常見的情況。

● 若股價在升勢初段或中段時間(通常升勢分三浪上升，第一浪及第二浪屬於所指的升勢初段或中段)，出現價漲量增，反映大戶及散戶競相追貨吸納，構成足夠的上升動力，預示後市繼續上升機會很大。從圖8.2的中旅國際(0308)日線圖所見，該股股價自1999年2月開始上升，其後股價不斷上揚，而成交量亦配合每次股價高點而增加，使股價得到支持，升勢明顯。

圖8.2　中旅國際(0308)日線圖

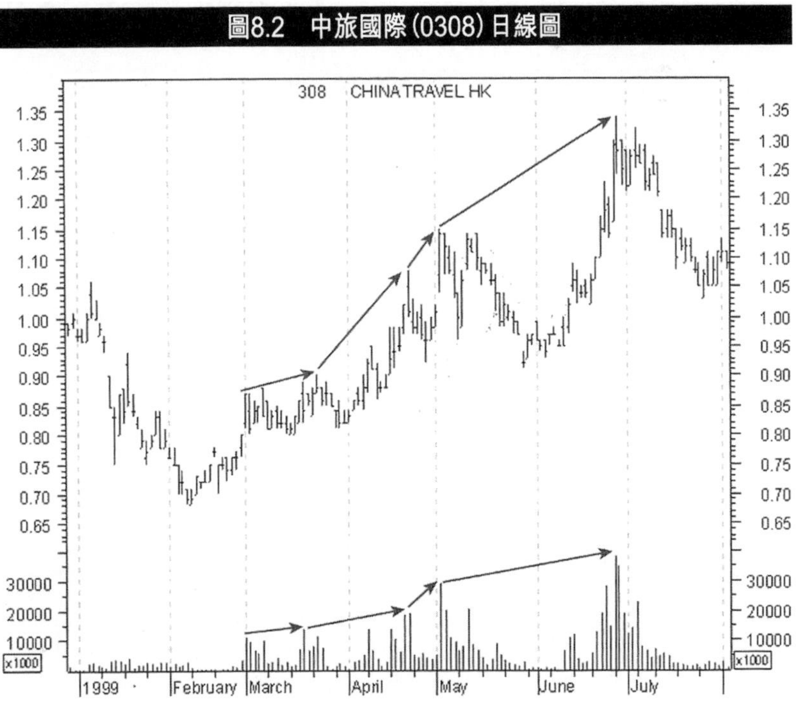

● 若股價上升已有一段時間，多次創下新高位時，某日股價再作急升且成交量膨脹很多，例如之前幾日是一百億元左右，突然激增至一百五十億元或以上，升幅達50%，可以視為大戶拉高股價借勢大舉沽貨的伎倆，短期慎防見頂，應考慮將獲利貨沽出。以上情況，又可以稱為「噴出效應」(blowoffs)，意指經過一段長期升勢後突然爆發一輪急漲升勢，成交量顯著增大，然後股價又突然向下反轉。

圖8.3是上海石化(0338)周線圖，圖中所見，股價於1999年2月開展升勢，其後出現三個明顯升浪，在第三次創高位的一個星期，成交量突然增大很多，似是莊家拉高股價沽貨套利，股價最後下跌，跌回起點。

圖8.3　上海石化(0338)周線圖

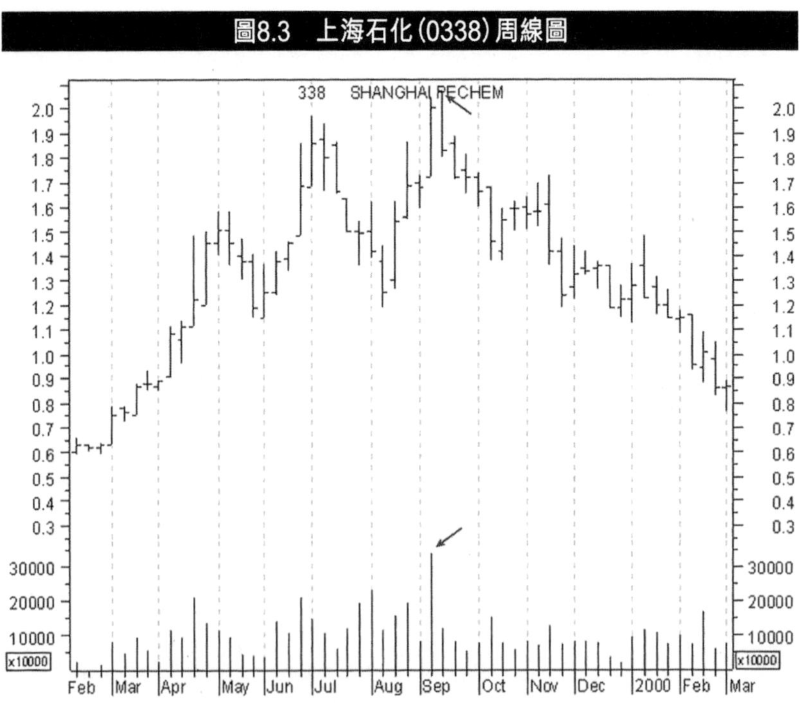

8.2 價跌量增

股價下跌而成交量升，價量出現背馳，可以對股價趨勢有以下幾種啟示：

● 若股價在跌勢初段或下跌趨勢中段，出現價跌量增，反映沽壓仍沉重，後市料持續下跌。圖8.4是恒生指數日線圖，從圖中所見，在1997年8月見頂後開始出現跌勢，恒生指數下跌期間，成交

圖8.4　恒生指數日線圖

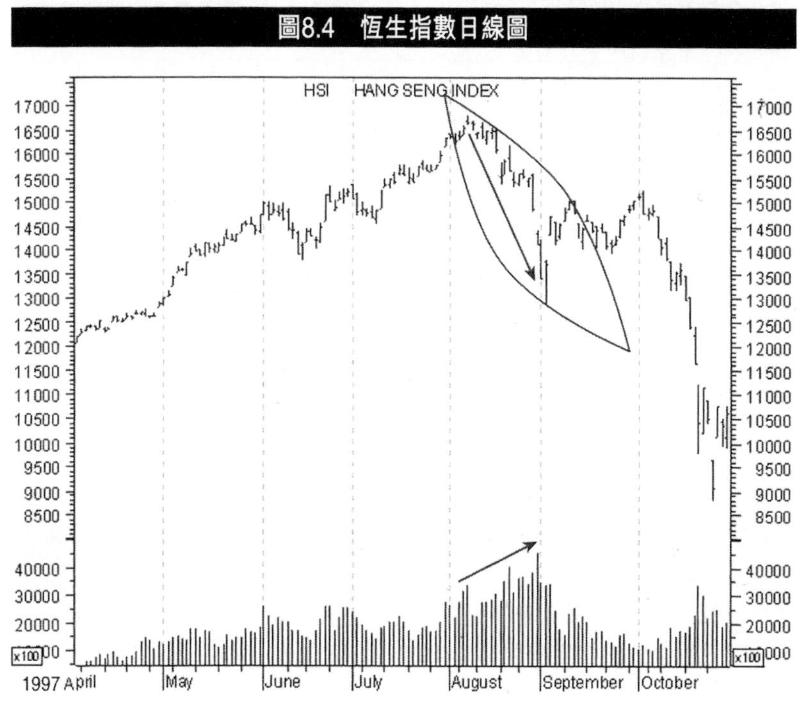

量大增，反映沽壓沉重，之後恒生指數雖曾反彈，最終仍是再度下跌。

● 若股價已累計下跌一段時間，或累計一個頗大跌幅（達50%或以上），此時跌幅已經逐漸收窄但成交量卻突然大增，可視為有大戶趁低分批買貨的舉動，後市可望止跌回穩，能否再進一步反彈，則要觀察。很多時，在股價底部，價格突然急挫且成交量顯著大增，視為最後解脫現象，沽盤全數湧現後，看好的一批買盤接貨，從而令後市出現無阻力反彈升勢，可以稱之為「賣壓高潮」（selling climaxes）。圖8.5是上海實業（0363）日線圖，圖中所見股價於1998年8月下旬在低位時，成交量突然增大，為平時的兩倍有多，出現賣壓高潮後，股價隨後迅即回升。

圖8.5　上海實業（0363）日線圖

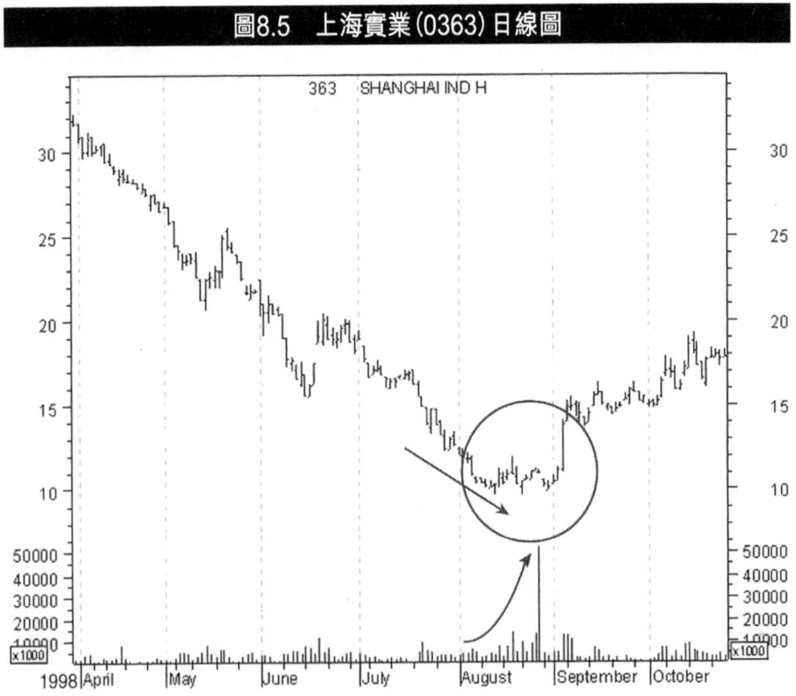

● 若股價已下跌了很多，此時跌幅並未見逐漸收窄，跌幅仍很大，而且成交量大幅增加，反映沽壓仍未除，後市繼續趨跌。

● 若股價原先處於升勢，突然止升下跌，而成交量有小幅度的增加，顯示高位承接開始乏力，但這未構成股價立即轉向的變化，故宜先行觀望。

● 若股價原先處於升勢，突然止升下跌，且成交量大幅度增加，可視為大戶出貨的舉動，後市看跌，有持貨者應趁最後機會先行沽貨套利。

8.3 價平量增

股價持平，漲跌幅都很少，但成交量卻突然增加，對後市有以下幾個啟示：

● 若股價下跌已有一段時間，或累計跌幅已不少，接近跌勢末段，突然出現價平量增，反映低位出現承接力，大戶可能正在低位收集貨源，後市有機會反彈回升。圖8.6的中國海外(0688)，其股

圖8.6　中國海外(0688)周線圖

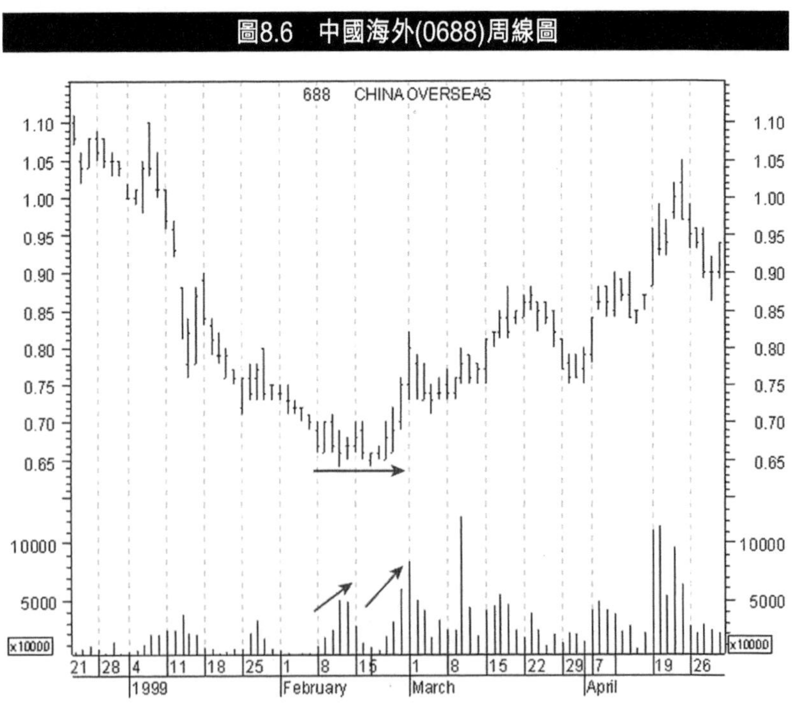

價由1999年初1.1元左右回落跌至2月中旬在0.65元左右企穩，股價並在窄幅上落，但期間成交量明顯逐漸增大，反映大戶正在收集，最後貨源在盡入強者手中後策動升勢，股價反彈。

● 若股價處上升初段或中段時，價平量增反映有人逢低承接吸納，股價漲勢可望持續，但要留意若出現價平量增的翌日，股價無法漲升高過前一天的最高位，則要小心判斷，後市漲勢可能不能持續。圖8.7是第一太平控股(0142)日線圖，圖中所見，該股股價在1997年11月至12月期間，在高位窄幅上落，但成交量悄悄地增加，反映有大戶正派貨，最後在派貨完畢後，股價便滑落。此外，於1998年初當股價由低位近2元回升初期，亦有一段短時間，股價作橫行，但成交量增加，顯示有大戶收貨，結果股價隨後配合大成交量突破上升。

圖8.7　第一太平控股(0142)日線圖

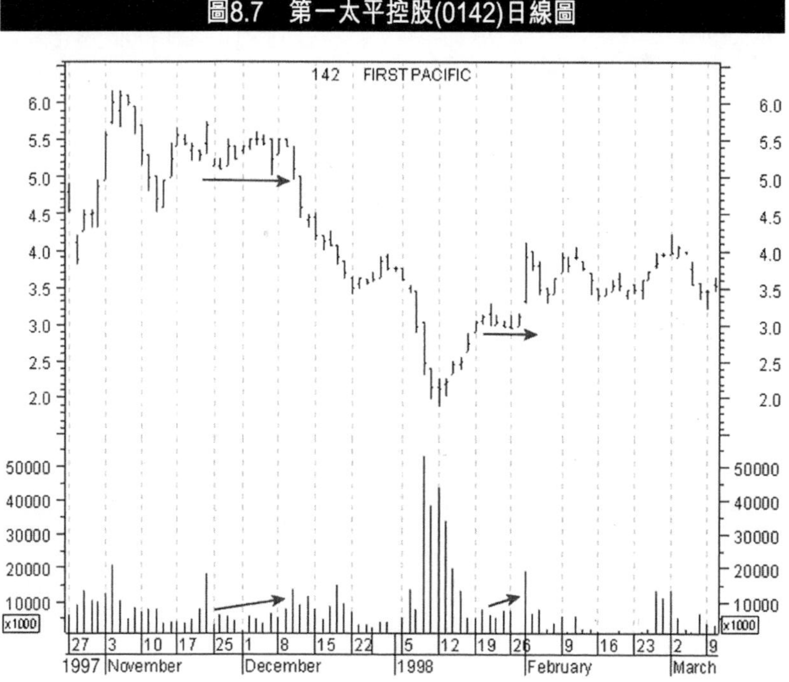

● 若股價上升已有一段時間，接近升勢末段時，出現價平量增的現象，反映賣方為方便分批有秩序地沽貨，將股價維持在穩定水平，無論如何，這都是代表沽壓正增加的現象，預示股價將會有秩序地反覆下跌。圖8.8的華潤創業(0291)股價於1997年7月尾至8月中旬時在37元至39元的窄幅波動，由於股價已有一段升幅，當看見成交量逐漸增加時，不得不懷疑是莊家故意維持股價在高位，以便派貨沽出股票。結果無須多説，由於東南亞貨幣被狙擊，令股市大挫，加上莊家順利沽貨後，華潤創業的股價便出現大瀉。

圖8.8　華潤創業(0291)日線圖

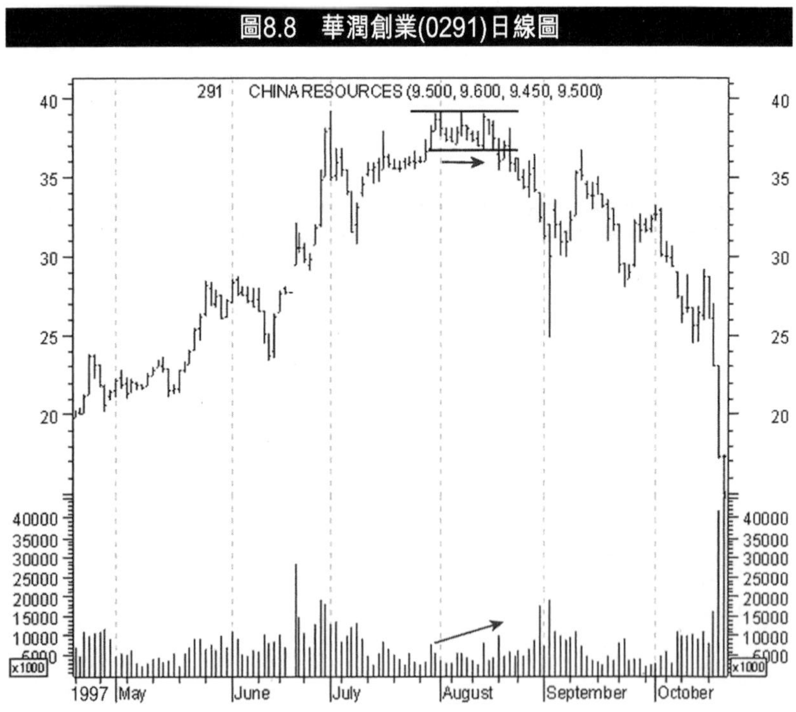

8.4 價漲量平

股價上漲，但成交量卻與平時差不多，這可以反映大戶並未進場積極買貨，由於這批人士很多是股價往上上升的動力來源，既然大戶未進場，漲勢料難以持久，可能是曇花一現的反彈而已，後市方向不明朗，散戶宜採取觀望態度。

因應股價處不同走勢階段，價漲量平有以下啟示：

圖8.9　新世界集團(0017)周線圖

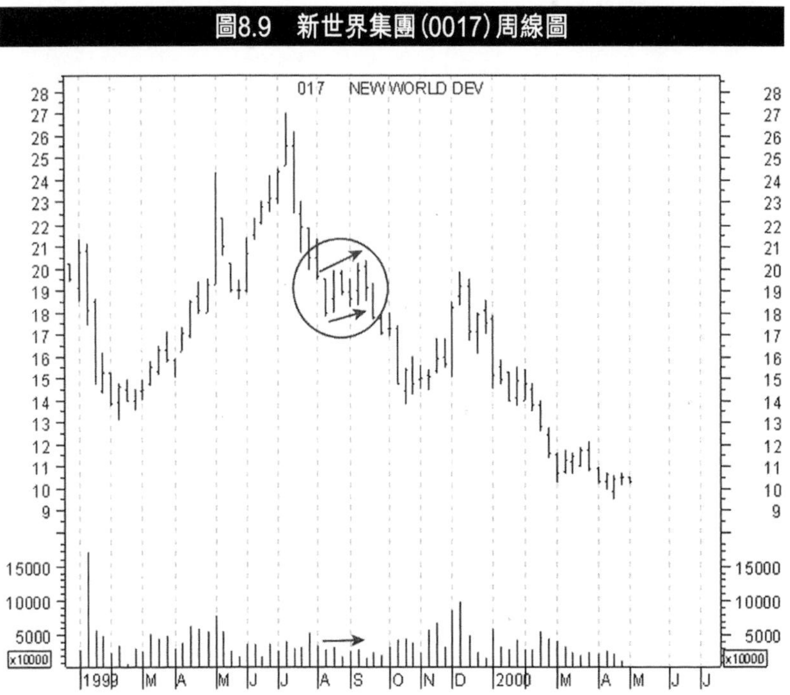

● 如果股價原先已成下跌趨勢，出現價漲量平，明顯地反映股價雖升但成交量不足，屬於反彈。市場人士仍多採取觀望，不為反彈所動，預示反彈過後股價仍會再跌。圖8.9是新世界集團(0017)周線圖，圖中所見，該股股價自1999年7月高位近37元展開跌勢，而在8月至9月期間，股價一度呈反彈，但成交量與平時差不多，反映反彈力不足，結果股價再度下跌。

● 如果股價原先以上漲居多，出現價漲量平，反映好淡雙方的力量已趨均等，好友再佔不了上風，後市股價有可能會止漲下調，具轉向意味。

● 價漲量平的現象若是因為漲停板，股民無機會買貨所致，翌日應該仍有高位可見，已持貨者不應急於沽貨。

8.5 價跌量平

股價下跌而成交量與平時相若，反映當時的升勢或跌勢並未出現重大變化，料仍將沿原有趨勢運作。換句話說，在上升趨勢中，價跌量平只反映有部分散戶沽貨套利，主要大戶仍未大幅拋售股票，只要跌幅不致太深，其升勢料可繼續下去。

相反，在下跌趨勢中，價跌量平亦為散戶分批離場的訊號，跌

圖8.10 中海發展(1138)周線圖

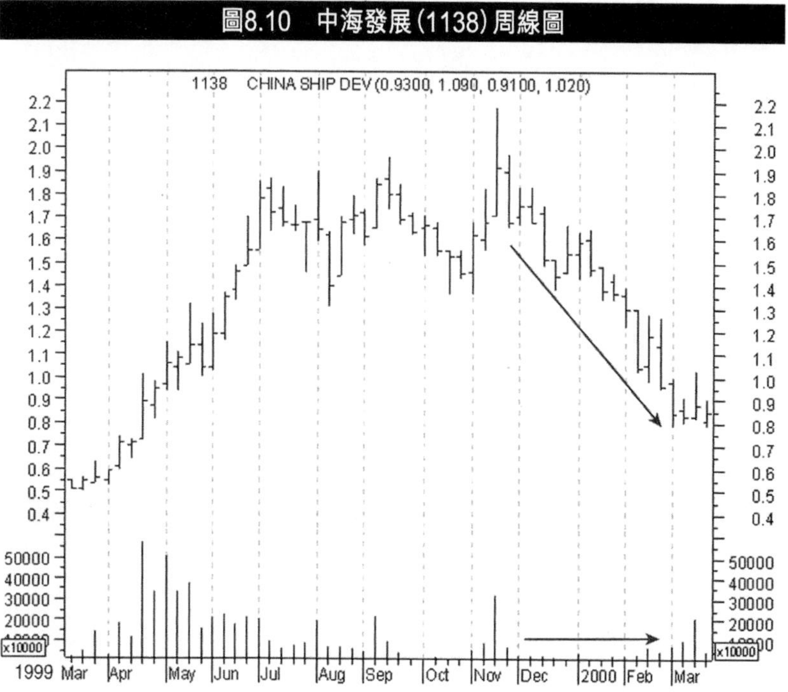

勢仍會持續下去。圖8.10是中海發展(1138)周線圖，圖中所見，該股股價自1999年11月高位回落，期間成交量與平時差不多，反映仍無大戶積極吸納，最後顯示跌勢持續。

8.6 價平量平

股價的漲跌幅度很小，成交量與平時差不多，反映好淡雙方受不明朗因素困擾，對後市走勢都看不通，故作觀望休息，令市況處悶局，一般散戶在此階段中都不宜入市。

圖8.11的長江基建（1038）於1998年10月至11月的期間，股價基本上在18.5元至20.5元間窄幅波動，缺乏明顯升勢，而且在股價持

圖8.11　長江基建（1038）日線圖

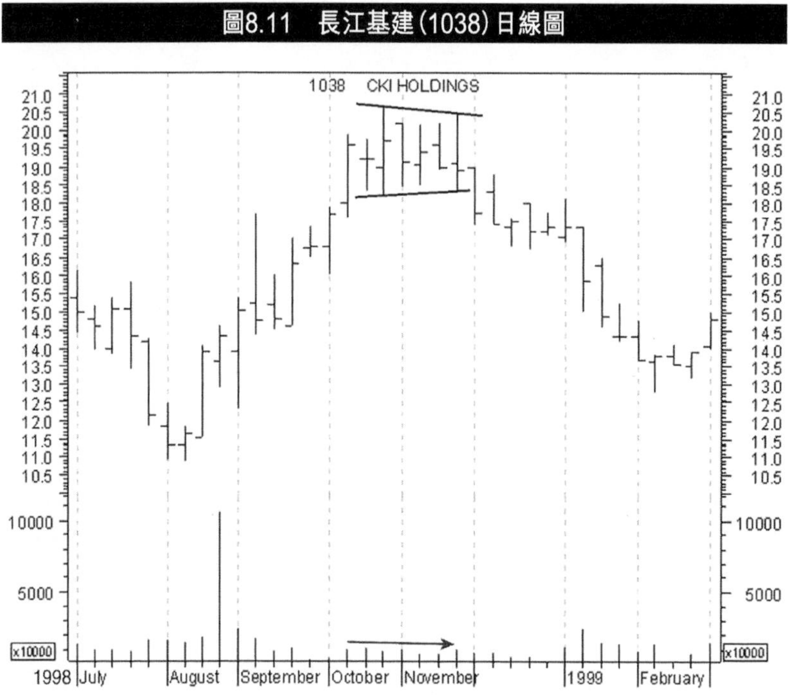

平下，成交量亦與平時差不多，顯示好淡雙方均作觀望，在此段期間散戶入貨，只有炒波幅而無升幅，隨時會招致損失，結果在12月初時，股價跌破支持位後，反映淡友已獲勝，當時若走避不及，勢被套牢成蟹民，故一般情況下，遇到價平而量平的情況，散戶只宜觀望而不宜入市。

8.7 價漲量縮

股價上升但成交量未能配合上升，反而減少，量價出現背馳。此情況經常出現在反彈升勢中，可能是大戶托高股價以便鬆綁，希望順利將貨源沽出，又或者是沽空人士被挾，需急於在市場買貨回補空倉所致。就每個股價走勢所處的不同階段，價漲量縮可以產生以下影響：

圖8.12　滙豐控股(0005)日線圖

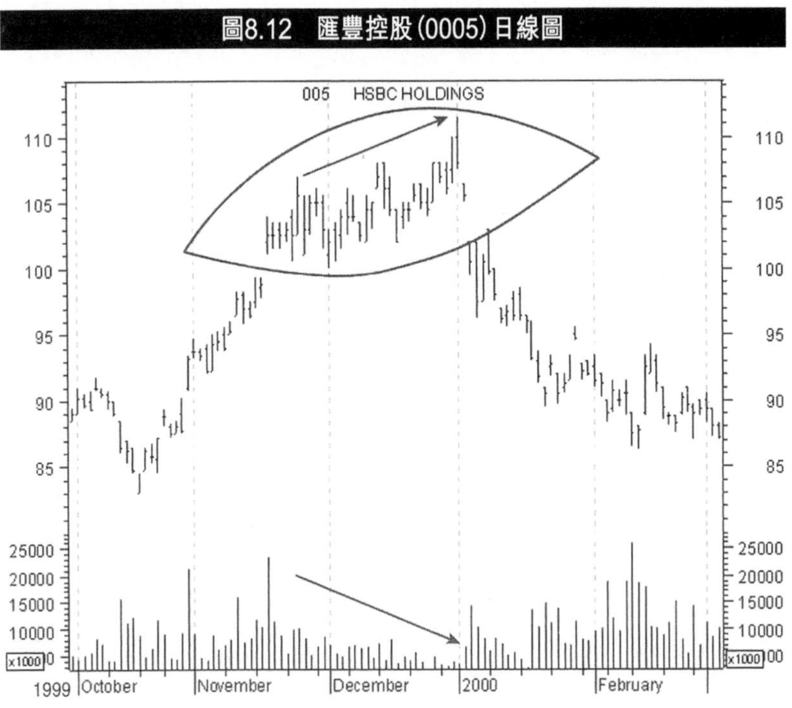

● 在升勢初段期間，很多時成交量不足，漲勢未成，出現價漲量縮可能是反彈現象，故宜作觀望。

● 在升勢的末段時(可以觀察股價上漲的時間，以及股價累積升幅已有一個大升幅〔達50%或以上〕來判斷)，出現價漲而量縮，反映高位缺乏承接力，小心這是調整先兆。圖8.12是匯豐控股(0005)日線圖，圖中所見，在1999年底升勢末段，雖見股價不斷攀升，但成交量卻顯著收縮，升勢與成交量背馳，反映買盤欠積極，高位欠承接力，隨後股價在2000年初以下跌裂口回落，結束升勢是意料之內。

● 如果在出現價漲量縮的翌日，成交量再一次配合股價上升而增加，可視為重拾升勢或有沽空人士被挾急於買貨補空倉所致，此時不應再看淡，而是以價漲而量增原則視之。

● 若價漲量縮的出現是因為漲停板所致，則以上的原則並不適用；如中國大陸、台灣、美國及日本等地均有漲停版的制度，意指即日升幅超過某一幅度即停止該股交易，用意是令投資者情緒有機會冷靜。

8.8 價跌量縮

股價下跌而成交量減少，這是大勢仍弱、買盤欠積極的表現，市況多呈悶局，不宜在此階段作活躍買賣。

價跌量縮對後市有以下幾個啟示：

● 若股價剛從高處下跌，成交量迅速減少，出現價跌量縮，反映莊家大戶正悄悄地分批沽貨，所謂「雲深不知處」，預期跌勢正有

圖8.13 希慎興業(0014)日線圖

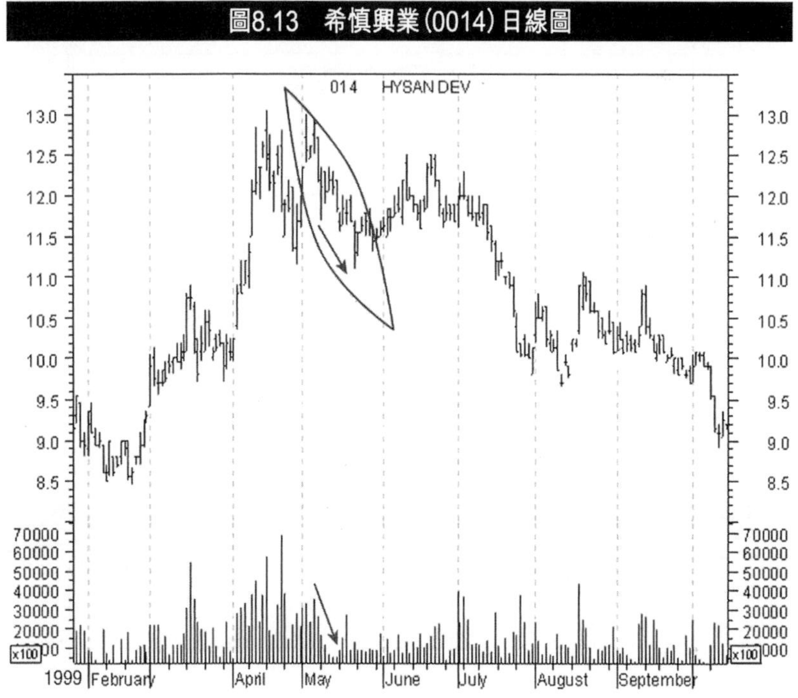

秩序地開展，底部不易得知，已持貨者宜沽貨離場。圖8.13是希慎興業(0014)日線圖，圖中顯示，在1999年5月初時，股價未能上破前一個高位並作下調，股價下跌時成交量明顯大幅減少，不要以為沽壓不大，其實是莊家為避打草驚蛇才作小批沽貨，令股民以為是健康調整，及後當手上貨源沽得差不多時，股價便在缺乏承接力的情況下出現滑落。

● 若股價剛從高處下跌，成交量只是小幅度的減少，出現這樣的價跌量縮現象，只不過顯示買盤暫見退縮，略作休息，若股價於隨後幾日回升，而成交量也回升，後市可以繼續看好。

● 若股價已處跌勢一段時間，但近期跌幅減少且成交量亦萎縮至低水平，每日成交疏落，甚至沒有成交，反映沽壓已減少得七七

8.14　儀征化纖(1033)周線圖

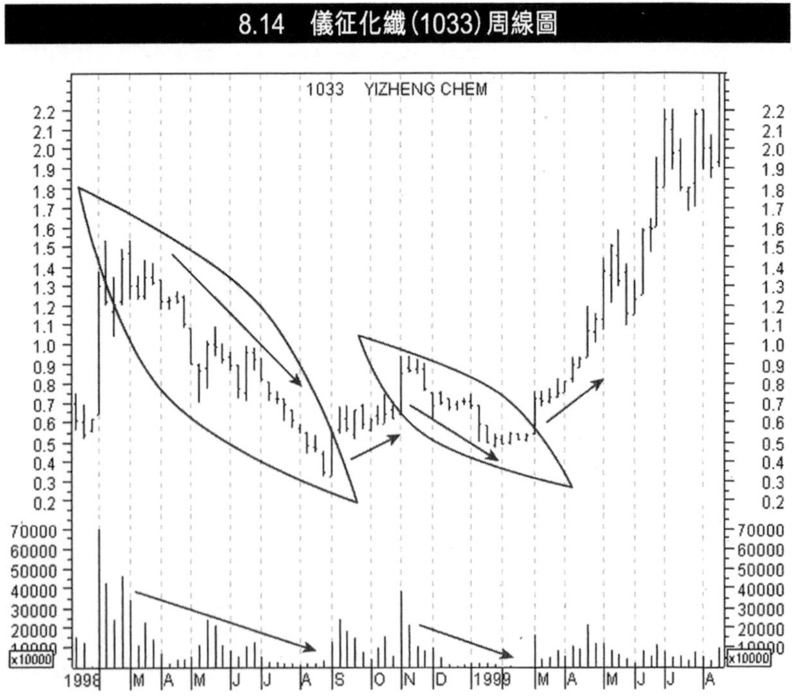

八八，只要有部分積極買盤出現，股價可望見底回升。圖8.14是儀征化纖(1033)周線圖，圖中顯示，兩處股價下跌的時間，成交量均見減少，尤其在1999年2月那段時間，股價在低水平徘徊，成交量大為萎縮，反映沽壓已不大，後市將會反彈回升。

8.9 價平量縮

股價升跌幅微少，且成交量減少，可以有以下啟示：

● 若股價處明顯跌勢，累計跌幅很多，突然出現價平量縮，反映其時有可能暫時止跌築底，宜密切留意能否築底成功作進一步反彈。圖8.15是中國製藥(1093)日線圖，圖中所見，該股股價自1997年11月1.4元滑落，跌至1998年1月，累計跌勢逾兩個月，及後股價

圖8.15 中國製藥(1093)日線圖

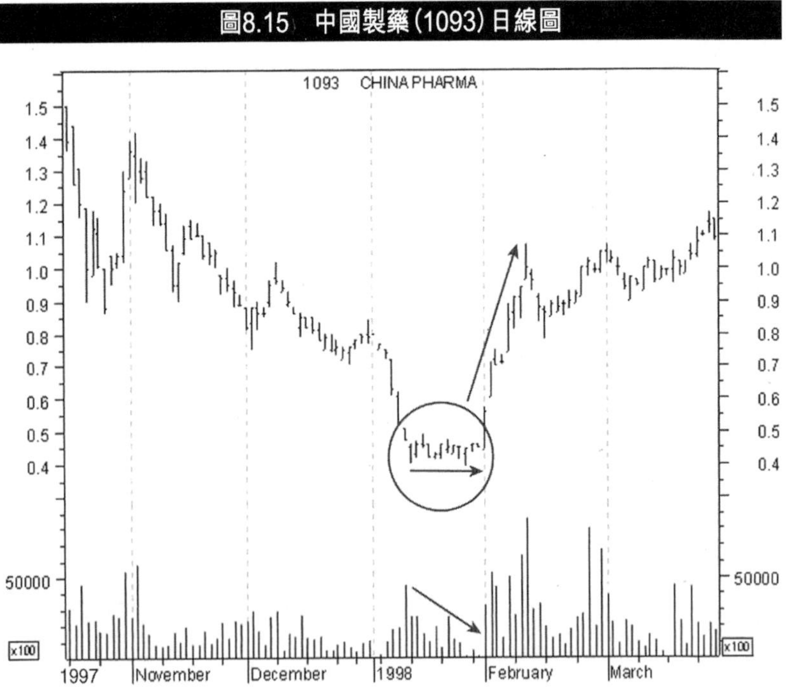

終在0.4元至0.45元間覓得支持，作窄幅橫行，成交量亦見收縮，沽壓收斂，反映市況準備止跌回升，其後股價配合成交量大增，更確認反彈。

● 若股價下跌已多，止跌回升初期，出現價平量縮，反映市場買盤仍見猶豫，未敢大量買貨，其時漲勢仍不明確。除非之後幾天，成交量大增，才能確認漲勢而跟進。

● 若股價上漲已多，出現價平量縮，反映高位追貨買盤不足，後市隨時停止升勢而轉跌。圖8.16是恆基地產(0012)周線圖，圖中所見，該股股價於1999年12月內大部分時間是持平發展，但成交量收縮，顯示高位承接乏力，隨後終作大幅回落。

圖8.16　恆基地產(0012)周線圖

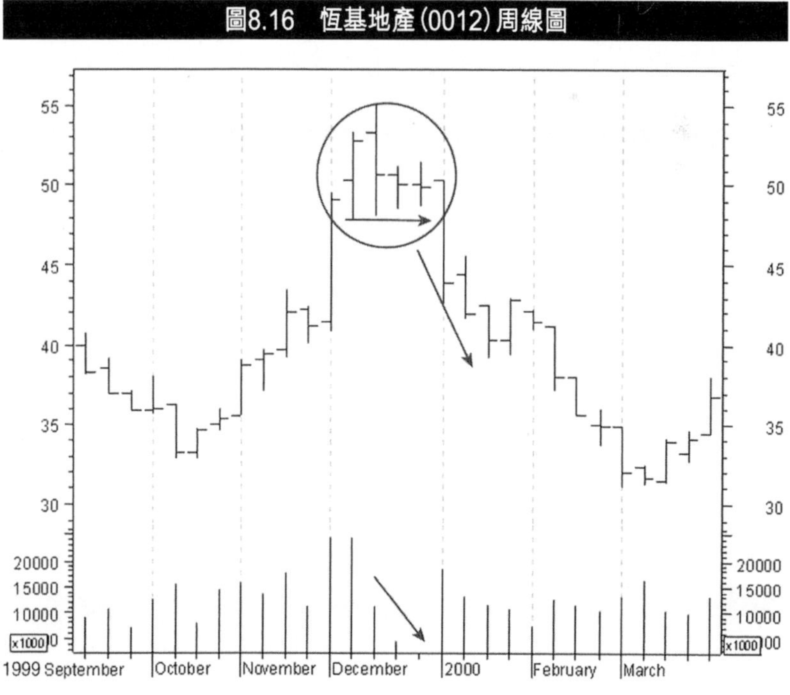

8.10 期指價格與未平倉合約數變化的關係

在期指市場中，未平倉合約數代表好友(買方)或淡友(賣方)還沒有平倉的單邊總數量，而不是兩者相加的總和，因為在期指買賣當中，需要有一個買方及一個賣方才能共同創造一口契約。

究竟期指價格與未平倉合約數變化的關係如何，對後市又有什麼啟示？以下試以表8.1作簡單分析。

表8.1 期指與未平倉合約張數變化的關係

價格	未平倉合約	啟示	後市發展
上升	增加	好友開新倉	看升
上升	不變	好友開新倉，淡友平舊倉	看升
上升	減少	淡友平舊倉	將見頂
下跌	增加	淡友開新倉	看跌
下跌	不變	淡友開新倉，好友平舊倉	看跌
下跌	減少	好友平舊倉	將見底
橫行	增加	好淡雙方均開新倉	無啟示
橫行	不變	好淡雙方按兵不動	無啟示
橫行	減少	好淡雙方均平舊倉	無啟示

金融衍生工具的不斷出現，大戶可同時利用期指、現貨及期權

來部署，以上透過期指及未平倉合約數目的變化所得的後市啟示，只是簡單推算，建議投資者最好同時留意期權張數，才較全面掌握形勢。

9

市場循環分析

市場升跌有定律，升浪頂與升浪頂之間，以及跌浪底與跌浪底之間都有時間的循環（cycle），故技術分析中有一門專門研究市場循環的方法，包括9.1道氏理論、9.2波浪理論和9.3循環周期分析法。

由於每種金融產品都會有不同的時間循環，技術分析人士需要仔細計算浪底與浪底，以及浪頂與浪頂之間的時間距離，屬中級的技術分析技巧。對初學者來說，在學習上會有一定困難，故建議先掌握之前較統一易明的圖形形態及技術指標分析方法，才能對本章所介紹的市場循環分析有所領悟。

9.1 道氏理論（Dow Theory）

9.1.1 簡介

道氏理論可算是美國技術分析研究的基石，至今已經有過百年的歷史。此理論的創始人為查理斯．道（Charles Dow），他創辦了美國最著名的財經新聞服務社，名為「道瓊斯公司」（Dow Jones & Company），並於1884年7月3日公佈第一個股票市場指數，及後於1897年再建立12隻成分股為主的道瓊斯工業指數（Dow Jones Industrials Index）與20隻成分股的道瓊斯鐵路指數（現易名為運輸指數，Dow Jones Transportations Index）。1928年10月1日，道瓊斯工業指數成分股數量增加至30隻，並沿用至今。道瓊斯指數現時已成了最為投資者所認識的指數之一。

查理斯．道除對美國股市有以上貢獻外，他在自己創立的美國著名財經報章《華爾街日報》（Wall Street Journal）所發表的一系列文章也成為現在廣為人知的道氏理論的基礎。

查理斯．道從來沒有將其理論整理成書，但他對股市見解的博大精深，卻引發後人在他過世後為其在《華爾街日報》發表的論文作整理。例如，在1903年，尼爾森（S.A.Nelson）著述了《The ABC of Stock Speculation》；1922年，威廉．漢彌爾頓（William Peter Hamilton）（即道氏的同事及《華爾街日報》的繼任主編）整理道氏的論點，出版了《The Stock Market Barometer》；1932年，羅拔·李(Robert Rhea)進一步歸納及總結這套理論而出版《Dow Theory, New York: Barron's》。

嚴格來說，道氏理論並不是用於預測股市，甚至不是用於指導投資者，而是一種反映股市整體趨勢的晴雨表，辨別主要升市及跌市發生的徵兆，從而掌握重要市場趨勢的變動。

9.1.2 基本要點

以下為羅拔·李歸納道氏理論的重點：

(1) 股票指數反映一切

股價指數反映一切，這是本書第一章提過技術分析的基本原則。股價指數基本上能反映投資者的心理變化及社會經濟狀況等，事實已有多項研究證明，指數能作為經濟總體情況的領先指標，一般領先於經濟周期三至六個月。此外，雖然市場沒有辦法預知地震或其他天然災禍，但卻會迅速評估這類事件的相關影響，並在股價中反映。

(2) 趨勢的判定

道氏對於趨勢的定義如下：上升趨勢是指每個升浪的高點收市價均高於前一個升浪的高點，且每個升浪的下調低點收市價均高於前一個升浪的下調低點，形成一浪高於一浪的走勢；相反，在下跌趨勢中，是指每個跌浪的反彈高點收市價均低於前一個反彈高點，且每個跌浪的下跌低點收市價均低於前一個，形成一浪低於一浪的走勢。

道氏將趨勢劃分為三個部分：主要(primary)、次要或中期(secondary)與小型(minor)，分別對應海洋的潮汐、波浪與漣漪。

(3) 主要(primary)趨勢

主要趨勢是三種趨勢中最大規模及最具投資參考價值的，也就是人們常提起的「牛市」及「熊市」(以下將詳述)，通常(但非必然)持續一年或有可能數年之久，並導致股價增值或貶值20%以上，至今仍沒有任何方法能準確預測主要趨勢的時間長度。

(4) 牛市(bull market)判斷

牛市是指價格長期以上升為主要趨勢，平均運行時間達一至兩年，期間伴隨次級修正下調趨勢，總的來說，牛市可分為三個階段，見圖9.1：

圖9.1 牛市三部曲

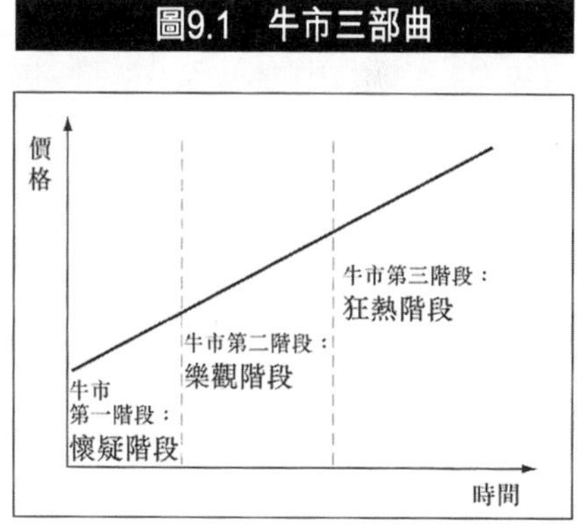

(i) **懷疑階段**：在這階段中，傳媒報道仍對面前經濟不看好。然而，一些具遠見的投資者對上市企業的前景信心從懷疑中逐步恢復過來，面對眼前的經濟仍低迷，但抱着預期即將轉好的憧憬，願意從那些勇氣不足並且十分沮喪的賣家手中買入所有沽售的股票，隨着貨源漸漸歸邊，價格開始溫和地上升，成交量則較為薄弱。

(ii) **樂觀階段**：在這階段中，隨着傳媒報道及證券分析員評論經濟基調逐步轉好，以及公司的利潤不斷增長，開始挽回投資者信心，對經濟及公司盈利前景逐漸樂觀起來，成交量開始配合價格上揚。

(iii) **狂熱階段**：在此階段中，投資者的情緒最為高漲，傳媒不斷以頭條報道股市表現，而且每個交易日，銀行及證券行都擠滿散戶看股價變動，走進食店酒樓，人們的話題都是環繞股市。此外，投機活動活躍，借錢買股票的金額有增加趨勢，新股上市的數量亦大增，以上均是反映股市已進入狂熱階段的典型現象。由於投機活動增加，連帶莊家所施展的震倉伎倆亦增多，細價股股價急升後常見出現恐慌性的短暫跌勢，股價上漲基本上已脫離企業盈利的基礎，而是全由投資者意願所驅動。成交量在此階段中，往往處於高水平。

值得一提，牛市的終結過程較容易出現市場的急劇轉向現象，這主要是因為投資者作為一個集結的群體，更容易受恐慌情緒所互相感染，這種情緒在牛市末段比在熊市末段更易傳播。

圖9.2　恒生指數周線圖

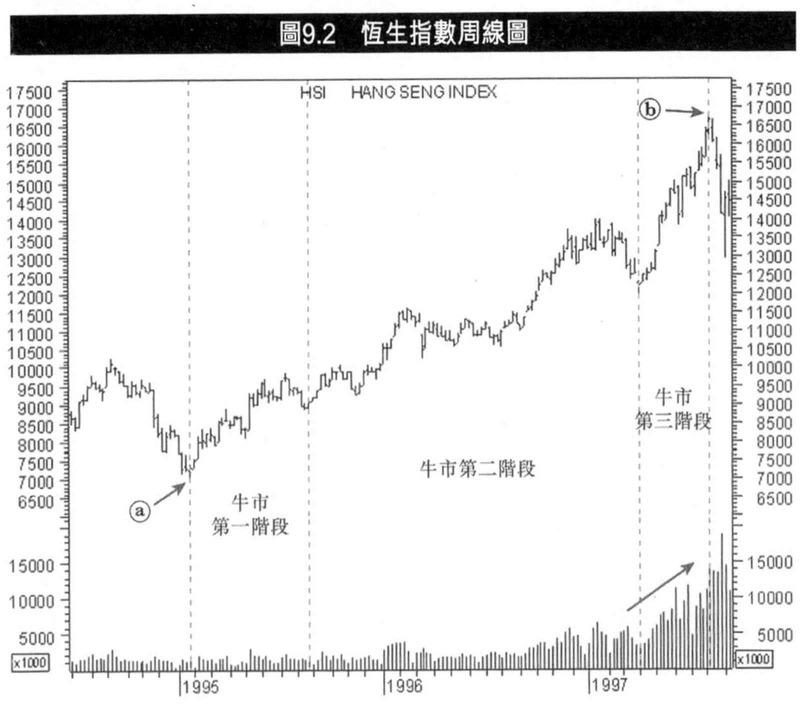

圖9.2是恆生指數周線圖，圖中顯示，恆生指數於1995年1月低位6890(圖示a點)至1997年8月高位16820(圖示b點)，曾經兩年多處於牛市。自1994年美國聯儲局連串加息後，恆生指數進入調整狀況，直至1995年1月息口有喘定的跡象，恆生指數緩緩反彈，但當時投資者仍對升市抱懷疑態度，成交量偏低，進入牛市第一階段。經過六個多月的觀察後，投資者對息口憂慮減小，成交量持續增加，加上上市公司陸續公佈的業績見改善，投資者漸趨樂觀，股市進入牛市第二階段，恆指升破1994年的高位水平。最後，踏入1997年3月，香港正值回歸前投資氣氛高漲，成交量倍增，並進入牛市第三階段，直至受亞洲金融風暴拖累，才令港股結束牛市。

(5) 熊市(bear market)判斷

牛市的完結，緊接的是熊市的來臨，熊市是指價格長期以下跌為主要趨勢，期間伴隨次級修正的反彈升勢，總的來說，熊市可分為三個階段(見圖9.3)：

圖9.3　熊市三部曲

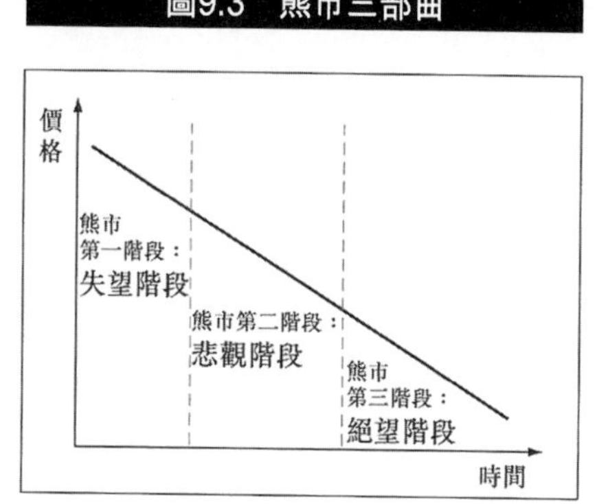

(i) **失望階段**：這實際上在上一個牛市的第三階段已悄悄開始，在這階段中，有遠見的投資者看到上市公司的盈利已達非正常高位，預期未來不可能維持此高幅度的增長，於是在股價不斷上升的情況下拋售他們所持有的股票，此時交易量仍處高水平，而散戶亦積極入市，但隨着預期利潤消失，散戶失望情緒產生，引發爭相拋售股票的情況出現，股價展開跌勢，而且拋售量增加。

(ii) **悲觀階段**：在這階段中，數據顯示經濟情況愈來愈見低迷及差勁，買入者開始愈來愈少，而候沽貨者越來越心急，價格跌勢突然加速而成為接近垂直的下跌情況，同時成交量達至高水平。

(iii) **絕望階段**：在這階段中，市場人士被絕望的氣氛所籠罩，看不到前景，不相信優質股票價值(股價低於資產值)，那些經過早前恐慌階段而仍然持有股票的投資者，或者那些在這一階段因為看到股價價格比前一段時間便宜而買入的投資者，終於絕望地拋售，下跌之勢開始放緩。那些細價垃圾股也許已經跌去了其在上一個牛市階段中全部上漲幅度，甚至有過之而無不及，當壞消息均出現，最糟糕的情況均已預期下，市場對再傳出的壞消息反應不大，暗示市場人士已消化消息，熊市可望完結。

圖9.4是恆生指數周線圖，圖中顯示，恆生指數受亞洲金融風

圖9.4　恆生指數周線圖

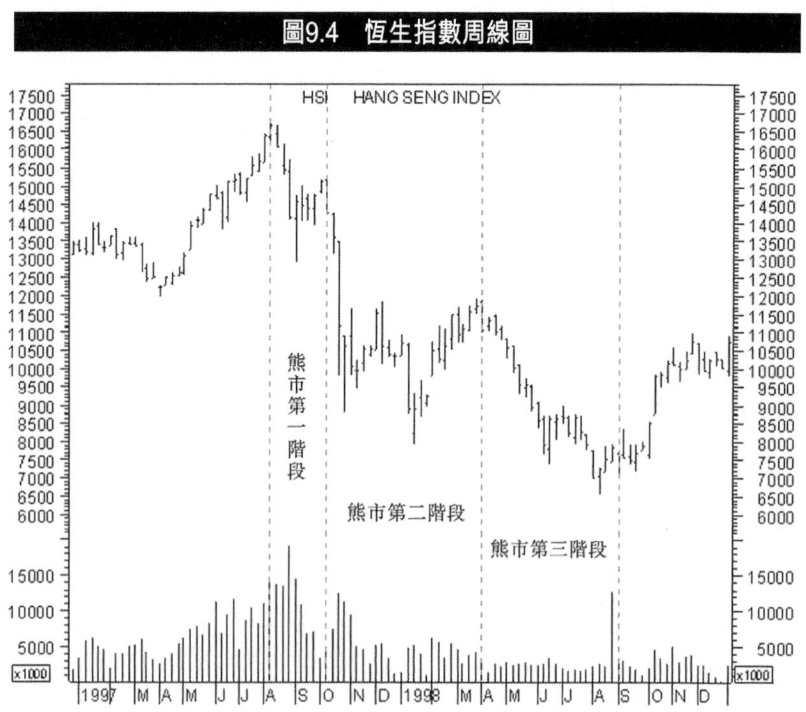

暴影響而進入熊市，這個熊市共一年多時間。

(6) 次級或中級趨勢

次級或中線趨勢代表主要趨勢的修正(corrections)，通常持續三個星期至三個月的時間，而調整的幅度，一般為前一段主要趨勢幅度的三分之一至三分之二，最常見的則為50%。在牛市中的次級趨勢為下跌調整勢，相反，在熊市中的次級趨勢為急促反彈升勢。

(7) 小型趨勢

小型趨勢指每個交易日的股價指數波動，通常不超過三個星期。這雖是報章、電視、電台、網絡傳媒股評的焦點所在，小型趨勢相比主要及次級趨勢，投資參考價值是最低的、記錄日間股價波

圖9.5 兩個日經平均指數走勢圖

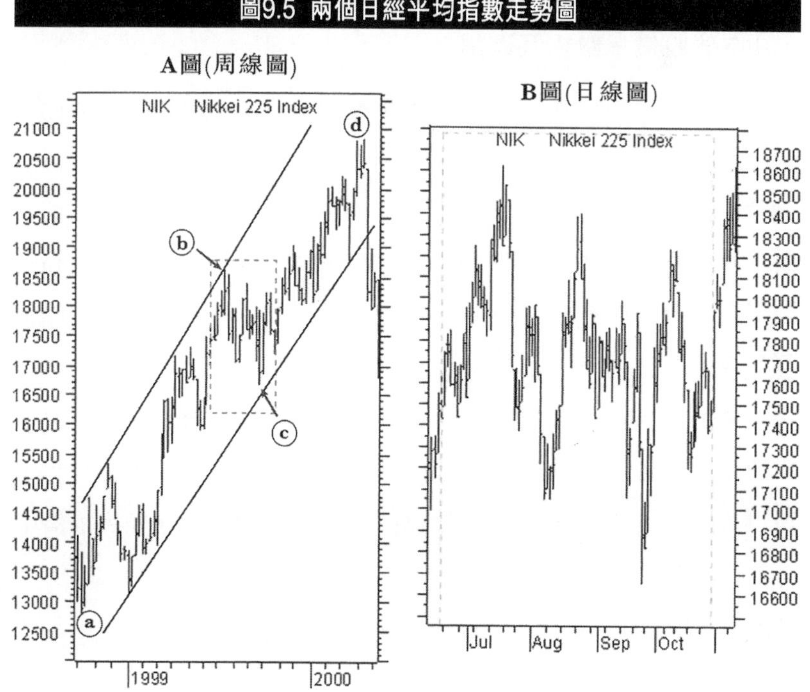

動，目的在於最終尋找到具有預測價值的可辨認的圖形形態。

圖9.5是日本日經平均指數的兩個走勢圖，A圖所示為周線圖，指數由1998年10月低位（ⓐ點）開展升勢，跟着持續大部分時間在上升通道內攀升，並高見ⓓ點，最後於2000年4月才跌破上升通道，此段長達一年以上的升勢可界定為主要趨勢。至於中段由ⓑ點呈反覆下調至ⓒ點的逆市走勢，主要是修正之前升勢，歷時約三個多月，可視為次級趨勢。B圖所示，則為日經平均指數的日線圖，所見指數走勢猶如心電圖起伏不定，屬小型趨勢。

(8) 非人為操控

在主要趨勢運行中，股票市場不可能被人為操控。在次要趨勢中，股票市場有可能受到人為操縱行為的局部影響。至於在小型趨勢中，股票市場有可能受到人為操縱行為的較大影響。

(9) 兩個股價指數相互確認

道氏認為道瓊斯工業指數與運輸指數除非出現相同方向的訊號，否則利好升市或利淡跌市訊號不能確認。以上兩個股價指數分別超越前一個次級走勢的高峰，呈一浪高於一浪走勢，這樣才能代表真正升勢的出現，或既有的升勢持續。當然他不認為兩個股價指數疊創新高或疊創新低會同日出現，但若兩者相距時間愈近，趨勢愈明確。

圖9.6是道瓊斯工業指數與運輸指數周線圖，驗證結果顯示，當運用道氏相互確認定理時，可以相當有效地排除只觀察單一指數所可能造成的錯誤。其中原因是兩指數實際上是代表了國民經濟中有效需求的變動情況，工業指數與運輸指數可以説是分別代表工業產業及運輸產業，如果工業生產增加但運輸量下降，預示產業部門積壓的存貨增加，這無疑反映市場實際需求在放緩。

圖9.6 道瓊斯工業指數與運輸指數周線圖

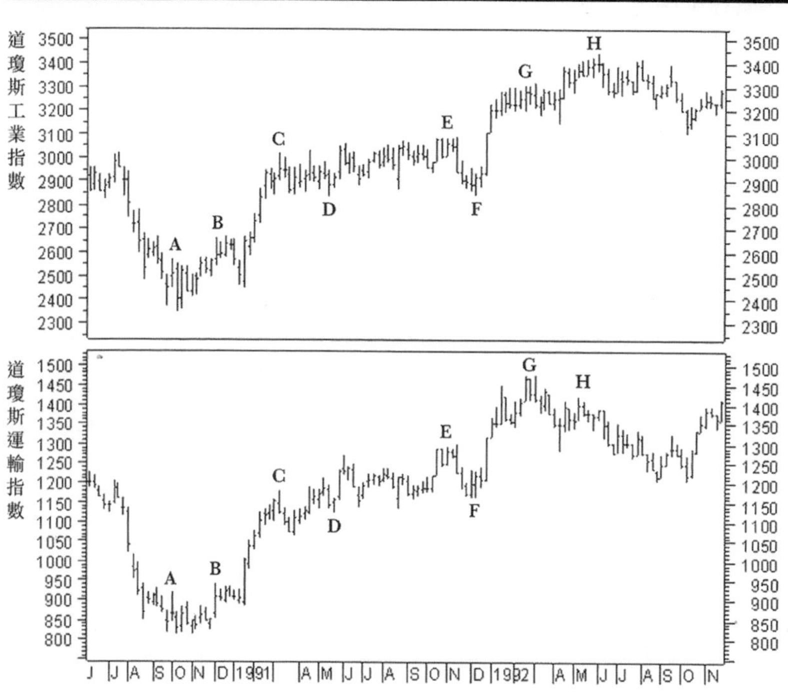

工業指數	B>A	相互確認定理→
運輸指數	B>A	1991年至1992年兩指數齊上升
工業指數	E>C, F<D	未違反相互確認定理
運輸指數	E>C, F>D	未否定上升趨勢
工業指數	H>G	違反相互確認定理→
運輸指數	H<G	1992年6月至10月間呈下跌趨勢

(10) 趨勢需要成交量確認

道氏認為成交量為次要的輔助指標，但對於價格訊號的確認很重要。簡單而言，當價格朝主要趨勢方向發展，成交量應該增加，在牛市中，價格上升應該配合成交量增加，當價格下調時應該伴隨着成交量減少。在熊市中，價格下跌時，成交量應增加，而在價格反彈時，成交量則縮減。

(11) 線狀(lines)窄幅調整

線狀窄幅調整是指道瓊斯工業指數與運輸指數在不短過2至3周的時間內，指數波幅在不超過5%的範圍內運行，且本身不具有任何市場方向預示訊號。此現象可表示收集(accumulation)，也可表示派貨(distribution)。若價格突破線狀調整區較上端則表示收集，並預示價格會進一步上揚；若價格突破線狀調整區較下端則表示派貨，預示價格會進一步下跌。以上收集及派貨的過程，代表次級趨勢，且必須經由道瓊斯工業指數與運輸指數相互確認才能作準。

(12) 着重收市價

道氏認為唯有以收市價計，指數升破先前的高位或跌破先前的低位，才算具突破意義，對交易日內的最高價及最低價並不關注。

(13) 應假定原有趨勢繼續起作用，直至出現明確轉向訊號

道氏把物理定律都運用在金融市場，認為某個趨勢通常會朝既有的方向繼續運動，除非外來的力量使它改變方向，此點亦是現代趨勢交易方法的根本觀念，告誡那些逆市而行的交易者一般沒有好結果。

9.2 波浪理論（Wave Principle）

9.2.1 簡介

波浪理論開山宗師為拉夫・尼爾森・艾略特（Ralph Nelson Elliott），他深受道氏理論的影響，故波浪理論帶有不少道氏理論的影子及神髓。

於1938年，查理士・柯林斯（Charles J. Collins）出版《波浪理論》（The Wave Principle），內容主要引用艾略特提供的草稿，為第一本帶給投資者首次認識波浪理論的書籍。

至今若論描述艾略特波浪理論最精闢的著作，首推於1978年出版，由佛洛斯特（A. J. Frost）及羅拔・普列希特（Robert Prechter）共同撰寫的《艾略特波浪理論》（Elliott Wave Principle），而本節內容大多取材自此書。

對初學者來說，學習波浪理論時會覺得困難，因此套理論畢竟較前數章介紹的技術分析方法來得深奧，數浪有時候亦很主觀，有些人可以數得自得其樂，有些人卻覺得沒趣。

9.2.2 波浪理論的精要

艾略特波浪理論的精髓主要有三部分，按重要性分別為形態(pattern)、比率(ratio)及時間(time)。形態就是指波浪的形態及排列，比率是衡量不同波浪之間的比率關係，試圖找出目標位與調整位。最後，時間部分是指波浪之間存在的時間差距關係，艾略特理論專家均普遍認為此部分預測的重要性相對較低，故本節着重以形態及比率為主。

9.2.3 波浪的基本結構及等級

(1) 波浪結構

波浪理論認為股票市場升跌具韻律，一個完整的基本循環由八個波浪組成，其結構如下：

圖9.7為一個完整多頭(bull)利好市場，第1、3與5浪為順勢上升推動浪，所謂「推動浪」(impulse waves)是指順基本循環方向發展的浪，第2及4浪分別修正第1浪及第3浪作下調，所謂「修正浪」(又稱調整浪，corrective waves)發生在推動浪後，是指逆該基本循環方向發展的走向，此1至5浪構成的可稱為「五波上升」或「推動浪」。接着是「三波下跌」修正浪的出現以修正「五波上升」，分別標以a、b及c。

圖9.8為一個完整空頭(bear)利淡市場，第1、3與5浪為順勢下跌推動浪，第2及4浪分別修正第1浪及第3浪作反彈。由1至5浪構成的是「五波下跌」，接着是「三波上升」以修正「五波下跌」，分別標以a、b及c。

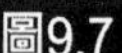

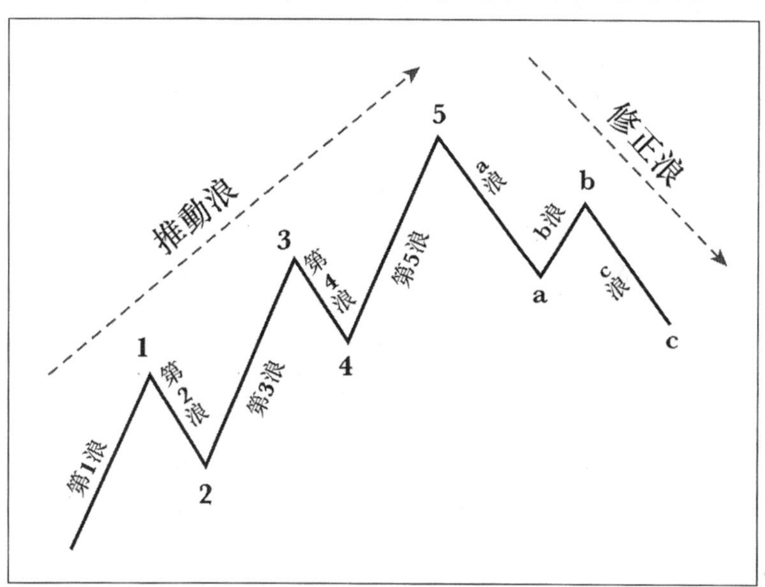

圖9.8

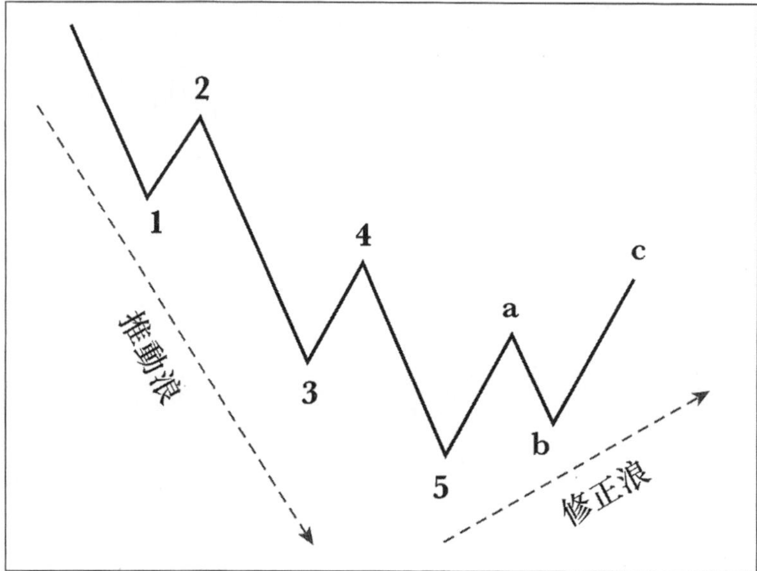

(II) 波浪等級

除有規限的波浪結構外，還要認識波浪具不同的等級，有大有小，每個波浪都可以劃分為次一級的波浪，後者可以繼續細分為更低一級的波浪。換一個角度，每個波浪也是高一級趨勢的構成波浪。從圖9.9所見，最大的兩個波浪①（推動浪）及②（修正浪）可以細分為次一級的八個波浪，餘此類推，又可分割為34個更低等級的波浪，按上述方式推出計算直至出現共144個小浪為止，視為一個完整股市的循環周期。完整市場周期，可以觀看圖9.10。

至於各級波浪怎樣標明，艾略特已根據波浪運行時間分為九

圖9.9

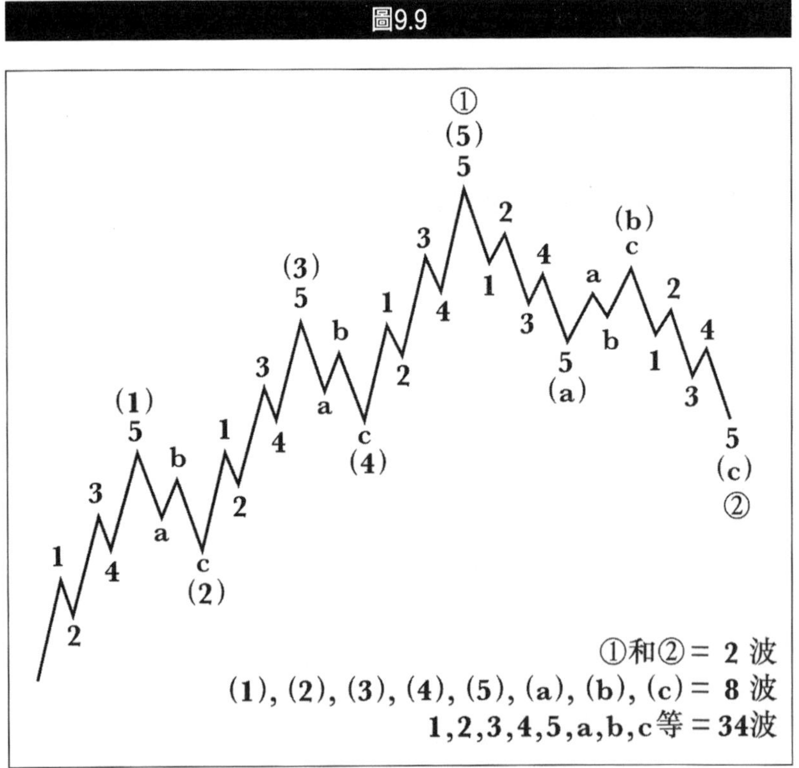

圖9.10

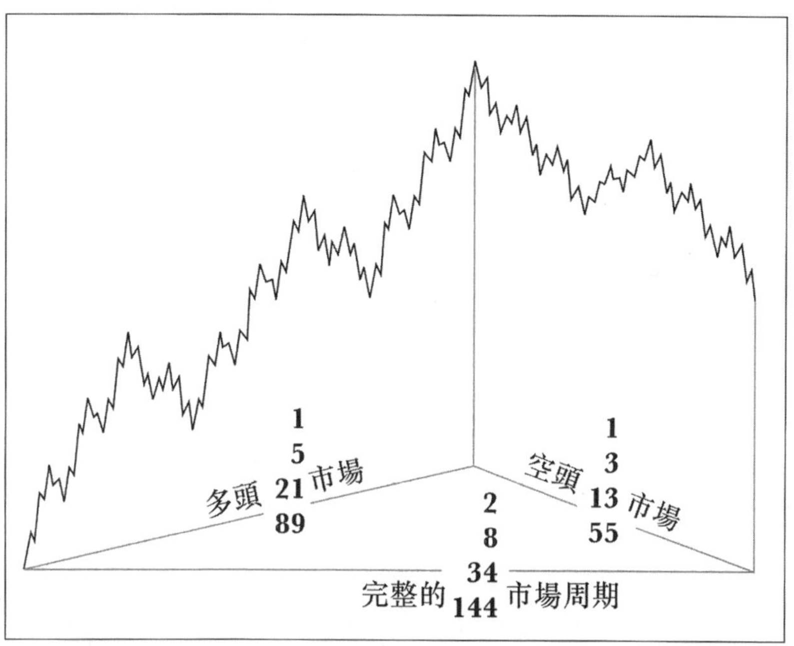

以一個循環來細分	多頭市場	空頭市場	完整周期
循環波	1	1	2
基本波	5	3	8
中型波	21	13	34
小型波	89	55	144

級，並發展出一套有系統的標記。試看表9.1，特級循環浪於年線圖出現，反映大趨勢，特級微型浪則於半小時圖或小時圖內出現，反映小趨勢。

再看圖9.11a及9.11b，這兩圖是美元兑馬克走勢圖，你可不可以找出圖9.11a的波浪標記錯在哪裏？答案就是在數完1、2、3、4浪後，第5浪呈延伸(將在以下説明)應屬次一級波浪，若標以①、

表9.1

浪級	推動浪	調整浪
特級循環浪	Ⓘ Ⓘ Ⓘ Ⓘ Ⓥ	Ⓐ Ⓑ Ⓒ
超級循環浪	(I) (II) (III) (IV) (V)	(A) (B) (C)
循環浪	I II III IV V	A B C
大浪	① ② ③ ④ ⑤	ⓐ ⓑ ⓒ
中浪	(1) (2) (3) (4) (5)	(a) (b) (c)
小浪	1 2 3 4 5	a b c
微型浪	ⓘ ⓘⓘ ⓘⓘⓘ ⓘⓥ ⓥ	ⓐ ⓑ ⓒ
超級微型浪	(i) (ii) (iii) (iv) (v)	(a) (b) (c)
特級微型浪	i ii iii iv v	a b c

②、③、④、⑤實不適合，按表9.1所見這屬高兩級的大浪。正確的標記，應是以圖9.11b為準確，在第5浪延伸浪中，次一級的五個浪應以ⓘ、ⓘⓘ、ⓘⓘⓘ、ⓘⓥ、ⓥ作標記。

圖9.11a　錯誤標記波浪

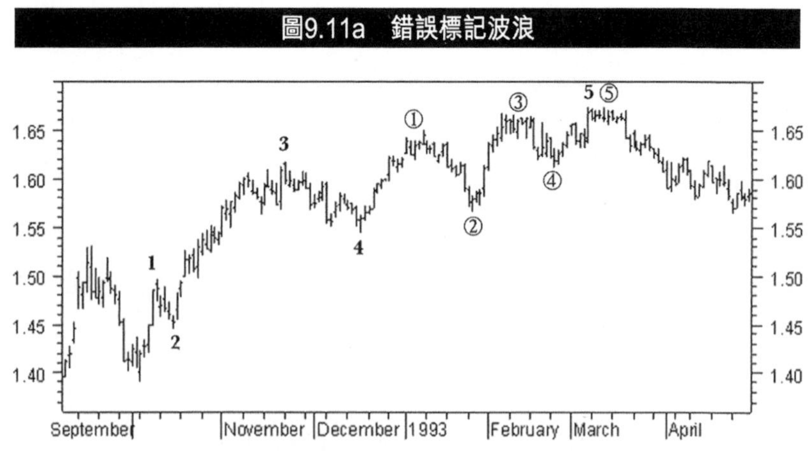

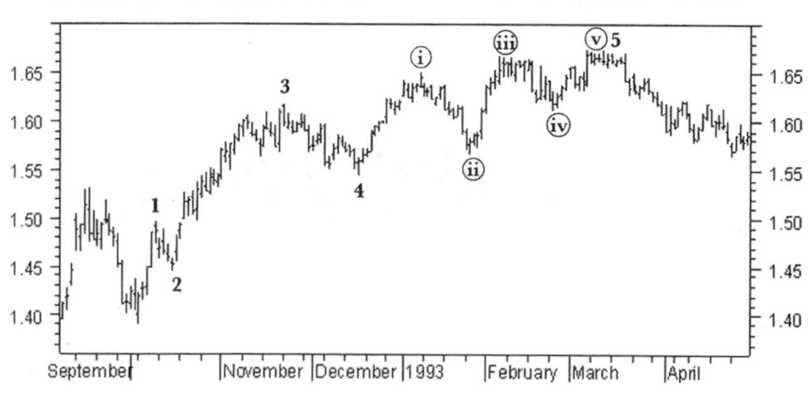

9.2.4 數浪不可違的天條

在波浪理論中，有三條規則或天條是不可違反的，一旦違反，表示數浪方式已經出錯，對後市的預測亦等同作廢，故要特別緊記。

(I) 第4浪底不可低於第1浪頂

在由五個波浪組成的推動浪，第4浪的浪底不可以低於第1浪的浪頂，見圖9.12a。第4浪底若低於第1浪頂，屬錯誤數浪方法，正確的應如圖9.12b。

圖9.12a

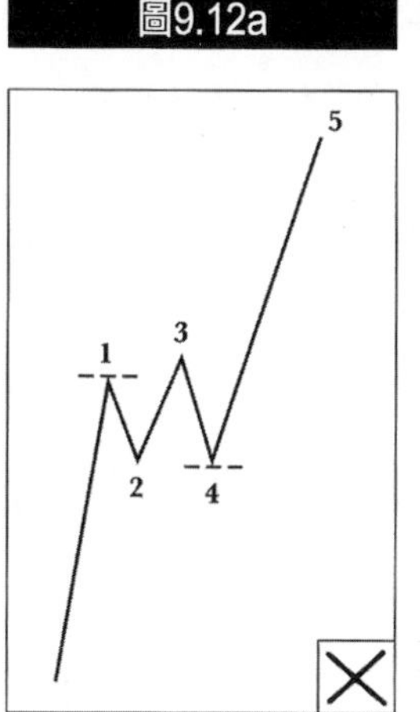

圖9.12b

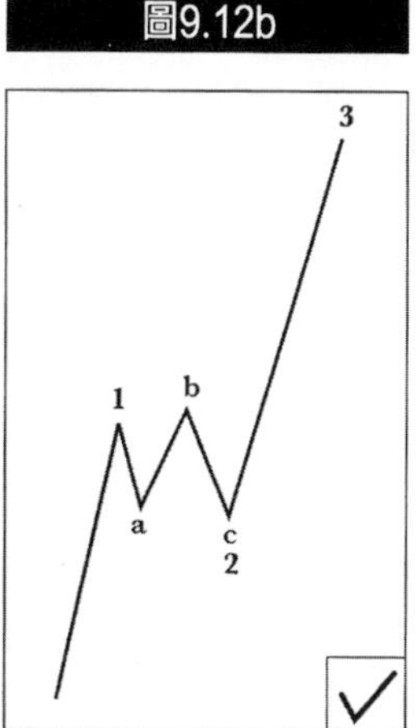

(II) 第3浪永不是最短的

在五個波浪組成的推動浪，第3浪絕對不能是最短的一個，實際例中第3浪一般為最長的一個。從圖9.13a所見，第3浪成最短的一個浪是數浪錯誤，圖9.13b及圖9.13c則屬其中可能發展的正確數浪方法。

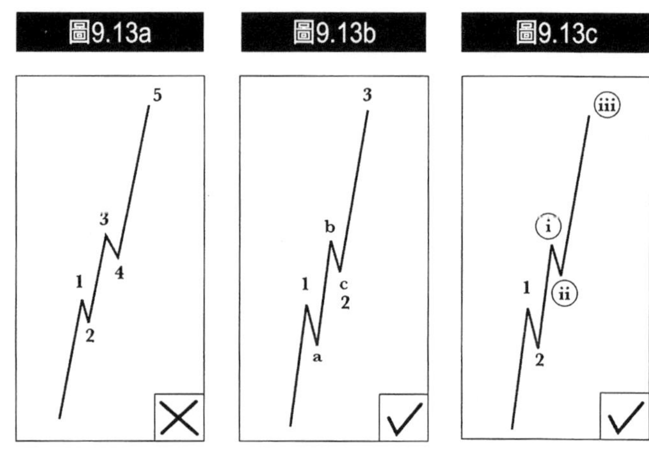

(III) 第2浪底不可低於第1浪底

第2浪底不可以低於第1浪的起點，即浪底。圖9.14a所見的為錯誤的數浪方法，因第2浪底低於第1浪底，圖9.14b及圖9.14c則屬正確，因第2浪底接近或高於第1浪底。

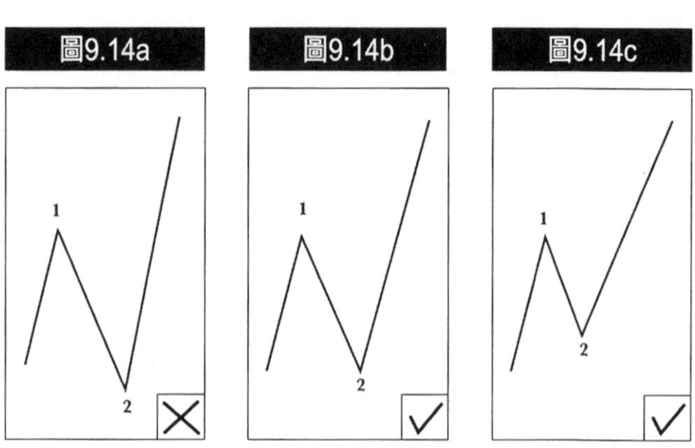

9.2.5 推動浪及變形浪的形態

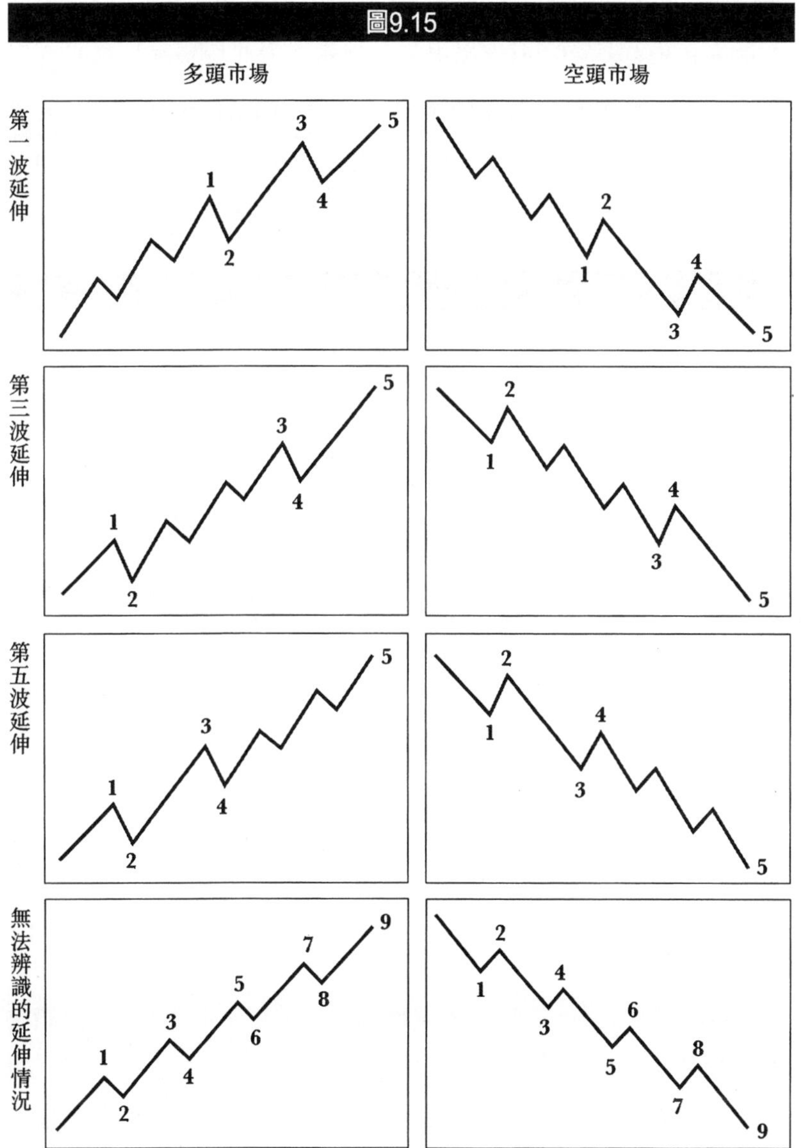

(I) 延伸浪形態

五浪組合中多包括一個延伸浪，內裏低一級的五個浪長度和運行時間與其餘四個浪相若，令整組形態看似由九個浪構成。延伸浪一般會在第3浪或第5浪中出現，各種延伸浪的形態詳見圖9.15。

圖9.16是美元兑馬克的走勢圖，1992年8月尾起升浪，出現(1)浪後呈(2)浪調整，此(2)浪跌近(1)浪底，因未見跌穿(1)浪底，仍符合數浪規則。接着(3)浪中的第5浪呈延伸浪形態上揚。

圖9.16 美元兑馬克的走勢圖

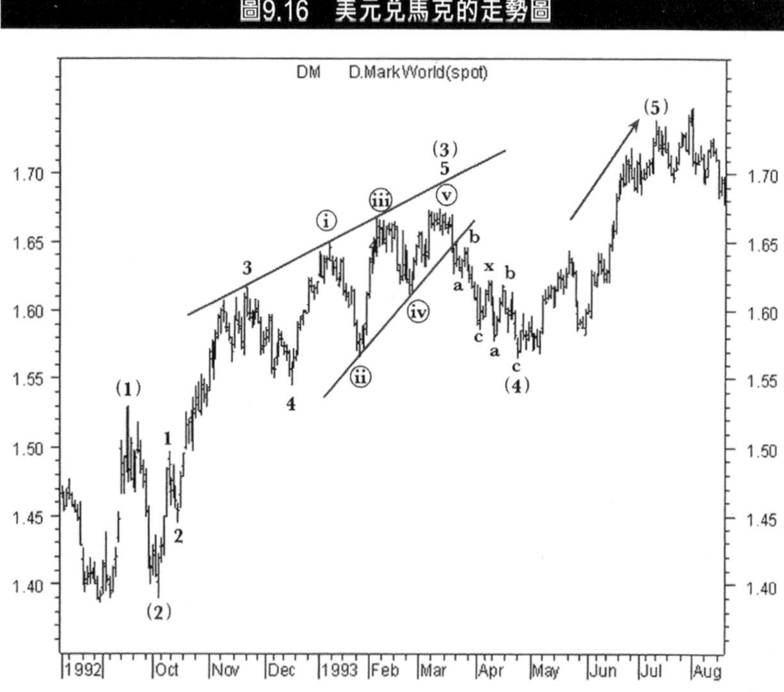

若第5個浪屬延伸浪，其後出現的三波修正浪組合中A浪調整預期會到達延伸浪內的第2個浪的終點前。若三波修正浪屬之字形，C浪調整預期會到達五波推動浪組合內的第2個浪的終點前，詳見圖9.17。

但若三波修正浪屬不規則平台形，C浪調整則會到達五波推動浪中的第4浪附近便覓支持，見圖9.18。

(II) 斜線三角形形態

形態主要在先前升勢過速和過於猛烈時，在第5浪出現，運行形式以3－3－3－3－3共15個浪進行。若5浪在升浪中出現，斜線三角形多以上升楔形運行，見圖9.19a，上升楔形內第4浪的浪底可以低於第1浪的浪頂。相反，若第5浪在跌浪中出現，多以下跌楔形運

圖9.19a

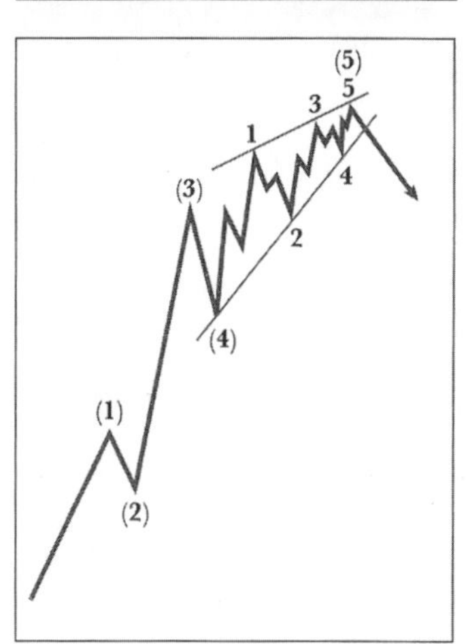

圖9.17

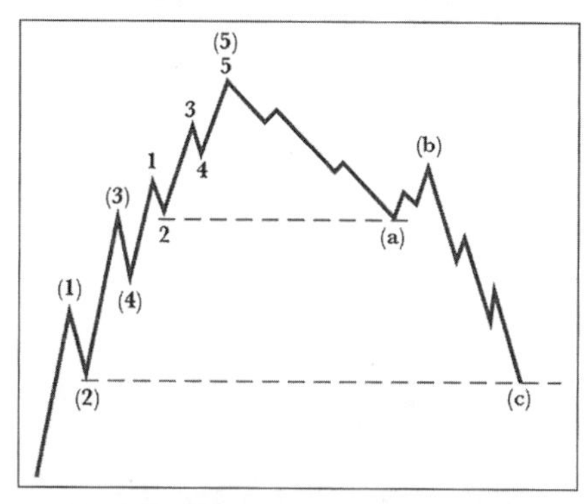

圖9.18

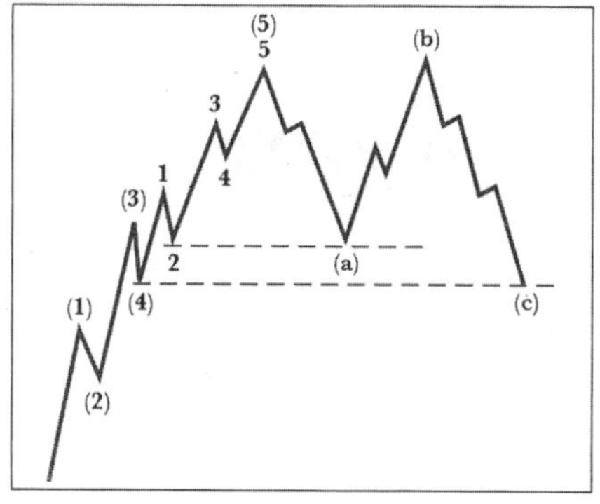

行，見圖9.19b，下跌楔形內第4浪浪頂可以高於第1浪的浪底。

此外，斜線三角形也會以擴散喇叭形進行，但此情況較少。若在斜線三角形運行中，成交量應見減少，到突破的一刻才見增加。在形態被突破後，接着出現的調整浪目標，一般至少為形態的起點(即第5

圖9.19b

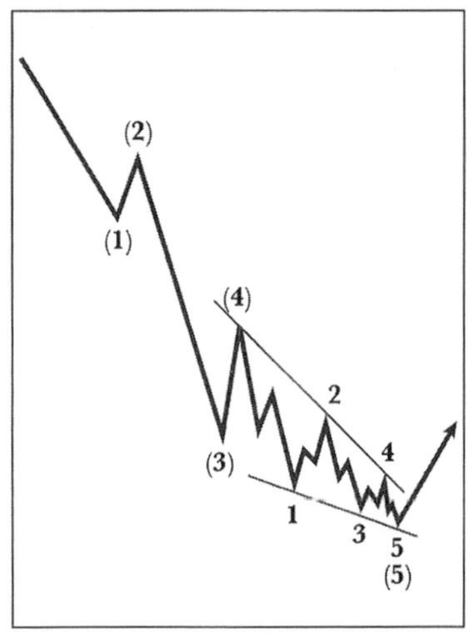

浪起點）。

圖9.20是恒生指數周線圖，圖中所見，具體劃分如下：

①浪由1998年8月低點6544點升至1998年11月的10979；

②浪由10979調整至1999年2月的9000點；

③浪中的(5)浪以上升楔形運行並在2000年3月見18371高位後回落。其中調整一度跌穿(5)浪的起點。

圖9.20 恒生指數周線圖

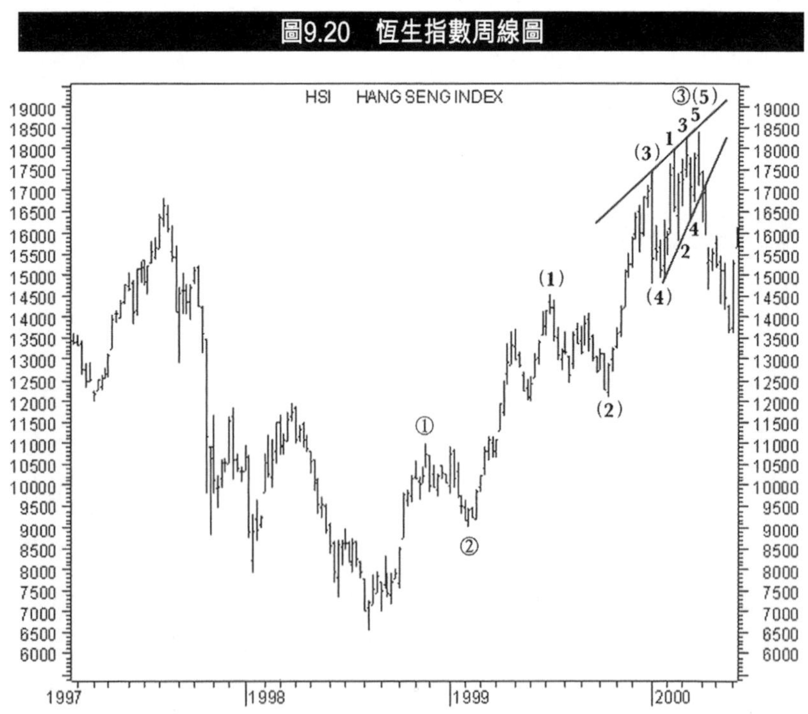

(III) 失敗的第5浪形態

若第5浪已運行至低一級的第5浪，卻仍未見升越第3浪的浪頂，第5浪很有機會形成失敗形態，於第3浪的浪頂前完結，見圖9.21a。這樣失敗的形態，若在升浪出現，預示市場內推升的動力已轉弱，市勢將逆轉；相反，若在跌浪出現，預示市場內的沽壓正減弱，後市有望反彈，見圖9.21b。

圖9.21a　多頭市場的失敗形態

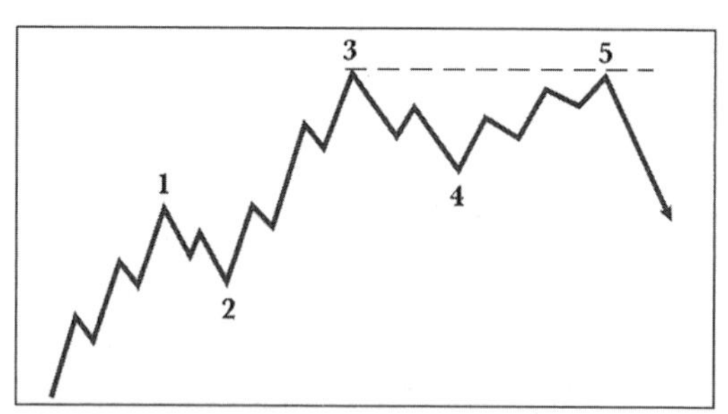

圖9.21b　空頭市場的失敗形態

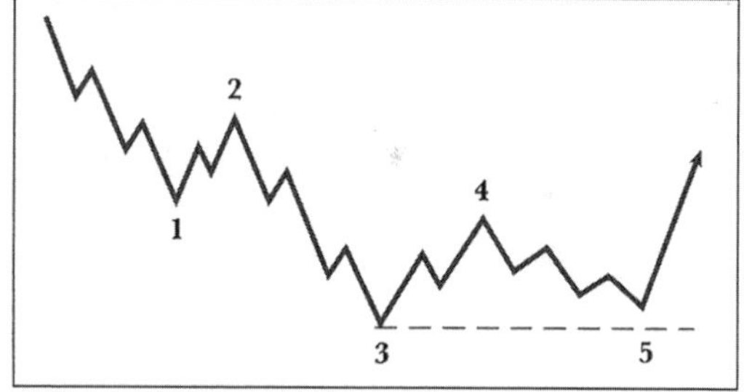

9.2.6 修正浪/ 調整浪的形態

修正浪的形態一般較難分辨，但有一大原則是絕對不可以違反，就是形態絕對不可能是五個波浪，惟有推動浪才是五浪行進，若一個和較大趨勢背離的五浪出現，絕不是意味着一個修正浪完結，反而只視為修正浪的一部分。

修正浪大致可分為以下四種形態：

(I)之字形／鋸齒形(zigzag)—(5－3－5)

圖9.22a

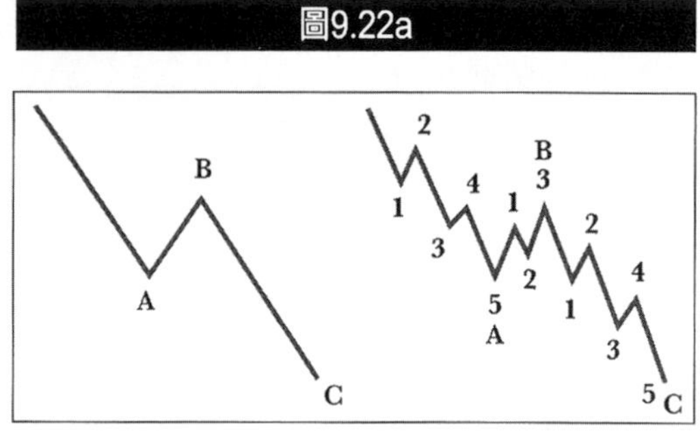

在多頭市場中，圖9.22a中之字形修正浪是一個簡單三波下跌走勢，標以A、B及C，並可細分為13個小浪，以5－3－5形式運行，即A浪分5個小浪進行，B浪分3個小浪，C浪分5個小浪。當中B浪終點明顯地低於A浪起點，B浪長度一般會是A浪長度的0.382倍。

圖9.22b

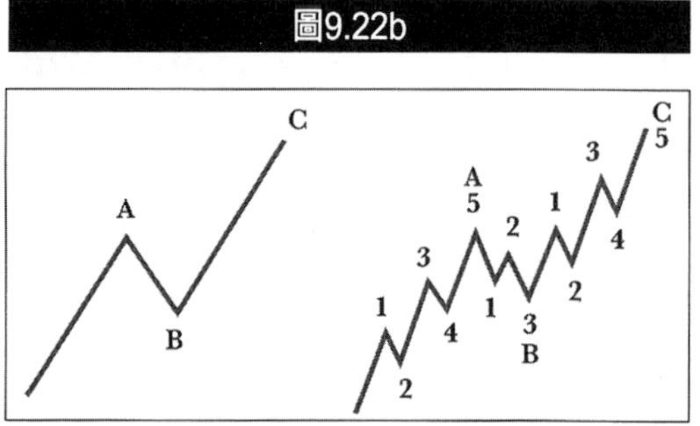

在空頭市場中，圖9.22b中之字形修正浪的結構與上段介紹的差不多，只是走勢方向相反而已。

圖9.23是恆生指數日線圖，圖中所見，由於1994年受美息連續加息拖累，恆生指數以ABC之字浪形態下調，清楚顯示A浪是以5個小浪形式下調，B浪是以3個小浪形式上升，而C浪則以5個小浪形式下調，最後於1995年初完成跌浪。

若13個浪出現後，調整勢仍在，可能會出現另一組甚至另外兩組5－3－5的之字形組合，形成雙重之字形或三重之字形複雜形態，這是指每個組合間均相隔着一個三浪組合，稱為X浪，詳見圖9.24。

圖9.23　恆生指數日線圖

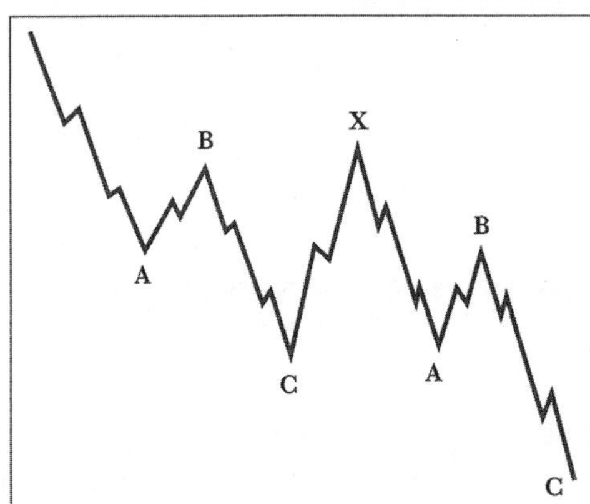

圖9.25是和記黃埔(0013)周線圖，圖中所見，該股於1997年8月8日見高位84.25元，完成III浪頂後便回落，進入IV浪下調之勢，然後以雙重之字形形態運行，終在1998年6月19日見低位29.55元，完成IV浪的調整，隨後重拾升勢。

圖9.25　和記黃埔(0013)周線圖

(II) 平台形／平勢形(flat) — (3－3－5)

平台形與之字形不同的是：平台形的走勢可細分為3－3－5共11個小浪的運行方式，相對整理的時間較短，A及B浪均以三個浪組成，而C浪則以5個浪組成。平台形大致可細分為以下四類：

(i) 正常平台形

在多頭市場中，B浪高點在A浪起點附近，C浪低點接近A浪起點，或只比A浪低點略低一些，詳見圖9.26a。在空頭市場

圖9.26a

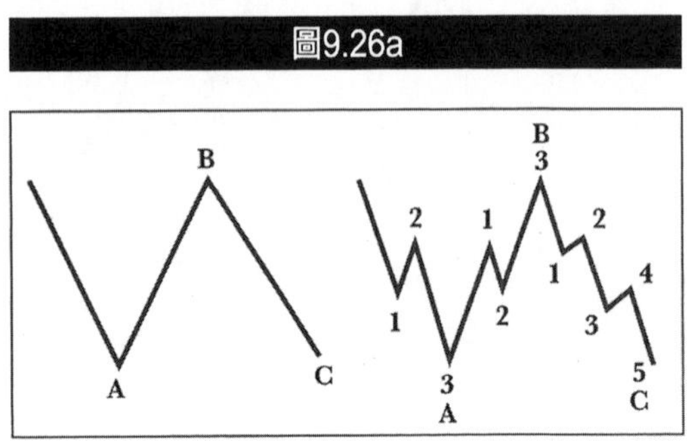

圖9.26b

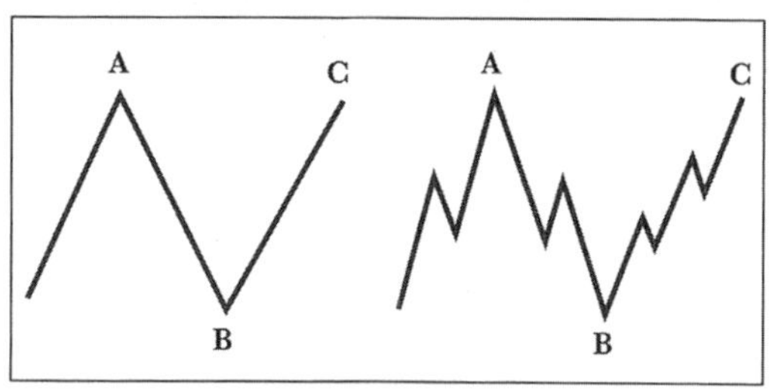

中，B浪低點在A浪起點附近，C浪高點在A浪的高點附近，或只是較A浪略高一些，詳見圖9.26b。

圖9.27是美元兌日圓的走勢圖，圖中所見，美元兌日圓在1994年7月見低位96.5後，開始反彈，期間呈兩個平台形，大的一個為A、B及C，而小的一個為a、b及c。

圖9.27　美元兌日圓的走勢圖

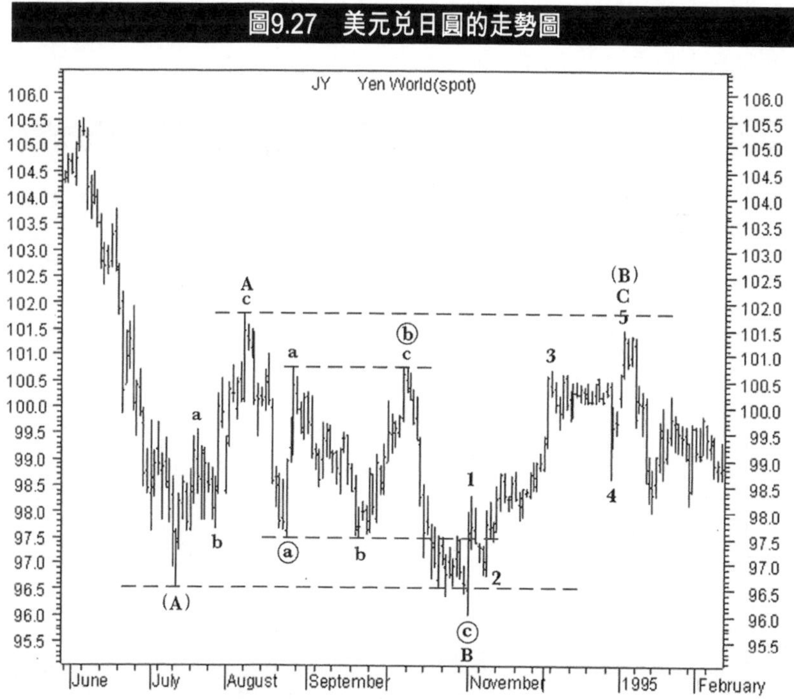

(ii) 不規則平台形／擴張平台形

在多頭市場中，B浪高點是高於A浪起點，而C浪低點明顯低於

圖9.28a

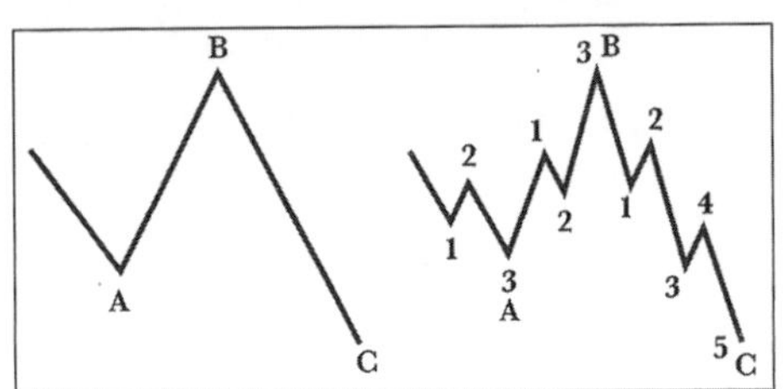

圖9.28b

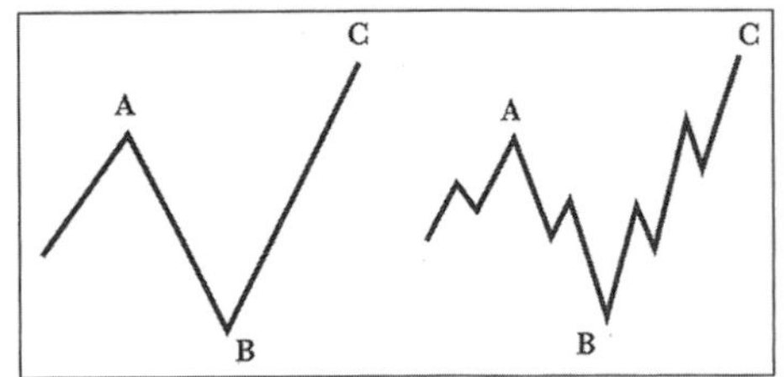

A浪的低點，詳見圖9.28a。在空頭市場中，B浪低點低於A浪的起點，C浪高點明顯高於A浪的高點，詳見圖9.28b。

圖9.29是新鴻基地產(0016)日線圖，圖中所見，在A浪下調中，其中4浪的反彈，b浪明顯低於a浪起點，而c浪高點又高於a浪的高點，視為不規則平台形。

圖9.29 新鴻基地產(0016)日線圖

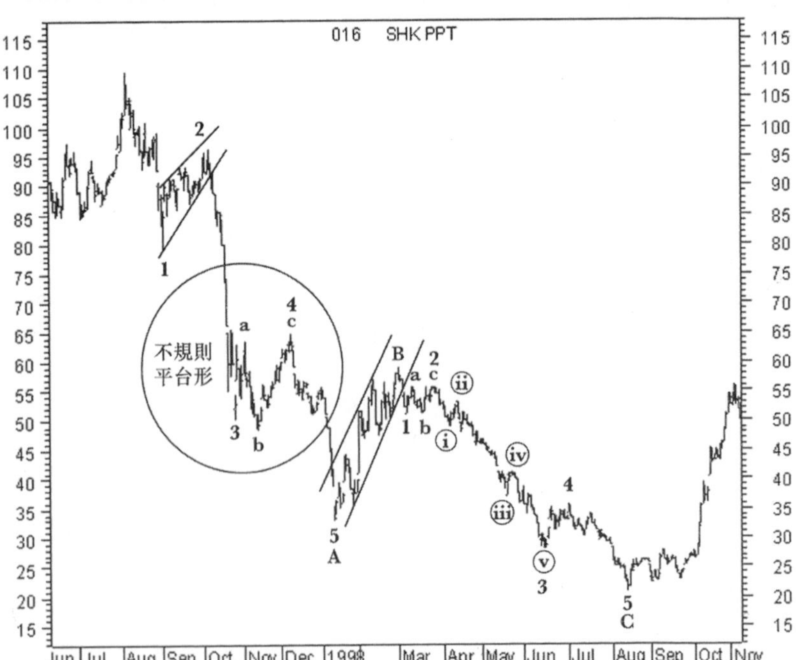

(iii) 強勢順勢平台形

在多頭市場中，B浪高點高於A浪的起點，但C浪低點卻明顯高於A浪的低點，詳見圖9.30a。在空頭市場中，B浪低點低於A浪的起點，但C浪高點卻明顯低於A浪的高點，詳見圖9.30b。

圖9.31是中華煤氣(0003)周線圖，第2浪的調整以強勢順勢平

圖9.30a

圖9.30b

圖9.31　中華煤氣(0003)周線圖

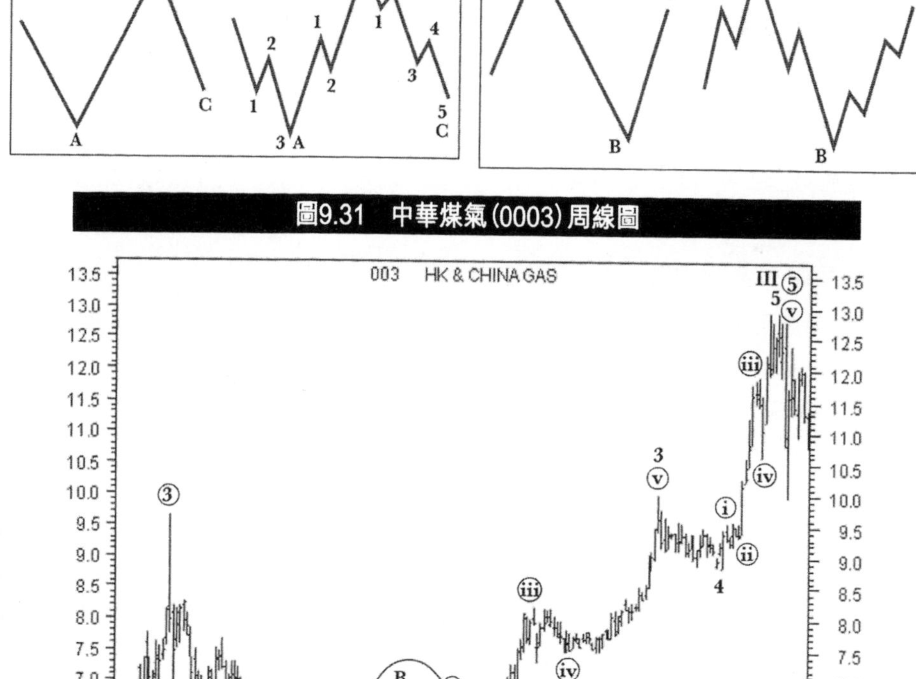

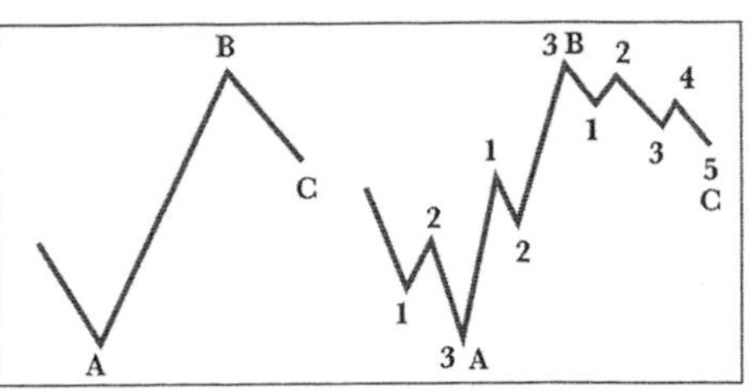

台形運行，B浪高點高於A浪起點，而C浪低點卻高於A浪的低點，反映買盤動力強，隨後股價果見拾級而上，第3浪及第5浪均屬延伸浪，更見市況處強勁升勢，

圖9.32b

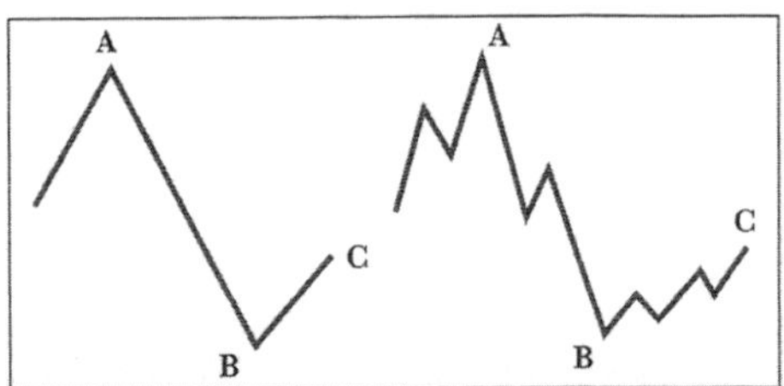

(iv) 超強勢順勢平台形

在多頭市場中，B浪高點高於A浪起點，但C浪低點卻大大高於A浪的起點，反映市場有股力量不讓價格作大幅的下調，明顯屬強勢的調整形態，詳見圖9.32a。在空頭市場中，B浪低點低於A浪起點，但C浪高點大大低於A浪的起點，反映反彈動力嚴重不足，極利淡後市，詳見圖9.32b。

(III) 三角形(triangle) —— (3－3－3－3－3)

三角形修正浪是以3－3－3－3－3共15個浪進行，一般在第4浪、B浪或X浪內出現，很少於推動浪的第2浪中出現。形態大致可分為四類，上升三角形、下跌三角形、對稱三角形和擴散三角形，全屬橫向發展整理形態，詳見圖9.33的一系列形態。

圖9.34是長實 (0001) 周線圖，圖中所見，於1995年至1997年間運行的是III中⑤升浪，第3浪呈延伸浪，此延伸浪ⓘⓥ浪為對稱三角形所修正，突破三角形後升幅超越量度升幅，在之前的圖形形態分

圖9.33 修正波(水平)三角形態

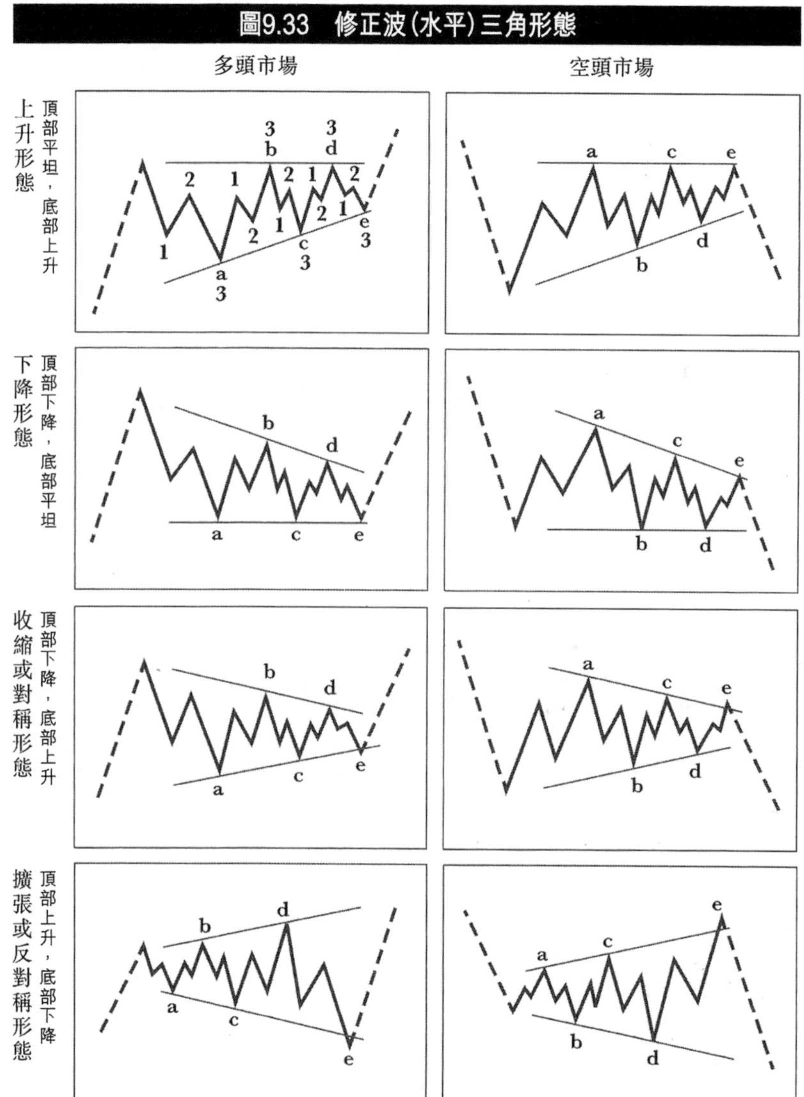

析已提過三角形的升/ 跌幅量度只是至少的預測，一般會多過量度的，故投資者平時遇見三角形的突破，只宜以量度升/ 跌幅作參考，不要盲目死板地跟隨買賣策略到價即沽，以致錯過之後更多的升幅。

圖9.34 長江實業(0001)周線圖

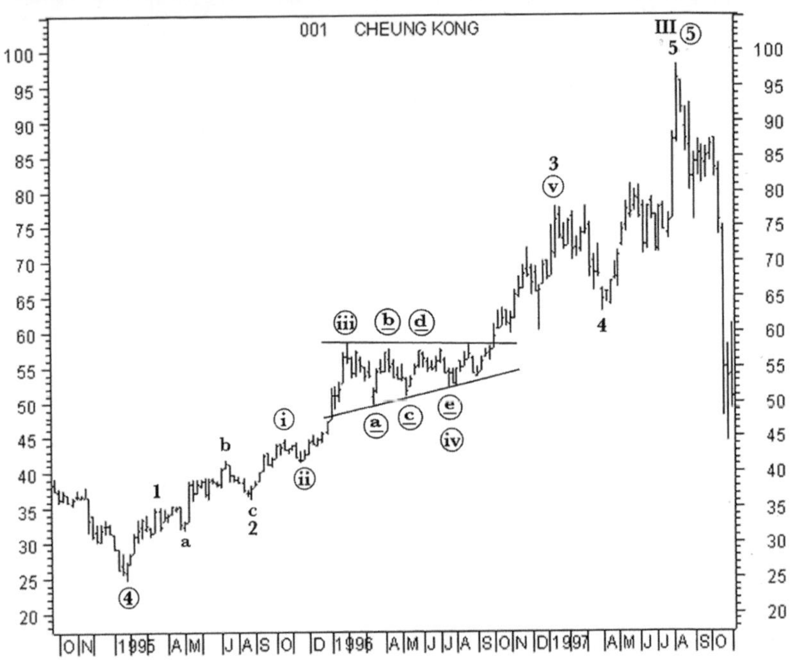

圖9.35是和黃控股(0013)周線圖，圖中所見，是1995年至1997年間升浪，第3浪中的ⓘⓥ浪亦是以接近對稱的三角形進行。此外，此一個⑤浪推動浪清楚可見以擴散斜線三角形進行，屬少見的推動浪走勢。

(i) 期貨與股票市場的三角形略有差異

值得一提，期貨市場波動性相對較大，三角形的修正經常不及股票市場那麼完整，故期貨市場的三角形可能以3－3－3共9浪進行，但大原則是三角形排列至少要由四點構成，上側兩點，下側兩點，才能繪出兩條相互收斂的趨勢線，並構成三角形。

(ii) 可能呈假突破

根據艾略特看法，三角形內的第4浪(即D浪)通常都會剛好落

圖9.35　和黃控股(0013)周線圖

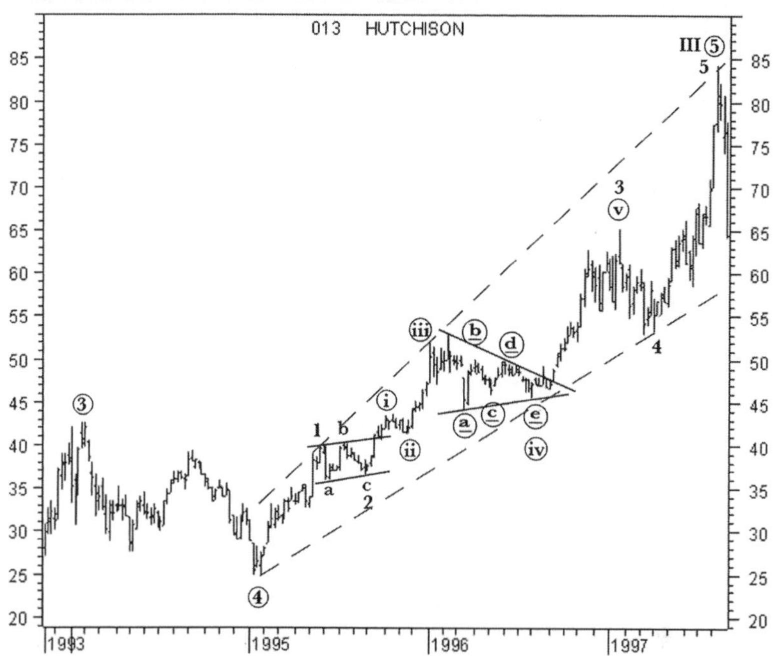

在趨勢線上，但第5浪(即e浪)偶爾會穿破趨勢線呈假突破的訊號，然後才朝上一級趨勢的方向展開真的發展趨勢。

(iii)量度升跌幅

當三角形修正完畢後，隨後發展的推動浪，即五波中的第5浪或三波中的C浪，目標價量度與傳統的價格形態量度方法相若，相當於三角形最寬部分的距離(高度)。

圖9.36　雙重三浪

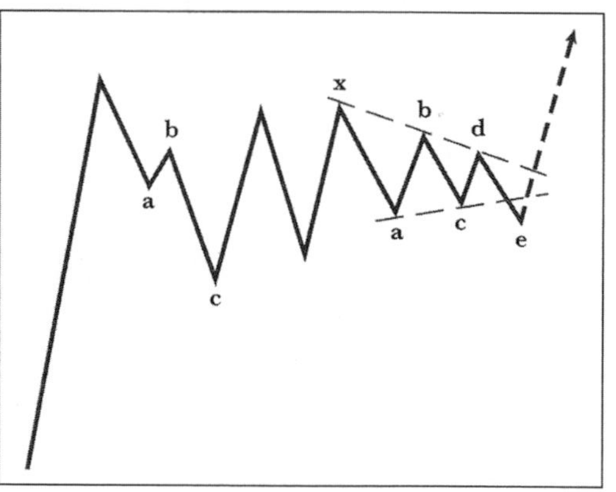

(iv) 雙重三浪及三重三浪 (double three and triple three)

此形態屬延伸形態，由兩個或三個之字形、平台形或三角形組合而成，中間相隔的X浪常以簡單之字形運行，但亦可為三角形或平台形，詳見圖9.36及圖9.37。

圖9.37　三重三浪

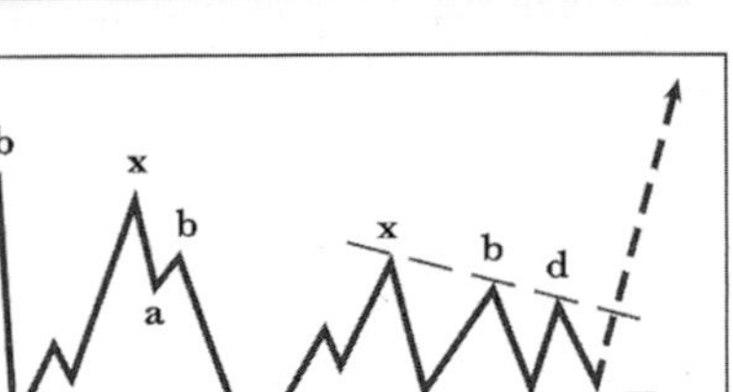

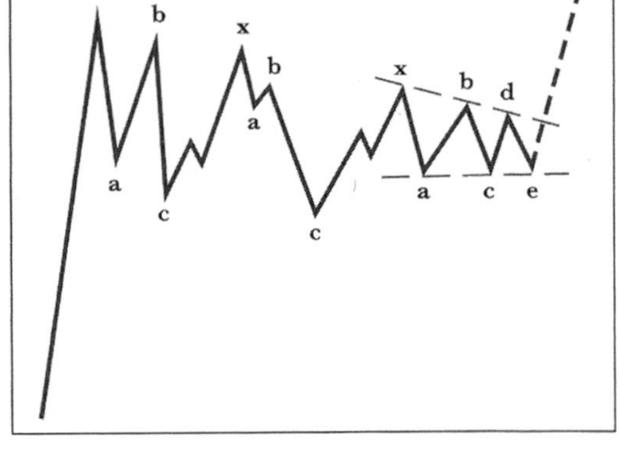

9.2.7 交替法則（rule of alternation）

圖9.38　交替法則

多頭

複雜
簡單
複雜
簡單

空頭

簡單
複雜
複雜
簡單

交替法則是指市場通常不會連續出現兩種相同的走勢，從圖9.38所見，在升浪或跌浪當中，如果第2浪出現簡單的a－b－c修正形態，那麼第4浪可能就會發生複雜的形態。相反，如果2浪屬複雜形態，第4浪預料會屬簡單形態。

圖9.39　恆生指數周線圖

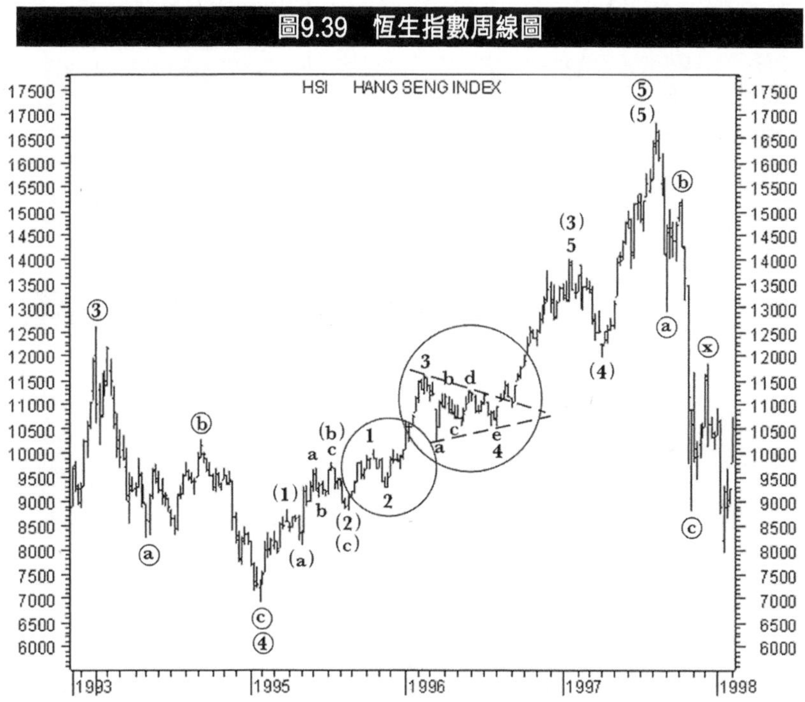

圖9.39是恆生指數周線圖，圖中所見，在(3)延伸浪中，第2浪以簡單方式回落，到第4浪時則以三角形的複雜形態作修正，運行模式是以a－b－c－d－e五浪進行。此外，高一級的(2)以平台形複雜方式修正，到(4)浪時則以急挫簡單走勢下挫，符合交替法則。

像推動浪中的第2浪和第4浪，修正浪中雙重三浪內的兩個三浪組合間的形態關係亦具交替性；平台形配合其後的三角形最為常見，見圖9.40，而之字形配合其他平台形亦屬常見，見圖9.41。

圖9.40　雙重三浪的交替性關係

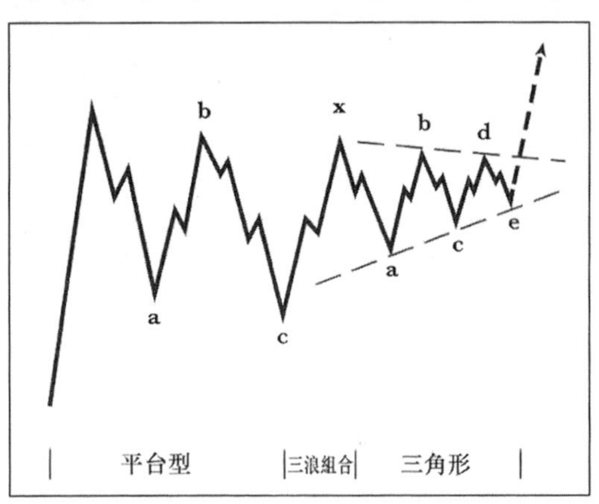

圖9.41　雙重三浪的交替性關係

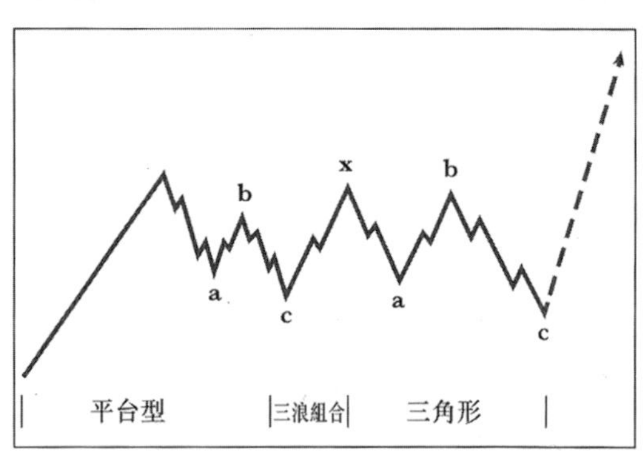

9.2.8 各波浪的特性

人有不同個性，波浪理論中的波浪亦如是，除按照以上大原則及規則來數浪，若同時觀察浪的特性，可加強判斷的能力。以下為升浪（牛市）中的各波浪特性分析，至於跌浪（熊市）分析，只要作相反分析便可。

(I) 推動浪

1浪

約半數的1浪屬營造底部的形態，通常會遇到2浪的修正，因為大多數人相信走勢仍弱，只要稍微有風吹草動，即惹來新一浪的沽貨潮。其餘一半的1浪在大型調整形態之後出現，升幅可觀。因此，進入「牛市第1浪」即代表股市醞釀大升勢，應先吸納優質藍籌股，相反，進入「熊市第1浪」則顯示大跌市將來臨，應盡快清貨。

2浪

第2浪經常將第1浪升幅調整下來，令市場人士錯誤認為跌勢還在，但此階段成交量漸收縮，波幅減少，顯示沽盤枯竭。

3浪

3浪屬爆炸性的波浪，升跌波幅都很巨且急，運行的時間亦較長，出現的成交量亦比以往為高，時常配合傳統圖表分析的突破訊號(例如裂口)而上升。市場內幾乎所有股票都往相同方向發展。

當各大報章都大字標題寫「港股正進入牛市第3浪」，可預算一個大型升市開展，應採取逢低吸納的策略，切勿沽空。相反，當進入熊市第3浪，則表示預期跌勢加劇，應把握時機逢高沽空，不宜低吸博反彈。

4浪

運行時間一般較長，以修正及消化3浪猛烈的攻勢，而且，所形成的形態亦較多變，以三角形調整居多，為第5浪打好基礎。弱勢股會於此階段見頂，並開始回落。

5浪

5浪為牛市中最後一個推動升勢，成交量會較第3浪為低，市場人士的心理會令股價被過分高估，升幅會不及第3浪，持貨者宜趁高減持。間中會以斜線三角形或失敗形態出現，預示升勢即將完結。

(II) 修正浪

A浪

A浪常被市場投資者認為是推動浪中的正常調整，從內裏低一級波浪的細分可預知修正浪將屬哪種形態：若可細分為低一級的三個浪，未來可能發展成三角形或平台形；假如可再細分為低一級的五個浪，則可能發展成之字形，這將有助掌握未來B浪的發展模式。

B浪

B浪一般為陷阱，令市場人士誤以為先前出現的推動浪尚未完結，交投會集中小部分的股票上，上升動力不足及成交量縮減均為B浪徵兆。

C浪

經過A及B浪的發展後，市場人士終相信調整勢，故爭相拋售，觸發大跌勢，爆炸性與第3浪相若，具持續性及大幅度，後市在一輪跌勢後可望逆轉。

D浪

除擴散三角形外，橫行三角形的D浪應配合遞增的成交量，並具部分1浪的特性。

E浪

常有像5浪般的結束意味，配合市場傳來的好消息作突破。

X浪

特性與B浪相若，只可以細分為低一級的三個浪（三角形則除外）。

9.2.9 比率分析——費伯納數列與波浪理論的關係

在艾略特的波浪理論中，他同時應用了一系列的費伯納神奇數字(Fibonacci Number Sequence)來預測未來走勢的升跌幅。

這組神奇數字組合是1，1，2，3，5，8，13，21，34，55，89，144，233……。上文所提及，艾略特認為一個完整升跌循環，可劃分2、8、34或144個不同級別的波浪，而其中數字均為神奇數字。

費伯納發現這組數字中，有一些巧合的特性：

(i) 任何一個數字都是前兩個數字的總和

如1＋1＝2；1＋2＝3；2＋3＝5；5＋8＝13。

(ii) 除最初四個數字(1，1，2，3)外，兩個相鄰數字彼此相除，得出結果分別趨向固定數字0.618和1.618。

如5÷8＝0.625；8÷13＝0.615；21÷34＝0.618；以及

13÷8＝1.625；21÷13＝1.615；34÷21＝1.619；

55÷34＝1.618。

(iii) 任何兩個相隔數字彼此相除，所得的結果亦會分別趨向固定數字0.382和2.618。

如8÷21＝0.381；13÷34＝0.382；21÷55＝0.382；以及

21÷8＝2.625；34÷13＝2.615；55÷21＝2.619；

89÷34＝2.618。

由神奇數字演變出來的比率，包括0.236、0.382 、0.5、0.618、0.764、1.236、1.382、1.618、2.236及4.236等，尤以1.618 (0.618)被稱為「黃金比率」(golden ratio)。艾略特用以作推算波浪

間的比例，常用的大致如下：

- 推動浪偶爾會延伸，常見在第3浪或第5浪出現，另外兩個沒有延伸的波浪，它們的發展時間與價格幅度相若。換句話說，如果第5浪延伸，第1浪和第3浪的長度應該大約相等，如果第3浪延伸，第1浪與第5浪的長度應該大約相等。

- 第2浪等於第1浪的0.382、0.5、0.618。

- 第3浪的至少目標等於第1浪的1.382、1.618、2或2.5。

- 如果第1浪與第3浪長度相若，第5浪可能延伸，目標價以計算第1浪底部到第3浪頂部的距離，乘以1.618，然後加上第4浪的底部。

- A浪的調整目標是整個五波推動浪的0.236、0.382或0.5。

- 修正浪（A－B－C），若呈5－3－5模式運行，C浪的長度經常等於A浪長度。此外，量度C浪的下跌目標，亦可以先計算A浪的長度，乘以0.618，由A浪底部向下量度出目標。

- 如果修正浪以3－3－5模式進行，其中B浪到達或穿越A浪頂部，C浪大約等於A浪長度乘以1.618。

- 如果修正浪以對稱三角形進行，每個浪大約都是前一個浪長度的0.618倍。

艾略特亦用比率來量度預期升跌幅，此部分的實際運用方法，將在第10章的預測升跌幅的方法作詳細介紹。

9.2.10 時間分析

波浪理論中有關時間的分析，也存在費伯納的神奇數字關係。

在理論中，由重要的頂部或底部向未來計數，計數的單位是以神奇數字為基礎。在日線圖中，把過去重要的轉勢點作基礎，向前順序推算13天、21天、34天、55天或89天，餘此類推，以預設可能的頂部或頭部在以上日數發生。在周線圖及月線圖等亦可運用此法。

圖9.42是道瓊斯工業指數月線圖，圖中所見，由1982年的谷底向未來量度神奇數字的月份時間目標，最後三條垂直線段恰好落在大跌市年份，即1987、1990、1994年。

圖9.42　道瓊斯工業指數月線圖

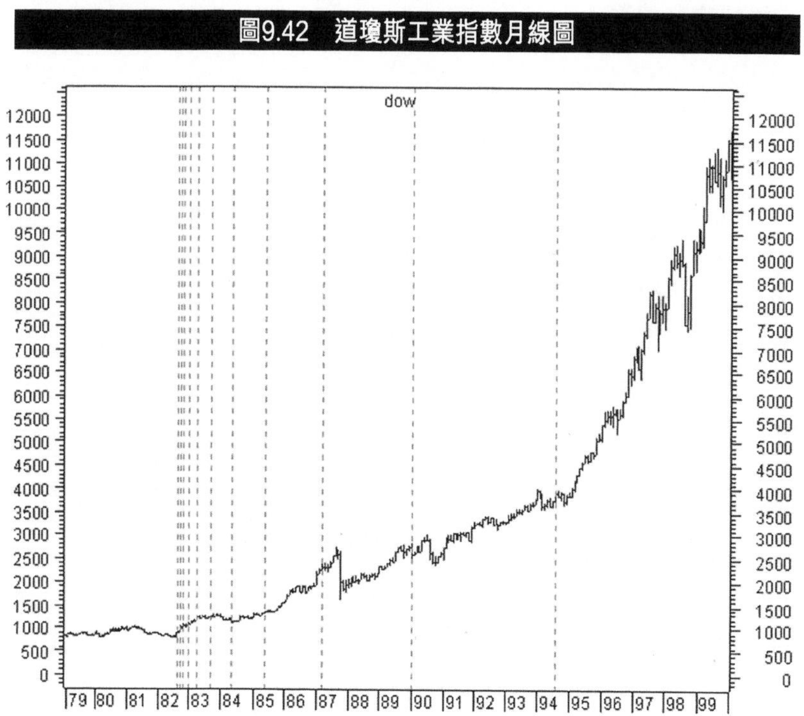

9.2.11 波浪理論的優點

(i) 利用波浪理論可以列出多個後市發展模式，使投資者對後市變化有一定心理準備，投資者面對未來可能的走向，可以制定不同策略。一般首選以數浪方式作藍本，訂出買賣範圍，制定策略，一旦首選數浪方式被否決，可立即將次選的提升為首選，這對買賣較有把握。

(ii) 波浪理論可以配合其他技術指標運用作推算，不難找出升浪頂和跌浪底的出現水平。

(iii) 可以利用神奇數字系列演變出來的黃金分割比率，以預測升浪頂或跌浪底。

9.2.12 波浪理論的缺點

(i) 波浪理論未能統一對「形態」、「時間」及「比率」這三個方面的分析，艾略特在其理論中着墨較多的只是「形態」那部分，至於比率分析其實是以Fibonacci級數作基礎支持波浪的計法，而時間分析，波浪理論專家一般認為其預測能力較低。

(ii) 波浪理論分析的有效性，經常表現為一種事後的有效性，而非事前的有效性，很多時候，以同一起點計，可以有幾種不同的數浪方式，故市場有不同的專家就會對數浪的看法有爭議。利用波浪理論預測，是將後市所有可能發展的方向列出，再利用自己主觀的判斷來決定究竟哪個可能性較高，由於具一定的主觀性，故未能作為客觀的測市方法。

(iii) 調整浪變化多端，艾略特為此不斷增加新的複雜形態來處理因判斷調整浪而產生的複雜問題，但這種方法只是亡羊補牢，表現了方法基礎薄弱。由於波浪理論難以有效地分析調整浪，這在相當程度上削弱了它在對推動浪的判斷能力。

(iv) 在實際操作中，投資者難以在第1浪和第5浪的發展過程中對其進行有效的確認，特別是在第1浪和第5浪展開的前期和中期。對1浪和5浪發展中的結束過程，波浪理論也沒有提供有效的判斷方法，這也是造成投資者在判斷上的困難。

(v) 波浪理論並不適用於不跟隨大市上落的不活躍股票或認股證；此外，亦不適用於剖析極短線、小時圖以下的走勢圖。

9.3 循環周期分析法

循環(cycle)是一種很自然的現象，具一定的時間韻律，在股市市場上亦有時間循環的分析，以進一步找出轉勢的時間，但此部分的分析較為複雜，初學者一般難以掌握其技巧，在此提議讀者先用時間學好之前的圖形形態和技術指標等較易掌握的技術方法，這會有助對循環分析的掌握。

9.3.1 伯恩斯坦循環理論

伯恩斯坦(Jake Bernstein)循環理論側重時間的分析，觀察市勢的發展，根據周期的類別、形狀和長短，掌握起跌的周期。

周期的長短可分四類：

(I) **季節性周期**：部分商品期貨如穀物等農產品，受收成期的影響，常存在一些月份出現循環高低位。

(II) **長期周期**：平均時間超過一年的循環周期。

(III) **中期周期**：常以星期作量度單位，平均六個月至一年。

(IV) **短期周期**：以日數為量度基礎，平均期限不超過三個月。

周期的形狀可分類如下：

(i) **對稱周期**：每個循環周期的相距時間長短一致。

(ii) **不規則周期**：每個循環周期相距時間差不多，並非劃一時間長度出現。

此外，伯氏周期也有以下特性：

(a) 周期的重複出現並不一定與上一個周期完全相同，但會傾向於集中一定的時間長度內。

(b) 長短差不多的周期重複出現的次數愈多，表示周期的預測可靠性愈高。

(c) 長期性的周期經常可以分割為幾個低一級的較短周期，如波浪理論中，浪中有浪，需要時間作仔細觀察和計算。

(d) 同類商品期貨通常會擁有類似的周期長度。

要量度某一股票或指數的循環周期長短，可以量度明顯低點與

圖9.43 循環周期平均值計算

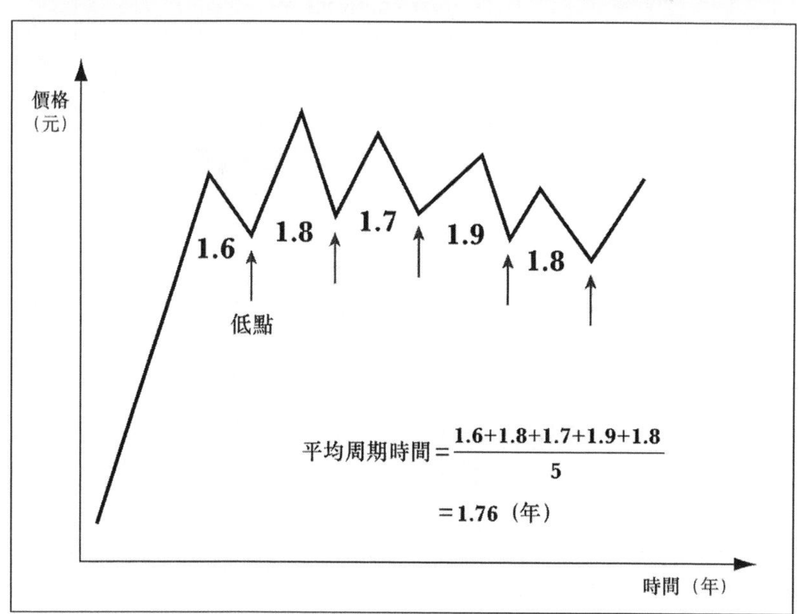

低點之間發生的時間，由於循環周期多屬不規則，所以最好取平均值。

以圖9.43為例，先憑觀察，找出圖中走勢的明顯低點，再找出低點與低點間相距的時間，取其平均值，得出平均周期的時間。在此例中，平均周期時間為1.76年，意即平均約1.76年便會出現一個循環低點，投資者在此段期間附近應有所戒備，不妨在此平均值上下設定一個變動範圍，例如10%至15%來作警戒防線。

圖9.44是恒生指數周線圖，從中計算得出的平均值約為36.2周，以此周數期加減4星期，可以得出恒生指數的周期性循環低位大約在32.2周至40.2周間出現，有助捕捉走勢。

圖9.45是美國道瓊斯工業指數周線圖，圖中顯示，循環低位相

圖9.44 恒生指數周線圖

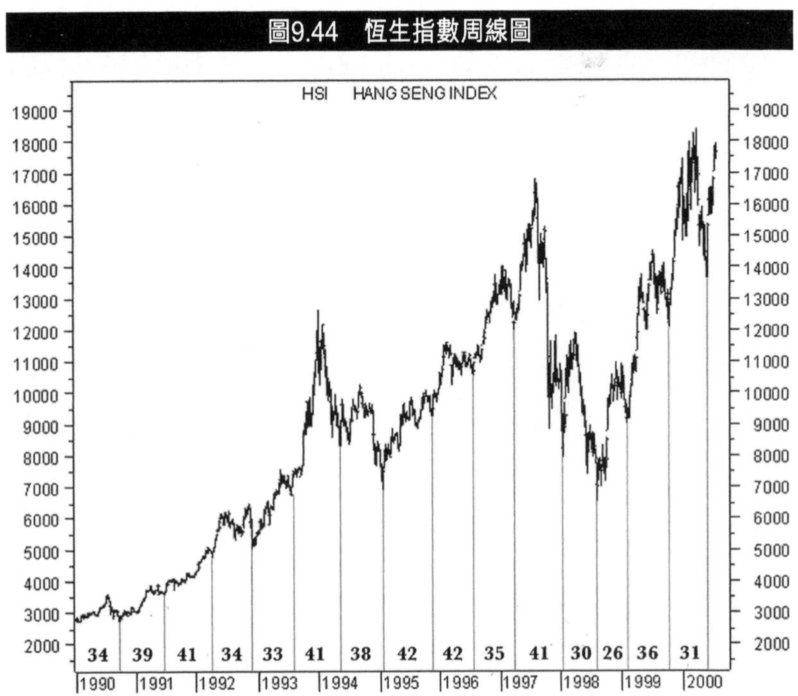

隔大約40周，意味道瓊斯工業指數周線圖存在一個40周的循環周期。

圖9.45 美國道瓊斯工業指數周線圖

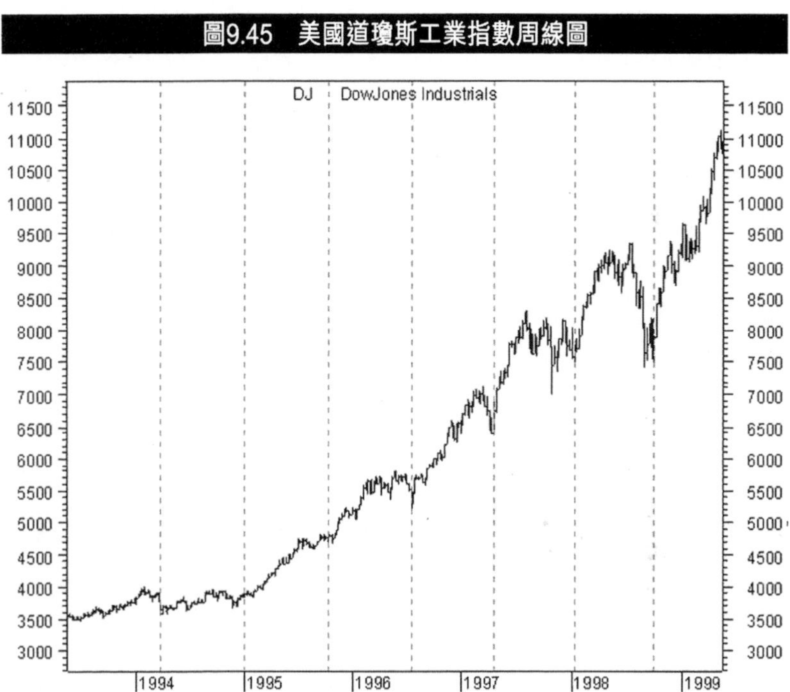

9.3.2 股市周期理論

美國的著名投資顧問Stan Weinstein則提出，無論股票、期貨，只要順勢而行，利用周期變化圖來協助買賣便可。此股市周期理論應用方法很簡單，運用時有以下十個步驟：

(1) 先分析整體大市指標，決定大市走向。

(2) 找出哪類股票具潛力上升。

(3) 在最有盈利潛力的股票類中，找出你認為會表現較好的股票，並找出其走勢圖以供參考。

圖9.46 利用股價周期變化作買賣

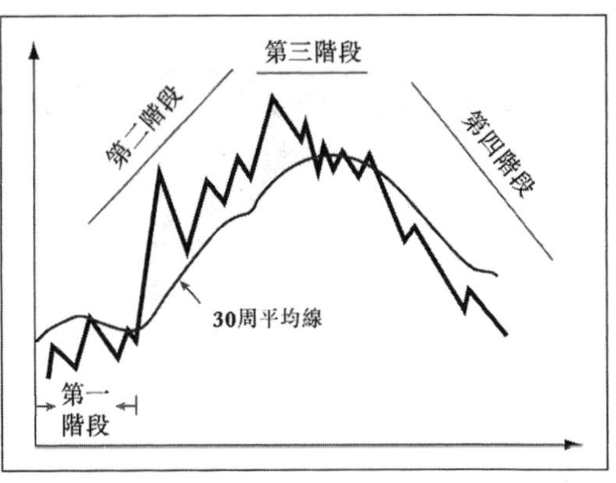

(4) Weinstein把股票走勢周期，分為四階段，依圖9.46所見，投資者應在第二階段的早期入貨，並一直持有，而短線投機者，可在第二階段中作較頻密的「低買高沽」策略。在入市前，應考慮套利及止蝕位，如價格已升得太高，應待其調整後在另一個升浪前入市。

(5) 在第一階段所見，優質藍籌股開始在低位區徘徊，就算出現利淡消息也不會令價格大跌。第二階段中，優質股表現突出，成交量配合上升，綜合兩個階段都不宜沽空。

(6) 在第三階段中，領導股的成交量開始萎縮，並被廉價拋售，投機氣氛濃厚，借錢買股票的貸款亦見增加不少，市場開始對好消息沒有反應，而很少的利淡消息已刺激股價大挫。在第四階段中，價格跌破30周平均線，股價急挫，綜合兩個階段，千萬不要作長線持有。

(7) 永遠順勢而行，在第一及第三階段，買賣都不宜，在第二階段，以買入為主，在第四階段中以沽空為主。

(8) 不要試圖摸底，寧可在第二階段時待股價/ 指數確實上破30周平均線才買入，寧買貴一些，也不要過早地在第一階段中買貨。

(9) 跟從買賣系統的指示去做，不要按自己意願逆市而行。

(10) 不一定要經常入市，凡系統指示不宜買賣，便應忍手。

圖9.47是恆生指數周線圖，圖中顯示，自1994年恆指急挫至1998年再度回落，清楚可以分開四個階段，完成一個完整周期。在恆指上破30周平均線後確認進入第二階段，此時應順勢買入，在此階段中出現兩次假跌破訊號，恆指跌破平均線後不久即重上平均線上，這也是常見的，唯有在見恆指返回平均線上再買貨。到第三階段，恆指再上升，接近末段在30周平均線間爭持，最後跌破，進入第四階段應順勢沽空。

圖9.47　恆生指數周線圖

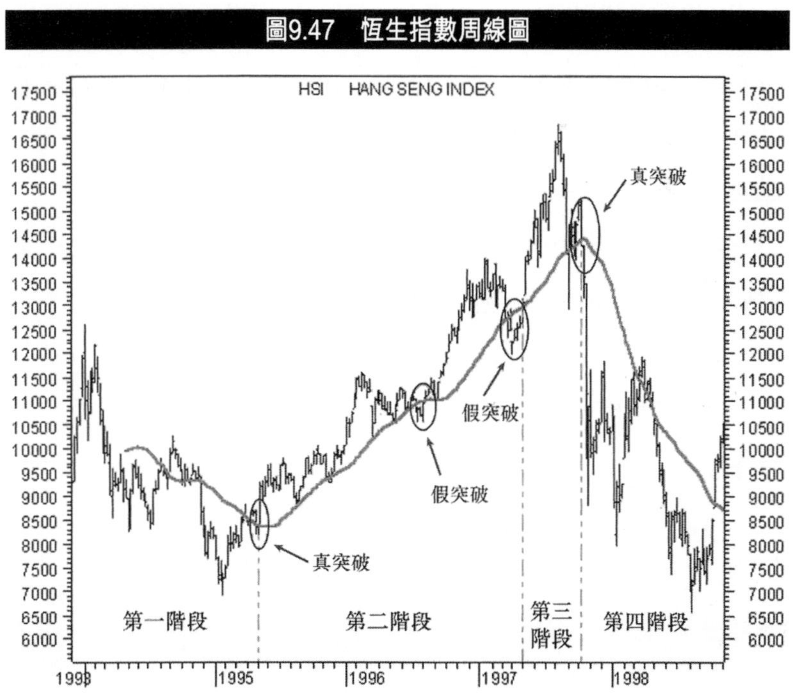

9.3.3 十年周期

這理論是用每一年份的最後數字去預估股市的走勢，認為股市長期的走勢是每十年重複一次，因此，按每一年份的最後數字就可推測股市走勢。有研究利用美國道瓊斯工業指數的數據作統計，得出以下結果：

1字年份

這是一個反覆無常的年份，由1901年開始至1981年，有5個年份是股市下跌，3個午份是股市上升。

2字年份

除了1932年和1962年外，其餘2字年份都是上升年份。雖然在1982年，美國由8月開始進入熊市，但該年全年計算，道指亦有19.6%的升幅，故2字年份以升市居多。

3字年份

由1893年開始的10個3字年份中，只有2個是上升的，其餘均是下跌，可算不祥的年份，時有股災出現。

4字年份

不明朗年份，有升有跌。

5字年份

由1905年始，1915、1925、1935、1945、1955、1965、1975及1985均是股市上升年份，故5字年份以升市居多。

6字年份

通常是上半年差，下半年好。

7字年份

除1967及1977年外，其餘全屬股市狂瀉的年份，不利股市。

8字年份

除1988年及1948年外，其餘8字年份均是上升年份。

9字年份

股市一般錄得溫和的升幅，無大特別。

0字年份

跌市多於升市的年份，如1890、1910、1920、1930、1940及1960年等。

以上統計主要針對美國股市，至於香港股市又怎樣呢？根據表9.2，恆生指數由1970年至1999年底共30個年頭的統計來看，港股亦大致符合十年周期。尤其7字年份，稍有經驗的股民不會不記得在1977、1987、1997年均發生大股災。

表9.2 港股十年周期效應統計

年份*	升(次數)	跌(次數)	備註
1字年份	3	0	升市居多
2字年份	2	1	升市稍多，與美股一樣
3字年份	2	1	升市稍多，與美股不同
4字年份	1	2	不明朗
5字年份	3	0	升市居多，與美股相若
6字年份	3	0	升市居多，與美股相若
7字年份	0	3	跌市居多，與美股相若
8字年份	2	1	升市居多，與美股相若
9字年份	3	0	升市居多，與美股相若
0字年份	3	0	升市居多，與美股不同
總數	**22**	**8**	

*以1970年至1999年共30年的資料作統計

至此，或有讀者會問為何十年會有一個周期？其實有經濟學家認為這是基於影響地球的氣候和經濟的太陽黑子是十年一個周期的。黑子的多少顯示太陽散發的能量多少，能量越多，地球的氣候良好，農作物豐收而經濟自然繁榮，利好股市。相反，能量越少，地球的氣候不利農作物的生長而失收，經濟自然差，不利股市。

9.3.4 月份周期

有外國學者研究指出股市每個月份亦有升跌韻律，有關研究見《Don't Sell Stocks On Monday》一書中。

一年有12個月，究竟每個月的股市走勢有什麼形態特性，有關對美國股市的月份周期的統計，可找到一些啟示。

1月

俗語云：「一年之計在於春」，一般認為投資者如果看好全年股市，最佳入貨時機應在1月，若不看好，投資者索性不在1月入市，反而趁機在年頭沽清股票。因此，有所謂「一月效應」（January Barometer），就是指可以從1月的股市走勢去預測全年走勢，若1月是升市，全年將處升勢；相反，若1月是跌市，全年將處跌勢。

根據恆生指數的統計，由1965年初至1999年底共35個年頭，發現其中21年是符合1月效應，14年不符合。

2月

這個月是沒有啟示的，如果1月是狂升，2月多屬橫行整固以消化超買。如果1月上升，但不是狂升，2月會繼續這趨勢，但如果1月是跌市，2月多窄幅上落。

3、4月

統計顯示沒有特別之處。

5、6月

股市有一個説法：「五窮六絕七翻身」，「五窮六絕」就是暗示5月及6月一片利淡之勢，縱使上升也不會有太大的升幅，但如果下跌，跌幅會很大。如果在年初至4月期間，股市持續升勢，炒短線的會考慮在4月底至5月初沽貨套利，故5月利淡。

據恆生指數統計顯示，在35年中，5月升市的有23個，而跌市的有12個；6月升市的有19個，跌市有16個。數據顯示5月未符合月份周期定律，而6月則稍接近定律，需要小心。

7、8月

「五窮六絕」後，7、8月便有較大機會翻身作大幅上升。

但據恆生指數統計，未見升市真的較多，35年中有18個為升市，17個為跌市。

9月

9月最有名的就是「九月轉勢預言」(September Reverse Barometer)，表示如果9月是跌市的話，第4季(即10、11和12月)出現升市的機會較大。更奇的是，如果今年9月是升市的話，下一年全年計將是跌市，而今年9月跌市的話，下一年全年計將是升市。

10月

10月是一個敏感轉折點，過往美國大股災都大多發生在10月，著名的有1929和1987年。10月可算是大升或大跌的波動月份。

統計恆生指數資料顯示，在10月雖曾出現過幾次大跌市，如1982、1987及1997年，但統計發現，在35年中，升市有26個，跌市的只有9個。

11月

無太特別之處。

12月

在10月中入貨後，等至12月至2月初出貨，從過往的統計顯示賺錢的機會大。12月有所謂「聖誕老人升潮」(SantaClaus Rally)現象，即指臨近聖誕，聖誕老人會大派禮物，一片喜氣洋洋的氣氛，比喻股市上升時，股民如獲派禮物，充滿歡欣。

在香港，年尾時間，有所謂「聖誕鐘，炒匯豐」的諺語，投資者臨近年尾會特別留意匯豐控股(0005)，因為該股將派末期息業績，一向盈利及派息理想的匯豐在業績前總被炒上，由於該股佔恆指比重較大，故股價一升自然帶動港股上揚，造成與月份周期所預測的不謀而合。

統計顯示，由1965年初至1999年底的恆生指數走勢，便發現35個12月中，升市達25個，跌市只有10個。

綜合而言，這些有趣的統計並非百分之百準確預測後市，故讀者只宜運用以上的股市升跌周期作輔助參考，不可盲目跟隨買賣。

10

預測升跌幅、阻力位及支持位的方法

股市有升有跌，不變的定律就是升／跌勢不能長時間地持續，總有完結的時間，股價或指數總不能天天報升或報跌。當升勢或跌勢完結時，怎樣預測量度未來調整跌幅或反彈升幅呢？未來的調整支持位或反彈阻力位又怎樣預測呢？其實有一些技術分析方法可以利用作預測，這些方法將在本章中詳作解釋。

10.1 百分率折返（percentage retracements）

道氏理論提出股價具有趨勢，這是不容否定的，然而股價持續上升一段時間或下跌了一段時間及某程度後，自然會有一段逆方向的趨勢出現以整理原先趨勢，然後在稍作整理後又再恢復原先的趨勢，這種逆勢而行的整理狀況，我們可以幾個百分比率參數來預測整理的程序，本節介紹的「百分率折返」(percentage retracements)就是方法之一。

折返的百分率參數有三個，分別是1/3（約33%）、1/2（50%）及2/3（約66%）。

10.1.1 上升趨勢中的折返

從圖10.1可見，在上升趨勢中，價格由低位10元上漲至高位20元，隨後出現短暫的下跌，在此預期折返走勢距離會是先前升幅的1/3（33%）、1/2（50%）及2/3（66%），換言之，價格可能會下調至16.7元、15元或13.4元才會呈現支持而反彈回升，回復原前的升勢。如果投資者準備在上升趨勢的修正調整勢中買入，買點可以設定在33%至50%的折返區域。

觀察折返的程度，可以判斷之前的升勢強弱，若折返至漲幅的

圖10.1

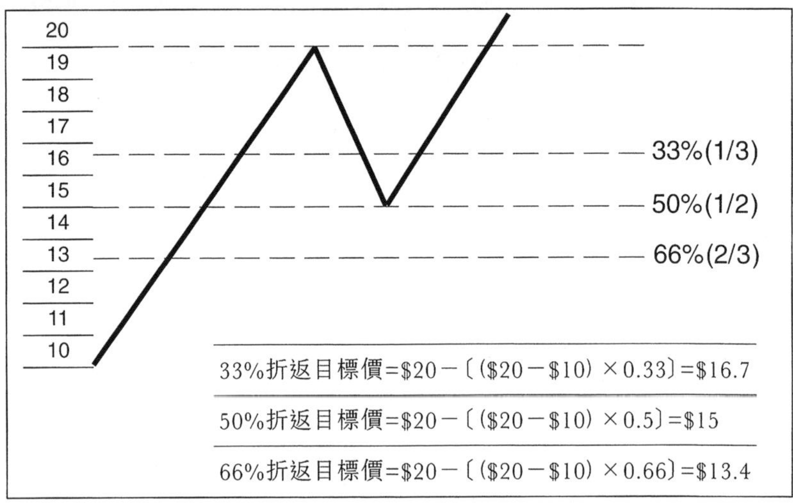

1/3至1/2水平後即呈反彈回升，反映市場背後買盤力強，股價調整已急不及待買入。相對而言，若折返至漲幅的2/3，就要有戒心，試想若市場對該股需求大，股價調整很小，投資者已經會急不及待地買入，但股價竟大幅調整，預示買盤力弱，原先升勢隨時會被破壞。所以，如果股價折返逾2/3，則原先上升趨勢反轉的可能性高於只是修正，隨後預期股價可能出現達100%的折返。

圖10.2是中信泰富(0267)周線圖，圖中顯示，股價由ⓐ點(27.9元)升至高位ⓑ點(32元)後調整，低見ⓒ點(30.3元)，接近50%的折返目標至29.95元(32元－〔(32元－27.9元) ×0.5〕＝29.95元)。

由ⓒ點(30.3元)升至ⓓ點(35.2元)又作調整，一度低見ⓔ點(33元)，又一次接近50%的折返目標至32.75元(35.2元－〔(35.2元－30.3元) ×0.5〕＝32.75元)。

由ⓔ點(33元)升至ⓕ點(46.4元)折返，一度低見ⓖ點(36.8

圖10.2 中信泰富(0267)周線圖

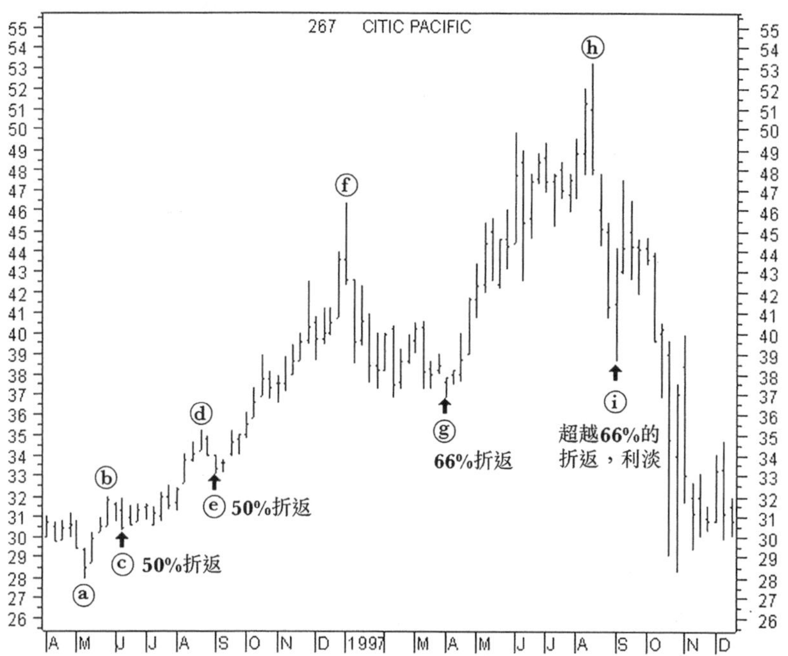

元），接近66%的折返目標至37.6元（46.4元－〔46.4元－33元）×0.66〕＝37.6元）。

最後由ⓖ點（36.8元）升至ⓗ點（53.25元）折返，若以66%折返計算，應調整至42.4元呈支持反彈，但今次所見ⓘ點低見38.6元，調整超越66%為利淡訊號，結果後市見升勢被扭轉，進入下跌趨勢。

10.1.2 下跌趨勢中的折返

從圖10.3可見，在下跌趨勢中，價格由高位20元下跌至低位10元，隨後出現短暫的反彈，在此預期折返（反彈）走勢距離會是先前

圖10.3

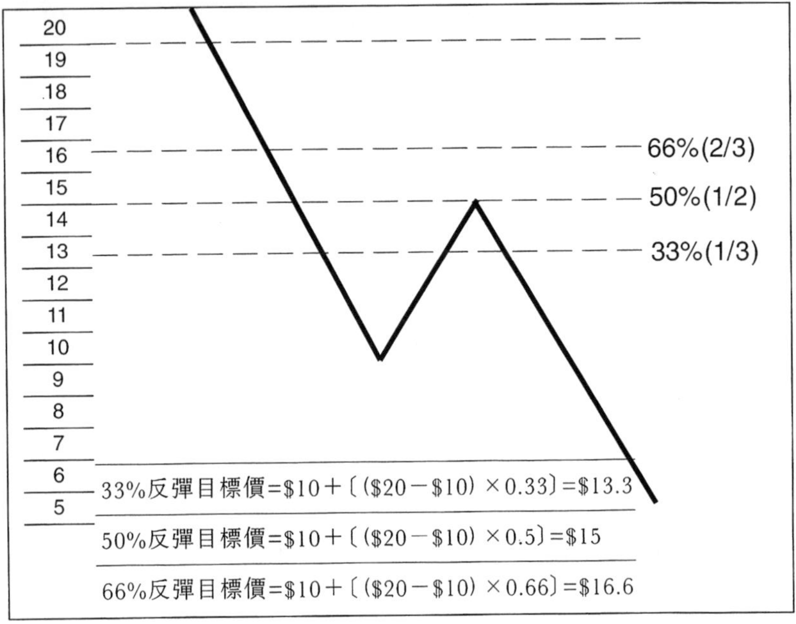

跌幅的1/3(33%)、1/2(50%)及2/3(66%)，換言之，價格可能會反彈至13.3元、15元或16.6元後呈阻力而回，回復原前的跌勢。如果投資者準備在下跌趨勢的修正反彈勢中沽空，沽空點可以設定在33%至50%的折返(反彈)區域。

觀察折返(反彈)的程度，可以判斷之前的跌勢強弱，若折返(反彈)至跌幅的1/3至1/2水平後即呈阻力而回，反映市場背後沽盤力強，股價反彈很小已被急不及待壓下去。相對而言，若折返(反彈)至跌幅的2/3，就要注意，試想若市場對該股沽壓大，股價反彈很小已惹來沽盤力壓，股價反彈幅度大，預示買盤力量轉強，原先跌勢隨時會被扭轉。所以，如果股價折返(反彈)逾2/3，則原先下跌趨勢反轉的可能性高於只是修正，隨後預期股價可能出現達100%的折返(反彈)。

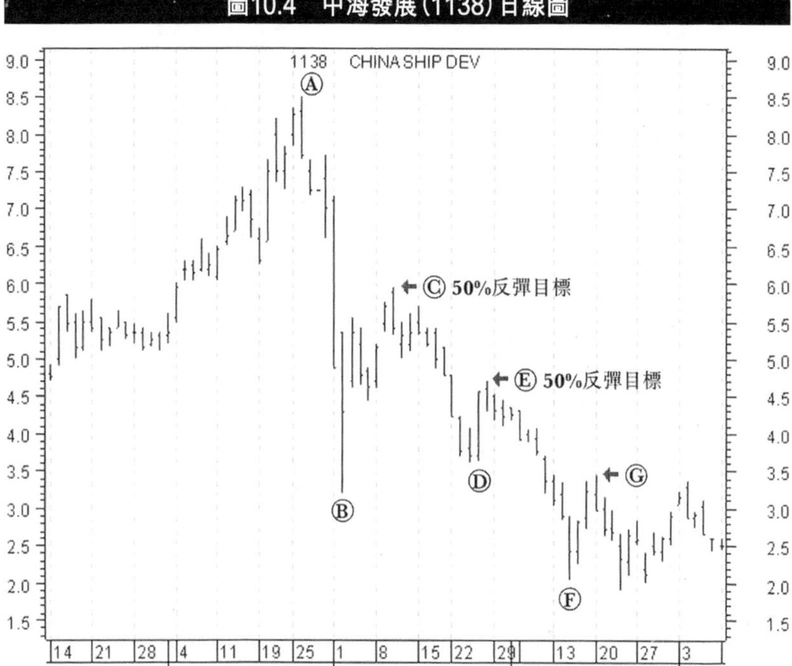

圖10.4 中海發展(1138)日線圖

圖10.4是中海發展（1138）日線圖，圖中顯示，股價由Ⓐ點高位（8.5元）回落至Ⓑ點（3.2元）後反彈高見Ⓒ點（5.95元），接近50%的反彈升幅目標至5.85元（3.2元＋〔（8.5元－3.2元）×0.5〕＝5.85元）。

由Ⓒ點（5.95元）再回復跌勢至Ⓓ點（3.6元）呈反彈至E點（4.7元），同樣接近50%的反彈升幅目標至4.775元（3.6元＋〔（5.95元－3.6元〕×0.5＝4.775元）。

最後，由Ⓔ點（4.7元）遇阻力而回至Ⓕ點（2.025元）呈反彈至Ⓖ點（3.45元），又一次接近50%反彈升幅目標至3.36元（2.025元＋〔（4.7元－2.025元）×0.5〕＝3.36元）。

10.2 速度阻力線（speed resistance lines）

速度阻力線 (speed resistance lines) 是由美國技術分析家艾森・戈德 (Edson Gould) 所提出，是一種綜合趨勢線及百分率折返技巧的預測調整支持位及反彈阻力位的技術分析方法。

速度阻力線與百分率折返比較，主要差異在於前者以衡量趨勢的上升或下跌變動率 (即速度) 為主，而後者以固定百分比率的幅度為主。

10.2.1 上升速度線測支持

圖10.5為上升速度線的繪製方法，首先決定是段上升趨勢的最低起點 (圖示ⓐ點) 至開始調整的最高點 (圖示ⓑ點)，由該最高點向下繪製一條垂直線，到達起點水平處。然後，以上升

圖10.5

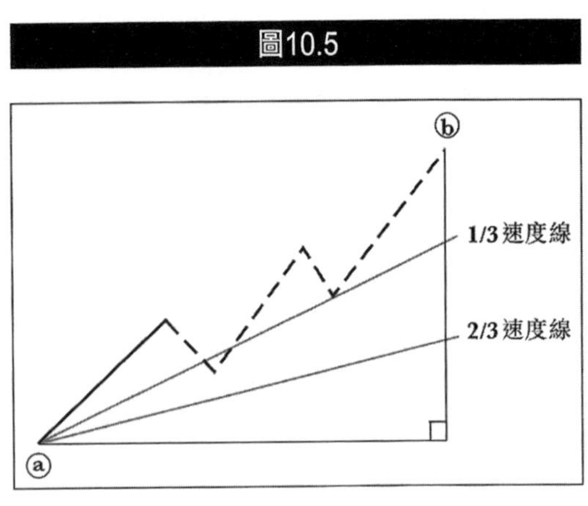

趨勢的起點處作為基準，把這條垂直線劃分為三等份，並用直線連接起點（ⓐ 點）與1/3位置，稱為「1/3速度線」，而連接起點與2/3位置，則稱為「2/3速度線」，由此便得出兩條由起點至1/3及2/3位的上升支持線。

這兩條上升速度線可以視為日後修正下跌走勢的支持線，跌穿的話，則成為後市的阻力線。上升趨勢的修正下跌走勢通常會在較高的速度線（即1/3速度線）獲得支持，倘若跌破，較低一級的2/3速度線亦可以提供支持能力，惟前一條1/3速度線就會變為上升的阻力線，唯有重返此速度線上，才可能測試先前高位。若2/3速度線也發揮不了支持作用，則要作最壞打算，之前升勢可能已被破壞，價格將會跌至原先上升趨勢的起點。

圖10.6　美國納斯達克指數周線圖

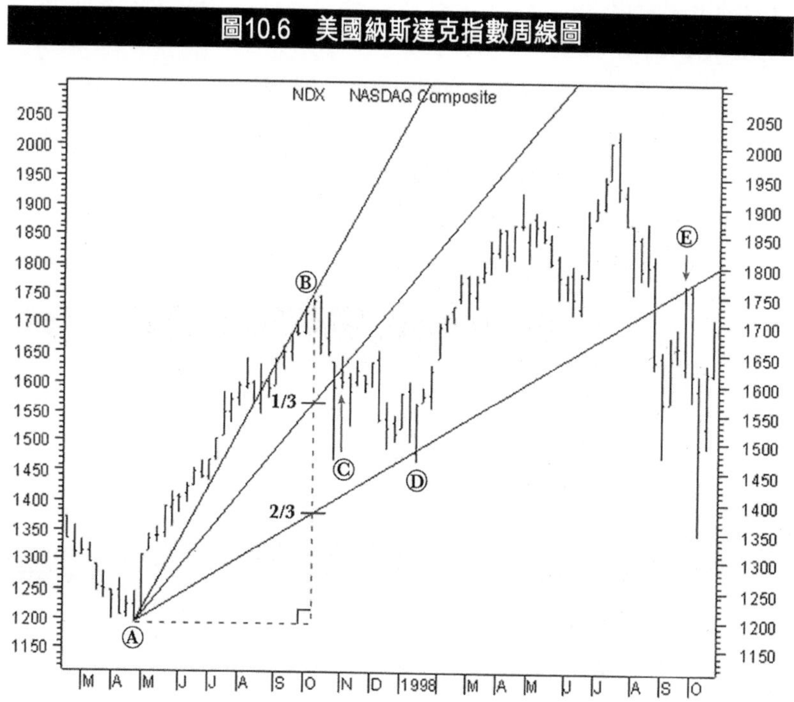

圖10.6是美國納斯達克指數周線圖，圖中顯示，指數由低位Ⓐ點(1194點)開始上升至高位Ⓑ點(1749點)，其升幅為555點，將之除3便為185點，依此推算1/3位為1564點(1749點－185點＝1564點)，而2/3位為1379點(1564點－185點＝1379點)。

計出1/3位及2/3位後，便在B點開始向下畫一條垂直線至是段升勢起點水平處，並以Ⓐ點連接1/3位成1/3速度線，以及以Ⓐ點連接2/3位成2/3速度線，得出兩條向上的支持線。在1997年10月，納斯達克指數跌破1/3速度線後一度反彈，但受制該線阻力而回落(圖示Ⓒ點)，顯見該線已由支持線變為阻力線。到1998年初，納斯達克指數跌近2/3速度線(圖示Ⓓ點)，今次終獲支持而反彈回升，最後，納斯達克指數於同年8月跌破2/3速度線後作反彈，但該線已由支持線變為阻力線，發揮阻力作用，令股價反彈升勢受阻而回落(圖示Ⓔ點)。

10.2.2 下跌速度線測阻力

圖10.7為下跌速度線的繪製方法，首先決定是段下跌趨勢的起點(圖示ⓐ點)至開始反彈的低點(圖示ⓑ點)，由該低點向上繪製一條垂直線，到達起點水平處。然後，以下跌趨勢的起點處作為基準，把這條垂直線劃分為三等份，並用直線連接起點(ⓐ

圖10.7

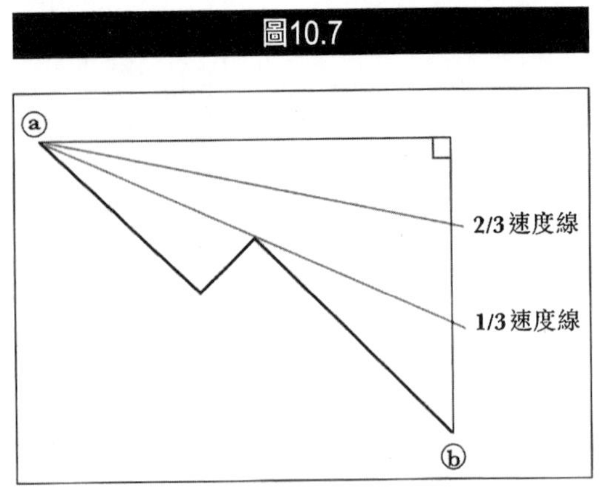

點）與1/3位置，稱為「1/3速度線」，而連接起點與2/3位置，則稱為「2/3速度線」，由此便得出兩條由起點至1/3及2/3位的下跌阻力線。

這兩條下跌速度線可以視為日後修正反彈走勢的阻力線，升破的話，則成為後市的支持線。下跌趨勢的修正反彈走勢通常會在較低一條的速度線（即1/3速度線）遇阻力，倘若升破，較高一級的2/3速度線視為阻力線，惟此時1/3速度線就變為反彈升勢中的支持線，唯有跌回此速度線之下，才可能測試先前低位。若2/3速度線也被升破，則預期之前跌勢已被扭轉，價格將可能升至原先跌勢的起點（ⓐ點）。

圖10.8是東亞銀行（0023）日線圖，圖中顯示，股價由高位Ⓐ點（22.7元）開始下調至低位Ⓑ點（13.2元），其跌幅為9.5元，將之除

圖10.8　東亞銀行(0023)日線圖

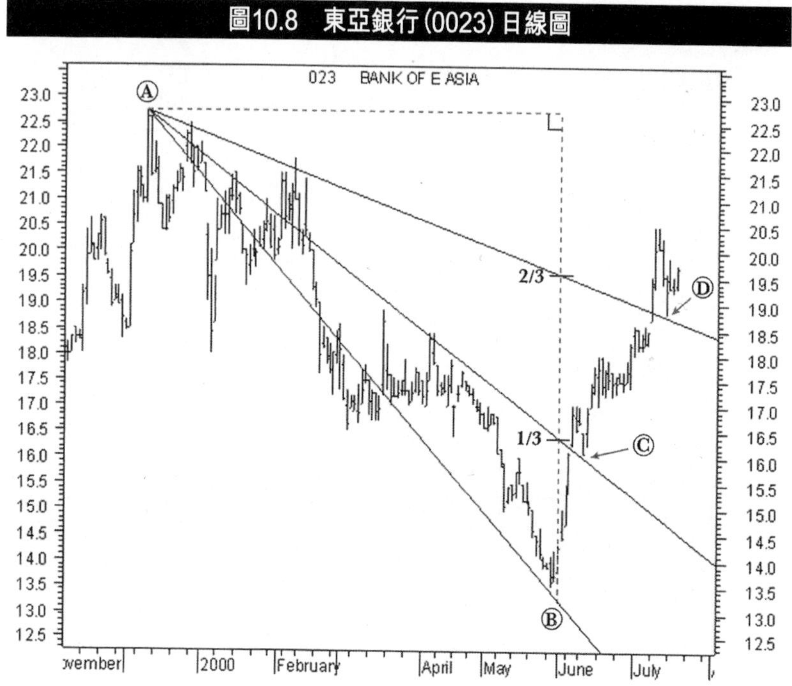

3便為3.17元，依此推算1/3位為16.37元（3.17元＋13.2元＝16.37元）及2/3位為19.54元（3.17元＋16.37元＝19.54元）。

計出1/3位及2/3位後，便在Ⓑ點開始向上畫一條垂直線至是段跌勢起點水平處，並以Ⓐ點連接1/3位成1/3速度線，以及以Ⓐ點連接2/3位成2/3速度線，得出兩條向下的阻力線。在2000年6月中旬，東亞銀行股價一度反彈衝破1/3速度線後回軟，但得到該線的支持回升（圖示Ⓒ點），顯見該線已由阻力線變為支持線。於7月初，股價又升破2/3速度線，並一度回落，同樣，該線已由阻力線變為支持線發揮支持力，令股價回升（圖示Ⓓ點）。

10.3 黃金比率分割法及平方的奧秘

10.3.1 黃金比率分割法

在9.2.9一節中的比率分析，已解釋過費伯納的神奇數字系列的奧秘，從中得出的比率，以0.618（或1.618）稱為「黃金比率」，為艾略特常在波浪理論引用作預估升跌目標的比率，其他比率較常應用的是0.236、0.382、0.5、0.618等等。

反彈阻力目標預估

圖10.9

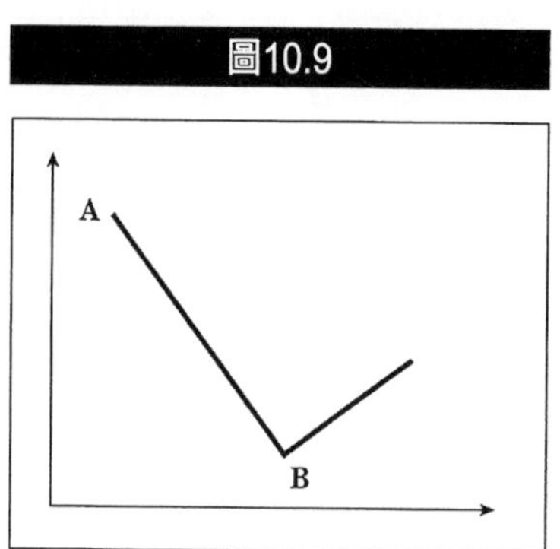

圖10.9顯示，當一段跌勢由A點開展並於B點見底準備反彈回升，我們可以黃金比率及其他神奇比率作預估阻力位及判斷是段反彈升勢的強弱。

> 計算反彈阻力位程式如下：
>
> **是段反彈點（即B點）+〔前段最高點（A點）－反彈點（B點）〕× 比率**

當反彈超越0.618黃金比率，視為重拾升勢的重要里程碑。

圖10.10是恆生指數周線圖，圖中顯示，恆生指數由1997年的高位16820下跌，至1998年底見低位6545，完成之字形的修正浪後

圖10.10 恒生指數周線圖

反彈比率參考	反彈阻力目標計算
0.236	6545＋〔(16820－6545) ×0.236〕=8970
0.382	6545＋〔(16820－6545) ×0.382〕=10470
0.5	6545＋〔(16820－6545)) ×0.5〕=11682
0.618	6545＋〔(16820－6545) ×0.618〕=12895

展開反彈，初段至0.382倍的反彈目標區附近顯見阻力位而回，隨後於1999年4月從容地升破0.5倍的反彈阻力位，已有跡象顯示後市升勢轉強，到後段恒生指數再升抵0.618倍的反彈目標區，並見爭持徘徊，最後終擺脫0.618倍的阻力位，確認重拾升勢，結果於2000年初已升回1997的高位。

調整支持目標預估

圖10.11

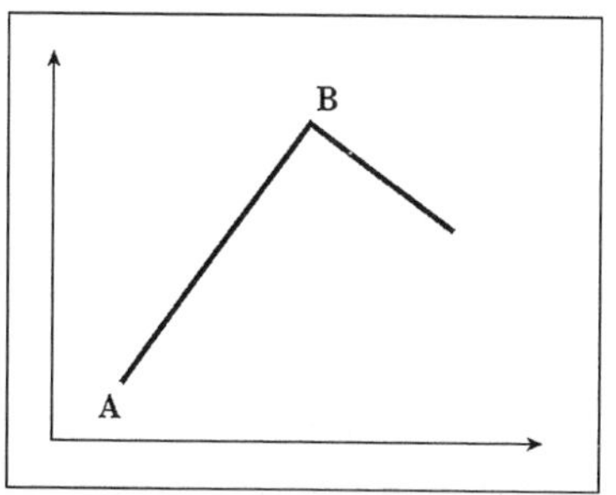

圖10.11顯示，當一段升勢由A點開展並於B點見頂準備回落，我們可以黃金比率及其他神奇比率作預計支持位及判斷是段調整跌勢的強弱。

圖10.12　美國道瓊斯工業指數日線圖

調整比率參考	調整支持目標計算
0.236	8299－〔(8299－6357) ×0.236〕=7840
0.382	8299－〔(8299－6357) ×0.382〕=7557
0.5	8299－〔(8299－6357) ×0.5〕=7328
0.618	8299－〔(8299－6357) ×0.618〕=7099

計算調整支持位程式如下：
是段回落點（即B點）－〔前段最低點（A點）－回落點（B點）〕×比率

當調整超越0.618黃金比率，視為重拾轉趨弱勢的重要轉向先兆，若能在0.618倍附近覓得支持可望調整完畢，未來預期重拾升勢。

圖10.12是美國道瓊斯工業指數，圖中所見，指數由1997年8月高位回落後，我們可計算由1997年4月低位6357至8月高位8299的累計升幅（即1942），再向下分別計算出0.236、0.382、0.5與0.618的調整目標，第1浪於9月跌近0.382倍的調整支持區呈反彈，第2浪於10月跌近0.618倍的調整支持區亦見反彈，隨後未有跌回此重要支持區，反映調整勢尚算健康，後市還有機會向上；從圖中所見，最終在1998年初已迅速升至全年的高位。

10.3.2 平方的奧秘

除利用神奇數字系列得出的比率來預測阻力位及支持位外，神奇數字亦存在平方的奧秘，如下所示。

(I) 由1開始，可以隨意挑選連續出現的神奇數字，數目不限，但該等數字的平方之和，必定相等於最後一個數目字乘以接着出現的數字，例如：

$1^2+1^2+2^2=2\times3$

$1^2+1^2+2^2+3^2=2\times5$

$1^2+1^2+2^2+3^2+5^2=5\times8$

(II) 任何一個神奇數字平方與其對前一個數字和其對後一個數字的積的差別為＋1或－1，而且，這兩個差別的結果於系列內以交替形式出現，例如：

$(3\times8)-5^2=-1$

$(5\times13)-8^2=1$

$(8\times21)-13^2=-1$

$(13\times34)-21^2=1$

(III) 任何一個神奇數字的平方減去其對前兩個數字的平方，結果會是另外一個神奇數字，如：

$8^2-3^2=55$

$13^2-5^2=144$

$21^2-8^2=377$

(IV) 例證說明：

在恆生指數中，不難發現過往的高位或頂位與平方有關。

(1) 恆生指數在1982年出現的低點676，相等於26的平方；

(2) 在1987年股災前的高點3968，與63的平方(3969)相差1點；

(3) 在1994年股災前的高點是12599，與112的平方(12544)相差55點；

(4) 在1995年見底的最低點是6890，與83的平方(6889)相差1點；

(5) 在1997年見頂16820後回落，至98年低點6545，此位與81的平方(6561)相差只16點。

因此當指數上升或下跌時，不妨以平方作預估阻力或支持位，雖然不會是百分之百準確測到高低位，但參考性還是有的，可作輔助研究之用。

10.4 江恩理論（Gann Theory）

10.4.1 簡介

江恩（William Delbert Gann）可算是期貨市場的傳奇人物，曾遠赴英國、印度與埃及學習數學理論，再加上自己多年在股市累計的交易經驗，以數學及幾何理論作基礎獨創江恩理論（又稱甘氏理論），因而聞名於投資界中。

此套理論主要是研究形態、價格與時間之間的關係，以及這些關係如何影響市場，其中的六角形圖、方陣圖、時間及價格的角度分析方法均為江恩所獨創，需要利用特設的電腦軟件系統才能繪製有關圖表。整套理論相當複雜，在此只能介紹幾個為市場普遍應用的方法。

10.4.2 回吐百分比（percentage retracements）

江恩利用幾何的角度，將價格波動區分成1/8、2/8、3/8、4/8、5/8、6/8、7/8及8/8八大份，另外加上1/3及2/3，總共十個價格波動區，化為百分比可參照表10.1：

表10.1

1/8=0.125
2/8=0.25
1/3=0.33
3/8=0.375
4/8=0.5
5/8=0.625
2/3=0.67
6/8=0.75
7/8=0.875
8/8=1

江恩認為其中的比例，以重要性順序排列分別為0.5、0.375、0.625、0.75及0.875。0.5、0.375及0.625三個比例，都是每一個上升波調整時的技術支持位，或是每一個下跌波反彈的技術阻力位。至於0.75及0.875則通常是由上升轉為下跌，或由下跌轉為上升的轉勢點。

實例闡釋

先看圖10.13，該圖是台灣加權指數周線圖，圖中顯示，指數由1997年8月時處高位10117，因受全東南亞金融風暴拖累，展開跌勢，跌至年尾見低位7090，累計跌幅3027點，再以江恩提出的

圖10.13　台灣加權指數周線圖

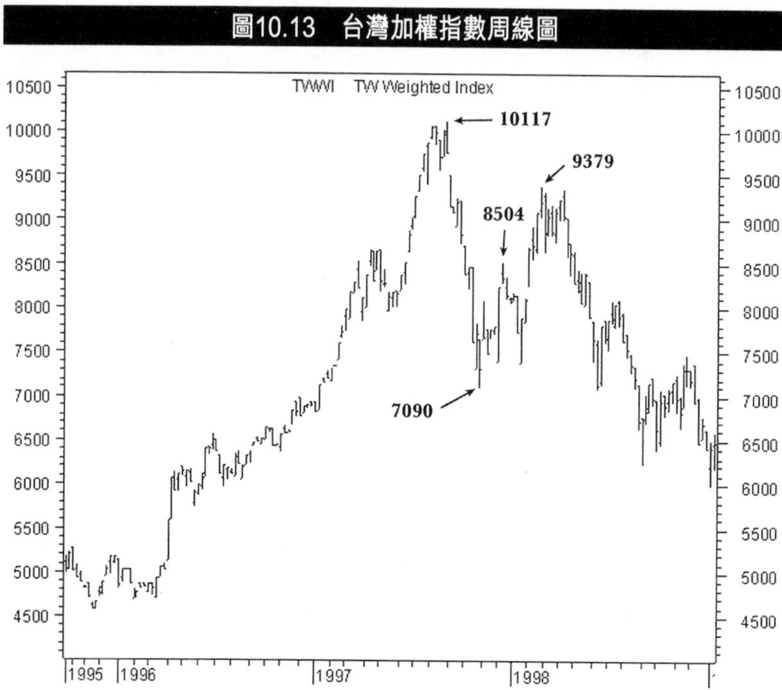

多個百分比例計算反彈目標，詳見表10.2：

表10.2 計算反彈目標

表10.2 計算反彈目標
7090＋（3027×0.125）=7468
7090＋（3027×0.25）=7846
7090＋（3027×0.33）=8089
7090＋（3027×0.375）=8225*
7090＋（3027×0.5）=8603*
7090＋（3027×0.625）=8982*
7090＋（3027×0.67）=9118
7090＋（3027×0.75）=9360*
7090＋（3027×0.875）=9739*
* 較重要阻力位

以0.375、0.5及0.625比例為阻力位，預期反彈阻力位分別為8225、8603及8982，而重要轉捩點以0.75及0.875比例為參考，分別為9360和9739。以台灣加權指數的實際情況作引證，在反彈過程中，該指數一度升近8504遇阻力而回，此位與0.5的反彈阻力位相差100點左右，預測較有偏差。然而，再看在1998年反彈高見9379而回落，與0.75的反彈目標價相差僅19點，指數在反彈時未能升破此重要轉捩點，代表未能重拾升勢，隨後跌勢再現，證明0.75比例的參考性還是有的。

10.4.3 江恩幾何角度線（Gann geometric angle lines）

江恩除了利用以上幾何角度來預測反彈或調整幅度外，更以此作基礎發展出江恩幾何角度線，此套技巧尤具趨勢線的功效。

上升角度線

從圖10.14所見，先找出一段升勢的最明顯起點（即最低點），以幾何角度向右上方畫出其角度線，這個角度線就稱為江恩上升角度線。

圖10.14　上升角度線

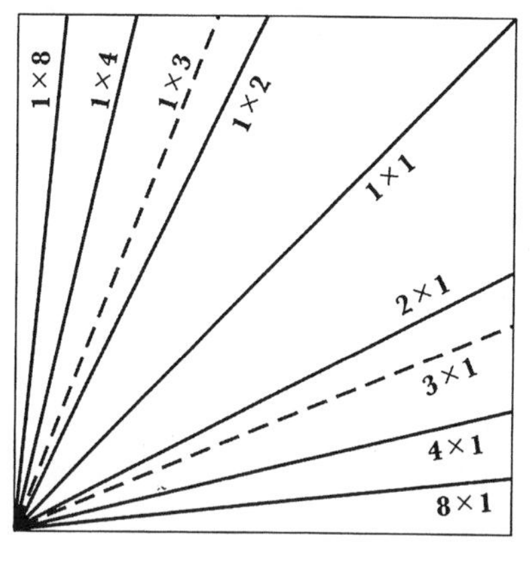

角度線	等同度角
1×8	7.5
1×4	15
1×3	18.75
1×2	26.25
1×1	45
2×1	63.75
3×1	71.25
4×1	75
8×1	82.5

上升角度線是在上升趨勢中畫出，原則上是作價格調整時判斷支持位的參考。當價格向上漲後出現回吐時，往下跌破上升角度線，暗示股價將會進入下一個江恩角度線的範圍內波動，如回到圖10.14，圖中所見，當價格跌破1×2的角度線後，預計其後發展將在1×2至1×1的範圍內波動；若價格再往下跌破1×1的角度線後，即預計短期走勢在1×1至2×1的範圍內波動。

下跌角度線

從圖10.15所見，先找出一段跌勢的最明顯起點(即最高點)，以幾何角度向右下方畫出其角度線，這個角度線就稱為江恩下跌角度線。

下跌角度線是在下跌趨勢中畫出，原則上是作為價格反彈時判斷阻力位的參考。當價格下跌後反彈時，往上升破下跌角度線，暗示股價將會進入上一個江恩角度線的範圍內波動。再回到圖10.15，圖中所見，當價格升破1×2的角度線後，預計其後發展將在1×2至1×1的範圍內波動；若價格再往上升破1×1的角度線後，即

圖10.15 下跌角度線

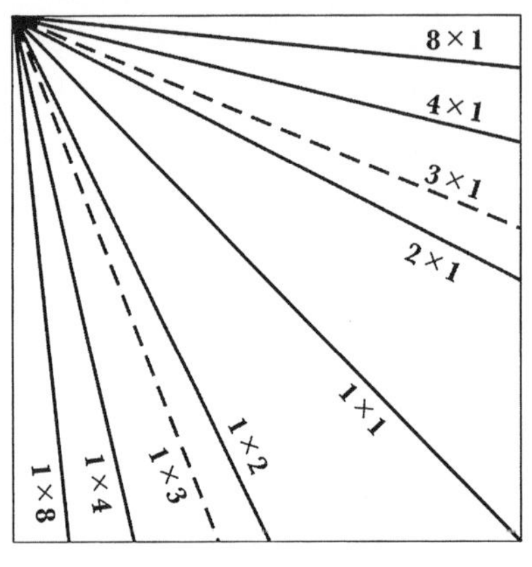

角度線	等同度角
8×1	7.5
4×1	15
3×1	18.75
2×1	26.25
1×1	45
1×2	63.75
1×3	71.25
1×4	75
1×8	82.5

預計短期走勢在1×1至2×1的範圍內波動。

1×1線(45度線)的重要性

江恩認為無論在上升角度線或下跌角度線中，1×1線(45度線)的角度線是最重要的趨勢線。

在上升角度線中，股價若在1×1線上面的話，表示升勢仍將持續，若股價下調時跌破1×1線，代表之前漲勢將告一段落，轉為下跌。

相反，在下跌角度線中，股價若在1×1線下面的話，表示跌勢仍將持續，若股價反彈時時升破1×1線並企穩其上，代表之前跌勢將告一段落，轉為上升。

1×1線的另外一個用法是可以在較小波段的高點或低點位置，畫出一條1×1線的平行線，形成一條通道，以此作參考買賣。

可製作扇形三線

在第二章中曾介紹過扇形三線的製作及應用法，而江恩亦以角度線製作扇形三線，他認為無論在上升角度線或下跌角度線中，1×1線可與1×3和3×1這兩條線配合應用，可製成「扇形三線」。

「扇形三線」通常都具有較大的支持或阻力作用，當趨勢轉跌，在反彈過程中，股價上漲升至這三條扇形三線，預期阻力會較大，可能將會出現比較大幅度的下調。

相反，當趨勢轉升，在調整過程中，股價下調至這三條扇形三線附近時，預期發揮支持作用，可能將會出現較大幅度的反彈。

實例闡釋

圖10.16的台灣加權指數於1997年高位回落，根據此點繪製出下跌角度線，顯見指數首次反彈觸及1×4的角度線（圖示ⓐ）呈阻

圖10.16　台灣加權指數日線圖

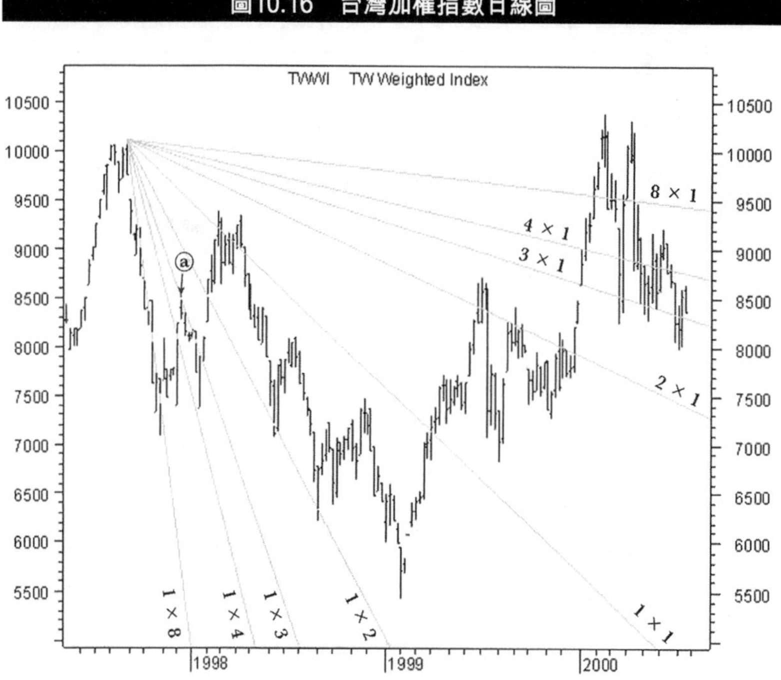

力作用，結果反彈受阻而回。隨後於1998年初，屢次上試重要的1×1線，但無力企穩其上至少三星期，由於反彈未能升破1×1線，跌勢無力扭轉，即見台指回落，最終於1999年上旬確認突破1×1線，扭轉跌勢，故是例顯示1×1線具轉勢的重要作用。

10.4.4 上升及下跌角度線相交的作用

江恩指由上升及下跌角度線相交的力量不容忽視，通常引發市勢逆轉，或視作重要支持位及阻力位之用。

圖10.17是上海A股指數日線圖，圖中顯示，一組由1997年高位1320向下延伸，另一組由低位1067向上延伸。指數見低位後明顯沿

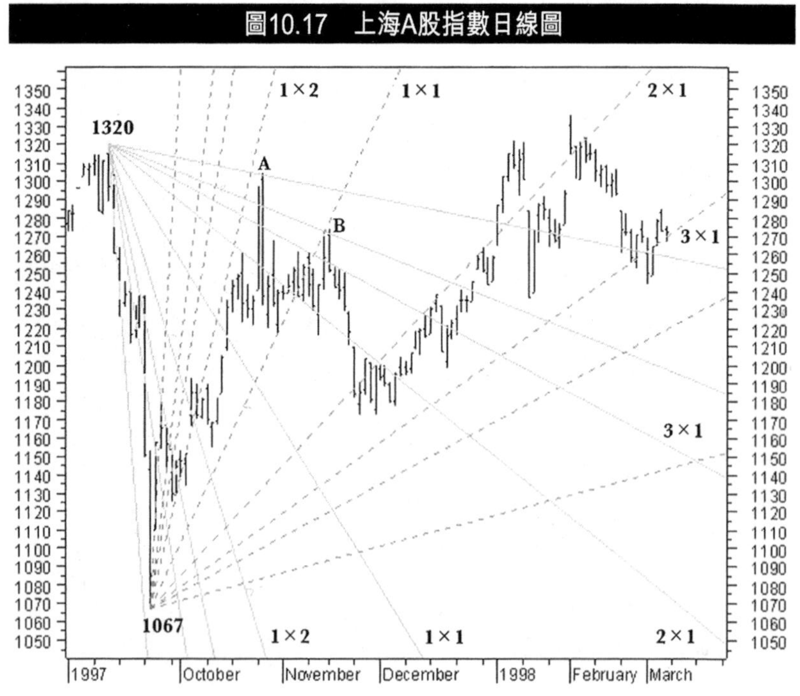

上升1×2角度線反彈，升近上升1×2角度線與下跌8×1角度線匯合點（圖示A點）附近時遇阻力而回。

指數回落後再見反彈，但今次受制於上升1×1角度線與下跌4×1角度線匯合點（圖示B點）附近，再度遇阻力而回。指數連續下挫，續在上升2×1至3×1角度線區覓得支持，當上升2×1角度線與下降2×1角度線正式匯合時，產生支持作用，指數隨後反覆上升。

10.4.5 方陣圖（或稱螺旋四方形）（cardinal square）

以圖10.18a及圖10.18b為例，首先找出指數或個別股票的歷史低位，將這個價格放在方陣圖的中央，然後根據每次波動行情的轉勢點，尋找出一個比較適用的參數（一般以"5"作增加單位），以箭咀所示逆時針的予以排列，綿綿不絕地向外伸展。當排列好後，以方陣圖中的米字線範圍內的數字用作預測未來趨勢的支持位或阻力位。

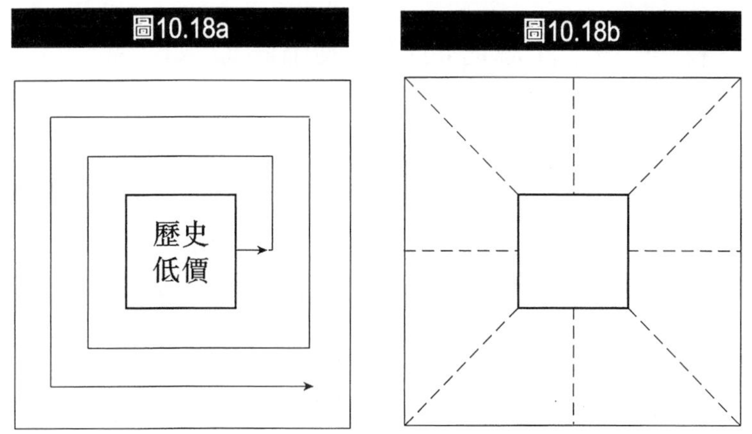

表10.3　方陣圖製作法

996	991	986	981	976	971	966	961	956
1001	856	851	846	841	836	831	826	851
1006	861	756	751	746	741	736	821	946
1011	866	761	696	691	686	731	816	941
1016	871	766	701	676	681	726	811	936
1021	876	771	706	711	716	721	806	931
1026	881	776	781	786	791	796	801	926
1031	886	891	896	901	906	911	916	921
1036	1041	1046	1051	1056	1061	1066	1071	1076

港股的歷史低位可以追溯至1982年，當時由於受九七年回歸問題困擾而創下676的低位，表10.3所示為以676點為製作中心的方陣圖，圖中米字形中的32個數字（676不計入）為當時反彈時的阻力參考位，當然時至今日，這個方陣圖已不斷擴大，有興趣者可自行擴充。

10.4.6 江恩時間周期與中國節氣關係

根據江恩結合統計所得，發現無論股市或匯市都有時間周期，每年每個月有兩段時間最為重要，這些日期附近常常出現轉勢變化，而巧妙地，他所提的日期與中國節氣出現的時間接近。在此試詳列，以作參考（括號內為中國節氣日期）：

(1)　1月 7－10日　(1月 6－ 7日小寒)

(2)　1月19－24日　(1月20－21日大寒)

(3)　2月 3－10日　(2月 3－ 4日立春)

(4)　2月20－25日　(2月19－20日雨水)

(5)　3月 3－10日　(3月 6－ 7日驚蟄)

(6)　3月20－27日　(3月21－22日春分)

(7)　4月 7－12日　(4月 5－ 6日清明)

(8)　4月20－25日　(4月20－21日穀雨)

(9)　5月 3－10日　(5月 5－ 6日立夏)

(10)　5月21－28日　(5月20－21日小滿)

(11)　6月10－15日　(6月 6－ 7日芒種)

(12)　6月21－27日　(6月21－22日夏至)

(13)　7月 7－10日　(7月 7－ 8日小暑)

(14)　7月21－27日　(7月23－24日大暑)

(15)　8月 5－ 8日　(8月 7－ 8日立秋)

(16)　8月14－20日　(8月23－24日處暑)

(17)　9月 3－10日　(9月 8－ 9日白露)

(18)　9月21－28日　(9月22－23日秋分)

(19)　10月 7－14日　(10月 8－ 9日寒露)

(20)　10月21－30日　(10月23－24日霜降)

(21)　11月 5－10日　(11月 7－ 8日立冬)

(22)　11月20－30日　(11月22－23日小雪)

(23)　12月 3－10日　(12月 7－ 8日大雪)

(24)　12月15—24日　(12月21—22日冬至)

圖10.19是恆生指數走勢圖，圖中顯示，在節氣附近時間通常為短期低位或高位之所在，有時候節氣出現的時間，會加強當時升勢或跌勢。

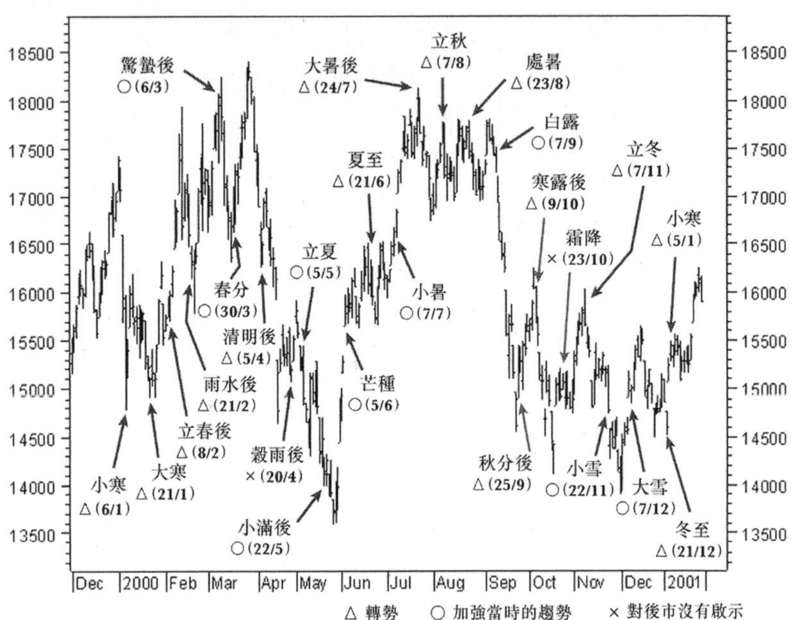

圖10.19 恒生指數走勢圖

10.4.7 總結

以上只是取江恩理論的一小部分分析技巧作介紹，事實上江恩的理論博大精深，需要有關的電腦軟件輔助繪圖，以及要用較多時間作研究。

有興趣深入研究者可研讀江恩自己所著的幾本書籍，主要由Lambert-Gann Publishing Co.出版，其中包括：

- 《股價行情真理》(Truth of the Stock Tape)；
- 《時光隧道：由1940年回顧》(The Tunnel Thru the Air：Or，Looking Back from 1940)；
- 《股票趨勢新指標》(New Stock Trend Indicator)；

- 《如何在商品交易中獲利》(How to Make Profits in Commodities)；
- 《華爾街的45年》(45 Years in Wall Street)。

11

即日炒賣

技術分析法

隨着互聯網的迅速發展，在美國網上交易證券已很風行，而且由於交易方便，所以從事即日炒賣 (day trading) 的人士亦多了。近年來，美國便興起專門研究即日炒賣的技術分析方法。在此章將詳細介紹，希望對一些炒賣極短線的市場人士有所幫助。

本章介紹的即日炒賣法主要取材自由Jake Bernstein所著的暢銷書籍《The Compleat Day Trader II》，書中所介紹的技巧主要針對美國股票市場，所以比較適合炒賣美股人士。然而，美國股市表現一向領導全球，對港股的影響更形密切，故熟知美股亦有助測市。最後一提，在香港及其他地區應用提及的即日炒賣法宜事前作模擬買賣，以試驗系統的可靠性。

11.1 30分鐘突破炒賣法

30分鐘突破炒賣法(30-minute breakout，簡稱MBO)最適用於相當波動及活躍的金融產品，實際應用時以30分鐘圖作參考。其應用方法步驟簡單，基本如下：

(1) 在首三十分鐘不作入市行動，主要用來觀察市況，紀錄期內最高價及最低價。

(2) 在第三十分鐘尾的一刻若報價高於首三十分鐘間的最高價且成交張數超過一定數量，視為買入訊號，如圖11.1所示。

(3) 在第三十分鐘尾的一刻若報價低於首三

圖11.1

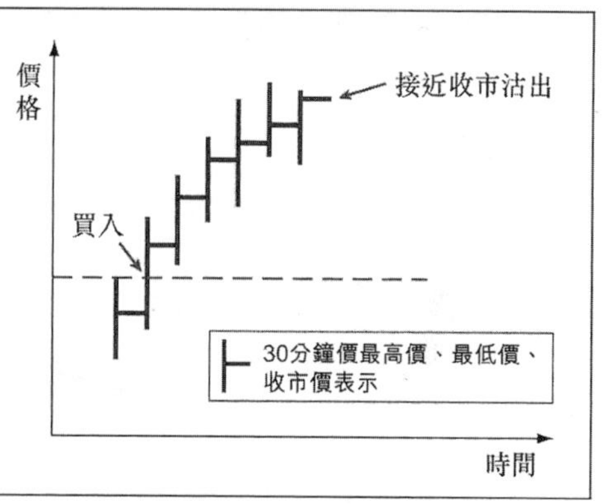

圖11.2

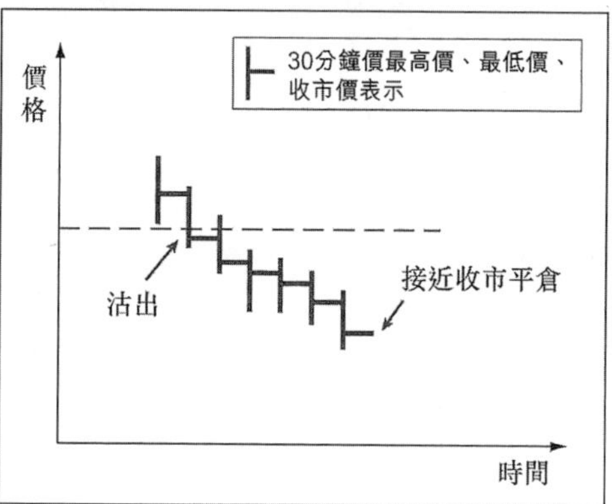

十分鐘間的最低價且成交張數超過一定數量，視為賣出沽空訊號，如圖11.2所示。

(4) 當買入或賣出後，若市況隨意願而行只要設下止賺位，一直持有至目標位便可。

(5) 當然若市況非所願，則要作止蝕。

圖11.3所示，價格在三十分鐘過後的一刻報價高於頭三十分鐘的最高價，原為買入訊號，但迅即回落跌破頭三十分鐘內的最低價，此時應止蝕離場以及反手沽空。

圖11.4所示，價格在三十分鐘過後的一刻報價低於頭三十分鐘的最低價，原為沽出訊號，但迅即回升升破頭三十分鐘的最高價，此時應止蝕並反手買入。

(6) 收市前數分鐘必須平倉，即指買入指數

圖11.3

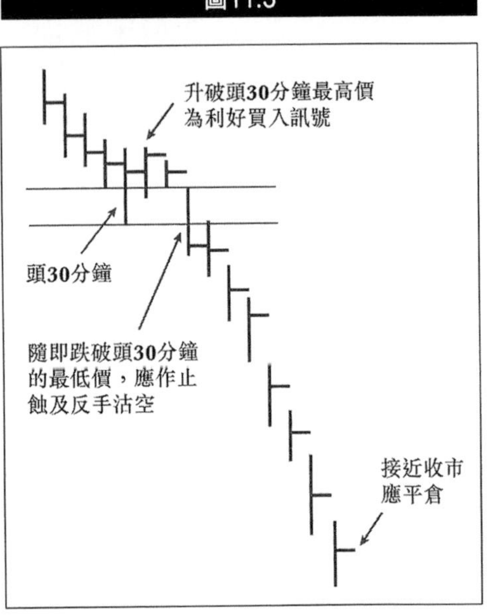

圖11.4

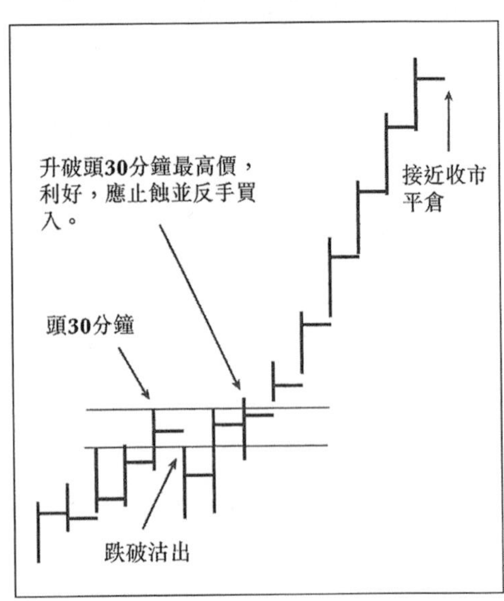

則要沽出平倉，相反，沽空指數則要買入平倉。

注意事項

在(2)及(3)提及突破時需要某一定成交張數配合，以美國標準普爾指數(S&P)期貨為例，統計顯示突破時超過12張的買盤或沽盤均屬理想。每個市場都有不同，原則上，只要超過2張便可。

在(4)提示，在應用30分鐘突破炒賣法時，設立止賺位，宜以利潤的百分比率作參考。假設於1000元開倉買入，隨後走勢如願上升，由當初1000元的投資升至2000元，此時可以設定將利潤1000元的50%作止賺，跌回1500元才沽貨平倉，若走勢再升，隨利潤上升，以同等百分率順推止賺位便可。

11.2 價格走勢習性與即日炒賣

11.2.1 周一效應

在Yale Hirsch所著《Don't Sell Stocks on Monday》一書的研究中，指出一周內的價格走勢實際具變動習性，一般星期一的表現為全周最佳的。

根據Jake Bernstein利用自1982年收集得來的數據統計，標準普爾500指數於周一的收市價高於開市價的機會率大於50%，達55.92%，周一的表現確實高於其餘四日的時間，詳見表11.1。

表11.1 美國標準普爾500指數於周內各交易日表現

日期	交易日內收市價高於開市價的機會率(%)
星期一	55.92
星期二	49.64
星期三	53.65
星期四	50.43
星期五	51.06

資料來源：Jake Bernstein, *The Compleat Day Trader II*, McGraw Hill, P.68.

因此，策略最好就是考慮在周五收市前買入標準普爾500指數，並在周一收市價沽出平倉套利，當然這嚴格來說不屬即日炒賣。利用周一效應作即日炒賣，是在周一開市時追入，臨近收市時平倉，惟這樣做的話，一旦周一以裂口高開，就是以高位追入，利潤當然比在周五以收市價附近水平買入為低。

11.2.2 特別假前效應

據Art Merrill所著的《The Behavior of Prices on Wall Street》一書中所說，就美國道瓊斯工業指數假期後的表現作詳細統計，發現特別假期(如聖誕節、獨立日、感恩節)前最後一個交易日的收市價往往收高，比再前一日的收市價為高，詳見表11.2。

表11.2 美國道瓊斯指數假前效應

假期	假前指數高收機會率(%)
耶穌受難節	60.9
紀念日	74.1
獨立日	76.7
勞工日	81.2
感恩節	58.8
聖誕節	72.4
新年	72.1
總計所有假期	68.1

資料來源：Art Merrill, *The Behavior of Prices on Wall Street.*

Jake Bernstein以Art Merrill的統計為基礎，延長統計的年份再作分析，亦見近似的發現，表11.3列出道瓊斯指數由1984年至1997年，在三個大假期(分別為聖誕節、新年及獨立日)前的指數表現，A項中為假前的最後交易日收市價高於或低於前一日的收市價比較統計，而B項則是統計假前的最後交易日收市價高於或低於當日開市價的表現。

從中，可以清楚了解到假前效應，在策略而言，最好在特別假期前最後一個交易日前一日買入，持有至假前最後一個交易日沽

表11.3 假前效應統計

A：假期前最後一個交易日與再前一日的收市價表現，(+) 高於，(−) 低於。

B：假期前最後一個交易日內，收市價與開市價表現，(+) 高於，(−) 低於。

年份	聖誕節		新年		獨立日	
	A	B	A	B	A	B
1982	+	+	−	−	−	−
1983	+	−	+	+	+	−
1984	+	+	−	−	+	−
1985	−	−	−	−	−	−
1986	+	+	−	−	−	−
1987	−	−	−	−	+	+
1988	+	+	−	−	−	−
1989	+	+	+	+	+	+
1990	−	−	−	−	+	−
1991	+	+	+	+	+	+
1992	−	+	−	−	−	−
1993	−	−	−	−	−	−
1994	+	+	−	−	+	−
1995	+	+	+	−	+	+
1996	+	+	−	−	−	−
1997	−	−	−	+	+	+
	62.5%升	62.5%升	75%跌	75%跌	56%升	68%跌

資料來源：Jake Bernstein, *The Compleat Day Trader II*, McGraw Hill, P.69.

出平倉；當然，這樣做法需要持倉過夜，嚴格來說，不屬於即日炒賣。或者，在假前最後交易日中，開市即買入，臨近收市沽出平倉。

11.2.3 內困日後效應

圖11.5顯示，所謂「內困日」(inside day) 由兩個交易日組成，第二日的最高及最低價波幅全被前一日波幅所包藏，成內困狀況。

圖11.5 內困日

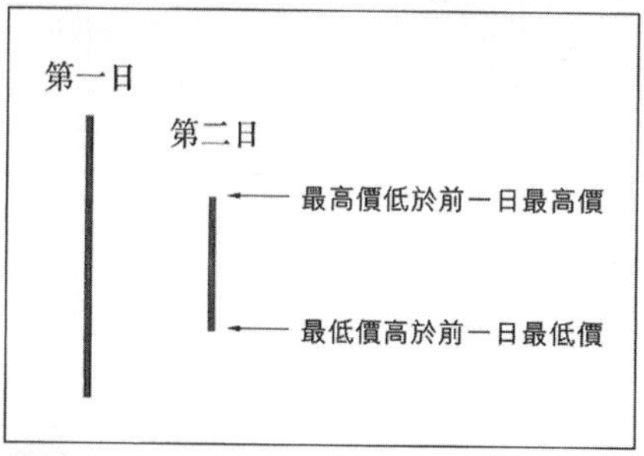

第一日
第二日
最高價低於前一日最高價
最低價高於前一日最低價

因此 Jake Bernstein設計了一個內困日突破炒賣法 (inside day breakout)，在出現內困日的翌日，若股價高於內困日組合中第二日的最高價便買入，若低於內困日組合中第二日的最低價便沽出，見圖11.6。至於平倉時間，最好是在入市後翌日的開市時間。

圖11.6

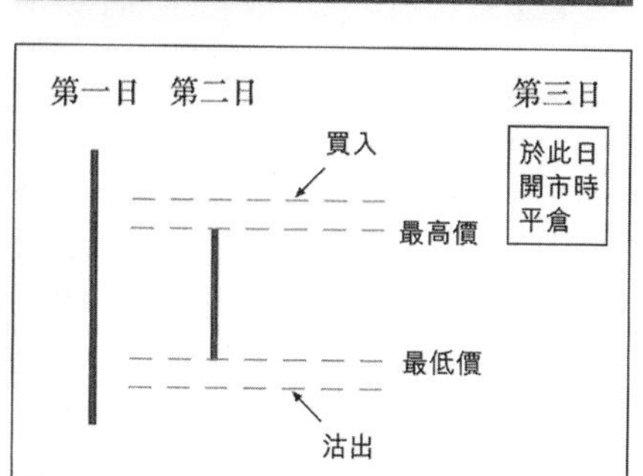

同樣地，這種炒賣法嚴格來說不是在即日進行，需要過夜，但短線炒賣的性質相近亦可接受。

根據 Jake Bernstein對標準普爾500指數在1982至1998年間所作的統計顯示，利用其設計的一套炒賣法進行買賣，在合共430項

圖11.7　美國標準普爾500指數日線圖

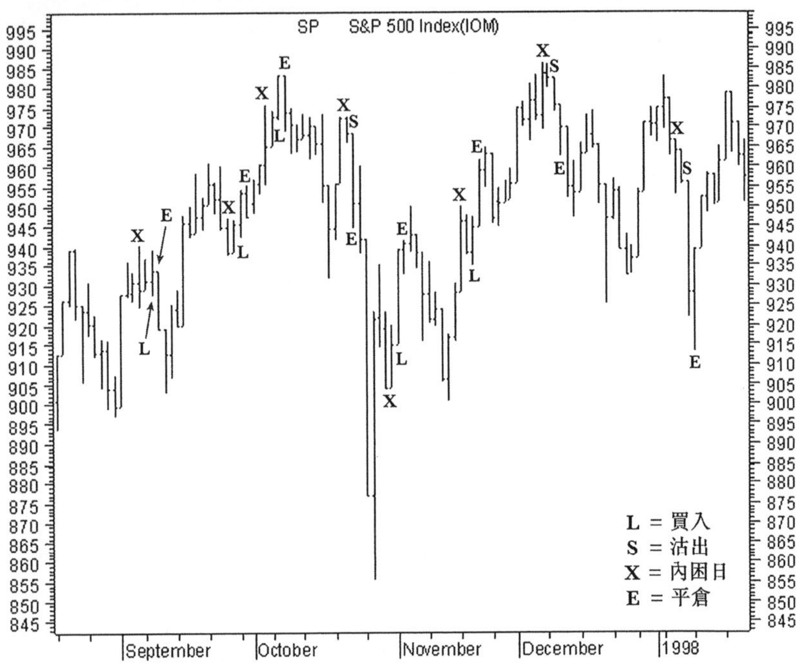

的交易中，有298項成功，而132項失敗，成功率達69%。圖11.7為一實例顯示其中運作概況。

11.2.4 裂口即日炒賣法

裂口走勢在金融市場中是常見的，利用裂口作即日炒賣法究竟是怎樣運用，相信很多讀者有興趣。

在本書第五章已詳細講解過裂口，在此再簡單說一遍，所謂「上升裂口」是指當日開市價高於前一日的最高價，形成之間留白呈裂口。「下跌裂口」則是指當日開市價低於前一日的最低價，形成之間留白呈裂口。

Jake Bernstein的一套相關炒賣方法，是指假設某一日以裂口低開，繼後升回前一個交易日中的最低價，而在穿越一刻若配合成交量，可視為即日買入的訊號，見圖11.8。買入後宜設定止蝕位，可以是某特定金額。

若某一日以裂口高開，然後回落跌穿前一日最高價，視為即日沽空訊號，見圖11.9。所有即日的買賣均需於收市前平倉。

圖11.8

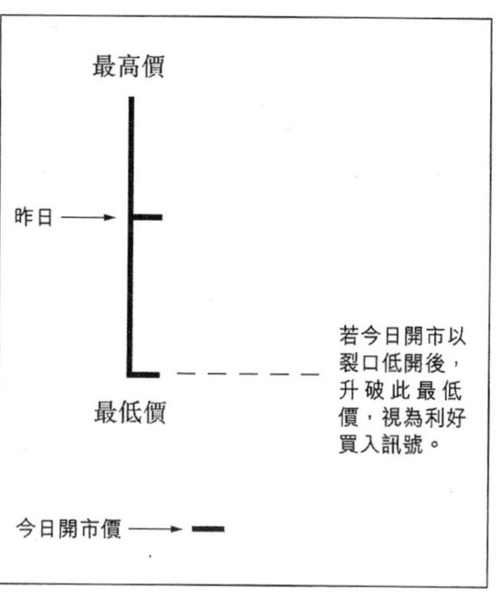

圖11.9

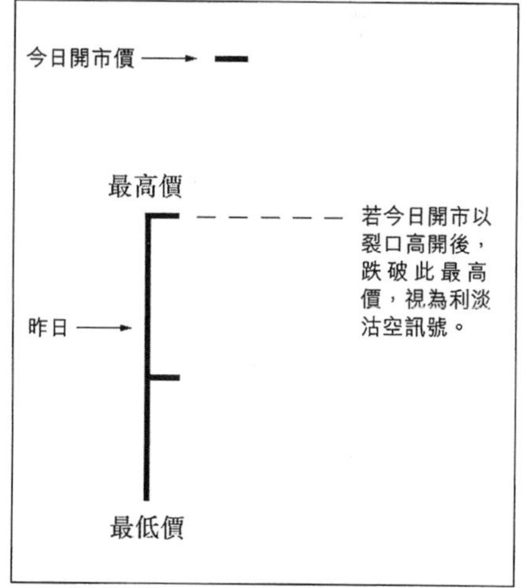

12

走勢陷阱
如何避免

初學技術分析方法的投資者，因對技術不完全掌握，容易遇到走勢陷阱而蒙受損失，有些陷阱是可以避開的，在此簡潔地重點介紹，希望股民不要在運用技術分析時錯入歧途。

12.1 常見的走勢陷阱

常見的走勢陷阱不外以下幾種：

(1) 假突破

假突破有分向上及向下，向上的假突破，術語為「上衝」(upthrusts)。圖12.1所見為上衝走勢，意指股價先在窄幅橫行區上落，某日股價向上升破阻力線，但立即退回此阻力線下收市，再觀察成交量，與平時差不多，顯示買盤未見積極，大可確認為上衝。

圖12.1　上衝形態

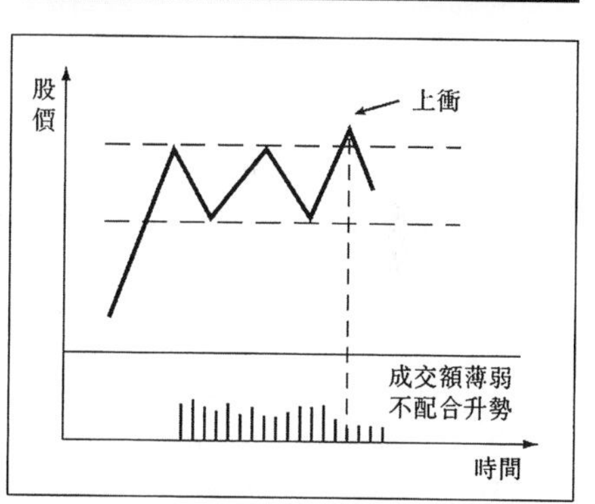

相對於上衝，有所謂「下彈」(springs)，即假跌破。圖12.2為下彈走勢，股價在交易區內無效的跌破支持線，跌破的一刻成交量不見大幅上升，反映沽盤不大，屬假跌破。

圖12.2　下彈形態

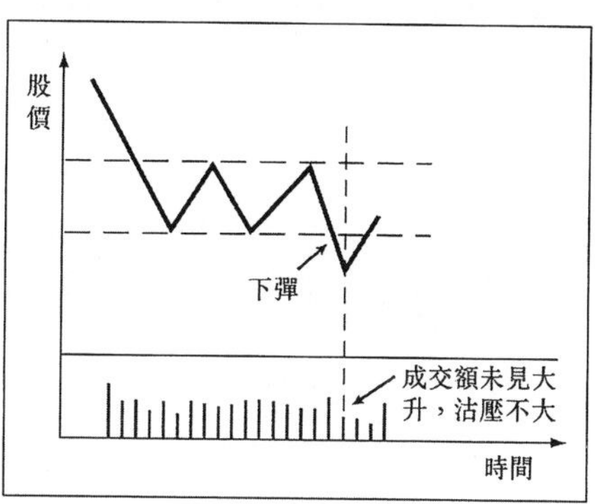

(2) 失敗形態

所有形態都必須於突破阻力位或跌破支持位才告形成，但部分形態在形成的階段中卻出現變化，如營造頭肩頂左肩不成，沒有跌破頸線，形成失敗形態，如圖12.3的道瓊斯工業指數走勢圖所示，指數於1997年6月至9月時營造一個失敗的複式頭肩頂形態，圖中A點及B點顯示，兩次試近頸線均沒有跌破，並呈急速反彈，在當時若在未跌破頸線前，或營造第二個右肩時已假設必定為頭肩頂，損失可不菲。

圖12.3　美國道瓊斯工業指數日線圖

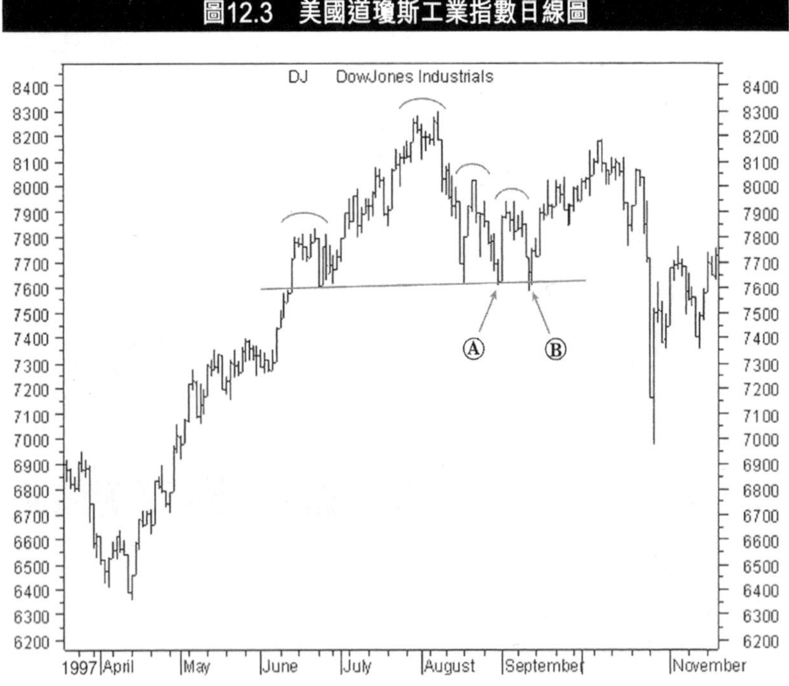

(3) 突破後未能完成最小升／ 跌幅

有時候，就算圖表形態顯示突破重要支持位或阻力位，在上升或下跌途中亦需要隨時留意走勢的發展。事實上，部分市場莊家亦

圖12.4　恒生指數陰陽燭周線圖

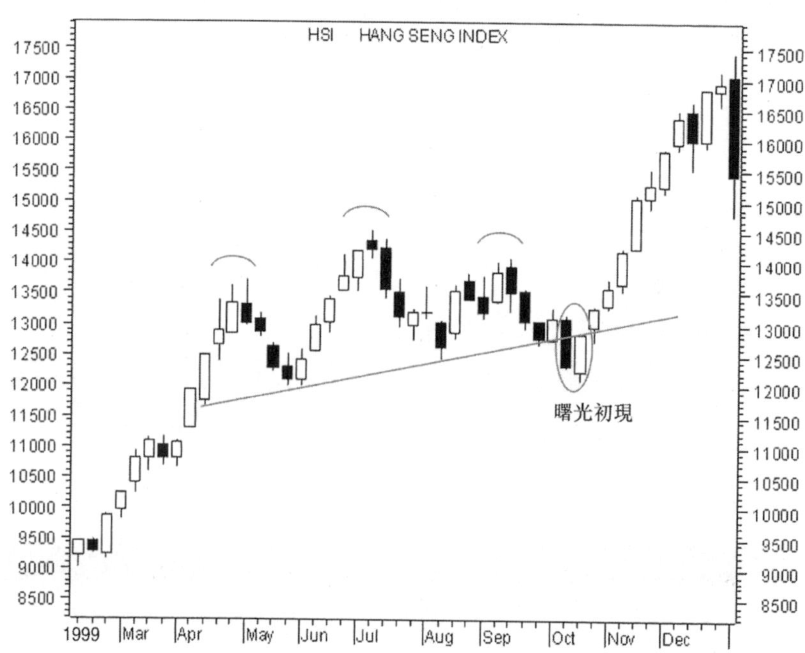

喜歡在股價作突破形態時設下走勢陷阱，如在營造頭肩頂後，故意跌破頸線，但未有完成最小量度跌幅，並開始迅即回升；又例如在營造頭肩底時，故意升破頸線，但未有完成最小量度升幅。

圖12.4是恒生指數陰陽燭周線圖，圖中所見，於1999年4月至10月期間營造了一個頭肩頂，在以大陰燭跌破頸線後的翌周，即以曙光初現利好陰陽燭形態回升，未有完成跌破頭肩頂的最小量度跌幅。

(4) 技術指標訊號不清

電腦化的進步引發更多技術分析指標的出現，有不少投資者為求勝會一併運用多個技術分析指標，但有時候這樣做會出現壞效果，令訊號變得不清晰。

12.2 如何避開走勢陷阱

(1) 不宜預早主觀地判斷形態

很多時，投資者在分析圖表時會不自覺地過早預估股價未來會朝怎樣方向行走，將會形成什麼形態，這些主觀看法往往會令投資者招致無謂損失。

圖12.5　恒生指數陰陽燭周線圖

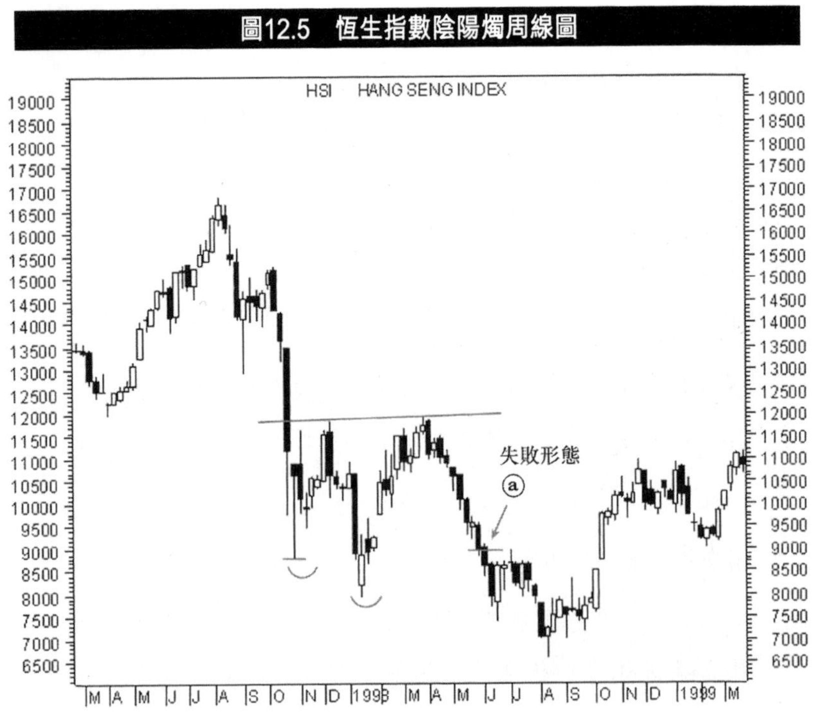

圖12.5是恒生指數陰陽燭周線圖，圖中顯示，恒生指數自1997年8月高位回落，期間無人預計會跌得那麼深，走勢發展至1998年5月，似營造頭肩底右肩，若當時過早判斷為右肩，搶着在與左肩相若水平（ⓐ點）買入，隨後即吃虧，指數不但未有形成頭肩底，而且進一步滑落。由此例可見，預估形態發展是不正確，寧願耐心等到確認形態成立的徵兆出現才行動。

(2) 保持警覺

當圖表走勢未能如預期般發展，如升破雙底後升勢緩慢，買盤未見積極買入，又或者跌破頭肩頂時，沽盤零落，跌勢緩慢，此時應提高警覺，未來走勢可能出現變化，應抱懷疑的態度再檢視一次圖表走勢，或以其他技術分析指標，或以陰陽燭分析技巧，作互相驗證。

(3) 善用自己最熟悉的技術分析指標

有時候，量「多」不一定勝質「優」，若同時運用多個技術分析指標容易出現混淆，形成走勢陷阱。因此建議，初學者在運用技術分析指標時，宜精選兩、三種作深入了解，先打好基礎，累計實戰經驗。然後，再進一步慢慢逐一將其他分析指標融合運用。

(4) 嚴守止蝕

股票買賣無必賺的理由，當發現錯墮走勢陷阱時，應果斷地作止蝕。很多投資者常犯的錯誤就是不肯認輸，不肯止蝕，最後發現價格已跌得很深，在極低位心灰意冷地才作止蝕。一般止蝕是以跌至某百分比率作設定，這要因應入市人士所持的是短線投機還是中線投資、所買入股票的平常波動走勢、買入者所能承受的虧損程度等等個別因素而定，並無統一標準。

附錄

如何獲取圖表及技術分析資訊

學習技術分析，最重實習，正如一位畫家，要畫到一手好畫，平時的練習少不免，究竟讀者平時可以從哪些渠道獲得圖表及其他技術分析資訊，請看以下介紹。

(一) 報章雜誌

說到最省錢的方法，莫過於買一份報紙，市面上一些大眾化的報章如《蘋果日報》、《新報》及《東方日報》等的投資版，都有刊登一些股價走勢圖供參考。若論到走勢圖的數量及精美，不得不提財經報章《經濟日報》。

除報紙外，市場上出版的專業財經雜誌，如《經濟一周》等均有大量股價走勢圖供參考。至於美國則有一本較出名的技術分析雜誌，名為《Technical Analysis of Stocks & Commodities》，很多時介紹一些技術分析的新方法及資訊，事實上，科技在變，技術分析亦如是，不能一本通書看到老，故閱讀有關雜誌相信能為讀者不斷帶來新資訊。

(二) 網站

隨互聯網的迅速發展，投資者可以免費在網站看到各股市及股票的股價走勢圖，以下將介紹部分網站，並就各網站所提供的豐富性及靈活性給予指數評級，所謂「豐富性」是指所提供的技術指標是否夠多，「靈活性」則指能否自由選擇調校圖表的時間長短或選看技術指標。指數以五個✌✌✌✌✌為最好。

有關香港股市的網站

(1) ecChart

網址：http://www.ecchart.com

豐富性指數：✌✌✌✌

靈活性指數：✌✌✌✌✌

所提供的圖表有日線圖、周線圖及月線圖可選擇，圖表可以是線形圖、柱狀圖或陰陽燭圖。此外，可以自由選擇數項技術分析指標，包括：移動平均線、保歷加通道、MACD、STC、Momentum、RSI、停止及掉倉買賣系統(SAR)。此網站的圖表最大特色是可以讓讀者畫上趨勢線，這是其他大部分網站暫未有提供的功能，故此站的圖表值得優先推薦。

ecChart 網址：http://www.ecchart.com

(2) Quamnet

網址：http://www.quamnet.com

豐富性指數：✌✌✌

靈活性指數：✌✌✌

所提供圖表最短可以是即日及日線圖，技術指標有RSI、STC及MACD等等。

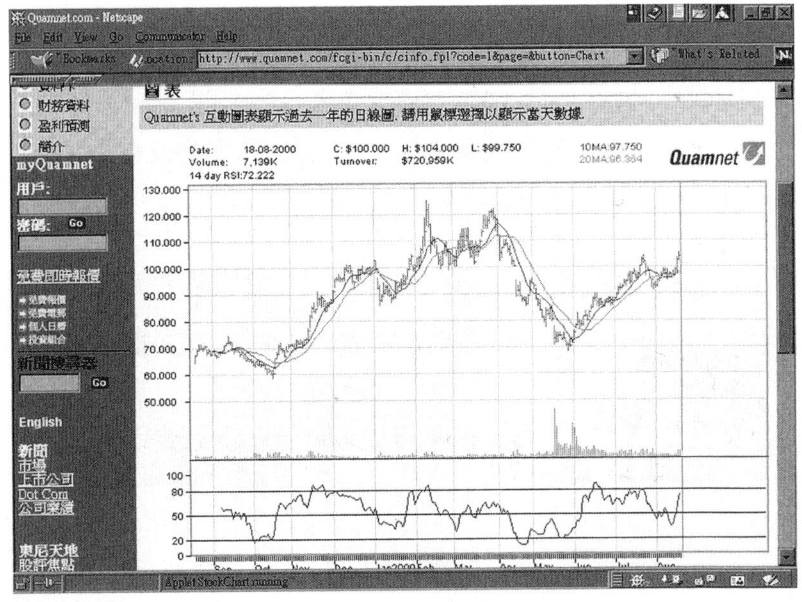

Quamnet 網址：http://www.quamnet.com

(3) ecinvest (投資易財經網)

網址：http://www.ecinvest.com

豐富性指數：✌✌✌✌

靈活性指數：✌✌✌

所提供的圖表可以選擇日線圖、周線圖及月線圖，技術指標主要有RSI及移動平均線。此外，網站最大特色是設有一個圖表尋寶的欄目，內裏所提供的圖表附有專家的專業技術分析建議，初學者可以每日觀摩，累計學習圖表形態及分析趨勢線的經驗。

ecinvest 網址：http://www.ecinvest.com

(4) e-finet (財華網)

網址：http://www.e-finet.com

豐富性指數：✌✌✌✌

靈活性指數：✌✌✌✌✌

所提供的圖表有日線圖、周線圖、月線圖、陰陽燭圖、線形圖及柱狀圖，此外，可以將個別股票與恆生指數及其他分類指數的走勢同列一圖比較。技術指標方面，有移動平均線，可以自由輸入選擇的日數，一般以10天、20天及50天作中線分析。保歷加通道，一

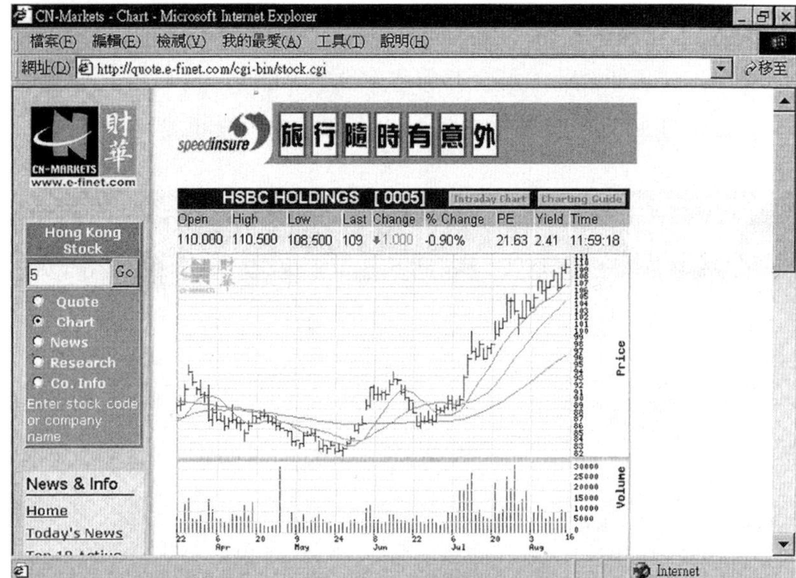

e-finet 網址：http://www.e-finet.com

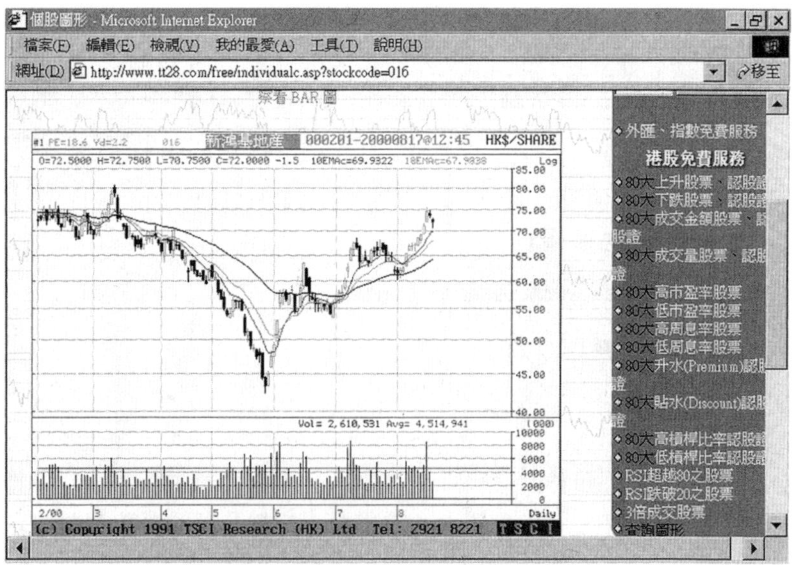

TSCI 網址：http://www.tt28.com

般輸入的時間為20天，而標準差(Std Dev)會用2。RSI一般採用9天及14天。Momentum會用10天及18天。MACD中Len1一般輸入12、Len2輸入26及Avg會輸入9。STC中的%K會輸入9或14，%D則輸入3。

(5) TSCI (捷利資訊)

網址：http://www.tscihk.com 或 http://www.tt28.com

豐富性指數：✌✌✌

靈活性指數：✌✌✌

免費提供陰陽燭日線圖，並有移動平均線及成交量可供參考。但若想觀看較詳盡的走勢圖，如細分至期指的分鐘圖，以及其他技術分析技標，則要收費。

(6) etnet (經濟通)

etnet 網址：http://www.etnet.com.hk

網址：http://www.etnet.com.hk

豐富性指數：✌✌✌

靈活性指數：✌✌✌

所提供的圖表為陰陽燭日線圖，時間約三個月左右，預設的技術指標有移動平均線，可以自由選擇的項目只有成交量、RSI、STC及MACD。

(7) Netvigator (網上行)

網址：http://www.netvigator.com

豐富性指數：✌✌✌

靈活性指數：✌✌

所提供的圖表類型、橫越的時間等全都是預設的，沒有彈性。

Netvigator 網址：http://www.netvigator.com

有關美國及其他地方股市的網站

美股的表現對全球金融市場一向具影響力，加上香港亦有納斯達克(NASDAQ)指數的成分股掛牌買賣，香港的投資者對美股及有關股票股價走勢也需要有一定掌握。

(1)雅虎(yahoo)香港財經

網址：http://www.hk.finance.yahoo.com

豐富性指數：✌✌✌

靈活性指數：✌✌✌

所提供的全球金融股市指數走勢圖最為詳盡；此外，美國上市的股份如國際知名的IBM、Micosoft(微軟)都有圖表觀看。圖表的跨越時間最短為一日，最長可以是五年，另可將股票與其他指數走勢比較，技術指標有移動平均線。

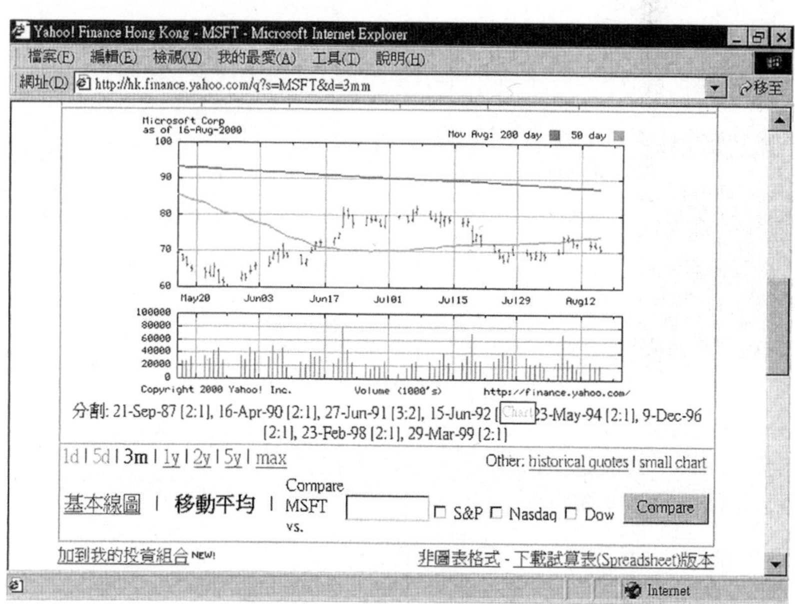

雅虎香港財經網址：http://www.hk.finance.yahoo.com

(2) BigCharts

網址：http://www.bigcharts.com

豐富性指數：✌✌✌✌✌

靈活性指數：✌✌✌✌✌

此網站所提供的圖表最為詳盡，而且，自由選擇性大。圖表跨越的時間可以自己設立，由某年某月某日開始至結束。圖表類型亦多，如陰陽燭、線形圖。另外，可以選擇個別股票或指數作比較。可供選擇的技術分析指標包括RSI、MACD、OBV、STC、DMI、威廉指數%R、保歷加通道、移動平均線等等，不能盡錄。

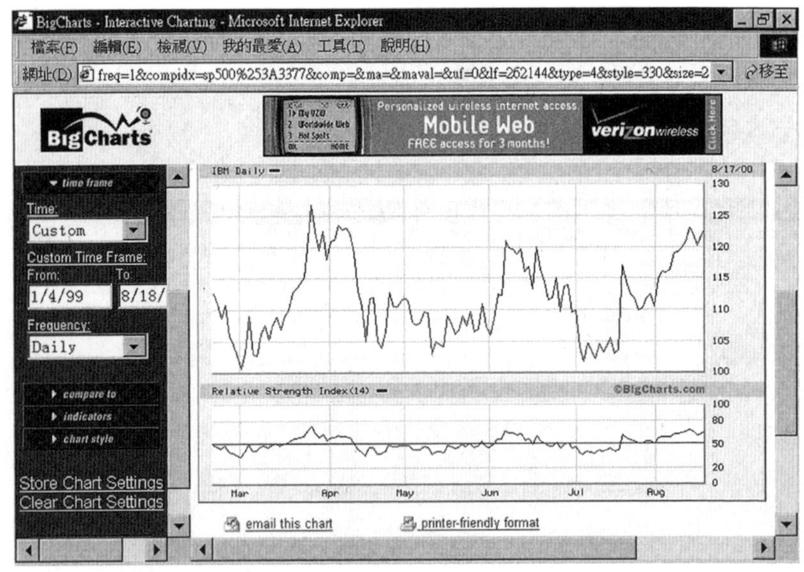

BigCharts 網址：http://www.bigcharts.com

(3) sina (新浪網)

網址：http://www.sina.com.cn

豐富性指數：✌✌✌✌

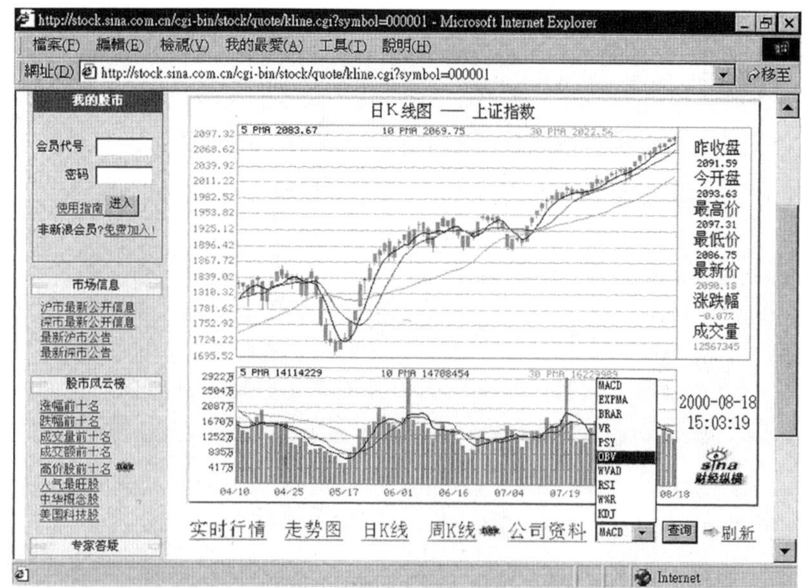

sina 網址：http://www.sina.com.cn

靈活性指數：✌✌✌✌

在香港上市的國企H股很多在內地交易所都有A股上市，若想找出相關圖表觀看，以及對上海及深圳證券指數走勢窺探一二，此網站可以幫到你。當中可以自由選擇的技術指標包括MACD、OBV、RSI、STC、移動平均線等。

(三) 技術分析收費服務及軟件

世上當然並無免費午餐，以上介紹的網站，雖然有圖表提供參考，但一些沒有選擇性，另一些所提供的技術分析指標則不夠用。作為專業投資者或投機者，一般不介意花費以取得服務或應用軟件。

(1) Prosticks (乾坤燭)

網址：http://www.prosticks.com

乾坤燭為研究技術分析方法多年的香港人士所創立，它是結合陰陽燭及成交量的新技術分析方法，有興趣者可上網閱覽。

(2) Stock Easy (股票通)

網址：http://www.pcn.com.hk

股票通是一間為提供大部分香港股票走勢圖的服務公司，它是以每一隻股票圖表的閱覽基礎或以月費基礎來徵收費用。

(3) TradeStation2000

網址：http://www.omegaresearch.com

為Omega Reasearch獨創的技術分析軟件TradeStation2000，

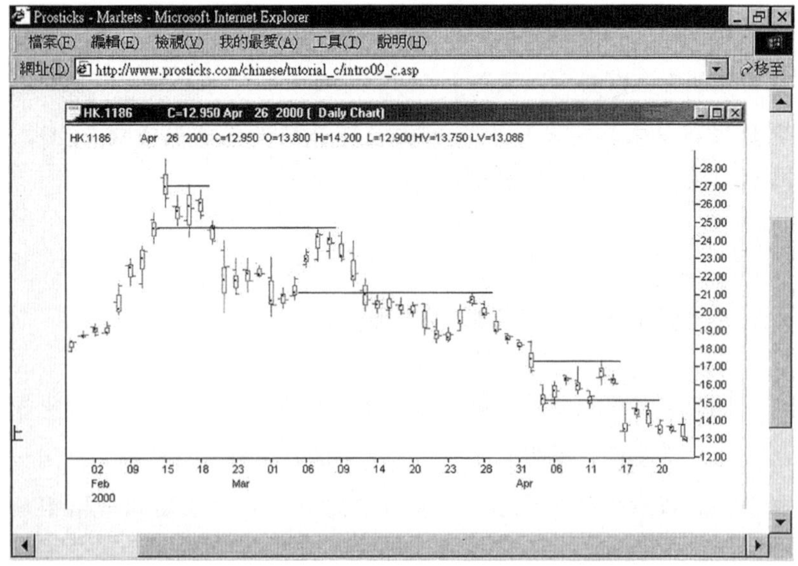

Prosticks 網址：http://www.prosticks.com

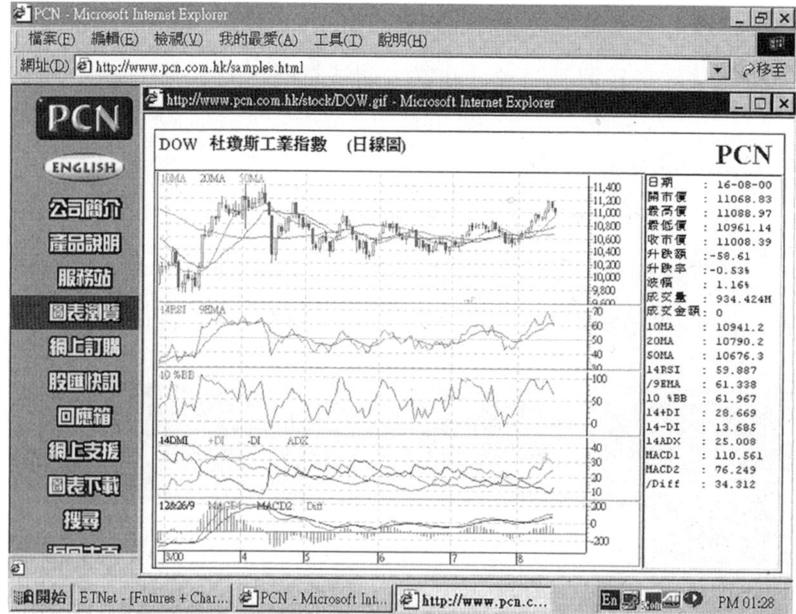

Stock Easy 網址：http://www.pcn.com.hk

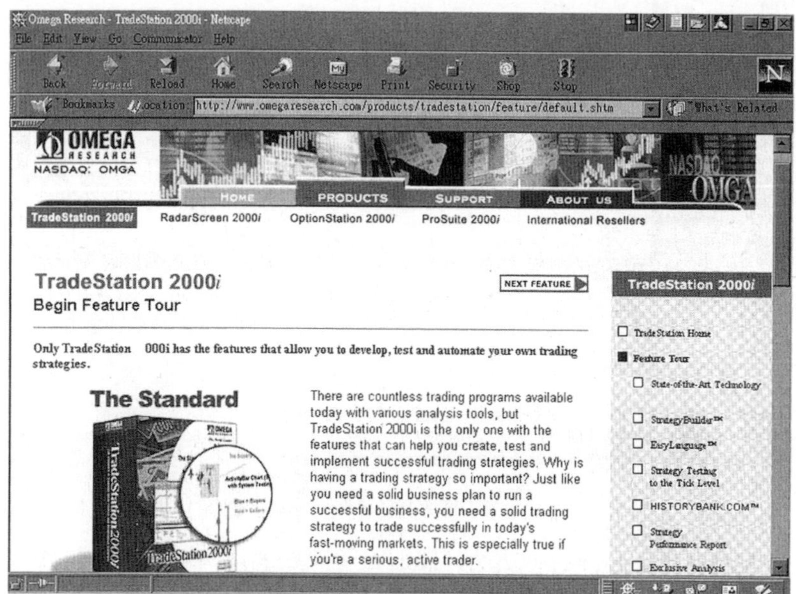

TradeStation2000 網址：http://www.omegaresearch.com

可以處理大量圖表，適合有興趣自設資料庫分析的人士。此套軟件的功能及最新售價，讀者可到以上網站查閱。

(4) MetaStock

網址：http://www.metastock.com

此套軟件為Equis International所創，本書所有的圖表亦是運作此套軟件來處理，方便實用，有興趣者可到以上網站訂購。

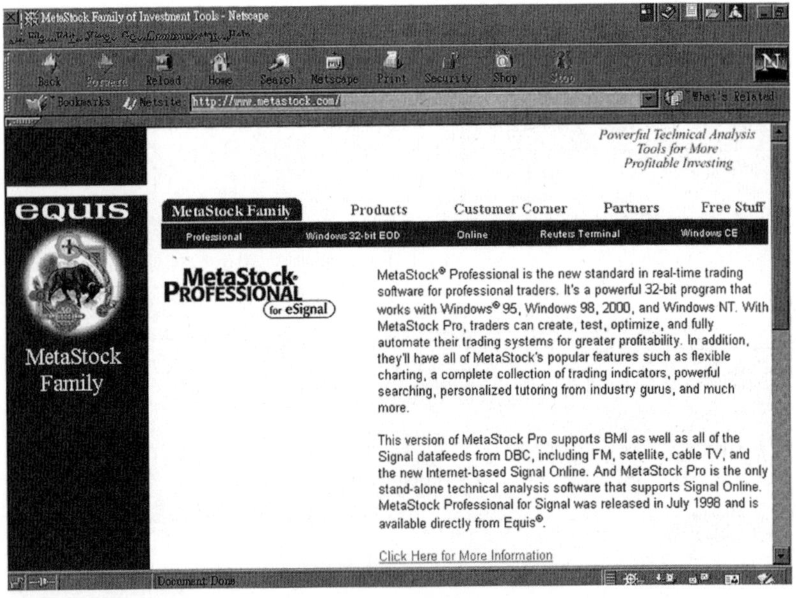

MetaStock 網址：http://www.metastock.com

(四) 應用技術分析方法的專家網站

學習技術分析技巧，需要多看圖表，多以實例作實習分析，才能夠深深領會各分析方法的神髓所在。有些網站內，設有一些技術分析專家的最新分析，以及應用技術分析方法與預測股市後市變化，從中可吸收別人的經驗。

(1) StockCharts

網址：http://www.stockcharts.com

專家就不同技術分析方法，實際應用於最近的股市走勢，作一詳細分析。若想知美股指數走勢的未來走向，或目前市場專家如何以技術分析方法作預測，又或者想看美國股票或指數的走勢圖表，相信此網站可以幫到你。

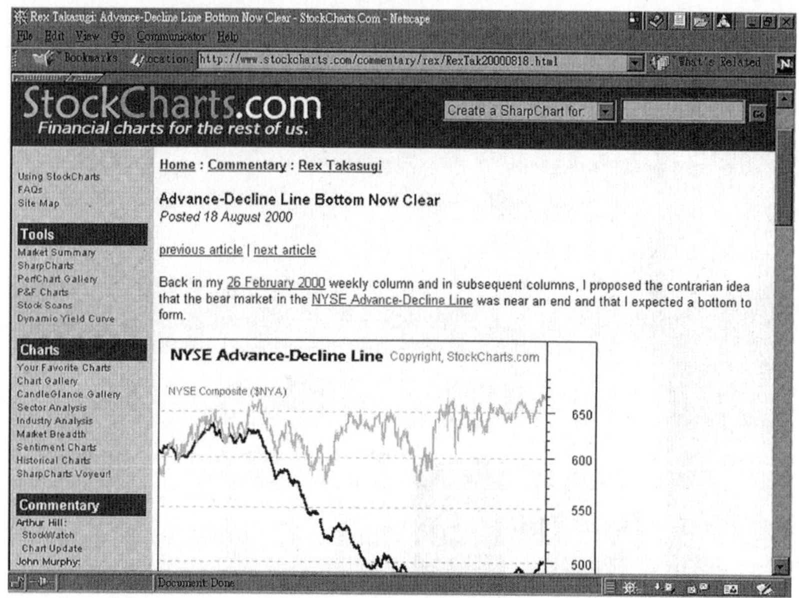

StockCharts 網址：http://www.stockcharts.com

(2) MurphyMorris

網址：http://www.murphymorris.com

此網站為知名技術分析大師John Murphy及他素有陰陽燭專家之稱的拍檔Gregory Morris共同開設，主要提供財經市場的技術分

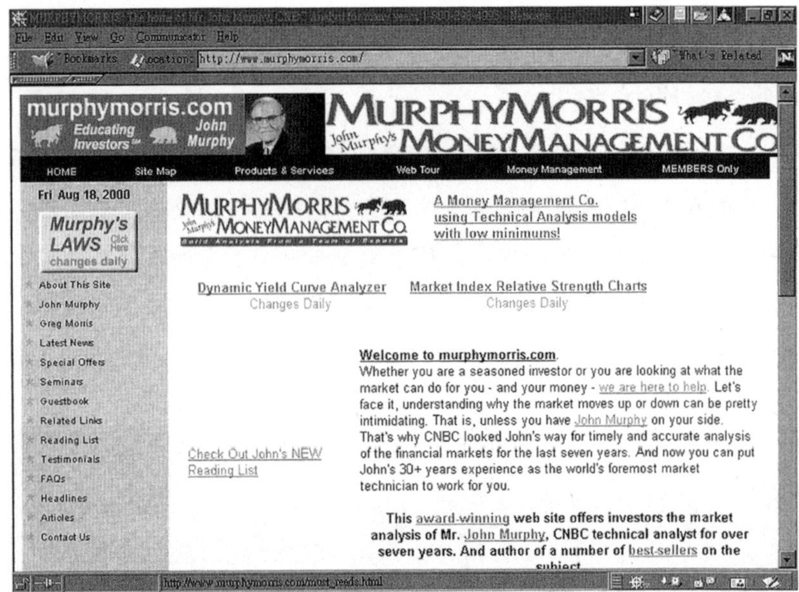

MurphyMorris 網址：http://www.murphymorris. com

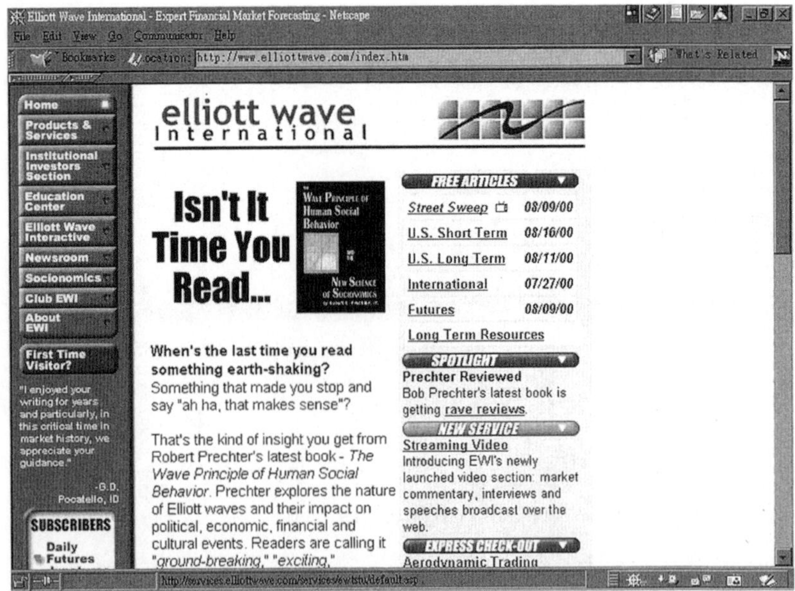

Elliott Wave Int'l 網址：http://www.elliottwave.com

析文章，但需要付年費才能收看有關文章。

(3) Elliott Wave Int'l

網址：http://www.elliottwave.com

顧名思議，這個網站的內容全與波浪理論有關，此網站為《艾略特波浪理論》(Elliott Wave Principle) 一書中其中一位作者Robert Prechter所創立的，故相關波浪理論的資料較有詳盡。

網站內容計有代訂相關波浪理論書籍、設立波浪理論學習課程、有關波浪理論的測市資訊、設立會員區互相交流經驗及心得等等。

(4) Barton's Asian Stock Market

網址：http://www.asiachart.com

就數十個亞洲區股市指數的圖表走勢作專業評論，包括香港、

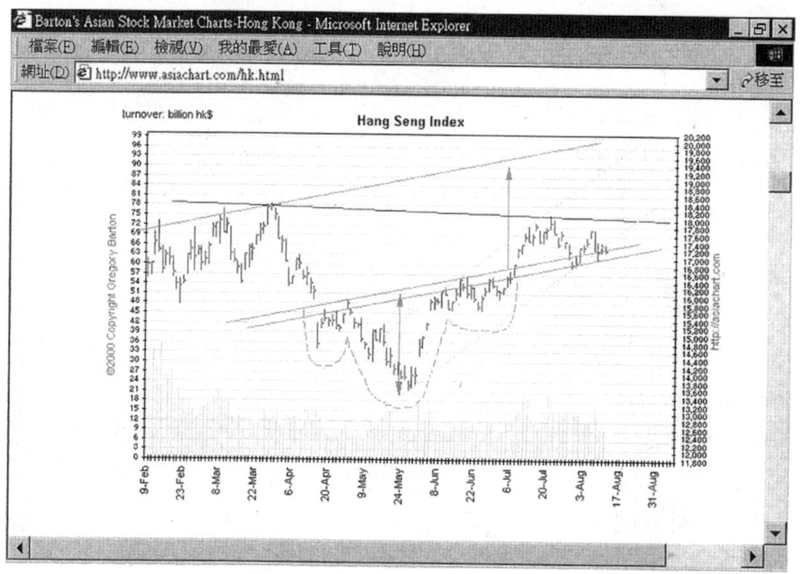

Barton's Asian Stock Market 網址：http://www.asiachart.com

泰國、日本、馬來西亞等等，其圖表特別做了功夫，繪有趨勢線及形態，讓讀者一目了然。

（五）技術分析參考書買賣

除在商舖買得有關技術分析書籍外，讀者亦可以在互聯網站上購買書籍。

買書網站介紹

(1) Traders' Library

網址：http://www.traderslibrary.com

Traders' Library專門銷售有關金融市場產品的英文書籍，網站內清楚將各類書籍分類，如即日鮮炒賣、有關市場循環、陰陽

Traders' Library 網址：http://www.traderslibrary.com

燭、基本分析等等。

(2) Amazon (亞馬遜)

網址：http://www.amazon.com

Amazon世界著名的網上書店，各式各樣的書籍在可在此網站上訂購，有關技術分析的書籍安排在“business & investing”這分類中。

Amazon 網址：http://www.amazon.com